AF673665

धर्म और साम्प्रदायिकता

धर्म और साम्प्रदायिकता

असग़र अली इंजीनियर

भूमिका

विभूति नारायण राय

संकलन एवं सम्पादन

मिथिलेश

वाणी प्रकाशन

वाणी प्रकाशन
4695, 21-ए, दरियागंज, नयी दिल्ली 110 002
शाखा
अशोक राजपथ, पटना 800 004
फ़ोन: +91 11 23273167 फ़ैक्स: +91 11 23275710
www.vaniprakashan.in
vaniprakashan@gmail.com

DHARMA AUR SAMPRADAYIKTA
by Asghar Ali Engineer
Foreward : Vibhuti Narain Rai

ISBN : 978-93-5072-220-6
Social Studies

© 2012 असग़र अली इंजीनियर

प्रथम संस्करण
मूल्य : ₹ 695

इस पुस्तक के किसी भी अंश को किसी भी माध्यम में प्रयोग करने के लिए प्रकाशक से लिखित अनुमति लेना अनिवार्य है।

ओम ऑफ़सेट, दिल्ली-110093 में मुद्रित

वाणी प्रकाशन का लोगो मक़बूल फ़िदा हुसेन की कूची से

भूमिका

भारत में हिन्दुओं और मुसलमानों के बीच बहुत दिलचस्प क़िस्म के रिश्ते रहे हैं। यद्यपि इस भूखंड में विश्व के लगभग सभी धर्म पाये जाते है किन्तु यहाँ का साम्प्रदायिक परिदृश्य काफी कुछ इन दो बड़े धर्मों के आपसी सम्बन्धों से निर्मित होता है। सातवीं/आठवीं शताब्दी में सिंध में इस्लाम के आगमन से ही दोनों के बीच खट्टे मीठे-रिश्तों की शुरुआत हो गई थी। ये रिश्ते सहयोग और संघर्ष पर आधारित थे। दोनों ने एक दूसरे से खूब लिया और दिया तथा दोनों ही सैकड़ों सालों से आपस में लड़ते-झगड़ते भी रहे हैं। साहित्य, संगीत, स्थापत्य, चित्रकला, मूर्तिकला, पाकशास्त्र, दर्शन, युद्धशास्त्र — जीवन का कोई क्षेत्र ऐसा नहीं था जिसमें इन दोनों बड़े धर्मों ने एक दूसरे को प्रभावित न किया हो। यह कहना अतिशयोक्ति न होगी कि इस्लाम के आने के बाद भारत वही नहीं रह गया जो उसके आने के पहले था और इसी तरह भारत में इस्लाम के तौर-तरीकों में जो फर्क आया वे उसे उसके उद्गम मध्य पूर्व और दूसरे भूखंडों पर फल-फूल रहे इस्लाम से काफी हद तक भिन्न बना देते हैं ।

पिछले हजार वर्षों में इन दोनों धर्मों के अनुयायी आपस में खूब लड़े-झगड़े हैं और यह संघर्ष आज भी किसी न किसी रूप में मौजूद है। दोनों के बीच होने वाले संघर्षों में एक गुणात्मक परिवर्तन अंग्रेजों के आने के बाद आया। उनके पहले आम तौर से सामान्य जनों के आपसी संघर्ष के उदाहरण बहुत कम हैं। हिन्दू और मुस्लिम शासक आपस में युद्ध करते थे, पर एक मुस्लिम शासक अपनी हिन्दू प्रजा के साथ काफी हद तक कामचलाऊ और रणनैतिक रिश्ते रखता था। वह धर्म गुरुओं और अपनी मुस्लिम प्रजा को सन्तुष्ट करने के लिए कई बार मन्दिर तोड़ता था और हिन्दुओं पर जजिया जैसे कर लगाता था किन्तु एक सीमा के बाद उनकी भावनाओं को चोट न पहुँचे इसका भी ध्यान रखता था। यहाँ हुमायूँ को उसके पिता बाबर द्वारा लिखा पत्र उल्लेखनीय है जिसमें यहाँ सलाह दी गई थी कि वह गोहत्या पर प्रतिबंध लगा दे क्योंकि इससे बहुसंख्यक हिन्दू समुदाय की भावनाएँ आहत होती हैं। पूरा मध्य युग ऐसे उदाहरणों से पटा हुआ है जिसमें युद्धरत मुस्लिम शासकों की पलटनों में हिन्दू सैनिक और सेनानायक तथा उनके खिलाफ खड़ी हिन्दू राजा की सेना में मुस्लिम सिपहसालार और फौजी लड़ते दिखाई देते हैं। दरअसल आज की ही तरह धर्म शासकों के लिए उस राजनीति का

हिस्सा था जो उनका शासन बनाए रखने के लिए औज़ार के रूप में प्रयोग होता है।

इसके विपरीत ब्रिटिश उपनिवेशवाद ने अपना राज्य बनाए रखने के लिए आपस में लड़ाने की नीतियों का पालन किया। मुस्लिम और ब्रिटिश काल में हिन्दू मुस्लिम दंगों के दौरान राज्य के व्यवहार में जो फर्क दिखाई देता है उसे समझने के लिए सिर्फ दो उदाहरण काफी हैं। आधुनिक अर्थों में भारत का पहला साम्प्रदायिक संघर्ष 1713 में अहमदाबाद में हुआ। समकालीन इतिहासकार खाफी खाँ के विवरणों के अनुसार एक हिन्दू और मुस्लिम पड़ोसी के बीच होलिका दहन और गाय की कुर्बानी को लेकर हुआ यह दंगा तीन चार दिन तक चला और इसमें दोनों तरफ के कई लोग मारे गये। बाद में दोनों पक्षों के बुजुर्गों ने मिलकर मसले को दिल्ली के बादशाह को सुपुर्द करने का फैसला किया और बादशाह के हस्तक्षेप से मसले का हल निकला। यहाँ यहा याद रखना चाहिए कि अट्ठारहवीं शताब्दी में संचार के जो साधन थे उनसे दिल्ली तक सूचना भेजने और बादशाह का फैसला आने में काफी समय लगा होगा। ऐसे में यदि राज्य के स्थानीय प्रतिनिधि या दिल्ली की केन्द्रीय सत्ता चाहती तो जनता को लड़ाती-भिड़ाती रह सकती थी, पर उन्हें अपना शासन चलाने के लिए इसकी जरूरत नहीं थी। इसके विपरीत एक दूसरा उदाहरण 1809 में बनारस में हुआ एक दंगा है जिसमें राज्य के प्रभावी हस्तक्षेप न होने के कारण हिंसा लम्बे समय तक चलती रही और जान-माल का नुकसान भी बहुत हुआ। खान अब्दुल गफार खाँ के पुत्र खान वली खाँ ने काफी मेहनत से उन सरकारी दस्तावेजों को तलाशा है जिनमें अंग्रेज़ शासकों की हिन्दुओं और मुसलमानों को लड़ाने की बहुत सारी योजनाएँ दफ्न हैं।

आजादी के बाद सोचा गया था कि एक आधुनिक धर्मनिरपेक्ष राज्य में साम्प्रदायिकता अतीत की चीज हो जाएगी और बावजूद इसके कि पड़ोस में एक धर्माधारित राज्य बन गया है, भारत में हिन्दुओं और मुसलमानों के साथ राज्य बराबरी का व्यवहार करेगा और दोनों मिलकर एक प्रगतिशील धर्मनिरपेक्ष राज्य बनाने के लिए प्रयास करेंगे। दुर्भाग्य से ऐसा हुआ नहीं। आजादी के बाद के कुछ वर्षों को छोड़ दें तो बाकी वर्षों में 1947 के पहले वाली कहानी दुहराई गयी। फर्क सिर्फ यह आया कि अंग्रेजी राज्य के विपरीत, स्वातंत्र्योत्तर भारतीय राज्य से यह अपेक्षा की जाती थी कि वह हिन्दू-मुस्लिम संघर्षों में निष्पक्ष होकर आचरण करेगा और अपने सारे नागरिकों की जान माल की हिफाजत करेगा, पर इसमें यह राज्य कई मौकों पर बुरी तरह से असफल होता दिखाई देता है। 1960 के बाद हुए तमाम दंगों के सिलसिले में अल्पसंख्यकों के मन में यह कसक है कि भारतीय राज्य ने वह सब नहीं किया जो उसे दंगों को रोकने के लिए करना चाहिए था और संघर्ष के कई मौकों पर तो वह सब किया जो किसी सभ्य राज्य को नहीं करना चाहिए था। कई न्यायिक आयोगों, स्वतंत्र मीडिया तथा गैर सरकारी संगठनों ने अपनी रिपोर्टों में दंगों के दौरान राज्य की सबसे प्रभावी संस्था पुलिस की निष्पक्षता पर उंगलियाँ भी उठाईं हैं।

असगर अली इंजीनियर, देश के उन चुनिन्दा समाजशास्त्रियों में से हैं जो भारतीय समाज में फ़ैली साम्प्रदायिकता जैसी बीमारी के तह तक जाने की कोशिश करते हैं और उसके प्रतिफलन साम्प्रदायिक दंगों का बारीक अध्ययन कर उन्हें रोकने में राज्य की असफलता के कारणों को रेखांकित करते हैं। गहरी प्रतिबद्धता के साथ वे अपने समाज की बुराइयों से जूझते नजर आतें हैं। जिस बोहरा समाज से वे आते हैं उसमें व्याप्त कुरीतियों से भी वे जीवन भर लड़ते रहे हैं और शारीरिक तथा आर्थिक क्षतियों के रूप में उन्होंने खमियाजा भी भुगता है। अलग-अलग समय पर पत्र-पत्रिकाओं में लिखे गये उनके लेख भारतीय समाज की उनकी गहरी समझ, कट्टरता के विरुद्ध उनकी प्रतिबद्धता और निर्भीक बयानी के लिए प्रसिद्ध उनकी ख्याति के अनुरूप हैं। किसी भी ऐसे शोधार्थी के लिए जिसकी दिलचस्पी भारतीय समाज को समझने में है, असगर अली इंजीनियर का लेखन एक अनिवार्य पाठ्य सामग्री की तरह है। उन्हें पढ़कर भारत की जटिल सामाजिक संरचना और यहाँ मौजूद दो बड़े धर्मों-हिन्दू और इस्लाम में विश्वास रखने वालों के बीच के आपसी रिश्तों को समझने में मदद मिलेगी।

विभूति नारायण राय

अनुक्रम

1857 की क्रान्ति का हिन्दू-मुस्लिम सम्बन्धों पर असर

अभी कुछ, वर्षों पहले ही हमारा देश 1857 के प्रथम स्वाधीनता संग्राम की 150वीं वर्षगाँठ मना रहा था। अंग्रेज इसे 'विद्रोह' कहते थे, परन्तु हम भारतीय इसे पहला स्वाधीनता संग्राम मानते हैं।

सन् 1857 की क्रान्ति को भारत का प्रथम स्वाधीनता संग्राम मानने में कई समस्याएँ हैं। क्या भारत उस समय एक राष्ट्र था? क्या हम कुछ राजाओं और सामंतों का अपने-अपने इलाकों पर कब्जा बनाए रखने की लड़ाई को 'स्वाधीनता संग्राम' कह सकते हैं? मार्क्स ने भी इसे सामन्तों के विद्रोह की संज्ञा दी थी।

जाने-माने इतिहासवेत्ता श्री ताराचंद अपनी पुस्तक 'भारत के स्वाधीनता संग्राम का इतिहास' (भाग-2, पृ.-42) में कहते हैं, ''यह मानना पड़ेगा कि अंग्रेजों के खिलाफ लड़ाई राष्ट्रवाद की भावना से प्रेरित नहीं थी क्योंकि सन् 1857 में भारत राजनैतिक तौर पर एक राष्ट्र था ही नहीं। यह सही है कि इस लड़ाई में हिन्दुओं और मुसलमानों ने कंधे से कंधा मिलाकर भाग लिया था परन्तु इसका कारण व्यक्तिगत वफादारियाँ थीं, न कि मातृभूमि के प्रति प्रेम''।

यह तो एक पक्ष हुआ। दूसरा पक्ष यह है कि यह लड़ाई सामन्तों और आम आदमी ने मिल-जुलकर लड़ी थी। सामन्त और आमजन दोनों ही अंग्रेजों से नाराज थे परन्तु अलग-अलग कारणों से। इस तथ्य से कोई इन्कार नहीं कर सकता कि उस दौर में विदेशी शासकों के विरुद्ध जन सामान्य में भी आक्रोश था। ताराचंद भी कहते हैं, ''सन् 1857 की क्रान्ति में समाज के सभी वर्गों ने भाग लिया था। इसमें राजा, जमींदार, सिपाही, पंडित, मौलवी और विद्वान शामिल थे। दिल्ली के बादशाह, अवध के राजा, कुछ अन्य नवाब और राजा, जमींदार, ताल्लुकदार और पठान, मुगल, राजपूत और ब्राह्मण सिपाही विद्रोहियों में मुख्यतः शामिल थे''।

यद्यपि विद्रोहियों का हर वर्ग अपने-अपने कारणों से लड़ाई में शामिल था परन्तु कुल मिलाकर विद्रोही भारत का प्रतिनिधित्व करते थे। उन दिनों, किसी भी लड़ाई का नेतृत्व सामन्तों के हाथों में ही रहता था क्योंकि वे ही देश का शासक वर्ग थे, परन्तु

महत्वपूर्ण बात यह है कि इन सामन्तों के पीछे आमजनों की ताकत भी थी। यह सच है कि उस वक्त भारत एक राष्ट्र नहीं था परन्तु भारत का भौगोलिक अस्तित्व तो था ही और कम से कम उत्तर भारत के सभी वर्गों के उसमें शामिल होने से विद्रोही समूह का चरित्र प्रतिनिधिक था।

पर्सीवल स्पीयर का यह कहना भी सही है कि ''विद्रोहियों का गुस्सा उनकी शिकायतों पर केन्द्रित था किसी महान आदर्श से नहीं उपजा था''। शायद यही कारण था कि वे सफल नहीं हुए।

एक अन्य महत्वपूर्ण बात यह है कि 1857 की क्रान्ति हिन्दू-मुस्लिम एकता का इजहार इस अर्थ में थी कि हिन्दुओं ने स्वयं मुगल बादशाह को अपना नेता चुना था। इस तथ्य का अपना प्रतिकात्मक महत्व था। हिन्दू-मुस्लिम एकता के इस प्रदर्शन से अंग्रेज शासक भी घबरा गये और 1857 के बाद से उन्होंने योजनाबद्ध तरीके से हिंदुओं और मुसलमानों के बीच खाई खोदने का काम शुरू कर दिया। हम आज भी अंग्रेजों की 'फूट डालो और राज करो' की नीति का फल भुगत रहे हैं। यद्यपि यह भी उतना ही सच है कि हिन्दुओं और मुसलमानों के बीच की खाई को हमने स्वयं ही और गहरा कर दिया है।

यहाँ हम 1857 के स्वाधीनता संग्राम की बजाय समाज पर उसके असर पर बात करना चाहते हैं। इस संग्राम के असफल होने के बाद अंग्रेजों ने अपने शासन को और मजबूत बनाया। उनके इस कदम के मिले-जुले नतीजे हुए। इससे हम एक विदेशी शक्ति के गुलाम तो बन गए परन्तु हमें कुछ फायदे भी पहुँचे। आधुनिक शिक्षा और वैज्ञानिक व तार्किक सोच से हमारा वास्ता पड़ा। भारतीयों के एक हिस्से ने आधुनिक विचारों को अपनाया, यद्यपि उन्हें पारम्परिक लोगों के विरोध का सामना भी करना पड़ा। राजा राममोहन राय के प्रयत्नों से सती प्रथा पर प्रतिबन्ध लगा। अनेक मुस्लिम समाज सुधारक भी सामने आये।

उस समय के अनेक चिन्तकों और बुद्धिजीवियों को आधुनिकता और परम्परा के बीच के द्वन्द का सामना करना पड़ा। इस द्वन्द को महान शायर गालिब ने बड़े अच्छे शब्दों में बयान किया है। अपनी एक गजल में वे कहते हैं ''ईमान मुझे रोके है तो खींचे हैं मुझे कुफर, काबा मेरे पीछे है तो कालिसा मेरे आगे'' अर्थात एक ओर इस्लाम में विश्वास मुझे रोक रहा है दूसरी ओर अंग्रेजों द्वारा लाई गयी उन्नति मुझे अपनी ओर खींच रही है, मेरे पीछे काबा है और मेरे आगे गिरजाघर। यह उस समय के अनेक चिन्तकों और बुद्धिजीवियों के समक्ष उपस्थित परिस्थिति का अत्यन्त यथार्थपूर्ण वर्णन है।

कुछ लोगों का मानना है कि जहाँ हिन्दू समाज में अनेक सामाजिक और धार्मिक सुधारवादी उभरे ज्रिन्होंने आधुनिक शिक्षा पर जोर दिया, वहीं मुसलमान पुरातनपंथी

बने रहे और उन्होंने परिवर्तन को स्वीकार नहीं किया। यह बहुत सतही और पूर्वाग्रहग्रस्त मान्यता है। मुसलमानों के बीच भी अनेक महान सुधारवादी उत्पन्न हुए परन्तु अनेक कारणों से वे अपने समाज को उतना नहीं बदल पाए जितना की हिन्दू सुधारवादियों ने बदल दिया। हम इन कारणों पर आगे प्रकाश डालेंगे।

जब भी मुस्लिम समाज सुधार की बात होती है तो जान-माने शिक्षाविद सर सैयद अहमद खान का नाम लिया जाता है। परन्तु वे उस दौर के अकेले सुधारवादी नहीं थे। मौलवी मुमताज अली खान, मौलवी चिराग अली, शेख अब्दुला, जस्टिस अमीर अली और अनेक दूसरे चिन्तकों ने आधुनिक सुधारों की जमकर वकालत की थी।

यह बहुत कम लोग जानते हैं कि मौलवी मुमताज अली खान मुस्लिम महिलाओं के अधिकारों के महान हिमायती थे। उन्होंने एक अत्यन्त महत्वपूर्ण पुस्तक लिखी जिसका नाम था 'हुकुकून निस्वान' (महिलाओं के अधिकार)। मौलवी मुमताज अली सर सैयद अहमद खान के समकालीन थे। वे महिलाओं और पुरुषों की बराबरी में विश्वास करते थे और उन्होंने कुरान और हदीथ के आधार पर लिंग समानता की जमकर वकालत की। यह उन्होंने तब किया जब महिलाएँ पूरी तरह से पुरूषों के अधीन थीं और उन्हें पुरुषों के समान दर्जा देने की बात कोई सोच तक नहीं सकता था। मौलवी साहब ने महिलाओं पर केन्द्रित एक पत्रिका भी निकाली जिसकी सम्पादक उनकी पत्नी थीं और पत्नी की मृत्यु के बाद उनकी लड़की ने यह जिम्मेदारी सम्हाली।

'हुकुकून इस्लाम' में व्यक्त विचार इतने क्रान्तिकारी थे कि सर सैयद तक ने मुमताज अली को यह सलाह दी कि वे इस पुस्तक को प्रकाशित न करें क्योंकि इससे उनके सामने अनेक समस्याएँ खड़ी हो जाएँगी। सर सैयद स्वयं भी महिलाओं के अधिकारों के हिमायती थे और यह पवित्र कुरान पर उनकी अधूरी टीका से स्पष्ट है। उन्हें अपनी पुस्तक को कट्टरपंथी उलेमा के दबाव में अधूरा छोड़ना पड़ा क्योंकि उन्हें अलीगढ़ में एम.ए.ओ. कालेज की स्थापना करने के लिए उलेमा के सहयोग की आवश्यकता थी। मौलवी मुमताज अली खान इस चेतावनी से तनिक भी नहीं घबराए। लिंग समानता के प्रति उनकी निष्ठा अत्यन्त मजबूत थी और उन्होंने अपनी किताब प्रकाशित की। इसी तरह, शेख अब्दुल्ला भी महिला शिक्षा के पक्षधर थे और उन्होंने अलीगढ़ में लड़कियों के लिए एक स्कूल की स्थापना की जो बाद में कालेज बन गया और अब अलीगढ़ मुस्लिम विश्वविद्यालय का हिस्सा है। मौलवी चिराग अली ने भी मुस्लिम पर्सनल लॉ में सुधारों की वकालत की। जस्टिस अमीर अली की पुस्तक 'इस्लाम की आत्मा' में भी सुधार की बात कही गयी।

उत्तर भारत के मुसलमानों ने कट्टरपंथी उलेमा के दबाव के चलते आधुनिक शिक्षा का विरोध किया परन्तु दक्षिण भारतीय मुसलमानों ने बिना किसी संकोच के आधुनिक शिक्षा को अपनाया। बम्बई में जस्टिस बदरूद्दीन तैय्यबजी ने 'अंजुमन-ए-इस्लाम' स्कूल की स्थापना की। यह स्कूल आधुनिक शिक्षा देता था और आज भी यह

संस्था अनेक स्कूल और कालेज चला रही है।

जहाँ उत्तर भारत में मुसलमान धार्मिक शिक्षा में ही उलझे रहे वहीं मुम्बई और दक्षिण भारत में उन्होंने आधुनिक शिक्षा को अपनाया और परिवर्तन को स्वीकार किया। मुसलमानों के आधुनिक शिक्षा और सामाजिक सुधारों के विरोधी होने का एक कारण यह भी था कि उनमें उद्यमी या व्यापारी वर्ग नहीं था। मुसलमानों का नेतृत्व सामन्ती तत्वों के हाथों में था जो कि 1857 की क्रान्ति में लगभग बरबाद हो गये थे। इन सामन्तों को अंग्रेजों की नाराजगी का भी सामना करना पड़ा क्योंकि अंग्रेज ये मानते थे कि इन्हीं सामन्तों ने विद्रोह का नेतृत्व किया था। यह अलग बात है कि बाद में इन्हीं सामंतों का इस्तेमाल अंग्रेजों ने हिन्दू राष्ट्रवाद के उभार से मुकाबला करने के लिए किया।

जहाँ मुसलमानों का एक वर्ग सामन्ती था वहीं दूसरा वर्ग हाथ से काम करने वाले कारीगरों का था जिन्हें आधुनिक शिक्षा से कोई सरोकार नहीं था। ये लोग उत्तर भारत के शहरों और कस्बों में रहते थे और अपने हाल से संतुष्ट थे। इस प्रकार मुसलमानों में कोई ऐसा वर्ग नहीं था जो कि आधुनिक शिक्षा या समाज सुधार की चाहत रखता हो। हिन्दुओं के विपरीत मुसलमानों में उद्यमी वर्ग था ही नहीं।

जैसा कि पहले कहा जा चुका है अंग्रेज शासकों को नीतियों और अन्य कारणों से हिन्दुओं व मुसलमानों के बीच दीवार खड़ी हो गयी। ऐसा पहले कभी नहीं हुआ था। पहले एक मिला-जुला शासक वर्ग था जिसमें हिन्दू व मुसलमान दोनों शामिल थे और सामन्ती व्यवस्था के विभिन्न स्तरों पर वे सत्ता में हिस्सेदारी करते थे। अब अलग-अलग पहचानों और अलग-अलग हितों की बातें होने लगीं।

अंग्रेजी शासन में नौकरियां पाने के लिए स्पर्धा, ऊर्दू व हिन्दी का विवाद और तब्लीगी व शुद्धि आन्दोलनों ने हिन्दुओं व मुसलमानों के बीच की खाई को और चौड़ा किया। जब भारतीय राष्ट्रीय कांग्रेस ने हिन्दुओं व मुसलमानों को एक करने की कोशिश की तब अंग्रेजों ने मुट्ठी भर जागीरदारों व जमींदारों का इस्तेमाल कर सन् 1906 में मुस्लिम लीग की स्थापना करवाई।

मुसलमानों की अलग पार्टी बनवाने की अंग्रेजों को इसलिए आवश्यकता महसूस हुई क्योंकि मौलाना कासिम अहमद के नेतृत्व में देश भर के उलेमाओं ने फतवे जारी कर मुसलमानों को कांग्रेस की सदस्यता लेने के लिए कहा। मौलाना ने न सिर्फ स्वयं यह फतवा जारी किया वरन् ऐसे 100 फतवों को इकट्ठा कर उन्हें एक पुस्तिका के रूप में प्रकाशित भी किया। इस पुस्तिका का शीर्षक था 'नस्रत अल् अहरार' (स्वतंत्रता सेनानियों की सहायता के लिए) इस घटनाक्रम से अंग्रेज घबरा गये और उन्होंने कुछ मुस्लिम जमींदारों और जागीरदारों को अपनी अपनी अलग पार्टी बनाने के लिए भड़काया।

सर सैय्यद अहमद खान हिन्दू मुस्लिम एकता के बड़े पक्षधर थे और उन्होंने एम.ए.ओ. कालेज की स्थापना के लिए अपने हिन्दू मित्रों से भी दान लिया था। भाषा विवाद के चलते बाद में अपने हिन्दू मित्रों से उनके संबंध खराब हो गये परन्तु उन्हें द्वि-

राष्ट्र सिद्धांत का जनक बताया जाना सही नहीं है। उनके लेखन से कहीं ऐसा नहीं झलकता। यह सच है कि उन्होंने 'हिन्दू कौम' और 'मुस्लिम कौम' जैसी शब्दावली का इस्तेमाल किया है परन्तु इससे उनका यह आशय कदापि नहीं था कि हिन्दू व मुसलमान दो अलग-अलग राष्ट्र हैं। सच तो यह है कि उन दिनों 'कौम' शब्द का इस्तेमाल धार्मिक समुदाय के लिए किया जाता था, राष्ट्र के लिए नहीं।

कुरआन और शरीयत में तलाक

पिछले दिनों मैंने मुम्बई से प्रकाशित उर्दू दैनिक 'इंकलाब' में जाने-माने आलिम और मुस्लिम पर्सनल लॉ बोर्ड के सदस्य खालिद सैफुल्लाह रहमानी का एक लेख पढ़ा। लेख का शीर्षक था 'गुस्से की हालात में किया गया कोई भी काम जब मान्य होता है तो तलाक क्यों नहीं?' अगर कोई साधारण व्यक्ति यह बात कहता तो भी यह अत्यन्त हास्यास्पद और अजीब तर्क होता परन्तु एक आलिम की लेखनी से तो यह और अधिक हास्यास्पद जान पड़ता है।

मौलाना का कहना है कि सामान्यत: तलाक गुस्से की हालात में ही दिया जाता है। 'अगर कोई पति अपनी पत्नी से खुश है तो वह भला उसे तलाक क्यों देगा?', वे पूछते हैं। 'तलाक तभी दिया जाता है जब कोई पति अपनी पत्नी के किसी काम से नाराज होता है।' वे यह भी फर्माते हैं कि तलाक ही नहीं और भी कई काम गुस्से के हालात में किए जाते हैं। हम इस तरह के कथनों पर कोई टिप्पणी नहीं करते अगर इससे सैकड़ों मुस्लिम महिलाओं का भविष्य न जुड़ा होता। हमारे उलेमा की सोच पर हम सिर्फ अफसोस कर सकते हैं। वे तलाक को बहुत मामूली सी बात समझते हैं। उनके लिए किसी परिवार के बिखरने के लिए पति का गुस्सा पर्याप्त कारण है।

मौलाना रहमानी यह भी कहते हैं कि इस बात पर सभी आलिमों में एकमत है कि गुस्से में दिया गया तलाक इसलिए मान्य है क्योंकि गुस्से में भी व्यक्ति को यह भान रहता है कि वह क्या कर रहा है। इसके बाद मौलाना रहमानी जाने माने इस्लामिक विधिवेत्ता अल्लामा अबिदयान शमी के हवाले से प्रतिष्ठित आलिम हाफिज इब्न कय्यूम को उद्धृत करते हुए कहते हैं कि गुस्से की तीन अवस्थाएँ होती हैं। पहली वह जिसमें सम्बन्धित व्यक्ति की तार्किक क्षमता बरकरार रहती है और वह जो कह या कर रहा है उसके परिणामों से वह वाकिफ रहता है। गुस्से की इस अवस्था में दिया गया तलाक मान्य होगा। दूसरी अवस्था है अतिशय क्रोध की जिसमें आदमी अपने होशो-हवास खो बैठता है। ऐसी स्थिति में दिया गया तलाक अमान्य होगा। तीसरी अवस्था इन दोनों के बीच की है जब व्यक्ति अपनी कथनी और करनी के परिणामों से अंशत: परिचित रहता और अंशत: नहीं। इस अवस्था में दिया गया तलाक भी मान्य नहीं होगा।

ये सारे तर्क स्वीकार करने लायक नहीं हैं। ये तो केवल गुस्से में दिये गये तलाक को उचित ठहराने के बहाने हैं। हम मौलाना और अन्य विधिवेत्ताओं से पूछना चाहेंगे कि आखिर कौन यह तय करेगा कि कोई व्यक्ति गुस्से की किस अवस्था में है। क्या तलाक देते समय पति के गुस्से की मात्रा को नापने का कोई 'मीटर' है ? इन विधिवेत्ताओं के अनुसार तो कुरआन के इस निर्देश का पालन करना भी आवश्यक नहीं है कि तलाक के दो गवाह होने चाहिए।

इनकी मानें तो पति के तीन बार तलाक कहने मात्र से तलाक हो जाएगा और इसके लिए गवाहों की जरूरत भी नहीं होगी। अगर गवाह नहीं होंगे तो कौन यह बताएगा कि तलाक देते समय पति गुस्से की कौन सी अवस्था में था ? क्या केवल पति के कथन पर विश्वास कर लिया जायेगा ? अगर कोई पति अपनी पत्नी को तलाक देने पर उतारू होगा तो क्या उसके गुस्से की अवस्था के बारे में उसका खुद का कथन विश्वसनीय होगा ? क्या यह पति स्वयं तय करेगा कि वह गुस्से की किस अवस्था में था ? यह सब तो बहुत अजीबोगरीब जान पड़ता है।

इसके अलावा, ये तर्क कुरआन में तलाक देने की जो प्रक्रिया निर्धारित की गयी है, उसके पूरी तरह विपरीत हैं। जैसा कि पहले कहा जा चुका है, कुरआन के अनुसार तलाक के लिए दो गवाह आवश्यक हैं। कुरआन के अध्याय 65 'सूरह अत-तलाक' की ये दो आयतें काबिले-गौर हैं— "हे नबी, ! जब तुम लोग स्त्रियों को 'तलाक' दो तो उन्हें 'तलाक' उनकी 'इद्दत' के समय पर दो और 'इद्दत' का पूरा ख्याल रखो और अल्लाह, अपने 'रब' का डर रखो। तुम उनको घरों से न निकालो और न वे स्वयं निकलें सिवाय इसके कि वे प्रत्यक्ष अश्लील कर्म कर बैठें। और ये अल्लाह की निश्चित की हुई सीमाएँ हैं, और जो कोई अल्लाह की सीमाओं से आगे बढ़े, तो उसने अपने आप पर जुल्म किया।" (65:1)

इसी अध्याय की दूसरी आयत में कहा गया है "फिर, जब (तलाक पाई हुई स्त्रियाँ) अपनी निश्चित अवधि (इद्दत) को पहुँच जाएँ, तो या तो उन्हें भली रीति से रोक लो या उन्हें भली रीति से अलग कर दो, और अपने में से दो न्यायी व्यक्तियों को गवाह कर लो, और अल्लाह के लिए गवाही को दुरूस्त रखो। इसकी नसीहत हर उस व्यक्ति को की जाती है जो अल्लाह और अंतिम दिन पर 'ईमान' रखता हो। और जो कोई अल्लाह का डर रखेगा 'अल्लाह' उसके लिए निकलने की राह पैदा कर देगा।"

मौलाना रहमानी ध्यान दें कि कुरआन गुस्से की अवस्था में तलाक देने की बात नहीं करती। उल्टे वह 'भली रीति' से तलाक देने की बात कहती है। कुरआन यह भी कहती है कि पति को अपनी पत्नी को तब तक घर से नहीं निकालना चाहिए और न ही पत्नी को अपना घर तब तक छोड़ना चाहिए जब तक कि वह कोई अभद्रता या अशिष्ट आचरण न करे। जब भी कुरआन तलाक की बात करती है तो वह पत्नी को 'भली रीति' से अलग करने की बात कहती है।

आयत 4:35 कहती है, ''और यदि तुम्हें उन पति-पत्नी के बीच बिगाड़ का डर हो, तो एक पंच पुरुष के लोगों में से और एक स्त्री के लोगों में से नियुक्त करो। यदि वे दोनों सुधार चाहेंगे तो अल्लाह दोनों में अनुकूलता पैदा कर देगा। निःसंदेह अल्लाह जानने वाला और खबर रखने वाला है।'' इस तरह यह साफ है कि कुरआन तलाक के पहले सुलह के प्रयास की पक्षधर है। कुरआन में दिये गये तलाक के तरीके से अधिक न्यायपूर्ण तरीका कुछ नहीं हो सकता।

यह दुर्भाग्यपूर्ण है कि इस्लामिक विधिवेत्ता अपने समाज के पितृसत्तात्मक मूल्यों से प्रभावित होकर कुरआन के स्पष्ट निर्देशों की अवहेलना तो कर ही रहे हैं, समाज में प्रचलित गलत परम्पराओं को इस्लाम के नाम पर उचित भी ठहरा रहे हैं। जिन इस्लामिक कानूनों का हवाला यहाँ दिया गया है वे दैवीय हैं। कुरआन के निर्देशों को नजरअंदाज करते हुए हमारे विधिवेत्ता न केवल गुस्से में दिये गये तलाक को उचित ठहरा रहे हैं वरन् गुस्से की 'अवस्थाएं' भी निर्धारित कर रहे हैं।

हम यह जानना चाहेंगे कि इस्लाम के लिए क्या अधिक महत्वपूर्ण है— न्याय या गुस्से की स्थिति में होश न खोने का दावा। गुस्से को छोड़िए, कुरआन तो सामान्य मनोस्थिति में भी तलाक की इजाजत तब तक नहीं देती जब तक कि उसके लिए उचित प्रक्रिया न अपनाई जाए और पत्नी के साथ न्याय न हो। कोई भी अन्याय इस्लाम की दृष्टि में जुल्म है। कुरआन के अनुसार महिलाओं के साथ न्याय होना चाहिए और कोई भी ऐसा काम जो गुस्से की अवस्था में किया जाए कभी भी न्यायपूर्ण नहीं हो सकता।

मौलाना रहमानी का यह तर्क बहुत अजीब है कि कोई भी पति गुस्से में नहीं तो क्या तब अपनी पत्नी को तलाक देगा जब वह उससे खुश होगा? तलाक किसी भी स्थिति में क्रोध की अवस्था में नहीं दिया जाना चाहिए। गुस्सा कितना ही कम या ज्यादा क्यों न हो, गुस्से में आदमी अपने आप पर नियंत्रण खो बैठता है। अगर एकबारगी यह मान भी लिया जाए कि वो अपने द्वारा किये जा रहे काम के परिणामों से वाकिफ रहता है तो भी यह तो स्पष्ट है ही कि गुस्से में कोई भी व्यक्ति तार्किक और ठंडे दिमाग से सोच नहीं सकता। कुरआन कहती है कि किसी भी पति को अपनी पत्नी को तलाक 'भली रीति' से देना चाहिए। क्या गुस्से से भरा हुआ कोई व्यक्ति भला बना रह सकता है? गुस्सा और भलाई एक दूसरे के ठीक विपरीत भाव हैं।

ऐसे बहुत से उदाहरण हमारे सामने हैं जब पुरुषों ने किसी छोटी सी बात से नाराज होकर अपनी पत्नी को तलाक दे दिया। क्या इस तरह के तलाकों को उचित ठहराया जा सकता है? अक्सर गुस्से में तलाक देने के बाद पति पछताता है परन्तु हमारे विधिवेत्ता यह कहते हैं कि वो अपनी तलाकशुदा पत्नी को फिर से अपने पास तब तक नहीं रख सकता जब तक वह किसी दूसरे पुरुष से शादी न कर ले और वो पुरुष उसे तलाक न दे दे।

पति-पत्नियों में झगड़े अक्सर होते हैं। ऐसे में यदि गुस्से में आकर पति

तलाक शब्द का तीन बार उच्चारण कर पत्नी को तलाक दे देगा तो समाज में क्या हालात बनेंगे? यह न केवल कानूनी दृष्टि से वरन् नैतिक दृष्टि से भी घोर अनुचित होगा। तो ऐसे हैं हमारे विधिवेत्ता और मुस्लिम पर्सनल लॉ बोर्ड के सदस्य! क्या ऐसे लोगों से मुस्लिम महिलाएँ न्याय मिलने की उम्मीद कर सकती हैं?

एक तरफ ये विधिवेत्ता कहते हैं कि इस्लाम के प्रादुर्भाव के बाद समाज में महिलाओं की स्थिति में सुधार आया है और दूसरी ओर वे इस्लाम के आने के पहले की जंगली परम्पराओं को धर्म के नाम पर वापस ला रहे हैं। कुरआन महिलाओं के साथ सहृदयता बरतने की जिम्मेदारी पुरुषों पर डालती है और हमारे विधिवेत्ता उन्हीं पुरुषों को यह अधिकार देना चाहते हैं कि वो जब चाहें अपनी पत्नियों को अपने घर से बाहर फेंक दें।

कुरआन में ऐसी एक भी आयत नहीं है कि जो महिलाओं को अपने पतियों के साथ दयालुतापूर्ण व सहृदय व्यवहार करने को कहती हो। परन्तु ऐसे अनेक आयतें हैं जो पतियों से ऐसी अपेक्षा रखती हैं। ऐसा इसलिए है क्योंकि तत्कालीन समाज में महिलाओं की स्थिति पुरुषों की तुलना में कमजोर थी और इस्लाम की सहानुभूति हमेशा से समाज के कमजोर वर्गों से रही है। इस्लाम समाज के सभी कमजोर वर्गों–चाहे वे अनाथ हों, गरीब हों, विधवाएँ हों या नौकर हों— के साथ न्यायपूर्ण व्यवहार की अपेक्षा रखता है।

जैसा कि हमने बार–बार कहा है, कुरआन की सहानुभूति समाज के कमजोर वर्गों के साथ है। इसके विपरीत, हमारे उलेमा की सहानुभूति पुरुषों के साथ है जो आज के आधुनिक समाज में भी महिलाओं पर हावी हैं। वे पुरुषों को और ताकतवर बनाना चाहते हैं। हमें यह याद रखना चाहिए कि इस्लाम की दृष्टि में किसी बड़े से बड़े विधिवेत्ता की राय से कहीं अधिक महत्वपूर्ण न्यायपूर्ण व्यवहार है। न्याय कुरआन के केन्द्रीय मूल्यों में से एक है और इसे किसी विधिवेत्ता की राय की वेदी पर बलि नहीं चढ़ाया जा सकता।

अगर हमें इस्लाम को न्याय और कमजोर वर्गों के प्रति सहृदयता के धर्म के रूप में दुनिया के सामने प्रस्तुत करना है तो हमें अपने विधिशास्त्र में आमूलचूल परिवर्तन करने होंगे। हमें बड़े से बड़े विधिवेत्ता की राय से अधिक महत्व न्याय को देना होगा। तलाक एक गम्भीर मसला है और तलाक के मामले में कोई भी बात अत्यन्त सावधानी और जिम्मेदारी से कही जानी चाहिए। तलाक परिवारों को तोड़ता है और इसके नतीजे में पत्नी और बच्चों को बहुत कष्ट और दुख भोगने पड़ते हैं। अल्लाह ने तलाक की इजाजत अत्यन्त गम्भीर परिस्थितियों में ही दी है।

स्पष्ट है कि न तो कुरआन और न ही हदीथ महिलाओं के लिए समस्या हैं। समस्या तो पितृसत्तामक मूल्यों में पगे हमारे विधिवेत्ता, मौलाना और उलेमा हैं।

चुनाव आयोग : जय हो

वरूण गाँधी ने उत्तरप्रदेश के पीलीभीत में जो विवादास्पद भाषण दिया, उसका एकमात्र उद्देश्य अपनी चुनावी विजय के लिए हिन्दू भावनाओं में ज्वार लाना था। उन्होंने कहा कि वे भगवत् गीता की कसम खाकर कहते हैं कि हिन्दुओं पर उठने वाले हर हाथ को वे काट डालेंगे। जिला प्रशासन और पुलिस ने उनके खिलाफ कोई कार्यवाही नहीं की। सभा में मौजूद जनता ने उनके भड़काऊ भाषण पर जमकर तालियाँ बजायीं।

सौभाग्यवश, चुनाव आयोग चुप नहीं रहा। उसने वरूण गाँधी को कारण बताओ नोटिस जारी किया और भाजपा को भी चेतावनी दी। उस समय भाजपा ने कहा कि चूँकि वरूण गाँधी पार्टी के उम्मीदवार नहीं हैं, अत: चुनाव आयोग भाजपा को नोटिस किस तरह जारी कर सकता है? वरूण गाँधी की जनसभा भाजपा के झंडे तले आयोजित हुई थी। ऐसे में भाजपा अपनी जिम्मेदारी से कैसे बच सकती है?

टीएन शेषन ने पहली बार चुनाव आचार संहिता का कड़ाई से पालन करवाना शुरू किया था। उसके पहले तक, राजनैतिक नेताओं के भाषण और वक्तव्य, नियमों के कितने ही विपरीत होने पर भी चुनाव आयोग उनके विरुद्ध कोई कार्यवाही नहीं करता था। नतीजे में साम्प्रदायिक ताकतों ने घृणा फैलाने वाले वक्तव्यों का जमकर इस्तेमाल साम्प्रदायिक ध्रुवीकरण करने और उसके जरिए चुनाव जीतने के लिए किया। यह हमारी धर्मनिरपेक्ष-प्रजातांत्रिक व्यवस्था की एक बड़ी कमजोरी रही है।

धर्मनिरपेक्ष-प्रजातंत्र के अस्तित्व बने रहने के लिए यह जरूरी है कि कुछ नियमों और कानूनों को कड़ाई से लागू किया जाए। भारत में हम भ्रष्टाचार, साम्प्रदायिकता, जातिवाद और राजनीति के अपराधीकरण को नजरअंदाज करते रहे हैं। इसका एक मुख्य कारण यह है कि राष्ट्रीय पार्टियों सहित लगभग सभी राजनैतिक पार्टियाँ इन घातक प्रवृत्तियों का इस्तेमाल अपने हित साधन के लिए करती रही हैं। यह दुर्भाग्यपूर्ण है कि राजनेताओं की जगह नौकरशाही को चुनाव सम्बन्धी नियमों और कानूनों को लागू करना पड़ रहा है।

घृणा और कटुता फैलाने वाली बातों को नजरअंदाज करने का सबसे बड़ा उदाहरण भाजपा के राम जन्मभूमि आन्दोलन के दौरान तत्कालीन कांग्रेस प्रधानमंत्री श्री

पीवी नरसिम्हाराव ने प्रस्तुत किया था। आन्दोलन के दौरान भाजपा ने उमा भारती, साध्वी ऋतंभरा सहित कई अन्य नेताओं की सेवाएँ समाज में घृणा फैलाने और साम्प्रदायिक ध्रुवीकरण करने के लिए ली थीं। ये तथाकथित साधू और साध्वियाँ अत्यन्त ओछी, कटु और उत्तेजक टिप्पणियाँ करते थे परन्तु उनके खिलाफ कभी कोई कार्यवाही नहीं की गयी। जब कुछ कांग्रेस राजनेताओं ने नरसिम्हाराव का ध्यान इन भड़काऊ भाषणों की तरफ आकर्षित किया तो उनका जवाब था कि इन भाषणों को नजरअंदाज करना बेहतर होगा।

अगर ऐसा नहीं किया गया होता तो राम जन्मभूमि आन्दोलन हिन्दुओं और मुसलमानों का ध्रुवीकरण नहीं कर पाता। सच तो यह है कि धर्मनिरपेक्षता आज भी हमारी राजनीति और प्रजातंत्र में घुलमिल नहीं सकी है। प्रजातंत्र, जनता के राज की बजाय राजनीतिज्ञों का राज बन गया है और राजनीतिज्ञों को सत्ता पाने के लिए धर्मनिरपेक्षता और प्रजातंत्र को कमजोर करने से कोई गुरेज़ नहीं होता।

पिछले साठ वर्षों में हमारे देश में प्रजातंत्र की जड़ें तो जम गयी हैं परन्तु राजनेता दिन-ब-दिन शक्तिशाली होते चले जा रहे हैं और जनता की आवाज सुनने वाला कोई नहीं है। चुनावों में उम्मीदवार, धर्मनिरपेक्षता और प्रजातंत्र में आस्थ रखने की घोषणा पर दस्तख्त करने के तुरन्त बाद साम्प्रदायिकता फैलाने और प्रजातंत्र की भावना के विपरीत काम करने में जुट जाते हैं। यह सिलसिला चुनाव दर चुनाव चलता आ रहा है।

टीएन शेषन, जो कि एक सेवानिवृत्त नौकरशाह थे, ने पहली बार इस तरह के मामलों में कड़ी कार्यवाही करना शुरू किया। इससे आम जनता खुश हुई और आने वाले चुनाव आयुक्तों के लिए नियम-कानूनों के खिलाफ वक्तव्यों, भाषणों, पोस्टरों आदि के विरुद्ध कार्यवाही करने का रास्ता खुल गया। चुनाव आयोग द्वारा वरूण गाँधी के खिलाफ बिना किसी देरी के प्रभावी कार्यवाही की गयी। एक समस्या यह भी है कि संविधान के तहत चुनाव आयोग की कुछ सीमाएँ हैं। कुछ मामलों में चुनाव आयोग की भूमिका केवल सिफ़ारिश करने तक सीमित है।

वरूण मामले में चुनाव आयोग ने भाजपा को यह सलाह दी कि वो वरूण गाँधी को अपना उम्मीदवार न बनाए। वही भाजपा, जो पहले कह रही थी कि वरूण गाँधी उसके उम्मीदवार नहीं हैं अब कहने लगी कि चुनाव आयोग को ऐसी सलाह देने का कोई अधिकार नहीं है और उसने वरूण गाँधी को पीलीभीत से अपना उम्मीदवार घोषित कर दिया। यही नहीं, भाजपा ने यह आरोप भी लगाया कि वरूण गाँधी के खिलाफ षड्यंत्र रचा गया है और इस षड्यंत्र को कांग्रेस के इशारे पर चुनाव आयुक्त श्री नवीन चावला ने अंजाम दिया है। तत्कालीन जब चुनाव आयोग ने कड़ी कार्यवाही की तो मायावती सरकार भी हरकत में आयी और वरुण गाँधी को गिरफ्तार कर लिया

गया। मुस्लिम वोटों के लालच में मायावती सरकार ने वरूण गाँधी पर राष्ट्रीय सुरक्षा अधिनियम के तहत भी कार्यवाही की।

भाजपा यह दावा करती है कि वह सच्ची धर्मनिरपेक्ष है जबकि अन्य पार्टियाँ छद्म धर्मनिरपेक्ष हैं। परन्तु भाजपा ने न सिर्फ़ वरूण गाँधी के उत्तेजक भाषण को उचित ठहराया वरन् कांग्रेस पर नवीन चावला के जरिए षड्यंत्र रचने का आरोप भी जड़ दिया। दूसरी ओर, वरूण गाँधी यह कहने लगे कि चुनाव आयोग को दी गयी सीडी नकली है। वरूण गाँधी जिस तरह की दोमुँही बातें कर रहे हैं वैसी हमारे राजनेता अक्सर करते हैं। वे जनता के सामने कुछ कहते हैं और संवैधानिक या कानूनी संस्थाओं के सामने कुछ और।

दरअसल, चुनाव केवल सत्ता का खेल बनकर रह गय हैं। भाजपा जैसी विचारधारा पर आधारित पार्टियों के लिए भी सत्ता पाने का उद्देश्य अपनी विचारधारा को लागू करना नहीं है। वो तो सत्ता पाने के लिए अपनी विचारधारा का इस्तेमाल कर रही है। कांग्रेस भी इस मामले में कुछ अलग नहीं है। जब सत्ता पाना ही राजनैतिक दलों का एकमात्र उद्देश्य रह जाता है तब प्रजातंत्र और आम जनों के हितों को चोट पहुँचना स्वाभाविक है। इसी प्रवृत्ति के कारण भारत की जनता ने सैकड़ों साम्प्रदायिक दंगों में अपनी जानें गवाई हैं और संपत्ति की हानि उठाई है।

सन् 1961 के जबलपुर दंगों से लेकर सन् 2002 के गुजरात कत्लेआम तक एक भी दंगा नहीं होता यदि सरकारों ने कानूनों को निष्पक्ष और प्रभावी तरीके से लागू किया होता। हर दंगे के पहले हिंसा और घृणा का वातावरण बनाने के लिए उत्तेजक भाषणबाजी की जाती है। इसके खिलाफ कोई कार्यवाही नहीं होती और नतीजतन आम जनता, विशेषकर अल्पसंख्यक, जानोमाल का नुकसान भुगतने को मजबूर हो जाते हैं।

जो लोग दंगे करवाते हैं वे न केवल खुलेआम घूमते रहते हैं बल्कि पीड़ितों को धमकाते हैं और उन्हें पुलिस, अदालतों या जाँच आयोगों के सामने सच बताने से रोकते हैं। श्रीकृष्ण आयोग ने कड़ी मेहनत से 1992–93 के मुम्बई दंगों का सच खोद निकाला था परन्तु आज तक दोषियों के खिलाफ कोई कार्यवाहीं नहीं हुई है। सन् 1992–93 के दंगों में सब इंस्पेक्टर कापसे की गोली का शिकार हुए निर्दोष फारूख मापकर को अठारह साल बाद न्याय मिला और वह भी उच्चतम न्यायालय के हस्तक्षेप के बाद।

गुजरात दंगों के पीड़ितों को भी न्याय नहीं मिल पाता यदि उच्चतम न्यायालय हस्तेक्षप नहीं करता। आज भी दंगों में मारकाट और लूटमार मचाने वाले अपराधी कानून की गिरफ्त से बाहर हैं। कभी-कभी तो ऐसा लगता है मानों सरकार की बजाय अदालतें देश का शासन चला रही हैं। राजनेता दंगों सहित कई अन्य अपराधों के मामलों में कार्यवाही करने से हिचकते हैं क्योंकि वे स्वयं उनमें शामिल होते हैं। इससे भी अधिक दु:खद यह है कि हमारा समाज भी धार्मिक आधार पर बंटा हुआ है और राजनीतिज्ञ समाज को बंटा हुआ रहने देना चाहते हैं।

इस सब का इलाज क्या है? इलाज आम जनता के हाथों में है। जब तक जनता साम्प्रदायिक और जातिवादी राजनीति करने वाले नेताओं को दरकिनार नहीं करेगी तब तक ये नेता समाज को बाँटते जाएँगे। प्रतिबद्ध बुद्धिजीवियों और सामाजिक कार्यकर्ताओं का भी यह कर्तव्य है कि वे लोगों के बीच जाएँ और उन्हें समझाएँ कि नेता किस तरह धर्म का इस्तेमाल राजनीति में कर रहे हैं। धर्म का सम्बन्ध आस्था से है, राजनीति से नहीं।

वरूण गाँधी ने हिन्दुओं के खिलाफ उठने वाले हाथों को काटने की बात कही है। हम उनसे यह पूछना चाहते हैं कि वे उन हिन्दू हाथों का क्या करेंगे जो हिन्दुओं पर ही उठ रहे हैं? शिवसेना के मराठी भाषी हिन्दू, मुम्बई में रह रहे हिन्दी भाषी हिन्दुओं पर हाथ उठा ही नहीं, चला भी रहे हैं। महाराष्ट्र में वरूण गांधी किसके हाथ काटेंगे? मराठी भाषी हिन्दुओं के या हिन्दी भाषी हिन्दुओं के?

वरूण गाँधी यह भी जान लें कि गैर-हिन्दुओं के नहीं, वरन् उनके जैसे हिन्दुओं के हाथ मुसलमानों और ईसाइयों पर उठ रहे हैं। इन हाथों के बारे में वे क्या करना चाहते हैं? यह शर्मनाक है कि महात्मा गाँधी ने हमारे देश को सहिष्णुता और दूसरे धर्मों का सम्मान करने का पाठ पढ़ाकर एक सूत्र में बाँधा और उनके ही नाम का एक व्यक्ति सत्ता के चंद टुकड़ों के लिए इस एकता को तोड़ रहा है। भारत एक महान देश है और अपने नागरिकों का एक-दूसरे के प्रति स्नेह और सम्मान रखने के कारण महान है। भारत और महान बनेगा। कई वरूण गाँधी आएँगे और चले जाएँगे। कितना दुर्भाग्यपूर्ण है कि एक युवक, जिसे आदर्शवादी होना चाहिए, उसके दिल में जहर के अलावा कुछ नहीं है।

घृणा की राजनीति का अन्तिम नतीजा क्या होता है वह हम पाकिस्तान में देख सकते हैं। वहाँ आज अराजकता का राज है। हमें यह याद रखना चाहिए कि जो समुदाय घृणा फैलाकर सत्ता पाता है अन्ततः वही घृणा, भस्मासुर बनकर उसका नाश कर देती है। पाकिस्तान में यही हो रहा है। दुनिया के सभी धर्म यह बताते हैं कि घृणा सब कुछ नष्ट कर देने वाली है और प्रेम और आपसी सम्मान से नवनिर्माण होता है।

वरूण गाँधी शायद यह सब नहीं समझते। हमें यह भी याद रखना चाहिए कि वरूण तो मात्र एक औजार हैं। देश में साम्प्रदायिकता फैलाने का काम आरएसएस का शक्तिशाली प्रचारतंत्र कर रहा है। आरएसएस, इस्लाम और ईसाई धर्म को विदेशी बताता है और हिन्दुओं से इन धर्मों से घृणा करने को कहता है। इस्लाम और ईसाइयत सदियों से भारत में हैं और वे हिन्दू, सिक्ख और जैन धर्मों जितने ही भारतीय हैं।

आरएसएस हमारे देश की साझा संस्कृति के स्थान पर 'विशुद्ध हिन्दू संस्कृति' की स्थापना करना चाहता है। भारत जैसे विविधधर्मी देश में यह प्रयास कभी सफल नहीं होगा। इस तथ्य को अपने जहन में उतारकर हमें हमारी साझा संस्कृति को आधुनिक धर्मनिरपेक्ष, प्रजातांत्रिक मूल्यों के जरिए और मजबूती देना है।

भाजपा का मुस्लिम-विरोध

उत्तर प्रदेश के पिछले विधान सभा चुनावों के दौरान भाजपा द्वारा जारी की गयी विवादास्पद सी.डी. ने एक बार फिर यह साफ कर दिया है कि भाजपा मुसलमानों से किस हद तक घृणा करती है। भाजपा का मुस्लिम-विरोध का यह चरम बिन्दु है।

आखिर कैसे एक जिम्मेदार राजनैतिक दल, जो धर्मनिरपेक्षता की शपथ लेकर एक प्रजातांत्रिक चुनाव प्रक्रिया में भाग ले रहा हो, इस तरह की प्रचार सामग्री जारी कर सकता है? विवादास्पद सी.डी. मुसलमानों के प्रति घृणा से लबरेज है और उसमें मुसलमानों के बारे में अत्यन्त अपमानजनक और आपत्तिजनक बातें बहुत छिछ्ली और गंदी भाषा में कहीं गई हैं। इस तरह की घृणा की तुलना केवल नाजियों की यहूदियों के प्रति घृणा से की जा सकती है।

भाजपा हर मुस्लिम-विरोधी निर्णय या कदम का स्वागत करती है। अभी हाल में जब इलाहाबाद हाईकोर्ट की एक एकल-जज बैंच ने उत्तर प्रदेश में मुसलमानों को अल्पसंख्यक मानने से इप्कार कर दिया तब भाजपा प्रवक्ता ने बिना देरी किये इस निर्णय का स्वागत करते हुए कहा था कि अदालत ने कांग्रेस के 'अल्पसंख्यकवाद' को नकार कर भाजपा के विचारों को स्वीकार किया हैं किसी अन्य पार्टी ने इस निर्णय का स्वागत नहीं किया और भाजपा को छोड़कर सभी ने उसे अनुचित बताया। जज ने अपने निष्कर्ष पर पहुँचने का आधार स्पष्ट किये बिना यह निर्णय सुना दिया और वह भी तब जबकि मुसलमानों के अल्पसंख्यक होने या न होने का उनके सामने प्रस्तुत मामले से कोई सम्बन्ध नहीं था। यह निर्णय उच्चतम न्यायालय द्वारा टी.एम.ए.पाई. फाउंडेशन मामले में पारित निर्णय के भी खिलाफ था।

स्वतंत्रता के बाद से ही मुसलमानों को अल्पसंख्यक माना जाता रहा है। किसी ने कभी भी इस मुद्दे पर कोई संदेह व्यक्त नहीं किया। उच्चतम न्यायालय ने यह घोषित किया है कि कोई भी धार्मिक समुदाय, जिसका आबादी में हिस्सा 50 फीसदी से कम हो, अल्पसंख्यक कहलाने का अधिकारी होगा और अखिल भारतीय स्तर पर जो समुदाय अल्पसंख्यक हैं, वे हर राज्य में भी अल्पसंख्यक होंगे। इसके अलावा, जैसा कि इलाहाबाद हाईकोर्ट के जज ने अपने फैसले में भी कहा है, संविधान सभा में हुई

बहसों में कहीं भी यह नहीं कहा गया कि मुसलमान उत्तर प्रदेश या किसी अन्य राज्य में अल्पसंख्यक नहीं होंगे।

बिना इन सब मुद्दों पर विचार किये भाजपा ने तुरत-फुरत इस निर्णय का स्वागत कर डाला और इसे 'अल्पसंख्यकवाद' पर अपने विचारों के सही होने का सुबूत बताया। बिना किसी संदेह के यह कहा जा सकता है कि कांग्रेस 'अल्पसंख्यकवादी' हो या न हो, भाजपा पक्की 'अल्पसंख्यक-विरोधी' है। किसी भी अल्पसंख्यक-विरोधी कदम या निर्णय का वह जोरदार स्वागत करती है।

रामजन्मभूमि आन्दोलन के दौरान भाजपा और उसके अनेक सदस्यों ने अत्यन्त कटु मुस्लिम-विरोधी अभियान चलाया था। सभी मुसलमानों को 'बाबर की औलाद' बताया गया। उमा भारती और ऋतम्भरा ने मुसलमानों को अत्यन्त अशलील और असंयत भाषा में कोसना तब तक जारी रखा जब तक एक उत्तेजित भीड़ ने बाबरी मस्जिद को गिरा नहीं दिया। मस्जिद के गिरने पर भाजपा नेताओं ने एक-दूसरे को गले लगाकर बधाई दी और उस दिन दीवाली मनायी गयी। उस पूरी रात उत्तर प्रदेश में पटाखे फोड़ गये। आज भी संघ परिवार उस दिन को 'शौर्य दिवस' के रूप में मनाता है जबकि शेष देश उसे धर्मनिरपेक्ष भारत के इतिहास पर एक बदनुमा दाग मानता है। भाजपा के नेताओं को शायद यह याद नहीं है कि उनने (अपने पूर्ववर्ती अवतार जनसंघ के रूप में) गाँधीजी की समाधि पर धर्मनिरपेक्षता और गाँधीवादी समाजवाद के प्रति निष्ठावान रहने की कसम खाई थी। सन् 1980 में यह शपथ लेने के तुरन्त बाद भाजपा ने अपना मुस्लिम-विरोधी अभियान शुरू कर दिया और संवैधानिक धर्मनिरपेक्षता को 'छद्म धर्मनिरपेक्षता' बताने लगी। कांग्रेस पर 'अल्पसंख्यकवाद' को बढ़ावा देने का आरोप लगाया गया और भाजपा ने 1980 के बाद से सभी चुनाव इन्हीं नारों पर लड़े।

मेरी भाजपा नेताओं को यह सलाह है कि वे अपनी पार्टी का नाम 'भारतीय हिन्दू पार्टी' (भाहिप) रख लें क्योंकि वैसे भी वे मुसलमानों को भारत का अंग नहीं मानते। अगर भाजपा सचमुच भारतीय जनता पार्टी होती तो वह कभी भी भारतीय मुसलमानों के प्रति शत्रुता का भाव नहीं रखती। इससे बेहतर तो 'हिन्दू महासभा' है जिसने 'हिन्दू' शब्द को अपने नाम में शामिल कर यह साफ कर दिया है कि वह एक हिन्दू पार्टी है जिसे सिर्फ हिन्दू हितों से मतलब है। हिन्दू महासभा के नेताओं को भी यह एतराज है कि यद्यपि भाजपा हिन्दू हितों का रक्षक होने का दम भरती है तथापि उसके नाम तक में 'हिन्दू' शब्द नहीं है। भाजपा नेतृत्व ने उक्त विवादास्पद सीडी से अपने को अलग करना तब ही शुरू किया जब चुनाव आयोग ने उस पर कड़ी आपत्ति की और यह कहा कि उक्त सीडी से दोनों समुदायों के बीच बैर भाव उत्पन्न होने की संभावना है। चुनाव आयोग ने भाजपा से यह जानना चाहा कि इस मामले ने उसके खिलाफ कार्यवाही क्यों न की जाये। इस मामले में चुनाव आयोग ने जिस साहस और सिद्धांतप्रियता का परिचय

दिया है, उसकी हम सराहना करते हैं। यह कदम बहुत पहले उठाया जाना था। कई प्रतिष्ठित नागरिकों ने चुनाव आयोग से यह अनुरोध किया है कि भाजपा की राजनैतिक दल के रूप में मान्यता समाप्त कर दी जाये क्योंकि उसके द्वारा चलाए जाने वाले सभी आन्दोलन देश की एकता व अखंडता को खतरे में डालने वाले होते हैं।

वैसे भी जो राजनैतिक दल 'हिन्दुत्व एजेंडा' की बात कहता हो, वह धर्मनिरपेक्ष दल होने के अपने दावे पर खरा नहीं उतर सकता। हिन्दुत्व या इस्लामियत की धर्मनिरपेक्ष राजनीति में कोई जगह नहीं है। धर्मनिरपेक्षता मूलत: एक राजनैतिक सिद्धान्त है। सभी राजनैतिक दलों को धर्मनिरपेक्षता को अपने राजनैतिक दर्शन के भाग के रूप में मान्यता देनी होती है। चुनाव आयोग के नियमों के अनुसार चुनावों में सभी उम्मीदवारों को धर्मनिरपेक्षता के प्रति अपनी निष्ठा की घोषणा करनी होती है। इन परिस्थितियों में किसी भी ऐसी पार्टी को धर्मनिरपेक्ष कैसे कहा जा सकता है जो दिन-रात हिन्दुत्व की दुहाई देती हो।

भाजपा अक्सर उच्चतम न्यायालय की एक एकल-जज की बैच के उस निर्णय का हवाला देती है जिसमें कहा गया था कि हिन्दुत्व दरअसल एक जीवन शैली है। हो सकता है यह सही हो परन्तु हिंदुत्व कभी भी राजनैतिक शैली नहीं हो सकता क्योंकि हमारे देश की राजनैतिक शैली धर्मनिरपेक्षता के अलावा कुछ नहीं हो सकती। हमारी राजनैतिक शैली किसी धर्म विशेष के सिद्धान्तों या केवल उसके मानने वालों के हितों से जुड़ी नहीं हो सकती।

राममन्दिर बनाना भला किस तरह किसी धर्मनिरपेक्ष राजनैतिक पार्टी के एजेंडा में शामिल हो सकता है, यद्यपि धारा 370 को हटाया जाना और समान नागरिक संहिता अवश्य धर्मनिरपेक्ष प्रकृति की मांगें हैं। राममन्दिर का निर्माण किसी धार्मिक संस्था का एजेंडा तो हो सकता है परन्तु वह किसी धर्मनिरपेक्ष राजनैतिक दल का नहीं हो सकता, विशेषकर एक ऐसे दल का जो एक ऐसे संवैधानिक ढांचे के अन्दर काम कर रहा हो, धर्मनिरपेक्षता जिसका मूल चरित्र हो। सुप्रीम कोर्ट ने गोलकनाथ मामले में धर्मनिरपेक्षता को संविधान के मूल ढांचे का भाग बताया है, जिसे संविधान संशोधन के जरिए भी नहीं बदला जा सकता।

इसमें कोई संदेह नहीं कि विवादास्पद सी.डी. भाजपा द्वारा ही जारी की गयी है। उक्त पार्टी द्वारा इसे नकारे जाने का कोई महत्व नहीं है क्योंकि सी.डी. को जिस समारोह में जारी किया गया था, उसमें भाजपा के अध्यक्ष श्री राजनाथ सिंह व वरिष्ठ नेता श्री लालजी टंडन मौजूद थे। इस सी.डी. से साफ है कि भाजपा कतई धर्मनिरपेक्ष नहीं है और उसका मूल चरित्र मुस्लिम-विरोधी है। इस सी.डी. में मुसलमानों के बारे में निहायत छिछली बातें कहीं गयी हैं जिनमें यह भी शामिल है कि वे चार बीवियाँ रखते हैं और 35 पिल्ले पैदा करते हैं।

सी.डी. में कही गयी बातें कतई आश्चर्यजनक नहीं हैं क्योंकि संघ परिवार वैसे भी मुसलमानों के बारे में 'हम पांच हमारे पच्चीस' का नारा बुलंद करता रहा है। यह नारा उन हजारों पर्चों में छापा गया था जिन्हें विहिप ने सन् 1985 में अपनी 'एकात्मा यात्रा' के दौरान बाँटा था।

जब हमारे देश में हर 1000 पुरुषों पर केवल 935 महिलाएँ हैं तब यह दावा कितना मूर्खतापूर्ण जान पड़ता है कि हर मुसलमान पुरुष चार बीवियाँ रखता है। सन् 1997 में कराये गये एक सर्वेक्षण से यह पता चला था कि मुसलमानों में बहुविवाह का प्रचलन सबसे कम है। उच्च जाति के हिन्दुओं में 5.8 प्रतिशत बहुविवाह होते हैं जबकि मुसलमानों में यह प्रतिशत 5.2 है। आदिवासियों, दलितों और जैनियों में यह प्रतिशत और अधिक है।

यह कहना भी गलत है कि मुसलमान परिवार नियोजन नहीं अपनाते और ढेर सारे बच्चे पैदा करते हैं। चौदह राज्यों में परिवार नियोजन के साधन अपनाने वाले मुसलमानों का प्रतिशत हिन्दुओं से अधिक है। केरल में 64 प्रतिशत मुसलमान परिवार नियोजन अपनाते हैं जबकि उत्तर प्रदेश में परिवार नियोजन अपनाने वाले हिंदुओं का प्रतिशत मात्र 35 है। मुसलमानों की चार पत्नियाँ और 35 बच्चे होते हैं ऐसा निहायत झूठा और आधारहीन प्रचार एक ऐसी राजनैतिक पार्टी को कतई शोभा नहीं देता जो केन्द्र में सरकार बनाने की महत्वाकांक्षा रखती हो।

भाजपा अक्सर यह दावा करती है कि वो सबसे अधिक देशभक्त राजनैतिक दल है। यह कैसी देशभक्त पार्टी है जो देश के 14 करोड़ नागरिकों से घृणा करती है? गुजरात के मुख्यमंत्री नरेन्द्र मोदी हमेशा आठ करोड़ गुजरातियों की अस्मिता की बात करते हैं परन्तु अपने ही राज्य के मुसलमान नागरिकों को सुरक्षा और सम्मान से जीने नहीं देना चाहते। मुसलमान गुजरात में दोयम दर्जे के नागरिकों का जीवन जी रहे हैं। राज्य के अधिकांश गाँवों के बाहर यह बोर्ड लगा है कि ''हिन्दू राष्ट के .... गाँव में आपका स्वागत है''।

यह दुर्भाग्यजनक है कि केन्द्र सरकार तक ने इन बोर्डों पर कोई ध्यान नहीं दिया है। राजस्थान की बारहवीं कक्षा की एक पाठ्यपुस्तक में कहा गया है कि प्रजातंत्र से फासिज्म बेहतर है क्योंकि फासिस्ट तानाशाह सही निर्णय ले सकता है जो कि प्रजातांत्रिक व्यवस्था में संभव नहीं है। यह तो सभी को पता है कि संघ परिवार व विशेषत: आर.एस.एस9 हिटलर का बड़ा प्रशंसक है।

संघ और भाजपा के निकट सम्बन्ध जगजाहिर है। भाजपा की हिम्मत नहीं है कि वो संघ के किसी हुक्म का पालन न करे। यह श्री एल.के. आडवाणी से बेहतर कौन जानता है जिन्हें भाजपा अध्यक्ष का पद मात्र इसलिए छोड़ना पड़ा क्योंकि संघ को जिन्ना के बारे में उनका वक्तव्य पसन्द नहीं आया था। क्या हमें भाजपा को गैर-

धर्मनिरपेक्ष दल घोषित करने के लिए और सुबूतों की जरूरत है ? क्या भाजपा ऐसा दल नहीं जो फासिज्म का समर्थक है और अल्पसंख्यकों पर निशाना साधता है ? क्या हमारे धर्मनिरपेक्ष, प्रजातांत्रिक राजनैतिक ढांचे में ऐसी पार्टी के लिए कोई जगह है ?

समय आ गया है कि चुनाव आयोग इन तथ्यों को गम्भीरतापूर्वक ले और जन प्रतिनिधित्व अधिनियम के तहत भाजपा के खिलाफ उचित कार्यवाही करे ताकि हमारी प्रजातांत्रिक और धर्मनिरपेक्ष संस्कृति अप्रदूषित रह सके।

इस्लाम, मुसलमान और आतंकवाद

मीडिया और राजनैतिक क्षेत्रों — विशेषकर पश्चिमी दुनिया में — इस्लाम और आतंकवाद पर्यायवाची शब्द बन गये हैं। जब मुस्लिम धर्मशास्त्री आतंकवाद के खिलाफ बोलते हैं तो उसे अचरज से देखा जाता है। यह अजीब बात है— चाहे यह जानबूझकर किया जाता हो या नासमझी के कारण होता हो— कि ओसामा के मुट्ठीभर समर्थक जब जेहाद की बात करते हैं तो उसे इस्लाम की असली आवाज बताया जाता है पर जब इस्लामिक धर्मशास्त्री आतंकवाद की निन्दा करते हैं तो इसे या तो संशय की दृष्टि से देखा जाता है या उसका इस अंदाज में स्वागत किया जाता है मानो कोई बहुत बड़ी घटना हो गयी हो।

हाल ही में दारूल उलूम देवबंध द्वारा आयोजित आतंकवाद-विरोधी सम्मेलन को मीडिया ने जबरदस्त तरजीह दी और उस पर ढेर सारे लेख और सम्पादकीय लिखे गये। इनसे ऐसा ध्वनित होता था मानो हजारों उलेमाओं का एक आवाज में आतंकवाद की निन्दा करना अत्यन्त अजीब व असामान्य घटना हो। सच तो यह है कि मीडिया द्वारा आतंकवाद के मुद्दे पर इस्लाम पर लगातार हमले किये जाने के कारण ही मजबूर होकर उलेमा को यह कदम उठाना पड़ा ताकि वे गैर--मुसलमानों तक यह संदेश पहुँचा सकें कि इस्लाम कतई आतंकवाद का समर्थन नहीं करता।

मुस्लिम धर्मशास्त्री यह भली भांति जानते हैं कि इस्लाम और आतंकवाद का कोई सम्बन्ध नहीं है परन्तु इस्लाम पर लगातार हो रहे हमलों के चलते उन्हें आतंकवाद को नाजायज और इस्लाम-विरोधी करार देते हुए वक्तव्य जारी करना पड़ा। यह ध्यान देने की बात है कि न तो ओसामा बिन लादेन और न ही अल् कायदा का कोई सदस्य इस्लामिक धर्मशास्त्र का ज्ञाता है। वे सब आधुनिक शिक्षा पाये युवक हैं या फिर राजनीतिज्ञ हैं। तालिबान में भी कोई जाना माना धर्मशास्त्री नहीं है। उनमें से कुछ पाकिस्तान के उत्तर पूर्व सीमांत प्रात (एन.डब्ल्यू.एफ.पी.) के मदरसों में पढ़े हो सकते हैं परन्तु किसी ने भी इस्लामिक धर्मशास्त्र का उच्च अध्ययन नहीं किया है। उनका ज्ञान अत्यन्त सतही है। उनके आका उनके लिए योजनाएँ बनाते थे और 'जिहाद' के नाम पर उनसे आतंकवादी हमले करवाते थे।

आज तक किसी भी प्रमुख इस्लामिक धर्मशास्त्री ने आतंकवाद को जायज या उचित नहीं बताया है। पश्चिमी एशिया के किसी भी इस्लामिक चिंतक या धर्मशास्त्री ने कभी भी आतंकवाद को 'जिहाद' का दर्जा देते हुए फतवा जारी नहीं किया। जाने-माने धर्मशास्त्री युसुफ कुर्दवी, जो परम्परावादी मुसलमानों द्वारा अत्यन्त सम्मान की निगाहों से देखे जाते हैं, ने आतंकवादी और आत्मघाती हमलों के जरिए निर्दोष लोगों की जान लेने की कड़ी आलोचना की थी। मुस्लिम विद्वानों की एक अन्तर्राष्ट्रीय संगोष्ठी में आत्मघाती हमलों को 'गैर इस्लामिक' घोषित किया गया था। कुरआन और हदीथ राजनैतिक आधारों को छोड़कर, किसी भी और कारण से आतंकवाद को स्वीकृति नहीं देते।

कुरआन में जिहाद पर कुल मिलाकर 41 आयतें हैं और किसी में भी जिहाद शब्द का इस्तेमाल हिंसा या युद्ध के अर्थ में नहीं किया गया है। पिछली सदी की शुरुआत में, जब आतंकवाद कोई बड़ा मुद्दा नहीं था, प्रतिष्ठित इस्लामिक विद्वान मौलवी चिराग अली ने जिहाद पर एक अत्यन्त विद्वतापूर्ण पुस्तक लिखी थी। इस पुस्तक में साफ शब्दों में कहा गया है कि जिहाद शब्द का इस्तेमाल कुरआन में कहीं भी युद्ध या हिंसा के अर्थ में नहीं किया गया है। यह पुस्तक उन सभी के लिए अत्यन्त महत्वपूर्ण है जो कुरआन में जिहाद का असली अर्थ समझना चाहते हैं।

पैगम्बर मोहम्मद ने कभी भी हमलावर के रूप में कोई युद्ध नहीं लड़ा। उन्होंने सभी युद्ध अपनी रक्षा के लिए लड़े। पैगम्बर साहब ने अधिकतर युद्ध मदीना और उसके आसपास लड़े। वे इस्लाम के दुश्मनों के हाथों प्रताड़ित होने से बचने के लिए मदीना आ गये थे और इस्लाम के विरोधियों ने उन पर हमला किया, तभी पैगम्बर साहब ने उसका प्रतिकार किया। वे कुरआन की आयत 2:190 की हिदायत का पालन करते थे जो यह कहती है कि 'अल्लाह के रास्ते पर चलते हुए उनसे लड़ो जो तुम्हारे खिलाफ हैं परन्तु आक्रान्ता न बनो। यह पक्का है कि अल्लाह आक्रान्ताओं को नहीं चाहते''।

कुरआन की इस आयत का अर्थ स्पष्ट है और इसकी व्याख्या की आवश्यकता नहीं है। पैगम्बर साहब आखिर किस तरह कुरआन की इस हुक्म को अपने ही जीवनकाल में नजरअंदाज कर सकते थे?

असली समस्या यह है कि हम धार्मिक और राजनैतिक मुद्दों में विभेद नहीं कर पाते। कई मुसलमानों ने अपने राजनैतिक हितों की पूर्ति के लिए जिहाद के सिद्धांत का दुरुपयोग किया, जैसा कि लम्बे समय तक ओसामा बिन लादेन ने किया है।

राजनैतिक उद्देश्यों के लिए जिहाद के इस्तेमाल की इजाजत पैगम्बर साहब कभी नहीं देते। सूफी संतों जैसे राजनैतिक सत्ता संघर्ष से दूर मुसलमानों ने जिहाद को एक बिलकुल ही अलग अर्थ दिया। सूफियों के अनुसार मोहब्बत और अमन इस्लाम के आधारभूत सिद्धान्त हैं और जिहाद अपनी इच्छाओं पर नियंत्रण करने का आत्मिक

संघर्ष है। दूसरे शब्दों में, जिहाद हमारे अन्दर की स्वार्थपूर्ण इच्छाओं के खिलाफ युद्ध है।

सूफ़ियों ने स्वयं को राजनैतिक सत्ता संघर्ष से हमेशा दूर रखा। वे शान्तिपूर्ण जीवन जीने में विश्वास करते थे और *सुलह-कुल* (संपूर्ण शान्ति और सबके साथ शान्ति) के सिद्धान्त को अपनाते थे। चूँकि उन्हें राजनीति और सत्ता से कोई लेना देना नहीं था इसलिए वे अत्यन्त सादा जीवन बिताते थे और अपनी इच्छाओं पर नियंत्रण रखने की कोशिश करते थे। उनका उद्देश्य संतोष और शान्ति से परिपूर्ण व्यक्ति बनना था और यह तभी हो सकता था जब वे अपनी इच्छाओं पर नियंत्रण स्थापित कर लेते।

आम मुसलमानों में सूफी इस्लाम सबसे ज्यादा लोकप्रिय था। इसका कारण यह था कि आमजनों को सत्ता की लड़ाई से कोई मतलब नहीं था। सूफी दूसरो पर नियंत्रण करने की बजाय स्वयं पर नियंत्रण करने को अधिक महत्व देते थे। हिंसा की आवश्यकता हमें तभी पड़ती है जब हम दूसरों पर नियंत्रण करना चाहते हैं। चूँकि सूफियों का स्वयं पर नियंत्रण था इसलिए वे हिंसा से दूर रहते थे। इसके विपरीत, चूंकि राजनेता दूसरों पर नियंत्रण कायम करना चाहते हैं इसलिए वे हिंसा का इस्तेमाल करते हैं।

इतिहास गवाह है कि अनेक राजाओं और सम्राटों ने अपने साम्राज्य के विस्तार के लिए धर्म या देशभक्ति के नाम पर युद्ध किये। अमरीका आज बड़े पैमाने पर हिंसा का इस्तेमाल इसलिए करता है क्योंकि वो पूरी दुनिया के भौतिक संसाधनों पर अपना कब्जा जमाना चाहता है। अमेरिका ने अफगानिस्तान, ईराक और वियतनाम पर इसलिए हमले किये क्योंकि वो तेल और अन्य संसाधनों पर अपना नियंत्रण कायम करना चाहता था। वियतनाम के निवासियों को उस समय अपनी रक्षा के लिए अमरीका के खिलाफ उसी तरह युद्ध लड़ना पड़ा जैसा कि आज ओसामा और उसके समर्थक लड़ रहे हैं।

कहने की आवश्यकता नहीं कि अमरीकी हमले के विरुद्ध वियतनाम के संघर्ष और ओसामा की आतंकवादी कार्यवाहियों में जमीन आसमान का फर्क है। वियतनाम एक देश था और हमले के खिलाफ अपनी रक्षा कर रहा था। ओसामा बिन लादेन सऊदी अरब का एक भगोड़ा था जो किसी देश का प्रतिनिधित्व नहीं करता था। वो स्वयं द्वारा स्थापित अल् कायदा का नेतृत्व करता था और छापामार युद्ध की तर्ज पर हमले करता था जिनमें बड़ी संख्या में निर्दोष लोग मारे जाते थे। ओसामा को न तो किसी देश और न ही किसी धर्म ने अपना प्रतिनिधि नियुक्त कर युद्ध लड़ने के लिए अधिकृत किया था। लगभग सभी प्रमुख इस्लामिक धर्मशास्त्रियों ने लादेन और उसके आतंकवाद की समय समय पर कड़े शब्दों में निन्दा की है। अभी हाल ही में ओसामा बिन लादेन मारा गया है।

एक समस्या यह भी है कि मीडिया कभी किसी मुद्दे की गहराई तक नहीं जाता। उसके पास इसके लिए समय ही नहीं रहता। अधिकतर समाचार किसी घटना विशेष से

जुड़े रहते हैं और जितनी सनसनीखेज और नकारात्मक यह घटना होती है उतनी ही वह मीडिया के लिए महत्वपूर्ण बन जाती है। खोजी पत्रकारिता कम होती है और मीडिया में कदाचित होने वाले गहन विश्लेषणों को केवल मुट्ठीभर बुद्धिजीवी पढ़ते हैं, आम व्यक्ति नहीं। इसके अतिरिक्त अमरीका की यहूदी लाबी का मुसलमानों के प्रति शत्रुतापूर्ण रवैया, अमरीका का मुस्लिम देशों पर आक्रमण किए जाने को उचित ठहराने के लिए प्रचार युद्ध और कुछ अन्य निहित स्वार्थों के राजनैतिक एजेंडा के चलते पश्चिमी मीडिया इस्लाम को जिहाद और आतंकवाद के धर्म के रूप में प्रचारित करता रहा है।

हमें यह समझना होगा कि इस्लामिक दुनिया में आज अनेक समानान्तर राजनैतिक, सामाजिक और धार्मिक धाराएँ चल रही हैं। कुछ राजनैतिक नेताओं के वक्तव्यों और मीडिया में प्रकाशित/प्रसारित हो रही खबरों के जरिए एक ऐसा चित्र बना दिया गया है मानो सारे मुसलमान जिहादी हैं और एक होकर गैर-मुसलमानों का सफाया करना चाहते हों। जब भी हम किसी समुदाय या राष्ट्र के प्रति पूर्वाग्रहग्रस्त होते हैं तो हम उस समुदाय या राष्ट्र के केवल नकारात्मक पहलुओं को देखते हैं और उनकी आंतरिक विविधता और जटिलता को नजरअंदाज कर देते हैं।

इस्लाम और मुसलमानों के सन्दर्भ में भी यही हो रहा है। चूँकि धर्मशास्त्री केवल एक इस्लाम की बात करते हैं अनेक इस्लामों की नहीं, इसलिए आमजनों के बीच ऐसा संदेश जाता है मानो इस्लाम के सभी मानने वाले धर्मशास्त्रियों से सहमत हैं और उनके बताए रास्ते पर चल रहे हैं। मुस्लिम समुदाय के आन्तरिक समाजशास्त्रीय और सांस्कृतिक विविधताओं को दरकिनार कर दिया जाता है। तथ्य यह है कि सूफियों के अलावा भी अनेक ऐसे मुस्लिम पंथ हैं जो हिंसा को इस्लाम का अविभाज्य अंग नहीं मानते।

यह जानना दिलचस्प होगा कि इस्लाम के विभिन्न पंथों में से केवल इस्मायली, जिहाद को इस्लाम के सात स्तम्भों में से एक मानते हैं जबकि सामान्यत: मुसलमान इस्लाम के सिर्फ पाँच स्तम्भ होने पर विश्वास करते हैं। ऐसा होने का कारण यह है कि एक समय इस्मायली सत्ता के लिए बहुत लम्बे समय तक चली एक लड़ाई में शामिल थे। परन्तु इसके बावजूद इस्मायली मुसलमान दुनिया भर में एक शांत और अमन पसन्द कौम मानी जाती है। इससे यह स्पष्ट है कि हिंसा धार्मिक नहीं बल्कि राजनैतिक आवश्यकता है।

बाइबिल में सबसे मोहब्बत करने का संदेश दिया गया है। बाइबिल यह भी कहती है कि अगर कोई हमें एक गाल पर तमाचा मारे तो हमें अपना दूसरा गाल उसके सामने कर देना चाहिए। इसके बावजूद *क्रूसेड्स* के दौरान ईसाइयों ने *होली वॉर* (पवित्र युद्ध) के सिद्धान्त का प्रतिपादन किया था। गीता में भी धर्मयुद्ध की बात कही गयी है। श्रीलंका और थाईलैंड जैसे बौद्ध देशों में बड़े पैमाने पर हिंसा हो रही है। यह साफ है कि सभी धर्म प्रेम और शान्ति की बात करते हैं और सभी धर्म आत्मरक्षा के

लिए हिंसा के इस्तेमाल को जायज ठहराते हैं। परन्तु इन धर्मों के मानने वाले आत्मरक्षार्थ की जाने वाली हिंसा को मिली धार्मिक अभिस्वीकृति का दुरुपयोग कर आक्रमण के लिए हिंसा का इस्तेमाल करते हैं।

मीडिया की अपनी मजबूरियाँ हो सकती हैं और राजनेताओं के अपने स्वार्थ हो सकते हैं, परंन्तु बुद्धिजीवियों और विद्वानों को नेताओं और मीडिया की बातों को आँख मूँदकर स्वीकार नहीं करना चाहिए। उन्हें अपने पूर्वाग्रहों से लड़ना चाहिए और सभी मुद्दों की गहराई तक जाने की कोशिश करनी चाहिए। बुद्धिजीवियों और विद्वानों को सत्य की खोज को अपना प्रमुख लक्ष्य बनाना चाहिए क्योंकि सत्य के बिना न तो शान्ति हो सकती है और न ही अहिंसा। गाँधीजी का जोर हमेशा से सत्य पर रहा था। उन्होंने तो सत्य को ईश्वर की उपाधि दी थी।

युद्ध को उचित ठहराने के लिए प्रचार की आवश्यकता होती है। यह प्रचार अर्धसत्य और सफेद झूठ का मिश्रण होता है। इसके विपरीत शान्ति के लिए सत्य और केवल सत्य की आवश्यकता होती है। सत्य की खोज से ही आत्मिक शान्ति मिल सकती है। दूसरों पर नियंत्रण करने की इच्छा ही असंतोष और हिंसा का कारण बनती है।

मुस्लिम लॉ को संहिताबद्ध करना जरूरी

इस्लामिक कानून, जिसे मुस्लिम पर्सनल लॉ भी कहा जाता है, हिन्दुत्ववादियों के अलावा धर्मनिरपेक्षता के पैरोकारों की भी आलोचना का शिकार होता रहा है। हिन्दुत्ववादी तो इस्लाम के प्रति अपने बैरभाव के चलते मुस्लिम पर्सनल लॉ की आलोचना करते हैं। परन्तु यही बात धर्मनिरपेक्षतावादियों के बारे नहीं कही जा सकती। वे यह मानते हैं कि मुस्लिम पर्सनल लॉ पुरुषों की ओर झुका हुआ है और महिलाओं से भेदभाव करता है।

हममें से बहुत से लोग यह समझते हैं कि भारत में इस समय लागू मुस्लिम पर्सनल लॉ, दरअसल शरियत कानून है। ऐसा नहीं है। जो मुसलमान मुस्लिम पर्सनल लॉ की वकालत इस आधार पर करते हैं कि वह शरियत कानून है, वे भ्रम के शिकार हैं। स्वतंत्रता के पहले इसी कानून को ऐंग्लो-मोहम्डन लॉ कहा जाता था।

मुगलों से सत्ता हासिल करने के बाद ब्रिटिश सरकार ने अपनी अदालतें स्थापित कीं जो मुस्लिम विवाह, तलाक, उत्तराधिकार आदि से जुड़े मामलों की सुनवाई करती थीं। इनमें से अधिकतर अदालतों के जज या तो अंग्रेज थे या गैर-मुस्लिम भारतीय। जो थोड़े-बहुत मुसलमान इन अदालतों में जज थे, वे भी ब्रिटिश कानून के जानकार थे।

शरियत कानून के बारे में इन अदालतों के जज कुछ नहीं जानते थे। लिहाजा वे मीरघायनी नामक एक हनाफ़ी विद्वान द्वारा लिखी गयी एक पुस्तक 'हिदाया' के हेम्लिटन नामक एक अंग्रेज द्वारा किये गये अनुवाद के आधार पर अपने निर्णय देते थे। कई बार वे अपना निर्णय सुनाने के पहले मौलवियों से भी मशविरा करते थे। चूँकि इन मामलों की सुनवाई ब्रिटिश अदालतों में होती थी इसलिए सुनवाई की प्रक्रिया ब्रिटिश कानून के अनुरूप होती थी और निर्णय का आधार 'हिदाया' रहती थी।

इन मामलों में निचली अदालतों और ऊपर की अदालतों द्वारा कई दशकों तक दिये गये निर्णयों का एक बड़ा संकलन धीरे-धीरे तैयार हो गया। इस संकलन को ही बाद में एंग्लो-मोहम्डन लॉ कहा जाने लगा। स्वतंत्रता के बाद इस कानून के नाम से एंग्लो शब्द हटा दिया गया और उसे मुस्लिम पर्सनल लॉ के नाम से जाना जाने लगा। इस तरह, मुस्लिम पर्सनल लॉ को शरियत कानून कहना गलत है।

दुर्भाग्यवश, हम मुसलमान या कम से कम मुस्लिम पर्सनल लॉ बोर्ड जिस कानून

की वकालत कर रहा है वह दैवीय कानून नहीं है, बल्कि एंग्लो मोहम्डन लॉ है। यह कानून कई मामलों में महिलाओं के साथ अन्याय करता है और हम इस अन्यायपूर्ण कानून को इस्लाम के नाम पर उचित ठहराते हैं। केवल कुरान और सुन्ना पर आधारित इस्लामिक कानून ही शरियत कानून कहे जा सकते हैं और ऐसे कानूनों की महिलाओं के प्रति भेदभावपूर्ण होने की सम्भावना बहुत कम है।

कई इस्लामिक देशों में पारम्परिक कानूनों में संशोधन कर उन्हें कुरान और सुन्ना के अनुरूप बनाया गया है और इससे महिलाओं को कई नये अधिकार मिले हैं। तुर्की में 'तंजीमात' नाम से जो कानून लागू है वह सुन्नी कानून की विभिन्न धाराओं जैसे हनाफ़ी, शफ़ी, मल्लिकी और हनबली से ऐसे प्रावधानों को चुनकर बनाया गया है जो महिलाओं के पक्ष में थे। भारत में भी सन् 1939 का मुस्लिम विवाह विघटन अधिनियम, मल्लिकी कानून पर आधारित था क्योंकि हनाफी कानून के अनुसार तो किसी महिला को उसके पति के गायब हो जाने के नब्बे साल बाद ही पुर्नीविवाह की इजाजत है।

अगर हम वर्तमान मुस्लिम पर्सनल लॉ को संहिताबद्ध कर दें तो इससे उसकी कई कमियाँ दूर हो जाएँगी और उसके एक बड़े दोष — लिंगभेद — को समाप्त किया जा सकेगा। सच तो यह है कि मूल इस्लामिक कानून, विवाह, तलाक और उत्तराधिकार के मामलों में बहुत प्रगतिशील है और महिलाओं को इतने अधिकार देता है जितने कि कोई दूसरा कानून नहीं देता। समय के साथ इस्लामिक कानून की यह मूल आत्मा तत्कालीन सामाजिक परिस्थितियों की भेंट चढ़ गयी। पारम्परिक कानून, कुरान और पैगम्बर मोहम्मद के आदेशों से अधिक महत्वपूर्ण बन गया। मुस्लिम पर्सनल लॉ को संहिताबद्ध करने से उसमें समय के साथ आये दोषों का निवारण कर, उसे कुरान की मूल आत्मा के अनुरूप बनाया जा सकता है।

इसी कारण हमने मुस्लिम पर्सनल लॉ को संहिताबद्ध करने का काम हाथ में लिया है। इस काम में लगी हमारी टीमें जाने-माने उलेमा, मुफ्ती, मुस्लिम वकीलों और मुस्लिम महिला सामाजिक कार्यकर्ताओं से मिलकर उनके विचार और उन्हें पेश आने वाली दिक्कतों के बारे में जान रही हैं। काफी सोच-विचार के बाद तैयार की गयी प्रश्नवली के जरिए इन सबके विचार जुटाए जा रहे हैं। हम भारत में मौजूद इस्लामिक कानून की सभी शाखाओं जैसे हनाफी, शारी, अशहरी, अह्ल-ए-हदीस आदि के विद्वानों से व्यापक विचार-विमर्श कर रहे हैं।

पर्सनल लॉ को संहिताबद्ध करते समय इन विद्वानों के विचारों को भी ध्यान में रखा जाएगा। कहने की आवश्यकता नहीं कि पर्सनल लॉ को संहिताबद्ध करने का काम इस्लाम की हदों में रहकर ही किया जाएगा ताकि वह सबको स्वीकार्य हो सके। इस्लामिक कानून से बाहर इसमें कुछ भी नहीं होगा परन्तु हम किसी एक शाखा तक स्वयं को सीमित नहीं रखेंगे। इस्लामिक कानून की कुछ शाखाओं में महिलाओं के पक्ष में अधिक प्रावधान हैं और हम इन प्रावधानों को प्राथमिकता देंगे। इस तरह, हम

लगभग वही करेंगे जो तुर्की में तंजीमात कानून को तैयार करते वक्त किया गया था।

देवबंद, लखनऊ, अलीगढ़ और आजमगढ़ के उलेमा के साथ हमारे साक्षात्कारों से हमें आश्चर्यमिश्रित खुशी हुई है। इनमें से अधिकांश उलेमा इस्लामिक कानून को महिलाओं के प्रति न्यायपूर्ण बनाने की आवश्यकता से सहमत थे। वे इस बात से भी सहमत थे कि इस्लामिक कानून को कुरान और सुन्ना के अनुरूप बनाया जाना चाहिए। वे मुस्लिम पर्सनल लॉ बोर्ड की इस माँग से कतई सहमत नहीं थे कि पर्सनल लॉ में कोई परिवर्तन नहीं किया जाना चाहिए।

कुछ अपवादों को छोड़कर अधिकांश उलेमा हमसे इस मामले में भी सहमत थे कि बिना किसी रोक-टोक के मुस्लिम पुरुषों को एक से अधिक विवाह करने की इजाजत नहीं दी जानी चाहिए। कुरान इसके लिए कड़ी शर्तें लगाती है जिसमें सभी पत्नियों के साथ न्याय करना शामिल है। कुरान कहती है ''यदि तुम्हें इसका भय हो कि उनके साथ समता का व्यवहार न कर सकोगे तो फिर एक ही पर बस करो''(4:3)। कुरान यह भी कहती है कि ''चाहे तुम कितना ही चाहो, तुम स्त्रियों के बीच पूर्ण रूप से न्याय नहीं कर सकते तो ऐसा भी न करना कि एक ही ओर बिलकुल झुक जाओ और दूसरी को इस तरह छोड़ दो जैसे कोई अधर में लटकी हो'' (4:132)।

इस तरह, कुरान पत्नियों की संख्या नहीं बल्कि उनके साथ न्याय करने पर जोर देती है। इसके विपरीत, आज के भारत में न्याय की बात कहीं खो गयी है और जोर एक से अधिक पत्नियाँ रखने के अधिकार पर है। कितनी विम्डबना की बात है कि 1400 साल पहले कुरान ने न्याय पर जोर दिया था और आज 21वीं सदी में, जब महिलाएँ कहीं अधिक पढ़ी-लिखी और अपने अधिकारों के प्रति जागरुक हैं, हम न्याय की बात नहीं करते।

दिलचस्प बात यह है कि कुछ उलेमा यह मानते हैं कि दूसरी पत्नी लाने से पहले पुरूष को पहली पत्नी की सहमति लेने की जरूरत भी नहीं है क्योंकि चार पत्नियाँ रखना पुरुषों का विशेषाधिकार है। वे तो यह मानने को भी तैयार नहीं हैं कि बहुविवाह सम्बन्धी आयत उहुद के युद्ध के बाद प्रकट हुई थी जिसमें दस प्रतिशत पुरुष मारे गये थे और विधवाओं और अनाथ बच्चों को देखभाल की जरूरत थी।

उलेमा की अज्ञानता सचमुच धक्का पहुँचाने वाली है। कुछ उलेमाओं ने यह फरमाया कि पुरुषों की सेक्स सम्बन्धी आवश्यकताओं की पूर्ति के लिए उन्हें एक से ज्यादा पत्नियाँ रखना जरूरी है। अन्यथा वेश्यावृत्ति को बढ़ावा मिलेगा। उनका कहना था कि अगर एक पत्नी माहवारी से गुजर रही है या गर्भवती है या उसने हाल में बच्चे को जन्म दिया है तो पुरुष क्या करेगा? उसके पास अपनी सेक्स सम्बन्धी आवश्यकता की पूर्ति करने के लिए दूसरी पत्नियाँ होनी ही चाहिए। ऐसी बात तो कुरान में अपरोक्ष ढ़ंग से भी कहीं नहीं कही गयी है परन्तु कुछ उलेमा कुरान के नाम पर और ऊपर दिये

गये वाहियात तर्कों के आधार पर बहुविवाह को उचित ठहराते हैं।

हमें यह जानकर भी आश्चयेमिश्रित खुशी हुई कि लखनऊ, देवबंद और अलीगढ़ के कुछ उलेमा मुँह-जबानी तलाक की कुप्रथा को खत्म करने के पक्ष में हैं। वे मुस्लिम पर्सनल लॉ बोर्ड की इस बात के लिए निन्दा करते हैं कि वह मुँह-जबानी तलाक की प्रथा को जिन्दा रखना चाहता है। एक उलेमा ने कहा कि अगर एक बैठक में तीन बार तलाक कहने मात्र से विवाह विच्छेद हो जाने को इस आधार पर उचित ठहराया जाता है कि दूसरे खलीफा हजरत उमर ने इसकी इजाजत दी थी तो फिर इस बात का ख्याल क्यों नहीं रखा जाता कि जिन लोगों ने भी इस तरीके से तलाक दिया था उन्हें हजरत उमर ने कड़ी सजा दी थी।

इन उलेमा का कहना था कि तलाक की इजाजत तभी दी जाने चाहिए जब तीन अलग-अलग मौकों पर तलाक शब्द का उच्चारण किया जाए। इससे मेल-मिलाप करवाने के लिए समय मिल सकेगा। कुछ का यह भी कहना था कि पुरुषों को पूरे जीवन में केवल तीन बार तलाक लेने की इजाजत मिलनी चाहिए। सभी सहमत थे कि तलाक के पहले पति-पत्नी के बीच मेल-मिलाप करवाने की कोशिश होनी चाहिए। जैसा कि कुरान कहती है, 'और यदि तुम्हें उन पति-पत्नी के बीच बिगाड़ का डर हो तो एक पंच पुरुष के लोगों में से और एक स्त्री के लोगों में से नियुक्त करो। यदि वे दोनों सुधार चाहेंगे तो अल्लाह दोनों में अनुकूलता पैदा कर देगा' (4:35)।

वर्तमान मुस्लिम पर्सनल लॉ में बहुविवाह की इजाजत और एक बैठक में तीन बार तलाक कहने पर विवाह का टूट जाना— ये दो प्रावधान महिलाओं के साथ हो रहे अन्याय के मुख्य कारण हैं। अगर बहुविवाह और मुँह-जबानी तलाक पर समुचित प्रतिबंध लगाये जाते हैं तो पर्सनल लॉ न केवल कुरान के अनुरूप बन जाएगा बल्कि वह वर्तमान की तुलना में अधिक प्रगतिशील और महिलाओं के प्रति न्यायपूर्ण होगा।

यद्यपि मुसलमानों में बहुविवाह का बहुत अधिक प्रचलन नहीं है परन्तु यह सच है कि भारत में काफी संख्या में मुसलमान एक पत्नी के रहते हुए दूसरा विवाह करते हैं। हिन्दुत्ववादियों के इस प्रचार में कोई दम नहीं है कि सभी मुसलमान चार-चार बीवियाँ रखते हैं। एक से अधिक पत्नियाँ रखने पर कड़ी शर्तें लगाने से स्थिति में सुधार आएगा।

इसी तरह, मुँह-जबानी तलाक का स्थान तलाक-अल्-सुन्ना या कुरान की व्यवस्था के अनुरूप तलाक को लेना चाहिए। यदि तलाक को रोकना सम्भव न हो तो भी तलाक महिलाओं के प्रति न्यायपूर्ण होना चाहिए। जैसा कि कुरान कहती है ''या तो सामान्य नियम के अनुसार स्त्री को रोक लेना चाहिए या फिर भले तरीके से रुख़सत कर देना चाहिए। और तुम्हारे लिए यह जायज़ न होगा कि जो कुछ तुम उन्हें दे चुके हो उसमें से कुछ ले लो'' (2:229)। अकारण और मनमाने ढंग से महिलाओं को घर से बाहर फेंक देने की इजाजत नहीं दी जा सकती। कानून का पालन होना चाहिए और

तलाक की प्रक्रिया कुरान और सुन्ना की मंशा के अनुरूप होनी चाहिए।

मुस्लिम पर्सनल लॉ पर पुनर्विचार करना किसी भी स्थिति में अल्लाह की खिलाफत करना नहीं कहा जा सकता। उलटे ऐसा करने से पर्सनल लॉ अल्लाह के आदेशों के अनुरूप बनेगा। इस विषय पर सभी को एकमत करना तो सम्भव नहीं होगा परन्तु हमारी कोशिश यही रहेगी कि मुस्लिम पर्सनल लॉ को इस ढंग से संहिताबद्ध किया जाए कि वह अधिकांश लोगों को स्वीकार्य हो सके और उसमें महिलाओं को पुरुषों के बराबर का दर्जा मिले। यही कुरान की मंशा है और यही आधुनिक कानूनों की भी।

हसरत मौहानी : स्वतंत्रता के ऐसे लड़ाके जिन्हें हम भूल चुके हैं

भारत के सभी धर्मों के लोग, चाहे वो हिन्दू हों, मुसलमान या अन्य, ने न केवल 1857 के स्वतंत्रता संग्राम में भाग लिया वरन अपनी जानें तक न्यौछावर की थीं। इस लड़ाई ने पूरे भारत में एक अभूतपूर्व एकता का वातावरण निर्मित किया था। श्रेष्ठि वर्ग से लेकर आम आदमी तक सभी ने कंधे से कंधा मिलाकर अंग्रेज शासको को कड़ी चुनौती दी थी।

मुसलमानों ने इस लड़ाई में न केवल महत्वपूर्ण भूमिका निभाई वरन् उन्हें उसकी भारी कीमत भी चुकानी पड़ी क्योंकि अंग्रेजों ने अपना गुस्सा मुख्यतः उन पर ही उतारा। बादशाह से लेकर साधारण किसानों तक और उलेमा से लेकर मजदूरों तक सभी को इस लड़ाई में, जिसे अंग्रेज 'विद्रोह' कहते थे, भाग लेने के लिए कड़ी सजाएँ दी गयी। अधिकांश मुस्लिम जमींदारों से उनकी जागीरें छीन ली गयीं और बड़ी संख्या में उलेमा को कालेपानी की सजा देकर माल्टा (इटली के नजदीक एक द्वीप) और अंडमान निकोबार भेज दिया गया। उस समय के अधिकांश आलीमों को, जिनमें मौलाना फज़ल खैराबादी भी शामिल थे, अंडमान भेज दिया गया जहाँ कैद से उनकी मुक्ति का आदेश पहुँचने के कुछ ही दिन पहले उनकी मृत्यु हो गयी।

प्रथम स्वतंत्रता संग्राम के इन्हीं लड़ाकों में से एक थे हसरत मौहानी जिन्होंने बीसवीं सदी के प्रारम्भ में अंग्रेज शासन के खिलाफ विद्रोह का बिगुल बजा दिया था। वे सर सैय्यद अहमद खान द्वारा स्थापित एंग्लो मोहम्मेडेन ओरियंटेल कालेज, अलीगढ़ के स्नातक थे और प्रतिभाशाली कवि थे। उन्होंने पहली बार सिर्फ प्यार-मोहब्बत की बातें करने वाली गजलों को राजनैतिक रंग दिया। ऊर्दू गजल के क्षेत्र में उनका योगदान तो महान था ही परन्तु यहाँ हम मुख्यतः स्वतंत्रता संग्राम में उनकी भूमिका की बात करेंगे।

हसरत मौहानी का नाम मौहानी इसलिए पड़ा क्योंकि वे उत्तर प्रदेश के मौहानी नामक स्थान के निवासी थे। उन्हें स्वतंत्रता से बेहद प्यार था और उन्होंने भारत पर ब्रिटिश शासन को कभी स्वीकार नहीं किया। वे लोकमान्य बाल गंगाधर तिलक के बड़े

प्रशंसक थे। तिलक के उद्घोष ''स्वतंत्रता मेरा जन्म सिद्ध अधिकार है'' से वे बहुत प्रभावित थे और अपनी गजलों में भी उन्हें तिलक महाराज कहकर सम्बोधित करते थे। यह महत्वपूर्ण है कि उनकी पत्नी निशातुन्ननिसा ने पर्दानशीन होते हुए भी अपने पति के साथ स्वतंत्रता संग्राम में खुलकर भाग लिया।

वे स्वतंत्रता की लड़ाई में इतने डूबे हुए थे कि उन्हें किसी दुःख, तकलीफ या आनन्द से कोई मतलब ही नहीं था। वे सभी परिस्थितियों में संतुलित और संतुष्ट रहते थे। वे बहुत कम आमदनी में अपना जीवन यापन करते थे और कभी-कभी तो उन्हें बिना किसी आमदनी के जीना पड़ा। उन्हें अंग्रेजों द्वारा कई बार जेल में डाला गया परन्तु उन्होंने कभी इसकी कोई शिकायत नहीं की। उनका सबसे बड़ा गुण यह था कि वे परिणामों की चिन्ता किये बगैर खुलकर कहते थे जिसे वह सही और सच समझते थे। इस मामले में उन्होंने कभी कोई समझौता नहीं किया।

हसरत मौहानी ने कभी अपने किये वायदे को नहीं तोड़ा। एक बार उन्होंने अपनी पत्रिका में एक लेख का प्रकाशन किया जो कि ब्रिटिश राज के खिलाफ था। लेखक ने अपना नाम सार्वजनिक नहीं करने का अनुरोध किया था। अंग्रेज अधिकारियों ने हसरत मौहानी से लेखक का नाम बताने के लिए कहा परन्तु उन्होंने साफ इनकार कर दिया। इसके बाद उन्हें यह धमकी दी गयी कि उनकी सुरक्षा निधि जब्त कर ली जाएगी और उनकी पत्रिका का प्रकाशन बन्द कर दिया जाएगा। हसरत मौहानी फिर भी नहीं झुके और उन्होंने लेखक का नाम नहीं बताया। नतीजतन, उनकी सुरक्षा निधि जब्त कर ली गयी, उन्हें गिरफ्तार कर जेल में डाल दिया गया और उनकी बेशकीमती लायब्रेरी नष्ट कर दी गयी। परन्तु इसके बाद भी उन्होंने उस लेख के लिखने वाले का नाम गुप्त ही रखा।

हसरत मौहानी अत्यन्त धार्मिक प्रवृत्ति के मुसलमान थे परन्तु उसके साथ ही वे कम्युनिस्ट भी थे। वे अपनी गजलों में खुद को 'सूफी मोमिन' और 'इस्तराखी मुस्लिम' (सूफी विचारधारा में विश्वास करने वाला कम्युनिस्ट मुसलमान) बताते थे। हसरत मौहानी सन् 1925 में गठित भारतीय कम्युनिस्ट पार्टी के संस्थापको में से एक थे। उन्हें सर्वहारा वर्ग से बहुत सहानुभूति थी और वे कहा करते थे कि इस्लाम और सोवियत कम्युनिज्म में बहुत सी समानताएँ हैं। वे यह भी कहते थे कि 'सोवियत' शब्द अरबी के 'सवियत' शब्द से बना है जिसका अर्थ होता है समानता। इस्लाम का मूल सिद्धान्त समानता है और कम्युनिस्ट विचारधारा भी समानता में विश्वास करती है।

सन् 1925 में कानपुर में कांग्रेस अधिवेशन के दौरान हसरत मौहानी और उनकी पत्नी किसानों और मजदूरों के एक जुलुस के साथ अधिवेशन स्थल पर पहुँचे परन्तु उन्हें जवाहरलाल नेहरू के नेतृत्व में सेवादल कार्यकर्ताओं ने पंडाल में घुसने से रोक दिया। नेहरू ने सेवादल कार्यकर्ताओं को मौहानी और उनके साथियों पर लाठीचार्ज करने के लिए कहा। यह सुनकर मौहानी की पत्नी निशातुन्ननिसा आग बबूला हो गयीं

और उन्होंने नेहरू को एक थप्पड़ रसीद कर दिया और उन्हें इस तरह के तानाशाहीपूर्ण आदेश देने के लिए जमकर खरी-खोटी सुनायी। नेहरू ने अपनी गलती स्वीकार की और बेगम निशातुन्ननिसा से माफी माँगी।

बेगम निशातुन्ननिसा स्वयं भी एक महान स्वतंत्रता संग्राम सेनानी थीं और वे अपने पति के साथ अन्त तक खड़ी रहीं। कट्टरपंथी पृष्टभूमि की एक मुस्लिम महिला होते हुए भी बीसवीं शताब्दी के शुरुआती दौर में उनका स्वतंत्रता संग्राम में महत्वपूर्ण भूमिका निभाना न केवल अत्यन्त प्रशंसनीय था वरन मुस्लिम महिलाओं की इस सामान्य छवि के विरुद्ध भी था कि वे पर्दे में लिपटी रहती हैं और घर की चहारदीवारी में कैद रहती हैं। बेगम निशातुन्ननिसा इतनी साहसी थीं कि उन्होंने पंडित नेहरू जैसे व्यक्ति से भी बहस करने में तनिक भी संकोच नहीं किया।

मौलाना हसरत मौहानी अपने कालेज के दिनों से ही स्वतंत्रता संग्राम में भाग लेते रहे थे और तभी से उनकी समझौता नहीं करने की आदत के कारण उन्हें कई समस्याएँ पेश आना शुरू हो गयी थीं। अपनी कालेज की पढ़ाई खत्म करने के बाद उन्होंने 'ऊर्दू-ए-मुआला' नाम से एक पत्रिका निकालना शुरू की जो नाम के लिए तो साहित्यिक पत्रिका थी परन्तु उसमें स्वतंत्रता संग्राम के पक्ष में राजनैतिक लेख जमकर छपा करते थे।

सन् 1904 में हसरत मौहानी भारतीय राष्ट्रीय कांग्रेस में शमिल हो गये और पार्टी के अधिवेशनों में सन् 1907 के सूरत अधिवेशन तक डेलीगेट की हैसियत से शामिल होते रहे। उन्होंने कांग्रेस के कलकत्ता, बनारस और बंबई में हुए अधिवेशनों की रिपोर्टें अपनी पत्रिका में छापी भी। परन्तु सन् 1907 के सूरत अधिवेशन में नरम दल और गरम दल के बीच सीधी टक्कर होने के बाद उन्होंने तिलक के साथ कांग्रेस छोड़ दी और उसके बाद से वे कांग्रेस से उतनी ही घृणा करने लगे जितनी वे मुस्लिम लीग से करते थे, जो कि अस्तित्व में आ चुकी थी और जिसमें अंग्रेजों के प्रति वफादार सामन्तो की भरमार थी।

कांग्रेस छोड़ने के बाद भी हसरत मौहानी गरम दल के समर्थक बन रहे और उसके समर्थन में अपनी पत्रिका में लेखन भी करते रहे। उनका तर्क यह था कि भारतीय उपमहाद्वीप का उज्जवल भविष्य ब्रिटिश साम्राज्यवाद से पूरी तरह मुक्ति में ही निहित है। वे लोकमान्य तिलक के घोर प्रशंसक बने रहे और तिलक की मृत्यु तक उनकी पूर्ण स्वतंत्रता की माँग का समर्थन करते रहे। मौलाना मौहानी यह मानते थे कि बिना संघर्ष के स्वतंत्रता नहीं मिल सकती क्योंकि भेंट में मिली हुई स्वतंत्रता कभी भी लम्बे समय तक कायम नहीं रहेगी।

मौलाना ने कभी भी मुस्लिम लीग की ब्रिटिश-समर्थक नीतियों को स्वीकार नहीं किया। उन्होंने उर्दू-ए-मुआला में अपने लेखों में मुस्लिम लीग की जमकर

आलोचना की। उन दिनों मुस्लिम लीग के नेता अंग्रेजों की प्रशंसा में रत रहते थे और हमेशा यह कहते थे कि अंग्रेजों ने भारतीयों का बहुत भला किया है। अपने एक लेख में उन्होंने कहा कि कुछ अस्थाई और संयोगवश मिले हुए लाभों के कारण अंग्रेजों को धन्यवाद देने की कोई आवश्यकता नहीं है। उनका कहना था कि महत्वपूर्ण यह है कि अंग्रेज शासकों का असली इरादा क्या है। जब मुस्लिम लीग के नेता नवाब वकारूल मुल्क ने अपने एक भाषण में ब्रिटिश सरकार की जमकर तारीफ की तो हसरत मौहानी ने अपनी पत्रिका में वकारूल मुल्क की कड़ी आलोचना की।

दिलचस्प बात यह है कि मौलाना हसरत मौहानी ने सन् 1921 के अहमदाबाद कांग्रेस अधिवेशन में भाग लिया और भारत की पूर्ण स्वतंत्रता की माँग करते हुए एक प्रस्ताव प्रस्तुत किया। उस समय गाँधीजी भी पूर्ण स्वतंत्रता के लिए तैयार नहीं थे और अंग्रेजों के अधीन *होमरूल* की बात कर रहे थे। हसरत मौहानी का प्रस्ताव गाँधीजी के व्यापक प्रभाव के चलते पास नहीं हो सका।

जिस समय अहमदाबाद में कांग्रेस का अधिवेशन चल रहा था लगभग उसी समय वहाँ मुस्लिम लीग का अधिवेशन भी हुआ। अधिवेशन को सम्बोधित करते हुए मुस्लिम लीग के अध्यक्ष की हैसियत से हसरत मौहानी ने जोरदार ढंग से सम्पूर्ण स्वतंत्रता की वकालत की। परन्तु यहाँ भी उन्हें सफलता नहीं मिली। अपने अखबार 'यंग इंडिया' में लिखते हुए महात्मा गाँधी ने टिप्पणी की कि हसरत मौहानी कांग्रेस और मुस्लिम लीग, दोनों ही मंचों से अपनी सम्पूर्ण स्वतंत्रता की बात को मनवाने में सफल नहीं हो सके। मुस्लिम लीग के अधिवेशन के अपने भाषण में हसरत मौहानी ने यह भी प्रस्तावित किया कि संयुक्त राज्य अमेरिका की तरह संयुक्त राज्य भारत की स्थापना की जानी चाहिए और इस संघ के सभी राज्यों को अधिकतम स्वायत्तता दी जानी चाहिए ताकि मुस्लिम-बहुल इलाकों में मुसलमान पूरी स्वतंत्रता से काम कर सकें। इस तरह मौलाना ने एक तरह से सन् 1946 में ब्रिटिश केबिनेट मिशन द्वारा प्रस्तुत योजना का प्रारूप ही प्रस्तुत कर दिया था। अगर इस योजना को स्वीकार कर लिया जाता तो भारत का विभाजन नहीं होता।

हसरत मौहानी ने सन् 1937 के मुस्लिम लीग अधिवेशन में यह प्रस्तावित किया था कि मुस्लिम लीग का उद्देश्य भारत के लिए सम्पूर्ण स्वतंत्रता प्राप्त करना तो होगा ही, उसकी कोशिश यह भी होगी कि भारत एक प्रजातांत्रिक संघीय गणराज्य बने जिसके संविधान में अल्पसंख्यकों के अधिकारों और उनके कल्याण की पूरी-पूरी गारंटी हो। इस तरह मुस्लिम लीग के मंच से भी मौलाना मौहानी सम्पूर्ण स्वतंत्रता और प्रजातांत्रिक व धर्मनिरपेक्ष भारत की स्थापना की वकालत करते रहे।

हसरत मौहानी ने अलीगढ़ में एक स्वदेशी स्टोर भी शुरू किया जिसका उद्देश्य सन् 1920 के दशक में चले सविनय अवज्ञा आन्दोलन को समर्थन देना था। उन्होंने यह स्टोर तब शुरू किया जब उनकी पत्रिका का प्रकाशन प्रतिबन्धित कर दिया गया।

स्वदेशी के प्रति हसरत मौहानी की प्रतिबद्धता का अंदाजा इस बात से लगाया जा सकता है कि एक बार जब सुलेमान नदवी के दफ्तर में उन्हें रात गुजारनी पड़ी तो दिसम्बर की कड़ाके की ठंड के बावजूद उन्होंने विदेशी कम्बल ओढ़ना मंजूर नहीं किया। इस घटना का वर्णन करते हुए मौलानी नदवी ने लिखा है कि मौहानी पूरी रात ठंड के मारे थर-थर काँपते रहे परन्तु उन्होंने कम्बल नहीं ओढ़ा।

हसरत मौहानी सभी इस्लामिक परम्पराओं और नियमों का निष्ठापूर्वक पालन करते थे और जेल में रहते हुए भी रमजान के दौरान रोज़ा रखते थे। परन्तु इसके साथ ही वे कम्युनिस्ट आन्दोलन में भी बहुत सक्रिय थे और कम्युनिस्ट पार्टी की स्थापना में उनका महत्वपूर्ण योगदान था। ऐसा था हसरत मौहानी का बहुआयामी व्यक्तित्व। वे भारत की स्वतंत्रता और स्वतंत्र भारत में न्यायपूर्ण सामाजिक व्यवस्था के निर्माण के लिए जिए और मरे। नई पीढ़ी को उनके व्यक्तित्व से प्रेरणा ग्रहण करनी चाहिए।

आतंकवादी हमले — क्या कोई रास्ता है?

कहा जाता है कि आतंकवाद की सर्वमान्य परिभाषा देना बहुत कठिन है। यह बात सही है। कारण यह है कि मेरा आतंकवादी आपका स्वतंत्रता संग्राम सेनानी हो सकता है। परन्तु भारत में हो रहे आतंकवादी हमलों के बारे में इस तरह के किसी विवाद के लिए कोई स्थान नहीं है। वे लोग, जिन्होंने पिछले दिनों बैंगलुरु और अहमदाबाद में बम विस्फोट किये, वे चाहे अपने को भारतीय मुजाहिदीन कहें या कुछ और, इसमें कोई संदेह नहीं कि वे केवल और केवल आतंकवादी हैं। इन क्रूर लोगों द्वारा मुजाहिदीन शब्द का इस्तेमाल इस शब्द का अपमान है। दरअसल, मुजाहिद वह होता है जो सिद्धांतों के लिए, मानवता के लिए और न्याय के लिए लड़ता है और जो दूसरों की दुख-तकलीफों के प्रति संवेदनशील होता है। जिन लोगों ने निर्दोष महिलाओं, बच्चों और पुरुषों को मारा और यहाँ तक कि बीमारों और घायलों को भी नहीं बख्शा, वे मुजाहिदीन तो क्या मानव कहलाने के लायक भी नहीं हैं। मुजाहिद कभी बदले की भावना से पीड़ित नहीं होता। कुरआन बदला लेने की इच्छा की कड़ी निन्दा करती है और अल्लाह को 'गफ़ूर-उर-रहीम' अर्थात माफ करने वाला और दया करने वाला कहती है। इन हत्यारों को किसी भी तरह से मुजाहिद नहीं कहा जा सकता।

इतिहास इस बात का गवाह है कि धर्म का सहारा लेकर अपने कृत्यों को उचित ठहराने का प्रयास हमेशा से होता रहा है। मैं अपने देशवासियों से यह अपील करना चाहता हूँ कि वे किसी के भी धार्मिक नारों और बातों से प्रभावित न हों। हमारे देश में हिन्दुत्व की शक्तियाँ भी धार्मिक शब्दावली का इस्तेमाल अपने राजनैतिक लक्ष्यों की पूर्ति के लिए करती रही हैं। राममन्दिर का मुद्दा और उस मुद्दे को लेकर श्री आडवाणी द्वारा निकाली गयी रथयात्रा का उद्देश्य क्या राम के प्रति श्रद्धा का राजनैतिक दुरुपयोग करना नहीं था? आधुनिक प्रजातंत्र में कई तरह के अन्याय होते रहते हैं और इन अन्यायों पर पर्दा डालने के लिए हमारे राजनेता धार्मिक भाषणबाजी का उपयोग करने में सिद्धहस्त हैं। श्री नरेन्द्र मोदी ने गोधरा घटना का इस्तेमाल गुजरात में सत्ता पाने के लिए किया। हिन्दुत्व की लहर पर सवार होकर वे गुजरात की गद्दी तक पहुँचे।

बैंगलुरु में हुए धमाकों के एक दिन बाद नरेन्द्र मोदी ने चैतपुर (सौराष्ट्र) में

भाषण देते हुए बड़े गर्व से यह कहा था कि आतंकवादी भले ही जयपुर और बैंगलुरु पर हमला कर लें, परन्तु वे गुजरात में कदम तक नहीं रख सकते। इसके अगले दिन गुजरात भाजपा के अध्यक्ष ने खेड़ा जिले के वीरपुर गाँव में भाषण देते हुए कहा कि जब तक नरेन्द्र मोदी हैं, तब तक किसी आतंकवादी की गुजरात पर हमला करने की हिम्मत नहीं हो सकती। गुजरात विधानसभा चुनाव के प्रचार के दौरान भी नरेन्द्र मोदी ने कहा था कि आतंकवादियों का सामना करने के लिए 36 इंच का सीना चाहिए, जो कांग्रेस का नहीं है। मोदी के बड़बोलेपन के 24 घंटों के भीतर अहमदाबाद पर भयावह आतंकवादी हमला हुआ। अगले दिन सूरत के डायमंड हब इलाके से 18 बम बरामद हुए जो कि सौभाग्यवश नहीं फटे। क्या कम से कम अब मोदी बड़ी-बड़ी बातें करने से बाज़ आएँगे ?

अहमदाबाद बम विस्फोटों के आधे घंटे के भीतर मोदी ने सेना बुलवा ली और शान्ति बनाये रखने की अपील की। काश, उन्होंने इतनी ही तत्परता गोधरा में ट्रेन में आग लगासे जाने के बाद दिखाई होती। गोधरा घटना उतनी ही निन्दनीय है जितनी की अहंमदाबाद के बम धमाके, जिनमें 49 निर्दोष लोग मारे गये। श्री मोदी का व्यवहार दोनों घटनाओं के बाद बिलकुल अलग-अलग था। गोधरा ट्रेन दुर्घटना के समय मोदी अगले चुनाव को जीतने की जुगत भिड़ा रहे थे। अहमदाबाद बम विस्फोटों के समय चुनाव बहुत दूर थे।

अगर मोदी ने बम धमाकों के बाद हिन्दुत्व का राग अलापना शुरू कर दिया होता तो इसके परिणाम की कल्पना करने मात्र से ही मन सिहर उठता है। न जाने कितने और मासूमों को अपनी जानें खोनी पड़ती। अहमदाबाद के आम जन भी बधाई के पात्र हैं उन्होंने इतनी बड़ी त्रासदी को धैर्य और हिम्मत से झेला और शान्ति बनाये रखी। मुझे विश्वास है कि गुजरात के लोग गोधरा ट्रेन त्रासदी का भी इतनी ही धैर्य और हिम्मत से मुकाबला करते, यदि मोदी ने मुसलमानों पर हमले शुरू न करवा दिये होते।

अहमदाबाद के बम विस्फोट और पिछले दिनों संसद में विश्वास मत के दौरान हुए तमाशे ने यह दिखला दिया है कि इस 21वीं सदी में भी हमारा धर्मनिरपेक्ष प्रजातंत्र निर्दोषों की लाशों और भ्रष्टाचार के पहाड़ पर खड़ा है। प्रजातंत्र का अर्थ होता है आमजनों की सत्ता में भागीदारी। दुर्भाग्यवश, हमारे देश में राजनीति पर शक्तिशाली निहित स्वार्थों का कब्जा हो गया है। ये निहित स्वार्थी बातें तो प्रजातंत्र की करते हैं परन्तु हत्याओं और नोटों की राजनीति करते हैं।

आतंकवाद एक विशिष्ट राजनैतिक परिस्थिति की राजनैतिक प्रतिक्रिया है। आतंकवाद की जड़ों को किसी भी धर्म विशेष में खोजना बेकार है। जिस तरह हिन्दुत्व का जन्म हिन्दू धर्म से नहीं वरन् दक्षिणपंथी पार्टियों की राजनीति से हुआ है उसी तरह जिहादी, इस्लाम से नहीं वरन् दक्षिणपंथी मुस्लिम राजनैतिक संगठनों से जन्मे हैं।

सैद्धान्तिक तौर पर तो धर्मनिरपेक्ष प्रजातंत्र में धर्म और राजनीति में पर्याप्त द

रहना चाहिए और राजनीति केवल लोगों से जुड़े हुए धर्मनिरपेक्ष मुद्दों पर केन्द्रित होना चाहिए। परन्तु व्यवहार में ऐसा नहीं होता। पश्चिमी देशों सहित दुनिया के सभी देशों में, विशेषकर एशियाई और अफ्रीकी देशों में, धर्म ही राजनैतिक घटनाक्रम की दिशा तय करता है। यह स्थिति आधुनिक प्रजातंत्र का एक नासूर है। हमारे देश में खेली जा रही साम्प्रदायिक राजनीति के चलते ही देश के दो टुकड़े हुए और उस विभाजन की त्रासदी को हम आज भी झेल रहे हैं।

विशेषज्ञ इस बात पर चिन्तन मनन कर रहे हैं कि हमारे देश की गुप्तचर एजेंसियाँ इन बम धमाकों के बारे में कोई पूर्व सूचना क्यों नहीं जुटा सकीं। धमाकों से जुड़े हुए अन्य मुद्दों पर भी चर्चा जारी है। ये सब मुद्दे महत्वपूर्ण हैं और इन पर गहन विचार होना चाहिए। परन्तु मैं इन हमलों के राजनैतिक पक्ष पर चर्चा करना चाहता हूँ। हम इस पर विचार करें कि आतंकवादी, साम्प्रदायिक और नक्सलवादी हिंसा के लिए हमारी राजनीति किस हद तक जिम्मेदार है? साम्प्रदायिक, आतंकवादी और नक्सलवादी हिंसा के पीछे के कारण अलग-अलग हो सकते हैं परन्तु इन सबके बीच जो समानता है वह है हिंसा जिसमें निर्दोष लोग अपना जानो-माल गँवाते हैं।

इस तरह की हिंसा, गम्भीर राजनैतिक अन्याय और ज्वलन्त समस्याओं को राजनैतिक रास्ते से हल करने में असफलता का नतीजा होती हैं। देश के विभाजन और स्वतंत्रता के बाद भी हमने अपना साम्प्रदायिक दृष्टिकोण नहीं त्यागा है और न ही हम साम्प्रदायिक राजनीति से अपना नाता तोड़ सके हैं। हमारे नेता न तो सच्चे धर्मनिरपेक्ष हैं और न ही प्रजातंत्र के प्रति प्रतिबद्ध हैं। हमारी प्रशासनिक मशीनरी का भी लगभग यही हाल है। बहुमतवाद हमारी राजनीति का हिस्सा बन गया है। हमने अपनी शिक्षा व्यवस्था को धर्मनिरपेक्ष बनाने की कोई कोशिश नहीं की। महात्मा गाँधी, पंडित नेहरू और जाकिर हुसैन ने यह जोर देकर कहा था कि हमें हमारी शिक्षा पद्धति में मूलभूत परिवर्तन करने होंगे और उसे साम्राज्यवादी प्रभाव से मुक्त करना होगा। परन्तु हम उसी पुरानी शिक्षा पद्धति को चलाते रहे।

हमारे प्रशासक भी इसी शिक्षा पद्धति के उत्पाद हैं। न तो राजनेता और न ही प्रशासनिक अधिकारियों ने कभी उन लोगों के खिलाफ कड़ी कार्यवाही की, जो साम्प्रदायिक हिंसा भड़काते हैं या उसमें भाग लेते हैं। हमने पूर्वोत्तर के राज्यों की समस्याओं पर भी कोई ध्यान नहीं दिया। इस देश के शीर्ष राजनेताओं में से अधिकांश उत्तर भारत से हैं और वे पूर्वोत्तर की समस्याओं के प्रति संवेदनशील नहीं हैं। इसी असंवेदनशीलता का नतीजा है कि आज पूरा पूर्वोत्तर उबाल पर है और उल्फा सहित ... संगठन अपनी ओर ध्यान खींचने के लिए हिंसा का सहारा ले रहे हैं।

...ारी राजनीति कभी सामाजिक-आर्थिक न्याय पर आधारित नहीं रही और ...ी समस्या सामाजिक-आर्थिक अन्याय की कोख से ही जन्मी है। नक्सली

आन्दोलनों में मुख्यत: आदिवासी और दलित शामिल हैं। ये वे समुदाय हैं जिनने सदियों से राजनैतिक और आर्थिक श्रेष्ठी वर्ग के हाथों अन्याय और अपमान भुगता है। जाति व्यवस्था के चलते नीची जातियों के हिन्दुओं को तो मानव ही नहीं माना जाता। आधुनिक संचार साधनों और हथियारों की आसान उपलब्धता ने इन वंचित वर्गों को बदला लेने का मौका दिया है। वे यह मानते हैं कि उनके साथ सदियों से हो रहे अन्याय का बदला लेने का समय आ गया है। हमें यह भ्रम है कि नक्सल समस्या का समाधान बन्दूकों से हो सकता है और इसलिए हम नक्सली इलाकों में और अधिक सिपाही भेजते हैं और उन्हें और अधिक आधुनिक हथियार मुहैया कराते हैं। फिर भी नक्सली हिंसा में कोई कमी नहीं आ रही है। हम आदिवासियों की मूल समस्याओं पर ध्यान देने को तैयार नहीं हैं। हम न तो अपने विशेषाधिकार छोड़ना चाहते हैं और न ही वंचित वर्गों के आर्थिक संसाधनों पर अपना कब्जा।

आतंकवादी हिंसा भी इन सबसे कुछ अलग नहीं है। बेहतर गुप्तचर व्यवस्था और आधुनिक संसाधनों से लैस पुलिस, आतंकवादी हिंसा में कुछ कमी तो ला सकती है परन्तु उसे खत्म नहीं कर सकती। समस्या बहुत गहरी है। हमारी पुलिस आज तक आतंकवादी हमलों के लिए जिम्मेदार एक भी व्यक्ति को नहीं पकड़ सकी है। आतंकवादी हमले बढ़ते जा रहे हैं और इसका कारण केवल गुप्तचर संगठनों की असफलता नहीं है। हमारे प्रशासनिक और पुलिस अधिकारियों के पूर्वाग्रह इस समस्या को सुलझाने के रास्ते की सबसे बड़ी बाधा हैं। अल्पसंख्यकों को न्याय और समान अवसरों से वंचित रखा जाना भी आतंकवाद के कारणों में से एक है।

हर आतंकवादी हमले के बाद हमारी पुलिस गरीब, असहाय मुस्लिम लड़कों को जेलों में ठूँस देती है। उन्हें शारीरिक प्रताड़ना देकर हमलों में उनकी भागीदारी कुबूल करने के लिए मजबूर किया जाता है। जब ये लड़के जमानत पर बाहर आते हैं तब भी वे पुलिस के खिलाफ कुछ भी बोलने से हिचकिचाते हैं क्योंकि उन्हें डर रहता है कि उन्हें फिर से गिरफ्तार कर प्रताड़ित किया जाएगा। हमारी पुलिस के पास एक ही हथियार है और वह है थर्ड डिग्री तरीकों का इस्तेमाल। शारीरिक प्रताड़ना से कभी सच तक नहीं पहुँचा जा सकता। पूर्वाग्रहों से मुक्त होकर और कड़ी मेहनत व सूझबूझ से की गयी जाँच ही किसी परिणाम तक पहुँच सकती है। हमारी पुलिस सच तक इसलिए नहीं पहुँच पाती क्योंकि वो कई बातों को मानकर चलती है।

हमारे पड़ोसी देशों में भी सामाजिक और राजनैतिक अव्यवस्था है और इसका असर भी हमारे देश और समाज पर पड़ रहा है। पाकिस्तान की राजनैतिक सत्ता का वहाँ की आई.एस.आई. पर कोई नियंत्रण नहीं है। अभी हाल में यह घोषणा की गयी थी कि आई.एस.आई. का नियंत्रण गृह मंत्रालय को दे दिया गया है परन्तु जल्दी ही यह निर्णय वापस ले लिया गया। पाकिस्तान में सेना का प्रभाव क्षेत्र बहुत विस्तृत है और राजनीतिज्ञों के अधिकार और स्वायतता अत्यन्त सीमित हैं।

यह साफ है कि भारतीय उपमहाद्वीप और पूरे विश्व में फैली आतंकवाद की समस्या का मूल चरित्र राजनैतिक है और इससे केवल हथियारों के बल पर नहीं लड़ा जा सकता।

हमारे देश के सत्ताधारी और विपक्षी दलों को मिल-जुलकर आतंकवाद से लड़ने की रणनीति बनानी चाहिए। हर आतंकवादी हमले के बाद सत्ताधारी और विपक्षी दल एक दूसरे पर कीचड़ उछालने में जुट जाते हैं। भाजपा लगातार यह माँग करती रहती है कि पोटा जैसा कड़ा कानून फिर से बनाया जाए। श्री आडवाणी से मैं एक सीधा सवाल पूछना चाहता हूँ। गोधरा ट्रेन घटना के सिलसिले में सौ व्यक्तियों को पोटा के अन्तर्गत गिरफ्तार किया गया था। इनमें से अस्सी आज भी जेलों में बन्द हैं। वे दोषी हैं या निर्दोष, यह कोई नहीं जानता परन्तु वे 6 सालों से जेल में बंद हैं। क्या इससे गुजरात में आतंकवाद की समस्या खत्म हो गयी है?

तसलीमा पर हमला : इस्लाम की खातिर या सत्ता के लिए

पिछले दिनों तस्लीमा नसरीन की पुस्तक 'लज्जा' के तेलुगू संस्करण के लोकार्पण समारोह में इत्तिहादुल मुसलमीन के तीन विधायकों का जबरदस्ती घुसकर तस्लीमा पर हमला अत्यंत निंदनीय और धक्का पहुंचाने वाला है। हैदराबाद में हुई इस घटना के दौरान विधायकों ने अशालीन भाषा में नारे लगाए और गाली-गलौज की। और यह सब कुछ इस्लाम के नाम पर हुआ; मानो इस्लाम इस तरह की गुंडागर्दी की इजाजत देता हो।

इत्तिहादुल मुसलमीन के नेतृत्व ने इस घटना की निंदा करने की बजाय उसका समर्थन किया और अपने विधायकों की पीठ थपथपाई। उनका ऐसा स्वागत किया गया मानो वे कोई किला फ़तह करके आए हों। एक विधायक ने तो यहां तक कहा कि अगर तस्लीमा फिर हैदराबाद आईं तो उनका सिर कलम कर दिया जावेगा। अगर जनप्रतिनिधि इस तरह से कानून को अपने हाथों में लेने लगेंगे तो इससे बुरा कुछ नहीं हो सकता। अगर यही काम उन्होंने इस्लाम के नाम पर नहीं किया होता तो अलग बात थी, यद्यपि तब भी वह निंदनीय होता।

क्या विधायकों की यह बेज़ा हरकत इस्लाम के प्रति उनके प्यार का सुबूत है ? कतई नहीं। वे तो सत्ता के भूखे हैं। पार्टी नेतृत्व ने यह सोचा कि तस्लीमा की हैदराबाद यात्रा ने उसे अपनी राजनैतिक पकड़ को मजबूत बनाने का अच्छा मौका दिया है। राजनेता लगभग हमेशा ही उच्च आदर्शों के नाम पर अपने व्यक्तिगत हित साधते हैं। उच्च आदर्श केवल वह मुलम्मा होते हैं जिनसे राजनेता अपने निजी स्वार्थों को ढंकते हैं।

कोलकाता के एक इमाम ने यहां तक घोषणा कर दी वे तस्लीमा का मुंह काला करने वाले को 50,000 रूपये का इनाम देंगे। इमाम को सम्मानीय और जिम्मेदार व्यक्ति माना जाता है, जो न केवल नमाज़ में वरन् सामाजिक और राजनैतिक मामलों में भी अपने समुदाय का नेतृत्व करता है। किसी भी इमाम को बहुत सोच समझकर और जिम्मेदारी के साथ कोई भी बात कहनी चाहिए। मैं तस्लीमा के साथ कतई सहमत नहीं हूँ और यह मानता हूँ कि वे कुरआन की शिक्षाओं से वाकिफ़ नहीं हैं परन्तु इससे मुझे

यह अधिकार नहीं मिल जाता कि मैं तस्लीमा पर हमला करूँ या लोगों को उन पर हमला करने के लिए उकसाऊँ।

इस तरह की गुंडागर्दी अनैतिक तो है ही, यह उन लोगों के हित में भी नहीं है जो तस्लीमा के इस्लाम पर हमले के विरोधी हैं। इससे तस्लीमा को इतना प्रचार मिल रहा है जिसके लायक वे नहीं हैं। हैदराबाद में हुए इस हमले से तस्लीमा को विश्वव्यापी प्रचार मिला है और वे उन लोगों की आँखों का तारा बन गई हैं जो पहले से ही इस्लाम के विरोधी हैं। अब टनों से पेपर उनकी तारीफ में रंगे जाएँगे।

जहाँ तक तस्लीमा का सवाल है, वे भी अब इस्लाम की पहले से अधिक विरोधी हो गयी होंगी। वे अब इस्लाम से इसलिए घृणा करेंगी क्योंकि इत्तिहादुल मुसलमीन के कुछ सदस्यों ने उनके साथ गुंडागर्दी की। अगर हम इस्लाम को सचमुच प्यार करते हैं तो हमें प्रेम और सहृदयता से तस्लीमा का दिल जीतने की कोशिश करनी चाहिए। और यही इस्लाम के पैगम्बर ने किया था। एक यहूदी महिला पवित्र पैगम्बर से घृणा करती थी और जब भी वे उसके घर के सामने से निकलते थे तो उन पर कचरा फेंकती थी। एक दिन जब उसने कचरा नहीं फेंका तो पैगम्बर साहब ने यह पता लगाया कि ऐसा क्यों हुआ। उन्हें बताया गया कि वह महिला बीमार है। इस पर वे तुरन्त उसके घर गये और उसके स्वास्थ्य के बारे में जानकारी ली। पैगम्बर साहब के इस व्यवहार से वह महिला इतनी प्रभावित हुई कि उसने उसी समय इस्लाम कुबूल कर लिया।

क्या विडम्बना है! जो लोग यह दावा करते हैं कि वे इस्लाम और पैगम्बर से मोहब्बत करते हैं वे ही एक महिला पर हमला करके उसके मन में इस्लाम के प्रति और अधिक घृणा पैदा कर रहे हैं। यह समझदारी नहीं पागलपन है और इसकी कड़ी निन्दा की जानी चाहिए। हमलावर विधायकों और उनके साथियों ने इस्लाम और मुसलमानों को शर्मसार किया है। यह प्रसन्नता की बात है कि अनेक मुस्लिम धार्मिक नेताओं और बुद्धिजीवियों ने इस हमले की निन्दा की है। इनमें शामिल हैं, जमायत-अल्-उलेमा-ए-हिन्द के मौलाना मुस्तकीम, शिया नेता मौलाना अतहर अब्बास रिजवी और कई अन्य।

हैदराबाद में जिस पुस्तक को जारी किया गया उसका इस्लाम से कोई वास्ता नहीं है। वह तो तस्लीमा नसरीन द्वारा लिखी गयी उस पुस्तक का तेलुगू अनुवाद है जिसमें उन्होंने बंगलादेश में हिन्दू अल्पसंख्यकों पर हो रहे अत्याचारों का वर्णन किया है। जिस तरह बाबरी मस्जिद के ढहाए जाने के बाद हिन्दुत्व की गुंडा बिग्रेड ने मुसलमानों पर हमले किये और देश के अनेक शहरों में साम्प्रदायिक दंगे फैलाए, ठीक उसी तरह उस समय बंगलादेश में जमायत-ए-इस्लामी के गुंडों ने हिन्दुओं पर हमले किये, उनके घरों में आग लगायी और उनके मन्दिरों को गिराया। अपनी पुस्तक 'लज्जा' में तस्लीमा ने इस गुंडागर्दी की निन्दा की है। जब हिन्दू साम्प्रदायिक ताकतें हम मुसलमानों पर हमले करती हैं और कुछ निष्पक्ष हिन्दू हमारा साथ देते हैं तब क्या हमें संतोष का अनुभव नहीं

होता ? क्या हम चैन की साँस नहीं लेते ? उसी तरह, यदि बंगलादेश के कुछ निष्पक्ष मुसलमान वहाँ के हिन्दू अल्पसंख्यकों का साथ देते हैं तो हमें खुशी और संतोष क्यों नहीं होना चाहिए ?

यह सही है कि तस्लीमा ने इस्लाम के बारे में कुछ भड़काऊ लेख लिखे हैं। हमें इनका जवाब कुरआन के आधार पर तर्कों के जरिए देना चाहिए न कि तस्लीमा पर शारीरिक हमला करके। और यह जवाब भी अत्यन्त संयमित और शालीन भाषा में दिया जाना चाहिए। कोई भी व्यक्ति कुरआन या किसी भी हदीथ की कोई भी ऐसी आयत को उद्धत नहीं कर सकता जो दूसरों के विरुद्ध हिंसा का समर्थन करती हो। यहाँ तक की दुश्मनों के विरुद्ध भी हिंसा करना प्रतिबन्धित है, जब तक कि दुश्मन स्वयं हिंसा पर उतारू न हो जाए। इसके विपरीत, कुरआन में अनेकों ऐसी आयतें हैं जो संयमित और शालीन व्यवहार करने को उचित और सही बतलाती हैं।

कुरआन कहती है, ''जितना अच्छे से सम्भव हो उतने अच्छे से तर्क करो''। क्या विडम्बना है कि इसी कुरआन को मानने वाले एक महिला और वहाँ मौजूद पत्रकारों पर हमला करते हैं। कुरआन में अल्लाह कहते हैं, ''हमलावर मत बनो क्योंकि अल्लाह हमलावरों को नहीं चाहता''। अगर कोई मुसलमान इस्लाम छोड़कर किसी दूसरे धर्म को अपना लेता है तो भी उसे सजा देने का अल्लाह को छोड़कर किसी और को कोई अधिकार नहीं है।

कुरआन कहती है, ''जो लोग इस्लाम में विश्वास करते हैं, फिर उसमें अविश्वास करते हैं, फिर उसमें विश्वास करते हैं और फिर उनका अविश्वास और बढ़ जाता है, अल्लाह उनके लिए कोई सजा निर्धारित नहीं करता जो बार-बार विश्वास और फिर अविश्वास करते रहते हैं और जिनका अविश्वास बढ़ता जाता है''। मानवो को तो उन्हें सजा देने का कोई अधिकार है ही नहीं। अगर तस्लीमा नसरीन का इस्लाम में विश्वास खत्म हो गया है या उनका अविश्वास बढ़ गया है तब भी किसी मानव को उन्हें सजा देने का अधिकार नहीं है। यह उनकी अन्तरात्मा का मामला है। ज्यादा से ज्यादा कोई यह कर सकता है कि वह उनसे शालीन ढंग से वार्तालाप करे और उसके बाद निर्णय उनके अन्तर्मन पर छोड़ दे।

भारत जैसे सामाजिक रूप से पिछड़े हुए प्रजातांत्रिक देशों के सामने हमेशा एक दुविधा रहती है। प्रजातंत्र का आधार ही है अन्तर्मन की आजादी और विश्वास करने या विश्वास न करने की स्वतंत्रता। यह स्वतंत्रता हर व्यक्ति को भी है और हर समूह को भी। परन्तु अशिक्षित जनता के वोट पाने के लालच में राजनेता उनकी धार्मिक भावनाओं को भड़काते हैं। मध्यम वर्ग के मतों को भी धार्मिक नारे देकर कबाड़ा जाता है। अधिकतर राजनेताओं को विधानसभाओं या संसद में पहुँचने का यह एक सरल रास्ता लगता है कि किसी भी धर्म की पताका उठा लो और उस धर्म के मतदाताओं का अंध समर्थन हासिल कर लो।

संघ परिवार ने राम जन्मभूमि आन्दोलन प्रारम्भ करके ठीक यही किया था। संघ परिवार ने न केवल एक आक्रामक आन्दोलन चलाया वरन उमा भारती और साध्वी ऋतम्भरा जैसी नेताओं ने मुसलमानों के खिलाफ गाली-गलौज की भाषा में सार्वजनिक मंचों से भाषण दिए और सरकार ने कुछ नहीं किया। सरकार चुपचाप देखती रही और घृणा फैलाने का अभियान चलता रहा। अन्त में बाबरी मस्जिद ढहा दी गयी। इस निहायत विध्वंसक और गैर-कानूनी काम करने में भी संघ परिवार गर्वित महसूस करता है।

अगर सरकार ने उमा भारती और ऋतम्भरा के खिलाफ कड़ी कार्यवाही की होती तो यह संदेश सभी तक जाता कि प्रजातांत्रिक परम्पराओं के विरुद्ध किये जाने वाले विषवमन को कतई स्वीकार नहीं किया जाएगा। कानून के राज के बिना प्रजातंत्र जिन्दा नहीं रह सकता। अगर उमा भारती और ऋतम्भरा को कड़ी सजा मिली होती तो इत्तेहादुल मुसलमीन के विधायकों की वह करने की हिम्मत नहीं पड़ती जो उन्होंने किया।

'एशियन ड्रामा' नामक पुस्तक के लेखक ने जैसा कि लिखा है, "भारत की सरकार एक नरम सरकार है जो तभी हरकत में आती है जब नुकसान हो चुका होता है।" तस्लीमा नसरीन के हमलावर भी तुरन्त छूटे। उनकी प्रतिकात्मक गिरफ्तारी हुई और लगभग तुरन्त ही उन्हें जमानत पर रिहा कर दिया गया। इससे पता चलता है कि हमारे राजनेता इस तरह की घटनाओं को कितने हल्के में लेते हैं और अपने वोट खोने से कितने डरते हैं।

हमारे देश में इतने साम्प्रदायिक दंगे इसलिए होते हैं क्योंकि दंगों के दोषियों को कभी सजा नहीं मिलती। दंगों में हिंसा करने वालों को यह बात अच्छी तरह से पता रहती है और इसलिए वे बिना किसी खौफ के हत्याएँ, आगजनी और लूटपाट करते हैं। मुम्बई के 1992-93 के दंगों में 800 से अधिक लोग मारे गये थे। उनमें से कुछ को अत्यन्त क्रूरतापूर्वक मौत के घाट उतारा गया था परन्तु राज्य सरकार दोषियों के खिलाफ मात्र इसलिए कार्यवाही नहीं कर रही है क्योंकि इससे शिवसेना नाराज़ हो जाएगी। क्या किसी प्रजातांत्रिक सरकार के लिए कार्यवाही नहीं करने का यह कोई आधार हो सकता है?

यह सब भारतीय प्रजातंत्र के लिए बुरी खबर है। जो लोग इस तरह के सार्वजनिक अपराधों में शामिल होते हैं, उन्हें कड़ी सजा दी जानी चाहिए ताकि दूसरों को सबक मिले। कानून के राज को किसी भी कीमत पर बनाए रखा जाना चाहिए। राजनेताओं को यह इज़ाजत नहीं दी जानी चाहिए कि वे लोगों को हत्याएँ करने और अराजकता फैलाने के लिए भड़काएँ। आज हमारे राजनेता यह सब खुलकर कर रहे हैं।

यह एक अच्छी खबर है कि अनेक मुसलमान बुद्धिजीवियों और धर्मनिरपेक्ष नेताओं ने तस्लीमा पर हमले की कड़ी निन्दा की। इसके बावजूद कुछ स्तम्भकारों ने

बिना एक दिन भी इन्तजार किये यह लिखना शुरू कर दिया कि मुस्लिम बुद्धिजीवी हिन्दुत्ववादियों पर तो हमला करने का कोई मौका हाथ से नहीं जाने देते परन्तु मुस्लिम कट्टरपंथियों की हरकतों पर चुप्पी साध लेते हैं।

हमारा प्रजातंत्र परिपक्व नहीं है और हमें हिंसा और गुंडागर्दी करने वाले सभी तत्वों से कड़ाई से निपटना चाहिए— चाहे वे हिंदू हों, मुसलमान हों, सिक्ख या ईसाई। हिंसा को कतई बर्दाशत नहीं किया जाना चाहिए। यह हमारे प्रजातंत्र की कसौटी होगी। अगर हम प्रजातांत्रिक धर्मनिरपेक्ष रष्ट्र के रूप में आगे बढ़ना चाहते हैं तो हमें सभी प्रकार की संकुचित और साम्प्रदायिक भावनाओं से छुटकारा पाना होगा। धर्म के राजनीतिकरण से हम पहले ही बहुत नुकसान उठा चुके हैं। आखिर हम कब चेतेंगे?

आग की लपटों से घिरा जम्मू

पहले श्री अमरनाथ श्राईन बोर्ड को जमीन के हस्तांतरण के विरोध में कश्मीर घाटी में आन्दोलन हुआ। आन्दोलन के दबाव में सरकार ने जमीन वापिस ले ली। वापिस ली हुई जमीन को फिर से श्राईन बोर्ड को देने की माँग को लेकर जम्मू लम्बे समय तक जलता रहा। इस आन्दोलन को इतने लम्बे समय से कौन या क्या जिन्दा रखे हुए था? किसने इस आन्दोलन की शुरुआत की और किस उद्देश्य से? क्या यह आन्दोलन केवल जमीन के एक टुकड़े के लिए हो रहा है? ये सभी महत्वपूर्ण प्रश्न था, जिनके संतोषजनक उत्तर ढूँढने आवश्यक हैं।

जिस तरीके से यह आन्दोलन चलाया जा रहा था, वह निहायत गैर जिम्मेदाराना है। मैं इस बहस में नहीं पड़ रहा हूँ कि यह आन्दोलन औचित्यपूर्ण है या नहीं परन्तु यह स्पष्ट है कि जिस हिंसक तरीके से यह चलाया जा रहा है उसे कतई उचित नहीं कहा जा सकता।

कहने की आवश्यकता नहीं की भाजपा इस मुद्दे को न केवल जम्मू और कश्मीर में दो माह बाद होने वाले विधानसभा चुनाव में भुनाना चाहती है वरन उसकी निगाहें सन् 2009 के लोकसभा चुनावों पर भी टिकी हुई हैं।

हमारे देश की प्रजातांत्रिक व्यवस्था का सभी प्रकार के निहित स्वार्थ दुरुपयोग कर रहे हैं— फिर चाहे वे साम्प्रदायिक तत्व हों, अलगाववादी हों या जातिवाद की राजनीति करने वाले। अपने हितों की खातिर वे देश को तोड़ने से भी नहीं चूकेंगे।

राजनेता— अगर वे साम्प्रदायिक या अलगाववादी न भी हों— चुनाव जीतने के लिए कुछ भी करने के लिए तत्पर रहते हैं। उनकी प्राथमिकता सत्ता प्राप्त करना होती है, जनता की भलाई नहीं। आज का प्रजातंत्र आमजन पर केन्द्रित न होकर सत्ता पर केन्द्रित हो गया है। हर चुनाव के बाद यह और अधिक स्पष्ट होता जा रहा है कि हमारे राजनेताओं को जनता और उसकी वास्तविक समस्याओं से कोई लेना-देना नहीं है।

अमरनाथ के मुद्दे पर जम्मू में चल रहे आन्दोलन के कर्ता-धर्ता यह दावा कर रहे थे कि कोई राजनैतिक दल इस आन्दोलन को नियंत्रित नहीं कर रहा है और जम्मू के लोग, अर्थात वहाँ के हिन्दू, ही इस आन्दोलन का नेतृत्व कर रहे हैं। यह दावा पूरी तरह

सही नहीं है।

जम्मू आन्दोलन को केवल अमरनाथ के मुद्दे से जोड़कर देखना गलत होगा। इसके पीछे कई जटिल कारण हैं। जम्मू क्षेत्र में 'कश्मीर राज' के खिलाफ आक्रोश दशकों पुराना है। इस मूलतः क्षेत्रीय विभाजन को साम्प्रदायिक विभाजन में बदला जा रहा है। और यह भाजपा अमरनाथ भूमि मुद्दे के बहाने कर रही है। जाने-माने विद्वान और पत्रकार श्री बलराज पुरी, जो कई वर्षों से कश्मीर समस्या के न्यायपूर्ण हल के लिए काम कर रहे हैं, का कहना है कि जम्मू कश्मीर केतीनों क्षेत्रों को स्वायत्तता दे दी जानी चाहिए। श्री पुरी राज्य के क्षेत्रीय असंतुलन की समस्या को सुलझाने के लिए सुझाव देने के लिए नियुक्त आयोग के अध्यक्ष भी थे। इस आयोग की नियुक्ति फारूख अब्दुल्ला सरकार ने की थी। दुर्भाग्यवश, इस आयोग की रिपोर्ट कचरे के डिब्बे में फेंक दी गयी।

हिन्दू-बहुल जम्मू, बौद्ध-बहुल लद्दाख और मुस्लिम-बहुल कश्मीर घाटी को एक राज्य में रखने का उद्देश्य देश के धर्मनिरपेक्ष चरित्र को रेखांकित करना था। यह निश्चय ही एक प्रशंनीय उद्देश्य था और तीनों क्षेत्रों की एकता को बनाये रखा जाना चाहिए। परन्तु समस्या यह है कि इस एकता से साम्प्रदायिक पार्टियों के रास्ते में बाधाएँ उत्पन्न होती हैं। वे साम्प्रदायिक विभाजन और ध्रुवीकरण का लाभ उठाने की इच्छुक रहती हैं और इसी उद्देश्य से साम्प्रदायिक ताकतों ने क्षेत्रीयता की समस्या को साम्प्रदायिकता की समस्या में बदल दिया है।

अमरनाथ मुद्दे का ऐसा हल निकालना चाहिए जो जम्मू और कश्मीर घाटी दोनों के निवासियों को संतुष्ट कर सके। बाद में क्षेत्रीय स्वायत्तता के मसले पर ध्यान दिये जाने की आवश्यकता है। अगर स्वायत्तता देने से क्षेत्र में शान्ति और सौहार्द स्थापित होता हैं और सभी क्षेत्र उन्नाति करते हैं तो ऐसा करने में कोई बुराई नहीं है। परन्तु अभी चुनाव सन्निकट हैं और क्षेत्रीय स्वायत्तता के मुद्दे पर कोई भी निर्णय चुनाव के बाद ही लिया जा सकता है। यह बिलकुल स्पष्ट है कि अमरनाथ मुद्दे पर मचे बवाल को जल्द से जल्द शान्त किया जाना आवश्यक है।

जम्मू के हिन्दुओं को स्वार्थी राजनीतिज्ञों के हाथों का खिलौना नहीं बनना चाहिए और किसी भी ऐसे प्रस्ताव को स्वीकार कर लेना चाहिए जो न्यायोचित हो और घाटी के लोगों को भी स्वीकार्य हो।

अब जरा इस पर विचार करें कि यदि श्राईन बोर्ड को भूमि वापिस कर दी जाती है तो घाटी में क्या हालात बनेंगे? क्या घाटी में एक बार फिर हिंसा का दौर प्रारम्भ नहीं हो जाएगा? क्या कश्मीर घाटी में अलगाववादी तत्व फिर से सक्रिय नहीं हो जावेंगे? अगर घाटी में फिर से हिंसा भड़कती है तो इससे किसे लाभ होगा? क्या कश्मीर एक बार फिर अलगाववादियों के क़ब्जे में नहीं चला जावेगा? क्या ऐसा होना देश की एकता और अखंडता के हित में होगा? आखिर जम्मू के हिन्दू किसके हित को

प्राथमिकता देते हैं— अपने समुदाय के या अपने देश के ?

जम्मू के हिन्दुओं ने हिंसा का सहारा तो लिया ही है, उन्होंने जम्मू क्षेत्र के मुसलमानों में असुरक्षा का भाव भी उत्पन्न कर दिया है। उन्होंने घाटी जाने वाले मार्ग को बन्द करके खाद्यान्नों के अलावा आवश्यक दवाईयों का घाटी में पहुँचना रोक दिया है। अगर कश्मीर में अलगाववादी आन्दोलन न चल रहा होता, तब भी ऐसा करना घोर अनुचित होता। अब ऐसा करना तो अलगाववाद को बढ़ावा देने के अलावा कुछ भी नहीं है। मजबूरी में भारत सरकार और दवा निर्माता हवाई मार्ग से घाटी में दवाइयाँ भेज रहे हैं।

भाजपा महासचिव श्री जेटली का यह कथन हास्यापद है कि घाटी में सामान ले जाने वाले और घाटी से फल लाने वाले ट्रकों को रोका नहीं जा रहा है। आखिर झूठ बोलने की भी कोई सीमा होनी चाहिए। जो सारी दुनिया की आँखों के सामने हो रहा है, उसे झुठलाया जा रहा है और वह भी "पार्टी विथ ए डिफरेन्स" द्वारा।

इस आर्थिक नाकेबंदी ने घाटी में भयावह हालात पैदा कर दिए हैं। सेब और अन्य फल उत्पादक अब अपने फलों के ट्रकों को पाक अधिकृत ? कश्मीर के मुज्जफराबाद ले जाने की तैयारी में हैं, अन्यथा उनके उत्पाद सड़ जावेंगे। केन्द्रीय गृह मंत्री शिवराज पाटिल ने सेब उत्पादकों को मुआवजा देने की घोषणा की है। जम्मू के हिन्दुओं को सोचना चाहिए कि वे किसके हाथों में खेल रहे हैं ? क्या श्राईन बोर्ड को जमीन वापिस मिलना देश की अखंडता से ज्यादा महत्वपूर्ण है ?

श्राईन बोर्ड का विवाद तो कश्मीर की जनता के साथ बातचीत के जरिए सुलझा लिया जावेगा परन्तु अलगाववाद की जो आग भड़क उठी है, उसे बुझाना बहुत कठिन होगा। जहाँ तक भाजपा और श्री एल. के. आडवाणी का सवाल है उनके बारे में कुछ भी कहना बेकार है। प्रधानमन्त्री बनने की अपनी महत्वाकांक्षा ने श्री आडवाणी को अमरनाथ मुद्दे के साम्प्रदायिकीकरण करने के भयावह नतीजों के प्रति अंधा बना दिया है। उन्हें यह समझाना अर्थहीन है कि अमरनाथ का मामला साम्प्रदायिक नहीं वरन क्षेत्रीय समस्या है और इसे बहुत ही सावधानी और समझदारी से सुलझाया जाना चाहिए।

भाजपा और उसके सहयोगी न केवल एक क्षेत्रीय मसले का साम्प्रदायिकीकरण कर रहे हैं वरन् उसका इस्तेमाल कर चुनाव जीतने की फिराक में भी हैं। श्री आडवाणी बार-बार कह रहे हैं कि श्राईन बोर्ड को जमीन वापिस देने के विरोधी दरअसल कश्मीर के भारत का अविभाज्य अंग होने के विरोधी हैं। वाह! क्या बात है! कल तक श्री आडवाणी रामजन्मभूमि पर मन्दिर निर्माण का विरोध करने वालों को राष्ट्रद्रोही और हिन्दूद्रोही बता रहे थे, अब वे स्वयं भी राम मन्दिर को भूल चुके हैं। क्या इसलिए क्योंकि वह मुद्दा अब उनके लिए वोट नहीं कबाड़ सकता ?

पिछले दिनों एन. डी. टी. वी. पर जिसने भी आडवाणी की मौजूदगी में भाजपा नेताओं को धमकी भरे अंदाज में त्रिशूल लहराते हुए और उत्तेजक भाषणबाजी करते देखा होगा, उसका खौफ़जदा हो जाना स्वाभाविक है। आडवाणी को तो अमरनाथ मुद्दे के रूप में प्रधानमंत्री बनने की अपनी अतृप्त इच्छा पूरी करने के लिए एक शानदार हथियार मिल गया है। अगर इससे कश्मीर अलगाव के मुहाने पर पहुंच जाए तो इससे आडवाणी और उनके त्रिशूलधारी चेलों को क्या मतलब ?

श्री आडवाणी से तो यह उम्मीद करना बेकार है कि वे प्रधानमंत्री बनने की खातिर अमरनाथ मुद्दे का साम्प्रदायिकीकरण करने से बाज आवेंगे। हम तो केवल जम्मू के निवासियों की समझदारी पर भरोसा कर सकते हैं। यह उम्मीद कर सकते हैं कि वे भाजपा के बुने जाल में नहीं फँसेंगे।

जानकार सूत्रों का कहना है कि इस समस्या को सुलझाने की कुंजी है अदालतों द्वारा 'श्री अमरनाथ श्राईन बोर्ड अधिनियम' की व्याख्या। जम्मू व कश्मीर विधानसभा व्दारा सन् 2000 में पारित 'श्री अमरनाथ श्राईन बोर्ड अधिनियम' और बोर्ड की शक्तियों व कर्तव्यों की अदालतों द्वारा की गयी व्याख्या की चहारदीवारी के भीतर रहते हुए इस समस्या को सुलझाया जा सकता है। इसके अतिरिक्त जो कुछ भी हुआ है, जिसमें भूमि का अन्तरण और अन्तरण को रद्द किया जाना शामिल है, को शून्य घोषित कर दिया जाना चाहिए। शान्ति और सौहाद्र के वातावरण में दोनों क्षेत्रों के निवासियों के साथ वार्ता के जरिए समस्या का हल अवश्य निकलेगा।

हमें यह याद रखना चाहिए कि कश्मीर घाटी में अमरनाथ बोर्ड को भूमि दिए जाने के विरोध में चले आन्दोलन के औचित्य पर हम कितने ही प्रश्नचिन्ह लगावें परन्तु यह एक तथ्य है कि आन्दोलनकारियों ने अपने विरोध को साम्प्रदायिक रंग नहीं दिया था। अमरनाथ यात्रा शान्तिपूर्ण ढंग से संपन्न हुई। आन्दोलनकारियों ने एक भी तीर्थयात्री को नुकसान नहीं पहुँचाया। यह सही है कि घाटी के राजनीतिज्ञों ने भी आने वाले चुनावों के मद्देनजर इस मुद्दे से लाभ उठाने की कोशिश की परन्तु यात्रा का रास्ता रोकने या किसी भी यात्री को परेशान करने की एक भी घटना नहीं हुई।

हमें जम्मू कश्मीर और पूरे भारत के नागरिकों की समझदारी पर पूरा भरोसा है। भाजपा अमरनाथ मुद्दे का लाख साम्प्रदायिकीकरण कर ले, मुझे विश्वास है कि भारत के करोड़ों निवासी इस कुत्सित प्रयास को सिरे से खारिज कर देंगे।

नेहरू, जिन्ना और विभाजन

भाजपा के वरिष्ठ नेता जसवन्त सिंह ने पिछले दिनों मोहम्मद अली जिन्ना पर एक किताब लिखी। एनडीटीवी के अनुसार, इस किताब में जसवन्त सिंह ने जिन्ना को धर्मनिरपेक्ष नेता बताया है और पंडित नेहरू को देश के विभाजन के लिए जिम्मेदार ठहराया है। कुछ सालों पहिले, कराची में, जिन्ना की मज़ार पर श्रद्धांजलि अर्पित करने के बाद, एल के आडवानी ने भी जिन्ना को धर्मनिरपेक्ष बताया था और आडवानी को इसकी भारी कीमत चुकानी पड़ी थी। आरएसएस ने उन्हें भाजपा के अध्यक्ष पद से इस्तीफा देने पर मजबूर कर दिया था। अब जसवन्त सिंह, जो अपनी स्वतंत्र सोच के लिए जाने जाते हैं, ने जिन्ना को धर्मनिरपेक्ष निरूपित किया है।

इसमें कोई संदेह नहीं कि जिन्ना एक विवादास्पद ऐतिहासिक व्यक्तित्व हैं। वे पाकिस्तान में अत्यन्त सम्मानित हैं और उन्हें वहाँ के राष्ट्रपिता का दर्जा प्राप्त है। पाकिस्तानी उन्हें 'बाबा-ए-कौम' कहते हैं। इसके विपरीत, भारत के बहुत से लोग जिन्ना को घृणा की दृष्टि से देखते हैं। जिन्ना को पाकिस्तान के निर्माण के लिए जिम्मेदार समझा जाता है और उनकी छवि एक खलनायक की मानी जाती है।

न तो किसी नेता की अंधभक्ति करने से और न ही उसे दुष्टबुद्धि खलनायक करार देने से उसके व्यक्तित्व से न्याय किया जा सकता है क्योंकि सच न तो पूरी तरह स्याह होता है और न पूरी तरह सफेद।

जिन्ना को धर्मनिरपेक्ष घोषित करने के पीछे दोनों शीर्ष भाजपा नेताओं के अलग-अलग उद्देश्य हो सकते हैं परन्तु दोनों ने जो कहा है, उसमें सच का अंश है। आडवानी एक राजनेता की तरह बोल रहे थे और शायद उनकी कोशिश अपने पाकिस्तानी मेजबानों को खुश करने की थी। जसवन्त सिंह एक अध्येता की तरह बोल रहे हैं और उन्हें इस बात की कोई परवाह नहीं है कि भाजपा या आरएसएस की इस पर क्या प्रतिक्रिया होगी।

जिन्ना की केवल भारत में ही दो परस्पर विपरीत छवियाँ नहीं हैं। पाकिस्तान में भी ऐसा ही है। भारत में कुछ लोग उन्हें देश को तोड़ने वाले नेता के रूप में घृणा की दृष्टि से देखते हैं तो कुछ उन्हें विभाजन के लिए कतई जिम्मेदार नहीं मानते। पाकिस्तान

में कुछ नरमपंथी और उदारवादी मुसलमान उन्हें धर्मनिरपेक्ष मानते हैं और अपनी बात के समर्थन में जिन्ना के संविधान सभा में दिये गये भाषण को उद्धृत करते हैं। इसके उलट, रूढ़िवादी और पुरातनपंथी मुसलमान उन्हें द्विराष्ट्र सिद्धान्त में विश्वास करने वाला ऐसा सच्चा मुसलमान मानते हैं जिसने इस्लाम और मुसलमानों के लिए पाकिस्तान बनाया।

महात्मा गाँधी के मामले में भी हमारे देश में अलग-अलग मत हैं। कुछ दलित नेता और आरएसएस उनसे अलग-अलग कारणों से घृणा करते हैं। दलित उन्हें एक उच्च जाति का ऐसा हिन्दू नेता मानते हैं जिसने छूआछूत की अवधारणा पर तो प्रहार किया परन्तु जातिप्रथा के नाश के लिए कुछ नहीं किया। आरएसएस भी गाँधीजी से घृणा करता है, यद्यपि आरएसएस के नेताओं के लिए यह सार्वजनिक रूप से कहना मुश्किल है। आरएसएस, गाँधी को हिन्दुओं से विश्वासघात करने और मुसलमानों का समर्थन करने के लिए दोषी मानता है। आरएसएस यहां तक कहता है कि देश के विभाजन के लिए गाँधीजी जिम्मेदार थे।

कई लोग पंडित नेहरू को विभाजन के लिए दोषी ठहराते हैं और इनमें धर्मनिरपेक्ष और साम्प्रदायिक दोनों तरह के लोग शामिल हैं। सवाल यह है कि आखिर विभाजन के लिए असल में कौन जिम्मेदार था। हम भारतीय और पाकिस्तानी अपने-अपने नेताओं को विभाजन के लिए जिम्मेदार बताते समय यह भूल जाते हैं कि उस दौर में हमारे अंग्रेज शासकों की ताकत और प्रभाव भी कम नहीं था। क्या देश को दो भागों में बांटने में अंग्रेजों की कोई भूमिका नहीं थी?

यद्यपि धर्मनिरपेक्ष बुद्धिजीवी गाहे-बगाहे अंग्रेजों की भूमिका की चर्चा करते हैं किन्तु दोनों ही देशों के साम्प्रदायिक तत्वों ने अंग्रेजों को पूरी तरह से माफी दे दी है। आरएसएस का प्रचार तंत्र कहता है कि जिन्ना के नेतृत्व में मुसलमानों ने देश को तोड़ा। पाकिस्तानी कहते हैं कि गाँधी के नेतृत्व में हिन्दुओं ने विभाजन करवाया। अगर हम पिछली सदी के चौथे दशक के घटनाक्रम का गहराई से अध्ययन और विश्लेषण करें तो हम पाएंगे कि विभाजन के लिए पूरी तरह से किसी एक व्यक्ति या पार्टी को जिम्मेदार नहीं ठहराया जा सकता। अलग-अलग व्यक्तियों और पार्टियों ने अलग-अलग भूमिकाएँ निभायीं और अन्ततः देश दो भागों में बंट गया।

सबसे पहिले हम जिन्ना की चर्चा करें, चूँकि वे विभाजन के विवाद के केन्द्र में हैं। इसके पहिले हमें यह भी देखना होगा कि जिन्ना साम्प्रदायिक थे या धर्मनिरपेक्ष। हम धर्मनिरपेक्षता और साम्प्रदायिकता की पश्चिमी परिभाषाओं को अपने निष्कर्षों का आधार नहीं बना सकते। हमने इन अवधारणाओं को हमारे देश और हमारी सभ्यता एवं संस्कृति के संदर्भ में परिवर्तित स्वरूप में स्वीकार किया है। गाँधीजी अत्यन्त धार्मिक थे परन्तु वे पूरी तरह धर्मनिरपेक्ष भी थे। जहाँ तक नेहरू का प्रश्न है, वे भारतीय की बजाए

पश्चिमी अर्थ में धर्मनिरपेक्ष थे।

इसी तरह, जिन्ना भी धर्मनिरपेक्षता की पश्चिमी अवधारणा में विश्वास रखते थे। न तो नेहरू और न जिन्ना, गाँधीजी और मौलाना आजाद की तरह धार्मिक थे। नेहरू और जिन्ना में नेहरू और गाँधी की तुलना में अधिक समानताएँ थीं। इसी तरह, मौलाना आजाद की तुलना जिन्ना की बजाय गांधीजी से करना उचित होगा। गाँधीजी की तरह मौलाना आजाद भी अत्यन्त धार्मिक थे परन्तु वे गाँधीजी की तुलना में धार्मिक मामलों में अधिक उदारवादी थे।

जिन्ना अपनी जवानी के दिनों से ही पश्चिमी रंग-ढंग में रचे-बसे थे। उन्होंने कोई धार्मिक शिक्षा नहीं पाई थी। उन्हें न तो शराब से परहेज था और न सुअर के मांस से। वे किसी धार्मिक रीति-रिवाज का पालन नहीं करते थे। वे गाँधीजी द्वारा खिलाफत का मुद्दा उठाये जाने के कड़े विरोधी थे। वे गाँधीजी की इस बात से भी सहमत नहीं थे कि उलेमा को राजनीति में लाया जाना चाहिए। वे राजनीति को धर्म से अलग रखने के हामी थे। उनके दोस्त उन्हें 'मुस्लिम गोखले' कहते थे। गोखले उदारवादी थे और जिन्ना भी वैसे ही थे।

सन् 1935 तक जिन्ना अपने आप को पहले हिन्दुस्तानी और फिर मुसलमान कहते थे। सन् 1937 तक जिन्ना ने सपने में भी विभाजन की बात नहीं सोची थी। पाकिस्तान बनाने की बात सबसे पहले कैम्ब्रिज विश्वविद्यालय के छात्र रहमत अली ने कही थी। उस समय जिन्ना ने इस माँग का मजाक बनाया था। यहाँ तक की 1937 के चुनाव में जिन्ना ने उत्तर प्रदेश में कांग्रेस के साथ अनौपचारिक गठबन्धन भी किया था।

वैसे, कांग्रेस से जिन्ना के मतभेद सन् 1928 से ही शुरू हो गये थे। उस साल कांग्रेस द्वारा साम्प्रदायिकता की समस्या सुलझाने के उपाय सुझाने के लिए नियुक्त की गयी 'नेहरू समिति' ने जिन्ना की माँगीं को खारिज कर दिया था।

द्विराष्ट्र सिद्धान्त कमियों से भरा हुआ था। जिन्ना ने द्विराष्ट्र सिद्धान्त का प्रतिपादन नेहरू और कांग्रेस से राजनीतिक बदला लेने के लिए किया था। जिन्ना को नेहरू से गहरी नाराजगी थी और उसका कारण था उत्तर प्रदेश के मंत्रिमंडल में मुस्लिम लीग के दो प्रतिनिधियों को शामिल करने से नेहरू का साफ इन्कार। सन् 1937 के चुनाव में मुस्लिम लीग के हार के बाद भी जिन्ना चाहते थे कि लीग द्वारा नामित दो व्यक्तियों को उत्तर प्रदेश की कैबिनेट में शामिल किया जाए। मौलाना आजाद के बार-बार कहने के बावजूद नेहरू इसके लिए राजी नहीं हुए। कुछ इतिहासविदों का मत है कि उत्तर प्रदेश के एक अन्य प्रमुख कांग्रेस नेता रफी अहमद किदवई के कहने पर नेहरू ने ऐसा किया। कारण जो भी रहा हो, मुस्लिम लीग के प्रतिनिधियों को मंत्रिमंडल में शामिल न करना और एक गम्भीर राजनीतिक भूल थी। मौलाना आजाद ने अपनी आत्मकथा 'इंडिया विन्स फ्रीडम' में ऐसा करने के लिए नेहरू की निन्दा की है।

जिन्ना के लिए यह घोर विश्वासघात था और इसने जिन्ना को हमेशा के लिए कांग्रेस का कट्टर विरोधी बना दिया। कांग्रेस से अपनी चिढ़ के चलते ही जिन्ना ने द्विराष्ट्र सिद्धान्त का प्रतिपादन किया। द्विराष्ट्र सिद्धान्त की जड़ें राजनीति में थीं न कि धर्म में।

अगर पंडित नेहरू थोड़ी राजनैतिक उदारता और परिपक्वता दिखाते तो शायद द्विराष्ट्र सिद्धान्त अस्तित्व में ही नहीं आता। जिन्ना पाकिस्तान को इस्लामिक राज्य नहीं बनाना चाहते थे। वो तो इस्लाम को पाकिस्तान का राज्य धर्म बनाने के पक्ष में भी नहीं होते। उनकी मानसिकता ऐसी नहीं थी। पाकिस्तान की संविधान सभा में दिये गये उनके भाषण को पढ़कर तो ऐसा लगता है कि वे इस्लामिक राज्य तो दूर पाकिस्तान को मुस्लिम देश भी नहीं बनाना चाहते थे। वे चाहते थे कि पाकिस्तान धर्मनिरपेक्ष हो।

तब हम जिन्ना को किस अर्थ में साम्प्रदायिक कह सकते हैं? या कह भी सकते हैं या नहीं?

जिन दिनों हम आजादी की लड़ाई लड़ रहे थे, उस समय साम्प्रदायिकता, धर्मनिरपेक्षता की विपरीतार्थक नहीं थी बल्कि की राष्ट्रवाद की विपरीतार्थक थी। जो भी राष्ट्रवादी आन्दोलन का विरोधी था, उसे साम्प्रदायिक कहा जाता था। केवल इस अर्थ में जिन्ना को साम्प्रदायिक कहा जा सकता है। जैसा कि पहले कहा जा चुका है पाकिस्तान के निर्माण के पीछे जिन्ना की कोई धार्मिक मान्यता या विचारधारा नहीं बल्कि उनकी राजनीतिक मजबूरी थी।

पंडित नेहरू भी एक हद तक विभाजन के लिए जिम्मेदार थे। नेहरूजी कैबिनेट मिशन के प्रस्तावों से प्रसन्न नहीं थे क्योंकि प्रस्ताव के अनुसार प्रतिरक्षा, विदेश नीति और संचार से जुड़े मामलों को छोड़कर अन्य सभी मामलों में राज्य सरकारें निर्णय लेने में सक्षम होतीं और केन्द्र अत्यन्त कमजोर होता। नेहरू के अलावा सरदार पटेल भी कैबिनेट मिशन से नाखुश थे। मौलाना आजाद ने अपनी आत्मकथा में लिखा है, "सन् 1946 में कांग्रेस का अध्यक्ष चुने जाने के बाद दिये गये अपने भाषण मे नेहरू ने कहा कि अगर जरूरत हुई तो कैबिनेट मिशन योजना में बदलाव लाये जावेंगे।" इस वक्तव्य से जिन्ना आगबबूला हो गय क्योंकि मुस्लिम लीग ने भी कैबिनेट मिशन को मंजूर कर लिया था और सन् 1946 में कांग्रेस और लीग की मिली-जुली सरकार बनने वाली थी।

इस घटना ने जिन्ना को विभाजन की ओर अन्तिम तौर पर ढकेल दिया। सबसे ज्यादा दोष हमारे अंग्रेज शासकों का रहा जो चाहते थे कि देश का विभाजन हो ताकि वे पाकिस्तान में खुफिया जानकारी इकठ्ठा करने के केन्द्र और सैनिक ठिकाने स्थापित कर सकें। इन अड्डों का उपयोग चीन में उठ रही क्रान्ति की लहर को रोकने के लिए किया जाना था। अगर भारत अविभाजित रहता तो नेहरू सरकार कभी अपनी धरती पर विदेशी अड्डे नहीं बनने देती। लार्ड माउंटबेटन ने अपनी पत्नी एडविना के जरिए

नेहरूजी को विभाजन के लिए राजी करवा लिया।

इस तरह, यह स्पष्ट है कि जिन्ना के अलावा अंग्रेज और पंडित नेहरू भी देश के बंटवारे के लिए जिम्मेदार थे। मेरी व्यक्तिगत राय में विभाजन में सबसे बड़ी भूमिका अंग्रेज शासकों की थी। उन्होंने बड़ी होशियारी से अपने पत्ते खेले।

विभाजन, जैसा कि मौलाना आजाद ने लिखा है, न तो भारत के हित में था और न ही मुसलमानों के।

विभाजन का नतीजा यह हुआ कि भारतीय उपमहाद्वीप के मुसलमान तीन हिस्सों में बंट गये। कश्मीर समस्या भी इसी त्रासदी की उपज है। भारत और पाकिस्तान अपनी-अपनी सेनाओं पर अरबों रुपये फूंक रहे हैं। दोनों देशों में ऐसी निहित स्वार्थी ताकतें पैदा हो गयी हैं जो दोनों देशों के बीच विवाद और तनाव को बरकरार रखना चाहती हैं और हर बातचीत की असफलता की कामना करती हैं।

क्या ही अच्छा हो कि दक्षिण एशिया के देशों का एक महासंघ बने जिसकी एक मुद्रा हो और एक देश से दूसरे देश जाने के लिए पासपोर्ट और वीसा की जरूरत न हो।

जब पचास साल पहले तक एक दूसरे के जानी दुश्मन यूरोपीय देश यूनियन बना सकते हैं तो हम दक्षिण एशियावासी क्यों नहीं।

भारतीय मुसलमान और आरक्षण

जब से सच्चर कमेटी की रपट प्रधानमंत्री के समक्ष पेश कर दी गयी है। भारतीय मुसलमानों के सामाजिक-आर्थिक स्थिति पर देशव्यापी बहस छिड़ गयी है।

सच्चर कमेटी की रपट ने भारतीय मुसलमानों के बारे में किसी नये तथ्य को उद्घाटित नहीं किया है परन्तु इससे मुसलमानों के हालात के बारे में देश को पता चला है। इससे पूर्व श्रीमती इंदिरा गाँधी ने सन् 1980 में गोपाल सिंह समिति को मुसलमानों की सामाजिक-आर्थिक स्थिति के बारे में रपट तैयार करने की जिम्मेदारी सौंपी थी। यह रपट श्रीमती गाँधी के समक्ष 1982 में प्रस्तुत की गयी थी।

गोपाल सिंह समिति ने कड़ी मेहनत के बाद भारतीय मुसलमानों के आर्थिक हालात सुधारने के लिए ठोस सुझाव दिये थे परन्तु गोपाल सिंह समिति की रपट संसद में पेश तक नहीं की गयी, उसे लागू करना तो दूर की बात है। यहाँ तक कि जब मैंने तत्कालीन प्रधानमंत्री श्री वी.पी. सिंह से मुस्लिम नेताओं और बुद्धिजीवियों की एक बैठक में गोपाल सिंह समिति की रपट को लागू करने का अनुरोध किया तो उनका प्रश्न था, कौन सी गोपाल सिंह समिति? अर्थात् उन्हें यह तक पता नहीं था कि ऐसी कोई रपट श्रीमती इंदिरा गाँधी के समक्ष प्रस्तुत की गयी थी। बहरहाल, उन्होंने यह वायदा किया कि रपट संसद के अगले सत्र में पेश कर दी जावेगी। परन्तु श्री सिंह की सरकार बाबरी मस्जिद के सवाल पर गिर गयी और गोपाल सिंह रपट ठंडे बस्ते में ही पड़ी रही।

अब सच्चर कमेटी ने फिर से मुसलमानों की स्थिति के बारे में महती प्रयासों से आंकड़े और तथ्य इकट्ठा किये हैं। सच्चर समिति के सदस्य सचिव श्री सालेह अबु शरीफ जाने-माने सांख्यिकी विशेषज्ञ हैं और उनके व्यापक ज्ञान और आंकड़ों की समझ का लाभ समिति को मिला। समिति के अध्यक्ष न्यायमूर्ति सच्चर प्रतिष्ठित जज हैं और मानवाधिकारों व अल्पसंख्यकों के अधिकारों के प्रति उनकी प्रतिबद्धता जग जाहिर है। जस्टिस सच्चर लम्बे समय से भारत में मानवाधिकारों के क्षेत्र में कार्यरत पी.यू.सी.एल. से जुड़े रहे हैं।

समिति के सदस्यों में शामिल हैं सैय्यद हामिद, जो अलीगढ़ मुस्लिम विश्वविद्यालय के पूर्व कुलपति हैं और वर्तमान में जामिया हमदर्द विश्वविद्यालय के कुलपति हैं।

सैय्यद हामिद न सिर्फ अल्पसंख्यक मामलों के विशेषज्ञ हैं वरन् वे अनुभवी प्रशासक और प्रजातांत्रिक व धर्मनिरपेक्ष मूल्यों के प्रति समर्पित व्यक्तित्व भी हैं। इस तरह, सच्चर समिति भारतीय मुसलमानों की माली हालात को समझने और उसमें सुधार के उपाय सुझाने के लिए पूर्णत: सक्षम थी।

रपट को प्रधानमंत्री के समक्ष प्रस्तुत कर दिया गया है। रपट में रेखांकित किये गये तथ्य निश्चित तौर पर सरकार को शर्मसार करने के लिए काफी हैं। रपट बताती है कि सरकारी नौकरियों, साक्षरता और गरीबी के मामले में मुसलमानों की स्थिति दलितों से भी बदतर है। पूरे राष्ट्र की औसत साक्षरता दर 65 प्रतिशत है जबकि मुसलमानों की साक्षरता दर 59 प्रतिशत है। लगभग सभी राज्यों में सरकारी नौकरियों में मुसलमानों की हिस्सेदारी आबादी में उनके हिस्से से कहीं कम है।

आसाम में मुसलमान कुल आबादी का 30.9 प्रतिशत हैं परन्तु सरकारी नौकरियों में उनकी हिस्सेदारी मात्र 11.2 प्रतिशत है। चिन्ता की बात यह है कि अल्पसंख्यकों के कल्याण के प्रति प्रतिबद्धता के बड़े-बड़े दावे करने वाली पश्चिम बंगाल की वाम मोर्चा सरकार भी इस संदर्भ में मुसलमानों को न्याय नहीं दे सकी हैं। वहाँ मुसलमान केवल 4.2 प्रतिशत सरकारी नौकरियाँ ही पा सके हैं जबकि वे आबादी का लगभग चौथाई हिस्सा हैं।

केरल में भी मुसलमान कुल आबादी का एक चौथाई हैं परन्तु वहाँ उनकी स्थिति तनिक बेहतर है। वे 7.6 प्रतिशत सरकारी नौकरियों पर काबिज हैं। देश के सबसे बड़े राज्य उत्तर प्रदेश में सरकारी नौकरियों में उनका हिस्सा 5.1 प्रतिशत और आबादी में 18.51 प्रतिशत है।

बिहार में मुसलमानों की हालत कुछ बेहतर है, जहाँ वे आबादी का 16.5 प्रतिशत व शासकीय नौकरियों में 7.6 प्रतिशत हैं। केन्द्र सरकार की नाक के ठीक नीचे दिल्ली में आबादी और सरकारी नौकरियों में मुसलमानों का हिस्सा क्रमश: 11.7 व 3.2 प्रतिशत है। आन्ध्र प्रदेश और कर्नाटक में मुसलमानों को क्रमश: 8.8 व 8.5 प्रतिशत सरकारी नौकरियाँ मिली हुई हैं क्रमश: जबकि वे आबादी का 9.2 व 12.3 प्रतिशत हैं। गुजरात में भी उनकी स्थिति बहुत खराब नहीं है। वहाँ वे आबादी का 9.1 प्रतिशत और सरकारी नौकरियों का 5.4 प्रतिशत हैं।

आई.ए.एस. और आई.पी.एस. में मुसलमानों का प्रतिनिधित्व 2 से 3 प्रतिशत ही है। यह अत्यन्त शोचनीय स्थिति है।

इस सिलसिले में एक महत्वपूर्ण सवाल यह है कि इस स्थिति के लिए किसे दोषी ठहराया जावे— मुसलमानों को, उनके नेतृत्व को या फिर सरकार को। यह मुद्दा बहुत उलझा हुआ है। पहली बात तो यह है कि भारत के अधिकांश मुसलमान दलित, पिछड़े और हाथ से काम करने वाले गरीब हिन्दुओं के धर्म परिवर्तन कर लेने से बने हैं। वे इस्लाम अपनाने के पहले भी गरीब थे और मुसलमान बनने के बाद भी गरीब बने रहे।

मध्यकालीन मुस्लिम शासकों को इन 'कमीन जात' मुसलमानों से कोई सहानुभूति नहीं थी। वे अज़लफ कहलाते थे। ये लोग समाज में कभी उच्च दर्जा प्राप्त नहीं करते थे। दूसरे मुसलमान उनसे छुआछुत तो नहीं करते थे परन्तु इसके अतिरिक्त उनके साथ वैसा ही व्यवहार होता था जैसा उच्च जाति के हिन्दू दलितों के साथ करते थे। इस तरह, आज उनकी आर्थिक बदहाली के पीछे ऐतिहासिक कारण भी हैं। दूसरे, देश के विभाजन ने मुसलमानों को बहुत क्षति पहुँचाई। रईस जमींदार, मध्यम और उच्च मध्यम वर्गीय व्यापारी और आई.सी.एस., आई.पी.एस. व सेना में उच्च पदों पर कार्यरत मुसलमान विभाजन के समय पाकिस्तान चले गये। गरीब और अपढ़ मुसलमान यहाँ रह गये। इनने पाकिस्तान के निर्माण में कोई भूमिका अदा नहीं की थी और न ही पाकिस्तान में बसने से उन्हें कोई फायदा मिलने की उम्मीद थी। लिहाजा, वे यहीं रह गये। यह भी भारतीय मुसलमानों की गरीबी का एक कारण है।

सच्चर समिति व इसके पहले गोपाल सिंह समिति की रपटों से यह साफ है कि अधिकांश मुसलमान खुद के छोटे-मोटे धंधे कर अपना पेट पाल रहे हैं। हिन्दुओं की तुलना में मुसलमानों की आबादी का ज्यादा बड़ा हिस्सा शहरों में रहता है जहाँ वे जुलाहे, कांच और पीतल के बर्तन बनाने, चूड़ियाँ बनाने और वध के लिए जानवरों की खरीद-फरोख्त जैसे काम करते हैं। इन धंधों का कौशल एक पीढ़ी से दूसरी में हस्तान्तरित होता रहता है और मुसलमान साक्षरता और सरकारी नौकरियों को विशेष महत्व नहीं देते।

समस्या यह है कि दुनिया बहुत तेजी से बदल रही है और शिक्षा और तकनीकी योग्यता का महत्व बढ़ता जा रहा है। मुसलमानों के हाथों के कौशल से जीविका कमाने वाले वर्ग में से एक मध्यम वर्ग उभर आया है जो पढ़ा-लिखा है और सरकारी और निजी नौकरियाँ पाने का इच्छुक भी है। इस नये मध्यम वर्ग और स्वतंत्रता पूर्व के मुस्लिम मध्यम वर्ग के बीच मूल अन्तर यह है कि उस वर्ग की पृष्ठभूमि सामन्तवादी थी और वह आराम-तलब परन्तु अत्यन्त प्रभावशाली व सुसंस्कृत था। नया मध्यम वर्ग हाथ से काम करने वाले वर्ग से उभरा है व इसलिए मेहनती है। यह वर्ग बहुत सुसंस्कृत नहीं है और न ही प्रभावशली है। एक अन्य अन्तर यह भी है कि नये मध्यम वर्ग को पुराने मध्यम वर्ग के विपरीत प्रतिस्पर्धा का सामना करना पड रहा है। नये मध्यम वर्ग के युवकों को उच्च शैक्षणिक योग्यताएँ तो अर्जित करनी ही होती हैं उन्हें कड़ी प्रतिस्पर्धा का भी सामना करना पड़ता है। चूँकि यह वर्ग प्रभावशाली नहीं है इसलिए उसे नौकरियाँ पाने के लिए जरूरी शैक्षणिक योग्यताएँ अर्जित करने के लिए शिक्षा-सम्बन्धी सहुलियतों की जरूरत होती है। इस सिलसिले में न तो सरकार उनकी कोई मदद करती है और न ही उनके नेता। सर सैय्यद अहमद खान जैसे नेताओं के विपरीत आज का मुस्लिम नेतृत्व अपने गरीब समर्थकों की मदद करना नहीं चाहता बल्कि उसकी रुचि उनका उपयोग अपने राजनैतिक हितों की पूर्ति के लिए करने मात्र में है।

ये नेता गरीब मुसलमानों की माली हालत सुधारने के बजाय उनका भावनात्मक शोषण करते हैं।

जहाँ तक सरकार का प्रश्न है उसके बारे में जितना कहा जाए उतना कम है। धर्मनिरपेक्षता की दिन–रात दुहाई देने वाले कांग्रेस और जनता दल जैसे राजनैतिक दलों ने कभी गरीब व पिछड़े हुए मुसलमानों के लिए ठोस काम नहीं किया। चुनावों के समय मुसलमानों के कल्याण की लोक लुभावनकारी योजनाओं की घोषणा की जाती है परन्तु चुनाव के बाद उनके बारे में सब कुछ भुला दिया जाता है। उनकी कोई चर्चा तक नहीं करता।

कोई नहीं जानता कि सच्चर समिति की रपट का क्या होगा? इस रपट की मीडिया में बहुत चर्चा हो रही है और उत्तर प्रदेश सहित कई महत्वपूर्ण राज्यों में चुनावों की रणभेरी बजने जा रही है। उत्तर प्रदेश में मुस्लिम मत महत्वपूर्ण हैं। ऐसे में बहुत कुछ इस बात पर निर्भर करेगा कि मुसलमान विभिन्न राजनैतिक दलों को किस हद तक प्रभावित कर सकते हैं।

इस सन्दर्भ में एक महत्वपूर्ण प्रश्न यह है कि क्या हिन्दू दलितों की तरह मुस्लिम दलितों को भी आरक्षण दिया जाना चाहिए? सच्चर कमेटी ने मुसलमानों को आरक्षण देने के सम्बन्ध में कोई सिफारिश नहीं करके ठीक ही किया है। यद्यपि कमेटी ने इग्लैंड और कुछ अन्य देशों की तर्ज पर 'समान अवसर आयोग' के गठन की सिफारिश की है। आरक्षण को छोड़ कर कमेटी ने सरकार को वे सभी कदम उठाने की सिफारिश की है जिनसे मुसलमान अधिक संख्या में नौकरियाँ पा सकें। आज की प्रतियोगी दुनिया में बिना सघन प्रयासों के मुसलमानों को बड़ी संख्या में नौकरियाँ दिलाना सम्भव नहीं है।

जैसा कि पहले कहा जा चुका है, नया मुस्लिम मध्यम वर्ग न तो अधिक सुसंस्कृत है और न ही अत्यन्त प्रभावशाली। अत: उसके लिए सरकारी नौकरियाँ पाना आसान नहीं है। निजी क्षेत्र में रोजगार पाने के मामले में तो मुसलमानों की हालत और भी खराब है। यह सच है कि सरकारी क्षेत्र में नौकरियों के अवसर सिकुड़ रहे हैं जबकि निजी क्षेत्र में अवसर तेजी से बढ़ रहे हैं। दलित नेता अब निजी क्षेत्र में भी आरक्षण की माँग करने लगे हैं। परन्तु अगर मुस्लिम नेतृत्व मुसलमानों के लिए आरक्षण की माँग करेगा तो इस माँग का न केवल संघ परिवार वरन् कई धर्मनिरपेक्ष लोग भी जमकर विरोध करेंगे। दलित मुसलमानों को आरक्षण देना भी अत्यन्त दुरूह कार्य है, पूरे मुस्लिम समुदाय की बात ही दूरी रही। दोनों मामलों में पहले संविधान संशोधन करना होगा क्योंकि संविधान में केवल जाति आधारित आरक्षण की व्यवस्था है, धर्म आधारित नहीं। ऐसे संविधान संशोधन के लिए सभी राजनैतिक दलों का समर्थन जरूरी होगा, जो मिलना सम्भव नहीं लगता।

बेहतर तो यह होगा कि सच्चर समिति की सिफारिशों के अनुरूप 'समान अवसर आयोग' का गठन कर दिया जावे और मुसलमानों के लिए शिक्षा के क्षेत्र में अधिक

सुविधाएँ जुटाई जावें। हाथों के कौशल से आजीविका कमाने वालों के लिए राष्ट्रीयकृत बैंकों से सस्ती ब्याज दर पर कर्ज की व्यवस्था होनी चाहिए ताकि वे महाजनों से ऊँचे ब्याज पर कर्ज लेने से बच सकें। सरकार को निजी क्षेत्र के बैंकों के लिए यह अनिवार्य कर देना चाहिए कि वे अपनी पूंजी का कुछ हिस्सा गरीब दलितों और अल्पसंख्यकों को सस्ती ब्याज दर पर कर्जा देने के लिए आरक्षित करें। अगर हस्तकौशल से जीविका चलाने वालों की आर्थिक हालत सुधरेगी तो उनके बच्चे बेहतर स्कूलों में पढ़ने जावेंगे और अच्छी नौकरियाँ पाने के लिए उपयुक्त अर्हताएँ अर्जित कर सकेंगे।

इसके अलावा, वामपंथी पार्टियों ने यह सुझाव दिया है कि केन्द्रीय व राज्य सरकारों के सभी विभाग अपने वार्षिक बजट का कम से कम 15 फीसदी हिस्सा मुसलमानों पर खर्च करें। वाम मोर्चा सरकार ने ऐसा करने का निर्णय ले लिया है। इसके लिए वाम मोर्चा सरकार वधाई की पात्र है। मुसलमानों का देश की आबादी में 15 फीसदी हिस्सा है और बजट का उतना ही हिस्सा उन पर खर्च करना उनके लिए आरक्षण करने से कहीं बेहतर विकल्प है।

धर्मनिरपेक्षता और भारत

यह कहना अतिशयोक्तिपूर्ण नहीं होगा कि धर्मनिरपेक्षता भारतीय राजनीति की जीवन रेखा है। धर्मनिरपेक्षता के बिना भारतीय राजनीति की कल्पना भी नहीं की जा सकती। यह भी सच है कि भारतीय सन्दर्भों में धर्मनिरपेक्षता कई चुनौतियों और समस्याओं का सामना कर रही है। हम यहाँ धर्मनिरपेक्षता की कुछ समस्याओं पर चर्चा करेंगे। परन्तु इसके पहले हम भारतीय सन्दर्भों में धर्मनिरपेक्षता के अर्थ को समझेंगे।

यूरोप की तरह भारत में धर्मनिरपेक्षता का जन्म धर्म की सत्ता को चुनौती देने की प्रक्रिया में नहीं हुआ। यूरोप में चूँकि धर्मनिपेक्षता चर्च के विरुद्ध संघर्ष से जन्मी थी इसलिए उसमें नास्तिकता का एक पुट था। यूरोपीय धर्मनिरपेक्षता में धर्म के प्रति शत्रुता नहीं तो कम से कम तटस्थता का भाव तो निहित था ही। हाल के दशकों में बढ़ते हुए उपभोक्तावाद और भौतिकतावाद ने इस तटस्थता के भाव को और पुष्ट किया है।

भारत में हमेशा से धर्म की केन्द्रीय भूमिका रही है। यहाँ शत्रुता तो दूर रही, धर्म के प्रति तटस्थता का भाव भी कभी धर्मनिरपेक्षता का अंग नहीं रहा। भारत में धर्मनिरपेक्षता का अर्थ रहा है सभी धर्मों को बराबर सम्मान देना। भारतीय राष्ट्रीय कांग्रेस के संस्थापकों को यह आशंका थी कि उनकी पार्टी पर *हिन्दुओं की पार्टी* का लेबल न चस्पा कर दिया जावे। कांग्रेस को सभी धर्मों की पार्टी का स्वरूप देने के उद्देश्य से ही शायद कांग्रेस के प्रारंभिक वर्षों में तीन अध्यक्ष अल्पसंख्यक समुदायों में से चुने गए — बदरूद्दीन तैयब्जी (मुसलमान), डब्लयू.सी. बनर्जी (ईसाई) और दादा भाई नौरोजी (पारसी)

इस प्रकार कांग्रेस को शुरू से ही इन तीनों समुदायों का समर्थन प्राप्त रहा। उलेमा, जो ब्रिटिश शासन के विरुद्ध संघर्ष कर रहे थे, ने कांग्रेस का खुलकर समर्थन किया और मुसलमानों से बड़ी संख्या में कांग्रेस की सदस्यता लेने की अपील की। दारूल उलूम, देवबंद के संस्थापक मौलाना कासिम अहमद नानोटवी ने तो इस आशय का एक फतवा भी जारी किया था। उन्होंने अन्य जाने-माने उलेमा द्वारा जारी इसी तरह के फतवों को इकट्ठा कर उनका 'नुसरत अल् अहरार' (स्वतंत्रता सेनानियों की मदद के लिए) शीर्षक से संकलन भी प्रकाशित किया था। उलेमा कांग्रेस को सभी धर्मों की

पार्टी मानते थे और उन्होंने अंग्रेज साम्राज्यवादियों को देश से बाहर फेंकने के लिए कांग्रेस पार्टी का पूरे उत्साह से साथ दिया।

इस तरह, हमारे देश में धर्मनिरपेक्षता चर्च या धर्माधिकारी के विरुद्ध संघर्ष से नहीं बल्कि हमारे देश के बहुधार्मिक चरित्र से उपजी थी। कांग्रेस ने भी अपने को सभी देशवासियों की पार्टी बनाने के लिए धर्मनिरपेक्षता को अपने मूल सिद्धान्तों में शामिल किया। हमारे देश में धार्मिक और सांस्कृतिक बहुवाद की सदियों पुरानी परम्परा रही है। हम कभी भी एक संस्कृति या एक धर्म वाले देश नहीं रहे हैं। इसके विपरीत, पश्चिम का धार्मिक और सांस्कृतिक बहुवाद से साबका द्वितीय विश्व युद्ध के बाद ही पड़ा।

स्वतंत्रता के तुरन्त बाद कुछ बुद्धिजीवियों ने यह मत व्यक्त किया कि भारत में भी धर्मनिरपेक्षता का अर्थ धर्म के प्रति उदासीनता या तटस्थता होना चाहिए और उन्होंने धार्मिक आयोजनों से सरकार के किसी भी प्रकार के जुड़ाव की कड़े शब्दों में भर्त्सना की। हमारे प्रथम प्रधानमंत्री पंडित जवाहरलाल नेहरू भी इसी विचारधारा के थे परन्तु जल्दी ही उन्हें यह समझ में आ गया कि हमारे देश में ऐसा करना व्यवहारिक नहीं होगा और उन्होंने भारतीय धर्मनिरपेक्षता को राज्य द्वारा सभी धर्मों को समान संरक्षण देने के रूप में परिभाषित किया। इस तरह किसी भी राज्य के धर्मनिरपेक्ष होने की कसौटी यही है कि क्या वह सभी धर्मों को बराबर सहयोग व सुरक्षा देता है और किसी धर्म विशेष के प्रति उसका झुकाव तो नहीं है।

भारतीय सन्दर्भों में धर्मनिरपेक्षता के अर्थ की व्याख्या करने के बाद अब हम हमारे देश में धर्मनिरपेक्षता के समक्ष चुनौतियों की चर्चा करेंगे। जहाँ तक राज्य का सवाल है, उसकी भूमिका को हम मुख्यत: दो हिस्सों में बाँट सकते हैं— पहली सैद्धान्तिक व दूसरी व्यावहारिक। सैद्धान्तिक भूमिका को संविधान में स्पष्ट शब्दों में परिभाषित किया गया है। भारतीय संविधान राज्य की प्रकृति और उसके कर्तव्यों, नागरिकों के अधिकारों और कार्यपालिका और न्यायपालिका की भूमिका की अत्यन्त स्पष्ट व्याख्या करता है।

इस तरह सैद्धान्तिक सन्दर्भों में अर्थात संवैधानिक प्रावधानों को देखते हुए धर्मनिरपेक्षता के सामने कोई चुनौती नजर नहीं आती। अगर कोई समस्या भविष्य में सामने आएगी भी तो उसे संविधान को संशोधित कर सुलझा लिया जावेगा। हमारे संविधान में वैसे भी सौ से अधिक संशोधन हो चुके हैं। जहाँ तक राज्य की व्यावहारिक भूमिका का सवाल है, वो सरकार के काम करने के तरीके पर निर्भर करती है।

भारत में धर्मनिरपेक्षता से जुड़ी हुई समस्याएँ राज्य की कार्यप्रणाली व अन्य व्यावहारिक पक्षों से जुड़ी हैं, सैद्धान्तिक पक्ष से नहीं। हमारे देश में एक राजनैतिक पार्टी या कुछ पार्टियाँ मिल-जुल कर सरकार बनाती हैं। स्वतंत्रता के बाद लगभग चालीस वर्षों तक कांग्रेस इस देश पर शासन करती रही। नेहरू के युग में कांग्रेस की धर्मनिरपेक्षता के प्रति असंदिग्ध निष्ठा बनी रही परन्तु कई कांग्रेस नेताओं की व्यक्तिगत तौर पर

धर्मनिरपेक्षता के प्रति निष्ठा पर्याप्त मजबूत नहीं थी और कुछ का तो दृष्टिकोण साम्प्रदायिक था।

सन् 1948 में उत्तर प्रदेश के तत्कालीन मुख्यमंत्री गोविन्द वल्लभ पन्त ने नेहरू के निर्देशों की अवहेलना करते हुए बाबरी मस्जिद में आधी रात को स्थापित की गयी राम और सीता की मूर्तियों को नहीं हटवाया। सरदार पटेल तक ने उन्हें चिट्ठी लिखकर मूर्तियाँ हटवाने के लिए कहा। अगर श्री पन्त उसी समय मूर्तियाँ हटवा दिये होते तो अस्सी और नब्बे के दशकों में भारत को गम्भीर साम्प्रदायिक हिंसा और तनाव के दौर से नहीं गुजरना पड़ता।

भारतीय राज्य की कार्यप्रणाली हमेशा से नरम रही है। यह बात स्वीडन के जाने-माने अर्थशास्त्री जान मिरडाल द्वारा लिखित प्रसिद्ध पुस्तक 'एश्यिन ड्रामा' में भी कही गयी है। एक के बाद एक सरकारें दबाव में आकर धर्मनिरपेक्षता के मूल्यों और सिद्धान्तों के खिलाफ जाकर निर्णय लेती रहीं। जबलुपर के दंगों को नियंत्रित करने के मुद्दे पर नेहरू तक अकेले रह गये थे।

कई महत्त्वपूर्ण मामलों में केन्द्र सरकार ने दबाव में आकर सिद्धान्तहीन निर्णय लिये, जो धर्मनिरपेक्षता के मूल्यों के विरुद्ध थे। इस तरह के निर्णयों के कई उदाहरण हैं परन्तु शाहबानो और बाबरी मस्जिद के मामलों में लिये गये निर्णयों ने भारत की धर्मनिरपेक्ष परम्परा को गहरी चोट पहुँचाई। कुछ मुसलमान नेताओं के दबाव में आकर राजीव गाँधी ने शाहबानो मामले में सुप्रीम कोर्ट द्वारा दिये गये निर्णय को पलटने के लिए कानून बनाया और नरसिम्हा राव ने भाजपा के गुंडो को बाबरी मस्जिद गिराने दी।

उच्चतम न्यायालय के निर्णय को पलटने और बाबरी मस्जिद को नहीं बचाने से भारतीय धर्मनिरपेक्षता को गहरा धक्का पहुँचा। इन निर्णयों ने यह साबित किया कि भारत सरकार धर्मनिरपेक्षता के सिद्धांतों पर स्थिर नहीं रहती और हर तरह के दबावों के आगे झुककर अवसरवादी निर्णय लेती है। सत्ता की खातिर वो अपनी कमजोरी और अवसरवादिता को खुलेआम प्रदर्शित करती है और महत्वपूर्ण मामलों में भी कड़े निर्णय लेने से घबराती है।

एक अन्य महत्वपूर्ण मसला है साम्प्रदायिक हिंसा का। स्वतंत्रता के तुरन्त बाद देश में व्यापक साम्प्रदायिक हिंसा हुई। ऐसा कहा जाता है कि कांग्रेस नेतृत्व देश के विभाजन के लिए इसलिए राजी हुआ ताकि देश को गृहयुद्ध से बचाया जा सके और साम्प्रदायिक हिंसा नियंत्रित हो सके। ऐसी आशा थी कि स्वतंत्र भारत में साम्प्रदायिक हिंसा नहीं होगी। यही कारण था कि जबलपुर में 1961 में हुए दंगे ने पंडित नेहरू को अत्यन्त व्यथित कर दिया था। उन्हें यह अपेक्षा ही नहीं थी कि स्वतंत्र भारत में साम्प्रदायिक दंगे होंगे।

परन्तु यह तो केवल शुरुआत थी। अगर पंडित नेहरू जीवित रहते तो वे पाते कि जलबपुर से कहीं गम्भीर और भयावह दंगे देश में हुए। अहमदाबाद में 1969 में हुए

दंगों में एक हजार से अधिक लोग मारे गये। सन् 1970 के भिवंडी-जलगाँव दंगों में महिलाओं और बच्चों सहित चार सौ निर्दोष नागरिकों को मौत के घाट उतार दिया गया। इसके बाद, सन् 1980 के दशक में कई बड़े दंगे हुए जिनमें मुख्य थे— मुरादाबाद (1980), बिहार शरीफ (1981), बड़ौदा और मेरठ (1982) व नेल्ली, आसाम (1983)। इन दंगों में कुल मिलाकर चार हजार से अधिक मौतें हुईं। भिवंडी और सिक्ख-विरोधी दंगों (1984), मेरठ (1987) और भागलपुर (1989) में आठ सौ से अधिक लोगों ने अपनी जानें गँवाईं। मेरठ में 42 लोगों को पी.ए.सी. के जवानों द्वारा घरों से निकालकर गोली मार दी गयी और उनकी लाशों को एक नहर में फेंक दिया गया। इसके बाद सन् 1992-93 में मुम्बई, सूरत, अहमदाबाद, भोपाल, कानपुर व देश के अन्य अनेक शहरों में साम्प्रदायिक दंगे हुए।

ये सभी दंगे कांग्रेस के शासन काल में हुए। कांग्रेस राज्य और केन्द्र दोनों में सत्ता में रहने के बावजूद इन दंगों को नियंत्रित नहीं कर पायी। इसका कारण यह नहीं था कि कांग्रेस धर्मनिरपेक्षता के पथ से भटक गयी थी बल्कि यह था कि व्यक्तिगत तौर पर अनेक कांग्रेसजन साम्प्रदायिक विचारधारा के थे और सच्चे धर्मनिरपेक्ष व्यक्तियों को पार्टी में हाशिए पर डाल दिया गया था।

सभी राजनीतिज्ञों के लिए, चाहे वे कांग्रेस के हों या किसी अन्य पार्टी के, सत्ता पाना ही अन्तिम लक्ष्य था, संवैधानिक प्रावधानों और धर्मनिपेक्षता की रक्षा करना नहीं। अगर सत्ता को सिद्धांतों के ऊपर न रखा जाता तो देश को बार-बार साम्प्रदायिक दंगों की त्रासदी नहीं भुगतनी पड़ती। राज्य की मशीनरी का सभी दंगों में जमकर दुरुपयोग किया गया। राजनेताओं ने अपने हितों की पूर्ति के लिए पुलिस का इस्तेमाल किया।

कुछ अपवादों को छोड़कर सभी दंगों में पुलिस का घोर साम्प्रदायिक चरित्र उजागर हुआ। सन् 1992-93 के मुम्बई और सन् 2002 के गुजरात दंगों में पुलिस की भूमिका शर्मनाक थी। पुलिस केवल अपने राजनैतिक आकाओं के निहित स्वार्थों की पूर्ति में लगी रही और ईमानदार पुलिसवाले या तो अकेले पड़ गये या उन्हें स्थानान्तरित या पदावनत कर दिया गया। पुलिस के निचले पदों पर काम करने वाले अधिकारी-कर्मचारी घोर साम्प्रदायिक और पक्षपातपूर्ण व्यवहार करने के लिए जाने जाते हैं।

सरकारें पुलिसकर्मियों को साम्प्रदायिकता के जहर से मुक्त करने के लिए कार्यवाही करने की इच्छुक इसलिए नहीं रहतीं क्योंकि उन्हें समय-समय पर पुलिस का इस्तेमाल दंगे ायोजित करने के लिए करना होता है। चुनावी रणनीतियाँ जातिगत और साम्प्रदायिक गणित पर आधारित रहती हैं और ऐसे में धर्मनिरपेक्षता के मूल्यों और सिद्धान्तों पर कायम रहना किसी सरकार के लिए सम्भव नहीं होता। हमारे देश में चुनावों में पार्टियाँ इस या उस समुदाय या जाति के वोट हासिल करने के उद्देश्य से काम करती हैं। चुनाव जीतने के लिए किसी समुदाय को गले लगाया जाता है और किसी समुदाय से दूरी बनाई जाती है।

जब तक हमारी चुनाव प्रणाली इस प्रकार की रहेगी, धर्मनिरपेक्षता कमजोर होती जाएगी। यदि चुनाव जीतने के लिए कम से कम 51 प्रतिशत मत प्राप्त करने की अनिवार्यता होगी तो पार्टियाँ सभी समुदायों और जातियों का समर्थन हासिल करने की कोशिश करेंगी। इससे धर्मनिरपेक्षता मजबूत होगी।

मुम्बई हमला : हमें क्या करना चाहिए ?

विगत २६ नवम्बर २००८ की शाम जब मुम्बई पर भयावह आतंकी हमला हुआ, उस समय मैं धर्मनिरपेक्षता पर एक सेमिनार के सिलसिले में सिंगापुर में था। मुझे हमले की जानकारी बीबीसी टीवी के जरिए मिली। सिंगापुर से मुझे धर्म और प्रजातंत्र पर एक सेमिनार में भाग लेने इस्ताम्बूल जाना था। वहाँ से मैं 1 दिसम्बर को मुम्बई लौटा। तब तक सब कुछ समाप्त हो चुका था और मुझे इस वहशी हमले पर तुरन्त प्रतिक्रिया देने का मौका नहीं मिला।

हमारे दिमागों में कई प्रश्न उठ रहे हैं। वे आतंकवादी कौन थे और उन्होंने इतना वहशियाना हमला क्यों किया जिसमें दो सौ के करीब निर्दोष लोग मारे गये (इनमें से नौ आतंकवादी थे जो कतई निर्दोष नहीं कहे जा सकते)। भारत सरकार और सुरक्षा एजेंसियों का कहना है कि हमलावर पाकिस्तान की लश्कर-ए-तैयबा के सदस्य थे और उन्हें इस हमले को अंजाम देने के लिए छः महीने का कड़ा सैनिक प्रशिक्षण दिया गया था। सरकार का कहना है कि उसके पास अपने दावे को सच साबित करने के लिए पर्याप्त सुबूत हैं। यह बात सही लगती है क्योंकि जों आतंकवादी पकड़ा गया है उसने सुरक्षा एजेन्सियों को जानकारी दी होगी। उसके अलावा मारे गये आतंकवादियों के पास से मिली चीजों से भी उनके बारे में पता चला होगा।

हमले के बारे में कुछ अजीबोगरीब कहानियाँ भी इंटरनेट पर फैलाई जा रही हैं। एक, श्री अमरेश मिश्रा का कहना है कि हमला आरएसएस और इजराइल की मोसाद का संयुक्त अभियान था और इसका उद्देश्य साध्वी प्रज्ञा, स्वनियुक्त शंकराचार्य पांडे और ले. कर्नल पुरोहित की गिरफ्तारी का बदला लेना था। यही कारण है कि हमलावरों ने सबसे पहले एटीएस प्रमुख हेमन्त करकरे और उनके निकट सहयोगियों की जान ली। एक मराठी अखबार *महाराष्ट्र टाईम्स* में छपा है कि कामा अस्पताल में दो आतंकवादी वहाँ के एक सिक्युरिटी गार्ड से धाराप्रवाह मराठी में बात कर रहे थे। यह प्रश्न उठना स्वाभाविक है कि पाकिस्तानी भला मराठी कैसे बोलेंगे? अखबार यह भी कहता है कि सीएसटी स्टेशन पर गोलियाँ चला रहा आतंकवादी गोरा था और यूरोपीय या अमेरिकन लगता था।

यह भी कहा जा रहा है कि इस हमले के कुछ समय पहले कुछ यहूदी धार्मिक नेता इजराइल से आये थे और संघ परिवार के समर्थक साधु संतों से मिले थे। हमले की योजना उसी बैठक में बनायी गयी थी। श्री मिश्रा का यह भी दावा है कि हेमन्त करकरे जल्दी ही प्रवीण तोगड़िया सहित अनेक जाने माने हिन्दुत्व नेताओं को गिरफ्तार करने वाले थे और इसलिए उन्हें जल्दी से जल्दी खत्म कर देना जरूरी था। यह काम हमले के दौरान कर दिया गया।

सच तो यह है कि ये सभी बातें बहुत विश्वसनीय नहीं लगतीं। अगर हेमन्त करकरे को मारना ही हमलावरों का मकसद था तो यह काम इतना बड़ा हमला किये बगैर भी अंजाम दिया जा सकता था। इसी तरह, यह हो सकता है कि इजराइल और मोसाद की आरएसएस या संघ परिवार से सहानुभूति हो, पर इसका यह मतलब नहीं है कि इजराइल या मोसाद मुम्बई में इतना बड़ा ऑपरेशन करेंगे। आरएसएस और मोसाद का ताजमहल और ओबोराय होटल और विशेषकर यहूदियों की रहवासी इमारत को निशाना बनाने का कोई कारण नहीं है।

एक महत्वपूर्ण सवाल यह हैं कि मात्र गिनती के दस आतंकवादी, चाहे उनके पास कितना ही असलहा और हथियार क्यों न हों, भला किस तरह ताज और ओबेराय होटलों की बहुत विशाल इमारतों और नरीमन भवन को इतने लम्बे समय तक अपने कब्जे में रख सके। यही नहीं, इस बीच उन्होंने सीएसटी और कामा अस्पताल में गोलियाँ भी चलायीं। अलग-अलग समय पर आतंकवादियों की अलग-अलग संख्या बतायी गयी। पहले कहा गया कि उनकी संख्या 15 से 17 के बीच थी। बाद में आधिकारिक सूत्रों ने कहा कि वे दस से अधिक नहीं थे। यह समझना मुश्किल है कि किस तरह इतने कम आतंकवादियों ने तीन इमारतों को 60 घंटे तक अपने कब्जे में रखा और इतने सारे लोगों को मार डाला। यह सब बहुत अविश्वसनीय लगता है।

यह भी जरूरी है कि भारतीय उपमहाद्वीप में शांति बनी रहे। पाकिस्तान के साथ युद्ध की बात सोचना दरअसल आतंकवादियों के हाथों का खिलौना बनना है। वे तो यह ही चाहते हैं कि भारत और पाकिस्तान में जंग हो। पाकिस्तान लम्बे सैनिक शासन के बाद अभी-अभी प्रजातंत्र में तब्दील हुआ है। हमें ऐसा कुछ नहीं करना चाहिए जिससे पाकिस्तान की सत्ता फिर सैनिक तानाशाहों के हाथों में चली जाए। अगर इस हमले में लश्कर-ए-तैयबा सच में शामिल थी तो उसका एक उद्देश्य पाकिस्तान में सेना का हाथ मजबूत करना हो सकता है। पाकिस्तान की सेना के उच्चाधिकारियों को सत्ता के बिना जीवन फीका लग रहा है।

पाकिस्तान के साथ शान्ति के रिश्ते बने रहना पूरे भारतीय उपमहाद्वीप, विशेषकर दोनों देशों के नागरिकों के लिए बहुत महत्वपूर्ण है। युद्ध का नारा बुलन्द करने वाले आक्रामक राष्ट्रवादियों से हमें बचकर रहना है। दोनों देशों के नेतृत्व के समझदार तबके को शान्ति बनाये रखने की कोशिश करनी चाहिए। हमें संकुचित धार्मिक भावनाओं से

भी ऊपर उठना होगा क्योंकि संकुचित धार्मिकता उतनी ही खराब है जितना संकुचित राष्ट्रवाद। न्याय और सत्य के अलावा जिस तीसरे मूल्य को दुनिया के सभी धर्म सबसे अधिक महत्व देते हैं, वह है सहिष्णुता। पाकिस्तान और भारत की एक दूसरे के प्रति सहिष्णुता दोनों की संस्कृति और सभ्यता को जिन्दा रखने और उन्नत करने में मदद करेगी।

किसी भी देश में आतंकवाद को सहन नहीं किया जाना चाहिए। परन्तु यह भी सच है कि आतंकवाद का जन्म कई कारणों से होता है और धार्मिक कट्टरता उनमें से सिर्फ एक है। यह सही है कि धार्मिक जुमलों और नारों का इस्तेमाल लोगों को अपने से जोड़ने और उन्हें कट्टर बनाने के लिए कुछ संगठन करते हैं। आतंकवाद में धर्म की भूमिका यहीं खत्म हो जाती है। राष्ट्रीय या विश्व स्तर पर किये गये घोर अन्याय से लोगों का गुस्सा उपजता है और उनमें बदला लेने की भावना जागती है। धर्म का इस्तेमाल केवल गुस्से से भरे इन युवकों को भड़काने और उत्तेजित करने के लिए किया जाता है।

आतंकवाद का अन्त सेना या बन्दूकें नहीं कर सकतीं। हमें उसके जन्म लेने के मूल कारणों पर ध्यान केन्द्रित करना होगा। हमें अपनी युवा पीढ़ी को हमारे धर्मों, हमारी संस्कृति और हमारी सभ्यता के उच्च मूल्यों से परिचित कराना होगा। तीनों चीजें एक साथ की जानी चाहिए : अर्थात् आतंकवाद के जन्म के मूल कारणों का पता लगाना, युवा पीढ़ी में नैतिक मूल्यों की स्थापना करना और सुरक्षा बलों को हमेशा सतर्क और सावधान रखना।

अकसर लोग इस सिलसिले में अमेरिका का उदाहरण देते हैं। प्रशंसा के स्वरों में यह कहा जाता है कि अमेरिका ने 9 / 11 के बाद अपने देश पर कोई आतंकवादी हमला नहीं होने दिया। अमेरिका के इन प्रशंसकों की यह माँग रहती है कि अमेरिका की तरह भारत भी कड़े सुरक्षा उपाय करे और भयावह नये कानून बनाये जिससे आगे आतंकवादी हमले न हो सकें। वे नहीं जानते कि इन नये कानूनों ने अमेरिका की उदारवादी राजनैतिक परम्परा के श्रेष्ठ मूल्यों को नष्ट कर दिया है और तनिक से भी संदेह पर सैकड़ों लोगों को जेलों में डालकर उनको अमानवीय प्रताड़ना दी जाती है। ऐसे लोगों को अपनी रक्षा के लिए कोई कानूनी रास्ता उपलब्ध नहीं है।

वैसे भी अमरीका की तुलना भारत और पाकिस्तान से नहीं की जा सकती। भारतीय उपमहाद्वीप में आतंकवाद का दोनों देशों की आन्तरिक स्थितियों और दोनों देशों के बीच शत्रुतापूर्ण रिश्ते के लम्बे इतिहास से सम्बन्ध है। अमरीका पर 9 / 11 के हमले का सम्बन्ध अमरीका की विदेश नीति से या विशेषकर मध्य पूर्व के देशों से उसके सम्बन्धों से है।

अमरीका में न तो ऐसी कोई आन्तरिक समस्या थी जो आतंकवाद की जनक बन सके और न ही उसके किसी पड़ोसी देश से शत्रुतापूर्ण रिश्ते थे। अलकायदा एक बहुत

छोटा सा संगठन था जो अमरीका से बहुत दूर अफगानिस्तान से काम कर रहा था और उसे किसी देश की शक्तिशाली सेना का समर्थन प्राप्त नहीं था। इस तरह के संगठन की अमरीका को निशाना बनाने की क्षमता सीमित थी। अफगानिस्तान एक कमजोर देश है जो अपनी सुरक्षा और आस्तित्व बनाये रखने के लिए दूसरे देशों की सेनाओं पर निर्भर है। 9 / 11 के हमले में अलकायदा के सभी संसाधन चुक गये थे । यह किसी को नहीं पता कि ओसामा बिन लादेन जिन्दा है या मर चुका है। इन परिस्थितियों में अमरीका के लिए और आतंकवादी हमले रोकना आसान था।

हमें यह भी नहीं भूलना चाहिए कि अमरीका की जनता वहाँ पर बनाए गए भयावह कानूनों और विभिन्न देशों पर किये गये हमलों से नाराज थी और इसलिए उसने बुश और उनकी आक्रामक नीतियों को खारिज कर ओबामा को चुना, जिन्होने समझदारी और परिपक्वता का परिचय दिया और जनता को शान्ति और स्थिरता देने का वायदा किया ।

इस तरह मुम्बई पर हुए वहशी हमलों की कड़ी निन्दा करते हुए भी हमें अपना आपा नहीं खोनां चाहिए। हमले की निष्पक्ष और पारदर्शी जाँच के लिए उपयुक्त वातावरण बनाया जाना चाहिए। हमारी गुप्तचर एजेन्सियों को अधिक कार्यकुशल बनना चाहिए और सुरक्षा एजेन्सियों को गुप्तचर सूचनाओं को ज्यादा गम्भीरता से लेना चाहिए।

सबसे महत्वपूर्ण बात यह है कि हमें एक न्यायपूर्ण समाज बनाने की कोशिश करनी चाहिए - एक ऐसा समाज जो अपने सभी नागरिकों की मूल आवश्यकताओं के बारे में फिक्रमंद हो और जो सभी नागरिकों - चाहे वे किसी भी धर्म, जाति या वर्ग के हों— को पूरी सुरक्षा प्रदान करे। तभी हम आतंकवादियों के कुत्सित षड्यंत्रों को विफल कर सकेंगे।

आतंकवादी हमलों में मारे गये मासूमों को हमारी सच्ची श्रद्धांजलि यही होगी कि हम एक न्यायपूर्ण समाज की स्थापना करें। 'बम के बदले बम', 'लाश के बदले लाश' जैसे उत्तेजक नारों से कुछ होना-जाना नहीं है और न ही पड़ोसी देश पर हमला करने और वहाँ बम बरसाने की माँग का कोई अर्थ है। इससे तो आतंकी और हिंसक ताकतों के हाथ मजबूत होंगे। पाकिस्तान के साथ शान्ति प्रक्रिया में कोई बाधा नहीं आने दी जानी चाहिए क्योंकि तभी हम आतंकवादियों को अलग-थलग कर सकेंगे।

हमें पाकिस्तान की शान्ति प्रिय और प्रजातांत्रिक ताकतों को मजबूत करने का प्रयास करना चाहिए। पाकिस्तान की शान्तिप्रिय जनता ही आतंकवाद से लड़ने में हमारी मदद कर सकती है न कि वे भयावह कानून जो हमारे देश के दक्षिणपंथी बनाना चाहते है। आइए हम ठोस सामाजिक और राजनैतिक कार्य-योजना पर अमल कर आतंकवाद से मुकाबला करें। फकत नारे हमें कहीं नहीं ले जावेंगे।

बाबरी कांड और लिब्रहान रिपोर्ट

न्यायमूर्ति लिब्रहान ने अखिरकार अपनी जाँच रपट सरकार को सौंप ही दी। लिब्रहान आयोग की नियुक्ति बाबरी मस्जिद के ढहाए जाने के 10 दिन बाद हो गयी थी। उसने अपनी रपट 17 साल बाद, 30 जून 2009 को दाखिल की। इस दौरान, आयोग का कार्यकाल 48 बार बढ़ाया गया।

रपट के कुछ हिस्से 'इंडियन एक्सप्रेस' में छपे और उसके अगले ही दिन, रपट को संसद के पटल पर रख दिया गया।

बाबरी मस्जिद-रामजन्मभूमि विवाद लगभग एक दशक तक भारतीय राजनीति पर छाया रहा। यह विवाद इतना तीखा और इतना साम्प्रदायिक बन गया था कि स्वतंत्रता के बाद पहली बार भारतीय जनता, साम्प्रदायिक आधार पर ध्रुवीकृत हो गयी। इस विवाद को भड़काने का मुख्य उद्देश्य सत्ता पाना था और भाजपा का यह उद्देश्य पूरा भी हुआ। सन् 1990 के दशक के अन्त में वह केन्द्र में सरकार बनाने में सफल रही।

यह सर्वज्ञात है कि संघ परिवार के नेता बाबरी मस्जिद को ढहाने के लिए जिम्मेदार थे और इस आन्दोलन के मुखिया थे लाल कृष्ण आडवाणी, जिन्होंनें हिन्दुओं का समर्थन हासिल करने के लिए सोमनाथ से अयोध्या तक रथ यात्रा निकाली। यह यात्रा अपने पीछे निर्दोष पुरुषों, महिलाओं और बच्चों के खून के धब्बे छोड़ती चली गयी। यात्रा के रास्ते पर 300 से ज्यादा स्थानों पर छोटी-बड़ी साम्प्रदायिक झड़पे हुई। 'द टाईम्स ऑफ इंडिया' ने अपने सम्पादकीय में इसे ब्लड यात्रा की संज्ञा दी।

बाबरी मस्जिद के ढहाए जाने के बाद मुम्बई और सूरत में दिसम्बर 92, जनवरी 93 में हुए दंगों ने बर्बरता और खून-खराबे के मामले में सभी सीमाओं को पार कर लिया। बाबरी मस्जिद का ढहाया जाना और उसके बाद हुए दंगे, आधुनिक-धर्मनिरपेक्ष भारत के माथे पर एक बदनुमा दाग है। यह सब कुछ एक राजनैतिक दल ने अपनी सत्ता की भूख को पूरी करने के लिए किया।

लिब्रहान आयोग ने भाजपा के शीर्ष नेतृत्व के साथ-साथ, आश्चर्यजनक रूप से, अटल बिहारी वाजपेई को भी दोषी ठहराया है। अब तक वाजपेई पर इस मामले में ऊँगली नहीं उठायी गयी थी, सिवाय 'आउटलुक' पत्रिका में बहुत पहले प्रकाशित एक

लेख में, जिसमें यह दावा किया गया था कि वाजपेई, बाबरी मस्जिद के ढहाए जाने के षड्यंत्र से पहले से वाकिफ थे।

यह आश्चर्य की बात है कि न्यायमूर्ति लिब्रहान ने आडवाणी व वाजपेई को सीधे-सीधे दोषी करार दिया है क्योंकि मीडिया रिपोर्टों के अनुसार, आयोग के वकील श्री गुप्ता व न्यायमूर्ति लिब्रहान के बीच आडवाणी को लेकर विवाद हुआ था और बाद में गुप्ता ने लिब्रहान पर यह आरोप लगाते हुए अपने पद से इस्तिफा दे दिया था कि लिब्रहान का आडवाणी के प्रति अनावश्यक रूप से नर्म रवैया है।

मीडिया के साथ बातचीत में न्यायमूर्ति लिब्रहान ने जोर देकर कहा था कि उनकी ईमानदारी और निष्ठा संदेह से परे हैं और उन्होंने केवल और केवल सुबूतों के आधार पर लोगों को दोषी ठहराया है व किसी को भी बख्शा नहीं है। यह बात उन्होंने अपनी रपट सरकार को सौंपने के बाद कही थी। अब यह साफ है कि न्यायमूर्ति लिब्रहान सच बोल रहे थे। उन्होंने आडवाणी तो छोड़िए, वाजपेई तक को नहीं छोड़ा। लिखित बयानों और सरकारी दस्तावेजों के सूक्ष्म अध्ययन से आयोग इस नतीजे पर पहुँचा है कि मस्जिद को एक सुनियोजित योजना के तहत गिराया गया। ऐसा कोई प्रमाण नहीं मिला कि आन्दोलन के शीर्ष नेता इस योजना से वाकिफ नहीं थे या वे किसी अपराध के दोषी नहीं थे। आडवाणी ने यह दावा किया था कि मस्जिद का ढ़हाया जाना 'स्वतःस्फूर्त' घटना थी और उस घटना के लिए उन्हें बहुत खेद है। उन्होंने यह दावा भी किया था कि अयोध्या में उस दिन जो कुछ हुआ, उस पर वे रोये थे।

आयोग ने आडवाणी के इस दावे को खारिज कर दिया और घटनाक्रम के लिए उन्हें जिम्मेदार माना। आयोग ने 6 दिसम्बर 1992 को कारसेवकों द्वारा बाबरी मस्जिद ढहाए जाने के पहले के सम्पूर्ण घटनाक्रम और घटना से जुड़े सभी तथ्यों और परिस्थितियों का सूक्ष्मता से अध्ययन व विवेचन किया।

आयोग का मानना है कि दावों के विपरीत, अयोध्या आन्दोलन को कभी आम जनता, विशेषकर हिन्दुओं, का स्वैच्छिक समर्थन नहीं मिला। मन्दिर आन्दोलन कभी जनान्दोलन नहीं बन सका। आन्दोलन ने समझदारी की बात करने वाले हिन्दुओं के मुँह बन्द कर दिये और उन्हें शर्म के मारे आन्दोलन में हिस्सा लेना पड़ा।

न्यायमूर्ति लिब्रहान ने जो कहा है वह बिलकुल सच है। रामजन्मभूमि मन्दिर का निर्माण कभी बहुसंख्यक हिन्दुओं की माँग नहीं थी और बाबरी मस्जिद को गिराना तो कतई नहीं। आन्दोलन के दौरान अपने भाषणों में आडवाणी और संघ के अन्य नेताओं ने कभी यह संकेत नहीं दिया कि उनका इरादा बाबरी मस्जिद को ढ़हाने का है। इस बात की प्रबल सम्भावना है कि आम हिन्दुओं को यह स्वीकार्य नहीं होता।

यह भी सही है कि रामजन्मभूमि आन्दोलन ने ऐसा स्वरूप ग्रहण कर लिया था और संघ परिवार व उसके सदस्यों में ऐसा उन्माद जगा दिया था कि हिन्दुओं के लिए समझदारी व परिपक्वता की बात कहना असम्भव हो गया था। हिन्दुओं को तो जबरदस्ती

इस आन्दोलन में शामिल होना पड़ा। जब कोई भी फासीवादी आन्दोलन अपने चरम पर पहँचता है तो ठीक यही स्थितियाँ बनती हैं। विरोध या असहमति के लिए कोई जगह नहीं बचती। लिब्रहान आयोग ने यह भी कहा है कि वाजपेई व आडवाणी के इस दावे के बावजूद कि बाबरी मस्जिद घटना में उनकी कोई भूमिका नहीं थी, उन्हें उनकी जिम्मेदारी से मुक्त नहीं किया जा सकता। आडवाणी ने आयोग के सामने पेश होकर कहा था कि अयोध्या में 6 दिसम्बर 1992 की घटनाओं से उन्हें गहरा दुःख पहुँचा था।

एक दिलचस्प बात, जो लिब्राहन आयोग ने कही है, वह यह है कि न तो वाजपेई और न ही आडवाणी में आरएसएस के आदेश का उल्लंघन करने की हिम्मत थी। अगर वे ऐसा करते तो उनका राजनैतिक भविष्य नष्ट हो जाता। अपरोक्ष ढंग से न्यायमूर्ति लिब्राहन ने यही कहा है कि बाबरी मस्जिद को गिराने का निर्णय आरएसएस का था और भाजपा कि नेताओं और विहिप व बजरंग दल के गुंडों ने इस निर्णय को लागू किया। दूसरे शब्दों में, लिब्राहन आयोग, घटना के लिए पूरे संघ परिवार को दोषी ठहराता है।

आयोग ने कहा है कि वाजपेई, आडवाणी और मुरली मनोहर जोशी को न तो सन्देह का लाभ दिया जा सकता है और न ही उन्हें उनके अपराध से मुक्त किया जा सकता है। इससे अधिक कड़े शब्दों का इस्तेमाल आयोग शायद ही कर सकता था। आयोग इस निष्कर्ष पर भी पहुँचा है कि कारसेवा के पहले फैजाबाद और अयोध्या में बड़ी धनराशि का पहुँचाया जाना, कारसेवकों को लाखों की संख्या में इकट्ठा किया जाना और कारसेवा स्थल पर किसी सैनिक कार्यवाही की तर्ज पर इंतजाम किये जाना— यह स्पष्टत: प्रमाणित करते हैं कि भाजपा व संघ के नेताओं के कथनों के विपरीत, कारसेवा कतई केवल प्रतीकात्मक नहीं रहने वाली थी।

वाजपेई ने स्वयं राष्ट्रीय एकता समिति की बैठक में यह आश्वासन दिया था कि कारसेवा केवल प्रतीकात्मक होगी परन्तु उन्होंने देश को किये गये अपने वायदे को पूरा करने के लिए कुछ नहीं किया। इसलिए न्यायमूर्ति लिब्राहन का वाजपेई को दोषी ठहराना उचित ही है। प्रतीकात्मक कारसेवा के नाम पर बाबरी मस्जिद को ढहाने की योजना बनायी गयी और इसकी तैयारी किसी 'सैनिक कार्यवाही' की तरह की गयी। हिन्दी मीडिया लगातार इस घटना को 'विवादित ढाचे' का ढहाया जाना बताता रहा, मानो वह कानूनी प्रावधानों के अनुरूप बनायी गयी मस्जिद नहीं थी। लिब्राहन कहते हैं कि मस्जिद को गिराने का काम कुछ चुने हुए कारसेवकों ने किया। उनके चेहरे ढंके हुए थे और मस्जिद को गिराने का काम शुरू करने के पहले उन्होंने गुम्बजों के नीचे रखी राम लला की मूर्तियाँ और दान पेटियाँ हटा लीं। मस्जिद गिराने के तुरन्त बाद उन्होनें उस स्थान पर अस्थाई मन्दिर बना दिया। यह सब कुछ जिस योजनाबद्ध ढंग से और कुशल समन्वय के साथ किया गया, उससे स्पष्ट प्रतीत होता है कि उसके लिए बड़ी मेहनत से लम्बी तैयारी की गयी थी।

आयोग का यह भी मानना है मुस्लिम संगठनों के कुलीन वर्ग के नेता अपनी ही दुनिया में रहे आये और उन्होंने उन लोगों के प्रति, जिनके प्रतिनिधि होने का वे दावा करते थे, न तो अपनी जिम्मेदारी निभाई और न ही उनकी भलाई के लिए कुछ किया। आयोग के अनुसार ये नेता विवाद के सन्दर्भ में अदालत के अन्दर और उसके बाहर, तार्किक और सुसंगत मत रखने में असफल रहे और इस प्रकार उन्होंने अपने समुदाय को धोखा दिया।

मुस्लिम समुदाय में भी कुछ लोग समझदारी की बात कर रहे थे परन्तु इस मुद्दे पर मुस्लिम नेतृत्व ने इस प्रकार भावनाएँ भड़कायी कि समझदारी और परिपक्कता की आवाजे नक्कारखाने में तूती की आवाजें बन कर रह गयीं। मुसलमानों के लिए भी यह एक भावनात्मक मुद्दा बन गया और इस मसले पर तर्कपूर्ण ढंग से सोचना और काम करना असम्भव नहीं तो बहुत मुश्किल हो गया। इस तरह यह साफ है कि किसी ऐतिहासिक विवाद को भावनात्मक मुद्दा बना देने से दोनों सम्बनधित पक्षों का नुकसान होता है और स्वार्थी तत्व इसका फायदा उठाते हैं।

लिब्राहन आयोग के इस मत से सहमत होना मुश्किल है कि बाबरी कांड के लिए केन्द्र सरकार को दोषी नहीं ठहराया जा सकता क्योंकि संविधान के अनुसार, केन्द्र सरकार तब तक सीधे कोई कार्यवाही नहीं कर सकती जब तक कि राज्य के राज्यपाल केन्द्र के हस्तक्षेप की माँग करते हुए अपनी रिपोर्ट न प्रस्तुत करें। कल्याण सिंह सरकार को बर्खास्त करना तो शायद सम्भव नहीं था परन्तु अगर नरसिम्हाराव सरकार ने अयोध्या से केवल 11 किलोमीटर दूर उपस्थित रेपिड् एक्शन फोर्स को मस्जिद बचाने का आदेश दिया होता तो शायद मस्जिद न ढ़हाई जाती। आर.पी.एफ. के डी.आई.जी. ने स्वयं मुझसे कहा कि हम मस्जिद को बचा सकते थे बशर्ते हमें कार्यवाही करने का आदेश समय पर मिल जाता। हमें आश्चर्य है कि सरकार की तरफ से कोई आदेश क्यों नहीं आया। मुसलमानों का तो यह आरोप है कि नरसिम्हाराव की मस्जिद को बचाने में कोई रुचि नहीं थी।

अब देखना यह है कि केन्द्र सरकार इस रपट पर क्या निर्णय लेती है और संघ परिवार इस पर क्या प्रतिक्रिया व्यक्त करता है। भाजपा वैसे ही मुश्किलों में है और यह रपट उसकी मुसीबतें बढ़ाएगी ही।

पुलिस में मुसलमानों का प्रतिनिधित्व और साम्प्रदायिक हिंसा

सच्चर कमेटी की रपट में विभिन्न राज्यों के पुलिस बलों में मुसलमानों के प्रतिनिधित्व के आंकड़े दिये गये हैं। जाने माने स्तम्भकार और समसामयिक विषयों के समीक्षक प्रवीण स्वामी ने 'फ्रंटलाईन' पत्रिका के 16 दिसम्बर, 06 के अंक में एक लेख लिखा है जिसका शीर्षक है 'पूर्वाग्रह और पुलिस'। श्री स्वामी कश्मीर और मुसलमानों से जुड़े मसलों के विशेषज्ञ माने जाते हैं और उनका यह लेख बहुत दिलचस्प है।

विभिन्न राज्य पुलिस बलों में मुसलमानों के प्रतिनिधित्व सम्बन्धी आंकड़ों के अध्ययन और विश्लेषण के आधार पर श्री स्वामी कहते हैं कि यह आवश्यक नहीं है कि पुलिस बलों में अधिक संख्या में मुसलमानों के होने से साम्प्रदायिक दंगे नहीं होते। श्री स्वामी कहते हैं, "विभिन्न समुदायों की आबादी के अनुरूप पुलिस में उनके प्रतिनिधित्व की माँग एक आकर्षक नारा भर है जो कि एक अत्यधिक गम्भीर और लाईलाज लगने वाली बिमारी को एक गोली से ठीक करने का दावा करता है। इससे पुलिस बलों की कार्यक्षमता में वृद्धि होने की बात करना बेमानी है"।

बिना श्री स्वामी से पूर्णतः असहमत हुए, हम उन विभिन्न कारकों की चर्चा कर सकते हैं जिनके कारण साम्प्रदायिक दंगे होते हैं। परन्तु उसके पूर्व हमें विभिन्न राज्यों की पुलिस में मुसलमानों के प्रतिनिधित्व और वहाँ की साम्प्रदायिक स्थिति पर एक तुलनात्मक नजर डाल लेनी चाहिए।

केरल में मुसलमानों का आबादी में प्रतिशत 24.7 है और वहाँ की पुलिस में उनका प्रतिनिधित्व 13 प्रतिशत है। इस तरह, आबादी की तुलना में पुलिस में आनुपातिक रूप से आधे मुसलमान हैं। परन्तु केरल साम्प्रदायिक हिंसा से लगभग मुक्त है। इसी तरह, तमिलनाडू में मुसलमान आबादी के 5.46 प्रतिशत व पुलिस बल में मात्र 0.11 प्रतिशत है। इसके बावजूद, तमिलनाडू साम्प्रदायिक दृष्टि से संवेदनशील नहीं है और वहाँ उँगलियों पर गिनने लायक संख्या में साम्प्रदायिक दंगे हुए हैं।

इसके साथ ही यह भी सच है कि महाराष्ट्र, जहाँ मुसलमानों का आबादी में

हिस्सा 10.60 प्रतिशत व पुलिस बल में 4.71 प्रतिशत है, साम्प्रदायिक हिंसा का गढ़ है और राज्य के कई इलाके साम्प्रदायिक रूप से संवेदनशील है।

उत्तर प्रदेश में मुसलमानों का प्रतिशत 18.50 है परन्तु पुलिस बल में उनकी उपस्थिति मात्र 4.24 प्रतिशत है और किसे यह नहीं पता कि उत्तर प्रदेश के अनेक इलाके साम्प्रदायिक रूप से अति संवेदनशील हैं। यह भी सच है कि पिछले कुछ वर्षो से उत्तर प्रदेश और बिहार (जहाँ मुसलमान आबादी में 16.53 प्रतिशत और पुलिस में 5.4 प्रतिशत हैं) साम्प्रदायिक दंगों से मुक्त रहे हैं।

इस तरह, श्री प्रवीण स्वामी का यह तर्क ठीक है कि पुलिस बलों में मुसलमानों की पर्याप्त मौजूदगी अपने आप में साम्प्रदायिक दंगों की समस्या से छुटकारा नहीं दिला सकती। ऐसा दावा कोई करता भी नहीं है। जो कहा जाता है और जिसे श्री स्वामी भी स्वीकार करते हैं, वह यह है कि पुलिस बल में मुसलमानों के उचित प्रतिनिधित्व से दंगों और दंगों के बाद की स्थितियों से कुछ हद तक बेहतर ढंग से निपटा जा सकेगा। पूर्वाग्रहग्रस्त पुलिस बल साम्प्रदायिक हिंसा के शुरू होने के बाद हालात में सुधार लाने के बजाय उसे और अधिक बिगाड़ सकता है। इसके अलावा निर्दोष मुसलमानों को बड़ी संख्या में झूठे मामलों में फँसाया जा सकता है, जैसा कि होता रहा है।

हमें यह याद रखना होगा कि साम्प्रदायिकता और साम्प्रदायिक दंगों की जडे राजनीति में हैं। अगर पुलिस में एक भी मुसलमान न हो परंतु राजनैतिक सत्ता साम्प्रदायिक सद्भाव की पक्की पक्षधर हो तो साम्प्रदायिक हिंसा नहीं होगी। दूसरी ओर, यदि पुलिस बल में मुसलमान उनकी आबादी से भी ज्यादा प्रतिशत में हों तो भी यह इस बात की गारंटी नहीं है कि उस राज्य या शहर में साम्प्रदायिक दंगे नहीं होंगे। आन्ध्रप्रदेश में पुलिस में 13.25 प्रतिशत मुसलमान हैं जबकि आबादी में उनका प्रतिशत 9.17 ही है परन्तु फिर भी हैदराबाद साम्प्रदायिक रूप से संवेदनशील शहर है और वहाँ दंगे और हिंसा होती रहती हैं।

जहाँ भी दंगे नहीं होने देने के प्रति राजनैतिक प्रतिबद्धता है, वहाँ दंगे नहीं होंगे चाहे फिर पुलिस मुसलमानों के प्रति कितनी ही पूर्वाग्रहग्रस्त क्यों न हो और मुसलमानों का पुलिस में प्रतिनिधित्व चाहे कितना ही कम क्यों न हो। दरअसल, साम्प्रदायिक हिंसा के असली कारणों की तलाश राजनैतिक परिस्थितियों और समीकरणों में ही की जानी चाहिए।

सच तो यह है कि हमारे देश का पुलिस तंत्र न तो स्वतंत्र है, न ही निष्पक्ष है और न ही पूर्वाग्रहों से मुक्त है। हमारा समाज जाति, धर्म, भाषा और क्षेत्रीयता के आधारों पर बुरी तरह से विभाजित है। हम सबके धार्मिक, जातीय, भाषायी और क्षेत्रीय पूर्वाग्रह हैं। हमारा समाज तो हमें ये पूर्वाग्रह देता ही है, हमारी शिक्षा व्यवस्था भी हमें निष्पक्ष और निरपेक्ष नहीं रहने देती। चूँकि हमारे पुलिसकर्मी भी हमारे इसी समाज से आते हैं और इसी शिक्षा व्यवस्था में शिक्षा पाते हैं, अतः उनसे रातों-रात एक आदर्श पुलिसकर्मी

बनने की न तो अपेक्षा की जा सकती है और न ही आशा।

मैं अनेक पुलिस प्रशिक्षण केन्द्रों में गया हूँ और वहाँ के प्रशिक्षण कार्यक्रमों का अध्ययन किया है। मैं यह दावे के साथ कह सकता हूँ कि प्रशिक्षण कार्यक्रमों में ऐसा कुछ भी नहीं होता जो कि प्रशिक्षणार्थियों को समाज व शिक्षण संस्थाओं से उनको प्राप्त पूर्वाग्रहों से उन्हें मुक्त कर सके। यही कारण है कि जातिगत, भाषायी या साम्प्रदायिक हिंसा और टकराव होते ही पुलिस वालों के भीतर का हिन्दू या गुजराती या राजपूत या ब्राह्मण या महाराष्ट्रीयन बाहर आ जाता है।

मुम्बई में 1992-93 के दंगों के बाद मुझसे बातचीत के दौरान देवनार में पुलिस के एक सिपाही ने मुझसे बहुत साफ लफ्जों में कहा था कि यदि वो अपनी वर्दी उतार दे तो अन्दर से एक शिव सैनिक निकलेगा। मुझे उसकी इस स्वीकरोक्ति से कोई आश्चर्य नहीं हुआ क्योंकि उसमें ही दंगों के दौरान पुलिस के निहायत पक्षपातपूर्ण व्यवहार का सच छुपा था।

पुलिस के सिपाही, सबइंस्पेक्टर और इंस्पेक्टर ही नहीं, आई.पी.एस. के सदस्य भी जातिगत और साम्प्रदायिक पूर्वाग्रहों से मुक्त नहीं हैं। यह जरूर है कि निचले स्तर के पुलिसकर्मी अपने पूर्वाग्रहों का खुलकर प्रदर्शन करते हैं और आई.पी.एस. अधिकारी दबे-छुपे ढंग से।

इसमें कोई दो मत नहीं है कि पुलिस बलों में निहायत ईमानदार और धर्मनिरपेक्ष अधिकारी और कर्मचारी भी हैं परन्तु उनमें से बहुतों की राजनैतिक महत्वाकांक्षाएँ होती हैं और कुछ अन्य महत्वपूर्ण व कमाई वाले पदों के तलाश में रहते हैं। ऐसे पुलिसकर्मी भी उतने ही खतरनाक होते हैं। यद्यपि वे स्वयं साम्प्रदायिक या जातिवादी नहीं होते परन्तु वे अपने राजनैतिक आकाओं के हाथों की कठपुतली बनने में संकोच नहीं करते। वे पुलिस अधिकारी जो राजनैतिक नेतृत्व की नहीं सुनते उन्हें महत्वहीन पदों पर पटक दिया जाता है जहाँ वे कुछ भी करने की स्थिति में नहीं रहते।

यह जाना-माना तथ्य है कि यदि राजनेताओं को सत्ता के खेल में दंगों से कोई लाभ न होता तो दंगे नहीं होते। उत्तर प्रदेश और बिहार कई दशकों तक साम्प्रदायिक हिंसा के बड़े केन्द्र रहे थे। विभाजन के समय के भीषण दंगे भी उत्तर भारत में मुख्यतः इन्हीं दो राज्यों में हुए थे। यह सिलसिला स्वतंत्रता के बाद कई दशकों तक जारी रहा परन्तु मंडल कमीशन की रिपोर्ट के लागू होते ही स्थितियों में नाटकीय परिवर्तन आ गया। पिछड़ी जाति के हिन्दुओं ने मुसलमानों से हाथ मिलाकर इन दोनों राज्यों में उच्च जाति के हिन्दुओं से सत्ता छीन ली। मुसलमानों और यादवों के इस गठजोड़ के चलते दोनों राज्यों के यादव मुख्यमंत्रियों ने दंगों और साम्प्रदायिक हिंसा को सख्ती से रोका क्योंकि इससे उनके मुस्लिम मतदाता उनसे दूर जा सकते थे। बिहार के वर्तमान मुख्यमंत्री श्री नीतिश कुमार एन.डी.ए. और भाजपा से अपनी निकटता के बावजूद अपने राजनैतिक हितों की खातिर 'धर्मनिरपेक्ष राजनीति' कर

रहे हैं। वे मुस्लिम मतदाताओं का मन जीतने की कोशिश भी कर रहे हैं। मुसलमानों को आकर्षित करने की कवायद में वे लालू प्रसाद यादव से कहीं कम नहीं पड़ रहे हैं। वे न केवल यह सुनिश्चित कर रहे हैं कि बिहार में साम्प्रदायिक दंगे न हों बल्कि वे यह माँग भी जोर-शोर से कर रहे हैं कि 1999 के भागलपुर दंगों के दोषियों को सजा दी जावे और मुसलमानों को मुआवजा मिले।

यहाँ तक कि नीतिश कुमार प्रधानमंत्री डॉ. मनमोहन सिंह के उस चर्चित वक्तव्य का भी समर्थन कर रहे हैं जिसमें प्रधानमंत्री ने मुसलमानों का देश के संसाधनों पर पहला हक होना बताया है। यह इस तथ्य के बावजूद कि इस मुद्दे पर भाजपा ने संसद में भारी हंगामा मचाया और सदन को चलने नहीं दिया। भाजपा ने इस मुद्दे पर सप्ताह भर तक चलने वाले आन्दोलन के कार्यक्रम की घोषणा भी की। परन्तु श्री नीतिश कुमार के इस मामले में ठीक उलटी बात कहने पर भाजपा चुप है। भाजपा और श्री नीतिश कुमार दोनों को ही पता है कि मुसलमानों को अपनी ओर किए बगैर बिहार की गठबंधन सरकार चलाना मुश्किल है। यह ठीक वैसा है जैसा भाजपा हिन्दू मतदाताओं को आकर्षित करने के लिए हिन्दुत्व का प्रयोग करती है, इस तरह यह साफ है कि साम्प्रदायिक हिंसा का मसला बहुत उलझा हुआ है। हमें धर्मनिरपेक्ष पुलिस बल की आवश्यकता है — इसलिए नहीं कि वो साम्प्रदायिक हिंसा से मुकाबला करने का एकमात्र तरीका है बल्कि इसलिए क्योंकि हर देश की पुलिस धर्मनिरपेक्ष, निष्पक्ष और पेशेवर होनी ही चाहिए। यहाँ समस्या फिर राजनैतिक है। हमारे अधिकतर राजनेता पुलिस का दुरुपयोग अपने राजनैतिक हितों की पूर्ति के लिए करते हैं। वे कभी नहीं चाहेंगे कि पुलिस स्वतंत्र, निष्पक्ष और पेशेवर बनें। उन्हें तो जातिवादी और साम्प्रदायिक पुलिस ही चाहिए जो उनकी आज्ञा का आँख मूँदकर पालन करती रहे।

अगर हमें अपनी पुलिस को आदर्श और पेशेवर बनाना है तो सबसे पहले हमें पुलिसकर्मियों को धर्मनिरपेक्ष मूल्यों और संविधान की मूल आत्मा से परिचित कराना होगा। स्वायत पुलिस बल भी दुधारी तलवार है। यदि पुलिसकर्मी राजनेताओं के नियंत्रण से पूर्णतः मुक्त हो जावें परन्तु पूर्वाग्रहों से ग्रस्त रहेंगे तो यह अत्यन्त खतरनाक स्थिति होगी। ऐसा पुलिस बल धार्मिक, भाषाई व अन्य अल्पसंख्यकों के लिए बहुत बड़ी मुसीबत बन जावेगा।

पुलिस बलों में अल्पसंख्यकों का प्रतिनिधित्व बढ़ाये जाने की आवश्यकता है। इससे साम्प्रदायिक दंगे रूकेंगे तो नहीं परन्तु दंगों के दौरान और उनके बाद अल्पसंख्यकों को न्याय मिल सकेगा। धर्मनिरपेक्ष पुलिस बल सभी पक्षों के साथ समान व्यवहार कर स्थितियों को बिगड़ने से बचा सकता है। ऐसे में पुलिस में अल्पसंख्यकों की मौजदूगी निश्चय ही सहायक होगी।

बहुधार्मिक समाज की चुनौतियाँ

पश्चिम में प्रजातंत्र का उद्भव एकधर्मी समाजों में हुआ था। लगभग सभी यूरोपीय देशों में ईसाईयत एकमात्र धर्म था। बहुत छोटी संख्या में यहूदी जरूर थे परन्तु वे अलग-थलग रहते थे और उन्हें मताधिकार भी नहीं था। इस प्रकार वहाँ बहुधार्मिक समाज की समस्याएँ और चुनौतियाँ नहीं थीं।

भारत में यद्यपि समाज हमेशा से बहुधार्मिक था तथापि यहां भी बहुधार्मिकता के कारण सदियों तक कोई समस्या उत्पन्न नहीं हुई। भारत में कभी विभिन्न धर्मों के मानने वालों के बीच तनाव तक नहीं रहा, हिंसा तो दूर की बात है।

अंग्रेज शासको की 'फूट डालो और राज करो' की नीति और उसके बाद प्रजातांत्रिक निर्वाचन पद्धति अपनाये जाने से दोनों समुदायों के श्रेष्ठी वर्ग के बीच प्रतियोगिता ने न केवल अन्तरधार्मिक तनाव को जन्म दिया वरन् अन्ततः देश के दो टुकड़े भी करा दिए। बहुधार्मिक समाज की चुनौतियाँ तब और गम्भीर स्वरूप ले लेती हैं जब शासन व्यवस्था सहयोग व समन्वय के सिद्धान्तों व मूल्यों पर आधारित्त न हो।

उत्तर-साम्राज्यवादी काल में पश्चिमी देशों को भी इन चुनौतियों का सामना करना पड़ा। उनने इन्हें बहु-संस्कृतिवाद व बहुवाद का नाम दिया। यद्यपि सैद्धान्तिक तौर पर उनने बहु-संस्कृतिवाद और बहुवाद को स्वीकार कर लिया परन्तु व्यवहारिक स्तर पर पश्चिमी देश भी विभिन्न नस्लों व सांस्कृतिक समूहों के बीच तनाव उत्पन्न होने से नहीं रोक सके। प्रारम्भ में पश्चिम के नस्लवाद के निशाने पर केवल काले थे परन्तु बाद में भारतीयों सहित अन्य नस्लों के लोग भी इसका शिकार बनने लगे। अब तो नस्लवादियों के निशाने पर इस्लाम व मुसलमान हैं।

हम भारतीयों ने इंग्लैंड के संसदीय प्रजातांत्रिक मॉडल को अपनाया है। यह मॉडल एकधर्मी समाज में जन्मा था। यही कारण है कि आजादी के प्रारम्भिक वर्षों में ही तनाव उभरने लगे। उन्नसवीं सदी के साम्प्रदायिक दंगे केवल ब्रिटिश 'फूट डालो और राज करो' की नीति का नतीजा नही थे। देश के राजनैतिक और धार्मिक श्रेष्ठी वर्ग की साम्प्रदायिक भाषणबाजी ने भी इसमें भूमिका अदा की थी। यहाँ तक कि शुद्धि व तब्लीगी आन्दोलनों में भी अन्तरधार्मिक तनाव की झलक देखी जा सकती थी। मुगल

काल तक दोनों समुदायों के बीच कोई तनाव नहीं था व उनके आपसी सम्बन्ध सौहाद्रपूर्ण थे। आखिर गड़बड़ कहाँ और कैसे हुई?

जैसे ही यह स्पष्ट हुआ कि अंग्रेज देश में सीमित प्रजातंत्र लागू करने जा रहे हैं तभी से सत्ता के लिए संघर्ष शुरू हो गया और दोनों समुदायों के श्रेष्ठी वर्ग ने अपने-अपने समुदायों की ताकत के आधार पर सत्ता में ज्यादा से ज्यादा हिस्सेदारी माँगना शुरू कर दी। इस तरह धार्मिक बहुवाद, जो हमारी ताकत थी, वही हमारी कमजोरी बन गयी। हमारी राजनीति सिद्धान्तों व मूल्यों पर आधारित होने की बजाय दोनों समुदायों के श्रेष्ठी वर्गों के निहित स्वार्थों पर आधारित हो गयी।

अन्य समस्याएँ भी थीं। भारत में प्रजातंत्र का विकास सामन्तवाद के शनैः-शनैः बिखरते जाने से नहीं हुआ बल्कि इसे हमारे विदेशी शासकों ने विभिन्न समुदायों के हितों का ख्याल रखते हुए लागू किया। इस प्रकार हमारे देश में प्रजातंत्र की नींव ही गलत ढंग से पड़ी। इसके विपरीत, पश्चिम में प्रजातंत्र का उद्‌भव एक लम्बे संघर्ष की प्रक्रिया में धीरे-धीरे हुआ, चाहे फिर वो इंग्लैंड हो, फ्रांस हो या और कोई यूरोपीय राष्ट्र।

इस प्रारम्भिक समस्या के बावजूद हमारे स्वाधीनता संग्राम के नेताओं, जिनमें महात्मा गाँधी, नेहरू और मौलाना आजाद शामिल थे, ने प्रजातंत्र के पश्चिमी मॉडल के सिद्धान्तों और मूल्यों का गहन अध्ययन किया और उनमें हमारी परिस्थितियों के अनुरूप परिवर्तन व संशोधन किये। वे व्यक्तिगत स्वतंत्रता का मूल्य समझते थे और उन्हें इस बात का भान था कि राज्य को धर्म व धार्मिक विश्वासों से दूरी बनाये रखनी चाहिए। वे बहुधार्मिक समाज में धर्मनिरपेक्षता के महत्व अच्छी से तरह वाकिफ़ थे।

परन्तु हमारे समाज के सामाजिक-धार्मिक यथार्थ के चलते, प्रजातांत्रिक व्यवस्था के पश्चिमी सिद्धान्तों और मूल्यों से कुछ विरोधाभास अवश्यंभावी था। पश्चिमी समाज में प्रजातंत्र के लिए लम्बे संघर्ष, औद्योगीकरण और बुर्जुआ तबके के उभरने के कारण, व्यक्तिगत स्वतंत्रता की अवधारणा मजबूत बन गयी थी। इसके विपरीत हमारे देश में व्यक्तिगत स्वतंत्रता का कोई सामाजिक आधार नहीं था। हमारे देश के लोगों के लिए अपनी जाति और धार्मिक समुदाय के बंधनों को तोड़ना आसान नहीं था और न है।

भारत में आज भी लोग राजनैतिक निर्णय व्यक्तिगत तौर पर नहीं लेते। हर व्यक्ति अपनी जाति और समुदाय के सदस्य के रूप में राजनैतिक निर्णय लेता है। यह निर्णय सामूहिक होता है और सम्बन्धित जाति या समुदाय के हितों के सन्दर्भ में लिया जाता है। पश्चिम में व्यक्तिगत स्वतंत्रता की ये बाधाएँ बहुत समय पहले दूर हो गयी थीं।

हमारा संविधान व्यक्तिगत स्वतंत्रता की अवधारणा पर आधारित है। उसमें व्यक्ति के अधिकारों की चर्चा है, सामूहिक अधिकारों की नहीं। केवल अल्पसंख्यकों के मामले में सामूहिक अधिकारों की बात संविधान में है। व्यक्तिगत संवैधानिक

अधिकारों और समूह के प्रति वफादारी के बीच आपसी टकराव से ही जातीय व साम्प्रदायिक तनाव और हिंसा का जन्म होता है। यही भारत में साम्प्रदायिकता का सामाजिक आधार है। हमारे राजनेता इस विरोधाभास से अच्छी तरह से वाकिफ़ हैं और इसका भरपूर इस्तेमाल करते हैं।

चुनावों के समय राजनीतिज्ञ जातीय और साम्प्रदायिक मुद्दों का जमकर इस्तेमाल करते हैं। कुछ दलों और व्यक्तियों ने इस काम में खासी विशेषज्ञता हासिल कर ली है। उदारहणार्थ, शिवसेना के बाल ठाकरे और भाजपा के आडवाणी और नरेन्द्र मोदी को साम्प्रदायिक भावनाओं को उभारकर उनका लाभ लेने में महारथ हासिल है। आडवाणी और नरेन्द्र मोदी हिन्दुत्व का उसी तरह से इस्तेमाल करते हैं जैसा कि जिन्ना इस्लाम का स्वतंत्रता से पहले किया करते थे।

एल.के. आडवाणी ने रामजन्मभूमि के मुद्दे का भरपूर इस्तेमाल भाजपा को सत्ता में लाने के लिए किया। नरेन्द्र मोदी ने गुजरात में सन् 2002 में मुसलमानों का कत्लेआम करवा कर विधानसभा में दो-तिहाई बहुमत हासिल किया। गुजरात में वर्तमान में हो रहे चुनाव में मोदी पहले तो विकास से जुड़े मुद्दों पर बात करते रहे परन्तु ज्यों ही उन्हें लगा कि इससे उन्हें सफलता नहीं मिलेगी तो वे साम्प्रदायिकता का अपना पुराना राग अलापने लगे।

नरेन्द्र मोदी के नेतृत्व में गुजरात में न केवल हिन्दुओं और मुसलमानों के बीच साम्प्रदायिक ध्रुवीकरण अपने चरम पर पहुँच गया है वरन् गुजरात तेजी से एक फासीवाद राज्य के रूप में उभर रहा है। साम्प्रदायिकता का चरम फासीवाद ही होता है।

कई राजनैतिज्ञ टीकाकारों और विचारकों का कहना है कि मोदी और गुजरात के मामले में भाजपा को गम्भीरता से आत्मचिन्तन करना चाहिए। घोर साम्प्रदायिक भाषा का इस्तेमाल कर मोदी अपनी छवि पार्टी से भी बड़ी बनाने में सफल रहे हैं।

समाचार पत्रों के अनुसार वे अपने भाषणों में लगभग हर मिनट में अपना नाम एक बार लेते हैं। पार्टी की नीतियों और कार्यक्रमों की वे बात ही नहीं करते। पहले तो भाजपा नेतृत्व ने उन्हें साम्प्रदायिकता के रथ पर सवार होकर चुनाव जीतने के लिए प्रोत्साहित किया परन्तु पार्टी नेतृत्व अब अपनी इस गलती के लिए पछता रहा होगा। अगर मोदी इन चुनाव में जीत जाते हैं तो उन्हें कोई नहीं रोक सकेगा। कम से कम गुजरात में भाजपा हाशिए पर पटक दी जाएगी और 'मोदीत्व' का बोलबाला हो जावेगा।

किसी भी संसदीय प्रजातांत्रिक व्यवस्था में किसी एक नेता को पार्टी से ऊपर स्थान देना खतरनाक है। महात्मा गाँधी अपने आप में एक महान व्यक्तित्व थे परन्तु वे प्रजातंत्र के सिद्धान्तों और राजनैतिक प्रक्रिया में आम जनता की भागीदारी के महत्व को अच्छी तरह समझते थे। उन्होंने कभी अपने आप को उस तरह से 'प्रोजेक्ट' नहीं किया जिस तरह आज मोदी कर रहे हैं। मोदी मानते हैं कि केवल वे ही गुजरात को बचा

सकते हैं, केवल वे ही हिन्दू गुजरातियों की सुरक्षा की गारंटी दे सकते हैं और केवल वे ही आतंकवाद से लड़ सकते हैं— चाहे इसके लिए उन्हें नकली मुठभेड़ों में कितने ही निर्दोष व्यक्तियों की जान लेना क्यों न लेना पड़े। उनके लिए न तो पार्टी का कोई महत्व है, न किसी सिद्धान्त का और न ही किसी विचारधारा का।

इस तरह का व्यवहार सभी प्रजातांत्रिक मूल्यों के खिलाफ है। वैसे साम्प्रदायिक राजनीति अपने आप में ही प्रजातंत्र का विनाश कर देती है। हमारे सामने पाकिस्तान का उदाहरण है। पाकिस्तान की स्थापना साम्प्रदायिक राजनीति की नींव पर हुई थी और वहाँ आज तक राजनैतिक स्थायित्व नहीं आ सका है। पाकिस्तान तो एक तक नहीं रह सका और सन् 1971 में उसके दो टुकड़े हो गये। अब वहाँ पर जातीय और साम्प्रदायिक हिंसा में जबरदस्त वृद्धि हुई है। वहाँ के नेता पाकिस्तान या पाकिस्तानियों के हितों की रक्षा करने की बजाए अमरीकी हितों के पोषक बन गये हैं।

गुजरात की राजनीति आज पाकिस्तान की राजनीति की तरह बन गयी है। केवल चुनाव होने से कोई देश प्रजातंत्र नहीं हो जाता। भाजपा ने कत्लेआम करवाकर नरेन्द्र मोदी को सन् 2002 में सत्ता में आने दिया। अब नरेन्द्र मोदी पर पार्टी का नियंत्रण भी नहीं रह ग या है। वे गुजरात के सर्वेसर्वा बन गये हैं। लोग उनके मुखौटे पहनते हैं, केवल उनका नाम लिया जाता है और उनके समर्थकों को भाजपा या उसके कार्यक्रमों से कोई मतलब नहीं है। उनके भाजपा के साथी उनके खिलाफ विद्रोह कर रहे हैं और उन्हें चुनौती देने की कोशिश कर रहे हैं।

नरेन्द्र मोदी यदि आज गुजरात में सर्वेसर्वा के रूप में उभर सके हैं तो उसका कारण भाजपा की साम्प्रदायिक राजनीति है। वे अल्पसंख्यकों को जितना आतंकित और प्रताड़ित करते हैं उनकी लोकप्रियता उतनी ही बढ़ती जाती है। अगर मोदी ये चुनाव हार भी जाते हैं तब भी यह पक्के तौर पर कहना मुश्किल है कि उन्हें उनका उचित स्थान दिखलाया जाएगा। उनके समर्थकों और प्रशंसकों के लिए वे सर्वोच्च नेता बने रहेंगे और उनकी सत्ता में वापसी के लिए जोरदार अभियान प्राम्रभ हो जाएगा।

प्रजातंत्र की मूल अवधारणा यही है कि कोई नेता जनता से बड़ा नहीं हो सकता। यद्यपि हमारे देश में छह दशकों से संसदीय प्रजातंत्र है तदापि हम आज भी प्रजातांत्रिक संस्कृति और प्रजातांत्रिक मूल्यों को आत्मसात नहीं कर पाये हैं।

महात्मा गाँधी ने सामूहिक जीवन और व्यक्तिगत स्वतंत्रता के बीच सन्तुलन बनाये रखने की आवश्यकता को अच्छी तरह से समझ लिया था और इसलिए उनका जोर अन्तरधर्मिक सद्भव और प्रजातांत्रिक अधिकारों पर था। नेहरू और आजाद भी इस मामले में गाँधीजी के सच्चे अनुयायी थे और बारम्बर अनेकता में एकता की बात करते थे। राजनेताओं को यह लग सकता है कि सीमित समय के लिए साम्प्रदायिक राजनीति उन्हें लाभ पहुँचा रही है परन्तु अन्ततः इससे हमारा समाज और देश नष्ट हो जाएगा।

मालेगाँव धमाके और हिन्दू चरमपंथी

भाजपा नेता 'हिन्दू आतंकवादी' शब्द के इस्तेमाल का विरोध कर रहे हैं। उनका विरोध पूरी तरह से जायज है। परन्तु वे ईमानदार और सच्चे नेता तब सिद्ध होते जब उन्होंने 'इस्लामिक आतंकवाद' शब्द के इस्तेमाल पर भी आपत्ति की होती।

श्री एल. के. आडवाणी — जो 'हिन्दू आतंकवाद' शब्द के इस्तेमाल से बहुत गुस्से में हैं — ने 'मुस्लिम आतंकवादी' तो छोड़िए, 'इस्लामिक आतंकवाद' शब्द के इस्तेमाल पर भी कभी रोष व्यक्त नहीं किया। अगर उन्होंने ऐसा किया होता तो आज उनका गुस्सा उचित लगता।

श्री आडवाणी को अभी हाल में ही यह समझ में आया है कि आतंकवाद का कोई धर्म नहीं होता। उन्हें यह ज्ञान तब प्राप्त हुआ जब पुलिस और मीडिया ने 'हिन्दू आतंकवादी' शब्द का दिन — रात उपयोग करना शुरू कर दिया। 'सिमी आतंकवादी' या 'हिन्दुत्व आतंकी' जैसे शब्दों के प्रयोग को तो उचित ठहराया जा सकता है परन्तु हिन्दू या इस्लामिक आतंकवाद को नहीं। उदारवादी, मानवाधिकार कार्यकर्ता और मुसलमान 'इस्लामिक आतंकवादी' शब्द के प्रयोग पर लम्बे समय से आपत्ति उठाते रहे हैं परन्तु संघ परिवार सहित किसी ने उनके विरोध की फिक्र नहीं की।

संघ परिवार, विशेषकर आरएसएस, ने एसएमएस भी भेजे जिनमें कहा गया था कि 'सभी मुसलमान आतंकी नहीं हैं परन्तु सभी आतंकी मुसलमान हैं।' अब संघ परिवार पर 'मियाँ की जूती मियाँ के सिर' वाली कहावत चरित्रार्थ हो रही है।

बहरहाल, संघ परिवार अपनी राजनीति चलाने के लिए और मुसलमानों के प्रति अपनी घृणा के चलते चाहे जो कुछ कहता रहा हो, हमें अपनी गरिमा और सिद्धान्तों से समझौता नहीं करना है और न केवल 'हिन्दू आतंकवादी' शब्द के इस्तेमाल से खुद परहेज करना है वरन् इसके इस्तेमाल का विरोध भी करना है।

दुनिया का कोई भी धर्म, आतंकवाद तो छोड़िए, हिंसा तक की शिक्षा नहीं देता। हाँ, कुछ विशेष परिस्थितियों में, कड़ी शर्तों के साथ हिन्दू, इस्लाम और ईसाई धर्म हिंसा के प्रयोग की इजाजत देते हैं। अर्जुन को भगवान कृष्ण का उपदेश, कुरान की कुछ आयतें और ईसाई धर्म में 'पवित्र युद्ध' की अवधारणा इसके उदाहरण हैं।

परन्तु इसका यह मतलब कतई नहीं है कि हिंसा किसी धर्म का भाग है। धर्म हमारा नैतिक और आध्यात्मिक पथ प्रदर्शक है। वो हमें हिंसा का रास्ता नहीं दिखाता है और न ही दिखा सकता है।

पूर्व में कई मुस्लिम शासकों ने 'जिहाद' की अवधारणा का दुरुपयोग अपने राज्य की सीमाओं के विस्तार के लिए किया। हमारे समय में भी कुछ मुस्लिम युवक और अलकायदा जैसे कुछ संगठन 'जिहाद' के नाम पर अपने निहित स्वार्थों की पूर्ति करने में लगे हैं।

सच तो यह है कि गुस्सा और बदले की इच्छा — दोनों ही धर्म विरुद्ध हैं। हिन्दू धर्म, इस्लाम, बौद्ध धर्म और ईसाईयत — सभी अपने अनुयायियों से क्रोध पर निन्यत्रण रखने और प्रतिशोध की भावना से बचने की अपेक्षा रखते हैं। पवित्र पैगम्बर ने मक्का पर बिना खून बहाये विजय हासिल की और उसके बाद अपने सभी दुश्मनों और प्रताड़ित करने वालों को माफ कर दिया। उन्होंने किसी से भी बदला लेने से इन्कार कर दिया।

दुर्भाग्यवश, सही रास्ते से भटके हुए कुछ मुस्लिम युवक, जो सिमी और अलकायदा से जुड़े हुए हैं, बदला लेने के नाम पर आतंकवादी हिंसा कर रहे हैं। फिर इस हिंसा को जिहाद कैसे कहा जा सकता है? असली जिहाद तो है अपने गुस्से पर नियंत्रण रखना और बदला लेने की कामना न करना, न कि निर्दोष लोगों का कत्ल करना।

हिन्दुत्व संगठन भी कुछ अलग नहीं कर रहे हैं। उनके खुद के अनुसार क्रोध और प्रतिशोध की भावना उन्हें प्रेरित कर रही है। 'अभिनव भारत' — जिस पर मालेगाँव बम धमाकों में शामिल होने का आरोप है — की अध्यक्ष सुश्री हिमानी सावरकर का साफ कहना है कि वे 'बम के बदले बम' के सिद्धात में विश्वास करती हैं और चूँकि मुसलमान, हिन्दुओं को मार रहे हैं इसलिए हिन्दुओं का मुसलमानों को मारना जायज है परन्तु न तो सिमी और अल कायदा मुसलमानों और इस्लाम के प्रतिनिधि हैं और न ही अभिनव भारत, हिन्दू धर्म या हिन्दुओं का।

क्या यह आश्चर्यजनक नहीं कि श्री आडवाणी, जो 'इंडियन मुजाहिदीन' और 'सिमी' को पोटा के घेरे में लेने की माँग करते नहीं थकते थे और जो मुस्लिम युवकों को – चाहे वे दोषी हों या निर्दोष – यंत्रणा दिए जाने के आरोपों पर चुप्पी साध लेते थे, वे ही श्री आडवाणी, साध्वी प्रज्ञा को प्रताड़ित किए जाने की शिकायत मिलते ही प्रधानमंत्री से मिलने दौड़े गये। श्री आडवाणी स्वयं को प्रधानमंत्री पद का उम्मीदवार मानते हैं। फिर वे किसी एक समुदाय का पक्ष कैसे ले सकते हैं? अगर श्री आडवाणी वाकई भारत जैसे धर्मनिरपेक्ष, प्रजातांत्रिक देश का नेतृत्व सम्हालना चाहते हैं तो क्या वे खुल्लम खुल्ला इतना पक्षपातपूर्ण आचरण कर सकते हैं?

मुस्लिम युवकों को उनका 'अपराध' स्वीकार करने के लिए दी जा रही प्रताड़ना की उन्होंने एक बार भी निन्दा नहीं की। उलटे, उन्होंने आतंकवाद से लड़ने के लिए

पोटा जैसा कानून बनाये जाने की वकालत की और हिन्दू वोट कबाड़ने के लिए यह वायदा भी किया कि अगर भाजपा सत्ता में आयी तो वह ऐसा कानून बनाएगी।

अब हिन्दुत्व के झंडाबरदारों द्वारा कथित तौर पर किये गये आतंकी हमलों की निन्दा करने की बजाय वे प्रधानमंत्री से यह माँग करने के लिए मिले कि साध्वी को यंत्रणा दिये जाने की शिकायत की उच्च स्तरीय जाँच होनी चाहिए।

हम यहाँ यह साफ कर देना चाहते हैं कि हम भारत के किसी भी नागरिक — चाहे वह किसी भी धर्म, जाति या समुदाय का हो — को यंत्रणा दिए जाने के सख्त विरोधी हैं। किसी भी व्यक्ति को मानसिक या शारीरिक प्रताड़ना देना मानवीय गरिमा और मानवाधिकारों का घोर उल्लंघन है। प्रताड़ना के जरिए 'इकबालिया बयान' हासिल करने की बजाय पुलिस को मेहनत करके आरोपियों के विरुद्ध ठोस सुबूत एकत्र करने चाहिए।

ऐसी खबर है कि एटीएस ने मालेगाँव बम धमाके के आरोपियों पर मकोका लगा दिया है। हम भारत के किसी भी रहवासी — चाहे वो सिमी से संबद्ध हो, इंडियन मुजाहिदीन से या हिन्दुत्व संगठनों से — पर मकोका जैसा एकतरफा कानून लगाने के विरोधी हैं। पुलिस को केवल सामान्य कानूनों का प्रयोग करना चाहिए ताकि आरोपियों के 'इकबालिया बयान' उनके विरुद्ध सुबूत के तौर पर इस्तेमाल न हो सकें। सभी मानवाधिकार संगठनों और मुस्लिम नेताओं को मालेगाँव आरोपियों के खिलाफ मकोका के इस्तेमाल का कड़ा विरोध करना चाहिए।

पुलिस को मालेगाँव बम धमाकों के आरोपियों के विरुद्ध मकोका का इस्तेमाल करने की बजाये पर्याप्त सुबूत जुटकार उन्हें सामान्य कानूनों के तहत ही सजा दिलवाने का प्रयास करना चाहिए। अब शायद संघ परिवार को यह समझ में आ गया होगा कि पोटा जैसे कानून बनाये ही नहीं जाने चाहिए। ये कानून पुलिस को यंत्रणा के जरिए अपराध स्वीकार करवाने का आसान रास्ता दिखाते हैं और पुलिस सुबूत इकट्ठे करने के कठिन काम की जगह इस आसान रास्ते को चुन लेती है।

'अभिनव भारत' के बारे में एटीएस जाँच से जो कुछ अब तक सामने आया है, अगर वह सब सही है तो बहुत सनसनीखेज और दुर्भाग्यपूर्ण है। यह भी आरोपित है कि 'अभिनव भारत' दो आरएसएस पदाधिकारियों की हत्या करना चाहता था क्योंकि वे मुसलमानों के प्रति 'नरम' रवैया अपना रहे थे। यह आरोप भी लगाया गया है कि विहिप पदाधिकारी प्रवीण तोगड़िया ने भी मालेगाँव में बम धमाके करने के लिए 'अभिनव भारत' को आर्थिक सहायता मुहैया करायी थी।

हिंसा का रास्ता खतरों से भरा है। सभी हिंसक समूह और संगठन मूलतः असहिष्णु होते हैं। वे किसी को उनसे असहमत होने का अधिकार नहीं देना चाहते। असहमति से निपटने का एक ही तरीका उनके पास है – असहमत व्यक्ति का खात्मा।

आरएसएस स्वयं एक अतिवादी संगठन है। अब उससे भी ज्यादा अतिवादी

संगठन पैदा हो गये हैं जो आरएसएस के पदाधिकारियों को मार डालना चाहते हैं।

आरएसएस अपने आप को देशभक्त और राष्ट्रवादी संगठन बताता है। वह न तो देशभक्त है और न ही राष्ट्रवादी। देशभक्ति का लेबल अपने ऊपर चस्पा करने मात्र से कोई देशभक्त नहीं हो जाता। सच्चे देशभक्त तो वे हैं जो देश की भलाई के लिए काम करते हैं। जो संगठन देश की आबादी के एक बड़े हिस्से को संदेह की निगाह से देखता है और उसमें अलगाव का भाव उत्पन्न करता है वह देशभक्त कैसे हो सकता है ? इससे तो देश कमजोर होता है, उसकी एकता और अखंडता खतरे में पड़ती है। कोई भी सच्चा देशभक्त अपने देश की एकता को खतरे में नहीं डालता। हर सच्चा देशभक्त अपने देश के सभी लोगों से प्यार करता है न कि केवल अपने धर्म के मानने वालों से।

कानून को अपना काम करने देने की बजाय आरएसएस ने 'अभिनव भारत' के सदस्यों की गिरफ्तारी को राजनैतिक रंग दे दिया और यह आरोप लगाया कि अपनी असफलताओं से जनता का ध्यान हटाने के लिए यूपीए सरकार ने यह कार्यवाही की है।

यह कहना गलत है कि आतंकी हमले करने के आरोप में अभिनव भारत के सदस्यों की गिरफ्तारी का मतलब सभी हिन्दुओं को आतंकी घोषित कर देना है। ठीक इसी तरह, सिमी के सदस्यों की गिरफ्तारी से सभी मुसलमान आतंकवादी नहीं हो जाते। हाँ 'हिन्दू आतंकवाद' या 'इस्लामिक आतंकवाद' जैसे शब्दों का प्रयोग निश्चय ही आपत्तिजनक है।

आरएसएस को केवल यह सुनिश्चित करने की कोशिश करनी चाहिए कि किसी निर्दोष हिन्दू को परेशान न किया जाए। सच तो यह है कि कोई व्यक्ति, चाहे वह किसी भी धर्म का क्यों न हो, उस पर अत्याचार का विरोध होना ही चाहिए।

इस सिलसिले में एक महत्वपूर्ण बात यह भी है कि आज तक किसी पुलिस अधिकारी पर हिन्दू विरोधी होने का आरोप नहीं लगा है। ऐसे पुलिस अफसर अवश्य हैं जिनके बारे में यह कहा जाता है कि मुसलमानों और इस्लाम के बारे में उनकी सोच पूर्वाग्रहपूर्ण है। ये पुलिस अधिकारी मानकर चलते हैं कि मुसलमान असामाजिक तत्व हैं। हर बम धमाके के बाद वे मुस्लिम युवकों को ही पकड़ते हैं।

कुछ हिन्दुत्ववादी खुलेआम हिन्दुओं से आतंकवादी बनने का आह्वान कर रहे हैं। पहले बाल ठाकरे ने बयान जारी कर यह कहा और अब हिमानी सावरकर ने 'आउटलुक' पत्रिका को दिये साक्षात्कार में कहा है कि वे 'बम के बदले बम' में विश्वास करती हैं। कोई मुस्लिम नेता इस तरह की बातें करता तो क्या उसे छोड़ा जाता ?

हमारे देश को हिंसा के श्राप से मुक्ति तभी मिल सकती है जब हम सब सच्चे मन से प्रजातंत्र और धर्मनिरपेक्षता के प्रति निष्ठावान बनें। इस्लामिक या हिन्दुत्ववादी राजनीति हमें केवल हिंसा, खून-खराबे और अराजकता की ओर ले जावेगी।

धर्म के राजनीतिकरण के घातक नतीजे होते हैं। हमारे समय में केवल महात्मा गाँधी ही एक ऐसे नेता थे जिन्होंने धर्म का राजनीति में इस्तेमाल तो किया परन्तु अपने निहित स्वार्थों की पूर्ति के लिए नहीं वरन् राजनीति में न्याय, सद्भाव, प्रेम और भाईचारे जैसे धार्मिक मूल्यों की स्थापना के लिए।

जिन ताकतों और राजनैतिक दलों ने हमारे देश में धर्म का राजनीतिकरण किया है, उन्हें इस बात पर अवश्य चिन्तन करना चाहिए कि उन्होंने अपने समुदाय का भला किया है या बुरा।

हिन्दुओं की दृष्टि में इस्लाम

इंग्लैंड के ग्लासगो विश्वविद्यालय में पिछले दिनों हिन्दू धर्म और इस्लाम के विद्वानों के बीच एक दिलचस्प संवाद का आयोजन किया गया था। इस गोष्ठी में मुझे 'मुसलमानों की दृष्टि में हिन्दू धर्म' विषय पर बोलने का अवसर प्राप्त हुआ। इंग्लैंड में हिन्दू धर्म के जाने-माने शिक्षक प्रो. राम प्रसाद चक्रवर्ती ने 'हिन्दुओं की दृष्टि में इस्लाम' विषय पर व्याख्यान दिया।

इस्लाम के बारे में प्रो. राम प्रसाद के विचार अत्यन्त सारगर्भित, तार्किक व वस्तुनिष्ठ हैं। वे इस्लाम सम्बन्धी उन पूर्वाग्रहों से मुक्त हैं जिनसे हिन्दू अक्सर ग्रस्त रहते हैं। गोष्ठी में उनका वक्तव्य विद्वत्तापूर्ण और दस्तावेजों पर आधारित था। उन्होंने संवाद के दौरान भी कई बार चर्चा में हस्तक्षेप किया और इस्लाम के बारे में जो कुछ भी उन्होंने कहा उसमें कुछ भी अनुचित या अस्वीकार्य नहीं था। परन्तु उनका नजरिया राजनैतिक और ऐतिहासिक अधिक था व धर्मशास्त्रीय कम। इसके अतिरिक्त उनका जोर भारतीय इस्लाम पर था, न कि वैश्विक इस्लाम पर।

हम समस्या के इस पहलू पर विचार करें उसके पहले मैं श्री चक्रवर्ती द्वारा उठाये गये एक अत्यन्त विचारणीय मुद्दे की ओर ध्यान दिलाना चाहूँगा। उनका कहना था कि देशव्यापी धार्मिक पहचानों का निर्माण ब्रिटिश साम्राज्यवादियों ने किया था। उनके शब्दों में इस बारे में मतभेद हो सकते हैं कि अंग्रेजों के शासन से पहले समाज में जो हिंसा होती थी उसके पीछे धार्मिक पहचानों की कोई भूमिका थी या नहीं, परन्तु इसमें कोई सन्देह नहीं कि अंग्रेजों ने राजनैतिक कारणों से राष्ट्र—व्यापी धार्मिक पहचानों का निर्माण किया और बाद में यही पहचानें साम्प्रदायिक हिंसा का कारण बनीं।

यह न केवल पूरी तरह सही टिप्पणी है वरन् यह साम्प्रदायिकता की समस्या को समझने और उसे सुलझाने की कुंजी भी है। राष्ट्रव्यापी धार्मिक समुदायों और पहचानों का निर्माण हमारे साम्राज्यवादी शासकों का राजनैतिक कार्यक्रम था और इसे स्वतंत्रता के बाद हमारे नेताओं ने जारी रखा। यही कारण है कि हमें न केवल उन अनगिनत विभिन्न पहचानों पर जोर देना चाहिए जिनके साथ आज का हर भारतीय जीता है वरन् हमें यह भी समझना चाहिए कि राष्ट्र-व्यापी धार्मिक समुदायों की परिकल्पना राजनैतिक

समस्याएँ उत्पन्न करती है।

श्री राम प्रसाद का यह भी कहना है कि ब्रिटिश साम्राज्यवादियों ने यह कार्यक्रम बिना किसी आधार के केवल हवा में शुरू नहीं किया था। उस समय भी हिन्दुओं के विभिन्न समूहों के बीच स्पष्ट अन्तर थे। इसी तरह, हिन्दू परम्पराओं और इस्लाम के मानने वालों की मान्यताओं में भी सुस्पष्ट फर्क थे। परन्तु अलग-अलग परम्पराओं वाले सभी हिन्दुओं को एक सी पहचान देने का काम साम्राज्यवादियों ने किया और नतीजा यह कि आज हम हिन्दुओं और मुसलमानों के बीच की खाई को प्राकृतिक या स्वाभाविक मानने लगे हैं।

समस्या केवल साम्राज्यवादियों द्वारा 'एकल हिन्दू पहचान' निर्मित करने से प्रारंम्भ नहीं हुई। इसका एक कारण उन अनेक मुस्लिमों का लेखन भी है जो या तो मुगल राजाओं के दरबार में रहते थे या फिर उन सेनाओं के साथ भारत आये थे जिनने यहाँ के हिन्दू राज्यों पर चढ़ाई की थी। 'मुस्लिम राजा' व 'हिन्दू राजा' जैसे शब्दों के इस्तेमाल से भी समस्या बढ़ी। दरअसल, इन शब्दों के इस्तेमाल करके हम साम्राज्यवादियों के बुने जाल में अपने फँसने का ऐलान ही करते हैं।

'मुस्लिम शासन' और 'हिन्दू शासन' जैसी कोई चीज कभी रही ही नहीं। सच तो यह है कि जिन पर आक्रमण किया गया, वे अलग-अलग बौद्ध, राजपूत और ब्राह्मण राजवंश थे। इसी तरह, हमलावरों को भी मात्र 'मुस्लिम' कहना ठीक नहीं है। वे गजनवी, गुलाम, तुगलक या खिलजी राजवंशों के थे और वे आपस में भी लड़ते-झगड़ते रहते थे। 'हिन्दू या मुस्लिम शासन' और 'हिन्दू या मुस्लिम काल' जैसी शब्दावली के इस्तेमाल से हम साम्राज्यवादियों के षड्यंत्र को ही सफल बना रहे हैं।

मुसलमानों में भी आपसी मतभेद और विवाद थे। अलग-अलग राजवंश तो थे ही, बाहर से आये मुसलमानों और इस्लाम अपनाने वाले भारतीयों के बीच भी विभाजक रेखाएँ थीं। शासक वर्ग में मुख्यतः दूसरे देशों से आये मुसलमान ही थे और वे स्थानीय मुसलमानों को नीची नजरों से देखते थे। स्थानीय मुसलमानों ने कई अवसरों पर विदेशी मुस्लिम हमलावरों की जगह स्थानीय हिन्दू राजाओं का साथ दिया। उदाहरणार्थ, हसन मेवाती के नेतृत्व में मेवाती मुसलमानों, जो कि हिन्दुओं के धर्म परिवर्तन करने से बने थे, ने बाबर का साथ देने की बजाय राणा सांगा की ओर से पानीपत के युद्ध में भाग लिया और हजारों की संख्यों में अपनी जानें गंवायी।

इस तरह भारत का सामाजिक यथार्थ अत्यन्त दुरूह है और इसे बहुत आसानी से सुपरिभाषित श्रेणियों में नहीं बांटा जा सकता। पठानों को मुगलों के हाथों मात खानी पड़ी थी इसलिए वे हमेशा मुगलों के खिलाफ लड़ने वालों का साथ देते थे। विभिन्न राजपूत शासक भी आपस में लड़ते रहते थे। राजा मानसिंह जैसे कुछ राजपूतों ने मुगलों का साथ दिया तो राणा प्रताप ने मुगलों से लोहा लिया।

हाकिम खान सूर नामक पठान योद्धा ने राणा प्रताप की सेना के साथ मुगल सेना

से युद्ध में हिस्सा लिया। इस तरह, एक राजपूत (राणा प्रताप) ने दूसरे राजपूत (राजा मानसिंह) से युद्ध किया तो एक मुसलमान (अकबर) ने दूसरे मुसलमान (हाकिम सूर) से।

मुसलमानों के श्रेष्ठि वर्ग द्वारा लिखी गयी पुस्तकों में भी कोई समानता नहीं है। कुछ उलेमा घोर हिन्दू-विरोधी थे और 'सभ्यताओं के अन्तर' की बात करते थे तो दारा शिकोह व मजहर जान-ए-जानाँ जैसे कुछ अन्यों के विचार इसके बिलकुल उलट थे। उनकी मान्यता थी कि इस्लाम और वेद-उपनिषदों आदि में कोई विरोध नहीं है। यहाँ तक कि दारा शिकोह ने तो दोनों धर्मों के पवित्र ग्रंथों के बीच की समानताओं और सामंजस्य पर बहुत जोर दिया था। जो खाई थी वह राजनैतिक थी, धार्मिक नहीं। वे उलेमा, जो शासक वर्ग में शामिल थे, अक्सर अपने आकाओं को प्रसन्न करने के लिए स्थानीय धार्मिक परम्पराओं को मानने वालों को हिकारत की दृष्टि से देखते थे। सत्ता से दूर रहने वालों की सोच ऐसी नहीं थी। चूँकि दारा शिकोह ने हिन्दू धर्म का अध्ययन गंभीरतापूर्वक किया था और उसका उद्देश्य राजनैतिक नहीं था शायद इसलिए वह हिन्दू धर्म और इस्लाम में बहुत सी समानताएं ढूँढ सका।

प्रो. प्रसाद का यह भी कहना था कि केवल अंग्रेजों ने ही भारत के इतिहास को हिन्दुओं और मुसलमानों के बीच हिंसक संघर्ष के लम्बे सिलसिले के रूप में नहीं देखा। केवल अंग्रेज ही यह नहीं मानते थे कि हिन्दू धर्म व संस्कृति को इस्लाम के अनुयायी एक सिरे से खारिज करते रहे हैं व यह कि हिन्दू और मुसलमान अलग-अलग जातीय मूल के हैं। बीसवीं सदी में जैसे-जैसे भारतीय स्वतंत्रता आन्दोलन ने जोर पकड़ा, मुस्लिम लीग सहित कई संगठन यह कहने लगे कि अगर भारतीयों को राष्ट्र का दर्जा दिया जाना है तो हिन्दुओं और मुसलमानों को अलग-अलग राष्ट्र माना जाना चाहिए।

यह सही है कि मुस्लिम लीग इतिहास को उसी चशमे से देखती थी जिस चशमे से अंग्रेज देखते थे। मुस्लिम लीग सभी हिन्दुओं के खिलाफ थी। वह इस तथ्य को नजरअंदाज करती थी कि बड़ी संख्या में हिन्दू नेहरू और गाँधी के नेतृत्व में धर्मनिरपेक्ष थे। जिन्ना न तो हिन्दू धर्म और न ही इस्लाम के मूल सिद्धान्तों और मूल्यों से परिचित थे और न ही उनमें उनकी कोई रुचि थी। वे तो राजनीति का खेल खेल रहे थे।

यह मानना अनुचित होगा कि इस सिलसिले में केवल मुस्लिम लीग ही दोषी थी। हिन्दू साम्प्रदायिक शक्तियाँ भी कहीं पीछे नहीं थीं। साम्राज्यवादियों द्वारा एक-दूसरे से जुड़ी हुई असंख्य भिन्न-भिन्न धार्मिक पम्परपराओं को 'हिन्दू धर्म' के सम्मिलित छाते के नीचे लाने से ही भारत के 'हिन्दू राष्ट्र' होने की परिकल्पना जन्मी। मुस्लिम लीग को भी धर्मनिरपेक्ष भारत की तुलना में 'हिन्दू भारत' अधिक स्वीकार्य था। दोनों समुदायों की साम्प्रदायिक ताकतों ने अन्ततः देश को विभाजित करवा दिया।

वर्तमान भारत की बात करते हुए प्रो. राम प्रसाद साम्प्रदायिक स्थिति की चर्चा

करते हैं। उनका कहना था कि चुनाव नतीजे चाहे कुछ भी कहें, 'हिन्दुत्व' भारत के शहरों में अपनी जड़ें जमा चुका है। चुनावों के समय जातिवाद और सुशासन से जुड़े हुए मुद्दों के हावी हो जाने से 'हिन्दुत्व' की पैरोकार राजनैतिक दलों को अपेक्षित वोट नहीं मिल पाते हैं।

जिहादी हमलों और बम विस्फोटों ने भी हालात को और बिगाड़ा है, यद्यपि इनसे हिन्दू-मुस्लिम रिश्तों पर कोई खास प्रभाव नहीं पड़ा है।

श्री राम प्रसाद ने अपने पेपर में मुसलमानों की सामाजिक-आर्थिक स्थिति की भी चर्चा की और इस सन्दर्भ में हाल में प्रकाशित सच्चर कमेटी की रिपोर्ट का भी हवाला दिया। उनका कहना था कि निचले स्तर के सरकारी पदों पर भर्ती में तो शायद मुसलमानों के साथ पक्षपात होता हो परन्तु उच्च सरकारी सेवाओं में मुसलमानों के कम प्रतिनिधित्व का कारण उनमें शिक्षा की कमी है। परन्तु वे यह भी स्वीकार करते हैं कि शिक्षा में कमी का एक कारण मुसलमानों की आर्थिक कठिनाईयाँ भी हैं। उनकी आधुनिक शिक्षा में रुचि नहीं है, ऐसा मानना उचित नहीं होगा।

कुल मिलाकर, प्रो. प्रसाद ने पूरी विषयवस्तु का निष्पक्ष तरीके से विश्लेषण व अध्ययन किया है। यद्यपि कुछ छोटे मोटे मसलों पर उनसे मत विभिन्नता की गुंजाइश हो सकती है। अपितु प्रो. प्रसाद ने हिन्दू धर्म के धार्मिक पक्ष का विश्लेषण नहीं किया।

हिन्दुत्वादी इन दिनों इस्लाम के धार्मिक सिद्धान्तों पर हमला कर रहे हैं। 'काफिर' की परिकल्पना और शरीयत कानूनों पर निशाना साधा जा रहा है। बेहतर होता कि प्रो. राम प्रसाद हिन्दुओं की दृष्टि से इस्लाम के धार्मिक पक्ष की भी विवेचना करते। उनके पेपर का शीर्षक तो 'हिन्दुओं की दृष्टि में इस्लाम' था परन्तु उन्होंने अपनी विवेचना को 'हिन्दुओं की दृष्टि में मुसलमान' तक सीमित रखा।

इस कमी के बावजूद प्रो. राम प्रसाद का पेपर उच्च कोटि का था और विषय की अच्छी विवेचना करता था। उनका तर्क कि एकल हिन्दू पहचान का निर्माण हमारे साम्राज्यवादी शासकों ने किया था, समाज में फैल रही कई भ्रान्तियों को दूर करने में सहायक हो सकता है। हिन्दुत्वादी भी एकल हिन्दू पहचान पर जोर दे रहे हैं व इससे देश के धर्मनिरपेक्ष ढाँचा को चोट पहुँच रही है। इसी तरह, मुसलमानों को भी अपनी एकल पहचान पर जोर नहीं देना चाहिए।

मदरसे : भ्रान्तियाँ और सच

न्यूयार्क पर 9/11 के आतंकी हमले के बाद से मदरसे विवाद और चर्चा के केन्द्र में आ गये हैं। ऐसा माना जा रहा है कि इस हमले की योजना तालिबान ने बनायी थी, जो वहाबी मुसलमानों द्वारा चलाये जा रहे मदरसों में शिक्षित थे। जहाँ तक 9/11 के हमले का सम्बन्ध है, जो मदरसे विवाद के केन्द्र में थे वे सभी पाकिस्तान के एनडब्लूएफपी में थे। भारत में भी मदरसों को शक की निगाह से देखा जाने लगा है। मदरसों पर उँगली उठाने वालों में राजनैतिक निहित स्वार्थी तत्व तो हैं ही, मीडिया के एक हिस्से ने भी मदरसों की छवि को खराब करने में कोई कसर नहीं छोड़ी है।

मदरसों को बुरा बताने वालों में ज्यादातर वे हैं जिन्हें मदरसा शिक्षा प्रणाली का कोई ज्ञान नहीं है और न ही जिन्हें यह पता है कि मदरसों में क्या और कैसे पढ़ाया जाता है। वे यह मानकर चलते हैं कि चूँकि मदरसे इस्लामिक संस्थाएँ हैं, इसलिए वे अपने छात्रों को जेहाद और युद्ध के बारे में ही पढ़ाते होंगे। यहाँ तक कि तत्कालीन एनडीए सरकार के कई वरिष्ठ मंत्रियों तक ने इस तरह के बयान जारी किये थे। जाहिर है कि हमें मदरसों के बारे में पूरी और सही जानकारी हासिल करने के बाद ही उनके बारे में कोई राय बनानी चाहिए।

मुझे प्रसन्नता है कि सुश्री सरला झिंगरान ने ऐतिहासिक परिप्रेक्ष्य में मदरसा प्रणाली का गहन अध्ययन किया है। योगी सिकंद भी ऐसा ही एक अध्ययन कर रहे हैं। हम उम्मीद कर सकते हैं कि इन अध्ययनों से मदरसों के बारे में फैली भ्रान्तियों को मिटाने में मदद मिलेगी। समाज यह जान सकेगा कि इन मदरसों की स्थापना का मूल उद्देश्य धार्मिक था, न कि किसी समुदाय विशेष के प्रति शत्रुता का भाव पैदा करना।

इस्लाम भारत में अपने शुरुआती दौर में ही आ गया था। पवित्र पैगम्बर के जीवनकाल में ही इस्लाम ने केरल के रास्ते भारत में प्रवेश कर लिया था। इसके लगभग एक शताब्दी बाद उत्तर भारत के सिंध से भी इस्लाम ने भारत में प्रवेश किया। उत्तर और दक्षिण भारत में सैकड़ों लोगों ने इस्लाम को अपनाया। तभी से मदरसों की आवश्यकता पड़ी। वे ऐसी संस्थाएँ थीं जो धार्मिक शिक्षा देने के साथ-साथ उलेमा भी तैयार करती थीं। ये उलेमा दूसरों को पढ़ाते थे और नमाज व अन्य धार्मिक क्रियाकलापों को ठीक

ढंग से संपन्न करवाने में मदद करते थे।

मदरसा एक अरबी शब्द है जिसका शाब्दिक अर्थ है 'शिक्षा की जगह'। इस्लामिक देशों में उच्च शिक्षण संस्थाओं को भी मदरसा कहा जाता है। कोलकाता में एक मदरसा-ए-आली अर्थात उच्च शिक्षा संस्थान था जिसे अब पश्चिम बंगाल सरकार ने विश्वविद्यालय का दर्जा दे दिया है। यह जानना दिलचस्प होगा कि इन मदरसों में सभी धर्मों के छात्र पढ़ते थे। राजा राममोहन राय ने कोलकाता के मदरसा-ए-आली में शिक्षा प्राप्त की थी और वे संस्कृत और हिन्दू धर्म के अलावा अरबी और फारसी भाषाओं के भी विद्वान थे।

इस तरह कई मदरसे धार्मिक के साथ-साथ धर्मनिरपेक्ष शिक्षा भी देते थे। इन मदरसों की तुलना मध्यकाल की ईसाई मिसनरियों से की जा सकती है जिनमें दी जाने वाली शिक्षा, समाज की धार्मिक और धर्मनिरपेक्ष दोनों ही आवश्यकताओं की पूर्ति करती थी।

सवाल यह है कि आज की दुनिया में मदरसों की क्या प्रासंगिकता है ? कुछ लोग यह कह सकते हैं कि मदरसे अप्रासंगिक हो गये हैं और उनमें ताले डाल दिये जाने चाहिए। मदरसों के स्थान पर आधुनिक, धर्मनिरपेक्ष शिक्षण संस्थाएं स्थापित की जानी चाहिए। परन्तु इस तरह के जटिल सवालों का इतना सीधा उत्तर नहीं हो सकता।

भारत के मुसलमानों का एक बड़ा हिस्सा गरीब और अनपढ़ है। इनमें से अधिकांश नीची जाति के हिन्दुओं से मुसलमान बने हैं और आज भी अपने पारम्परिक काम-धंधे करते हैं। उनमें से बहुत कम आधुनिक रोजगार पा सके हैं। ये गरीब मुसलमान अगर चाहें तो भी अपने बच्चों को धर्मनिरपेक्ष शिक्षा देने वाले संस्थानों में नहीं भेज सकते।

ये मुसलमान अपने बच्चों को धार्मिक शिक्षा दिलवाना चाहते हैं और मदरसे उनकी इस आवश्यकता की पूर्ति तो करते ही हैं। इससे भी अधिक महत्वपूर्ण यह है कि मदरसों में शिक्षा पूरी तरह मुफ्त होती है और वे मुस्लिम बस्तियों के बहुत नजदीक होते हैं।

सभी मदरसे एक से नहीं होते। उन्हें कई भागों में बाँटा जा सकता है। सबसे पहले पायदान पर होते हैं मकतब, जिनमें केवल प्राथमिक धार्मिक शिक्षा दी जाती है। उनके ऊपर माध्यमिक स्तर के मदरसे होते हैं जहाँ अरबी भाषा, कुरान, हदीस इत्यादि पढ़ाये जाते हैं।

इनसे ऊपर के मदरसों की तुलना स्नातक कालेजों से की जा सकती है। इनमें अरबी साहित्य, इस्लामिक धर्मशास्त्र, दर्शनशास्त्र और यूनानी विज्ञान पढ़ाया जाता है। भारत के मदरसों का पाठ्यक्रम अठारहवीं सदी में मुल्ला निज़ामी द्वारा तैयार किया गया था और इसे दर्स-ए-निज़ामी कहा जाता है। परम्परावादी और आधुनिकतावादी मुसलमानों

के बीच इस विषय पर बहस जारी है कि दर्स–ए–निज़ामी पर आधारित शिक्षा ही जारी रहना चाहिए या फिर मदरसों के पाठ्यक्रम का आधुनिकीकरण किया जाना चाहिए। कई मदरसों का आधुनिकीकरण हुआ भी है।

अब हम मदरसों पर सुश्री झिंगरान के अध्ययन की चर्चा करें। यह अध्ययन, मेरे विचार से निष्पक्ष और योजनाबद्ध ढंग से किया गया है। पुस्तक के पहले अध्याय 'समाज, धर्म, शिक्षा और आधुनिकता' में सुश्री झिंगरान समाज, धर्म, शिक्षा और आधुनिकता को परिभाषित करती हैं। इससे अध्ययन को ठीक परिप्रेक्ष्य में समझने में मदद मिलती है। धर्म, विशेषकर इस्लाम को परिभाषित करते हुए वे इस अध्याय में कहती हैं, ''धर्म एक अत्यधिक जटिल विषय है जिसे कुछ पृष्ठों में परिभाषित करना मुश्किल है। चूँकि हमारा अध्ययन मुख्यतः इस्लाम पर केन्द्रित है, इसलिए हम इस्लाम को परिभाषित करने तक अपने को सीमित रखेंगे। मोटे तौर पर इस्लाम में कुरान, सुन्ना और हदीस को शामिल कर सकते हैं। यही कारण है कि इस्लाम के मानने वालों के लिए धार्मिक शिक्षा का पाठ्यक्रम काफी विस्तृत होता है।''

दूसरे अध्याय में सुश्री झिंगरान मदरसों में जाने वाले मुस्लिम बच्चों की संख्या का अंदाजा लगाने की कोशिश करती हैं। विभिन्न स्रोतों का हवाला देते हुए वे कहती हैं कि वे सच्चर कमेटी के इस निष्कर्ष से सहमत नहीं हैं कि लगभग चार प्रतिशत मुस्लिम बच्चे ही मदरसों में पढ़ते हैं। वे कहती हैं ''मदरसों से पढ़े और अब जेएनयू में पढ़ रहे छात्र–छात्राओं और ग्रामीण जीवन से परिचित अन्य लोगों से मेरी बातचीत के आधार पर मैं समझती हूँ कि मदरसों में पढ़ने वाले बच्चों की संख्या कहीं अधिक है। मेरा अंदाजा है कि 15 से 30 प्रतिशत के बीच मुस्लिम बच्चे मकतबों और फिर मदरसों में पढ़ते हैं। यह अलग बात है कि उनका एक हिस्सा कुछ सालों के बाद सामान्य स्कूलों में पढ़ने लगता है।''

मेरे विचार से 15 से 30 प्रतिशत का आंकड़ा कुछ ज्यादा है। मकतब में पढ़ने वाले छात्रों का प्रतिशत शायद इतना हो सकता है परन्तु मदरसों में इतनी बड़ी संख्या में बच्चे पढ़ते होंगे इसमें मुझे संदेह है। वैसे भी, इतनी बड़ी संख्या में मदरसे और मकतब हैं भी नहीं। परन्तु यह महत्वपूर्ण नहीं है। महत्वपूर्ण यह है कि आज भी गाँवों में रहने वाले गरीब मुसलमानों और कुछ हद तक शहरी मुसलमानों के लिए भी मदरसे और मकतब प्रासंगिक और महत्वपूर्ण हैं।

लेखिका मुसलमानों द्वारा मदरसों को दी जा रही प्राथमिकता के कारण भी गिनाती हैं। उनके अनुसार मुख्य कारण हैं : 1. मुस्लिम–बहुल इलाकों में आधुनिक स्कूलों की कमी, 2. लड़कियों के लिए अलग स्कूलों की कम संख्या, 3. सहशिक्षा वाले स्कूलों में महिला शिक्षिकाओं की कमी, 4. आधुनिक शिक्षा का महंगा होना, 5. सरकारी स्कूलों की बदहाली और, 6. कई परम्परावादी मुसलमानों की यह वाजिब

शिकायत की पाठ्यपुस्तकों में हिन्दू धर्म के प्रति झुकाव साफ दिखता है। वे कहती हैं "अगर पाठ्यपुस्तकों में हिन्दू धर्म के प्रति और इस्लाम के विरुद्ध पूर्वाग्रह हैं तो यह बहुत दुर्भाग्यपूर्ण है और इसे बिना किसी देरी के सुधारा जाना चाहिए क्योंकि अगर ऐसा नहीं किया गया तो आधुनिक शिक्षा के प्रति मुसलमानों के परहेज को मिटाना बहुत मुश्किल हो जाएगा।"

यह अध्याय बहुत महत्वपूर्ण है क्योंकि इसमें सुश्री झिंगरान मुसलमानों के मदरसा शिक्षा को प्राथमिकता देने के कारणों का विस्तृत विश्लेषण करती हैं। इस अध्याय से गैर मुसलमानों के मन में मदरसों के प्रति पल रही कई भ्रान्तियाँ दूर हो सकती हैं।

तीसरे अध्याय में लेखिका मदरसा शिक्षा की ऐतिहासिक पृष्ठभूमि की चर्चा करती हैं। दुनिया का पहला मदरसा पवित्र पैगम्बर ने अपनी मस्जिद में स्थापित किया था जिसमें वे इस्लाम के सिद्धान्तों से विद्यार्थियों को परिचित कराते थे। मदरसों की औपचारिक स्थापना काफी बाद में हुई। पहला औपचारिक मदरसा खुरासन में और दूसरा बगदाद में 11वीं सदी में स्थापित हुआ था। अल-अजहर, जो अब दुनिया भर में प्रसिद्ध इस्लामिक विश्वविद्यालय है, भी लगभग इसी समय अस्तित्व में आया था। उन दिनों मिस्त्र पर फातिमिद वंश का शासन था।

फिर वे भारत में मदरसों के इतिहास की चर्चा करती हैं। फतेउल्लाह शिराज़ी, अकबर के शासनकाल के दौरान मदरसों में तार्किक विज्ञानों को पढ़ाते थे। इन तार्किक विज्ञानों में शामिल हैं भूगोलशास्त्र, दर्शनशास्त्र, खगोलशास्त्र और भौतिकी। इन विज्ञानों के पाठ्यक्रम मुख्यतः यूनानी ज्ञान पर आधारित थे। दुर्भाग्यवश, आज भी मदरसों में यूनानी विज्ञान ही पढ़ाया जा रहा है यद्यपि इसकी अब केवल ऐतिहासिक महत्ता रह गयी है। पश्चिम का विज्ञान अद्यतन और आधुनिक है परन्तु इसे अब भी मदरसों के पाठ्यक्रम में शामिल नहीं किया गया है।

इसके बाद वे औरंगजेब के काल से लेकर अंग्रेजों के भारत में आने के समय तक भारत में मदरसा शिक्षा के विकास की चर्चा करती हैं। औरंगजेब ने विद्वानों का एक दल बनाकर उसे इस्लामिक कानूनों का संकलन तैयार करने का काम सौंपा था। इस संकलन को बाद में फतवा-ए-आलगमगीरी कहा गया। औरंगजेब ने लखनऊ में मुल्ला निजामुद्दीन को फिरंगी महल नाम की एक विशाल इमारत मदरसा स्थापित करने के लिए सौंपी थी। यह मदरसा बाद में इस्लामिक शिक्षा का बड़ा केन्द्र बना। इसी मदरसे में मुल्ला निजामुद्दीन ने मदरसों का पाठ्यक्रम तैयार किया जिसे दर्स-ए-निज़ामी कहा गया और यही आज भी उच्च शिक्षा के मदरसों में पढ़ाया जाता है। यह पाठ्यक्रम तत्कालीन सन्दर्भों में आधुनिक व सन्तुलित था परन्तु बाद में उसमें कोई संशोधन नहीं किये गये और आज वह पूरी तरह अप्रासंगिक हो गया है।

यह पुस्तक गैर-मुसलमानों और कुछ हद तक मुसलमानों के बीच भी मदरसों के बारे में फैली भ्रान्तियों को दूर करेगी। हम उम्मीद कर सकते हैं कि इस अध्ययन को पढ़ने के बाद परम्परावादी मुसलमान इस विषय पर गहन चिन्तन करेंगे कि आधुनिक मदरसा शिक्षा का क्या स्वरूप होना चाहिए?

सुश्री झिंगरान को यह डर है कि मदरसा शिक्षा मुस्लिम बच्चों में अलगाव की भावना और एक अलग पहचान विकसित करती है। उनकी दृष्टि में यह गलत हो सकता है परन्तु प्रश्न यह है कि क्या भारत जैसे विविधताओं से भरे और अब साम्प्रदायिक ध्रुवीकरण के शिकार बन चुके देश में हम अलग पहचानों के निर्माण से बच सकते हैं? हमारी पूरी राजनैतिक व्यवस्था ही धार्मिक, जातीय और भाषायी पहचानों पर आधारित हो गयी है। अलग पहचान कोई समस्या नहीं है बशर्ते उसका राजनीतिकरण न किया जाए।

जान बचाने वाली ये औरतें

हमारे पितृसत्तामक समाज में महिलाओं को सामान्यतः कमजोर समझा जाता है। पुरुष मानते हैं कि महिलाओं को उनकी सुरक्षा की जरूरत है। हो सकता है, यह कुछ मामलों में सही भी हो परन्तु ऐसे भी अगणित उदाहरण हैं जब 'कमजोर' महिलओं ने तब हिम्मत दिखाई जब 'बहादुर' पुरुष अपनी दुम दबाकर निकल भागे थे। शरीर से कमज़ोर महिलाओं ने यह सिद्ध किया कि नैतिक रूप से वे बहुत शक्तिशाली हैं। शारीरिक ताकत या हथियारों की ताकत ही असली ताकत नहीं होती। हमारे नैतिक मूल्य हमें ताकत देते हैं। जो नैतिकता की राह पर चल रहे हैं, उन्हें किसी से डरने की जरूरत नहीं है। उन्हें कोई नहीं हरा सकता।

यद्यपि यह मानना अनुचित होगा कि महिलाएँ नैतिकता की दृष्टि से पुरुषों से श्रेष्ठ होती है परन्तु यह निश्चित है कि आम तौर पर महिलाएँ, पुरुषों की तुलना में अधिक नैतिक होती है। इसके कई कारण हैं। पुरुष, सत्ता और प्रभुता के, महिलाओं की तुलना में कही अधिक आकांक्षी होते हैं और इसके लिए वे अनैतिक रास्ते अपनाने से गुरेज नहीं करते। महिलाओं की तुलना में पुरुष अधिक अपराध करते हैं और तुलनात्मक दृष्टि से महिलाओं का व्यवहार अधिक नैतिक होता है।

चन्द अपवादों को छोड़कर, महिलाओं ने युद्ध नहीं लड़े। अधिकतर भयावह और बर्बादी फैलाने वाले युद्ध — जिनमें लाखों मासूम लोग मारे गये — पुरुषों ने ही शुरू किए थे। पिछली सदी में हुए दोनों विश्वयुद्ध पुरुषों ने ही शुरू किए और लड़े। महिलाओं ने केवल कष्ट भोगे। महिलाएँ मानव जीवन के प्रति पुरूषों से कहीं अधिक संवेदनशील होती हैं। महिलाएँ ही जीवन का निर्माण करती हैं। वे मानव जीवन को अपने गर्भ में नौ महीनों तक पालती हैं और बच्चे के जन्म के बाद सालों तक उसकी देखभाल करती हैं— तब तक जब तक वह आत्मनिर्भर नहीं हो जाता।

दूसरी ओर पुरुष, सत्ता या सम्पत्ति की अपनी लालसा पूरी करने के लिए बम गिराकर या मिसाईल छोड़कर क्षणों में हजारों लोगों को मार डालते हैं। हिरोशिमा और नागासाकी में परमाणु बम गिराकर लाखों मासूमों को किसने मारा था? पुरुषों ने। पुरुषों के लिए सत्ता और अधिकार, मानव जीवन के प्रति संवेदनशीलता से ज्यादा महत्वपूर्ण हैं।

भारत में भी साम्प्रदायिक दंगों के मामलों में केवल पुरुष ही दोषी होते हैं। मैं पिछले 40 सालों से भारत में साम्प्रदायिक दंगों की जाँच और अध्ययन कर रहा हूँ। मुझे एक भी ऐसा उदाहरण नहीं मिला जब किसी महिला ने दंगे का षड्यंत्र रचा हो या दंगे कराये हों — किसी हिन्दू या मुसलमान को मारना तो बहुत दूर की बात है। केवल गुजरात की माया कोडनानी ही इसकी एकमात्र अपवाद है। उस पर नरोदा पाटिया में निर्दोष मनुष्यों को मारने के लिए पुरुषों को उकसाने का आरोप है।

यद्यपि दंगों के दौरान किसी को मारने वाली एक भी महिला के बारे में मैंने नहीं सुना परन्तु मैं ऐसी कई महिलाओं को जानता हूँ जिन्होंने निर्दोषों की जान बचायीं। ये महिलाएँ शान्तिप्रिय नागरिकों के लिए प्रेरणास्रोत हैं। इनमें से कुछ से मेरी मुलाकात दंगों की जाँच के दौरान हुई और कुछ के बारे में मुझे समाचारपत्रों से पता चला। इन्हीं में से कुछ का हमने 'वूमेन फॉर सेक्युलरिज्म' की ओर से सम्मान भी किया। यह संगठन मैदानी स्तर पर महिलाओं के अधिकारों के लिए काम करता है।

दंगों के दौरान महिलाओं द्वारा निर्दोषों की जान बचाने की पहली घटना से मेरा साबका अहमदाबाद के सन् 1969 के दंगों की जाँच के दौरान पड़ा था। मुझे अब उस महिला का नाम तो याद नहीं है परन्तु मुझे यह याद है कि वो अहमदाबाद की जालिमसिंह की चाल में रहती थी, जहाँ उसके पड़ोस में दो मुस्लिम परिवार रहते थे। एक हिंसक भीड़ ने चाल को घेर लिया और यह माँग की कि मुस्लिम परिवारों को उसे सौंप दिया जावे ताकि वे उन्हें मार कर उनके घर लूट सकें।

वो महिला, जो सब्जी बेचकर अपना जीवन चलाती थी, शोर सुनकर अपने कमरे से बाहर आयी। उसके हाथ में हंसिया था, जिससे वह सब्जी काट रही थी। वो सीढ़ियों से उतर कर नीचे आ गयी और चाल के दरवाजे पर खड़े होकर उसने भीड़ से कहा कि यदि किसी में हिम्मत हो तो आगे बढ़े। उसने कहा कि जो भी आगे बढ़ेगा वो उसकी गर्दन हंसिए से उड़ा देगी और फिर वे लोग उसकी लाश के ऊपर से गुजर कर मुसलमानों का कत्ल कर सकते हैं। कोई आगे नहीं बढ़ा और भीड़ में शामिल 500 से ज्यादा लोग बिखर गये।

मैं इस महिला से मिला और उससे पूछा कि उसने मुसलमानों की जान बचाने के लिए अपनी जान क्यों खतरे में डाली। उसका जवाब था कि पहली बात तो यह है कि वो मुसलमान मेरे पड़ौसी थे और उनकी जान बचाना या उन्हें बचाते हुए अपनी जान दे देना, मेरा कर्तव्य था। दूसरे, वे राजस्थान के उसी गाँव के रहने वाले थे जहाँ की मैं हूँ। अगर वे लोग मारे जाते तो मैं गाँव वालों को क्या मुँह दिखाती? तीसरे, उनकी जान बचाना मेरा कर्तव्य इसलिए भी था क्योंकि वे निर्दोष थे और उनका दंगों से कोई लेना-देना नहीं था।

'चाल में पुरुष भी तो थे। वे भी तो अपनी पड़ौसियों की जान बचाने सामने आ

सकते थे?'' मैंने उससे पूछा। ''अगर उनमें साहस नहीं था तो मैं क्या करू?'' उसका उत्तर था। 'मैंने अपने पड़ौसियों को बचाने के लिए वह सब किया जो मैं कर सकती थी''। वह सब्जी वाली, सैकड़ों पुरुषों के लिए प्रेरणास्रोत थी। जब ये औरत अपनी जान पर खेल रही थी तब वे अपने घरों में घुसे हुए थे।

एक अन्य ऐसी ही हिम्मतवाली औरत थी अलीगढ़ की श्रीमती नीना यादव। सन् 1994 में अलीगढ़ में हुए दंगों की बात है। एक बस, जिसमें लखनऊ जा रही एक बारात सवार थी, बाजार में खड़ी थी। ड्रायूवर किसी काम से गया हुआ था। हिन्दुओं की एक हथियारबन्द भीड़ वहाँ पहुँची और बस में आग लगाने की तैयारी करने लगी। बस में अधिकतर महिलाएँ और बच्चे थे।

श्रीमती यादव, जिनके साथ उनका पुत्र भी था, ने जब देखा कि बस में सवार चालीस से भी ज्यादा महिलाओं और बच्चों को जिन्दा जलाने की तैयारी है तो उनसे रहा नहीं गया। उन्होंने आस-पास नजर डाली तो उन्हें लोहे की एक राड पड़ी दिख गयी। उन्होंने वो राड उठायी और उसे घुमाती हुई भीड़ की तरफ लपकीं। उनका यह रौद्र रूप देखकर भीड़ कुछ क्षणों के लिए ठिठक गयी। इतने समय में ही श्रीमती यादव का लड़का बस में चढ़ गया। किस्मत से ड्राईवर, इंग्नीशन में चाबी लगी छोड़ गया था। उनके लड़के ने झट से बस स्टार्ट की और उसे चलाकर अपने घर की तरफ ले भागा। बस, श्रीमती यादव के घर के कम्पाउंड तक सुरक्षित पहुँच गयी। इस तरह श्रीमती यादव ने अकेले 40 महिलाओं और बच्चों की जानें बचायीं।

उत्तर प्रदेश के तत्कालीन मुख्यमंत्री मुलायमसिंह यादव स्वयं श्रीमती यादव से उनके घर जा कर मिले और उनके अनुकरणीय साहस के लिए उन्हें एक लाख रुपयों के पुरस्कार से भी नवाजा। जब मैं अलीगढ़ गया तो मैं भी उनसे मिला। उन्होंने कहा कि वे नहीं जानती थीं कि वे उन लोगों की जानें बचाने में सफल होगीं या नहीं परन्तु कोशिश करना उनका कर्तव्य था। उनका कहना था कि उनको साहस दिया उनकी कर्तव्य भावना ने। उनका मानना था कि निर्दोषों, विशेषकर महिलाओं और बच्चों की जान बचाना उनका फर्ज था, जिसे उन्होंने निभाया। श्रीमती यादव का कहना था कि वे स्वयं को भाग्यशाली मानती थीं कि वे इतने लोगों को राख होने से बचा सकीं।

इस घटना के समय भी कई पुरुष आसपास थे परन्तु उनमें से किसी ने हिम्मत नहीं दिखाई। एक अकेली औरत ने केवल एक लोहे की राड की मदद से इतना बड़ा काम कर डाला। इसने श्रीमती यादव को अलीगढ़ की नायिका बना दिया और एक बार फिर यह साबित किया कि महिलाएँ, मानव जीवन के प्रति पुरुषों की तुलना में कहीं अधिक संवेदनशील होती हैं।

सन् 2008 में आन्ध्र प्रदेश के आदिलाबाद जिले के भैनसा में दंगे भड़क उठे। दंगाइयों ने सय्यद उस्मान के घर में आग लगा दी। यदि 61 वर्षीय तुलजीबाई और उनके

परिवार की अन्य महिलाएँ साहस नहीं दिखातीं तो औरतों और बच्चों सहित सय्यद उस्मान के परिवार के सारे सदस्य जल मरते। एक बार फिर एक महिला आगे आयी और बाकी सब बस देखते रहे। एक बार फिर एक महिला ने अदम्य साहस दिखाया जबकि अन्य सब तटस्थ बने रहे। पुरुष केवल लूटमार और मारकाट में लगे रहे।

सन् 2009 के सितम्बर महीने में महाराष्ट्र के सांगली, मिरज, इच्छालकरंजी और कोल्हापुर में दंगे हुए। गणेशोत्सव के दौरान हुए इन दंगों में 60 से ज्यादा मस्जिदों और दरगाहों को या तो नष्ट कर दिया गया या नुकसान पहुँचाया गया। परन्तु इन गाँवों की कई महिलाओं ने न केवल मुसलमानों की जानें बचायीं वरन् मस्जिदों और दरगाहों की मरम्मत भी की। कवेथीपिरन की ग्राम पंचायत, जिसमें केवल महिलाएँ हैं, ने तय किया कि वो उन मुस्लिम धर्मस्थलों की मरम्मत करवाएगी जिन्हें नुकसान पहुँचाया गया था और जिन्दगी को पुराने ढर्रे पर लाने की कोशिश करेगी। इन महिला पंचों का कहना है, ''हमारे गाँव में करीब 100 मुस्लिम घर हैं और इनमें से कुछ परिवार गाँव छोड़कर जाने की तैयारी कर रहे थे। हमने उन्हें रोका। हम उनके घर गये और उनकी सुरक्षा करने का वायदा किया।'' इस तरह, इन महिलाओं में गाँव से मुसलमानों का पलायन रोका, उनके घर-बार की हिफाजत की जिम्मेदारी ली। पुरुषों के साम्प्रदायिक उन्माद के बीच इन अनपढ़ महिलाओं ने समझदारी, परिपक्वता और संवेदनशीलता दिखायी।

इनमें से कुछ महिलाएँ थीं— हसूबाई बुचारे, रेखा चानाडे, वंदना गायकवाड़ और निशा बुटाडे। मैं इन महिलाओं से इच्छालकरंजी में मिला और 13 नवम्बर 2009 को 'वीमेन फॉर सेक्युलरिज्म' की ओर से एक कार्यक्रम आयोजित कर हमने उनका सम्मान किया। उनमें साहस की कोई कमी नहीं थी। यद्यपि या तो वे अनपढ़ या बहुत कम पढ़ी-लिखी थीं, परन्तु उन्होंने बहुत कड़ी भाषा में उन लोगों की निन्दा की जो राजनैतिक स्वार्थपूर्ति के लिए दंगे करवाते हैं। उन्होंने कसम खाई की वे ऐसे लोगों को अपने गाँव में नहीं घुसने देंगी।

सन् 2008 में उड़ीसा के कंधमाल जिले में हिन्दू कट्टरपंथियों द्वारा ईसाइयों के विरुद्ध हिंसा, जिसमें चालीस ईसाई मारे गये थे, के दौरान भी कई हिन्दू महिलाओं ने बड़ी हिम्मत से अपने गाँव के ईसाई निवासियों की रक्षा की। इनमें शामिल थीं रांची प्रधान, सुरुचि प्रधान, सत्यभामा नायक और नबोजिनी प्रधान (उड़ीसा में हिन्दू आदिवासी अपने नाम के पीछे प्रधान लगाते हैं)। इन महिलाओं ने कई ईसाइयों के घरों और प्राणों की रक्षा की। इसी साल, 20 जनवरी को भुवनेश्वर में आयोजित 'ऑल इंडिया सेक्युलर फोरम' के अधिवेशन में हमने इन महिलाओं का सार्वजनिक अभिनन्दन किया।

ये महिलाएँ भी अनपढ़ हैं परन्तु उनके दिमाग साफ हैं और वे साम्प्रदायिक पूर्वाग्रहों से पूर्णत: मुक्त हैं। उनमें मानवता जीवित है। वे हिन्दू, ईसाई या मुसलमान की बजाये मनुष्य हैं। ये महिलाएँ हममें आशा जगाती हैं। एक तो इसलिए क्योंकि महिलाएँ, पुरुषों की तुलना में कहीं अधिक संवेदनशील व समझदार हैं और दूसरे ये अनपढ़

महिलाएँ, उच्च शिक्षित शहरवासियों की तुलना में साम्प्रदायिकता के वायरस से कहीं अधिक मुक्त हैं।

वीमेन फॉर सेक्युलरिज्म इन्हीं मैदानी कार्यकर्ताओं पर अपना ध्यान केन्द्रित कर रहा है और उनके बीच काम कर रहा है। ये महिलाएँ परम्परागत पुरूषों—विशेषकर वे पुरुष जो साम्प्रदायिक विचारधारा से प्रेरित हैं — के हाथों बहुत दु:ख भोगती हैं परन्तु फिर भी वे सहृदय हैं और साम्प्रदायिक पूर्वाग्रह उन्हें छू तक नहीं गये हैं। वे हमारी अनमोल पूंजी हैं और हमें यह सुनिश्चित करना चाहिए कि उन्हें उनके अधिकार मिलें। उन्हें बेहतर ढंग से संगठित करने और उन्हें उनके अधिकारों के प्रति जागरुक बनाने की भी जरूरत है।

अल्पसंख्यक और राष्ट्रीय मुख्यधारा

कार्यशालाओं और संगोष्ठियों में यह प्रश्न मैं अक्सर उठाता हूँ कि आखिर क्या कारण है कि मुसलमान राष्ट्र की मुख्यधारा में शामिल होना नहीं चाहते। एक तरह से यह एक बहुत घिसा पिटा और पुराना सा प्रश्न है परन्तु यह प्रश्न कई लोगों के दिमाग में आज भी घर किये हुए है— उन लोगों के दिमाग में भी जो पूरी तरह धर्मनिरपेक्ष हैं।

इसके पहले कि हम इस विषय पर चर्चा करें, हमें यह समझना होगा कि मुख्यधारा आखिर है क्या और इसे कौन परिभाषित करेगा।

जैसा कि कहा जाता है, शासक वर्ग की संस्कृति ही शासकीय संस्कृति होती है। उसी तरह, मुख्यधारा भी वही है जिसे शासक या उच्च वर्ग मुख्यधारा कहता है। वैसे तो प्रजातंत्र में शासक वर्ग जैसी कोई चीज होनी ही नहीं चाहिए परन्तु हमारा प्रजातंत्र आदर्श प्रजातंत्र नहीं है और इसमें शासक वर्ग का महत्वपूर्ण स्थान आज भी बना हुआ है।

इस तरह, मुख्यधारा क्या है इसका निर्धारण शासक वर्ग द्वारा किया जाता है और शासक वर्ग का अर्थ है उच्च जातियों और आर्थिक रूप से सम्पन्न वर्ग के लोग। उनके लिए मुख्यधारा है उच्च जाति के हिन्दुओं की पारम्परिक संस्कृति, उच्च शिक्षा और एक न्यूनतम जीवन स्तर। मुख्यधारा का भाग होने के लिए वैदिक संस्कृति का भाग होना अति आवश्यक है।

इस परिभाषा के अनुसार दलित और आदिवासी भी राष्ट्रीय मुख्यधारा के भाग नहीं हैं। वे गरीब हैं, अशिक्षित हैं और संस्कृतनिष्ट हिन्दी या अन्य शास्त्रीय भाषाओं की जगह अपनी-अपनी देसी बोलियों में बातचीत करते हैं। धार्मिक अल्पसंख्यकों और उनके बीच एकमात्र फर्क यह है कि वे भारत के मूल नागरिक हैं और किसी 'विदेशी धर्म' को नहीं मानते। वे 'दूसरी' जाति के हैं, 'दूसरे' धर्म के नहीं। इसके अलावा, उन्हें मुख्यधारा से बाहर बताने से हिन्दू धर्म की एकता प्रभावित होती है और यह राजनैतिक तौर पर फायदे का सौदा नहीं है।

यद्यपि दलित और आदिवासी भी राष्ट्रीय मुख्यधारा में शामिल नहीं हैं परन्तु राजनैतिक रणनीति के तहत उनके बारे में ऐसा नहीं कहना ही बेहतर है। अलबत्ता,

मुसलमानों को 'दूसरा' और 'बाहरी' बताने का काम तब से चल रहा है जब से अंग्रेजों ने फूट डालो और राज़ करो की नीति अपनाकर देश की साम्प्रदायिक शक्तिओं को एक हथियार सौंप दिया था। साम्प्रदायिक शक्तियाँ कई दशकों से निरन्तर इस भ्रम को फैलाती रही हैं कि मुसलमान राष्ट्रीय मुख्यधारा में शामिल होना नहीं चाहते। यहाँ तक कि कुछ धर्मनिरपेक्ष लोग भी इस प्रचार से प्रभावित हो गये लगते हैं। इस मुद्दे का गहन विश्लेषण किया जाना जरूरी है।

पहली महत्वपूर्ण बात यह है कि पूरे मुस्लिम समुदाय को एकसार मान लेना अनुचित होगा। मुस्लिम समुदाय में भी उसी तरह की विविधताएँ हैं जैसी कि हिन्दू समुदाय में। क्षेत्रीय, सांस्कृतिक, भाषायी और पंथों की विविधताएँ तो हैं ही आर्थिक असमानता भी है। फिर कोई यह कैसे कह सकता है कि भारत के सभी मुसलमान राष्ट्रीय मुख्यधारा से दूर हैं ?

क्या केरल और तमिलनाडू के मुसलमान जो मलयालम और तमिल बोलते हैं और स्थानीय संस्कृति में पूरी तरह से घुले मिले हुए हैं, राष्ट्रीय मुख्यधारा के सदस्य नहीं हैं ? अगर नहीं, तो तमिल और मलयाली हिन्दू भी राष्ट्रीय मुख्यधारा में शामिल नहीं हैं। तमिलनाडू और केरल के मुसलमान, ईसाई और हिन्दू सभी एक से कपड़े पहनते हैं, एक सा खाना खाते हैं, एक ही तरह के संगीत का आनन्द लेते हैं और एक सी क्षेत्रीय परम्पराओं का पालन करते हैं। यही बात हैदराबाद और कुछ अन्य शहरों को छोड़कर आन्ध्रप्रदेश और कर्नाटक के मुसलमानों के बारे में भी सही है।

दक्षिण के बाद अब हम उत्तर की बात करें। क्या कश्मीर के मुसलमान और पंडित एक ही भाषा नहीं बोलते और एक सी परम्पराओं का पालन नहीं करते ? कश्मीरी मुसलमानों और वहाँ के पंडितों में एक नजर में भेद करना भी मुशिकल है। ऐसे में कोई कैसे यह कह सकता है कि कश्मीरी मुसलमान राष्ट्रीय मुख्यधारा के अंग नहीं हैं परन्तु वहाँ के पंडित हैं। ऐसा कहना नितान्त अतार्किक होगा। यही बात कारगिल के मुसलमानों और कश्मीर की घाटी के गुज्जर और बकरवाल आदिवासियों के बारे में कही जा सकती है। गुज्जर और बकरवाल मुसलमानों की कश्मीर के मुसलमानों से बिलकुल अलग पहचान है और वे अपनी आदिवासी संस्कृति को मानते हैं।

उत्तर प्रदेश और बिहार के ग्रामीण क्षेत्रों में रहने वाले मुसलमान वे ही बोलियाँ बोलते हैं जो उन इलाकों के हिन्दू बोलते हैं। मुसलमान भी ब्रज, भोजपुरी, मैथिली, राजस्थानी और मालवी बोलियाँ बोलते हैं। उनमें से कई धोती और साफा पहनकर मस्जिद जाते हैं। वे उन्हीं परम्पराओं और रस्मो-रिवाजों को मानते हैं जिन्हें उनके क्षेत्र में रहने वाले हिन्दू मानते हैं।

इसी तरह, बोहरा, खोजा और मैमन मुसलमानों की जड़ें गुजरात की संस्कृति में हैं। वे दुनिया में कहीं भी रहें, गुजराती भाषा ही बोलते हैं। क्या वे भी राष्ट्रीय मुख्यधारा

का अंग नहीं हैं ?

जुलाहे, सिलावट (ईंट बनाने वाले), रंगरेज, माली (महाराष्ट्र के सब्जी और फल बेचने वाले), रईम (बिहार के सब्जी विक्रेता) व पासवान क्या भारतीय नहीं हैं और राष्ट्रीय मुख्यधारा के अंग नहीं हैं ? क्या मात्र इसलिए क्योंकि वे नीची जाति के हैं, अशिक्षित हैं और संस्कृत नहीं बोलते ? यही काम करने वाले उनके हिन्दू दलित और पिछड़ी जातियों के साथी फिर कैसे राष्ट्रीय मुख्यधारा के अंग हो सकते हैं ? चूँकि कोई यह नहीं कहता कि दलित राष्ट्रीय मुख्यधारा के अंग नहीं हैं इसलिए इन हाथ से काम करने वाले मुसलमानों को भी राष्ट्रीय मुख्यधारा से बाहर नहीं माना जा सकता।

फिर क्या उनका धर्म ही उनके लिए समस्या बन गया है ? क्या इस्लाम उनके राष्ट्रीय मुख्यधारा में शामिल होने में बाधक है ? अगर ऐसा है भी तो भी हमें यह समझ लेना होगा कि नीची जातियों के दलित और पिछड़े मुसलमानों की जीवन शैली में कुछ भी 'इस्लामिक' नहीं है। जैसा कि ऊपर बताया जा चुका है, वे अपने हिन्दू साथियों से किसी भी रूप में भिन्न नहीं हैं और यहाँ तक कि उनमें से कुछ सभी हिन्दू परम्पराओं और रस्मों को निभाते हैं। बीसवीं सदी के मध्य में मेयो मुसलमानों के 'इस्लामीकरण' के लिए तबलीगी आन्दोलन चलाया गया था परन्तु यह आन्दोलन असफल हो गया और मेयो मुसलमान आज भी अपनी पारम्परिक रस्में और परम्पराएँ निभा रहे हैं।

राजस्थान के नट और महाराष्ट्र के सपेरे अपनी 'इस्लामिक' पहचान के बारे में शायद ही कुछ जानते हैं। उनके मुसलमान बनने से न तो उनकी संस्कृति और न ही उनकी जीवन शैली में कोई फर्क आया है। हमें यह नहीं भूलना चाहिए कि भारत के मुसलमानों में से अधिकांश इसी तरह के हैं। नाम को छोड़कर मुसलमान बनने से उनमें कोई फर्क नहीं आया है। कुछ ने तो अपने नाम तक नहीं बदले हैं। इस तरह के मुसलमानों को क्या हमें 'बाहरी' और राष्ट्रीय मुख्यधारा से बाहर मानने का कोई कारण है ? अगर इन्हें राष्ट्रीय मुख्यधारा का हिस्सा नहीं माना जाएगा तो आखिर किसे हम राष्ट्रीय मुख्यधारा में शामिल मानेंगे ?

अब आइए हम चर्चा करें उच्च जाति के शहरी मुसलमानों की जो अपनी इस्लामिक पहचान पर बहुत जोर देते हैं। जहाँ तक संस्कृति का सवाल है सच यह है कि ये मुसलमान भी बहुत हद तक उसी संस्कृति में घुले मिले हैं जिसमें हिन्दू। इनमें से अधिकतर मुसलमान मदरसों में नहीं जाते। वे या तो अंग्रेजी माध्यम के स्कूलों में पढ़ते हैं या क्षेत्रीय भाषाओं के स्कूलों में। उत्तर भारत में अनेक मुसलमान अपने बच्चों को हिन्दी माध्यम के स्कूलों में पढ़ाते हैं। यह भी सच है कि कुछ मुसलमान बच्चे उर्दू माध्यम से भी पढ़ाई करते हैं।

सच्चर समिति की रिपोर्ट में कहा गया है कि केवल चार प्रतिशत मुसलमान बच्चे मदरसों में जाते हैं। इससे यह स्पष्ट है कि मुसलमानों का एक बहुत छोटा हिस्सा अपने बच्चों को मदरसों में पढ़ाता है। मदरसों की पढ़ाई मुसलमानों के राष्ट्रीय मुख्यधारा में

शामिल न हो पाने के एक महत्वपूर्ण कारण के रूप में गिनाई जाती है। सच्चर समिति की रपट ने इस भ्रम को भी तोड़ दिया है।

यह अक्सर कहा जाता है कि मुसलमान फिलीस्तीन, ईराक और मक्का जैसे मुस्लिम देशों में होने वाली घटनाओं से बहुत प्रभावित होते हैं और इसलिए वे सच्चे भारतीय नहीं हैं। आज लाखों हिन्दू भारतीय इंग्लैंड, अमरीका और अन्य पश्चिमी देशों में रहते हैं और उनमें से कई इन देशों के नागरिक भी बन गये हैं। क्या इसके बाद भी वे भारत में होने वाली घटनाओं से प्रभावित नहीं होते? क्या वे अपने-अपने रहवास के देशों में भारत के समर्थन में आवाज नहीं उठाते? फिर क्या उन्हें इंग्लैंड की या अमरीका की राष्ट्रीय मुख्यधारा का भाग माना जाना चाहिए? उन्हें कैसा लगेगा यदि इंग्लैंड या अमरीका के नागरिक उन्हें सुदूर भारत में होने वाली घटनाओं से प्रभावित होने के कारण बुरा-भला कहें?

अधिकांश अरब देशों के भारत से दोस्ताना सम्बन्ध हैं और अभी हाल तक भारत अरब देशों का समर्थक भी रहा है। यह अलग बात है कि एनडीए के सत्ता में आने के बाद भारतीय विदेश नीति की दिशा बदली है और यह बदलाव यूपीए सरकार के दौर में भी जारी है क्योंकि यूपीए अरब देशों के बारे में अमरीका की नीतियों का समर्थक जान पड़ता है। यह सही है कि कुछ मुसलमान इस्लामिक देशों में घट रहे घटनाक्रम से कुछ ज्यादा ही उत्तेजित हो जाते हैं और मुस्लिम नेतृत्व का एक हिस्सा अपने राजनैतिक हितों की पूर्ति के लिए उन्हें भड़काता है। धर्मनिरपेक्ष मुस्लिम बुद्धिजीवियों को इस स्थिति में बदलाव लाने की कोशिश करनी चाहिए और आम मुसलमानों को इस मामले में शिक्षित किया जाना चाहिए।

यह कहना सही नहीं है कि मुसलमान हिन्दुओं की तुलना में धर्म के मामले में अधिक कट्टर हैं। धार्मिक कट्टरता या धर्म के प्रति लगाव भारतीय समाज का प्रमुख तत्व है। कोई भी मानव शास्त्री जिसने मैदानी अध्ययन किये हैं हमें बताएगा कि सभी भारतीय धार्मिक रस्मो-रिवाजों से कुछ अधिक ही प्रेम करते हैं। पश्चिम बंगाल में किये गये एक मानव शास्त्रीय अध्ययन के अनुसार वहाँ के हिन्दुओं और मुसलमानों में जन्म से लेकर मृत्यु तक के रस्मो-रिवाजों में काफी समानताएँ हैं। ऐसा ही कुछ देश के दूसरे हिस्सों में भी है।

इस तरह, यह स्पष्ट है कि मुसलमानों के राष्ट्रीय मुख्यधारा का हिस्सा नहीं होने की बात एक बहुत बड़ा भ्रम है जिसे साम्प्रदायिक शक्तियों ने फैलाया है। मुसलमान राष्ट्रीय मुख्यधारा के उतने ही अंग हैं जितने किसी और धर्म के मानने वाले भारतीय। जैसे-जैसे हिन्दुत्व की ताकतों का जोर बढ़ रहा है ईसाइयों को भी राष्ट्रीय मुख्यधारा से बाहर बताने का प्रचार शुरू हो गया है। यह इस तथ्य के बावजूद कि ईसाई ही इस देश में आधुनिक शिक्षा को लाये हैं और वे अनेक प्रतिष्ठित शिक्षण संस्थाएँ चलाते हैं। मजे की बात यह है कि बहुत से साम्प्रदायिक नेता इन्हीं मिशनरी स्कूलों में पढ़े हैं।

मुसलमान अत्यन्त पिछड़े हुए हैं और यह बात सच्चर समिति की रिपोर्ट से स्पष्ट सामने आयी है। अपने पिछड़ेपन के लिए मुसलमान जिम्मेदार नहीं हैं। स्वतंत्रता के बाद से मुसलमानों की आवश्यकताओं को नजरअंदाज करने के कारण वे पिछड़ गये हैं। सरकार और मुस्लिम नेतृत्व दोनों की यह जिम्मेदारी है कि वे मुसलमानों को उनके पिछड़ेपन से उबारें।

साम्प्रदायिक दंगे-2006

प्रस्तुत आलेख में साम्प्रदायिक दंगों का सन् 2006 का वार्षिक सर्वेक्षण है। इस वर्ष, तुलनात्मक दृष्टि से बहुत कम दंगे हुए। सच तो यह है कि गुजरात दंगों के बाद से देश में बहुत कम साम्प्रदायिक हिंसा हुई है।

केवल बाबरी मस्जिद के ढहाए जाने के बाद हुए दंगों से ही गुजरात हिंसा की तुलना की जा सकती है। बाबरी दंगों के बाद भी देश में कुछ वर्षों तक तुलनात्मक रूप से कम हिंसा हुई थी। ऐसा देखा गया है कि हर बड़े दंगे के बाद कुछ वर्षों तक व्यापक हिंसा नहीं होती।

संघ परिवार के कट्टरपंथी तत्वों द्वारा बाबरी मस्जिद को ढहाए जाने के बाद मुम्बई में सन् 1992-93 में अत्यन्त भयावह दंगे हुए थे जिनमें एक हजार से ज्यादा जानें गयी थीं। मुम्बई दंगों के बाद से लेकर गुजरात दंगों तक कोई बड़ा साम्प्रदायिक दंगा नहीं हुआ। इसका एकमात्र अपवाद था कोयंबटूर में हुआ दंगा जिसमें 40 लोग मारे गये थे।

गुंजरात के दंगे अपनी व्यापकता, क्रूरता और सरकारी मशीनरी के हिंसा में खुलकर शामिल होने के लिए याद किए जाते रहेंगे। स्वतंत्रता के बाद से कभी इतनी भयावह साम्प्रदायिक हिंसा नहीं हुई थी जितनी गुजरात में हुई। और तब से आज तक भी उस तरह का दंगा भारत में नहीं हुआ। गुजरात के दंगे के बाद मीडिया में हुई उनकी व्यापक निन्दा ने साम्प्रदायिक ताकतों के हौसले भी पस्त कर दिये हैं और उन्हें अगला दंगा करवाने के लिए हिम्मत जुटाने में कुछ समय लगेगा। इसके अलावा, गुजरात-2002 के स्तर के दंगों के बाद साम्प्रदायिक ताकतों को जनता का समर्थन काफी समय तक हासिल नहीं होता क्योंकि मानव मात्र की हिंसा के प्रति स्वाभाविक वितृष्णा होती है। यह भी महत्वपूर्ण है कि अगला बड़ा दंगा सामान्यतः उसी स्थान पर नहीं होता। उदाहरणार्थ, मुम्बई में 1992-93 में हुए दंगों के बाद अगला बड़ा दंगा मुम्बई में नहीं बल्कि गुजरात में हुआ। इसी तरह, अस्सी के दशक में हुए बड़े दंगों में से कोई भी एक ही स्थान पर दोबारा नहीं हुआ। इस प्रकार, गुजरात के बाद से कोई बड़ा दंगा देश में नहीं हुआ है।

सन् 2006 में कई छोटे-मोटे दंगे देश के विभिन्न हिस्सों में हुए। इनमें से पहला बड़ौदा में 17 जनवरी को हुआ। किसी मामूली मसले को लेकर हिन्दुओं और मुसलमानों के दो गुटों के बीच हिंसक संघर्ष हुआ जिसमें दो लोग घायल हुए। पुलिस और आर.ए.एफ. की त्वरित कार्यवाही से हिंसा फैली नहीं। तीन लोगों को गिरफ्तार किया गया।

इसके बाद 3 फरवरी को मध्य प्रदेश के धार में नमाज के लिए कमालमौला मस्जिद जा रहे मुसलमानों और पूजा के लिए भोजशाला मन्दिर जा रहे हिन्दुओं के बीच हिंसा हुई। संघ परिवार का सदस्य 'हिन्दू जागरण मंच' यह दावा करता रहा है कि कमालमौला मस्जिद हिन्दू मन्दिर है और इस दावे के चलते धार साम्प्रदायिक दृष्टि से संवेदनशील स्थान बन गया है। यहाँ साँप्रदायिक झड़पें आम हैं। तीन फरवरी को तीन सौ से अधिक मुसलमानों को जुम्मे की नमाज के लिए मस्जिद में घुसने से रोका गया। इसके बाद पुलिस ने अश्रु गैस के गोले फोड़े और लाठीचार्ज किया। शहर में कर्फ्यू लगाना पड़ा। मुसलमानों को मस्जिद के बाहर एक अस्थाई निर्माण में नमाज अदा करनी पड़ी। बाद में कर्फ्यू उठा लिया गया और हिन्दुओं को पूजा करने की अनुमति दे दी गयी।

इसी वर्ष की एक आश्चर्यजनक घटना रही जम्मू और कश्मीर के लेह में मुसलमानों और बौद्धों के बीच साम्प्रदायिक हिंसा। चौदह फरवरी को एक हिंसक भीड़ ने होरे गोनेपा नामक स्थान पर एक मकान में आग लगा दी। भीड़ कुरआन के कथित अपमान का विरोध कर रही थी। हिंसा के बाद 31 लोगों को गिरफ्तार किया गया। कुरआन को कथित रूप से कारगिल के बोध करबू नामक स्थान की मस्जिद में रखा गया। लेह में कर्फ्यू लगाना पड़ा जो कई दिनों तक जारी रहा। सेना ने वहाँ फ्लेग मार्च भी किया। लेह धीरे-धीरे साम्प्रदायिक रूप से संवेदनशील बनता जा रहा है और इसका कारण है मुसलमानों और बौद्धों के बीच टकराव।

उत्तर प्रदेश के मुजफ्फरनगर में 17 फरवरी को इस्लाम के पैगम्बर के कार्टूनों के मुद्दे को लेकर दो समुदायों के बीच हिंसा हुई। छह लोग घायल हुए। तनाव की शुरुआत हुई राज्य के हाजी मंत्री हाबी मुहम्मद याकूब द्वारा डेनिश कार्टूनिस्ट का सर कलम करने वाले को 51 करोड़ रु. के इनाम की घोषणा से तनाव फैला। स्थिति को नियंत्रित करने के लिए पी.ए.सी. को तैनात किया गया।

हैदराबाद में भी उसी दिन चारमीनार के आसपास और कुछ अन्य इलाकों में झड़पें हुईं। हैदराबाद में 24 फरवरी को फिर साम्प्रदायिक तनाव उभरा जब कारवान इलाके में एक धार्मिक स्थल को अपवित्र किया गया। धार्मिक स्थल के बाहर लगाये गये शेरों की मूर्ति के मुंह को नुकसान पहुँचाया गया। धार्मिक स्थल पर बड़ी भीड़ एकत्र हो गयी और दूसरे समुदाय के घरों पर पथराव किया गया। पुलिस को लाठीचार्ज करके भीड़ को तितर-बितर करना पड़ा।

लखनऊ में तीन मार्च को हिन्दुओं और मुसलमानों के बीच हुई हिंसा में चार लोग मारे गये। हिंसा तब हुई जब मुसलमान डेनिश कार्टूनों के खिलाफ अमीनाबाद में प्रदर्शन कर रहे थे और अमीनाबाद, कैसरगंज और लंतूष रोड पर उन्होंने दुकानें बन्द करवाने की कोशिश की। कुछ मुसलमानों के अनुसार हिंसा तब हुई जब खटीकों ने मुसलमानों के जुलूस पर पत्थर फेंके। इसके बाद दोनों ओर से गोलियाँ चली जिनसे चार लोग मारे गये। घायल होने वालों में मुसलमान ज्यादा थे। बदले में मुसलमानों ने कई वाहनों को भारी नुकसान पहुँचाया।

गोवा में चार मार्च को साम्प्रदायिक हिंसा हुई। वहाँ मुसलमान एक ऐसे भवन के गिराये जाने के विरुद्ध प्रदर्शन कर रहे थे जिसे वे अपने प्रार्थना स्थल के रूप में इस्तेमाल करते थे। पुलिस का कहना था कि अल्पसंख्यक वर्ग के लोगों को उनकी सुरक्षा के खातिर वहाँ से हटा दिया गया था। कांग्रेस ने हिन्दू कट्टरपंथियों को हिंसा के लिए जिम्मेदार बताया। हिन्दुओं ने प्रदर्शनकारियों पर पथराव किया। उसके बाद हिंसक भीड़ ने कई दुकानों में तोड़-फोड़ की और वाहनों में आग लगा दी। पुलिस को तब हवा में गोलियाँ दागनी पड़ी जब भीड़ में से किसी ने एक इंस्पेक्टर के हाथों से रिवाल्वर छीन ली। हिंसा में दो लोग घायल हुए कुल 100 लोगों को गिरफ्तार किया गया।

बैंगलुरु में 10 मार्च को साम्प्रदायिक हिंसा हुई जब कुत्ते के भौंकने के मुद्दे पर एक मुस्लिम बहुल इलाके में दो समुदायों के युवकों के बीच बहस ने हिंसक स्वरूप अख्तियार कर लिया। बाद में पथराव और चाकूबाजी भी हुई जिसमें 9 लोग घायल हुए। पुलिस ने स्थिति पर नियंत्रण पाया।

बड़ौदा के फतेहपुर इलाके में 26 मार्च को साम्प्रदायिक हिंसा फिर से भड़क उठी। लगभग एक सौ लोगों की भीड़ ने जमकर पथराव किया, जिसमें 9 लोग घायल हुए। किसी मामूली विवाद से शुरू हुई हिंसा ने जल्दी ही पूरे इलाके को अपनी गिरफ्त में ले लिया। घायलों में से 6 को गंभीर चोटें आयीं और उन्हें अस्पताल में दाखिल करना पड़ा।

नवरात्रि की पूर्व संध्या पर 6 अप्रैल को अलीगढ़ में साम्प्रदायिक दंगा भड़क उठा जिसमें चार जानें गयीं। दोनों समुदायों के लोगों ने जमकर पत्थरबाजी की और गोलियाँ चलीं। ऐसा आरोप लगाया गया कि मुसलमानों ने एक मन्दिर पर लगी सजावटी बल्बों की झालर को तोड़ दिया था। दई वाली गली और सब्जी मंडी इलाके में मुस्लिम और हिन्दू गुटों के बीच हिंसा हुई। कुछ लोगों का कहना है कि विवाद ने हिंसक रूप तब ले लिया जब एक प्याऊ को नवरात्रि के दौरान मन्दिर की तरह इस्तेमाल करने के लिए बल्बों की झालर लगायी गयी। इस हिंसा में चार लोग मारे गये, 13 घायल हुए, जिनमें से 6 की गम्भीर हालत थी। पाँच पुलिस थाना क्षेत्रों में कर्फ्यू लगाना पड़ा।

पैगम्बर मोहम्मद के जन्मदिन 11 अप्रैल को खंडवा और राजस्थान के पाली में

भारी साम्प्रदायिक हिंसा हुई। खंडवा में पत्थरबाजी में 12 लोग घायल हुए। दोनों स्थानों पर अनिश्चितकालीन कर्फ्यू लगाया गया। पुलिस के अनुसार खंडवा में विवाद तब शुरू हुआ जब कुछ मुसलमानों ने जलेबी चौक में लगे एक पंडाल को जबरन हटा दिया। पाली में 10 लोग तब घायल हुए जब महावीर जयंती के जुलूस पर पत्थर फेंके गये। कुछ मुसलमानों ने जुलूस के पिंजारा मोहल्ले से गुजरने पर आपत्ति की और विवाद शुरू हो गया।

थाणे में 29 अप्रैल को साम्प्रदायिक हिंसा हुई। बताया जाता है कि एक मुसलमान एक ट्रक से लकड़ी उतार रहा था और दो हिन्दू लड़कों ने इस पर आपत्ति की। विवाद उस समय तो शान्त हो गया परन्तु देर रात कुछ हिन्दू युवकों ने तलवारों से लैस होकर मुस्लिम घरों पर हमला कर दिया। बजरंग दल नेता प्रकाश रामकुमार यादव का दावा था कि झगड़ा तब शुरू हुआ जब उनके व उनके पिता पर हमला किया गया। इसके विपरीत मेहमूद दलवी का कहना था कि उन्हें उस इलाके से फोन करके बुलवाया गया और जब वे वहाँ पहुँचे तो उन्होंने देखा कि यादव लगभग 150 अन्य लोगों के साथ मुस्लिम घरों पर हमला कर रहे थे। हमलावर कह रहे थे कि वे उस इलाके को गुजरात बना देंगे। यह भी आरोप है कि जब मुसलमानों के घरों में तोड़-फोड़ की जा रही थी उस समय स्थानीय विधायक एकनाथ शिन्दे और पुलिस चुपचाप तमाशा देखती रही। पुलिस के असहयोग के चलते बजरंग दल कार्यकर्ता मुसलमानों को आतंकित करने में सफल रहे।

महाराष्ट्र के भिवंडी में 25 अप्रैल को एक शिवसैनिक मारा गया। विवाद की जड़ में क्रिकेट खेलने से झगड़ा हुआ था। चार लोग घायल हुए। कुछ मुस्लिम लड़के क्रिकेट खेल रहे थे और एक हिन्दू महिला को गेंद लग गयी। जब लड़कों ने खेल रोकने से इन्कार कर दिया तो उन्हें जबरन खेलने से रोक दिया गया और उन्हें थप्पड़ मारे गये। इसके बाद लड़को ने रोकने वालों को देख लेने की धमकी दी और वहाँ से चले गये। कुछ देर बाद करीब 30 लड़के डंडों, चेनों और क्रिकेट के स्टम्पों से लैस होकर पहुँचे और मोहन नामक व्यक्ति पर हमला कर दिया। मोहन बाद में मर गया। पुलिस ने छह लड़कों को गिरफ्तार कर लिया और 20 अन्य की तलाश कर रही है।

बड़ौदा सन् अस्सी के दशक से साम्प्रदायिक दृष्टि से संवेदनशील रहा है। पिछले वर्ष की पहली मई को वहाँ फिर हिंसा भड़क उठी जब बड़ौदा नगर निगम ने चिश्ती रशीदउद्दीन की तीन सौ वर्ष पुरानी दरगाह को तोड़ दिया। इसके बाद दंगा शुरू हो गया जिसमें 4 लोग मारे गये और 12 पुलिस की गोली से घायल हुए। चार मृतकों में से दो को गोली लगी और दो चाकूबाजी के शिकार हुए। दरगाह को 'गैर कानूनी' बताकर तोड़ दिया गया। क्या किसी तीन सौ साल पुराने निर्माण को गैर-कानूनी करार दिया जा सकता है? शुरू में इलाके के रहवासियों के बीच बहस हुई। पुलिस के हस्तक्षेप से स्थिति बिगड़ गयी और दंगा शुरू हुआ जो जल्द ही शहर के विभिन्न

इलाकों में फैल गया। पुलिस ने गोली चालन किया। बाद में एक मुसलमान को अपनी कार में जिन्दा जला दिया गया। आरोप है कि जब कुछ लोगों ने पुलिस कंट्रोल रूम फोन किया तो जवाब मिला "पाकिस्तान जाओ"। गैर-सरकारी सूत्रों के अनुसार दंगे में 6 लोग मारे गये।

कमालुद्दीन बाबा के हस्तक्षेप के बाद मुसलमान इस बात के लिए राजी हो गये कि मजार के एक हिस्से को तोड़ कर सड़क को चौड़ी करने के लिए जगह निकाल दी जावे। परन्तु उन्हें जब पता चला कि नगर निगम का इरादा पूरी मजार को तोड़ने का है तो उन्होंने विरोध किया। पार्षदों का, जिनमें से कई भाजपा के थे, तर्क था कि जब मन्दिर तोड़े जा सकते हैं तो दरगाह क्यों नहीं। वे यह भूल गये थे कि मन्दिर अवैध थे और हाल में बनाये गये थे। दरगाह तीन सौ साल पुरानी थी और वह 'अवैध' नहीं हो सकती थी।

जो भी हो दंगों में छह लोगों ने अपनी जानें गंवाइ। अठारह मई को दो बच्चों के मृत शरीर एक विहिप नेता के कार की डिक्की से बरामद हुए। साम्प्रदायिक वहशीपन क्या इंसान को हैवान बना देता है ?

अलीगढ़ में 29 मई को फिर साम्प्रदायिक हिंसा हुई। भाजपा के एक नेता की हत्या हो गयी और बदले में दो लोगों को मार दिया गया। पुलिस ने पहले से ही जारी कर्फ्यू की अवधि और बढ़ा दी और अन्य थाना क्षेत्रों में भी कर्फ्यू लगा दिया। अब पूरा शहर कर्फ्यू ग्रस्त था।

अहमदाबाद में एक पूजा स्थल के नजदीक एक समुदाय के व्यक्ति को दूसरे सम्प्रदाय के स्कूटर चालक द्वारा टक्कर मार देने के बाद हिंसा भड़क उठी। पुलिस ने लाठी चार्ज किया जिसमें 30 लोग घायल हो गये। दोनों समुदायों की भीड़ में आपसी पथराव भी हुआ।

इसके बाद राजस्थान के करोली में 16 जून को हिंसा हुई जब एक मानसिक रूप से विक्षिप्त लड़के ने कुरआन पर गोबर डाल दिया और उस पर कुछ अशोभनीय शब्द लिखकर उसे लोगों को दिखाया। इससे मुसलमान भड़क उठे और हिन्दुओं की दो दुकानों में आग लगा दी। उसके बाद वे कलेक्टर के पास पहुँचे और ज्ञापन देकर दोषी के खिलाफ कड़ी कार्यवाही की माँग की। कुछ हिन्दुओं ने एक आटो रिक्शा को आग के हवाले कर दिया। चाकूबाजी की कुछ घटनाएँ भी हुईं।

उत्तर प्रदेश के प्रतापगढ़ जिले के मोड़ा गांव में 18 जून को साम्प्रदायिक हिंसा हुई। अज्ञात लोगों द्वारा एक हिन्दू युवक की हत्या कर दिये जाने के बाद दो लड़कियों को जिन्दा जला दिया गया। जैसे ही युवक की हत्या की खबर फैली, सैकड़ों हथियारबन्द लोगों की भीड़ ने गोड़ा, बाल्दू और सुबेदार गाँवों में मुसलमानों की दुकानों और मकानों को नुकसान पहुँचाना शुरू कर दिया। एक सौ से अधिक मकानों को आग के हवाले कर दिया गया और इस आगजनी में दो लड़कियाँ जिन्दा जल गयीं। ये तीनों गाँव प्रतापगढ़

और रायबरेली जिलों की सीमा पर हैं। भारी संख्या में पुलिस बल भेजे जाने के बाद स्थिति नियंत्रण में आ सकी। सौ से अधिक लोगों को गिरफ्तार किया गया।

मध्य प्रदेश के रायसेन में 4 सितम्बर को हिंसा भड़क उठी। कुछ लोगों ने कथित रूप से एक जैन मन्दिर में गाय के मांस के टुकड़े फेंक दिये। ये खबर फैलते ही हिन्दू सड़कों पर इकट्ठा होने लगे और मुसलमानों की दुकानों पर पथराव शुरू हो गया। पुलिस ने आँसू गैस के गोले फोड़ कर स्थिति को नियंत्रित करने का प्रयास किया परन्तु जब हालात काबू में नहीं आये तो हवा में फायरिंग की गयी। आर.ए.एफ. को भी तैनात किया गया।

गणपति उत्सव के दौरान अक्सर साम्प्रदायिक हिंसा होती है। पिछले वर्ष 7 सितम्बर को महाराष्ट्र के थाणे और उस्मानाबाद में हिंसा हुई। थाणे में गणपति के जुलूस में चल रहे लोगों और मुसलमानों की भीड़ के बीच पत्थरबाजी हुई। पुलिस ने तत्परतापूर्वक कार्यवाही कर हालात को नियंत्रित कर लिया।

उस्मानाबाद में स्थिति अधिक गम्भीर बनी। वहाँ गणपति के जुलूस में शामिल कुछ लोगों ने मुसलमानों पर गुलाल फेंकना शुरू कर दिया। मस्जिद और मुसलमानों की दुकानों पर पथराव हुआ। कुछ दुकानों में आग लगा दी गयी और कुछ दुकानों को लूट लिया गया। यह सब देर रात तक चलता रहा। ख्वाजा नगर से लेकर समता नगर, जहाँ गणपति विसर्जन होता है, तक हिंसा हुई। पुलिस ने दोनों समुदायों के 64 लोगो को बन्दी बनाया।

महाराष्ट्र के मराठावाड़ा क्षेत्र का नांदेड़ शहर साम्प्रदायिक दृष्ट्रि से संवेदनशील है। वहाँ 24 सितम्बर को धार्मिक आधार पर आरक्षण के खिलाफ छात्रों का जुलूस जब एक मुस्लिम इलाके से गुजर रहा था तब जुलूस में शामिल कुछ लोगों ने 'इफ्तार' के लिए फल आदि बेच रहे कुछ स्टालों पर तोड़-फोड़ की। ये छात्र, जो मराठा नेता शालिनीताई के समर्थक थे, लाठियाँ और दूसरे हथियार लिए हुये थे। वे मुसलमानों के खिलाफ नारे लगा रहे थे। उन्होंने एक मस्जिद पर भी हमला किया। जुलूस के साथ चल रहे एक वाहन में पत्थर भरे हुए थे। छात्र तलवारें भी भाँज रहे थे। यद्यपि शहर में उस समय धारा 144 लगी हुई थी परन्तु पुलिस इन छात्रों के हंगामे की मूक दर्शक बनी रही। एक डी.एस.पी. ने अलबत्ता कहा कि जुलूस पर लाठी चार्ज किया गया और साठ छात्रों को गिरफ्तार किया गया।

दक्षिण कर्नाटक का मैंगलुरु साम्प्रदायिक दृष्ट्रि से अत्यन्त संवेदनशील है। यह भाजपा का गढ़ है। जब से भाजपा कर्नाटक की गठबंधन सरकार में शामिल हुई तब से मैंगलुरु में हालात और खराब हो गये। संघ परिवार के सदस्यों की हिम्मत बढ़ गयी है और पुलिस की भूमिका अत्यन्त पक्षपातपूर्ण है। मैंगलुरु क्षेत्र में साम्प्रदायिक हिंसा का लम्बा इतिहास है। सन् 1998 में वहां हुए दंगों में 8 लोग मारे गये थे और मुसलमानों की सम्पत्ति को भारी नुकसान पहुँचाया गया था। इस बार मैंगलुरु में दो लोग मारे गये।

अक्टूबर की 4 और 7 तरीखों के बीच हिन्दुओं और मुसलमानों के बीच सैकड़ों झड़पें हुईं।

मैंगलुरु इलाके को साम्प्रदायिक दृष्टि से ध्रुवीकृत करने का काम भाजपा ने सन् 1992 में बाबरी मस्जिद को गिराये जाने के बाद से शुरू कर दिया गयी था और इस ध्रुवीकरण का भरपूर फायदा सन् 2004 में हुए विधानसभा चुनावों भारतीय ? में जनता पार्टी ने इस क्षेत्र से 11 सीटें जीतकर उठाया। 'इंडियन एक्सप्रेस' के श्री टी.ए. जानसन के अनुसार, संघर्ष के कारण कानून के खिलाफ गायों की ढुलाई से लेकर महिलाओं से छेड़छाड़ और अन्तरधार्मिक रिश्ते तक हैं।

इलाके के अल्पसंख्यकों की शिकायत है कि भाजपा के सत्ताधारी गठबन्धन में शामिल होने के बाद से प्रशासन का रुख अत्यन्त पक्षपातपूर्ण हो गया है। दक्षिणपंथी हिन्दू युवकों को लगता है कि वे कुछ भी कर सकते हैं। कम उम्र के लड़कों के समूह मुसलमानों के खिलाफ हिंसा करते ही रहते हैं क्योंकि उन्हें लगता है कि उनका कोई कुछ नहीं बिगाड़ सकता।

'मुस्लिम सेंट्रल कमेटी' के सदस्य श्री हमीद खान का अलबत्ता कहना है कि 4 अक्टूबर को हिंसा भड़कने के बाद पुलिस ने कड़ाई से कर्फ्यू लगाया अन्यथा स्थिति नियंत्रण से बाहर हो सकती थी। भाजपा के मंत्री श्री नागराज शेट्टी ने आश्वासन दिया कि सभी दोषियों के खिलाफ, चाहे वे किसी भी राजनैतिक दल के हों, कड़ी कार्यवाही की जावेगी। भाजपा के सहयोगी दल जनता दल (सेक्यूलर) ने बजरंग दल और सिम्मी को हिंसा के लिए जिम्मेदार ठहराया।

दीवाली (22 अक्टूबर) के दिन उत्तर प्रदेश के तीन जिलों— मुजफ्फरनगर, बुलंदशहर और आम्बेडकर नगर में साम्प्रदायिक हिंसा हुई। मुजफ्फरनगर में पटाखे फोड़ने पर हुए विवाद में हिन्दू-मुस्लिम संघर्ष हुआ जिसमें एक व्यक्ति मारा गया और तीन घायल हुए। घरों की छतों से गोलियाँ चलायी गयीं जिसमें एक व्यक्ति मारा गया। मुख्यमंत्री श्री मुलायम सिंह यादव ने मारे गये पंकज के परिवार के लिए दस लाख रुपए की सहायता स्वीकृत की। आम्बेडकर नगर में ग्यारहवीं क्लास का एक छात्र हिंसा में मारा गया। साम्प्रदायिक हिंसा में पुलिस अधिकारियों सहित कई लोग घायल हुए। कई दुकानों और मकानों को भी नुकसान पहुँचाया गया।

ऊपर जो भी कहा गया है उससे स्पष्ट है कि छोटे-छोटे साम्प्रदायिक दंगे अक्सर क्रिकेट खेलने, स्कूटर की टक्कर से किसी के गिर जाने या पटाखे फोड़ने जैसे मामूली विवादों से शुरू होते हैं। प्रश्न यह कि ऐसे मामूली विवाद आखिर क्यों साम्प्रदायिक रंग अख्तियार कर लेते हैं ? स्पष्ट है कि इसका कारण साम्प्रदायिक ताकतों द्वारा लोगों के दिमागों में निरन्तर जहर भरते रहना है। इससे लोगों की मानसिकता में साम्प्रदायिक सोच गहरे तक पैठ कर जाती है और हिन्दुओं और मुसलमानों के बीच मामूली विवाद भी साम्प्रदायिक रूप ले लेते हैं और हिंसा शुरू हो जाती है।

निरन्तर जारी रहने वाला साम्प्रदायिक दुष्प्रचार ही दोनों समुदायों के बीच सौहाद्रपूर्ण सम्बन्धो की राह में सबसे बड़ा रोड़ा है। दुर्भाग्यवश राज्य सरकारें— चाहे वे कांग्रेस की हो या अन्य दलों की — इस दुष्प्रचार को रोकने की कोशिश नहीं करतीं। यह इस तथ्य के बावजूद की इस तरह के दुष्प्रचार को रोकने के लिए कानून है। एक अन्य समस्या है सरकारी व निजी स्कूलों में प्राथमिक से लेकर सेकेंडरी कक्षाओं तक की पाठ्यपुस्तकों में साम्प्रदायिक सामग्री। ये पाठ्यपुस्तकें समाज को साम्प्रदायिक आधार पर विभाजित करती हैं। हमारे देश में शिक्षा साम्प्रदायिकता की समस्या को हल करने की बजाय उसे बढ़ा रही है।

एक अन्य बात जो पिछले वर्ष हुए दंगों के विवरण से स्पष्ट है वह यह है कि छोटी-छोटी साम्प्रदायिक झड़पें यदि बड़ा स्वरूप ग्रहण नहीं कर पातीं तो उसका कारण है कि राजनेता साम्प्रदायिक हिंसा में अपना कोई लाभ नहीं देखते और नतीजतन पुलिस कड़ाई से हिंसा पर नियंत्रण करती है। अगर राजनेता दंगे भड़काने में अपना कोई लाभ देखते हैं तो वे छोटी-छोटी घटनाओं का इस्तेमाल बड़ा दंगा भड़काने के लिए करते हैं। अगर राजनेता चाहतें तो हिंसा बड़ा स्वरूप नहीं ले पाती और अगर राजनेता चुनावों में लाभ के लिए साम्प्रदायिक दंगे करवाना चाहते हैं तो मुम्बई में 1992 में और गुजरात में 2002 जैसी भयावह हिंसा होती है।

सामाजिक जागरुकता और सामाजिक कार्यकर्ताओं के सक्रिय सहयोग से साम्प्रदायिकता के दानव को निर्दोष जानें लेने से रोका जा सकता है। बड़े साम्प्रदायिक दंगे न हों इसके लिए एक जागरुक, समझदार और सहिष्णु समाज जरूरी है।

साम्प्रदायिक दंगे-2007

प्रस्तुत आलेख में हम भारत में सन् 2007 के दौरान हुए साम्प्रदायिक दंगों का विश्लेषण प्रस्तुत कर रहे हैं।

वर्ष २००७ का पहला दंगा जयपुर के निकट बांदी जिले में 18 जनवरी को हुआ। हिंसा में 5 लोग मारे गये और 7 दुकानें जला दी गयीं। हिंसा तब शुरू हुई जब कुछ मुसलमान एक जिम्नेजियम में, जो विवादित सम्पत्ति था, घुस गये और दोनों समुदायों के लोगों के बीच मारपीट शुरू हो गयी। जो 5 लोग घायल हुए उनमें से एक पुलिसकर्मी भी था। पुलिस ने जल्दी ही हिंसा पर नियंत्रण पा लिया और शहर में कर्फ्यू लगा दिया गया।

मध्य प्रदेश का इंदौर साम्प्रदायिक दृष्टि से संवेदनशील शहर बन गया है और वहाँ अक्सर साम्प्रदायिक हिंसा होती रहती है। इंदौर में 21 जनवरी को कुछ मुसलमानों द्वारा भाजपा के एक पदाधिकारी को तलवार से धमकाने के बाद भाजपा कार्यकर्ताओं और अल्पसंख्यकों के बीच भिड़ंत हो गयी। कई लोग घायल हुए और एक मोटर सांइकिल में आग लगा दी गयी। पुलिस ने हिंसक भीड़ को तितर-बितर करने के लिए अश्रु गैस का इस्तेमाल किया। पूरे शहर में कई दिनों तक तनाव बना रहा।

उसी दिन, अर्थात् 21 जनवरी, को बैंगलुरु में भी साम्प्रदायिक हिंसा हुई। हिंसा के दो दिन पहले मुसलमानों ने एक प्रदर्शन कर सद्दाम हुसैन को फांसी दिए जाने का विरोध किया था। शिवाजी नगर क्षेत्र में पुलिस के गोली चालन में एक व्यक्ति मारा गया और तीन घायल हुए। इस प्रदर्शन के पहले भी शहर में साम्प्रदायिक तनाव था और पथराव में 50 से अधिक लोग घायल हुए थे। हिन्दू विराट महासभा ने गुरू गोलवलकर की एक सौवीं जयंती मनाने के लिए शोभायात्रा निकाली थी और जुलूस में शामिल लोगों ने कई जगह आगजनी की। पुलिस की गोली से एक व्यक्ति मारा गया और एक पुलिस कांस्टेबिल को चाकू भोंक दिया गया। करीब बीस नागरिकों को चोटें आयीं। हिंसक भीड़ ने पाँच बसों और कई कारों में आग लगा दी। मुस्लिम समुदाय की कई दुकानों को जला दिया गया।

इसके बाद उत्तर प्रदेश के गोरखपुर के खोटपुरा इलाके में 27 जनवरी को कुछ

घरों से पथराव हुआ। इस दिन मोहर्रम भी था। एक दर्जन से अधिक लोग इस पथराव में घायल हुए। एक मजार में आग लगा दी गयी और एक कार को पूरी तरह से जला दिया गया। तीन थाना क्षेत्रों में कर्फ्यू लगाया गया।

हिंसा की शुरुआत एक व्यक्ति को अज्ञात लोगों द्वारा गोली मार देने के बाद हुई। गोरखपुर अगले कई दिनों तक साम्प्रदायिकता की आग में जलता रहा। भाजपा सांसद योगी आदित्यनाथ की हिंसा भड़काने के आरोप में 29 जनवरी को गिरफ्तारी के बाद फिर से हिंसा शुरू हो गयी। गिरफ्तारी का विरोध कर रहे भाजपा समर्थकों ने तीन जीपों और कई दुकानों को आग के हवाले कर दिया। उत्तर प्रदेश सरकार ने गोरखपुर के जिला मजिस्ट्रेट और पुलिस अधीक्षक को हिंसा पर काबू पाने में विफल रहने के कारण निलम्बित कर दिया। हिंसा के इस दौर में एक व्यक्ति मारा गया और कई घायल हुए। शहर के अनेक इलाकों में कर्फ्यू लगाया गया। योगी आदित्यनाथ साम्प्रदायिक हिंसा भड़काने के लिए पहले से ही कुख्यात हैं। गोरखपुर के प्रभावित इलाकों का दौरा करने के बाद केन्द्रीय गृह राज्यमंत्री श्री प्रकाश जायसवाल ने कहा कि केन्द्र सरकार हिंसा को नियंत्रित करने के लिए केन्द्रीय अर्द्धसैनिक बलों को गोरखपुर भेजने पर विचार कर रही है।

अगला साम्प्रदायिक दंगा मध्य प्रदेश के राजगढ़ जिले के ब्यावरा कस्बे में हुआ। एक कार्यक्रम के पोस्टर फाड़ने से शुरू हुआ विवाद दोनों समुदायों के बीच हिंसा तक पहुंच गया। कई कारें और दुकानें जला दी गयीं, कर्फ्यू लगाया गया और उपद्रवियों को देखते ही गोली मार देने के आदेश जारी किये गये। जिला प्रशासन ने क्षेत्र में सभी राजनीतिज्ञों का प्रवेश प्रतिबंधित कर दिया। हिंसा करने के आरोप में 40 लोगों को गिरफ्तार किया गया।

इंदौर में 12 फरवरी को एक बार फिर हिंसा भड़क उठी। हिंसा इस अफवाह के बाद भड़की कि एक मुस्लिम लड़के ने एक हिन्दू लड़की के साथ मारपीट की है। जल्दी ही सड़कों पर भीड़ इकट्ठा हो गयी और हिंसा शुरू हो गयी जिसमें 10 लोग घायल हुए और कई वाहनों को जला दिया गया। पुलिस को हवा में गोलियाँ दागना पड़ीं और तीन पुलिस थाना क्षेत्रों में कर्फ्यू लगाया गया।

जयपुर में लोदन की गली नामक इलाके में 16 फरवरी को छुटपुट हिंसक वारदातें हुईं। शुरुआत हुई एक मुस्लिम द्वारा मुर्गे के अवशेष एक गटर में फेंके जाने के साथ जिस पर हिन्दुओं ने विरोध व्यक्त किया। पत्थरबाजी हुई जिसमें 10 लोग घायल हुए। पुलिस ने दस लोगों को गिरफ्तार किया। बाद में पुलिस की पहल पर दोनों समुदायों के बुजुर्गों की बैठक हुई जिसके बाद इलाके में शांति वापस आ गयी।

उत्तर प्रदेश के सुल्तानपुर जिले के अलीगंज इलाके में दोनों समुदायों के बीच हिंसक झड़पें तब शुरू हुईं जब कुछ लड़कों ने दूसरे समुदाय की लड़कियों के साथ छेड़छाड़ की। खबर फैलते ही दोनों समुदायों की भीड़ इकट्ठा हो गयी और पत्थरबाजी

शुरू हो गयी। कई लोग घायल हुए जिनमें एक हिन्दू और एक मुस्लिम गम्भीर रूप से घायल हुए और कई गाड़ियों में आग लगा दी गयी। दोनों ओर से गोलीबारी भी हुई।

बिहार के दरभंगा में मुसलमानों की एक दरगाह को अपवित्र करने के मुद्दे पर हुई हिंसा में 12 लोग घायल हुए। राजस्थान के चित्तौड़गढ़ जिले में 18 मार्च को एक जुलूस के कुछ सदस्यों द्वारा मस्जिद पर गुलाल फेंके जाने से साम्प्रदायिक तनाव और कुछ हिंसक वारदातें हुईं। पुलिस ने 70 लोगों को गिरफ्तार किया।

जम्मू कश्मीर के पुंछ में तब साम्प्रदायिक हिंसा भड़क उठी जब लगभग 1000 मुसलमानों की भीड़ ने भाजपा के एक नेता के प्लाट पर कब्जा कर लिया और उस पर एक मस्जिद बनाना शुरू कर दी। यह घटना 24 मार्च को हुई। पुलिस ने हस्तक्षेप किया और मस्जिद का निर्माण रुकवा दिया। अगले दिन लोगों ने फिर से मस्जिद बनाना शुरू कर दिया और इसके बाद दंगे शुरू हो गये जिसमें 20 लोग घायल हुए। पुलिस ने मस्जिद के अधूरे निर्माण को पूरी तरह ढहा दिया। दंगाईयों और पुलिस के बीच झड़पों में 25 लोग घायल हुए जिनमें कई पुलिस वाले शामिल थे। तनाव बढ़ने के बाद इलाके में कर्फ्यू लगा दिया गया और विवादित स्थल तक पहुँचने के सभी रास्ते बन्द कर दिये गये। स्थानीय टेलीफोन एक्सचेंज को भी बन्द कर दिया गया। हिंसा जारी रहने पर सेना को बुलाया गया और मस्जिद का निर्माण पूरी तरह रोक दिया गया।

गुजरात के जामनगर से 40 किलोमीटर दूर लालगाँव नामक कस्बे में 28 मार्च को गड़बड़ी हुई। शुरुआत रामनवमी के जुलूस में शामिल एक लड़की के साथ छेड़छाड़ से हुई। जुलूस में शामिल लोगों ने पत्थरबाजी की और छेड़छाड़ करने वाले के घर और दुकान में आग लगा दी। पुलिस को लाठी चार्ज करना पड़ा और छेड़छाड़ करने वाले लड़के को गिरफ्तार किया गया।

भाजपा के शासन में आने के बाद से मध्य प्रदेश में साम्प्रदायिक हिंसा की घटनाओं में तेजी से वृद्धि हुई है। गत 1 अप्रैल को राजगढ़ जिले के नरसिंहगढ़ नामक शहर में हनुमान जयंती और मिलाद-उल-नबी के अवसर पर निकाले जा रहे जुलूसों के दौरान हिंसा हुई। हनुमान जयंती के जुलूस में शमिल लोग एक मस्जिद के पास रुक गये और मुस्लिम विरोधी नारे लगाने लगे। ऐसी भी खबर है कि एक व्यक्ति मारा गया परन्तु उसकी मृत्यु हिंसा के दौरान हुई या नहीं यह स्पष्ट नहीं है। स्थिति को नियंत्रण में लाने के लिए एस.ए.एफ. और आर.ए.एफ. की टुकड़ियाँ नरिसंहगढ़ भेजी गयी। पुलिस को अश्रु गैस के गोले छोड़कर और हवा में गोलियाँ दागकर दोनों समुदायों की हिंसा पर उतारू भीड़ को तितर बितर करना पड़ा। बाद में तीन लाशें मिलीं जो साम्प्रदायिक हिंसा में मारे गये लोगों की थीं। एक सौ से अधिक लोगों को गिरफ्तार किया गया और कई स्थानों पर छापे मारकर बड़ी संख्या में गैर-कानूनी हथियार जब्त किए गये। दो लाशें एक तालाब में मिलीं जबकि एक व्यक्ति तब मारा गया जब अश्रु गैस का एक गोला उसे लग गया। राजनैतिक विश्लेषकों का मानना है कि मध्य प्रदेश

में हो रहे दंगे वहां की भाजपा सरकार की आने वाले विधानसभा चुनावो की तैयारी का अंग हैं। ऐसा कहा जा रहा है कि भाजपा मध्य प्रदेश में गुजरात का प्रयोग दोहराना चाहती है।

महाराष्ट्र के नांदेड़ जिले के उमरखेड़ में 12 अप्रैल को साम्प्रदायिक हिंसा भड़क उठी। जमीर नाम के एक मुस्लिम युवक की किन्हीं अज्ञात व्यक्तियों ने हत्या कर दी और उसकी शवयात्रा में शामिल कुछ लोगों ने एक बस में आग लगा दी। इसके बाद एक शिवसेना नेता ने शिवसैनिकों और बजरंग दल कार्यकर्ताओं को इकट्ठा कर लिया और दुकानों में आग लगाना और उन्हें लूटना शुरू कर दिया। पुलिस ने इस आगजनी और लूटपाट में शामिल कई लोगों को गिरफ्तार किया। इसके बाद कुछ मुस्लिम युवकों ने भी हिंसा की। दोनों समुदायों के सदस्यों का लाखों रूपयों का नुकसान हुआ। स्थिति को नियंत्रण में लाने के लिए अतिरिक्त पुलिस बल बुलवाया गया।

शाहजहांपुर (उत्तर प्रदेश) में 13 मई को भड़की साम्प्रदायिक हिंसा में 3 महिलाओं समेत 6 लोग घायल हुए। पुलिस के अनुसार हिंसा तब शुरू हुई जब दोनों समुदायों की बारातों को ले जा रही अलग-अलग बसों में पहले निकलने के प्रश्न पर विवाद हुआ। पुलिस मौके पर पहुँची और उसने मारपीट कर रहे दोनों गुटों को अलग-अलग किया।

देश के साम्प्रदायिक रूप से सबसे अधिक संवेदनशील अहमदाबाद में हिन्दुओं और मुसलमानों के बीच 14 जून को हिंसा हुई। हिंसा की शुरुआत कुछ शरारती तत्वों द्वारा मटन ले जा रहे एक ट्रक पर पत्थर फेंके जाने से हुई। दोनों समुदायों के सदस्यों ने एक दूसरे पर पत्थर फेंके और इस पत्थरबाजी में 18 लोग घायल हो गये। पुलिस के हस्तक्षेप से शान्ति पुनर्स्थापित हुई।

पटाखे बनाने के बड़े केन्द्र के रूप में मशहूर तमिलनाडू के शिवकाशी शहर में 14 अगस्त को हुई साम्प्रदायिक हिंसा में 6 लोग मारे गए। मुद्दा एक मन्दिर के सामने मस्जिद का निर्माण था। दोनों गुटों के बीच पुरानी दुश्मनी थी। लगभग एक साल पहले हिन्दू मुन्नानी नेता कुमार पांडयन की हत्या चाकू मारकर कर दी गयी थी। इस हत्या में तमिलनाडू मुस्लिम मुनेत्र कड़गम के सदस्यों का हाथ होना बताया गया था। हिन्दू मुन्नानी के कार्यकर्ताओं ने बदला लेने के लिए मुस्लिम कड़गम नेता सईद खान पर चाकू से हमला किया परन्तु उनकी जान बच गयी। इस तरह शहर में पहले से ही तनाव था जिसकी परिणति दंगे में हुई और 6 निर्दोष लोगों को अपनी जानें गंवाना पड़ीं।

देश में अगला साम्प्रदायिक दंगा 31 अगस्त को हुआ जब एक कालेज छात्रा ने यह शिकायत की कि उसे दूसरे समुदाय के लड़कों ने छेड़ा है। यह घटना उत्तर प्रदेश के शहेरा नामक गाँव में हुई। दोनों समुदायों की भीड़ ने एक दूसरे पर पत्थर फेंके, चार वाहनों में आग लगा दी और नारेबाजी की। पुलिस ने अतिरिक्त बल बुलवाया परन्तु जल्दी ही स्थिति नियंत्रण में आ गयी।

इसके अगले ही दिन अर्थात् 1 सितम्बर को इलाहाबाद में साम्प्रदायिक दंगे भड़क उठे। शहर के करेली इलाके में कुरान का अपमान करने के मुद्दे पर हिंसा शुरू हुई। कुरान के कुछ जले हुए पेज करेली इलाके के एक कब्रिस्तान में पाये गये। यह खबर जंगल की आग की तरह पूरे शहर में फैल गयी और हजारों लोगों की भीड़ इकट्ठा होकर नारेबाजी करने लगी और पत्थर फेंकने लगी। इस पत्थरबाजी में कई पुलिस वाहन क्षतिग्रस्त हुए। करेली क्षेत्र में 80 प्रतिशत से अधिक आबादी मुस्लिम है। चूँकि एकत्रित भीड़ समाजवादी पार्टी के सांसद अतीक अहमद के समर्थन में नारे लगा रही थी इसलिए भाजपा ने यह कहना शुरू कर दिया कि इस घटना के लिए अतीक अहमद जिम्मेदार हैं। स्थिति को नियंत्रण में लाने के लिए पुलिस ने हवा में गोलियाँ दागीं और अश्रु गैस के गोले फोड़े। 14 लोगों को गिरफ्तार किया गया और 5 पुलिस थाना क्षेत्रों में कर्फ्यू लगाया गया।

साम्प्रदायिक हिंसा की अगली वारदात 17 सितम्बर को महाराष्ट्र के जलगाँव में हुई जब कुछ मुस्लिम युवकों ने गणपति चल समारोह को रोकने की कोशिश की। जुलूस निर्धारित मार्ग से न चलकर दूसरे रास्ते से जा रहा था। इसके बाद हिंसा शुरू हो गयी। पुलिस जब वहाँ पहुँची तो उसे पत्थरों की बौछार का सामना करना पड़ा। कई पुलिस कर्मचारी घायल हुए और उन्हें अस्पतालों में भर्ती किया गया। यह कहना होगा कि पुलिस ने अत्यन्त धैर्य का परिचय दिया और हिंसक भीड़ की हरकतों का जबाब उसी अन्दाज में नहीं दिया अन्यथा जलगाँव में भयावह हिंसा होती। भीड़ तब ही शान्त हुई जब पुलिस ने यह घोषणा की कि गणपति जुलूस को रोकने वाले 20 व्यक्तियों को गिरफ्तार कर लिया गया है।

इसके दो दिन बाद, 19 सितम्बर को, गुजरात के सूरत में गौरक्षा समिति से जुड़े एक विश्व हिन्दू परिषद के नेता की हत्या कथित रूप से एक मुस्लिम द्वारा कर दिये जाने के बाद हिंसा भड़क उठी। मृत विहिप नेता के सगे-सम्बन्धियों ने यह आरोप लगाया कि पुलिस हत्यारे को संरक्षण दे रही है और उन्होंने समुचित कार्यवाही होने तक मृतक का अन्तिम संस्कार नहीं करने की घोषणा की। एक व्यक्ति को चाकू मारा गया और चार दुकानों में आग लगा दी गयी। मृतक विहिप नेता जासुभाई दरबार गौवध के खिलाफ अभियान चला रहे थे। उन पर तलवारों और लोहों की छड़ों से लैस एक भीड़ ने हमला कर दिया और उन्होंने अस्पताल पहुँचने के पहले ही दम तोड़ दिया। इसके बाद इलाके के गाँवों में हिन्दुओं ने मुसलमानों के मकानों और व्यवासायिक प्रतिष्ठानों में आग लगाना शुरू कर दी। पुलिस ने कुल 30 लोगों को गिरफ्तार किया। इस क्षेत्र में अच्छी खासी मुस्लिम आबादी है और ऐसा आरोपित है कि वहाँ धड़ल्ले से गौवध होता है।

बडौदा का पानीगेट इलाका साम्प्रदायिक दृष्टि से अत्यन्त संवेदनशील है और वहाँ अक्सर साम्प्रदायिक झड़पें होती रहती हैं। गणपति के जुलूस के दौरान 22

सितम्बर को वहाँ फिर हिंसा भड़क उठी। तनाव तब फैला जब जुलूस में शामिल कुछ लोग एक मस्जिद के सामने रुककर नाचने गाने लगे। जवाब में मस्जिद से पत्थरबाजी शुरू हो गयी और इसके बाद दंगा भड़क उठा। पुलिस कमिश्नर स्वयं तक पत्थरबाजी में घायल हो गये। उनके अलावा एक डिप्टी कमिश्नर सहित 30 पुलिसकर्मी भी घायल हुए। ऐसी अफवाह फैला दी गयी कि एक बजरंग दल कार्यकर्ता मारा गया है और इसके बाद हिंसा बड़ौदा के दूसरे इलाकों में भी फैल गयी।

बड़ौदा में एक बार फिर 27 सितम्बर को गणपति विसर्जन के दौरान हिंसा हुई जिसमें 10 लोगों को चोटें आयी। पुलिस ने समय रहते स्थिति को काबू कर लिया।

महाराष्ट्र के खामगाँव में 28 सितम्बर को गणेश विसर्जन के जुलूस के दौरान साम्प्रदायिक हिंसा भड़क उठी। अमन चौक से तीन जुलूस तो शान्तिपूर्वक निकल गए परन्तु चौथा जुलूस, जिसमें स्थानीय विधायक शामिल थे, एक मस्जिद के सामने रुक गया और जुलूस में शामिल कुछ लोग बेज़ा हरकतें करने लगे। कुछ मुसलमानों ने जुलूस को आगे बढ़ाये जाने का अनुरोध किया क्योंकि रोज़ा अफ्तार का समय हो रहा था। इसके बाद जुलूस पर पत्थर फेंके जाने लगे और हिंसा प्रारम्भ हो गयी। पुलिस की भूमिका अत्यन्त पक्षपातपूर्ण रही। अगले दिन भी कुछ इलाकों में हिन्दुओं ने मुसलमानों के घरों पर हमले किये। पुलिस की गोली से एक मुस्लिम युवक को चोट पहुँची। पुलिस ने खुलकर हिन्दू समुदाय के दंगाइयों का साथ दिया। ऐसा आरोपित है कि हजारों हिन्दुओं की भीड़ ने पुलिस की मौजूदगी में बोर्ड प्लाट और यासीनखाना प्लाट नामक मुस्लिम मोहल्लों पर आक्रमण किया। मुस्लिम महिलाओं पर अश्लील फब्तियाँ कसी गयीं। खामगाँव में क़र्फ्यू लगा दिया गया। कुछ शिवसेना नेताओं ने सार्वजनिक रूप से मुसलमानों को धमकाते हुए कहा कि "तुम लोग रमजान मनाओ, हम ईद मनाएँगे।" इस सबके बावजूद बड़ी संख्या में निर्दोष मुसलमानों को गिरफ्तार किया गया। खामगाँव के मुसलमानों ने दंगों और उनमें पुलिस की भूमिका की उच्च स्तरीय जाँच की माँग की।

राजस्थान के सीमावर्ती जिले जैसलमेर में 7 अक्टूबर को साम्प्रदायिक हिंसा हुई। हिन्दुत्व की शक्तियों ने देश के सीमावर्ती इलाकों में भी अपनी पैठ बना ली है। हिंसा गौवध के मुद्दे को लेकर हुई। संघ परिवार ने बन्द का आह्वान किया और इसके दौरान हुई हिंसा में अल्पसंख्यक समुदाय के आठ मकानों और दो वाहनों को आग के हवाले कर दिया गया।

इसके बाद महाराष्ट्र के एक अन्य साम्प्रदायिक दृष्ट्रि से संवेदनशील जिले अमरावती में हिंसा हुई। हिन्दुओं और मुसलमानों की हिंसक भीड़ के बीच हुई झड़पों में 26 लोग घायल हो गये। ये झड़पें जिले के अचलपुर नामक कस्बे में दुर्गा विसर्जन के दौरान हुईं। भीड़ ने सोने-चाँदी की कई दुकानों में आग लगा दी और पुलिस को गोलीचालन करना पड़ा।

हिंसा की शुरुआत तब हुई जब जुलूस में शामिल कुछ युवकों ने नाचने के दौरान गुलाल एकधर्मस्थल पर फेंक दिया। इसके बाद दोनों समुदायों के गुटों ने पथराव और आगजनी प्रारम्भ कर दी। अचलपुर में इसके पहले कभी इतने व्यापक पैमाने पर साम्प्रदायिक हिंसा नहीं हुई थी। हिंसा पूरे कस्बें में फैल गयी और गहनों की कई दुकानों को लूटकर जला दिया गया। पुलिस ने दंगाइयों की भीड़ को काबू में करने के लिए करीब पचास राउंड गोलियाँ चलायीं। अनिश्चितकालीन कर्फ़्यू लगाया गया। अचलपुर एक ऐतिहासिक नगर है जिस पर एक समय बहमई शासकों ने राज किया था। दंगों के बाद शहर का दृश्य दिल दहलाने वाला था। यहाँ भी पुलिस की भूमिका भेदभावपूर्ण रही। मुसलमानों के एक प्रतिनिधिमंडल ने राज्य के गृहमंत्री श्री आर.आर. पाटिल से इस सिलसिले में मुलाकात की और उन्हें बताया कि एक पुलिस कान्सटेबिल मुस्लिम महिलाओं के साथ बलात्कार करने वालों में शामिल था। अपनी जान बचाने के डर से कुछ मुसलमान अचलपुर छोड़कर भाग गये। बाद में शासन ने एक थानेदार को निलम्बित किया।

इंदौर जिले का सांवेर कस्बा 1 नवम्बर को साम्प्रदायिक हिंसा की गिरफ्त में आ गया। वहाँ विधानसभा उपचुनाव हो रहा था। चाय की एक दुकान पर झगड़े के बाद हिंसा भड़क उठी। आधिकारिक सूत्रों के अनुसार और एक मीडिया के अनुसार तीन लोग मारे गये। कर्फ़्यू लगा दिया गया। कुछ विश्लेषकों का मत है कि दंगा भाजपा की चुनाव जीतने की रणनीति का हिस्सा था। इलाके में 12 दिसम्बर को मतदान होने वाला था। आरोप है कि कुछ पुलिसकर्मी दुकानों की लूटपाट में शामिल थे। दंगे के दौरान कुल 137 दुकानों को जला दिया गया। करोड़ों की सम्पत्ति स्वाहा हो गयी और 200 से अधिक गिरफ्तारियाँ की गयीं।

क्रिसमस के दिन उड़ीसा के कंधारमल जिले में ईसाइयों के विरुद्ध एक बार फिर हिंसा भड़क उठी। पहली बार ईसाइयों का सामना योजनाबद्ध हिंसा से हुआ, जिसमें विहिप ने खुलकर भाग लिया। कई गिरजाघरों को आग के हवाले कर दिया गया। सरकारी सूत्रों के अनुसार 4 लोग मारे गये परन्तु गैर-सरकारी सूत्रों का दावा है कि मरने वालों की संख्या 12 थी। उड़ीसा लम्बे समय से ईसाई-विरोधी हिंसा का केन्द्र बना हुआ है। यह वही राज्य है जहाँ कुष्ठ रोगियों की सेवा में रत ईसाई मिशनरी ग्राहम स्टेन्स और उनके दो मासूम बच्चों को जिन्दा जला दिया गया था। चूँकि राज्य सरकार में भाजपा की हिस्सेदारी है इसलिए भाजपा और विहिप की हिम्मत बहुत बढ़ गयी है।

यद्यपि संघ परिवार अनेक स्थानों में ईसाई मिशनरियों पर धर्म परिवर्तन कराने का आरोप लगाता रहा है परन्तु उड़ीसा, जहाँ आदिवासियों की एक बड़ी आबादी है, को विहिप ने अपने ईसाई-विरोधी अभियान का केन्द्र बना लिया है। गिरजाघरों और पादरियों पर हमलों और ननों के साथ जबरदस्ती की घटनाएँ तो देश के अनेक इलाकों

में होती रही हैं परन्तु उड़ीसा में देश में पहली बार ईसाई विरोधी दंगे हुए। स्वाभाविक तौर पर इससे ईसाई समुदाय को गहरा धक्का पहुँचा।

निष्कर्ष

सन् 2007 में देश में हुए साम्प्रदायिक दंगों का यहाँ विवरण दिया गया है। इसमें हम वे ही घटनाएँ शामिल कर सके हैं जिनकी हमें जानकारी थी। हो सकता है कुछ छोटी-मोटी घटनाएँ हमसे छूट गयी हों। जैसा कि इस विवरण से साफ है, साम्प्रदायिक दंगे बहुत ही छोटे मुद्दों से शुरू होते हैं। शायद ही किसी और देश में इतने छोटे मुद्दों पर दंगे भड़कें। हमारे देश में व्यक्तिगत झगड़े जल्दी ही साम्प्रदायिक रंग ले लेते हैं।

इसका कारण स्पष्टत: व्यापक साम्प्रदायिक प्रचार और साम्प्रदायिक संगठनों के विरुद्ध कोई कार्यवाही न की जाना है। भड़काऊ लेखन और भड़काऊ भाषणों के विरुद्ध शायद ही कभी कोई कार्यवाही की जाती हो। नेताओं को सिर्फ अपने वोटों की फिक्र है। देश की और उसकी जनता की किसी को कोई चिन्ता नहीं है। पुलिस के चरित्र और मानसिकता को धर्मनिरपेक्ष बनाने का कोई प्रयत्न नहीं हो रहा है। संघ मानसिकता के लोगों ने पुलिस और सुरक्षा बलों में घुसपैठ बना ली है।

साम्प्रदायिक ताकतें आक्रामक तरीके से धर्म को अपने राजनैतिक हितपूर्ति के लिए इस्तेमाल कर रही हैं। इस मामले में सभी राजनैतिक दल — वामपंथी पार्टियों को छोड़कर — एक ही थैली के चट्टे-बट्टे हैं। कुछ पार्टियाँ साम्प्रदायिकता के खिलाफ शाब्दिक विरोध तो दर्शाती रहती हैं परन्तु उससे लाभ उठाने में नहीं चूकती। यह अत्यन्त खतरनाक खेल है और देश की एकता के लिए घातक है। परन्तु इसकी किसे चिन्ता है?

साम्प्रदायिक दंगे–2008

जब सन् 2008 शुरू हुआ उस समय ऐसा लग रहा था कि स्वतंत्रता के साठ वर्षों में यह वर्ष पहला दंगा–मुक्त वर्ष रहेगा। जल्दी ही यह आशा टूट गयी और हर वर्ष की तरह, देश में साम्प्रदायिक हिंसा और दंगे शुरू हो गये। वर्ष के शुरू में कोई बड़ा दंगा नहीं हुआ परन्तु सन् 2008 का अंत आते–आते यह आशा भी खत्म हो गयी कि इस साल देश में कोई बड़ा साम्प्रदायिक दंगा नहीं होगा। हमेशा की तरह चन्द अपवादों को छोड़कर, पुलिस का व्यवहार घोर पक्षपातपूर्ण रहा और अल्पसंख्यक पुलिस के पूर्वाग्रहपूर्ण व्यवहार के शिकार बने।

सन् 2008 की एक विशेषता यह थी कि इस साल देश में पहली बार ईसाईयों के विरुद्ध साम्प्रदायिक हिंसा हुई। यद्यपि ईसाइयों पर हमले कई वर्षों से जारी हैं परन्तु सन् 2008 इतिहास में एक ऐसे वर्ष के रूप में दर्ज किया जाएगा जिसमें पहली बार ईसाई अल्पसंख्यकों के विरुद्ध बड़े पैमाने पर साम्प्रदायिक हिंसा हुई। इस हिंसा का केन्द्र था उड़ीसा का कंधमाल जिला। संघ परिवार कभी ईसाइयों से उतना नाराज नहीं था जितना इस वर्ष था। ईसाई, जिन्होंने शिक्षा और स्वास्थ्य के क्षेत्र में भारत में अभूतपूर्व सेवा प्रदान की है, संघ परिवार के निशाने पर रहे।

पहला ईसाई विरोधी दंगा कंधमाल जिले में सन् 2008 के पहले दिन हुआ। एक जनवरी को जिले के चार गाँवों में ईसाइयों के घरों में आग लगा दी गयी। लगभग दस घर जल कर राख हो गये और ईसाइयों ने भाग कर दूसरे गाँव या जंगल में शरण ली।

यहाँ पर यह बताना प्रासंगिक होगा कि भारत के पूर्व मुख्य न्यायाधीश न्यायमूर्ति वी. एन. खरे ने 19 जनवरी को साम्प्रदायिक दंगों से मुकाबला करने के लिए एक स्वतंत्र संस्था की स्थापना की माँग की। उन्होंने कहा कि अल्पसंख्यकों को सुरक्षा प्रदान करना सरकार का राजधर्म है और दंगों को केवल कानून और व्यवस्था की समस्या नहीं माना जाना चाहिए। उन्होंने कहा कि दंगे, सामान्य कानूनों के उल्लंघन से कहीं अधिक गम्भीर अपराध हैं और उनसे निपटने के लिए विशेष कानून बनाया जाना चाहिए। 'अगर अल्पसंख्यकों को प्रताड़ित किया जाता है और उन्हें प्रताड़ित करने वालों को कोई सजा नहीं मिलती तो हमारे संविधान में सभी नागरिकों को दिये गये जीवन के

अधिकार का क्या अर्थ रह जाता है''

इस तरह की समझदारी और परिपक्कता की बातें सुनने और उन्हें मानने वाला हमारे देश में कौन हैं? साल दर साल अल्पसंख्यकों पर हमले होते जाते हैं और साल दर साल हमलावर खुलेआम घूमते नजर आते हैं। यूपीए सरकार ने यह वायदा किया था कि वह साम्प्रदायिक दंगों को रोकने के लिए एक अलग कानून बनाएगी परन्तु उस वायदे को उसने पूरा नहीं किया। साम्प्रदायिक दंगेगा विधेयक किसी सरकारी दफ्तर की पुरानी अल्मारी में धूल खा रहा है। अब तो चुनाव के पहले संसद का सत्र होने की सम्भावना भी बहुत कम बची है और यह विधेयक अगली सरकार बनने तक कानून नहीं बन सकेगा। यह तो है एक तथाकथित धर्मनिरपेक्ष सरकार के हाल। स्पष्टत: साम्प्रदायिक दंगों को रोकना यूपीए सरकार की प्राथमिकताओं में नहीं है।

हमारे देश में धार्मिक त्यौहार, विशेषकर होली, साम्प्रदायिक दंगे भड़काने वालों के पसंदीदा मौके रहे हैं। राजस्थान के चित्तौड़गढ़ और टोंक में 23 मार्च को भड़की साम्प्रदायिक हिंसा में कई लोग घायल हुए और बारह दुकानें और गाड़ियाँ आग के हवाले कर दी गयीं। पुलिस ने करीब तीस लोगों को गिरफ्तार किया। होली के दिन झारखंड के जमशेदपुर में भी साम्प्रदायिक हिंसा हुई जिसमें एक व्यक्ति घायल हुआ। हिंसा की शुरुआत एक समुदाय की महिला को दूसरे समुदाय के युवक द्वारा छेड़े जाने से हुई।

मराठवाड़ा के जालना में चार अप्रैल को उस समय हिंसा शुरू हुई जब दोपहर की नमाज़ के वक्त एक मस्जिद के बाहर कुछ हिन्दुत्ववादियों ने अयोध्या में राममन्दिर बनाने के संकल्प वाले गीत गाने शुरू कर दिये। एक पुलिस इंस्पेक्टर सहित आठ लोग घायल हुए जिनमें से तीन को गम्भीर चोटें आयीं। रात में कुछ मध्यस्थों के प्रयासों से शान्ति स्थापित हो गयी परन्तु देर रात बजरंग दल के पहलवानों ने एक मुस्लिम मोहल्ले पर हल्ला बोल दिया और स्थिति फिर बिगड़ गयी। जालना के बाद जलगाँव में भी साम्प्रदायिक हिंसा हुई जिसमें चार लोग घायल हुए और इक्कीस को गिरफ्तार किया गया।

गुजरात में बड़ौदा एक ऐसा शहर है जहाँ नियम से हर साल साम्प्रदायिक दंगे होते हैं। इसी परम्परा के तहत, इस साल भी दस अप्रैल को बड़ौदा में साम्प्रदायिक हिंसा हुई जिसमें पाँच लोग घायल हुए, चार कारों को आग लगा दी गयी और पच्चीस दंगाइयों को पुलिस ने हिरासत में लिया।

केरल हमेशा से साम्प्रदायिक हिंसा की दृष्टि से शान्त प्रदेश रहा है। वहाँ शायद ही कभी साम्प्रदायिक दंगे होते हैं। अप्रैल के मध्य में कर्नाटक से लगे हुए केरल के कसरागोड़ जिले में साम्प्रदायिक झड़प के बाद चार हत्याएँ हुईं। बीजेपी के कुछ समर्थक अपनी कार से उतरकर मस्जिद के पास खड़े होकर लघुशंका से निवृत्त होने लगे। कुछ लोगों ने इस पर आपत्ति की और जल्दी ही भीड़ इकट्ठी हो गयी और हिंसा

शुरू हो गयी। हत्याओं के बाद इलाके के लोगों ने विरोध स्वरूप अपनी दुकानें बन्द रखीं।

राजस्थान के भिरारी नामक गाँव में गड़बड़ी की शुरुआत तब हुई जब बजरंग दल के कुछ सदस्य 'मन्दिर वहीं बनाएँगे' का नारा एक मस्जिद के सामने उस समय बुलंद करने लगे जब मुसलमान नमाज़ पढ़ रहे थे। विरोध होने के बाद हिंसा शुरू हो गयी। मुसलमानों की एक होटल और चार दुकानें जला दी गयीं। कई दोपहिया वाहन भी जलाकर राख कर दिये गये। कुछ ही घंटों बाद आस-पास के गाँवों से 'जय श्रीराम' का नारा लगाते हुए लोगों के समूह भिरारी की तरफ बढ़ने लगे। नतीजतन, नजदीकी कस्बों रावेर और चोपरा में भी हिंसा फैल गयी। चोपरा में भी शुरुआत 'कसम राम की खाते हैं मन्दिर वहीं बनाएँगे' के गायन से हुई। पुलिस की गोली से दो लोग मारे गये और बत्तीस लोगों को पुलिस ने गिरफ्तार किया। उस समय तो हिंसा शांत हो गयी परन्तु लगभग दो माह बाद, 13 जून को जुमे की नमाज़ अदा करने के बाद मस्जिद से निकल रहे मुसलमानों पर कुछ लोगों ने पत्थर फेंके। पुलिस ने हमलावर भीड़ को तितर-बितर कर दिया परन्तु वे लोग फिर इकट्ठा हो गये और उन्होंने छ:ह मोटरसाईकिलों और कुंछ तिपहिया आटो को आग लगा दी। पुलिस ने हवा में गोलियाँ चलाईं। कुछ लोगों का कहना है कि एक दलित बच्चे को मोटरसाईकिल पर सवार एक मुस्लिम युवक के टक्कर मारने के बाद हिंसा शुरू हुई।

मध्य प्रदेश के जबलपुर में 28 जून को जामा मस्जिद से लगी जमीन के विवाद को लेकर साम्प्रदायिक हिंसा हुई जिसमें 35 लोग घायल हुए और शहर के कुछ इलाकों में कर्फ्यू लगाया गया।

भाजपा की सरकार बनने के बाद से मध्य प्रदेश का इंदौर शहर साम्प्रदायिक दृष्टि से अत्यन्त संवेदनशील बन गया है। एक समय यह शहर साम्प्रदायिक सद्भाव के लिए जाना जाता था परन्तु इस शहर में अब विहिप और बजरंग दल के गुंडों का राज चलता है। भाजपा की सरकार होने से विहिप और बजरंग दल के सदस्य बिना किसी डर के मुसलमानों और ईसाइयों पर हमले कर रहे हैं। अमरनाथ मुद्दे पर भाजपा द्वारा आयोजित किये गये बन्द के दौरान इंदौर में तब हिंसा हुई जब बजरंग दल और विहिप के सदस्यों ने एक मुस्लिम बहुल इलाके में दुकानें आदि बन्द करवाने की कोशिश की। 3 जुलाई को चार लोग मारे गये और बीस घायल हुए। कई पुलिस स्टेशन क्षेत्रों में कर्फ्यू लगाना पड़ा।

इंदौर में हिंसा के दौरान पुलिस ने खुलकर हिन्दुत्व संगठनों का साथ दिया। यह आरोप कई सामाजिक संगठनों ने लगाया है। राष्ट्रीय अल्पसंख्यक आयोग का एक जाँच दल इंदौर आया और उसने अपनी रपट में यह कहा है कि दंगे पूर्व नियोजित थे। अगले दिन, 4 जुलाई को नये इलाकों में हिंसा भड़क उठी और तीन और लोग मारे गये। इस प्रकार, कुल मिलाकर सात लोगों ने अपनी जानें गंवायीं। लगभग 200 लोगों को

गिरफ्तार किया गया। इनमें वे तीन पुलिसकर्मी भी शामिल थे जिन्होंने दंगों में भाग लिया।

मुम्बई के पूर्वी उपनगरीय गोवंडी इलाके में 6 जुलाई को एक समुदाय के लड़के क्रिकेट खेल रहे थे। तभी वहाँ दूसरे समुदाय का एक लड़का पहुंचा और उसने खेलने के स्थान के करीब पेशाब कर दी। इसके बाद भड़की हिंसा में पन्द्रह लोग गम्भीर रूप से घायल हुए। लगभग तीन घंटे तक दोनों समुदायों के समूहों के बीच मारपीट चलती रही। दोनों पक्षों के बारह लोगों को गिरफ्तार किया गया।

महाराष्ट्र के विदर्भ क्षेत्र के दिगरस और पुसाद में 27 जुलाई को कथित रूप से कुरान का अपमान करने के मुद्दे पर साम्प्रदायिक हिंसा हुई। पुलिस का कहना है कि पवित्र कुरान के अपमान किये जाने की कोई घटना नहीं हुई। हमेशा की तरह, बजरंग दल, विहिप और भाजपा के समर्थकों ने मोर्चा निकाला और सड़कों पर मारपीट शुरू कर दी। पुलिस ने गोली चलाई जिससे दो लोग मारे गये।

इन दंगों के दौरान पुलिस की भूमिका घोर पक्षपातपूर्ण थी और जिले के एसपी यह कहते हुए सुने गये कि "मैंने मुसलमानों को ऐसा सबक सिखाया है कि अब वो अगले दस सालों तक अपना सिर नहीं उठा सकेंगे।" यह बात एसपी ने हमारी ओर से भेजे गये जाँचकर्ता श्री सुरेश खैरनार (आल इंडिया सेक्युलर फोरम की महाराष्ट्र इकाई के संयोजक) के सामने कहे। श्री खैरनार के अनुसार, पुलिस वाले जर्बदस्ती कई मुस्लिम घरों में घुस गये और उन्हें जो कुछ हाथ लगा उसे तोड़ दिया। बाद में दिगरस के कई मुस्लिम कार्यकर्ताओं ने श्री खैरनार के कथन की पुष्टि की।

इलाके के मुसलमान अत्यन्त आतंकित हो गये। यह सब एक ऐसे राज्य में हुआ जिसका शासन भाजपा के नहीं वरन् कांग्रेस और एनसीपी गठबंधन के हाथों में है। इसमें कोई संदेह नहीं कि पिछले कुछ वर्षों में पुलिस पूरी तरह साम्प्रदायिक हो गयी है और उसकी कार्यप्रणाली को सुधारने के लिए कोई कदम नहीं उठाये जा रहे हैं। दिगरस के मुसलमानों का एक प्रतिनिधिमंडल गृहमंत्री आर.आर.पाटिल और मुख्यमंत्री विलासराव देशमुख से मिला और उन्हें मुसलमानों के खिलाफ पुलिस की बेवजह हिंसा की वीडियो फिल्म दिखायी, परन्तु दोषी पुलिसकर्मियों के खिलाफ कोई कार्यवाही नहीं की गयी। जिले के एसपी को निलम्बित करना तो दूर रहा उसका तबादला तक नहीं किया गया। मुख्यमंत्री नागपुर तक गये परन्तु उन्होंने दिगरस, जो वहाँ से केवल 100 किलोमीटर दूर है, जाने की ज़हमत नहीं उठायी।

दक्षिण तमिलनाडू के तेनकासी कस्बे में 6 लोग तब मारे गये जब उन पर हथियारों से लैस एक समूह ने हमला कर दिया। यह हमला पुलिस के अनुसार दिसम्बर 2007 में एक स्थानीय हिन्दू संगठन के नेता की हत्या का बदला लेने के लिए किया गया था। यद्यपि पुलिस का कहना है कि यह केवल बदले की कार्यवाही थी, परन्तु इस घटना का साम्प्रदायिकता से कोई लेना-देना न होने की बात इसलिए हजम नहीं होती

क्योंकि दिसम्बर में मारा गया नेता दक्षिपंथी *हिन्दु मन्नानी* से जुड़ा हुआ था। केरल की तरह तमिलनाडु भी सन् 1980 के दशक तक साम्प्रदायिकता की दृष्टि से शान्त प्रदेश था। सन् '80 के दशक के अन्तिम वर्षों में विहिप से जुड़े हिन्दू मुन्नानी नामक संगठन ने राज्य के कुछ हिस्सों का साम्प्रदायिकीकरण करना शुरू कर दिया। धीरे-धीरे आरएसएस और हिन्दू मुन्नानी तमिलनाडु के लगभग सभी इलाकों में सक्रिय हो गये। अब तो आरएसएस ने केरल और तमिलनाडु में अपना जाल फैला लिया है और इन दोनों राज्यों में भी साम्प्रदायिक हिंसा शुरू हो गयी है।

उड़ीसा के कंधमाल जिले में वर्ष के शुरू में हुई हिंसा के बाद कुछ समय तक शान्ति रही। इस बीच, लक्ष्मणानन्द सरस्वती नाम के एक विहिप कार्यकर्ता, जो आदिवासियों और दलितों को हिन्दू बनाने के काम में लगे हुए थे, की हत्या कर दी गयी और इससे एक बार फिर हिंसा भड़क उठी। यह आज तक रहस्य बना हुआ है कि लक्ष्मणानन्द सरस्वती और उनके चार साथियों का हत्यारा कौन था। नक्सलियों का दावा है कि उन्होंने लक्ष्मणानन्द सरस्वती की हत्या की है। एक टीवी चैनल पर अपने चेहरे को कपड़े से छिपाए एक नक्सली को यह दावा करते हुए दिखलाया गया कि नक्सली ही सरस्वती के हत्यारे हैं।

विहिप ने नक्सलियों के दावे को कोई महत्व नहीं दिया और अगस्त के आखिरी सप्ताह से कंधमाल और फूलपुर जिलों में ईसाइयों पर बड़े पैमाने पर हमले करने शुरु कर दिये। विहिप के गुंडों की फौज से अपनी जान बचाने के लिए ईसाई धर्मगुरुओं को भी जंगलों में शरण लेनी पड़ी। तीन महीने तक चली हिंसा में चालीस से अधिक लोग मारे गये। एक पुलिस स्टेशन से थोड़ी सी दूरी पर एक नन के साथ बलात्कार हुआ। पूरे घटनाक्रम में पुलिस ने मूक दर्शक की भूमिका सफलतापूर्वक निभायी।

भारत की स्वतंत्रता के बाद से ईसाइयों के खिलाफ इतनी व्यापक हिंसा पहले कभी नहीं हुई थी। यहाँ यह महत्वपूर्ण है कि उड़ीसा में शासन कर रहे गठबन्धन में भाजपा की हिस्सेदारी है और इसलिए मुख्यमंत्री नवीन पटनायक हिंसा को रोकने के लिये प्रभावी कदम नहीं उठा सके। केन्द्र सरकार ने राज्य को आरएएफ की टुकड़ियां उपलब्ध करवायीं परन्तु स्थानीय पुलिस से सहयोग न मिलने के कारण आरएएफ भी ईसाई विरोधी साम्प्रदायिक हिंसा को नियंत्रित करने में सफल नहीं हो सकी।

भाजपा उड़ीसा में अपनी राजनैतिक जमीन मजबूत करना चाहती है और इसके लिए हमेशा की तरह वह अल्पसंख्यकों को निशाना बना रही है। इस समय बीजू जनता दल के साथ सरकार में वो जूनियर साझेदार है। अब उसका लक्ष्य उड़ीसा में सबसे बड़ी पार्टी बनकर उभरना है। भाजपा की राजनीति को समझने वाले जानते हैं कि किस तरह गुजरात में अपनी जड़ें मजबूत करने के लिए भाजपा ने सन् 1969 से शुरू कर नियमित अन्तराल से साम्प्रदायिक दंगे करवाये और अन्ततः गुजरात का पूरी तरह से साम्प्रदायिकीकरण कर दिया और वहाँ शानदार बहुमत से सत्ता पर काबिज हो गयी।

उड़ीसा में भी भाजपा यही कुछ करना चाहती है। यह सचमुच दुर्भाग्यपूर्ण है कि नवीन पटनायक ने भाजपा को उड़ीसा में अपना जनाधार बढ़ाने का मौका दे दिया है।

उड़ीसा की साम्प्रदायिक हिंसा ने इतना भयावह स्वरूप धारण कर लिया कि प्रधानमंत्री डॉ. मनमोहन सिंह को उसे राष्ट्रीय शर्म की संज्ञा देनी पड़ी। केन्द्र सरकार की इस धमकी का भी कोई असर नहीं पड़ा कि अगर राज्य सरकार ने हिंसा नहीं रोकी तो केन्द्र को हस्तक्षेप करना पड़ेगा। दंगे जारी रहे और कई ईसाइयों ने अपनी जान बचाने के लिए हिन्दू धर्म स्वीकार कर लिया।

दिनांक 31 अक्टूबर के 'इंडियन एक्सप्रेस' में प्रकाशित एक रपट के अनुसार 'कंधमाल में हिंसा के लम्बे दौर के बाद अब धर्म परिवर्तन का दौर चल रहा है। क्षेत्र के संभागीय कमिश्नर सत्यव्रत साहू के अनुसार पिछले दो दिनों में सौ से अधिक ईसाई हिन्दू बन गये हैं। 'ग्लोबल काउंसिल ऑफ द इंडियन क्रिश्चियन्स' के राष्ट्रीय अध्यक्ष साजन के. जार्ज ने भुवनेश्वर में कहा, ''हमारे पास इस बात के सुबूत हैं कि कंधमाल में ईसाइयों को जबरन हिन्दू बनाया जा रहा है। हमने यह बात अधिकारियों के ध्यान में ला दी है परन्तु न तो राज्य सरकार और न ही पुलिस कुछ कर रही है। हमारे अनुमान के अनुसार हालिया हिंसा में कम से कम पचास ईसाई मारे गये हैं।''

सितम्बर की आठ तारीख को उत्तर प्रदेश के आजमगढ़ में साम्प्रदायिक हिंसा भड़क उठी जिसमें दो लोगों ने अपनी जानें गवायीं। भाजपा सांसद और कट्टरपंथी हिन्दू नेता आदित्यनाथ योगी की 'आतंकवाद विरोधी हिन्दू जन जागृति रैली' जब एक मुस्लिम बहुल इलाके से गुजर रही थी, तब राम मन्दिर को लेकर उत्तेजक नारे लगाये गये, पाँच गाड़ियों में आग लगा दी गयी और कई लोग घायल हुए। हिंसा तब शुरू हुई जब कुछ लोगों ने रैली पर पत्थर फेंके। योगी, जो हिन्दू युवा वाहिनी के सर्वेसर्वा हैं, ने धमकी दी कि वे पूरे आजमगढ़ को जलाकर राख कर देंगे।

इसके ठीक अगले दिन, नौ सितम्बर को आगरा में हिन्दुओं और मुसलमानों के दो गुटों के बीच एक महिला को मोटरसाईकिल से टकराने के कारण चोट लगने के बाद हिंसक झड़पें हुईं। दोनों गुटों ने एक-दूसरे पर जमकर पत्थर फेंके और दो दुकानों में आग लगा दी गयी। एक मुस्लिम परिवार का घर जला दिया गया।

अगले दिन, दस सितम्बर को उत्तर प्रदेश के गोंडा और राजस्थान के बूँदी में साम्प्रदायिक हिंसा हुई। गोंडा में विहिप ने आदित्यनाथ योगी की रैली पर हमले के विरोध में बन्द का आव्हान किया और बन्द के दौरान हिन्दू और मुस्लिम आपस में भिड़ गए। विहिप कार्यकर्ताओं ने कई मुस्लिम घरों में तोड़फोड़ की और कई मुसलमानों की जमकर पिटाई की। बूँदी जिले के तलेरा कस्बे में बच्चों के बीच हुए झगड़े ने साम्प्रदायिक रूप ले लिया और 12 लोग घायल हो गये।

मंगलुरु, बंगलुरु और कर्नाटक के कई अन्य स्थानों पर 14-15 सितम्बर को बजरंग दल कार्यकर्ताओं ने चर्चों पर हमले किये। कर्नाटक में भाजपा की सरकार है

और कोई पुलिस अधिकारी बजरंग दल कार्यकर्ताओं के खिलाफ कार्यवाही करने की हिम्मत नहीं जुटा सका।

गुजरात के बड़ौदा में 15 सितम्बर को गणेश चतुर्थी के दिन भड़की साम्प्रदायिक हिंसा को रोकने के लिए पुलिस द्वारा चलायी गयी गोलियों से एक व्यक्ति मारा गया। मस्जिद के नीचे बनी तीन दुकानें जला दी गयीं। यही हाल एक मन्दिर के नीचे बनी तीन दुकानों का भी हुआ। पुलिस ने राजेश पवार नाम के व्यक्ति को गणेश चतुर्थी का जुलूस निर्धारित समय पर खत्म न करने के आरोप में गिरफ्तार किया।

मुम्बई के नजदीक ठाणे में 1 अक्टूबर को राबोड़ी इलाके में गणेश मंडप के लिए एक स्वागत द्वार लगाने के मुद्दे पर विवाद हो गया जिसमें एक व्यक्ति मारा गया और 65 घायल हुए। घायलों में से चालीस पुलिसकर्मी थे। लाखों रुपयों की सम्पत्ति नष्ट हो गयी। महाराष्ट्र के गृह मंत्री आरआर पाटिल ने दंगों को समय रहते नियंत्रित न करने के लिए इलाके के डीसीपी साहिबराव पाटिल को निलम्बित कर दिया। पुलिस ने हुड़दंग मचा रही भीड़ को काबू में करने के लिए अस्सी चक्र गोलियाँ चलायीं जिनसे पच्चीस वर्षीय मोहसिन खान मारा गया।

महाराष्ट्र के ही धुले में 5 अक्टूबर को विहिप ने आतंकवाद के मुद्दे को लेकर शहर में कुछ पोस्टर चिपकाये। इन पोस्टरों में मुसलमानों के विरुद्ध आपत्तिजनक बातें कही गयीं थीं। कुछ मुस्लिम युवकों ने इन पोस्टरों को फाड़ दिया और फिर विवाद शुरू हुआ। हिंसा में नौ लोग मारे गये और सत्तर घायल हुए। लगभग 250 घरों को गैस सिलेंडरों की सहायता से जलाकर राख कर दिया गया। इनमें से अधिकांश घर मुसलमानों के थे। हमेशा की तरह पुलिस या तो चुपचाप तमाशा देखती रही या उसने दंगाइयों की मदद की। बोहरा व्यापारियों ने भारी नुकसान उठाया। लगभग एक करोड़ रुपये का नुकसान तो केवल एक बड़े बोहरा व्यापारी को हुआ। तत्कालीन गृहमंत्री धुले आये परन्तु उन्होंने मुस्लिम इलाकों की तरफ रुख नहीं किया। कई मुस्लिम परिवारों का सब कुछ बर्बाद हो गया। जिन लोगों ने लाखों का नुकसान उठाया था उन्हें भी मात्र 7,500 रुपये का मुआवजा दिया गया।

असम में आतंकवादी हिंसा तो लम्बे समय से होती रही है परन्तु साम्प्रदायिक हिंसा यहाँ कम ही होती है। सन् 1983 में नेल्ली जिले में चार हजार बंगाली मुसलमानों के मार डाले जाने के बाद से असम में अब तक साम्प्रदायिक हिंसा नहीं हुई थी। गत वर्ष 9 अक्टूबर को असम का यह रिकार्ड टूट गया। कई जिलों में एक साथ भड़की साम्प्रदायिक हिंसा में सौ से अधिक लोग मारे गये। यह हिंसा बोडो जनजाति के सदस्यों और मुसलमानों के बीच हुई। संघ परिवार असम के कई जिलों में अपनी पैठ बना चुका है। उत्तर पूर्व के राज्यों का साम्प्रदायिकीकरण कर वहाँ अपने लिए जमीन तैयार करने के काम में संघ परिवार कई वर्षों से जुटा हुआ है।

यद्यपि सरकारी आंकड़ों के अनुसार दंगों में 47 लोग मारे गये परन्तु गैर सरकारी

सूत्र मृतकों की संख्या 100 से अधिक बताते हैं। दंगों की शुरूआत चौकीदारी कर रहे एक बोडो की मुसलमानों द्वारा हत्या कर देने से हुई। एक मस्जिद पर लगाये गये हरे झंडे को पाकिस्तानी झंडा बता दिया गया और यह आरोप लगाया गया कि असम में रहने वाले मुसलमान, पाकिस्तान-परस्त हैं। ये सारी कहानियाँ स्पष्टतः भाजपा द्वारा हिंसा शुरू करवाने के लिए फैलायी गयीं थीं। गुजरात की तरह एक गर्भवती महिला भी दंगे में मारी गयी। डेढ़ लाख से अधिक लोगों को शरणार्थी शिविरों में शरण लेनी पड़ी। वहाँ भी सुरक्षा के कोई इंतजाम नहीं थे। चूँकि असम के अधिकतर मुस्लिम रहवासी लुंगी और टोपी पहनते हैं और दाढ़ी रखते हैं इसलिए उन्हें बंग्लादेशी बताकर हिंसा का निशाना बनाना आसान रहता है।

मध्य प्रदेश के बुरहानपुर में 10 अक्टूबर को हुई साम्प्रदायिक हिंसा में 10 लोग मारे गयी, जिनमें से 3 पुलिस की गोलियों का शिकार हुए। हिंसा तब शुरू हुई जब जुमे की नमाज के बाद जामा मस्जिद के पास उत्तेजक नारे लगाये गये। लगभग 18 दुकानें और 15 घर आगजनी में नष्ट हो गये।

आंध्र प्रदेश के आदिलाबाद में 12 अक्टूबर को साम्प्रदायिक दंगों के दौरान एक घर में आग लगा दी गयी और इसमें मौजूद तीन बच्चों सहित छः व्यक्ति जिन्दा जल मरे। मार्क्सवादी कम्युनिस्ट पार्टी ने दंगे भड़काने का आरोप आरएसएस पर लगाया। सन् 2008 का आखिरी दंगा महाराष्ट्र के लातूर में 29 दिसम्बर को हुआ। जिले के पानगाँव में हुई हिंसा में दो लोग मारे गये।

यह था सन् 2008 में देश में हुयी साम्प्रदायिक हिंसा का संक्षिप्त वर्णन। यह साल 2007 से भी बुरा सिद्ध हुआ। यह अत्यन्त दुर्भाग्यपूर्ण और शर्मनाक है कि हमारे देश में हर साल इतने दंगे होते हैं और इनमें सैकड़ों निर्दोष लोग अपनी जानें गँवा बैठते हैं। न तो सरकारें साम्प्रदायिक हिंसा को रोकने के प्रति गम्भीर हैं और न ही हमारे देश में मजबूत धर्मनिरपेक्ष संस्थाएँ हैं। हमारी राजनीति में भी साम्प्रदायिकता का जहर फैल गया है। इन दंगों के लिए साम्प्रदायिक पार्टियाँ तो जिम्मेदार हैं ही, अपने आप को धर्मनिरपेक्ष कहने वाली पार्टियाँ भी अपनी जिम्मेदारी से नहीं बच सकतीं।

साम्प्रदायिक दंगे-2009

सन् 2009 में देश में कोई बड़ा साम्प्रदायिक दंगा नहीं हुआ। सन् 2002 के गुजरात दंगों के बाद से ही देश में साम्प्रदायिक हिंसा की कोई बड़ी घटना नहीं हुई है। परन्तु यह भी उतना ही सच है कि कोई भी वर्ष पूरी तरह से दंगा मुक्त नहीं रहा।

यह दिलचस्प है कि सन् 1992-93 के मुम्बई दंगों के बाद, सन् 2002 के गुजरात दंगों तक कोई बड़ा साम्प्रदायिक दंगा देश में नहीं हुआ, सिवाय 1998 में कोयम्बटूर में हुई हिंसा के, जिसमें लगभग 40 लोगों को अपनी जान से हाथ धोना पड़ा था। ठीक इसी तरह, सन् 2002 के गुजरात दंगों के बाद से, देश में कोई बड़ा सांप्रदायिक दंगा नहीं हुआ है, सिवाय उड़ीसा के कंधमाल जिले में हुई हिंसा के, जिसमें लगभग 40 लोग मारे गए।

सन् 2009 की शुरूआत में संयुक्त राष्ट्रसंघ ने गुजरात के साम्प्रदायिक दंगों की जाँच अत्यन्त मंथर गति से चलने की आलोचना की। संयुक्त राष्ट्रसंघ की मानवाधिकार परिषद ने 7 फरवरी को प्रकाशित अपनी रपट में त्वरित न्याय की माँग करते हुए कहा, "सन् 2002 के साम्प्रदायिक दंगों से सम्बन्धित आपराधिक मामलों में से अधिकांश की या तो जाँच ही नहीं की गयी है या गुजरात पुलिस ने उन्हें बन्द कर दिया है। इस बीच, बेघरबार हो गये दंगा पीड़ितों की व्यथा वैसी ही बनी हुई है।" यह सचमुच शर्मनाक है कि संयुक्त राष्ट्रसंघ की मानवाधिकार परिषद को हमें हमारे कर्तव्य की याद दिलानी पड़ी। नरेन्द्र मोदी की साम्प्रदायिक मानसिकता और सत्ता के अहंकार के कारण हमारे देश को यह शर्मिंदगी उठानी पड़ी।

सौभाग्यवश, जनवरी का महीना दंगामुक्त रहा परन्तु फरवरी से साम्प्रदायिक हिंसा की शुरुआत हो गयी। सबसे पहली घटना महाराष्ट्र के नांदेड़ में हुई। यद्यपि महाराष्ट्र में अधिकांश समय कांग्रेस का शासन रहा है फिर भी यह राज्य साम्प्रदायिक दृष्ट्रि से बहुत संवेदनशील बना हुआ है। नांदेड़ में एक समुदाय की लड़कियों के साथ छेड़छाड़ के बाद हिंसा शुरू हुई। रेल्वे स्टेशन के नजदीक एक मुस्लिम और एक हिन्दू लड़के के बीच विवाद ने साम्प्रदायिक स्वरूप ले लिया। दोनों समुदायों के युवक सड़को पर उतर आये और हिंसा शुरू हो गयी, जिसमें धारदार हथियारों का खुलकर

इस्तेमाल हुआ। पाँच युवक घायल हुए और उनमें से एक को गम्भीर चोटें आयीं। क्षेत्र की सभी दुकानों ने अपने शटर गिरा लिये। पुलिस ने स्थिति पर जल्दी ही नियंत्रण स्थापित कर लिया।

उत्तर प्रदेश के आम्बेडकर नगर के टांडा कस्बे में एक हत्या के बाद साम्प्रदयिक हिंसा भड़क उठी जिसमें अल्पसंख्यक समुदाय के एक मकान और कई दुकानों को आग के हवाले कर दिया गया। पुलिस ने त्वरित कार्यवाही की और पी.ए.सी. की मदद से स्थिति पर काबू पा लिया।

भाजपा के सत्ता में आने के बाद से मध्य प्रदेश भी साम्प्रदायिक दृष्ट्रि से संवेदनशील राज्य बन गया है। राज्य के उज्जैन जिले के महिदपुर में 11 मार्च को साम्प्रदायिक हिंसा हुई। मिलाद-उल्-नबी के जुलूस में भाग लेकर लौट रहे मुसलमानों के एक समूह से यह अनुरोध किया गया कि वे उस रास्ते से न जाएँ जहाँ अखण्ड रामायण पाठ चल रहा है। परन्तु वे नहीं माने और उसी रास्ते से गये। नतीजे में भड़की साम्प्रदायिक हिंसा में एक व्यक्ति मारा गया और 17 घायल हुए। पुलिस को गोलीचालन करना पड़ा जिसमें एक व्यक्ति मारा गया। लगभग 24 लोगों को हिरासत में लिया गया।

होली, दीपावली और गणेश चतुर्थी जैसे त्यौहारों के मौके पर अक्सर साम्प्रदायिक हिंसा होती है। पिछले वर्ष भी होली पर उत्तर प्रदेश के चार शहरों में साम्प्रदायिक दंगे हुए। ये शहर थे बनारस, आज़मगढ़, लखनऊ और बरेली। इन दंगों में कुल मिलाकर चार व्यक्तियों की मौत हुई और 22 घायल हुए। बनारस और लखनऊ के कई इलाकों में कर्यू लगाया गया और हिंसा को फैलने से रोकने के लिए भारी पुलिस बन्दोबस्त किया गया। मृतकों में से दो बनारस के एक उपनगर में कुछ मुसलमानों पर रंग डालने की घटना के बाद हुई हिंसा में मारे गये। जिन थाना क्षेत्रों में ये दो घटनाएँ हुई थीं, उनके प्रभारियों को निलम्बित कर दिया गया। उच्च पुलिस अधिकारियों ने स्थिति पर काबू पाया।

आज़मगढ़ जिले के खिलाफतपुर में हुई साम्प्रदायिक हिंसा में एक व्यक्ति मारा गया और दो घायल हुए। लखनऊ के नवागाँव इलाके में एक व्यक्ति की गोली मारकर हत्या कर दी गयी। बरेली के पुराने शहर में दो समुदायों के गुटो के बीच रंग डालने को लेकर हुए विवाद में पाँच व्यक्ति घायल हुए। फरीदपुर क्षेत्र में मिलाद-उल-नबी मनाये जाने के दौरान हुई हिंसा में एक व्यक्ति मारा गया।

होली के दिन अन्य स्थानों से भी हिंसा की खबरें आयीं। उत्तर प्रदेश के गाज़ीपुर में एक छः वर्षीय बच्ची मारी गयीं और कई लोग घायल हुए। बिहार के छपरा और नवादा जिलों में तीन व्यक्ति मारे गये। दिल्ली में एक दर्जी की चाकू घौंप कर हत्या कर दी गयी।

मुम्बई के नजदीक ठाणे के राबोदी इलाके में एक सड़क दुर्घटना के बाद साम्प्रदायिक हिंसा भड़क उठी। हिंसक भीड़ को तितर-बितर करने के लिए पुलिस को

तीस राउंड गोलियाँ चलानी पड़ीं। प्रत्यक्षदर्शियों के अनुसार सात आटो रिक्शा, एक मिल्क वेन, चार दुकानें और तीन घर आग के हवाले कर दिये गये। पुलिस पर पत्थर और सोडा की बोतले फेंकी गयी। दो पुलिस इंस्पेक्टरों को सिर में गम्भीर चोटें आयीं। राबोदी में नवरात्रि के दौरान सितम्बर 2008 में भी साम्प्रदायिक हिंसा हुई थीं।

दक्षिण कर्नाटक में कुछ मस्जिदों में तोड़-फोड़ किये जाने के बाद 15 मार्च को साम्प्रदायिक हिंसा हुई। राज्य विधानसभा में कांग्रेस के सदस्यों ने आरोप लगाया कि संघ परिवार के कार्यकर्ताओं ने जमकर हिंसा की और पुलिस हिंसा पर काबू पाने में पूरी तरह असफल रही। यहाँ तक आरोप लगाया गया कि राम सेने नेता प्रमोद मुत्थालिक का इरादा कर्नाटक को देश का दूसरा गुजरात बनाने का है। कर्नाटक में ईसाइयों और चर्चों पर भी हमले होते रहे हैं। कांग्रेस और अन्य धर्मनिरपेक्ष दलों ने आरोप लगाया कि आम चुनावों में लाभ प्राप्त करने के लिए भाजपा, कर्नाटक में साम्प्रदायिक ध्रुवीकरण करने का प्रयास कर रही है।

महाराष्ट्र के यवतमाल जिले के पुसाद व डिगरस में 4 अप्रैल को हुई साम्प्रदायिक हिंसा में एक हिन्दू लड़का और एक मुस्लिम युगल मारे गये। इन्ही दोनों स्थानों पर सन् 2008 में होली के अवसर पर साम्प्रदायिक हिंसा हुई थी। लगभग एक साल बाद, अप्रैल 2009 में एक बार फिर साम्प्रदायिक हिंसा ने इन दोनों कस्बों को अपनी गिरफ्त में ले लिया। सन् 2008 में डिगरस में पुलिस ने मुसलमानों और उनके घरों पर जबरदस्त हमला किया था। मुसलमानों के घर तोड़ दिये गये थे, उनके घरों में रखी नगदी लूट ली गई थी, उनके टी.वी. सेट, फ्रिज और यहाँ तक कि पानी भरने के बर्तन तक तोड़ दिये गये थे। इस बार पुलिस ने यही व्यवहार पुसाद के मुसलमानों के साथ किया। सन् 2008 में आर.आर. पाटील महाराष्ट्र के गृह मंत्री थे। सन् 2009 में इस पद पर जयन्त पाटील विराजमान थे। न तो आर.आर.पाटील ने दोषी पुलिस वालों के खिलाफ कोई कार्यवाही की और न ही जयन्त पाटील ने उन्हें कोई सजा दी। यह तब जबकि दोनों को ही पुलिस की हरकतों की विडियो फिल्म दिखाई गयी थी। यह है महाराष्ट्र कांग्रेस की धर्मनिरपेक्षता का नमूना। यह सब हुआ आम चुनाव के मौके पर और इसी हिंसा का यह नतीजा था कि ठाणे लोकसभा निर्वाचन क्षेत्र में शिवसेना विजयी रही। उसने यह सीट कांग्रेस से छीनी। कई दंगे केवल चुनाव जीतने के लिए करवाए जाते हैं। हम यह कह सकते हैं कि यह कत्ल और लूटपाट के रास्ते वोट कबाड़ने की पुरानी रणनीति है। विहिप, शिवसेना व अन्य साम्प्रदायिक दलों की सक्रियता और कांग्रेस की रहस्यपूर्ण चुप्पी ने डिगरस और पुसाद को साम्प्रदायिक दृष्टि से अत्यन्त संवेदनशील बना दिया है। ऐसा लगता है कि कांग्रेस सरकार इन स्थानों पर जान-बूझकर साम्प्रदायिक सोच वाले पुलिस अधिकारियों की पदस्थापना करती है। ये पुलिसकर्मी स्वयं दंगाई और लुटेरे बन जाते हैं। एक मस्जिद के अलावा, मुसलमानों के 45 घर जला दिये गये। लगभग बीस हजार लोगों का रामनवमी जुलूस निकला जिसमें लाऊडस्पीकरों पर जोर-जोर से 'मन्दिर वहीं

बनाएँगे' का नारा लगाया जा रहा था। यह जुलूस मोहम्मदी मस्जिद के पास थोड़ी देर के लिए ठहरा और मस्जिद पर पत्थरबाजी की गयी जिसके बाद साम्प्रदायिक हिंसा शुरू हो गयी। यह इसके बावजूद कि शहर में साम्प्रदायिक सद्‌भव का वातावरण बनाने के लिए कुछ मुस्लिम नेताओं ने रामनवमी जुलूस का लोहार लेन में स्वागत किया था।

इसके बाद बारी थी गुजरात के आणंद की, जहाँ 27 मई को साम्प्रदायिक हिंसा हुई। एक 14 वर्षीय मुस्लिम लड़की का कत्ल एक गैर-मुस्लिम युवक ने कर दिया और बाद में हत्यारे ने आत्महत्या कर ली। लड़की का गला किसी धारदार हथियार से काटकर उसकी हत्या की गयी थी। इसके बाद दोनों समुदायों के बीच हिंसक झड़पें शुरू हो गयीं। पुलिस के अनुसार दोनों ओर से जम कर पत्थरबाजी हुई और पाँच घर जला दिये गये। सौभाग्यवश, कोई मारा नहीं गया और पुलिस ने जल्दी ही स्थिति पर नियंत्रण कर लिया।

असम वैसे तो साम्प्रदायिक रूप से बहुत संवदेनशील नहीं है परन्तु पिछले वर्ष, मई माह की 28 तारीख को वहाँ साम्प्रदायिक हिंसा भड़क उठी जिसमें पाँच लोग मारे गये और हजारों बेघरबार हो गये। यह दंगा पश्चिमी असम के कोकराझार जिले में हुआ। पुलिस के अनुसार, गड़बड़ी तब शुरू हुई जब कुछ गुंडों ने मन्दिर की जमीन पर रह रहे लोगों को वहाँ से हटाने की कोशिश की। रहवासियों के अनुसार, स्थानीय पुलिस ने इस मामले में पक्षपातपूर्ण भूमिका निभायी। एक समुदाय ने कुछ अधिकारियों को हटाये जाने की माँग की तो दूसरा समुदाय इन अधिकारियों के समर्थन में आगे आ गया।

महाराष्ट्र के नांदेड़ में 18 जून को चौपाला इलाके में हिंसा भड़क उठी। शुरुआत हुई कुछ लोगों द्वारा ड्रग्स बेचे जाने पर आपत्ति उठाने से। शरारती तत्वों ने इस विवाद को साम्प्रदायिक रंग दे दिया और दोनों समुदायों की हिंसक भीड़ एक-दूसरे पर टूट पड़ी। सात लोग घायल हुए और उन्हें सरकारी अस्पताल में दाखिल करवाया गया। हिंसा रात में हुई और हिंसा करने वालों ने पहले क्षेत्र की बिजली सप्लाई काट दी और बाद में अंधेरे में मारपीट और लूटपाट की। पुलिस समय पर पहुँच गयी और उसने स्थिति को और बिगड़ने से बचा लिया।

कर्नाटक में मैसूर शहर, साम्प्रदायिक सद्‌भाव के लिए जाना जाता रहा है परन्तु भाजपा के शासन काल में पूरे कर्नाटक की तरह, मैसूर भी साम्प्रदायिक दृष्टि से संवेदनशील बन गया है।

मैसूर में 3 जुलाई को साम्प्रदायिक हिंसा हुई, जिसमें तीन लोग मारे गये। विवाद एक धार्मिक स्कूल को अपवित्र किये जाने की कथित घटना से शुरू हुआ। पुलिस ने हिंसा पर उतारू भीड़ को तितर-बितर करने के लिए आँसू गैस के गोले फोड़े और हवा में गोलियाँ चलायीं। चार पुलिस स्टेशन क्षेत्रों में प्रतिबन्धात्मक आदेश लागू किये गये। उदयगिरी में कई घरों में आग लगा दी गयी। हिंसा जल्दी ही उदयगिरी के अलावा

गायत्रीपुरम और राजीवनगर में भी फैल गयी। पुलिस के अनुसार, दंगाइयों ने एक इंस्पेक्टर से उसकी पिस्तौल छीन ली और कई घरो में आग लगा दी। अगले दिन भी तनाव बना रहा। अपने मुस्लिम मित्र के साथ कार में बैठे एक भाजपा नेता की चाकू मार कर हत्या कर दी गयी, यद्यपि हत्या के पीछे पैसों के लेन-देन का विवाद बताया जाता है।

मैसूर के बाद 17 अगस्त को अहमदाबाद के शाहपुर इलाके में साम्प्रदायिक हिंसा हुई जिसमें लगभग 8 व्यक्ति घायल हुए। हिंसा की शुरुआत एक मन्दिर में स्थापित मूर्ति को कथित रूप से नुकसान पहुँचाए जाने के बाद हुई। एक अन्य स्त्रोत के अनुसार, हिंसा के पीछे स्थानीय मस्जिद के सामने बैंड बजाया जाना था। पूरा क्षेत्र पत्थरों और कांच के टुकड़ों से अटा पड़ा था।

शाहपुर, अहमदाबाद का मुस्लिम-बहुल इलाका है। स्थानीय निवासियों ने बातचीत में बताया कि लगभग एक सप्ताह पहले कुछ लोगों ने नागौरीबाद पुलिस चौकी के सामने स्थित अहमदी मस्जिद के बगल में एक मन्दिर बनाने की कोशिश की और यहीं से तनाव की शुरुआत हुई। कुछ अन्य लोगों का कहना है कि मस्जिद के सामने से शाम की नमाज़ के वक्त एक जुलूस निकाले जाने पर आपत्ति की गयी क्योंकि जुलूस में शामिल लोग बहुत शोर मचा रहे थे। हिंसा में तीन दर्जन से अधिक मकानों को जलाकर खाक कर दिया गया और दोनों पक्षों के लोगों की सम्पत्ति को नुकसान पहुँचा। कई लोग घायल हुए, जिनमें पुलिस अधिकारी भी शामिल थे। कुछ अखबारों के अनुसार, अल्पसंख्यक समुदाय के दो व्यक्तियों को चाकू से हमला कर घायल कर दिया गया।

गणेशोत्सव के दौरान महाराष्ट्र के सांगली, मीराज व कोल्हापुर जिले के इच्छालकरंजी में 7 से 9 सितम्बर तक साम्प्रदायिक हिंसा हुई। इच्छालकरंजी की आबादी लगभग 3 लाख है और यह शहर अपने कपड़ा उद्योग के लिए जाना जाता है। हिंसा के एक माह बाद तक शहर के मुस्लिम निवासी आतंकित थे। दंगे, सांगली और मीराज में भी फैल गये। पूरे क्षेत्र में लगभग 60 मस्जिदों और दरगाहों को नुकसान पहुँचाया गया।

पश्चिमी महाराष्ट्र के इस इलाके में कई गणेश पंडालों के स्वागतद्वारों पर अफज़ल खान को मारते हुए शिवाजी का चित्र प्रदर्शित किया गया था। इस पर कुछ मुसलमानों को आपत्ति थी और यह मुद्दा कांग्रेस और शिवसेना-भाजपा गठबंधन के बीच विवाद का विषय बन गया। साम्प्रदायिक हिंसा के लिए महाराष्ट्र के मुख्यमंत्री श्री अशोक चव्हाण ने यह आरोप लगाया कि साम्प्रदायिक पार्टियाँ, राजनैतिक लाभ के लिए दंगों को हवा दे रही हैं।

दूसरी ओर, महाराष्ट्र के भाजपा नेता गोपीनाथ मुंडे ने साम्प्रदायिक हिंसा के लिए कांग्रेस को दोषी ठहराया और यह आरोप भी लगाया कि कांग्रेस चुनावों में विजय के लिए दंगे भड़का रही है। दोनों प्रमुख पार्टियों के नेताओं का एक-दूसरे पर दंगों का

उपयोग चुनावी लाभ के लिए करने का आरोप लगाया जाना एक बार फिर प्रमाणित करता है— अगर किसी प्रमाण की आवश्यकता अब भी बची है तो— कि साम्प्रदायिक हिंसा का मुख्य उद्देश्य राजनैतिक लाभ प्राप्त करना होता है। इन दंगो का एक ऐसा पक्ष भी था जो कि भविष्य के लिए आशा जगाने वाला था। वह यह कि जिन गाँवों में मस्जिदों को नुकसान पहुँचाया गया था वहाँ की हिन्दू महिलाओं ने न केवल मस्जिदों की मरम्मत की वरन गाँवों के मुसलमानों को सुरक्षा भी दी और उन्हें गाँव छोड़कर न जाने के लिए राजी किया।

गत 13 नवम्बर को हमने इच्छालकरंजी में 'महिलाएँ और धर्मनिरपेक्षता' विषय पर एक दिवसीय कार्यशाला आयोजित की, जिसमें इन गाँवों की उन हिन्दू महिलाओं को भी आमंत्रित किया गया था जिन्होंने मस्जिदों की मरम्मत की और मुसलमानों की जानें बचायीं। मैंने उन्हें सुना और उनकी बातें मुझे अत्यन्त प्रेरणादायक लगीं। साम्प्रदायिक ताकतों से लड़ने का उनका जज्बा बहुत प्रभावित करने वाला था। इन अपढ़, ग्रामीण महिलाओं की साम्प्रदायिकता का विरोध करने के प्रति प्रतिबद्धता ने मुझे इस आशा और विश्वास से भर दिया कि भारत के लोग इस देश को हमेशा धर्मनिरपेक्ष बनाए रखेंगे।

इस सन्दर्भ में एक अन्य महत्वपूर्ण बात यह है कि इच्छालकरंजी, कपड़ा उद्योग का बड़ा केन्द्र है और एक समय वहाँ वामपंथी ट्रेड यूनियनों का बोलबाला था। इसके पहले, सन् 1970 और फिर 1984 में मुम्बई के निकट भिवंडी शहर भी साम्प्रदायिकता की लपटों में घिरा था। इच्छालकरंजी की तरह, भिवंडी भी कपड़ा उद्योग के लिए जाना जाता था और वहाँ के श्रमिक संगठनों पर भी वामपंथी दलों का कब्जा था। ऐसा लगता है कि वामपंथी ट्रेड यूनियन कार्यकर्ता उतनी ही आसानी से साम्प्रदायिक आधार पर ध्रुवीकृत हो जाते हैं जितने कि अन्य विचारधाराओं के श्रमिक। वामपंथी विचारधारा उन्हें साम्प्रदायिकता के चंगुल में फँसने से नहीं बचा पाती।

राजस्थान के जैसलमेर शहर के फतेहगढ़ इलाके में एक विवादित धार्मिक स्थल को गिराये जाने के बाद हुई साम्प्रदायिक हिंसा में एक व्यक्ति मारा गया और दस घायल हुए। 23 सितम्बर को हुई इस हिंसा के दौरान एक दर्जन दुकानें और चार वाहन आग के हवाले कर दिए गये और तहसीलदार व एसडीएम के कार्यालयों में तोड़फोड़ की गयी। जैसलमेर एक सीमावर्ती शहर है और पाकिस्तान वहाँ से कुछ ही मील की दूरी पर है। जैसलमेर के मुसलमानों की संस्कृति और भाषा वही है जो वहाँ के हिन्दुओं की है। इसके पहले जैसलमेर में कभी साम्प्रदायिक हिंसा नहीं हुई थी। राजस्थान में भाजपा की सरकार बनने के बाद से वहाँ साम्प्रदायिक तत्वों के हौसले बुलंद हो गये।

उत्तर प्रदेश के बहराइच जिले का श्रावस्ती कस्बा, 24 अक्टूबर को एक मस्जिद में माँस के टुकड़े फेंके जाने के बाद साम्प्रदायिक तनाव से घिर गया। मुसलमानों ने चक्काजाम कर दिया और पत्थरबाजी की। श्रावस्ती से बहराइच जाने वाली सड़क कई

घंटों तक बन्द रही। गाड़ियों में तोड़-फोड़ की गयीं और बसों में आग लगाने की कोशिश भी हुई। पुलिस के अनुसार, मस्जिद के आसपास और उसके अन्दर माँस के टुकड़े पाये जाने की खबर फैलते ही लगभग 500 लोग इकट्ठा हो गये और दोषियों को गिरफतार किये जाने की माँग करने लगे। शहर के कुछ लोगों का मुसलमानों से विवाद था और ऐसा हो सकता है कि उनमें से किसी ने मस्जिद में माँस फेंका हो। पुलिस ने करीब 14 लोगों को संदेह के आधार पर गिरफतार कर लिया।

यह था सन् 2009 में हुई साम्प्रदायिक हिंसा का विवरण। कुल मिलाकर इस हिंसा में 23 लोगों ने अपनी जानें गवायी और 73 लोग घायल हुए। सम्पत्ति के नुकसान का अंदाजा लगाना मुश्किल है परन्तु यह राशि किसी भी स्थिति में सौ करोड़ रुपये से कम नहीं होगी। जिन राज्यों में दंगे हुए वे थे— उत्तर प्रदेश, मध्य प्रदेश, महाराष्ट्र, बिहार, राजस्थान, कर्नाटक, आसाम और गुजरात।

पश्चिम बंगाल, छत्तीसगढ़, झारखंड, उड़ीसा, आंध्रप्रदेश, तमिलनाडू और केरल दंगा मुक्त रहे। पिछले साल गुजरात में बहुत कम दंगे हुए और सबसे ज्यादा साम्प्रदायिक हिंसा महाराष्ट्र में हुई। गुजरात में बड़ौदा जैसा साम्प्रदायिक दृष्टि से अत्यन्त संवेदनशील शहर शान्त रहा।

इस तरह, गुजरात में हालात बेहतर हुए परन्तु महाराष्ट्र की स्थिति में कोई सुधार नहीं हुआ। महाराष्ट्र की सरकार तो धर्मनिरपेक्ष है परन्तु उसमें शिवसेना की मनमानी पर नियंत्रण करने की राजनैतिक इच्छाशक्ति का अभाव है। शिवसैनिक जो चाहें करने के लिए स्वतंत्र हैं। शिवसेना का मुखपत्र 'सामना' भड़काऊ खबरें छापता रहता है। उस पर कोई कानून लागू नहीं होता। गुजरात में साम्प्रदायिक हिंसा में जरूर कमी आयी है परन्तु वहाँ के समाज का साम्प्रदायिकीकरण पहले जितनी तेजी से जारी है। सन् 2002 के दंगों में नरेन्द्र मोदी को जो बदनामी झेलनी पड़ी उस कारण वे अब गुजरात में कोई सांप्रदायिक दंगा होने देना नहीं चाहते परन्तु धार्मिक ध्रुवीकरण की प्रक्रिया को पहले जैसा ही प्रोत्साहन मिल रहा है। हिन्दुओं और मुसलमानों के बीच की खाई उतनी ही गहरी है जितनी सन् 2002 में थी और गुजरात आज भी हिन्दुत्व की प्रयोगशाला बना हुआ है।

जैसा की हम पहले भी कह चुके हैं, सन् 2002 के बाद से उड़ीसा के कंधमाल को छोड़कर, कहीं भी कोई बड़ी साम्प्रदायिक घटना नहीं हुई। उड़ीसा की सरकार में भाजपा की केवल हिस्सेदारी थी जबकि गुज़रात में वह अकेले अपने दम पर सत्ता में थी। यही कारण है कि कंधमाल में एक बार हिंसा करवाने के बाद भाजपा गुजरात की तरह राज्य का साम्प्रदायिकीकरण नहीं कर सकी। उड़ीसा के मुख्यमंत्री नवीन पटनायक को अपनी गलती का एहसास हो गया और उन्होंने कंधमाल दंगों के बाद भाजपा से नाता तोड़ लिया। इससे राज्य के साम्प्रदायिकीकरण की प्रक्रिया रुक गयी।

गुजरात की भाजपा अकेली मालिक है और इसलिए वहाँ 2002 के दंगों के बाद से साम्प्रदायिकीकरण की प्रक्रिया निरन्तर जारी है। अगर समाज साम्प्रदायिक बना रहे

तो जब भी जरूरत हो, दंगे करवाए जा सकते हैं। स्पष्टतः बहुत लम्बे समय तक लगातार साम्प्रदायिक हिंसा जारी नहीं रखी जा सकती। जहाँ तक उत्तर प्रदेश और बिहार का सवाल है, वहाँ सन् 1980 के दशक के बाद से कोई बड़ा साम्प्रदायिक दंगा नहीं हुआ है। इसका कारण है समाजवादी पार्टी, बहुजन समाज पार्टी, राष्ट्रीय जनता दल, जनता दल (युनाईटेड) आदि का उदय। इन जाति-आधारित दलों के शक्तिशाली होने से साम्प्रदायिक राजनीति कमजोर हुई है। पूरे हिन्दी भाषी क्षेत्र में सत्ता समीकरण बदल गये हैं। तमिलनाडु और केरल में हमेशा से क्रमशः जातिगत और वामपंथी राजनीति का प्रभाव रहा है। परन्तु दोनों ही राज्यों में, बीच-बीच में साम्प्रदायिक हिंसा का दानव अपना सिर उठाता रहा है। तमिलनाडु में मीनाक्षीपुरम में बड़े पैमाने पर हिन्दुओं द्वारा इस्लाम अपनाने के बाद हिन्दू मुन्नानी नामक पिछड़े वर्गों की पार्टी का उदय हुआ था। वहाँ पिछड़ों और दलितों के बीच हिंसक झड़पें भी हुईं। परन्तु वहाँ भी साम्प्रदायिक राजनीति लम्बे समय तक जिन्दा नहीं रह सकी।

केरल में आरएसएस ने समाज के उन कुछ वर्गों में पैठ बनाने की कोशिश की, जो सत्ता से वंचित थे। उसे कुछ हद तक सफलता भी मिली और संघ व सीपीएम के कार्यकर्ताओं के अलावा, हिन्दुओं और मुसलमानों के बीच भी हिंसा हुई परन्तु यह अधिक समय तक नहीं चल सकी। असम वैसे तो साम्प्रदायिक मिज़ाज़ का प्रदेश नहीं है परन्तु सन् 1980 के दशक की शुरुआत में वहाँ चले छात्र आन्दोलन से स्थानीय राजस्थानी बनिया समुदाय में असुरक्षा का भाव पैदा हो गया और उसने आरएसएस को असम में निमन्त्रित किया। इससे वहाँ की राजनीति में कुछ हद तक साम्प्रदायिकता घुल गयी। आरएसएस को कुछ छोटे-मोटे दंगे करवाने में सफलता भी मिली परन्तु ऐतिहासिक, सांस्कृतिक और भाषाई कारणों से असम में लम्बे समय तक साम्प्रदायिकता को मजबूत बनाये रखना सम्भव नहीं है।

यह साफ है कि साम्प्रदयिकता के पीछे धर्म नहीं बल्कि राजनीति होती है और किसी क्षेत्र में साम्प्रदायिकता का ग्राफ, उस क्षेत्र के राजनैतिक समीकरणों के साथ ऊपर-नीचे होता रहता है। भारत के अद्‌भूत विविधता वाले समाज में लम्बे समय तक साम्प्रदायिक हिंसा जारी रखना असम्भव है। अगर दंगे होते हैं तो इसके पीछे साम्प्रदायिक ताकतों का शक्तिशाली होना नहीं वरन् धर्मनिरपेक्ष ताकतों का कमजोर होना होता है।

कई बार धर्मनिरपेक्ष पार्टियाँ हिम्मत हार बैठती हैं और साम्प्रदायिक ताकतों से लड़ने के लिए जरूरी राजनैतिक इच्छा शक्ति नहीं दिखातीं। अगर धर्मनिरपेक्ष पार्टियाँ हिम्मत और धैर्य से काम लें तो कोई कारण नहीं कि हमारे देश से साम्प्रदायिक हिंसा का दानव हमेशा के लिए विदा हो जाए।

प्रजातंत्र, चुनाव और अल्पसंख्यक

देश में आम चुनाव कुछ ही महीने दूर हैं। सभी राजनैतिक दल चुनाव जीतने के लिए अपनी-अपनी रणनीतियाँ बनाने में जुटे हुए हैं। आम चुनाव, राजनैतिक पार्टियों की परीक्षा की घड़ी होती है। उन्हें मतदाताओं को अपने क्रियाकलापों का हिसाब देना होता है। हर पाँच साल के अन्तराल से उन्हें मतदाताओं का दिल जीतना पड़ता है। उन्हें ज्यादा से ज्यादा धार्मिक और जातीय समूहों का समर्थन हासिल करने के लिए प्रयास करना होता है। अगर किन्हीं धार्मिक समुदायों या जातियों के हित एक-दूसरे से टकराते हैं तो राजनैतिक दलों को बीच का कोई रास्ता खोजना पड़ता है।

मुसलमान भारत की आबादी का 15 प्रतिशत हैं और किसी भी पार्टी की जीत या हार में उनकी महत्वपूर्ण भूमिका होती है। उत्तर प्रदेश और बिहार में तो मुसलमानों के समर्थन के बिना किसी भी पार्टी के लिए चुनाव जीतना मुश्किल काम है।

स्वतंत्रता के बाद से लेकर लगभग चालीस सालों तक मुसलमान इन दोनों राज्यों में आँख बन्द करके कांग्रेस का साथ देते रहे और कांग्रेस उत्तर प्रदेश और बिहार में बिना किसी रुकावट के लगातार सत्ता में बनी रही। जैसे ही मुसलमानों ने कांग्रेस का साथ छोड़ा, उसने ये दोनों राज्य खो दिए। कांग्रेस ने उत्तर प्रदेश को तभी खो दिया था जब तत्कालीन प्रधानमंत्री श्री राजीव गाँधी ने राम मन्दिर का शिलान्यास किया था और बाबरी मस्जिद के ताले खुलवाये थे। तब से लेकर आज तक कांग्रेस मुसलमानों का विश्वास फिर से हासिल नहीं कर सकी है।

'राम मन्दिर' की लहर पर सवार होकर भाजपा एक बार उत्तर प्रदेश में सत्ता में आ चुकी है। परन्तु काठ की हांडी बार-बार चूल्हे पर नहीं चढ़ती। अपने अच्छे दिनों में भाजपा ने यह दावा किया था कि उसे 'मुसलमानों के वोटों की जरूरत नहीं है' परन्तु उसी भाजपा का एक 'अल्पसंख्यक सेल' है और शाहनवाज हुसैन जैसे कुछ नेताओं के जरिए वो मुसलमानों को बड़े-बड़े सपने दिखा रही है। भाजपा ने मुख्तार अब्बास नकवी को अपना प्रवकत भी नियुक्त कर रखा है।

इस सबके बाद भी भाजपा हिन्दू वोट कबाड़ने के लिए 'राम मन्दिर' का अपना मूल मंत्र नहीं छोड़ना चाहती। भाजपा अध्यक्ष राजनाथ सिंह का कहना है कि अगर

भाजपा सत्ता में आयी तो वह राम मन्दिर बनाएगी। उन्होंने यह भी कहा कि वो एनडीए के अपने साथी दलों को भी इस बात के लिए राजी कर लेगी कि मन्दिर निर्माण का रास्ता साफ करने के लिए एक नया कानून बनाया जाए। श्री आडवानी भी यह जानना चाहते हैं कि मन्दिर बनाने में आखिर गलत क्या है। बाबरी मस्जिद को ढहाकर एक गलती तो वे कर ही चुके हैं तो फिर मस्जिद के मलबे पर राम मन्दिर बनाने की दूसरी गलती करने में क्या समस्या है?

चुनावी गणित के जानकार कहते हैं कि आने वाले आम चुनावों में भाजपा के लिए लोकसभा में अपने सदस्यों की वर्तमान संख्या बढ़ाना अत्यन्त कठिन होगा। आतंकवाद के कार्ड ने तो मुम्बई हमलों के तुरन्त बाद भी काम नहीं किया और भाजपा ने दिल्ली विधानसभा चुनाव में मुँहकी खाई। स्पष्टतः आतंकवाद के मुद्दे को भावनात्मक रंग देकर चुनावों में भुनाना अब मुश्किल हो गया है। कुछ महीने पहले जब कीमतों में तेजी से उछाल आया था तब भाजपा को लगा कि उसे एक चुनावी मुद्दा मिल गया है परन्तु भाजपा के दुर्भाग्य से कीमतों का न केवल बढ़ना रुक गया बल्कि वे कुछ हद तक नीचे भी आ गयीं। मुद्रास्फीति की दर छः प्रतिशत के आसपास सिमट गयी है। इन परिस्थितियों में भाजपा के पास राम मन्दिर के गड़े मुर्दे को उखाड़ने के अलावा कोई रास्ता बचा भी नहीं है।

भाजपा कितनी भी कलाबाजियाँ खा ले, लोकसभा में उसकी ताकत बढ़ने वाली नहीं है। उड़ीसा और कर्नाटक में भाजपा के गुंडा विंग ने जो धमाल मचाया है उससे भी उसकी छवि को गहरा धक्का लगा है। जो लोग भाजपा के समर्थक हैं, उनके लिए भी ईसाइयों और महिलाओं पर हमलों को उचित ठहराना मुश्किल होगा। एक समय था जब ईसाई भाजपा की ओर आकर्षित हो रहे थे। कुछ ईसाई नेता भाजपा में शामिल भी हो गये थे। भाजपा ने अपने विरोधियों की संख्या बढ़ा ली है।

उत्तर प्रदेश की मुख्यमंत्री सुश्री मायावती और समाजवादी पार्टी के सुप्रीमो श्री मुलायम सिंह यादव के बीच मुस्लिम वोटों के लिए कड़ा मुकाबला चल रहा है। मुसलमानों को खुश करने के लिए सुश्री मायावती ने घोषणा की है कि उनकी पार्टी मुसलमानों को लोकसभा के 25 प्रतिशत टिकट देगी। यह पहली बार है कि किसी पार्टी ने इस तरह का वायदा किया है। उत्तर प्रदेश के मुसलमानों को इसका स्वागत करना चाहिए। कांग्रेस को भी इससे सबक सीखने की जरूरत है। यह एक तथ्य है कि टिकट वितरण में कांग्रेस ने कभी मुसलमानों के साथ न्याय नहीं किया।

सुश्री मायावती की घोषणा स्वागत योग्य तो है परन्तु असली प्रश्न यह है कि जिन सीटों से मुसलमान प्रत्याशी खड़े किये जाएँगे उनमें से कितनी ऐसी होंगी जहाँ से बसपा के जीतने की उम्मीद हो और उनकी पार्टी मुस्लिम उम्मीदवारों की जीत के लिए कितनी कोशिश करेगी। यह भी महत्वपूर्ण है कि जिन मुसलमानों को टिकट दिए जाएँगे

उनकी हैसियत और पृष्ठभूमि क्या होगी। यह उम्मीद करना बेकार है कि सुश्री मायावती ऐसे मुसलमानों को उम्मीदवार बनाएँगी जिनका ऊँचा राजनैतिक कद और स्वतंत्र व्यक्तित्व हो। सुश्री मायावती केवल अपने पिछलग्गुओं को आगे बढ़ाने के लिए जानी जाती हैं।

इस बीच, मुलायम सिंह यादव ने कल्याण सिंह का हाथ थाम लिया है। कल्याण सिंह वही सज्जन हैं जिनके मुख्यमंत्रित्व काल में 6 दिसम्बर, 1992 को बाबरी मस्जिद ढहाई गयी थी। उन्होंने न केवल इस गैर-कानूनी कार्यवाही को रोकने का कोई प्रयास नहीं किया था वरन् उन्होंने अपनी इस भूमिका पर गर्व का इज़हार भी किया था। मुस्लिम इस घटनाक्रम को भूले नहीं हैं। श्री मुलायम सिंह यादव का दावा है कि उन्होंने उत्तर प्रदेश से भाजपा का सफाया करने के लिए कल्याण सिंह से हाथ मिलाया है परन्तु जहाँ तक मुसलमानों का सवाल है, श्री यादव की रणनीति सफल नहीं होगी।

मुलायम सिंह यादव को याद करना चाहिए कि अयोध्या में राम मन्दिर की आधारशिला रखवाने के बाद कांग्रेस का उत्तर प्रदेश में क्या हाल बना था। मुसलमानों के दबाव में मुलायम सिंह यादव ने कल्याण सिंह को बाबरी मस्जिद के ढहाये जाने के लिए माफी माँगने पर मजबूर तो कर दिया है परन्तु कल्याण सिंह से दोस्ती उन्हें महँगी पड़ेगी। कांग्रेस ने भी कल्याण सिंह और मुलायम सिंह की अचानक हुई दोस्ती पर अपनी नाराजगी व्यक्त की है। श्री मुलायम सिंह यादव ने इसके जवाब में कांग्रेस को दूसरों के मामलों में टाँग नहीं फँसाने की नसीहत दी है। उन्होंने यह भी कहा है कि वे और कल्याण सिंह दोनों ही किसान हैं। और तो और, वे दोनों पहलवान भी हैं। यह आश्चर्य की बात है कि मुलायम सिंह यादव जैसे चतुर और समझदार नेता ने ऐसी बचकानी बात क्यों कही।

कल्याण-मुलायम गठजोड़ की मुसलमानों के बीच जो तीखी प्रतिक्रिया हुई है, उससे ऐसा लगता है कि यदि मुलायम सिंह यादव को उत्तर प्रदेश के मुसलमानों के वोट चाहिए तो उन्हें कल्याण सिंह से दूर ही रहना होगा। श्री यादव की इस रणनीतिक भूल का फायदा सुश्री मायावती को हो सकता है। मुसलमानों के वोट थोक में बसपा की झोली में जा सकते हैं। कांग्रेस को शायद थोड़ा-बहुत फायदा होगा। भाजपा को तो कुछ नहीं मिलेगा।

बिहार में भाजपा की अपनी ज़मीन नहीं है। वहाँ वह नितीश कुमार की बैसाखियों पर चल रही है। नितीश कुमार इस बात से नाराज़ हैं कि भाजपा, राम मन्दिर का मुद्दा उठाकर उनके लिए परेशानी खड़ी कर रही है। नितीश कुमार, कुर्मी हैं और यादव वोटों पर निर्भर नहीं हैं। उन्होंने पिछड़े मुसलमानों के लिए काम कर रहे दो मुस्लिम नेताओं को अपनी पार्टी से राज्यसभा में भी भेजा है। बिहार की जातिवादी राजनीति पर इसका कोई विशेष असर होने की सम्भावना कम ही है।

ऐसा लगता है कि नितीश कुमार भी बहुत अच्छी स्थिति में नहीं हैं। उनकी पार्टी शायद ही सन् 2004 के चुनावों से ज्यादा सीटें इस बार जीत सके। वे अपने चुनावी वायदे पूरे नहीं कर सके हैं और कोसी नदी की बाढ़ के बाद पुनर्वास और सहायता के काम में हुई बदइंतजामी उनके गले की हड्डी बन गयी है। अगर नितीश कुमार की हालत पतली है तो भाजपा की भी अच्छी नहीं हो सकती क्योंकि बिहार में भाजपा लगभग पूरी तरह नितीश कुमार पर ही निर्भर है।

पिछले कुछ वर्षों से गैर-मुसलमानों की तरह मुसलमान भी क्षेत्रीय मुद्दों को अधिक तरजीह देने लगे हैं। उनके वोटों का बड़ा हिस्सा क्षेत्रीय पार्टियों को जा रहा है। महाराष्ट्र, आंध्र प्रदेश और कुछ ही अन्य राज्य ऐसे हैं जहाँ मुसलमानों के सामने भाजपा के अलावा सिर्फ कांग्रेस को वोट देने का ही विकल्प है। यह स्वागत योग्य है कि मुसलमान अब भावनाओं में बहने की बजाय क्षेत्रीय और जमीन से जुड़े मुद्दों को अधिक महत्व देने लगे हैं। ऐसा नहीं है कि केवल मुसलमान ही भावनात्मक मुद्दों पर अपने राजनैतिक निर्णय आधारित करते रहे हैं। राम मन्दिर के मुद्दे पर हिन्दू भी भावनाओं में बह गये थे और मंडल आयोग के मामले को लेकर पिछड़ों ने भी एकजुट होकर वोट दिये थे। इन दोनों ही मुद्दों ने भारतीय राजनीति का चेहरा हमेशा के लिए बदल दिया।

चूँकि अब मुसलमान भावनाओं में बहकर वोट नहीं देना चाहते इसलिए उन्हें क्षेत्रीय पार्टियों से जमकर मोल-भाव करना चाहिए। उनके दो उद्देश्य होने चाहिए-एक, साम्प्रदायिक ताकतों को हराना और दो, मुसलमानों के आर्थिक-शैक्षणिक विकास और उन्हें राजनैतिक सत्ता में उचित हिस्सेदारी देने के वायदे लेना। उन्हें भावनाओं में कतई नहीं बहना चाहिए और चतुराई से अपने मतों की भरपूर कीमत वसूलनी चाहिए।

यह महत्वपूर्ण है कि जब से मुसलमानों ने उत्तर प्रदेश और बिहार में क्षेत्रीय दलों को समर्थन देना शुरू किया है तब से देश में साम्प्रदायिक दंगों का केन्द्र इन राज्यों से खिसक कर महाराष्ट्र में पहुँच गया है। सरकारी आंकड़ों के अनुसार भी पिछले कुछ वर्षों में सबसे ज्यादा साम्प्रदायिक दंगे महाराष्ट्र में हुए हैं। इस आशय की खबरें मीडिया में भी आयी हैं।

महाराष्ट्र में साम्प्रदायिक हिंसा कांग्रेस शासन में हुई है, विशेषकर श्री विलास राव देशमुख के मुख्यमंत्री रहने के दौरान। एनसीपी के आरआर पाटिल भी साम्प्रदायिक दंगों को नियंत्रण में नहीं रख सके। धुले का घटनाक्रम इसका गवाह है। परन्तु महाराष्ट्र के मुसलमानों की समस्या यह है कि वहाँ भाजपा-शिवसेना गठबन्धन का एकमात्र विकल्प कांग्रेस ही है। महाराष्ट्र में कोई क्षेत्रीय दल नहीं है।

महाराष्ट्र के मुसलमानों के लिए यह बड़ी दुविधापूर्ण स्थिति है। जहाँ तक मुसलमानों की अलग पार्टी बनाने का सवाल है, वह रोग को और बढ़ाने वाली दवाई

है। जहाँ-जहाँ धर्मनिरपेक्ष व स्वच्छ छवि वाले उम्मीदवार उपलब्ध हों, वहाँ मुसलमानों को उन्हें अपना मत देना चाहिए। महाराष्ट्र के मुसलमानों को कांग्रेस के केन्द्रीय नेतृत्व से सीधे संवाद करना चाहिए। महाराष्ट्र में राज्य स्तर के कांग्रेस नेता श्री बाल ठाकरे से आतंकित रहते हैं। यहाँ तक कि श्री शरद पवार, श्री छगन भुजबल और कांग्रेस के कई अन्य नेता श्री ठाकरे के पैर छूते हैं और उनके साथ लंच-डिनर करते हैं।

प्रजातंत्र में केवल सौदेबाजी ही चलती है। हमारे चुनाव शुद्धत: जाति और धर्म के समीकरणों पर लड़े और जीते जाते हैं। मुसलमानों को चाहिए कि वे सभी राजनैतिक दलों को अपनी ताकत का एहसास कराएँ।

गुजरात चुनाव और उसके बाद

गुजरात ने इतिहास बनाया है। सन् 2002 के कत्लेआम के बाद से लेकर आज तक गुजरात लगातार खबरों में बना रहा है। चाहे मुद्दा छोटा हो या बड़ा, गुजरात सतत् चर्चा में रहा है। गुजरात के कत्लेआम की तुलना भारतीय इतिहास की किसी अन्य घटना से नहीं की जा सकती और उस पर लम्बे समय तक चर्चा चलती रहेगी। देश के विभाजन की तरह, गुजरात कत्लेआम को आसानी से नहीं भुलाया जा सकता। गुजरात में ज़ब भी चुनाव होंगे, इस कत्लेआम की चर्चा होगी। मेरी यह स्पष्ट मान्यता है कि अगर नरेन्द्र मोदी यह कत्लेआम नहीं करवाते तो वे सन् 2002 के विधानसभा चुनाव नहीं जीत सकते थे और अगर वह कत्लेआम नहीं होता तो उनके लिए सन् 2007 का चुनाव भी जीतना असम्भव होता।

मेरी राय में यह मान्यता गलत है कि मोदी ने गुजरात में विकास की गंगा बहाने के कारण चुनाव जीता। गुजरात में आज भी साम्प्रदायिक ध्रुवीकरण उसी स्तर पर है जिस स्तर पर सन् 2002 में था। अगर मोदी ने चुनाव प्रचार के दौरान हिन्दुत्व और उससे जुड़े मुद्दों पर कोई चर्चा नहीं भी की होती तो भी वे यह चुनाव जीत जाते। प्रश्न सिर्फ जीत के अन्तर का था। अब तो कांग्रेस के नेता भी सार्वजनिक रूप से यह स्वीकार कर रहे हैं कि उन्होंने गुजरात में जीत के बारे में सोनिया गाँधी को किसी प्रकार के भ्रम में नहीं रखा था। सोनिया गाँधी को उन्होंने पहले ही यह बता दिया था कि कांग्रेस गुजरात चुनाव नहीं जीत सकती। हाँ, कांग्रेस नेताओं को मोदी की इतने अधिक बहुमत से जीत की उम्मीद नहीं थी।

मोदी को भारी बहुमत से जीत हासिल हो सकी, इसके पीछे के कई कारणों में से एक है मायावती के उम्मीदवार। कई विधानसभा क्षेत्रों में दलितों ने मायावती के उम्मीदवारों को वोट दिए और इन क्षेत्रों में कांग्रेस उम्मीदवार 5000 या उससे कम मतों के अन्तर से हारे। अगर इन क्षेत्रों में मायावती ने उम्मीदवार नहीं खड़े किए होती तो निःसंदेह वहाँ से कांग्रेस जीतती।

मैं इस विषय पर भी चर्चा करना चाहूँगा कि क्या कारण है कि सन् 2002 के कत्लेआम के पाँच साल बाद भी मोदी को गुजरातियों का इतना व्यापक समर्थन हासिल

है कि वे बिना किसी परेशानी के हालिया चुनाव जीत सके। इस प्रश्न का उत्तर विश्व स्तर पर राजनैतिक विचारधाराओं में हुई उथल-पुथल में छुपा हुआ है। दुर्भाग्यवश, किसी राजनैतिक विश्लेषक ने गुज़रात चुनावों के नतीजों को इस कोण से नहीं परखा है।

सन् 1980 के दशक तक पूरे विश्व में समाजवाद और समाजवादी विचारधाराओं की आम जनता में गहरी पैठ थी। पिछली सदी के छठे दशक के आखिर में जब इंदिरा गाँधी ने *गरीबी हटाओ* का नारा दिया तो इसने मानो पूरे देश पर जादू सा कर दिया और श्रीमती गाँधी अपने आप में एक महान नेता बनकर उभरीं। कांग्रेस के वरिष्ठ नेताओं, जिनमें कामराज, मोरारजी देसाई और अतुल्य घोष शामिल थे, को जनता ने दरकिनार कर दिया और श्रीमती गाँधी अपने बलबूते पर शानदार बहुमत के साथ सत्ता में आयीं।

इसी तरह, पाकिस्तान में जुल्फीकार अली भुट्टो के 'रोटी, कपड़ा और मकान' के नारे ने उनके राजनैतिक कद में भारी बढ़ोतरी की और जनरल अय्यूब राजनैतिक परिदृश्य से बाहर हो गये। इसके बाद जब भुट्टो ने भारत के साथ एक हजार साल तक युद्ध करने की बात कही तब वे पाकिस्तान के सबसे कद्दावर नेता बनकर उभरे। परन्तु उनका मूलमंत्र रोटी, कपड़ा और मकान ही रहा। अरब देशों में भी समाजवादी नारों के सहारे ही नासिर और गद्दाफी सत्ता में आये।

अब स्थितियाँ बिलकुल बदल चुकी हैं। समाजवाद से जनता का मोह भंग हो गया है। पूरी दुनिया में समाजवाद का स्थान धार्मिक विचारधाराओं और धार्मिक कट्टरता ने ले लिया है। सन् 80 के दशक के अन्त तक भारतीय जनता के लिए हिन्दुत्व के नारे का कोई महत्व नहीं था। इसी तरह, पाकिस्तानी जनता का इस्लामिक विचारधारा के प्रति कोई आकर्षण नहीं था। इसके विपरीत आज राजनीति और धर्म का घालमेल करने वालों को सभी जगह सफलता मिल रही है।

मूल आवश्यकताओं को पूरा करने के नारों का स्थान 'विकास' के नारे ने ले लिया है। 'विकास' का अर्थ आमजनों के लिए रोटी, कपड़ा और मकान की व्यवस्था करना नहीं है बल्कि 'विकास' का अर्थ रईसों का विकास है। जिनके पास धन है उनके पास और धन आना विकास की परिभाषा बन गयी है। यही पूरी दुनिया में हो रहा है। गुजरातियों के लिए व्यापार और आर्थिक समृद्धि बहुत महत्वपूर्ण है। गुजरात के मुसलमानों में भी गुजराती बोहरे, खोजा और मेमन धनी व्यापारी हैं और वे भी इस 'विकास' के उतने ही हामी हैं जितने उच्च जातियों के हिन्दू गुजराती। यही कारण है कि विकास की बात करके मोदी ने बोहरा और खोजा मुसलमानों को भी अपनी ओर आकर्षित करने की सफल कोशिश की। मोदी के राज में हुए विकास पर केन्द्रित प्रदर्शनी में बोहरा और खोजा मुसलमानों की आर्थिक उन्नति को दर्शाने वाला एक अलग हिस्सा था।

आज के गुजरात में, जिसे हिन्दुत्व की प्रयोगशाला कहा जा रहा है, आर्थिक

विकास और हिन्दुत्व की विचारधारा का मिश्रण चुनावों में जीत की गारंटी बन गया है। और मोदी से बेहतर इस बात को कौन जानता है। इस प्रकार मोदी ने विकास और हिन्दुत्व के मंत्रों के सही सम्मिश्रण का उपयोग कर आसानी से चुनाव जीत लिया।

भाजपा का यह कहना है कि मोदी तो अपने चुनाव प्रचार में केवल विकास की बात कर रहे थे। परन्तु सोनिया गाँधी ने 'मौत के सौदागर' वाली टिप्पणी करके मोदी को हिन्दुत्व का कार्ड इस्तेमाल करने के लिए मजबूर कर दिया और उसके बाद चुनाव प्रचार की प्रकृति ही बदल गयी। इस बात में कोई दम नहीं है। सच यह है कि पहले से ही यह योजना बना ली गयी थी कि हिन्दुत्व के मुद्दे का उपयोग अन्तिम क्षणों में किया जाएगा। भाजपा को विकास के नारे की ताकत का एहसास तो था परन्तु कहीं न कहीं यह संदेह भी था कि शायद केवल विकास के रथ पर सवार होकर विजय हासिल करना मुश्किल होगा। हिन्दुत्व का इस्तेमाल किया जाना पहले से ही तय था परन्तु इसका दोष विपक्ष के सिर पर मढ़ दिया गया।

श्रीमती सोनिया गाँधी ने जो कुछ कहा था वह तथ्यों के विपरीत नहीं था। इस बात के पर्याप्त सबूत हैं कि मोदी ने सन् 2002 के चुनाव मौत और विध्वंस का खेल खेलकर जीते। अगर वे यह खेल नहीं खेलते तो उनकी पराजय सुनिश्चित थी। सन् 2002 के चुनाव में विकास की कोई बात नहीं की गयी। मोदी केवल हिन्दुत्व पर जोर देते रहे और इसके लिए पूरे विश्व में उनकी आलोचना हुई। इस बार वे केवल हिन्दुत्व की बात करने की गलती दोहराना नहीं चाहते थे।

इसके अलावा, चुनाव आयोग भी सतर्क था और मोदी कोई ऐसी बात नहीं कहना चाहते थे जो विधि सम्मत न हो। उन्होंने अपनी रणनीति बहुत सोच समझकर बनाई थी। पहले विकास की बात और अन्त में हिन्दुत्व की और वह भी सोनिया बेन को कटघरे में खड़ा करके। अगर वे केवल विकास के नाम पर चुनाव जीतने में खुद को सक्षम मानते थे तो उन्होंने 2002 के चुनाव में विकास के नारे का इस्तेमाल क्यों नहीं किया?

इस सिलसिले में एक अन्य महत्वपूर्ण प्रश्न यह है कि क्या गुजरात मॉडल दूसरे राज्यों में उतना ही प्रभावकारी होगा? मुझे इसमें संदेह है। सन् 2002 में गुजरात जीतने के बाद भाजपा ने कहा था कि वो गुजरात मॉडल को अन्य राज्यों में दोहराएगी परन्तु अनेक राज्यों में उसे हार का सामना करना पड़ा। सच यह है कि यद्यपि मध्य प्रदेश और राजस्थान में भाजपा गुजरात की तरह अपने दम पर सत्ता में है परन्तु राजस्थान और मध्य प्रदेश हिन्दुत्व की प्रयोगशाला बनने से आज भी बहुत दूर हैं।

आखिर क्या कारण है कि गुजरात की तरह मध्य प्रदेश और राजस्थान हिन्दुत्व की प्रयोगशाला नहीं बन सके? स्पष्ट है कि इन दोनों राज्यों में परिस्थितियाँ गुजरात से बिलकुल अलग हैं। जाति और सम्प्रदाय के समीकरण भी गुजरात जैसे नहीं हैं। और न ही इन दोनों राज्यों का गुजरात की तर्ज पर विकास किया जा सकता है। न तो मध्य प्रदेश

और न ही राजस्थान कभी भी हिन्दुत्व की प्रयोगशाला बन सकेंगे। अगर गुजरात मॉडल इन दोनों भाजपा शसित प्रदेशों में दोहराया नहीं जा सकता तो फिर अन्य राज्यों में इसे दोहराने की बात करना ही बेमानी है।

भारत विविधताओं से भरा हुआ देश है। जो एक राज्य में हो सकता है वह दूसरे राज्य में होना सम्भव नहीं है। केरल और पश्चिम बंगाल के मॉडल को मार्क्सवादी कम्युनिस्ट पार्टी दूसरे राज्यों में नहीं दोहरा सकी। गुजरात में परिस्थितियाँ हिन्दुत्व की विचारधारा के अनुकूल हैं जबकि पश्चिम बंगाल और केरल में वामपंथी विचारधारा के फलने फूलने के लिए उपयुक्त वातावरण है।

गुजरात में दक्षिणपंथी हिन्दुत्व विचारधारा के छा जाने के कई कारण हैं। व्यापारी सामान्यतः वैचारिक स्तर पर परम्परावादी होते हैं। वे धार्मिक मसलों में भी लीक से हटकर नहीं चलते। यही कारण है कि महाराष्ट्र के विपरीत गुजरात में कभी कोई समाज सुधार आन्दोलन नहीं हुआ। गुजरात का स्वामीनारायण पंथ भी अत्यन्त परम्परावादी धार्मिक सुधार आन्दोलन के जरिए अस्तित्व में आया था। आज गुजरात में स्वामीनारायण आन्दोलन अत्यन्त लोकप्रिय है। जहाँ भी पटेल गुजराती रहते हैं वहाँ करोड़ों रुपयों की लागत से स्वामीनारायण मन्दिर बनाय जा रहे हैं। जगह–जगह इस सम्प्रदाय के विशाल मंदिर खड़े हैं।

गुजरात में बंगाल, केरल, महाराष्ट्र और कर्नाटक की तरह कभी कोई आधुनिक समाज सुधार आन्दोलन नहीं चला। और यही कारण है कि गुजरात में परम्परावादी धर्म की जनता में गहरी पैठ है। मोदी ने अत्यन्त होशियारी से इसका इस्तेमाल अपनी राजनीति को सफल बनाने के लिए किया। सन् 2002 में मुसलमानों के कत्लेआम को आयोजित कर मोदी ने अपनी छवि चमत्कारिक नेता की बना ली और अब वे अपनी इस छवि के साथ विकास की बात कर गुजरात के सबसे बड़े नेता के रूप में उभर गये हैं।

मध्य प्रदेश और राजस्थान में भी जल्द ही चुनाव होने वाले हैं। इन राज्यों के आर्थिक हालात और राजनैतिक परिस्थितियाँ गुजरात से बिलकुल भिन्न हैं। मध्यप्रदेश में पिछले चार सालों में तीन मुख्यमंत्री बदले जा चुके हैं और वर्तमान मुख्यमंत्री पर भ्रष्टाचार के गम्भीर आरोप हैं। उनकी छवि मोदी की तरह चमत्कारिक नेता की नहीं है। यही बात राजस्थान के बारे में भी सच है। मध्य प्रदेश और राजस्थान में आज भी सामन्तवादी संस्कृति का बोलबाला है और आधुनिक पूँजीवादी विकास का उतना आकर्षण नहीं है जितना की गुजरात में है।

राजस्थान को गुजरात बनाने की विश्व हिन्दू परिषद ने भरसक कोशिश की परन्तु वह इसमें सफल नहीं हो सकी। श्रीमती वसुंधरा राजे सिंधिया ग्वालियर के राजघराने से ताल्लुक रखती हैं और मोदी की तरह हिन्दुत्व का इस्तेमाल करना उनके लिए सम्भव नहीं है। मोदी गुजरात की एक नीची जाति से आते हैं और उन्हें प्रतिक्रियावादी धार्मिक

विचारधारा का इस्तेमाल करने में कोई संकोच नहीं होता। ऐसा करके वे सदियों तक अपनी जाति के हुए अपमान का बदला भी लेते हैं।

उत्तर प्रदेश में भाजपा द्वारा गुजरात मॉडल के इस्तेमाल का कोई प्रश्न ही नहीं है। वहाँ मायावती के दलित-मुस्लिम-ब्राह्मण गठबन्धन का भाजपा के पास कोई जवाब नहीं है। इसके अलावा, राजनाथ सिंह और कल्याण सिंह जैसे नेताओं में वह आकर्षण कतई नहीं है जो मोदी में है। सबसे बडी़ बात यह है कि उत्तर प्रदेश में भाजपा के लिए गुजरात जैसा कत्लेआम करवाना सम्भव नहीं है।

इस तरह यह स्पष्ट है कि गुजरात में भाजपा की जीत के विशिष्ट कारण है, अत: भाजपा को यह स्वप्न देखना बन्द कर देना चाहिए कि वह गुजरात मॉडल को अन्य राज्यों में दोहरा सकेगी।

चुनाव नतीजे और नयी सरकार के सामने चुनौतियाँ

आम चुनाव के नतीजे चौकाने वाले रहे हैं। नतीजों से चकित रह जाने वालों में कांग्रेस भी शामिल है। धर्मनिरपेक्षतावादी इन चुनावों के नतीजों का धड़कते दिल से इन्तजार कर रहे थे। अगर भाजपा इन चुनावों में जीत जाती तो यह धर्मनिरपेक्ष ताकतों के लिए बड़ा धक्का होता। सौभाग्यवश, हमेशा की तरह, भारत की जनता ने साम्प्रदायिक ताकतों को नकार कर एक बार फिर अपनी परिपक्वता और समझदारी का परिचय दिया है।

आपातकाल के तुरन्त बाद हुए आम चुनाव में कांग्रेस बुरी तरह से धराशायी हुई थी। उत्तर भारत में, जहाँ आपातकाल में अपेक्षाकृत अधिक ज्यादतियाँ हुई थीं, कांग्रेस का कोई नामलेवा भी नहीं बचा था। सन् 2004 में और हालिया आम चुनाव में जनता ने साम्प्रदायिक ताकतों को सबक सिखाया है। गुजरात के सन् 2002 के कत्लेआम ने भारत के आमजनों के मन में भाजपा के प्रति वितृष्णा का भाव भर दिया था। यद्यपि भाजपा का इंडिया 'शाईन' कर रहा था परन्तु जनता को सिर्फ अंधेरा नजर आ रहा था। आपातकाल के बाद हुए चुनाव और 2004 व 2009 के चुनावों में भारत की जनता ने यह साबित कर दिया है कि उसे न तो तानाशाही मंजूर है और न साम्प्रदायिकता।

इन चुनावों के नतीजे इसलिए भी महत्वपूर्ण हैं क्योंकि इस बार कांग्रेस और भाजपा को प्राप्त मतों में दस प्रतिशत का निर्णायक अन्तर है। यह अन्तर सन् 2004 में केवल चार प्रतिशत था। हम कह सकते हैं कि जनता धर्मनिरपेक्ष ताकतों को सत्ता में स्थायित्व देना चाहती है ताकि वे विकास के कार्यों की ओर ध्यान दे सकें। कई विश्लेषकों का कहना है कि जनता ने क्षेत्रीय पार्टियों से किनारा कर लिया है। इस निष्कर्ष से सहमत होना कठिन है क्योंकि जहाँ भाजपा और कांग्रेस को कुल मिलाकर 47 प्रतिशत मत मिले हैं वहीं सभी क्षेत्रीय पार्टियों का मतों में कुल हिस्सा 50 प्रतिशत है।

इस चुनाव ने सभी पार्टियों को—चाहे वे क्षेत्रीय हों या राष्ट्रीय—एक महत्वपूर्ण सबक सिखाया है। वह यह है कि जाति, धर्म और अन्य संकुचित आधारों पर उम्मीदवारों का चयन करने से काम नहीं चलने वाला। जनता अब धर्मनिरपेक्षता और विकास की

पक्षधर है। एक बार फिर यह साबित हुआ है कि पहचान की राजनीति की अपनी सीमाएँ हैं। यद्यपि समाज के कमजोर वर्गों और अल्पसंख्यकों के लिए पहचान की राजनीति की कुछ हद तक उपयोगिता बनी हुई है परन्तु वे भी केवल इसी पर निर्भर नहीं रह सकते हैं।

इन चुनावों ने यह भी साफ कर दिया है कि मुसलमान कांग्रेस के झंडे तले वापिस आ गये हैं। मुसलमान, विशेषकर उत्तर प्रदेश के मुसलमान, बाबरी मस्जिद को बचाने में कांग्रेस की विफलता से नाराज थे। सन् 1989 के बाद हुए सभी चुनावों में उत्तर प्रदेश में कांग्रेस को मुसलमानों के वोटों से महरूम रहना पड़ा। इस बार कांग्रेस ने उत्तर प्रदेश में 21 सीटें जीती हैं और बिना मुस्लिम समर्थन के यह सम्भव नहीं था।

भाजपा को इन चुनावों के नतीजों से गहरा सदमा लगा है। श्री एल के आडवाणी प्रधानमंत्री बनने के लिए बेताब थे। *प्राईम मिनिस्टर इन वेटिंग* को अब शायद प्रधानमंत्री बनने के लिए हमेशा *वेट* ही करते रहना होगा। भाजपा के नेताओं को भी यह समझ आ गया है कि अतिवादी नीतियों से उन्हें कोई लाभ नहीं होगा। भाजपा के एक महत्वपूर्ण रणनीतिकार और प्रवक्ता अरुण जेटली ने यह स्वीकार किया है कि भारतीय जनता ने संयम और संतुलन के पक्ष में मत दिया है। एक अखबार में छपे अपने लेख में श्री जेटली कहते हैं, "इन चुनाव नतीजों से राजनीतिज्ञ महत्वपूर्ण सबक सीख सकते हैं। गम्भीरता फायदा पहुँचाती है। छिछली भाषा नुकसान करती है। संयम बरतना और अपनी जुबान पर नियंत्रण रखना अच्छे गुण हैं।"

ये वही जेटली हैं जिन्होंने गुजरात दंगों के तुरन्त बाद नरेन्द्र मोदी की जमकर वकालत की थी और तत्कालीन प्रधानमंत्री वाजपेयी को मोदी के खिलाफ कार्यवाही करने से रोका था। यह प्रसन्नता का विषय है कि दो चुनाव हारने के बाद कम से कम जेटली को यह तो समझ में आ गया कि अतिवाद से कोई लाभ नहीं है। शायद श्री जेटली यह इशारा भी कर रहे हैं कि भाजपा को पीलीभीत में वरुण गाँधी के भड़काऊ भाषण का समर्थन नहीं करना था।

उस समय तो भाजपा अध्यक्ष राजनाथ सिंह और प्रधानमंत्री पद के उम्मीदवार एल के आडवाणी, दोनों ने ही यह सोचा था कि वरुण गाँधी की अमर्यादित टिप्पणियों से हिन्दू भाजपा की ओर आकर्षित होंगे और पार्टी हिन्दू वोटों की अच्छी फसल काटेगी। हुआ ठीक इसका उलट। मुसलमान तो भाजपा से दूर खिसके ही, हिन्दुओं के बड़े वर्ग पर भी इसका अच्छा असर नहीं पड़ा। भाजपा ने जो गड्ढा दूसरों के लिए खोदा था उसमें वह खुद ही गिर पड़ी।

उत्तर प्रदेश के अलावा अन्य प्रदेशों में भी मुसलमानों ने बहुत समझदारी से, बिना पार्टी समीकरणों की परवाह किये, धर्मनिरपेक्ष उम्मीदवारों को जिताया है। इससे यह साफ है कि मुसलमान अब किसी पार्टी की जेब में नहीं हैं। आजमगढ़ जिले में गठित की गयी उलेमा परिषद को भी इससे सबक लेना चाहिए। अतिवाद से कभी लाभ

नहीं होता। उलेमा परिषद ने अपने उम्मीदवार खड़े किये और उनके प्रचार के दौरान उत्तेजक बातें कीं। नतीजा यह हुआ कि उन सभी सीटों पर भाजपा जीत गयी। अतिवाद, चाहे वो हिन्दुओं का हो या मुसलमानों का, हमेशा उलटे नतीजे ही देता है।

चुनाव के समय कई कथित उलेमा भी बरसाती मेढकों की तरह उभर आते हैं। उन्हें विभिन्न पार्टियाँ पैसे के बदले अपने-अपने उम्मीदवारों का प्रचार करने के लिए पाबन्द करती हैं। इन पार्टियों को भी यह समझ लेना चाहिए कि मुसलमान इन अस्थायी उलेमा की नहीं सुनते और अपनी मर्जी से वोट देते हैं। लालू प्रसाद यादव जैसे राजनेताओं को भी यह समझना चाहिए कि सिर्फ धर्मनिरपेक्षता की बातें करने से मुसलमानों के वोट नहीं मिलते।

जेडीयू के नितीश कुमार को भाजपा से जुड़ाव के बावजूद मुस्लिम वोट मिले। इसका कारण यह था कि उन्होंने न सिर्फ साम्प्रदायिक दंगे नहीं होने दिये वरन् मुसलमानों को राजनीति व अन्य क्षेत्रों में आगे बढ़ाने के लिए भी काम किया। उन्होंने भागलपुर के दंगों के दोषियों को सजा दिलवाई। लालू प्रसाद यादव ने ये दोनों ही काम नहीं किए थे। नितीश कुमार ने भाजपा को बिहार में अपना हिन्दुत्व कार्ड नहीं खेलने दिया। इस तरह, यह स्पष्ट है कि केवल धर्मनिरपेक्षता की भाषा बोलने से काम नहीं चलने वाला। जनता अब ठोस काम भी चाहती है।

मायावती को भी मतदाताओं ने पटखनी दी है। शुरुआती दौर में दलितों के प्रति जुबानी सहानुभूति दर्शाने से उन्हें लाभ मिला था परन्तु हर बार सत्ता में आने के बाद वे भाजपा से हाथ मिला लेती थीं। पिछले कुछ वर्षों से उन्होंने 'सोशल इंजीनियरिंग' शुरू की। दलितों और उच्च जातियों का संयुक्त मोर्चा बनाकर वे पहले उत्तर प्रदेश और फिर दिल्ली में सत्ता पाने की जुगत में थीं। परन्तु उन्होंने विकास पर कोई ध्यान नहीं दिया। दलित नेताओं की मूर्तियाँ लगवाने और उनके नाम पर बड़े-बड़े पार्क बनवाने पर सरकारी पैसा बहुत बेदर्दी से खर्च किया गया। नतीजतन, उत्तर प्रदेश में दलितों का एक हिस्सा और मुसलमान कांग्रेस की ओर चले गये। दूसरे राज्यों में मायावती कुछ विशेष हासिल नहीं कर सकीं। उन्हें उम्मीद थी कि उनकी 'सोशल इंजीनियरिंग' उन्हें उत्तर प्रदेश के अलावा दूसरे राज्यों में भी सीटें दिलवाएगी।

वामपंथियों को भी अपनी हार के कारणों का गम्भीरता से विश्लेषण करना चाहिए। सच्चर कमेटी की रिपोर्ट से यह स्पष्ट है कि वामपंथियों ने पश्चिम बंगाल के मुसलमानों के लिए कुछ विशेष नहीं किया है। सामाजिक-आर्थिक मानकों पर पश्चिम बंगाल के मुसलमान, गुजरात के मुसलमानों से भी पीछे हैं। इसके अलावा, नन्दीग्राम में हुए संघर्ष और केरल में पार्टी के अन्दरूनी झगड़ों ने भी वामपंथियों को नुकसान पहुँचाया। इसमें कोई संदेह नहीं कि पश्चिम बंगाल में वाममोर्चा सरकार ने ईमानदारी से भूमि सुधार किये हैं लेकिन आखिर इस एक मुद्दे के बल पर वामपंथी कितने चुनाव जीतना चाहते हैं?

कुल मिलाकर, हम यह कह सकते हैं कि अफ्रीका और एशिया के अधिकांश देशों के विपरीत, भारत में न केवल प्रजातंत्र की जड़ें गहरी हैं वरन् हमारे मतदाता अपनी गरीबी और अशिक्षा के बावजूद अपने मताधिकार का अत्यन्त बुद्धिमत्तापूर्वक उपयोग करते हैं। अगर सिर्फ पढ़े-लिखों को ही मताधिकार होता तो इस देश को साम्प्रदायिक और जातिवादी ताकतें अपने चंगुल में जकड़ लेतीं। यह विडंबनापूर्ण है कि हमारे देश का शिक्षित और समृद्ध वर्ग घोर साम्प्रदायिक, जातिवादी और प्रतिगामी सोच वाला है।

अब कुछ बातें कांग्रेस के बारे में। चुनाव में विजय से कांग्रेस, विशेषकर श्रीमती सोनिया गाँधी और डॉ. मनमोहन सिंह, में जरा भी अहंकार नहीं आना चाहिए। उन्हें विनम्र बने रहना चाहिए और देश के, विशेषकर कमजोर वर्गों और अल्पसंख्यकों के, हित में काम करते रहना चाहिए। इन्हीं वर्गों ने उन्हें विजय दिलायी है। सच्चर समिति की रिपोर्ट को पूरी तरह से लागू किया जाना चाहिए।

कांग्रेस के रणनीतिकारों को यह समझना चाहिए कि कांग्रेस की विजय के पीछे उसकी धर्मनिरपेक्ष विचारधारा है। लोगों ने कांग्रेस को वोट इसलिए दिया है क्योंकि वे साम्प्रदायिक और जातिवादी पार्टियों को हराना चाहते थे। जितनी मजबूत धर्मनिरपेक्ष विचारधारा और धर्मनिरपेक्ष ताकतें होंगी उतनी ही मजबूत कांग्रेस बनेगी। हमारी कांग्रेस से अपेक्षा है कि वह राष्ट्रीय एकता समिति की भूमिका को सिर्फ चर्चा और प्रस्तावों तक सीमित न रखे और इसका उपयोग धर्मनिरपेक्ष ताकतों को मजबूत करने के लिए करे।

राष्ट्रीय एकता समिति की बैठकें केवल गम्भीर साम्प्रदायिक दंगों के बाद बुलायी जाती हैं और तब भी उनका स्वरूप अत्यन्त औपचारिक होता है। राष्ट्रीय एकता समिति को साम्प्रदायिकता से लड़ने के शक्तिशाली हथियार के रूप में इस्तेमाल किया जाना चाहिए। इसकी बैठकें साल में एक से अधिक बार होनी चाहिए। समिति के सदस्यों की उपसमितियाँ बनाकर उन्हें पुलिस बलों और नौकरशाही को साम्प्रदायिकता के जहर से मुक्त करने की रणनीति बनाने का काम सौंपा जाना चाहिए। इस देश की पुलिस घोर साम्प्रदायिक हो चुकी है।

विभिन्न राज्यों और विशेषकर आरएसएस के स्कूलों में पढ़ाई जाने वाली पाठ्यपुस्तकों का गहन विश्लेषण होना चाहिए। राष्ट्रीय एकता समिति को स्कूली शिक्षा को धर्मनिरपेक्ष स्वरूप देने की जिम्मेदारी सौंपी जा सकती है। स्कूल में ही बच्चे साम्प्रदायिक या धर्मनिरपेक्ष बनते हैं। यह दुर्भाग्यपूर्ण है कि हमारी पुस्तकों का चरित्र आज भी उतना ही साम्प्रदायिक है जितना कि पैंसठ साल पहिले, स्वतंत्रता के समय था।

आरएसएस की विचारधारा वाले लोगों ने नौकरशाही, शिक्षा जगत और पुलिस बलों में गहरी घुसपैठ बना ली है। ये सभी क्षेत्र साम्प्रदायिकता से निपटने में महत्वपूर्ण

भूमिका अदा करते हैं। पुलिस साम्प्रदायिक घृणा फैलाने वालों के खिलाफ सीआरपीसी की धारा 153(ए) का उपयोग करने में हिचकिचाती है। इसका कारण या तो पुलिसकर्मियों की साम्प्रदायिक सोच है या राजनैतिक दबाव।

राष्ट्रीय एकता समिति इन सभी लक्ष्यों को प्राप्त करने में महत्वपूर्ण भूमिका निभा सकती है। अगर ये सब कदम उठाए जाते हैं तो हमारी राजनीति और हमारे समाज, दोनों का चरित्र धर्मनिरपेक्ष बनेगा और इससे कांग्रेस और अन्य धर्मनिरपेक्ष दलों को ही फायदा होगा। परन्तु महत्वपूर्ण प्रश्न यह है कि क्या कांग्रेस में यह सब करने का राजनैतिक साहस है ?

आतंकवाद : कैसे नहीं लड़ें उससे

आज पूरे विश्व का ध्यान आतंकवाद की ओर है। हमारे देश में चूँकि आतंकवाद एक बड़ी समस्या के रूप में उभर कर सामने आया है इसलिए हमारा उसके बारे में चिन्तित होना स्वभाविक है। दुनिया में आज शायद ही कोई ऐसा देश होगा जो आतंकवाद से पीड़ित न हो, यद्यपि अलग-अलग देशों में आतंकवाद की उत्पत्ति के अलग-अलग कारण हैं। कई देशों में अलगाववादी आन्दोलनों ने आतंकवाद को जन्म दिया है। पिछली दो सदियों में साम्राज्यवादी ताकतों ने अपने उपनिवेशों में कई नये इलाकों को शामिल कर लिया। उन्हें नहीं पता था कि भविष्य में बढ़ती हुई जागरुकता और प्रजातान्त्रिक आन्दोलनों से अलगाववाद को हवा मिलेगी और जब स्वायत्तता या स्वतंत्रता की महत्वाकांक्षाओं को कुचला जाएगा तो बदले में हिंसा होगी।

स्पेन के बास्क, दक्षिणी आयरलैंड, श्रीलंका के उत्तरी और उत्तर-पूर्वी हिस्से, भारत में कश्मीर, नागालैंड, आसाम, त्रिपुरा और मणिपुर सहित अनेक देशों के कई हिस्सों में अलगाववादी आन्दोलनों ने हिंसक रूप अख्तियार कर लिया है, जिसमें बड़ी संख्या में लोंग जान गंवा रहे हैं और भारी सम्पत्ति नष्ट हो रही है। 19वीं और 20वीं सदियों में जो कुछ साम्राज्यवादी ताकतों ने अपनी सुविधा के लिए किया था उसकी कीमत वर्तमान पीढ़ियाँ चुका रही हैं।

इस सूची में हम जोड़ सकते हैं 20वीं और 21वीं सदी में अमरीकन साम्राज्यवादियों द्वारा खनिजों और कच्चे तेल के संसाधनों पर कब्जा करने की लिप्सा में तीसरी दुनिया और मध्य-पूर्व के देशों में किये गये घोर पाप। इसके कारण जो हिंसा हुई, और आज भी जिसकी कीमत हजारों निर्दोष लोग चुका रहे हैं, वह हमसे छिपी नहीं है मजे की बात यह है कि इन सबको नजरअंदाज कर मीडिया इस्लाम को हिंसा की जड़ मानता है और आतंकवाद को जन्म देने का ठीकरा इस्लाम के सिर पर फोड़ रहा है। कितना सरल तरीका है अपने अपराधबोध को छुपाने का!

मीडिया की राय में आतंकवादी हिंसा की समस्या का इलाज भी बहुत कठिन नहीं है। आतंकवाद के खिलाफ युद्ध की घोषणा कर दो, मानवाधिकारों को कचरे के डिब्बे में डाल दो, आतंकवाद के खिलाफ तथाकथित युद्ध में लड़ने के लिए कुछ

कठपुतलियाँ ढूँढ लो, सन्देह के नाम पर नौजवानों को जेलों में ठूँस दो और उन्हें तब तक प्रताड़ित करो जब तक वे या तो मर न जाएँ या पागल न हो जाएँ। यह सब करके अपने आपको आतंकवादी हमलों से सुरक्षित महसूस करो। अपराध कोई करे और सजा कोई और भुगते। परन्तु जिस देश के हाथों में दुनिया की सत्ता की बागडोर है, उसे इन सब चीजों से क्या कोई मतलब है? उसे तो सिर्फ अपनी ताकत बढ़ाने और अधिक से अधिक आर्थिक संसाधनों पर काबिज होने की चिन्ता है।

हाल ही में एक अन्तर्राष्ट्रीय संस्था 'वर्ल्ड पब्लिक ओपिनियन डॉट ओआरजी' ने कई देशों में सर्वेक्षण कर यह पता लगाने की कोशिश की कि कितने लोग आतंकवाद के खिलाफ लड़ाई में शारीरिक यंत्रणा दिए जाने को उचित मानते हैं। सर्वे का उद्देश्य यह पता लगाना था कि कितने लोग राज्य आतंकवाद के खात्मे के पक्ष में हैं, क्योंकि वह मानवाधिकारों और मानवीय गरिमा के पूरी तरह खिलाफ है। आश्चर्यजनक रूप से सबसे बड़ी संख्या में भारतीयों ने 'निर्दोषों की जान बचाने के लिए' शारीरिक यंत्रणा के प्रयोग को जारी रखने को समर्थन दिया। लगभग 60 प्रतिशत भारतीयों ने कहा कि शारीरिक यंत्रणा देना आतंकवाद से लड़ने के लिए आवश्यक है।

चौदह देशों के लोगों ने शारीरिक यंत्रणा पर प्रतिबन्ध लगाने के पक्ष में अपने विचार व्यक्त किए— उन आतंकवादियों के मामले में भी जिनके पास ऐसी सूचना हो जिससे निर्दोष लोगों की जान बच सके— परन्तु भारत सहित चार देशों ने आतंकवाद के मामलों में अपवाद स्वरूप शारीरिक यंत्रणा देने को उचित ठहराया। इस सर्वेक्षण में 19 हजार से अधिक लोगों ने भाग लिया।

भारत (59%), नाइजीरिया (54%), टर्की (51%) और थाईलैंड (50%) के अधिसंख्यक लोगों की मान्यता है कि आतंकवादियों से जुड़े मामलों में अपवाद रुवरूप शारीरिक यंत्रणा दिया जाना आवश्यक है। इस वर्ष हुए सर्वे में सबसे बड़ी संख्या में भारतीयों ने शारीरिक यंत्रणा को उचित ठहराया। दो वर्ष पहले हुए इसी तरह के सर्वेक्षण में 32 प्रतिशत भारतीयों ने यह बात कही थी और उस समय भी यह सभी देशों में सबसे बड़ा आंकड़ा था। इसके साथ ही, हमें यह भी ध्यान में रखना होगा कि शारीरिक यंत्रणा को पूरी तरह समाप्त करने के पक्ष में जहाँ सन् 2006 में 23 प्रतिशत भारतीय थे वहीं अब इनका प्रतिशत बढ़कर 28 हो गया है। शारीरिक यंत्रणा पर प्रतिबन्ध लगाये जाने की वकालत करने वालों में सभी उन्नीस देशों के नागरिक शामिल थे। कुल मिलाकर लगभग 57 प्रतिशत प्रतिभागियों ने कहा कि शारीरिक यंत्रणा के खिलाफ स्पष्ट और कड़े कानून बनाये जाने चाहिए। लगभग 35 प्रतिशत का कहना था कि जब निर्दोष व्यक्तियों की जानों का सवाल हो तो अपवाद स्वरूप शारीरिक यंत्रणा दी जा सकती है। केवल 9 प्रतिशत का कहना था कि सरकार को सभी मामलों में शारीरिक यंत्रणा का उपयोग करना चाहिए। यह दिलचस्प है कि शारीरिक यंत्रणा को प्रतिबन्धित करने के लिए सबसे ज्यादा समर्थन स्पेन (82%), मेक्सिको (73%), इंगलैंड, फ्रांस, चीन व

फिलीस्तनी इलाके (66%), इंडोनेशिया (61%) और यूक्रेन (59%) में था। यहाँ यह प्रश्न उठता है कि आतंकवादी हिंसा के मामलों में शारीरिक यंत्रणा दिए जाने को इतना समर्थन क्यों मिल रहा है। इसका कारण पता लगाना कठिन नहीं है।

भारत में भी हिन्दू साम्प्रदायिक शक्तियाँ और हिन्दू दक्षिणपंथी गुट लगातार यह कहते रहे हैं कि आतंकवाद से मुकाबला करने के लिए टाडा और पोटा जैसे कानून जरूरी हैं और शारीरिक यंत्रणा इस लड़ाई का एक प्रभावी हथियार है। बाल ठाकरे जैसे नेताओं ने तो हिन्दू युवकों से मानव बम बनने का आह्वान तक कर डाला परंतु सरकार उनके खिलाफ कोई कदम उठाने की हिम्मत नहीं कर सकी।

दूसरा कारण भी इसी से जुड़ा है। मीडिया द्वारा बार-बार यह कहा जाता रहा है कि इस्लाम आतंकवाद के लिए जिम्मेदार है क्योंकि वो जिहाद का धर्म है। जब भी कोई बम विस्फोट होता है पुलिस तुरन्त उसके लिए हूजी और सिमी को जिम्मेदार ठहरा देती है और यह काम जाँच शुरू होने के पहले ही कर दिया जाता है। पुलिस इस तरह के वक्तव्य इसलिए देती है क्योंकि पुलिसकर्मियों का मानस भी देश में व्याप्त साम्प्रदायिक वातावरण से अछूता नहीं रह पाता।

हमारे देश का साम्प्रदायिक हिंसा का इतिहास लगभग 150 साल पुराना है। इसकी शुरुआत अंग्रेजों के हमारे देश पर कब्जा जमाने से हुई। अब ऐसी मान्यता बन गयी है कि सभी मुसलमान आतंकवादी हैं और उन्हें उनके किये की उपयुक्त सजा मिलनी चाहिए। वैसे भी हमारे देश में मानवाधिकारों के बारे में जागरुकता बहुत कम है। अंग्रेजों के शासन के समय से ही पुलिस की यह मान्यता है कि शारीरिक यंत्रणा देकर ही सन्देहियों से सच उगलवाया जा सकता है।

हमारे देश की फ़िज़ा में साम्प्रदायिकता कितनी घुल मिल गयी है, यह इससे स्पष्ट है कि दारूल उलूम द्वारा आतंकवाद के खिलाफ फतवा जारी किये जाने और बड़ी-बड़ी रैलियाँ निकाल कर आतंकवाद के खिलाफ अभियान चलाने के बावजूद हर बम विस्फोट के बाद केवल मुस्लिम युवकों को ही सन्देह के आधार पर पकड़ा जाता है और उन्हें शारीरिक यंत्रणा दी जाती है। बाल ठाकरे खुले आम हिन्दू युवकों को मानव बम बनने की सलाह देते हैं परन्तु फिर भी मुसलमान युवक ही प्रमुख सन्देही बने रहते हैं।

नवी मुम्बई और ठाणे में 'सनातन संगठन' के कार्यकर्ताओं द्वारा किये गये बम विस्फोटों के बाद आयोजित एक टी.ही. परिचर्चा में जब परिचर्चा के संचालक ने उपस्थित दर्शकों से जानना चाहा कि क्या सिमी की तरह 'सनातन संगठन' पर भी प्रतिबन्ध लगाया जाना चाहिए तो सभी दर्शकों ने एक स्वर में कहा 'नहीं' क्योंकि वे यह मानने को तैयार ही नहीं थे कि कोई हिन्दू संगठन सिमी की तरह राष्ट्र विरोधी हो सकता है।

यह दुर्भाग्यपूर्ण है कि आम राय के विपरीत जाने से डर के कारण धर्मनिरपेक्ष

राजनैतिक दलों के नेता भी साम्प्रदायिक ताकतों को प्रभावी चुनौती नहीं देते और देश में हो रहे साम्प्रदायिक ध्रुवीकरण को थामने के लिए कुछ नहीं करते। बाल ठाकरे के भड़काऊ वक्तव्य के बाद किसी भी राजनैतिक दल के एक भी नेता ने ठाकरे की गिरफ्तारी की माँग करना तो दूर उनकी आलोचना तक नहीं की। हमारे नेताओं को सिर्फ अपने वोटों से मतलब है, देश का चरित्र धर्मनिरपेक्ष बना रहे इससे उन्हें कुछ लेना देना नहीं है।

शारीरिक यंत्रणा देकर आतंकवाद की समस्या से निजात पाने की कोशिश में अमरीका पूरी तरह असफल हो चुका है। ग्वाटेमाला के कुख्यात जेल में सैकड़ों निर्दोष व्यक्तियों की जिंदगी बर्बाद कर देने के बावजूद, अमरीका आतंकवाद को नहीं कुचल सका है। अमरीका के अनुभव से भारत और दुनिया के दूसरे देशों को यह सीख लेनी चाहिए कि शारीरिक यंत्रणा देने और ताकत के इस्तेमाल से आतंकवाद पर जीत हासिल नहीं की जा सकती। आतंकवाद राजनैतिक समस्या है और उसका राजनैतिक हल ही निकल सकता है। आतंकवाद से हमें सैनिकों के बूट नहीं बल्कि उपयुक्त राजनैतिक नीतियाँ ही मुक्ति दिला सकती हैं।

आतंकवाद के सभी विशेषज्ञों की यह स्पष्ट मान्यता है कि अमरीका आतंकवाद की समस्या से निपटने में पूरी तरह से अक्षम व असफल रहा है। आतंकवाद के खिलाफ उसके तथाकथित युद्ध के बाद से अफगानिस्तान, ईराक और अन्य स्थानों में आतंकवादी हमलों में वृद्धि ही हुई है। निर्दोष मुस्लिम युवकों को गिरफ्तार कर उन्हें जेलों में अमानवीय यातना देने से आतंकवाद पर कोई असर नहीं हुआ है। आतंकवाद की समस्या का राजनैतिक हल ढूँढने में अमरीका की कतई दिलचस्पी नहीं है। मध्य-पूर्व के तेल संसाधनों पर कब्जा करने की उसकी लिप्सा उसे और कुछ सोचने तक नहीं दे रही है। उसे मध्य-पूर्व में इजरायल के समर्थन की आवश्यकता है और वो फिलीस्तीन की समस्या को हल करके इजरायल को नाराज करना नहीं चाहता।

भारत में भी आतंकवाद की जड़ में कई समस्याएँ हैं और यह मानना कि केवल इस्लाम और मुसलमान इसके लिए जवाबदार हैं, मूर्खता होगी। इस तरह की मानसिकता का ही यह नतीजा है कि पुलिस हूजी और सिमी को कटघरे में खड़े करने और निर्दोष मुस्लिम युवकों को यातना देने के अलावा कुछ नहीं कर रही हैं। भारत सरकार जितनी जल्दी इस सच को समझ जाए, उतना ही अच्छा है। अन्यथा आतंकवादी हमले होते रहेंगे, निर्दोष लोग मरते रहेंगे और मुसलमान युवक यातनाएँ भोगते रहेंगे परन्तु आतंकवाद की समस्या जस की तस रहेगी।

अभी तक हुए बम विस्फोटों में से एक के भी असली दोषियों को पुलिस नहीं पकड़ सकी है। हैदराबाद में हुए बम विस्फोटों के बाद हमेशा की तरह पुलिस ने गरीब मुसलमानों को धर लिया। इन रिक्शा चलाने वालों और सब्जी बेचने वालों को यातनाएँ दी गयी। वे सभी निर्दोष थे और निर्दोष पाये गये। इस मुद्दे पर हुए हो-हल्ले के बाद

उनमें से आधों को जमानत पर छोड़ना पड़ा। कुछ अभी भी जेल में हैं और कष्ट भोग रहे हैं। पुलिस अक्सर गरीब युवकों को ऐसे मामलों में इसलिए पकड़ती है क्योंकि उनका कोई प्रभाव नहीं होता और उन्हें आसानी से बलि का बकरा बनाया जा सकता है।

जयपुर बम विस्फोटों के बाद भी कुछ गरीब मुस्लिम युवकों और इमामों को पकडा गया, यातनाँ दी गयीं और बाद में छोड़ दिया गया। आखिर यह सब कब तक चलता रहेगा? असली दोषी आखिर कब कानून के पंजे में आएंगे? इस तरह की कार्यवाहियों से तो समस्या बढ़ेगी ही। मेरी यह स्पष्ट मान्यता है कि प्रजातांत्रिक भारत में शारीरिक यातना के लिए कोई जगह नहीं है।

यातना देने से सिर्फ भ्रष्ट, साम्प्रदायिक और अकर्मण्य पुलिस अधिकारियों को फायदा होता है जो ठोस साक्ष्य इकट्ठा करने की मेहनत करना नहीं चाहते। कोई भी होशियार और ईमानदार पुलिस अधिकारी यातना देने की बजाय सन्देही के सामने इस तरह के सुबूत रख देगा कि वह उनसे इन्कार कर ही न सके। इस समस्या के लिए हमारी न्यायपालिका भी कुछ हद तक जिम्मेदार है जो कि सन्देहियों को लम्बी अवधि तक पुलिस हिरासत में रखने की इजाजत देती है।

हम आशा करते हैं कि आतंकवाद से मुकबला करने के लिए सही नीतियाँ बनायी जाएँगी। आतंकवाद एक जटिल समस्या है और इसका समाधान ढूँढना केवल पुलिस और सेना के बस की बात नहीं है।

धार्मिक अतिवाद से कैसे निपटें ?

कट्टरता और धार्मिकता एक दूसरे के विरोधी हैं। सच्चा धार्मिक व्यक्ति कभी अतिवादी नहीं हो सकता और कट्टर व्यक्ति कभी अपने धर्म का सच्चा अनुयायी नहीं हो सकता। सभी धर्मों के अतिवादी इस तथ्य को नहीं समझते या शायद समझना नहीं चाहते।

दुनिया का कोई ऐसा धर्म नहीं है जो नफरत, गुस्से और बदला लेने की भावना को प्रोत्साहित करता हो। न ही कोई धर्म संहार करने की शिक्षा देता है। परन्तु ये सभी प्रवृत्तियाँ धार्मिक अतिवाद का हिस्सा हैं।

हिन्दू धर्म सहिष्णुता और अहिंसा सिखाता है और *वसुधैव कुटुम्बकम्* (पूरी दुनिया मेरा परिवार है) के सिद्धान्त पर विश्वास करता है परन्तु उसी धर्म के वरुण गाँधी हिन्दुओं के खिलाफ उठने वाले हाथों को काट डालने की बात करते हैं। हो सकता है वरुण गाँधी एक गैर-जिम्मेदार युवक हों परन्तु क्या भाजपा के वरिष्ठ नेता भी उतने ही अपरिपक्व और गैर-जिम्मेदार हैं ? भाजपा नेतृत्व ने वरुण गाँधी की उत्तेजक टिप्पणियों से खुद को अलग करने की कोई कोशिश नहीं की। भाजपा ने चुनाव आयोग के इस अनुरोध को भी ठुकरा दिया कि श्री वरुण गाँधी को भाजपा का उम्मीदवार न बनाया जाये।

गुजरात और उड़ीसा में हिन्दुत्ववादियों ने जो कुछ किया, क्या वह क्रोध, असहिष्णुता और बदला लेने की भावना का उदाहरण नहीं था ? इस हिंसा में सैकड़ों मारे गये और हजारों बेघरबार हो गये परन्तु फिर भी हिन्दुत्ववादियों की उनके प्रति घृणा कम नहीं हुई। उन्हें अपने किए पर न कोई दुःख है और न पछतावा। क्या इस तरह की हरकतों को कोई धर्म उचित कहेगा ?

तालिबान और अल्-कायदा, जेहाद के नाम पर सैकड़ों लोगों को मार चुके हैं और उनके खूनी अभियान के थमने का कोई संकेत नहीं है। वे कहते हैं कि जेहाद करना उन्हें इस्लाम ने सिखाया है। अकसर यह कहा जाता है कि अल्-कायदा और तालिबान की बेज़ा हिंसा के मूल में ईराक और अफगानिस्तान में अमेरिका द्वारा की गयी बेज़ा हिंसा है। अगर यह सही भी है, तब भी यह बिना किसी सन्देह के कहा जा सकता है कि इस्लाम के नाम पर हिंसा कर रहे संगठन जरूरत से कहीं ज्यादा खून बहा

रहे हैं। अगर जेहाद को युद्ध के अर्थ में भी लिया जाए-जो कि कुरान की शिक्षाओं के अनुरूप नहीं है-फिर भी जेहाद केवल रक्षात्मक लड़ाई हो सकती है, बदला लेने की कार्यवाही नहीं।

अल्-कायदा और तालिबान ने अफगानिस्तान, पाकिस्तान और ईराक में अनगिनत लोगों को मार डाला है। आत्मघाती हमलों और बम विस्फोटों में मारे गये लोगों में से अधिकांश मुस्लिम थे। उनमें अमेरिकियों की संख्या न के बराबर थी।

बदला लेने की बात सोचना तक भी अपने आप में गैर-धार्मिक है। दूसरे धर्मग्रंथों की तरह पवित्र कुरान भी अपने मानने वालों से यह अपेक्षा करती है कि वे अपने गुस्से को पी जाएंगे। ऐसे लोगों को कुरान *काज़िम-अल्-गायज़्* (वह जो अपने गुस्से को दबाता है) कहती है और उनसे उस अल्लाह के रास्ते पर चलने का आव्हान करती है जो *गफूर-अल्-रहीम* (माफ करने वाला और दयालु) है। जो बदला लेना चाहता है, वह कभी अच्छा मनुष्य नहीं हो सकता और अच्छा मुस्लिम तो कतई नहीं। फिर भी हम देखते हैं कि अल्-कायदा और तालिबान के गुर्गे बदला लेने के लिए निर्दोष लोगों को मार रहे हैं। मारे जा रहे लोगों का न तो अमेरिका और न ही उसकी नीतियों से कोई सम्बन्ध है। फिर उनको मारना भला किस तरह इस्लामिक या जेहाद है।

अमेरिका के नये राष्ट्रपति बराक ओबामा के आने और जार्ज बुश के जाने के बाद से अमेरिका की नीतियों में परिवर्तन आया है परन्तु फिर भी अल्-कायदा और तालिबान अभी भी अफगानिस्तान, पाकिस्तान और ईराक में बम विस्फोट और हत्याएँ करते जा रहे हैं। एक सच्चे मुसलमान की हैसियत से उन्हें तो बुश से भी संवाद करना था। अगर इस संवाद का कोई नतीजा न निकलता तब शायद उनकी हिंसा को कुछ हद तक उचित ठहराया जा सकता था।

बुश अब नहीं हैं और ओबामा हालात को सुधारने की कोशिश कर रहे हैं परन्तु फिर भी ये संगठन अपनी हिंसात्मक गतिविधियों को रोक नहीं रहे हैं। अगर उनमें अच्छाई का एक कण भी है तो उन्हें तुरन्त हिंसा बन्द कर अमेरिका के साथ बातचीत शुरू करनी चाहिए और क्षेत्र में शान्ति की स्थापना के लिए हर सम्भव कोशिश करनी चाहिए। सच तो यह है कि तालिबान और अल्-कायदा, मुसलमानों की तरह नहीं बल्कि कबाइलियों की तरह व्यवहार कर रहे हैं। कबीलों में ही बदला लेने का जुनून होता है और बदला लेने का जो एकमात्र तरीक उन्हें मालूम है वह है अपने विरोधी का सिर कलम करना।

धार्मिक अतिवादी बड़ी मेहनत से मिथकों का एक जाल बुनते हैं। वे हकीकत को देखना ही नहीं चाहते। उदाहरणार्थ, भारत में हिन्दुत्ववादियों ने मुसलमानों और ईसाइयों के बारे में मिथकों का एक बड़ा जाल बुन लिया है और इन मिथकों को सही सिद्ध करने के लिए वे दंगों, हिंसा और कत्लों का सहारा लेते हैं। उनसे कितनी ही बहस की जाए वे अपने विचार बदलने को तैयार नहीं होते।

उन्होंने एक मिथक का निर्माण किया है। वह यह है कि हर मुसलमान आतंकवादी और जेहादी है और उसकी वफादारी पाकिस्तान और अरब देशों के प्रति है। आप चाहें तो उनसे घंटों अत्यन्त तर्कपूर्ण बहस करें परन्तु फिर भी वे अपनी बात पर अड़े रहेंगे। हिन्दुत्ववादी यह भी मानते हैं कि ईसाइयों के पास हिन्दुओं को ईसाइ बनाने के अलावा और कोई काम नहीं है। उन्हें आप लाख समझाइए कि अगर ऐसा होता तो पिछले पाँच-छः दशकों से भारत की आबादी में ईसाइयों का प्रतिशत अपरिवर्तित न रहता, परन्तु वे नहीं मानेंगे।

सभी धार्मिक अतिवादी यथार्थ से कई प्रकाश वर्ष दूर रहते हैं। उन्हें डर रहता है कि सच से साक्षात्कार, उनके मिथकों को नष्ट कर देगा। कुछ अतिवादी इन मिथकों में सचमुच विश्वास करते हैं। ये अक्सर अतिवादी संगठनों के प्यादे होते हैं। बड़े नेता केवल मिथकों का निर्माण करते हैं। वे उनमें स्वयं विश्वास नहीं करते परन्तु अपने निचले स्तर के कार्यकर्ताओं को वे सदा भ्रम की स्थिति में रखते हैं। प्यादों को लगता है कि वे अपने धर्म की रक्षा कर रहे हैं और उनका काम बहुत महान और पुण्य देने वाला है।

अल्-कायदा के अन्य नेता यह अच्छी तरह जानते हैं कि उन्हें क्या पाना है और उसे पाने का क्या तरीका है। अल्-कायदा के जो लड़ाके खुद को बमों से उड़ा रहे हैं वे अपने नेताओं द्वारा उत्पादित किये गये मिथकों में दिल से विश्वास करते हैं। कई बार गरीबी और बेरोजगारी भी उन्हें अतिवादियों के जाल में फँसा देती है। और कई बार उनसे कहा जाता है कि अगर वे आत्मघाती दस्ते में शामिल हो मौत को गले लगाने के लिए तैयार नहीं होंगे तो उन्हें अपनी जान से हाथ धोना पड़ेगा। अगर वे आत्मघाती हमला कर जान देते हैं तो उनके बाद उनके परिवारों की देखभाल की जाती है। उनमें से कुछ यह भी मानते हैं कि अगर वो मजहब की बुलंदी के लिए अपनी जान देंगे तो वे सीधे जन्नत जाएँगे और हमेशा हूरों के साथ आनन्द करेंगे।

अतिवादियों की हिंसा के पीछे आर्थिक कारण भी होते हैं। जेहाद या धर्मरक्षा के नाम पर वे अपने धर्म के धनी लोगों से चन्दा वसूल सकते हैं। तालिबान की तरह ड्रग्स की तस्करी भी शुरू कर सकते हैं। तालिबान को ड्रग्स की तस्करी करना सीआईए ने सिखाया है और अब वे इस काम को बड़े पैमाने पर करते हैं। इस तरह, अतिवादी साधन और साध्य दोनों की पवित्रता में विश्वास नहीं करते। अपने लक्ष्य को पाने के लिए वे क़ोई भी रास्ता अपनाने के लिए तैयार रहते हैं।

वे यह मानते हैं कि सही लक्ष्य—जिसे केवल वे ही सही मानते हैं—को प्राप्त करने के लिए गलत साधनों का उपयोग भी उचित है। तालिबान के द्वारा उपलब्ध करायी जाने वाली ड्रग्स ने अफगानिस्तान, पाकिस्तान और अन्य कई इलाकों के दसियों हजार युवकों के मानसिक-शारीरिक स्वास्थ्य को नष्ट कर दिया है। ड्रग्स की लत के शिकार युवकों के परिवार बर्बाद हो गये हैं।

साधन और साध्य की पवित्रता की बहस बहुत पुरानी है। कुछ लोग यह मानते हैं कि यदि लक्ष्य सही है तो उसको पाने के लिए गलत रास्ते पर भी चला जा सकता है। मेरी यह व्यक्तिगत मान्यता है कि सही लक्ष्य को प्राप्त करने के लिए सही साधन ही इस्तेमाल किये जाने चाहिए। एक सच्चा धार्मिक व्यक्ति कभी पवित्र लक्ष्यों की प्राप्ति के लिए अपवित्र तरीकों का इस्तेमाल नहीं करेगा। गाँधीजी का यह स्पष्ट मत था कि सही साध्य को पाने के लिए साधन भी सही होना चाहिए।

धार्मिक अतिवादियों के तो लक्ष्य ही गलत होते हैं इसलिए उन्हें गलत रास्ते अपनाने में कोई संकोच नहीं होता। उनके पास ढेर सारा पैसा इकट्ठा हो जाता है और वे ऐशोआराम के आदी हो जाते हैं। पाकिस्तान में लश्कर-ए-तैय्यबा के प्रमुख का एक बहुत बड़े इलाके पर नियंत्रण है। इसमें ऐशोआराम के सभी साधन मौजूद हैं। इसके लिए पैसा अरब देशों से आता है और सम्भवत: पैसा देने वालों को यह बताया जाता है कि उनका पैसा मदरसों और गरीब मुसलमानों पर खर्च होगा।

इस धन का बहुत कम हिस्सा गरीबों की भलाई के लिए खर्च होता है। यह धन मुख्यत: आतंकवादी कार्यवाहियों को अंजाम देने में काम आता है। आधुनिक हथियार खरीदे जाते हैं और युवकों को इन्हें चलाना सिखाया जाता है।

हिन्दुत्ववादी भी अप्रवासी भारतीयों और बहुराष्ट्रीय कम्पनियों से दलितों, आदिवासियों और गरीब हिन्दुओं की मदद करने के नाम पर भारी चन्दावसूली करते हैं। यह चन्दा अल्पसंख्यकों के खिलाफ नफरत फैलाने का अभियान चलाने के लिए इस्तेमाल किया जाता है। अमेरिका में रहने वाले कुछ धर्मनिरपेक्षतावादियों ने हाल में आंकड़े और तथ्य एकत्रित कर यह खुलासा किया है कि संघ परिवार अमेरिका में रहने वाले रईस हिन्दुओं और बड़ी कम्पनियों से दलितों और आदिवासियों की भलाई के नाम पर भारी धन जुटाता है और इस धन को मुसलमानों और ईसाइयों के खिलाफ दुष्प्रचार अभियान चलाने में खर्च किया जाता है।

इस तरह, सभी धर्मों के अतिवादियों के पास पैसों का पहाड़ है। जाहिर है, वे कभी नहीं चाहेंगे कि बातचीत के जरिए शान्ति आये क्योंकि अगर ऐसा हुआ तो उनकी कमाई खत्म हो जाएगी। वे पैसा जुटाने के अपने बहाने को कभी खत्म नहीं होने देना चाहेंगे। उनका फायदा इसी में है कि झगड़े, हिंसा और तनातनी बनी रहे, नफरत फले-फूले और अलग-अलग धर्मों के लोग एक दूसरे के दुश्मन बने रहें।

तालिबान और अल्-कायदा के पास हथियारों का जखीरा है। हम जानते हैं कि लिट्टे के पास स्वचालित राईफलें तो थीं ही उसके पास खुद के हवाई जहाज, पानी के लड़ाकू जहाज और विमानभेदी तोपें भी थीं। लिट्टे ने यह सब कैसे जुटाया था? ड्रग्स की तस्करी के जरिए और अपने प्रति सहानुभूति रखने वालों से लिये गये चन्दे के जरिए। सबसे खतरनाक बात यह है कि अतिवादी संगठन एक दूसरे से हाथ मिला रहे हैं। उल्फा, लिट्टे और बांग्लादेश के कुछ जेहादी संगठनों के बीच गहरे सम्बन्धों की

पुष्टि हुई है।

इस तरह अतिवाद, विशेषकर धार्मिक अतिवाद, हमारी आज की दुनिया की एक बड़ी चुनौती है। धार्मिक अतिवाद आज कई बिलियन डालर का उद्योग बन गया है। हथियार बनाने वाली कम्पनियाँ और हथियारों के सौदागर भी इन संगठनों से मिले हुए हैं अन्यथा इन संगठनों के लिए इतने आधुनिक हथियार जुटाना सम्भव नहीं होता।

हथियारों के उत्पादक भारी मुनाफा कमा रहे हैं। वे पहिले आतंकवादी संगठनों को हथियार पहुँचाते हैं और फिर सरकारों को उनसे लड़ने के लिए वे ही हथियार उपलब्ध कराते हैं। इन सब पहलुओं और निहित स्वार्थों को ध्यान में रखकर ही धार्मिक अतिवाद की समस्या का स्थाई हल निकाला जा सकता है। केवल पुलिस और सेना की टुकड़ियाँ और बम एवं बन्दूकें इस समस्या से हमें छुटकारा नहीं दिला सकते।

आतंकवाद और शिक्षित युवा

अभी हाल में केन्द्रीय लन्दन और ग्लासगो हवाई अड्डे पर आतंकवादी हमले की कोशिश के लिए बैंगलुरु के श्री कफील अहमद और उनके भाई श्री सबील अहमद को जिम्मेदार बतलाया जा रहा है। कफील एयरोनाटिकल इंजीनियर हैं जबकि सबील मेडिकल डॉक्टर हैं। बैंगलुरु के एक और डॉक्टर मोहम्मद हनीफ, जो सबील और कफील के दूर के रिशते के भाई हैं, पर भी सन्देह है परन्तु उनकी हमले की इस कोशिश में कोई केन्द्रीय भूमिका रही हो, ऐसा आरोप नहीं है। इनके अलावा ईराक और जार्डन के दो डॉक्टरों श्री बिलाल अब्दुल्ला और श्री मोहम्मद आसा को भी इस मामले में शामिल बताया जा रहा है।

कफील एक उच्च शिक्षित भारतीय मुसलमान हैं और उन पर आतंकवादी हमले में शामिल होने का आरोप लगने से दो निष्कर्ष निकाले जा रहे हैं। पहला यह कि अल्कायदा के कदम भारत की धरती पर पड़ चुके हैं और दूसरा यह कि केवल मदरसों से पढ़कर निकले अर्ध-शिक्षित लोग ही नहीं वरन् उच्च तकनीकी शिक्षा प्राप्त युवक भी आतंकवादी संगठनों के साथ सहयोग कर रहे हैं।

'जिहाद' को मदरसों की शिक्षा व्यवस्था से जोड़ दिया गया है और ऐसा माना जाने लगा है कि मदरसे जिहादी युवकों को पैदा करने की फैक्ट्रियाँ बन गये हैं और यहाँ के छात्र आतंकवादी गतिविधियों में भाग लेते हैं। यह बहुत गलत मान्यता है। हर बड़े आतंकवादी हमले, चाहे उनमें मुसलमान शामिल हों या अन्य धार्मिक समुदाय के लोग, उच्च शिक्षित युवकों द्वारा ही अंजाम दिये जाते हैं। जो लोग इन हमलों की योजना बनाते हैं वे कभी भी अशिक्षित या मदरसे के छात्र या बेपढ़े-लिखे गरीब युवक नहीं होते। और यह बात पूरी दुनिया के बारे में सच है।

जापान के अम सिनरीक्यो पर 1990 के दशक में हुए बम हमले के लिए कौन जिम्मेदार था ? हमले में शामिल सभी लोग पढ़े-लिखे मध्यम वर्गीय थे। उल्फा का पूरा शीर्ष नेतृत्व पढ़े-लिखे आधुनिक युवकों का है। यही बात लिट्टे के बारे में भी सही है। नक्सल आन्दोलन भी यूनिवर्सिटी में पढ़े युवकों द्वारा शुरू किया गया था और शुरू शुरू के कुछ सालों तक इस आन्दोलन में आक्सफोर्ड और कैम्ब्रिज विश्वविद्यालय से डिग्री

प्राप्त युवक भी शामिल थे।

सन् 2004 में प्रकाशित अपनी पुस्तक 'अंडरस्टेडिंग टेरोरिस्ट नेटवर्क' में मार्क सेजमेन लिखते हैं कि मदरसों को आतंकवाद या आतंकवादियों से जोड़ना गलत है। आतंकवाद की जनक तो आधुनिक पश्चिमी शिक्षण संस्थाएँ हैं, जहाँ के छात्र अपनी अलगाव की भावना और सम्बन्धित देश की सरकार के प्रति अपने गुस्से के चलते अतिवादी इस्लाम की ओर आकर्षित होते हैं।

इस तरह यह स्पष्ट है कि आतंकवादी हमलों की योजनाएँ उच्च शिक्षित युवकों द्वारा ही बनायी जाती हैं। हमें यह समझना आवश्यक है कि आखिर क्यों पढ़े-लिखे युवक आतंकवाद की ओर आकर्षित होते हैं और यहाँ तक कि वो अपनी जान न्यौछावर करने के लिए भी तैयार हो जाते हैं। ऐसा होने के कई कारण हैं। पहली बात तो यह है कि पढ़े-लिखे लोग ही सरकारों की नीतियों और उनके पीछे छिपे उद्देश्यों को समझ सकते हैं और उनके मन में उन नीतियों के प्रति विद्रोह की भावना पनप सकती है। अपढ़ लोगों की न तो इतनी समझ होती है और न ही वे इतने जागरुक होते हैं कि वे सरकारों के कार्यकलापों और नीतियों को समझ सकें और उनका विश्लेषण कर सकें।

दूसरा सवाल यह उठता है कि इन घटनाओं में इंजीनियर, डॉक्टर और कम्प्यूटर विशेषज्ञ जैसे तकनीकी शिक्षा प्राप्त युवक क्यों शामिल होते हैं? इस प्रश्न का उत्तर पाना कोई बहुत कठिन काम नहीं है। आधुनिक शिक्षा मानवीय मूल्यों पर आधारित नहीं है और तकनीकी शिक्षा में तो मानवीय मूल्यों की समझ विकसित करने के लिए कुछ भी नहीं रहता। जाहिर है कि युवक कम्प्यूटर विशेषज्ञ, डॉक्टर और इंजीनियर तो बन जाते हैं परन्तु उनमें मानवीय मूल्यों का अभाव रहता है। उनकी तकनीकी विशेषज्ञता में प्रेम, सहृदयता और समझदारी जैसे गुणों का समावेश नहीं होता।

आजकल शिक्षा में गलाकाट स्पर्धा है और हर व्यक्ति दूसरे की कीमत पर आगे बढ़ना चाहता है। प्रतियोगिता, न की सहयोग, तकनीकी छात्रों का मूलमंत्र रहता है। और यह प्रतियोगिता शिक्षा पूरी कर लेने के साथ ही समाप्त नहीं हो जाती। यह प्रतियोगिता ज्यादा तनख्वाह वाली नौकरियाँ पाने के लिए और उसके बाद महँगी कारें, बड़े घर और कीमती उपभोक्ता वस्तुएँ खरीदने के लिए जारी रहती है। इन युवकों को और अधिक कमाई व और अधिक आरामदायक जिंदगी की कभी न बुझने वाली प्यास रहती है। यह प्यास उन्हें अनैतिक स्पर्धा की ओर ले जाती है। मानवता और मानवीय सहृदयता की उनके जीवन में कोई जगह नहीं होती।

हमारी आधुनिक शिक्षा व्यवस्था सूचना तो देती है परन्तु ज्ञान नहीं। सूचना और ज्ञान में बहुत अन्तर है। सूचना ज्ञान का हिस्सा है परन्तु सिर्फ सूचना से ज्ञान नहीं मिलता। सही उच्च शिक्षा वही है जिसमें मानवीय मूल्यों और ज्ञान दोनों का समावेश हो। तभी सम्बन्धित व्यक्ति किसी भी मुद्दे की गहराई को समझ सकेगा। सन् साठ के अमरीकी दार्शनिक हर्बर्ट मारक्यूज, जिन्होंने छात्रों और युवकों में क्रान्तिकारी और

मानवीय भावनाएँ उत्पन्न करने में अहम भूमिका निभाई थी, का कहना था कि हमारे विश्वविद्यालय न तो ज्ञान और न ही समझ विकसित करने के केन्द्र रह गये हैं। वे तो केवल डिग्रियाँ बाँट रहे हैं।

यूनिवर्सिटी की डिग्रियाँ न तो छात्रों में समझ की गहराई उत्पन्न करती हैं और न ही मानवीय दृष्टिकोण। वे केवल उन्हें तकनीकी योग्यता दे रही हैं। इस तरह के लोग बहुत आसानी से किसी भी घृणा पर आधारित प्रचार अभियान से प्रभावित हो जाते हैं, विशेषकर तब जब ऐसे अभियान को किसी उच्च आदर्श या उद्देश्य से जोड़ दिया जावे। अमरीका के अनेक हिन्दुत्व समर्थक भी उच्च शैक्षणिक योग्यता प्राप्त लोग हैं जो यह मानते हैं कि भारत में हिन्दू, अल्पसंख्यकों की आक्रामकता के कारण अन्याय के शिकार बन रहे हैं व इसी कारण वे संघ परिवार को आर्थिक सहायता देते हैं।

घृणा की विचारधारा में यकीन करने वाले युवक उन देशों में और अधिक खतरनाक सिद्ध होते हैं जिनकी सामाजिक-राजनैतिक संस्कृति तानाशाहीपूर्ण होती है और जहाँ जनता को मूल स्वतंत्रताएँ हासिल नहीं होतीं, हिंसा के अलावा विरोध व्यक्त करने का कोई और तरीका उन्हें उपलब्ध नहीं होता। स्थिति तब और बिगड़ जाती है जब इस हिंसा को वैचारिक आधार पर उचित ठहराया जाए जैसा कि 'जिहादी इस्लाम' के मामले में हो रहा है। ये लोग अपने विरोध और गुस्से का इजहार उन इलाकों में हिंसात्मक कार्यवाहियाँ करके करते हैं जहाँ इन्हें लगता है कि उनके समुदाय के सदस्यों पर अत्याचार हो रहा है।

यह महत्वपूर्ण है कि आतंकवादी हमले अमरीका और इंग्लैंड जैसे उन देशों में ही हो रहे हैं जिनने अफगानिस्तान और ईराक पर हमले किये थे। फ्राँस, जर्मनी, इटली आदि पश्चिमी यूरोपीय देशों पर आखिर ये हमले क्यों नहीं हो रहे ? इसलिए क्योंकि इन देशों ने न सिर्फ अफगानिस्तान और ईराक पर हमले में भाग लेने से इन्कार कर दिया था वरन् इसका विरोध भी किया था।

आस्ट्रेलिया के अनेक नागरिकों ने कुछ वर्ष पहले बाली में हुए आतंकवादी हमले में अपनी जानें गंवाई थीं। कारण यह कि आस्ट्रेलिया ने ईराक पर अमरीकी हमले में भाग लेने के लिए अपनी सैनिक टुकड़ियाँ भेजी थीं। अब आस्ट्रेलिया के एक मंत्री ने यह स्वीकार किया है कि आस्ट्रेलिया ने ईराक पर हमले का समर्थन करके भूल की थी।

लन्दन और ग्लासगो हवाई अड्डे पर किये गये हमले का समय भी महत्वपूर्ण है। अभी हाल में ब्लेयर ने प्रधानमंत्री पद से इस्तीफा दिया है और गार्डन ब्राउन ने काम सम्भाला है। शायद ये हमले श्री ब्राउन के लिए चेतावनी हैं कि वे ईराक युद्ध से दूर रहें और वहाँ से अपनी सेनाएं हटा लें। गार्डन ब्राउन को शायद यह सन्देश दिया गया है कि वे ब्लेयर की नीतियों को जारी न रखें।

आतंकवादी हमलों को, चाहे उनके पीछे कितना ही उचित कारण क्यों न हो,

किसी भी स्थिति में सही नहीं ठहराया जा सकता। हिंसा कभी उचित नहीं हो सकती। हिंसा से सभी मानवीय मूल्यों का ह्रास होता है और जो लोग हिंसा करते हैं वे मनुष्य कहलाने का अपना अधिकार खो देते हैं। किसी को मारने से न तो अन्याय मिटता है और न ही कोई उद्देश्य पूरा होता है। हमें ईराक से भी सबक सीखने की जरूरत है। वहाँ पर शिया और सुन्नी अत्यन्त क्रूरतापूर्वक एक-दूसरे को मार रहे हैं। ऐसा लगता है कि उनके लिए आदमी की जान की कोई कीमत ही नहीं है। कुरआन कहती है कि एक व्यक्ति को मारना पूरी मानवता की हत्या करने के बराबर है परन्तु कुरआन के ये तथाकथित मानने वाले सैकड़ों मुसलमानों की जान ले रहे हैं।

धर्म की ऐसी कोई भी व्याख्या, जो असहिष्णुता और हिंसा को बढ़ावा देती हो, कभी भी स्वीकार्य और सही नहीं हो सकती। सत्य, न्याय, प्रेम और सहृदयता के अतिरिक्त धर्म और किसी चीज को बढ़ावा नहीं देता। इन मूल्यों के बिना धर्म राजनैतिक विचारधारा तो हो सकता है परन्तु धर्म नहीं कहला सकता। सलाफी इस्लाम बहुत असहिष्णु है और इसलिए संकुचित विचारधारा को बढ़ावा देता है। कुरान में जिन भी स्थानों पर युद्ध को उचित ठहराया गया है, उन्हें उनके सही सम्दर्भ में समझना जरूरी है और उसका उपयोग निर्दोष लोगों का खून बहाने को सही ठहराने के लिए नहीं किया जा सकता।

हिंसात्मक तरीके से किसी भी व्यक्ति की जान लेना मानवता के खिलाफ अपराध है और अल्लाह की नजरों में अक्षम्य पाप। कुरान बदला लेने की भावना को उचित नहीं मानती और न ही कभी पवित्र पैगम्बर ने अपने समर्थकों को बदला लेने के लिए प्रोत्साहित किया। कुरान बार-बार अल्लाह को गफ्फूर-अल-रहीम अर्थात माफ करने वाला और सहृदय कहती है। पवित्र पैगम्बर को रहमत लिल्लाह अलामीन अर्थात दुनिया का सबसे दयालु बताया गया है।

इन परिस्थितियों में क्या निर्दोषों की जान लेने को किसी भी तरह से इस्लाम के नाम पर उचित ठहराया जा सकता है? जो लोग पढ़े-लिखे युवकों को ऐसे आतंकवादी कृत्यों में भाग लेने के लिए प्रेरित करते हैं उनके अपने राजनैतिक लक्ष्य होते हैं। अमरीका ने वियतनाम में दस लाख से अधिक लोगों की जानें लीं परन्तु क्या वियतनाम के लोगों ने आतंकवाद का रास्ता चुना? क्या किसी वियतनामी युवक ने कभी भी अमरीका के साधारण नागरिकों की जान लेने की कोशिश की? वे मुस्लिम युवक जो घृणा पर आधारित प्रचार अभियानों से प्रभावित हो रहे हैं उन्हें इन प्रश्नों पर विचार करना चाहिए।

सलाफी इस्लाम, सूफी इस्लाम की निन्दा करता है परन्तु सूफी इस्लाम अत्यन्त सहिष्णु, शान्तिप्रिय और मानव जीवन का सम्मान करने वाला है। हिंसा के दलदल में फँसी इस्लामिक दुनिया को सलाफी इस्लाम की जगह सूफी इस्लाम की जरूरत है। सौभाग्यवश, भारत के अधिकांश मुसलमान सूफी इस्लाम को मानते हैं। इसके अतिरिक्त,

भारत की धर्मनिरपेक्ष प्रजातांत्रिक व्यवस्था ने भी उन्हें और अधिक सहिष्णु व शान्तिप्रिय बना दिया है। यही कारण है कि अल्कायदा भारत में अपने कदम नहीं जमा पाया है।

यह संदेहास्पद है कि कफील अल् कायदा की ओर से काम कर रहा था। ब्रिटेन की जाँच एजेंसियों का भी यही कहना है कि वहाँ के आतंकवादी हमलों में प्रयोग किये गये बम उस उच्च दर्जे और शक्ति के नहीं थे जिनका प्रयोग अल् कायदा करता है। अगर इस मामले में अल् कायदा शामिल था भी तो भी यह एक अपवाद है। कुल मिलाकर भारतीय मुसलमान आतंकवाद की ओर आकर्षित नहीं हो रहे हैं। पाकिस्तान के मुसलमान भी सूफी इस्लाम को मानते हैं परन्तु इस्लाम के राजनीतिकरण और सैन्यीकरण ने पाकिस्तान के समाज को हिंसक बना दिया है, जैसा कि हमने अभी हाल में लाल मस्जिद के मामले में देखा। मुझे पूरा विश्वास है कि भारतीय इस्लाम शान्तिप्रिय और सहिष्णु है और ऐसा ही बना रहेगा।

बुरके पर बवाल

फ्राँस के राष्ट्रपति सरकोजी ने कुछ समय पहले कहा था कि फ्राँस में बुरके पर प्रतिबन्ध लगाया जाएगा। उन्होंने यह भी कहा कि बुरका पहनना धार्मिक बाध्यता नहीं है बल्कि वह महिलाओं के लिए सज़ा है। इस बयान ने मुसलमानों के बीच गम्भीर हलचल पैदा कर दी है और इस विषय पर मीडिया में भी बहुत कुछ लिखा जा रहा है। जैसी कि अपेक्षा थी, अधिकांश मुसलमान पुरुषों और महिलाओं ने बुरका पहनने को उचित बताया और अपनी बात के समर्थन में धार्मिक और गैर-धार्मिक तर्क प्रस्तुत किये हैं।

इसके पहले, फ्राँस सरकार ने स्कूलों में मुस्लिम लड़कियों के बुरका पहनने या सिर पर स्कार्फ बाँधने पर प्रतिबन्ध लगा दिया था। सिक्ख लड़के स्कूलों में पगड़ी नहीं बाँध सकते। उस समय इस निर्णय का कड़ा विरोध हुआ था। सिक्ख बहुत गुस्से में थे और विभिन्न यूरोपीय देशों व अमेरिका में भी इस निर्णय के खिलाफ सिक्खों ने प्रदर्शन किये थे। इस विरोध का कोई असर नहीं हुआ और बुरके और पगड़ी पर प्रतिबन्ध बना रहा।

इस विवाद के दो पहलू हैं। पहला प्रश्न नागरिकों के प्रजातांत्रिक अधिकारों से जुड़ा हुआ है। दूसरा पहलू विवाद का धार्मिक पक्ष है। जहाँ तक प्रजातांत्रिक अधिकारों का प्रश्न है, सभी मुसलमानों और गैर-मुसलमानों को इस विषय पर व्यापक बहस करनी चाहिए कि स्कार्फ, बुरका या पगड़ी पहनना नागरिकों के प्रजातांत्रिक अधिकारों में शामिल है या नहीं। विवाद के धार्मिक पक्ष पर मुस्लिम धर्मशास्त्रियों व बुद्धिजीवियों को विचार और आपसी संवाद करना चाहिए। इस विषय पर गहराई से विचार होना चाहिए कि क्या महिलाओं को सिर से पैर तक अपने शरीर को ढंकने का हुक्म ईश्वरीय है और या वो धर्म के नाम पर लादी जा रही एक सांस्कृतिक व पितृसत्तामक परम्परा है।

आइए, पहले हम इस विवाद को प्रजातांत्रिक अधिकारों के दृष्टिकोण से देखें। एक मत तो यह है कि कोई व्यक्ति क्या पहने या न पहने, यह उसका व्यक्तिगत मसला है जिसमें सरकार का कोई दखल नहीं होना चाहिए। अगर फ्राँस सरकार बुरके पर प्रतिबन्ध लगाती है (जिस पर अभी विचार चल रहा है) तो यह प्रजातांत्रिक मूल्यों का हनन होगा।

इस विषय में मेरा यह मानना है कि फ्राँस और यूरोप के दूसरे देश आज भी बहुवादी और बहुसांस्कृतिक साँचे में स्वयं को नहीं ढाल सके हैं। कई सदियों तक यूरोप के देश एकल संस्कृति व एकल धर्म वाले देश रहे हैं। अफ्रीकी और एशियाई देशों से जब यूरोप में लोगों का आना-जाना व बसना शुरू हुआ, तब यूरोप का पहली बार बहुवादी संस्कृति और धार्मिक विविधता से साबका पड़ा।

फ्राँस के राष्ट्रपति का यह तर्क कि बुरके जैसे धार्मिक प्रतीक के लिए धर्मनिरपेक्ष फ्राँस में कोई जगह नहीं है, एकल धर्म व एकल संस्कृति के देश की धर्मनिरपेक्षता की समझ के अनुरूप है। फ्राँस आज एक बहु-सांस्कृतिक देश है, जिसमें अफ्रीकी ईसाई व फ्राँस के पूर्व उपनिवेशों से आये मुसलमान रह रहे हैं। इंग्लैंड के विपरीत, फ्राँस आज भी बहुसांस्कृतिक परिवेश में नहीं ढल सका है। वहाँ आज भी फ्राँसीसी संस्कृति का बोलबाला है। सहिष्णुता, प्रजातंत्र के महत्वपूर्ण मूल्यों में से एक है। फ्राँस की सरकार की दूसरी संस्कृतियों व धर्मों के प्रति असहिष्णुता सचमुच आश्चर्यजनक है।

एक सच्चा प्रजातांत्रिक देश अपने सभी नागरिकों की सांस्कृतिक व धार्मिक परम्पराओं का आदर करता है। वो अपने ही नागरिकों के साथ विदेशियों जैसा व्यवहार नहीं करेगा और न ही उनके धार्मिक रीति-रिवाजों को प्रतिबन्धित करेगा। अगर कुछ मुस्लिम महिलाएँ खुद को सिर से पैर तक बुरके से ढंके रहने के कष्ट को भोगना चाहतीं हैं तो यह उनकी मर्ज़ी है। भारतीय अदालतों ने जैन मुनियों के भूखा-प्यासा रहकर मृत्यु का वरण करने की प्रथा को उचित ठहराया है। यह इस तथ्य के बावजूद कि इस प्रक्रिया में जैन मुनियों को घोर शरीरिक कष्ट से गुजरना पड़ता है। परन्तु हमें यह भी ध्यान में रखना चाहिए कि वे स्वयं को कष्ट देते हैं, दूसरों को नहीं और इसके पीछे उनकी धार्मिक मान्यताएँ होती हैं। अच्छा होगा कि फ्राँस की सरकार दूसरी संस्कृतियों और धार्मिक प्रथाओं के प्रति सहिष्णु बने।

जहाँ तक बुरका प्रथा के धार्मिक पहलू का सवाल है, यह स्पष्ट है कि कुरान महिलाओं को कतई यह हुक्म नहीं देती कि वे अपने चेहरे सहित अपने पूरे शरीर को ढाँक कर रखें। कुरान कहती है, "ईमान वाली स्त्रियों से कहो कि वे अपनी निगाहें नीची रखें और अपनी शर्मगाहों की रक्षा करें, और अपना शृंगार न दिखाएँ सिवाय उसके जो उसमें से ज़ाहिर रहे और अपने सीनों पर अपनी ओढ़नियों के आंचल डाले रहें और वे अपना शृंगार किसी पर ज़ाहिर न करें सिवाय अपने पति के या अपने पिता के या अपने पति के पिता के या अपने बेटों के या अपने पति के बेटों के या अपने भाइयों के या अपने भाइयों के बेटों के या अपनी बहनों के बेटों के या अपनी जैसी स्त्रियों के या उन अधीन पुरुषों (नौकर-चाकर) के जो कोई प्रयोजन न रखते हों, या उन बच्चों के जो स्त्रियों की छिपी बातों से परिचित न हों। और वे अपने पाँव भूमि पर मारती हुई न चलें कि अपना जो श्रृंगार छिपा रखा हो लोगों को उसकी खबर हो जाए।" (24:31)

स्पष्ट है कि कुरान स्त्रियों से अपने शृंगार को सार्वजनिक रूप से प्रदर्शित न करने के लिए कहती है। कुरान नहीं कहती कि वे हिजाब पहनें। यह आयत भी सलाह के रूप में है, आदेश के रूप में नहीं। महिलाओं को अपना शृंगार निजी स्थानों पर अपने पिता, पति, बेटों, भाइयों व बहनों के बेटों आदि के सामने प्रदर्शित करने का हक यह आयत देती है।

कुरान में कहीं भी चेहरे को ढँकने वाले हिज़ाब का जिक्र नहीं है। लगभग सभी इस्लामिक न्यायशास्त्री और विद्वान स्वीकार करते हैं कि कुरान के अनुसार महिलाएँ अपने चेहरे और हाथों को खुला रख सकती हैं, वे अपनी आँखों में काजल लगा सकती हैं और उंगलियों में अंगूठियाँ पहन सकती हैं। परन्तु कुरान महिलाओं से यह अपेक्षा करती है कि वे अपने सिर को ढँक कर रखें। ईरान में महिलाओं के लिए यह आवश्यक है कि वे अपने सिर को एक कपड़े, जिसे वे *चादोर* कहतीं हैं, से ढँक कर रखें परन्तु वे अपने चेहरे को खुला रख सकती हैं। यही आयत महिलाओं से अपने वक्ष स्थल को ढँक कर रखने के लिए कहती है।

अपने वक्षस्थल को ढाँक कर रखने के कुरान के आदेश से ऐसा लगता है कि इस्लाम के आने के पहले, अरब में, महिलाएँ अपने वक्षस्थल को या तो पूरी तरह से और या उसके कुछ हिस्से को खुला रखती होगीं, जैसा कि आज पश्चिमी देशों की महिलाएँ करती हैं। धर्मशास्त्रियों के बीच इस मुद्दे पर मतभेद हैं कि यह आयत गहनों और शृंगार आदि को इंगित करती है या शरीर की सुन्दरता को। अगर आयत का आशय शरीर की सुन्दरता से है तो पूरे शरीर को ढँकना तर्कसंगत हो सकता है।

कुछ धर्मशास्त्रियों का कहना है कि आयत का आशय बाहरी शृंगार और गहनों से है, शरीर की सुन्दरता से नहीं क्योंकि आयत की अन्तिम पंक्ति कहती है, "वे अपने पाँव भूमि पर मारती हुई न चलें कि अपना जो शृंगार छिपा रखा हो लोगों को उसकी खबर हो जाए।" अरब देशों में बहुत सी महिलाएँ पैरों में पायलें पहनती थीं और अपनी पायल और स्वयं की ओर ध्यान आकर्षित करने के लिए अपने पैर ज़मीन पर मारती थीं। कुरान उन्हें ऐसा न करने के लिए कहती है।

यह आयत शरीर को ढाँक कर रखने के अपवाद के तौर पर कहती है "... सिवाय उसके जो उसमें से ज़ाहिर रहे।" इस अपवाद की व्याख्या करते हुए कुरान के बहुत पुराने टीकाकार तबारी कहते हैं कि इस अपवाद के अनुसार महिलाओं को अपने कपड़े या गहने आदि को नहीं ढँकना है अर्थात, जो कपड़े वो पहने है, उन्हें ढँकने की आवश्यकता नहीं है। इसके अतिरिक्त, उन्हें अपना काजल, कान के बुन्दे, हाथों के कंगन और अपना चेहरा भी ढँकने की आवश्यकता नहीं है। अपने तर्क के समर्थन में तबारी कहते हैं कि नमाज़ पढ़ते समय, महिलाएँ अपने चेहरे को नहीं ढँकती और न ही कोहनी तक उनके हाथ ढँके रहते हैं।

एक हदीस के अनुसार पैगम्बर मोहम्मद ने अपनी पत्नी आयशा की बहिन

अस्माँ से कहा, ''अस्माँ, जब कोई महिला युवा हो जाए उसके बाद उसके शरीर का कोई भाग नहीं दिखना चाहिए सिवाए इनके।'' यह कहते हुए उन्होंने अस्माँ के चेहरे और हाथों की ओर ऊँगली से इशारा किया। पैगम्बर साहब ने यह बात तब कही जब अस्माँ उनके सामने झीनें कपड़े पहनकर आयी (सुन्ना अबू दाऊद 31:30)। इस हदीस से यह पक्के तौर पर साबित हो जाता है कि महिलाओं से उनके चेहरे और हाथों को ढँकने की अपेक्षा नहीं की जाती।

परन्तु यह भी उतना ही सही है कि बुरका, जो महिलाओं के चेहरे सहित उनके पूरे शरीर को ढँकता है, इस्लामिक दुनिया में व्यापक रूप से प्रचलित है। इसका क्या कारण है? यह पक्का है कि बुरके की जड़ें संस्कृति में हैं धर्म में नहीं। एक जाने-माने विद्वान और न्यायशास्त्री अमीर अली, जिन्होंने इस्लाम और इस्लाम के इतिहास पर बहुत कुछ लिखा है, का कहना है कि बुरका, पैगम्बर साहब के बहुत समय बाद अस्तित्व में आया। वे कहते हैं कि सातवीं सदी हिजरी (तेरहवीं सदी ईसवी) में बगदाद के पतन के बाद बुरका अस्तित्व में आया। इस्लाम के शुरुआती दिनों में बुरका नहीं था।

एक अन्य जाने-माने इस्लामिक इतिहासवेत्ता मौलाना शिबली, जो जस्टिस अमीर अली के समकालीन थे, इससे सहमत नहीं थे। उन्होंने 'पर्दा' पर अपने लेख में कहा कि पर्दा इस्लाम के आगमन के पहले भी अरब में प्रचलित था और इस्लाम ने केवल उस प्रथा को जस का तस अपना लिया। जो भी हो, यह पूरी तरह साफ है कि कुरान न तो महिलाओं से यह अपेक्षा करती है कि वे सिर से पैर तक खुद को ढँक कर रखें और न यह आदेश देती है कि वे अपने चेहरे को छुपाएँ। यह भी साफ है कि चाहे शिबली सही हों या अमीर अली, बुरका निश्चित रूप से इस्लामिक संस्कृति का भाग बन गया है।

आज बहुत सी मुस्लिम महिलाएँ उसे समाज या परिवार के दबाव के कारण पहनती हैं। कुछ अपनी इच्छा से, इस्लामिक परम्परा के पालन के लिए बुरका पहनती हैं। अन्य कारण भी हैं। कुछ महिलाओं के लिए बुरका एक धार्मिक प्रतीक और पहचान है। कुछ यह कहती हैं कि यह महिलाओं के सम्मान की रक्षा करता है। बुरके के अन्दर वे स्वयं को सुरक्षित महसूस करती हैं और उनके साथ कोई छेड़छाड़ या बलात्कार नहीं कर सकता। बुरका पहनने से उनकी छवि एक गम्भीर और परिपक्व महिला की बनती है। हो सकता है यह सही हो, परन्तु यह भी सही है कि महिलाएँ अपने आपको सचमुच सुरक्षित तब समझ सकती हैं जब हमारे समाज का वातावरण सुधरे और कानून और व्यवस्था की स्थिति बेहतर हो।

चाहे अपने परिवार के दबाव में या अपनी इच्छा से, बुरका पहनने वाली महिलाएँ कहती हैं कि इससे उनके काम में कोई बाधा नहीं पड़ती। हो सकता है यह एक परम्परा को औचित्यपूर्ण सिद्ध करने का प्रयास हो। यह भी हो सकता है कि जो महिलाएं यह दावा करती हैं कि वे अपनी मर्जी से बुरका पहनती हैं, वह सही न हो।

असल में हम क्या चुनते हैं, यह भी उस वातावरण पर निर्भर करता है जिसमें हम रहते हैं। *मैगी नूडल्स* खरीदने वाला उपभोक्ता समझता है कि वह अपनी मर्जी से उसे खरीद रहा है जबकि असलियत यह है कि ज़बरदस्त विज्ञापनबाजी उसे *मैगी* खरीदने के लिए बाध्य करती है।

सांस्कृतिक परम्पराओं का दबाव भी रहता है और जिसे मर्जी कहा जाता है वह असल में मर्जी नहीं होती। मुस्लिम महिलाओं के लिए बुरका या हिजाब उनकी परम्परा का भाग है और वह उन्हें कोई बोझ या बन्धन नहीं लगता। पश्चिमी देशों के निवासियों को ऐसा लग सकता है कि बुरका पहनना एक सज़ा है परन्तु ऐसा इसलिए है क्योंकि उनकी सांस्कृतिक परम्पराएँ अलग हैं। पश्चिम में आज महिलाओं का जितना शरीर छुपाया जाता है उससे कहीं अधिक दिखाया ज़ाता है। इस तरह उनकी परम्पराएँ बिलकुल उलट हैं।

मेरी व्यक्तिगत राय यह है कि महिलाओं का शरीर न तो पूरी तरह ढँका जाना चाहिए और न उसका हर अंग दिखलाई देना चाहिए। उन्हें न तो पुरुष की शारीरिक भूख को शान्त करने वाली वस्तु समझा जाना चाहिए और न ही उन्हें छुपाकर या बन्धन में रखा जाना चाहिए। महिलाओं को अपनी गरिमा, सम्मान और व्यक्तित्व के अनुसार कपड़े पहनने की छूट होनी चाहिए। महिलाओं को केवल कामुक दृष्टि से नहीं देखा जाना चाहिए। महिलाओं के शारीरिक आकर्षण को तो ईश्वरीय भेंट समझा जाना चाहिए।

भारत की साझा संस्कृति : कुछ विचार

मुम्बई में अनेक ऐसे हिन्दू, मुस्लिम और ईसाई धर्मस्थल हैं जहाँ सभी धर्मों के लोग श्रद्धापूर्वक जाते हैं और अपनी-अपनी इच्छाएँ पूरी करने के लिए मन्नतें माँगते हैं। ऐसे तीन पूजा स्थल हैं— हाजीअली, सिद्धी विनायक मन्दिर और माउंट मेरी चर्च। अजमेर शरीफ, दिल्ली में स्थित निजामुद्दीन औलिया की दरगाह और गुलबर्गा शरीफ की बाबा गेसुदराज की दरगाह में भी बड़ी संख्या में गैर-मुस्लिम पहुँचते हैं।

सिंध (अब पाकिस्तान में) और कश्मीर में सूफी परम्पराएँ आज भी जीवित हैं और इन दोनों क्षेत्रों में हिन्दुओं पर सूफी पंथ का प्रभाव स्पष्ट देखा जा सकता है। संयुक्त पंजाब प्रान्त में बाबा फरीद, बुल्लेशाह, मकदूमशाह इनायत और अन्य अनेक मुस्लिम सूफी सन्तों का गैर-हिन्दू भी बहुत सम्मान करते थे।

सिंध में शाह अब्दुल लतीफ भिटाई मुसलमानों के साथ-साथ हिन्दुओं के बीच भी बहुत लोकप्रिय थे। शाह, सिंधी संस्कृति के प्रतीक थे। सिंधी संस्कृति और काव्य का कोई अध्येता शाह अब्दुल लतीफ को नजरअंदाज़ नहीं कर सकता। उनकी काव्य रचनाओं का संकलन *रिसालो* हिन्दू और मुस्लिम सिंधियों के बीच समान रूप से लोकप्रिय है। दोनों धर्मों के सिंधी *रिसालो* की कविताओं का पाठ गहरे भक्तिभाव से करते हैं। शाह अब्दुल लतीफ हमारी साझा संस्कृति के महत्वपूर्ण हिस्से हैं।

कश्मीर एक दूसरा इलाका है जहाँ सूफियों ने मिलीजुली हिन्दू-मुस्लिम संस्कृति के विकास में महत्वपूर्ण भूमिका अदा की थी। कश्मीर की बात नुन्द ऋषि और शैव सन्त लालदेह की चर्चा के बगैर अधूरी है। नुन्द ऋषि, दरअसल, सूफी नूरूद्दीन का दूसरा नाम था। नूरूद्दीन मुसलमान थे और लालदेह शैव हिन्दू थीं परन्तु दोनों के बीच माँ-बेटे जैसा रिश्ता था। दोनों धर्मों के कश्मीरी, सूफी नूरूद्दीन और लालदेह को बड़ी श्रद्धा की दृष्टि से देखते हैं। दोनों का कश्मीर की संस्कृति पर गहरा असर है। देश के विभाजन के बाद भी कश्मीरी और सिंधी संस्कृतियों में हिन्दू-मुस्लिम एकता के अनेक उदाहरण देखे जा सकते हैं।

अमीर खुसरो, जो कि स्वयं एक सूफी सन्त और महान कवि थे, दिल्ली के सूफी सन्त निजामुद्दीन औलिया के बहुत करीब थे। अमीर खुसरो ने उत्तर भारत की संस्कृति को मिला-जुला स्वरूप देने में अत्यन्त महत्वपूर्ण भूमिका अदा की थी। अमीर खुसरो

के पिता उज्बेकिस्तान से भारत आए थे और खुसरो का जन्म भारत में हुआ था। उनके पिता ने एक स्थानीय मुस्लिम युवती से शादी की थी। इस तरह वे अपने पिता की ओर से उजबेक और माँ की ओर से भारतीय थे।

उनकी रचनाएँ मुख्यत: फारसी भाषा में है परन्तु उन्होंने ऐसी कविताएँ भी लिखी हैं जिनकी एक लाइन फारसी में है और अगली लाइन स्थानीय ब्रज भाषा में। उन्होंने हिन्दी में भी दोहे लिखे हैं जो बहुत लोकप्रिय हैं। उन्हें अपने हिन्दुस्तानी होने पर बहुत गर्व था और अपने एक लेख में उन्होंने भारत की तुलना अन्य देशों से कर यह साबित करने की कोशिश की है कि भारत सभी देशों से बेहतर है। उनका कहना है कि भारत जैसा सुन्दर देश दुनिया में कोई नहीं। उनके इस लेख को पढ़कर किसी को भी अपने हिन्दुस्तानी होने पर गर्व होगा।

खुसरो न केवल एक महान कवि थे बल्कि वे संगीतज्ञ भी थे और उन्होंने सितार सहित कई वाद्य यंत्रों का अविष्कार किया था। खुसरो कव्वाली के जनक भी थे। कव्वाली ऐसी काव्य रचना है जिसे सूफी सन्तों की मज़ारों पर हारमोनियम और तबले की संगत में गाया जाता है। निजामुद्दीन औलिया की खुसरो बहुत इज्जत करते थे और उनकी मृत्यु के बाद खुसरो द्वारा निजामुद्दीन औलिया पर श्रृद्धांजलि स्वरूप ब्रज भाषा में लिखी गयी एक कविता आज भी बहुत लोकप्रिय है।

उर्दू भाषा भी अपने आप में हमारी मिलीजुली संस्कृति का महत्वपूर्ण प्रतीक है। उर्दू का जन्म बाज़ारों और सामाजिक मेल—मिलाप के अन्य स्थानों पर तुर्को, भारतीय मुसलमानों, हिन्दुओं और अन्य समुदायों के सदस्यों के बीच आपसी मेल-जोल से हुआ था। उर्दू कभी मुगल दरबार की भाषा नहीं बनी और मुगलकाल के अन्त समय को छोड़कर वह मुख्यत: जनभाषा ही बनी रही। उर्दू अनेक भाषाओं और बोलियों का मिश्रण है जिनमें संस्कृत, ब्रज भाषा, हरियाणवी, मैथिली, पूरबी, फारसी और अरबी शामिल हैं।

मुगलकाल के अन्तिम दिनों में उर्दू शासक वर्ग की भाषा बन गयी और इसे सभी धर्मों के लोग बोलते थे। उर्दू कभी केवल मुसलमानों की भाषा नहीं रही, जैसा कि आजकल कहा जाता है। उर्दू अनेक महान हिन्दू कवियों, कथाकारों और उपन्यासकारों की जननी रही है। इनमें सबसे प्रसिद्ध उर्दू कहानीकार और उपन्यासकार हैं मुंशी प्रेमचन्द। उन्होंने उर्दू में अपने लेखन के जरिए विश्वव्यापी ख्याति अर्जित की।

कृष्णचन्दर, राजेन्दर सिंह बेदी, रामलाल, मानिकतला, जोगेन्द्र पॉल और अनेक अन्य हिन्दू साहित्यकारों ने उर्दू में लेखन किया। उर्दू में लिखने वाले हिन्दू कवियों की सूची बहुत लम्बी है। इनमें शमिल हैं ब्रजनारायण चकबस्त, आनन्दनारायण मुल्ला, फिराक गोरखपुरी, जगन्नाथ आजाद, पंडित जुत्शी गुलजार, कालिदास गुप्ता रज़ा, पंडित रत्नाथ सरशर, दया शंकर नसीम, फिक्र तौस्वीं और बेलराज मेनरा। फिराक गोरखपुरी को तो फैज़ अहमद फैज़ के उत्तराधिकारी की संज्ञा तक दी गयी थी। इस

तरह, उर्दू हमारी मिली-जुली संस्कृति की प्रतीक थी और है।

उर्दू में लिखने वाले अनेक मुस्लिम कवियों ने हिन्दू तीर्थस्थलों और त्यौहारों की शान में अपनी कविताएँ लिखी हैं। 19वीं सदी के महान शायर मिर्जा गालिब ने फारसी में बनारस पर एक लम्बी कविता लिखी थी, जिसका शीर्षक था *काबा-ए-हिन्दोस्तान*। इस कविता में उन्होंने खुले दिल से बनारस की प्रशंसा की है। इस *मसनवी* के एक छन्द में वे कहते हैं कि बनारस की घास तक बगीचे जैसी है और उसकी धूल, आत्मा की मूलभूत तत्व है। आगे गालिब कहते हैं कि मन्दिरों के इस शहर में हमेशा बहार छायी रहती है। चाहे ठंड हो, गर्मी या बसंत; बनारस हमेशा स्वर्ग जैसा रहता है।

इस तरह गालिब ने हिन्दू तीर्थस्थल बनारस की प्रशंसा के पुल बाँधे। वे दिल्ली से कलकत्ता जाते समय कुछ दिनों के लिए बनारस में रुके थे और वे उस शहर से प्यार कर बैठे। इसी तरह, नज़ीर अकबराबादी ने भी हिन्दू त्यौहारों पर अनेक कविताएँ लिखीं। उनकी कविताएँ बहुत ही सादी हिन्दुस्तानी भाषा में लिखी गयी हैं। कई सूफी सन्तों ने रंगों के त्यौहार होली पर बहुत लोकप्रिय गीत लिखे हैं। इन गीतों पर आधारित एक कार्यक्रम अभी हाल में मुम्बई के नेहरू सेंटर में आयोजित किया गया था। कार्यक्रम को उर्दू लेखक और पत्रकार शमीम तारीक ने तैयार किया था और यह बहुत प्रभावोत्पादक बन पड़ा था।

मुगल दरबारों में होली, दशहरा और दीवाली बहुत धूमधाम से मनाये जाते थे। दीवाली के दिन मुगल शहज़ादियाँ शहर में घूम-घूम कर गरीब हिन्दू महिलाओं को साड़ियाँ बाँटा करती थीं। लाल किले को दीयों से सजाया जाता था और इस दिन को *जश्न-ए-चिरागाँ* भी कहा जाता था। इसी तरह, मध्य एशिया का त्यौहार नौरोज भी मुगल दरबारों में धूमधाम से मनाया जाता था।

यह महत्वपूर्ण है कि हिन्दू धर्म ग्रन्थ रामायण और महाभारत का अनुवाद फारसी और अरबी में किया गया था। इन किताबों को अत्यन्त सुन्दर हस्तलिपि में लिखा गया है। मैंने अरबी में अत्यन्त मनमोहक हस्तलिपि में लिखी हुई रामायण की प्रति अलवर संग्रहालय में देखी है। इस पुस्तक को बिलकुल कुरान की तरह सुनहरे रंग की जिल्द में बाँधा गया है। ऐसा कहा जाता है कि रामायण और महाभारत के फारसी और अरबी भाषा में किये गये साठ से अधिक अलग-अलग अनुवाद उपलब्ध हैं।

शाहजहाँ के पुत्र दारा शिकोह, जिन्हें भारत की गद्दी का उत्तराधिकारी बनाया गया था, परन्तु जो सामूगढ़ के युद्ध में औरंगजेब के हाथों पराजित हो गये थे, ने उपनिषदों को फारसी में अनुवाद किया था और अनुवाद का नाम रखा था "*सिर-ए-अकबर*" (महान रहस्य)। दारा शिकोह ने कई वर्षों तक बनारस में रहकर संस्कृत के विद्वानों से शिक्षा लेकर संस्कृत पर असाधारण अधिकार हासिल किया था। दारा शिकोह की यह मान्यता थी कि *तौहीद* (ईश्वर को एक मानना, अद्वैतवाद) का विचार उपनिषदों में कुरान के जरिए आया था। "*सिर-ए-अकबर*" की हस्तलिखित पाण्डुलिपि,

जिसे दारा शिकोह ने स्वयं लिखा था, आजमगढ़ के दारूल मुसानिफिन के पुस्तकालय में सुरक्षित है और मुझे वहाँ के संचालक ने यह पाण्डुलिपि दिखलाई थी। पाण्डुलिपि के पहले पन्ने पर दारा शिकोह ने ऊपर दाईं ओर लिखा है *बिस्मिल्लाह अल् रहमान अल् रहीम* (मैं ईश्वर के नाम पर शुरू करता हूँ जो बहुत दयालु और कृपालु है) और उसके ठीक सामने बाईं ओर लिखा है गणेशाय नमः और भगवान गणेश का छोटा सा चित्र भी बना है।

दारा शिकोह की सबसे महान रचना है *'मजमा ए बहेआज़म'* अर्थात दो महासागरों का मिलन। यहाँ दो महासागरों से दारा शिकोह का आशय हिन्दू धर्म और इस्लाम से है। वे दोनों धर्मों की शिक्षाओं की तुलना करते हैं और इस नतीजे पर पहुँचते हैं कि इस्लाम और हिन्दू धर्म की शिक्षाएँ एक सी हैं, फर्क सिर्फ भाषा का है (एक अरबी में है और दूसरी संस्कृत में)। हिन्दू धर्म और इस्लाम में अनेक बुनियादी समानताएँ हैं और दारा शिकोह दोनों धर्मों के मूल सिद्धांतों की एक दूसरे से तुलना कर इस नतीजे पर पहुँचे थे। *'मजमा ए बहेआज़म'* जैसी पुस्तकें हमारी साझा संस्कृति की सच्ची प्रतिनिधि हैं।

मुसलमानों और हिन्दुओं दोनों ने भारतीय संगीत, चित्रकला और स्थापत्य कला को समृद्ध करने में महत्वपूर्ण भूमिका निभाई है। हमारी स्थापत्य कला भी सांझी है जिसके नमूने हिन्दू मन्दिरों और मुसलमान बादशाहों, राजाओं और नबावों द्वारा बनाए गए भवनों में देखे जा सकते हैं। बीजापुर (कर्नाटक) में आदिलशाही निज़ाम के दौरान बनाए गये भवन सांझी स्थापत्य कला के उत्तम उदाहरण हैं।

इब्राहिम आदिलशाह, जो कि जगत्‌गुरू के नाम से प्रसिद्‌ध थे, संस्कृत के विद्वान थे और उन्होंने कन्नड़, फारसी और दक्कनी उर्दू- तीनों भाषाओं में काव्य रचना की है। गोलगुम्बद- जो कि इब्राहिम आदिलशाह, उनकी पत्नी और उनके करीबी रिश्तेदारों का मकबरा है- दुनिया के आश्चर्यों में गिना जाता है। गोलगुम्बद का स्थापत्य हमारी मिली-जुली संस्कृति का शानदार नमूना है। आदिलशाही शासन के दौरान कोल्हापुर के नजदीक बनाये गये एक किले में गणेशजी की मूर्ति देखी जा सकती है।

मुसलमानों ने भारतीय शास्त्रीय संगीत को भी समृद्ध किया। ध्रुपद और खयाल भारतीय शास्त्रीय संगीत को मुसलमानों की देन हैं। खुसरो ने अनेक नये रागों की रचना की थी। मुस्लिम घरानों ने शास्त्रीय संगीत के विकास में महत्वपूर्ण योगदान दिया। तानसेन मध्यकाल के महानतम संगीतज्ञों में से एक थे। हमारे समय में भी बड़े अकबर अली खान, उस्ताद बिस्मिल्लाह खान, जाकिर हुसैन आदि ने देशव्यापी ख्याति अर्जित की है।

दूसरी ओर, शंकरशंभू बंधु जाने-माने कव्वाल हैं। वे अज़मेर शरीफ में उर्स के दिन कव्वाली गाते हैं। चाहे वे देश-विदेश में कहीं भी हो, उर्स के दिन वे अज़मेर जरूर पहुँचते हैं। शंकरशंभू बन्धु अजमेर के सूफी संत ख्वाजा मोईनुद्दीन चिश्ती के अनन्य भक्त हैं।

इस तरह, यह साफ है कि भारत में मिली-जुली संस्कृति की एक शानदार और लंबी परंपरा है जिसे आज की सांप्रदायिक राजनीति के चलते जानबूझकर नजरअंदाज किया जा रहा है। 'मुस्लिम संस्कृति' और 'हिन्दू संस्कृति' की दुहाई देकर दोनों समुदायों के बीच की खायी को और चौड़ा किया जा रहा है। दुर्भाग्यवश, हमारी पाठ्यपुस्तकें भी हमारी संस्कृति के मिले-जुले स्वरूप को पर्याप्त अहमियत नहीं देतीं। अब समय आ गया है कि हम हमारी इस मिली-जुली, सांझी या गंगा-जमुनी तहज़ीब पर जोर देकर साम्प्रदायिकता की दीवारों को ढहा दें।

अन्तर्धार्मिक संवादों को गहन व व्यापक बनाने की जरूरत

धार्मिक रिश्तों में व्याप्त तनाव कम करने के लिए अन्तर्धार्मिक संवादों का आयोजन इन दिनों आम हो गया है। विभिन्न देशों में अलग-अलग संगठन, समय-समय पर ऐसे आयोजन करते रहते हैं।

अमेरिका में पहले इस तरह के आयोजन शायद ही होते थे परन्तु 9/11 के बाद से वहाँ इस्लाम निशाने पर है व ईसाइयों और मुसलमानों के बीच तनाव बढ़ा है। शायद इसलिए वहाँ भी अन्तर्धार्मिक संवादों का आयोजन करने के लिए अनेक संगठन सामने आये हैं।

भारत में पिछली सदी के अस्सी के दशक से बड़े पैमाने पर साम्प्रदायिक हिंसा की शुरुआत हुई। यह दौर अभी कुछ ही साल पहले थमा है। मुरादाबाद, भागलपुर और मुम्बई में अस्सी के दशक की शुरुआत से नब्बे के दशक के मध्य के बीच दंगे हुए। बढ़ती हुई साम्प्रदायिक हिंसा ने भारतीयों को भी अन्तर्धार्मिक संवाद के महत्व व उपयोगिता का एहसास कराया और भारत में भी अनेक ऐसे आयोजन हुए। भारत में इस तरह के संवादों की परम्परा नहीं थी और यहाँ मुख्यतः ईसाइयों ने हिन्दुओं और मुसलमानों को एक टेबिल पर बिठाकर उनके बीच संवाद करवाया।

हमारे देश में होने वाले अन्तधार्मिक संवादों में से अधिकांश अत्यन्त सतही स्तर पर होते हैं। हर धर्म का व्यक्ति उसके धर्म में क्या अच्छा है, इसकी तो भरपूर चर्चा करता है परन्तु उसके धर्म में क्या बुरा या गलत है, उस पर चुप्पी साध जाता है। इस तरह, सभी धर्मों के प्रतिनिधि अपने-अपने धर्मों की श्रेष्ठ परम्पराओं और शिक्षाओं की तारीफों के पुल बाँधते हैं और महफिल बर्खास्त हो जाती है। इन संवादों को सुनकर कभी-कभी तो ऐसा लगता है कि जब सभी धर्मों में इतनी अच्छाइयाँ हैं तो आखिर साम्प्रदायिक तनाव और हिंसा होती ही क्यों है? कुल मिलाकर, अन्तर्धार्मिक संवाद एक तरह की औपचारिकता बन कर रह गये हैं।

दरअसल ये आयोजन दो धर्मों के बीच विचारों के गहन और ईमानदार आदान-प्रदान का मंच बनना चाहिए। धर्मों के सकारात्मक पक्षों पर चर्चा तो होनी ही चाहिए

परन्तु विभिन्न धर्मों के गैर-जिम्मेदार अनुयायियों की अवांछित गतिविधियों पर चर्चा भी बिना किसी सकुचाहट के होनी चाहिए। समस्याएँ क्या और कहाँ हैं और उनके कारण किस तरह के विवाद पैदा होते हैं, यह भी संवाद का हिस्सा होना चाहिए। संवादों के खत्म होने के बाद उनमें चिन्हित की गयी समस्याओं और विवादों का हल खोजने का प्रयास भी होना चाहिए।

अन्तर्धार्मिक समस्याओं और विवादों को सुलझाने की कोशिश तभी रंग लाएगी जब समस्याओं का गहराई से विवेचन किया जावेगा। अन्तर्धार्मिक संवाद अपने आप में अत्यन्त उपयोगी हैं परन्तु यदि इनमें गंभीरता और गहराई होगी और विवादों को समझने और आपसी सहयोग से उनका हल निकालने की ईमानदार कोशिश की जाएगी तो ये और अधिक उपयोगी बन पड़ेंगे।

अन्तर्धार्मिक संवादों की सफलता के लिए यह भी आवश्यक है कि इनमें भाग लेने वाले प्रतिभागी सब धर्मों को सच्चा और बराबर मानें। अपने धर्म के बारे में श्रेष्ठता का भाव, चाहे वह कितना ही दबा-छुपा क्यों न हो-संवाद की उपयोगिता को समाप्त कर देगा। श्रेष्ठता का भाव, व्यक्तिगत या सामूहिक अहं के रूप में प्रगट होता है। हमें यह समझना चाहिए कि कोई भी धर्म असत्य पर आधारित नहीं हो सकता।

इस्लामिक विद्वान मौलाना आजाद ने हिन्दू, बौद्ध, जैन और ईसाई धर्मग्रन्थों को उद्धत करते हुए लिखा था कि सभी धर्मों के मूल तत्व, जिन्हें वे दीन कहते हैं, समान हैं। फर्क है केवल प्रथाओं, परम्पराओं और रीति-रिवाजों का, जिन्हें मौलाना आजाद शरीयत कहते हैं। उनका मानना था कि शरीयत के ये अन्तर इसलिए हैं क्योंकि अलग-अलग धर्मों का जन्म अलग-अलग संस्कृतियों और अलग-अलग काल में हुआ। इस तरह मूल शिक्षाएँ एक सी होते हुए भी धर्मों के बाहरी स्वरूप में अन्तर है और इसके पीछे सांस्कृतिक-सामाजिक कारक हैं।

हम अक्सर इस बात को समझ नहीं पाते और ऊपरी अन्तर विवादों के कारण बन जाते हैं। हम कर्मकांडों को इतना महत्व देने लगते हैं कि विभिन्न धर्मों की मूल आत्मा तक पहुँच ही नहीं पाते। महान सन्त रामकृष्ण परमहंस हिन्दू, ईसाई और इस्लाम तीनों धर्मों का एक साथ पालन करते थे और उन्हें इसमें कोई सन्देह नहीं था कि तीनों धर्मों में आध्यात्म के स्तर पर कोई अन्तर नहीं है। इन दोनों महान धार्मिक चिन्तकों ने अत्यन्त गहराई से धर्मों का तुलनात्मक अध्ययन किया और एक से नतीजों पर पहुँचे।

हमें यह भी समझना चाहिए कि धर्म और उसको मानने वाले, दो अलग-अलग चीजें हैं। धर्म अमूर्त है जबकि उसको मानने वालों का भौतिक अस्तित्व है और उनकी आवश्यकताएँ, महत्वाकांक्षाएँ और हित हैं। ये हित, न कि धर्म, आपस में टकराते हैं। अक्सर साम्प्रदायिक हितों की टकराहट को धर्मों के बीच की टकराहट समझ लिया जाता है।

इस तरह के भ्रम का बहुत अच्छा उदाहरण है हट्टिंगटन की चर्चित पुस्तक *क्लैश*

ऑफ सिविलाईजेशन्स (सभ्यताओं का टकराव)। तथ्य यह है कि सभ्यताओं के बीच कोई टकराव नहीं था। टकराव था अमेरिका और अरब देशों के बीच। बुश के शासन के दौरान हुए इस टकराव को हट्टिंगटन ने सभ्यताओं के टकराव के रूप में प्रस्तुत किया। इसी तरह, भारत में हिन्दुओं, मुसलमानों और ईसाइयों के एक हिस्से के राजनैतिक हितों की टकराव को हिन्दू धर्म, इस्लाम और ईसाई धर्म के बीच टकराव समझ लिया जाता है।

निहित स्वार्थी तत्व धर्म का दुरुपयोग करते हैं और इससे समस्या और जटिल हो जाती है। धर्म के राजनैतिक संस्करण को मूल धर्म मानने की भूल हम सब करते हैं। इतिहास और वर्तमान दुनिया में इस तरह की भूलों के अनेक उदाहरण हैं। *क्रूसेड्स* इस्लाम और ईसाईयत के बीच टकराहट नहीं थी बल्कि फिलिस्तीन पर काबिज होने की लड़ाई थी।

रामजन्मभूमि-बाबरी मस्जिद विवाद भी धार्मिक विवाद नहीं था। यह तो एक धर्म स्थान से जुड़े हुए विवाद का राजनीतिकरण था। इस विवाद को सुलझाने की सही जगह अदालत थी। इस विवाद को खड़ा भी संघ परिवार ने ही किया था। सन् 1948 में रात के अंधेरे में मस्जिद के भीतर राम और सीता की मूर्तियाँ स्थापित कर दी गयीं और सन् 1980 के दशक में गड़े मुर्दे उखाड़कर राजनैतिक लाभ उठाने की सफल कोशिश की गयी।

जिस तरह आज की दुनिया में धर्म का राजनीतिकरण हो रहा है वैसा ही पहले भी होता रहा है। दुर्भाग्य से वह सब इतिहास बन गया है और अब हमारे लिए सच और झूठ, धर्म और राजनीति, को अलग-अलग करना मुश्किल हो गया है। हम उन पुरातन मुद्दों को लेकर अब आपस में लड़ रहे हैं। इसका एक अच्छा उदाहरण है जेहाद की अवधारणा। कुछ अतिवादी मुस्लिम तत्व अपनी राजनैतिक महत्वाकांक्षाओं की पूर्ति के लिए इस अवधारणा का घोर दुरुपयोग कर रहे हैं।

इन तत्वों के जेहाद और कुरान के जेहाद में जमीन-आसमान का फर्क है। कुरान के अनुसार अच्छाई को फैलाना और बुराई से मुकाबला करना जेहाद है। यह संघर्ष बौद्धिक है और इसमें हथियारों के लिए कोई जगह नहीं है, यद्यपि कुछ इस्लामिक विद्वान यह मानते हैं कि अगर बुराई हिंसक स्वरूप ले ले तो हथियारों का प्रयोग भी किया जा सकता है। पैगम्बर मोहम्मद साहब के अनुसार दबे-कुचलों को न्याय दिलवाना और निरंकुश राजा के मुँह पर सच बोलना जेहाद है।

इतिहास गवाह है कि कई मुस्लिम राजाओं ने अपने राज्यों का विस्तार करने के लिए जेहाद की अवधारणा का जमकर दुरुपयोग किया। हर गैर-मुस्लिम राजा से लड़ाई को वे जेहाद कहते थे। पैगम्बर साहब ने स्वयं अपने जीवन में कई लड़ाईयाँ लड़ीं परन्तु इन लड़ाइयों को उन्होंने कभी जेहाद नहीं कहा। इन लड़ाइयों को *गज़्व* कहा गया, जो इस्लाम के आगमन के पूर्व की अरबी भाषा में कबीलों के बीच की लड़ाइयों को कहा

जाता था। इस्लाम के पूर्व के अरब में बड़े युद्ध नहीं होते थे और हिंसा मुख्यतः कबीलों के बीच होने वाली झड़पों तक सीमित रहती थी और इन झड़पों को *गज़्व* कहा जाता था।

अगर हर लड़ाई को जेहाद कहना उचित होता तो क्या पैगम्बर साहब उन लड़ाइयों को, जिनमें वे स्वयं शामिल थे, जेहाद नहीं कहते? आखिर जेहाद शब्द के इस्तेमाल का अधिकार उनसे अधिक किसे हो सकता था? इसके बावजूद भी, *खिलाफत* (मोहम्मद साहब के चार खलीफाओं के राज के तीस साल) के बाद सत्ता पर काबिज होने वालों ने अपनी आपसी लड़ाइयों को जेहाद का दर्जा दिया। हर गैर-मुस्लिम शासक के साथ मुस्लिम शासक की लड़ाइयों को जेहाद कहते रहने से इस शब्द का अर्थ ही बदल गया है।

आज जो अतिवादी अपने ही देश के मुस्लिम शासकों के खिलाफ लड़ रहे हैं और मुस्लिम व गैर-मुस्लिम निर्दोष नागरिकों को मार रहे हैं, वे भी अपनी अर्थहीन हिंसा को जेहाद का नाम देते हैं। मुसलमानों सहित वे लोग जिन्हें इस्लाम का गहराई से ज्ञान नहीं है, अतिवादियों की हिंसा को जेहाद मान भी लेते हैं। 9/11 से लेकर आजतक, तथाकथित जेहादियों ने केवल निर्दोष लोगों को मारा है। चाहे अफगानिस्तान हो, पाकिस्तान या ईराक, मारे जाने वाले लगभग सभी मुसलमान हैं क्योंकि इन देशों में गैर-मुसलमानों की आबादी बहुत कम है।

जेहाद शब्द का इतना दुरुपयोग कभी नहीं हुआ जितना कि अल्कायदा और तालिबान, अफगानिस्तान और पाकिस्तान में कर रहे हैं। इनकी खूनी कार्यवाहियों को जेहाद बताना जेहाद की अवधारणा का अपमान है। जेहाद दुनिया को बेहतर बनाने का बौद्धिक संघर्ष है, न कि मासूमों का अकारण खून बहाने का बहाना।

धार्मिक अवधारणाओं के बारे में इसी तरह की भ्रान्तियों के चलते मेरा यह मानना है कि हम सब के लिए एक-दूसरे के धर्मों का गहराई से अध्ययन करना आवश्यक है। सतही संवादों, जिनमें हम अपनी धार्मिक परम्पराओं की तारीफ करते हैं और यह नहीं बताते कि उनमें कमी या गलती कहाँ है, से काम नहीं चलने वाला।

इस तरह के संवादों में भाग लेने वालों की संख्या सीमित नहीं होनी चाहिए। हमें मीडिया के जरिए अधिक से अधिक लोगों को इन संवादों से जोड़ना चाहिए। मीडिया अन्तर्धार्मिक संवादों में कोई रुचि नहीं लेती। मीडिया के जरिए धार्मिक पूर्वाग्रहों को हवा दी जाती है। मीडिया अपने पाठकों या दर्शकों के सामने घटनाओं को सही परिप्रेक्ष्य में प्रस्तुत नहीं करती। मीडिया का न केवल व्यवसायीकरण हो चुका है बल्कि राजनीतिकरण भी हो गया है। मीडियाकर्मियों की भी अन्तर्धार्मिक संवादों में भागीदारी होनी चाहिए।

पुलिस और अल्पसंख्यक

हमारे देश की पुलिस आम नागरिकों के प्रति मित्रवत व्यवहार के लिए नहीं जानी जाती। अल्पसंख्यकों के साथ तो हमारी पुलिस का व्यवहार और भी खराब होता है। जिस पुलिस एक्ट के तहत हमारी पुलिस काम करती है उसे अंग्रेजों के द्वारा सन् 1861 में बनाया गया था और उसका मुख्य उद्देश्य भारतीय जनता को कुचलना और ब्रिटिश शासन का आतंक बनाये रखना था। किसी भी विदेशी शासक द्वारा ऐसा करना स्वाभाविक भी था।

आश्चर्य की बात यह है कि स्वतंत्रता के साठ वर्ष के बाद भी हमारे प्रजातांत्रिक शासकों ने पुलिस एक्ट में तनिक भी संशोधन नहीं किया है। यहाँ तक कि हमारे शासक सुप्रीम कोर्ट के आदेश के बाद भी पाँचवे पुलिस आयोग की सिफारिशों को लागू करने के लिए भी तैयार नहीं हैं। इसका कारण स्पष्ट है। हमारे शासक पुलिस का इस्तेमाल अपने राजनैतिक हितों की पूर्ति के लिए करना चाहते हैं। वे नहीं चाहते कि पुलिस के जनता से मित्रवत सम्बन्ध रहे। अगर पुलिस जनता की दोस्त बन जावेगी तो फिर वह राजनीतिज्ञों के किस काम की रहेगी?

पुलिस आम जनता के साथ शत्रुवत व्यवहार तो करती ही है, अल्पसंख्यकों के प्रति उसका दृष्टिकोण और भी अधिक खराब है। लगभग हर साम्प्रदायिक दंगे में पुलिस पक्षपातपूर्ण व्यवहार करती है और मुसलमानों को गोली-बारी में मारने में तनिक भी संकोच नहीं करती। इसका सबसे ताजा उदाहरण है हैदराबाद की मक्का मस्जिद में हुआ बम विस्फोट जिसके बाद घटना पर आक्रोश व्यक्त कर रही भीड़ पर पुलिस ने गोलियाँ चलायीं जिनमें छह लोग मारे गये। यहाँ तक कि बम विस्फोट में घायल हुए लोगों को अस्पताल ले जाते समय भी उन पर गोलियाँ चलायी गयीं। सबसे बड़ी बात यह है कि पुलिस ने भीड़ को तितर-बितर करने के लिए नहीं बल्कि लोगों की जान लेने के लिए गोलियाँ चलायीं।

यहाँ मुझे याद आता है 23 मई, 1987 का हाशिमपुरा का हादसा। मेरठ के नजदीक हाशिमपुरा में मई 1987 में साम्प्रदायिक दंगे हुए थे। हमेशा की तरह पुलिस ने यह मान लिया कि दंगों के लिए मुसलमान जिम्मेदार हैं और उन्हें सबक सिखाने का

निश्चय किया। पी.ए.सी. की एक टुकड़ी हाशिमपुरा पहुँची और उसने 50 मुसलमानों को जिनमें बच्चे और बूढ़े शामिल थे, घरों से खींचकर बाहर निकाला। इनमें से अधिकांश बहुत गरीब थे।

इन सभी को ट्रकों में ठूँसकर शहर के बाहर ले जाया गया जहां उन्हें गोली मारकर उनकी लाशें पास में बह रही एक नहर में फेंक दी गयी। भाग्यवश दो-तीन लोग, जिन्हें पुलिसवालों ने मरा समझ लिया था, बच गये। वे पेड़ों के पीछे छुपे रहे और बाद में उन्होंने पुलिस की घिनौनी हरकत की दास्तान को दुनिया के सामने लाया। इस घटना को बीस साल गुजर चुके हैं परन्तु आज तक हत्यारों के खिलाफ कोई कार्यवाही नहीं की गयी है। वे खुलेआम घूम रहे हैं। कुछ मानवाधिकार कार्यकर्ताओं ने हाशिमपुरा के हत्यारों को सजा दिलवाने की कोशिश की पर, वे असफल रहे। राज्य सरकार ने इस काम में कोई रुचि नहीं ली।

श्री मुलायम सिंह यादव का हमेशा से यह दावा रहा है कि वे मुसलमानों के मसीहा हैं परन्तु इस मामले में उन्होंने भी कुछ नहीं किया। यह मामला आज भी लम्बित है। मारे गये निर्दोष लोगों के परिजन न्याय के लिए दर-दर की ठोकरें खा रहे हैं जबकि दोषी चैन की बंसी बजा रहे हैं। इसका कारण स्पष्ट है। मरने वाले गरीब थे और मुसलमान थे।

पिछली 23 मई को हाशिमपुरा में मारे गये लोगों के पिताओं, माताओं और बहनों ने मृतकों की फोटो हाथों में लेकर दिल्ली में प्रदर्शन किया। इसका सत्ता में बैठे लोगों पर कोई खास असर पड़ा हो, ऐसा नहीं लगता।

गुजरात सरकार तो इस मामले में और भी ज्यादा कुख्यात है। नरेन्द्र मोदी के संरक्षण में वो पूरी तरह मनमानी कर रही है। नकली मुठभेड़ में सोहराबुद्दीन और उसकी पत्नी को मार डाला गया। मुख्यमंत्री कार्यालय के निर्देश पर कागजों में हेराफेरी की गयी जिसका सनसनीखेज पर्दाफाश 'तहलका' ने अपने 19 मई, 2007 के अंक में किया था। पुलिस के डी.आई.जी. श्री बंजारा ने इस मुठभेड़ को देशभक्ति बताया। सोहराबुद्दीन और उसकी पत्नी कौसर बी के अलावा एक अन्य मुस्लिम युवक समीर खान को भी फर्जी मुठभेड़ में मार गिराया गया था। गुजरात पुलिस ने सन् 2003 में इशरत जहान और उसके साथी को भी लश्कर-ए-तैय्यबा का सदस्य बताकर मार डाला था।

ये सभी फर्जी मुठभेडे इस नाम पर की गयीं कि मारे गये लोग नरेन्द्र मोदी की हत्या करना चाहते थे। इस तरह मोदी ने अपनी छवि आतंकवाद के खिलाफ लड़ रहे एक बहादुर योद्धा की बनाने की कोशिश की। अपने एक भाषण में मोदी ने खुद कहा कि वे देश की खातिर अपनी जान गंवाने को तैयार हैं। आतंकवाद के खिलाफ युद्ध में वे शहीद होने के लिए तत्पर हैं। 'दिल्ली की सत्ता' को चुनौती देते हुए उन्होंने कहा कि चाहे उन्हें फाँसी पर लटका दिया जावे, परन्तु वे गुजरात से आतंकवाद का खात्मा करके

ही रहेंगे। ''मैं यूपीए की सरकार को चुनौती देता हूँ कि वह मुझे फाँसी पर लटका दे। अगर वो ऐसा कल करना चाहती है तो आज करे। मैं ज़ान देने के लिए तैयार हूँ परन्तु मैं आतंकवाद से लड़ना बन्द नहीं करूँगा।''

इस तरह मोदी स्वयं को फर्जी मुठभेड़ के मामले में बदनामी से बचाने की कोशिश कर रहे हैं। निर्दोष लोगों को मारकर वे आतंकवाद का खात्मा करना चाहते हैं। मुसलमानों को मारकर वे अपने आप को शहीद दिखाना चाहते हैं और यह सब एक धर्मनिरपेक्ष प्रजातंत्र में हो रहा है। यह भी सही है कि गुजरात हिन्दुत्व की प्रयोगशाला है और गुजरात ने खुद को हिन्दू राष्ट्र घोषित कर दिया है। मोदी अपनी पूरी कार्यक्षमता से गुजरात को हिन्दू राष्ट्र बनाने में लगे हैं।

यह सारा घटनाक्रम दर्शाता है कि राजनेता किस तरह पुलिस का दुरुपयोग करते हैं। सुप्रीम कोर्ट के कारण बंजारा और अन्य पुलिस अधिकारियों पर कानून का शिकंजा कस सका। सोहराबुद्दीन के भाई ने सुप्रीम कोर्ट में याचिका दायर की थी और सुप्रीम कोर्ट के नोटिस के जवाब में गुजरात सरकार ने यह स्वीकार किया कि सोहराबुद्दीन और उसके साथी फर्जी मुठभेड़ में मारे गये थे। मोदी सरकार ने इस घटना से अपना पल्ला झाड़ लिया और सारा दोष बंजारा और दूसरे पुलिस अधिकारियों के सर पर मढ़ दिया।

यह सच है कि कुछ ईमानदार पुलिस अधिकारी भी हमारे देश में हैं जो सत्यनिष्ठा से अपने कर्तव्य निभाते हैं। इन्हीं में से एक हैं गुजरात सी.आई.डी. की आई.जी. श्रीमती गीता जौहरी जिन्होंने राजनैतिक दबाव के आगे झुकना मंजूर नहीं किया। सुप्रीम कोर्ट ने यह साफ-साफ कहा था कि श्रीमती जौहरी केवल अदालत के प्रति जवाबदेह होंगी परन्तु गुजरात सरकार ने उन्हें पुलिस महानिदेशक श्री माथुर से निर्देश लेने के लिए कहा। श्रीमती जौहरी ने ऐसा करने से साफ इन्कार कर दिया। समस्या यह है कि ऐसे अधिकारी बहुत कम होते हैं। अधिकतर राजनैतिक दबाव के आगे झुक जाते हैं।

झूठी मुठभेड़ों को किसी भी स्थिति में स्वीकार नहीं किया जाना चाहिए। जो भी पुलिस अधिकारी मुठभेड़ में किसी की जान ले उसे तब तक हत्यारा माना जाना चाहिए जब तक कि वह यह साबित न कर सके कि उसने आत्मरक्षार्थ गोली चलायी थी और यह कि पुलिस दल के सदस्यों को भी चोटें आयी थीं। कितनी गोलियाँ चलीं इसकी जाँच भी सूक्ष्मता से की जानी चाहिए। अभी हाल में महाराष्ट्र सरकार ने यह आदेश जारी किया है कि मुठभेड़ में मृत्यु की हर घटना की सी.आई.डी. जाँच करवाई जावेगी। यह एक अच्छा कदम है परन्तु देखना यह होगा कि उसे किस हद तक लागू किया जाता है।

किसी भी अन्य देश में पुलिस का निर्दोषों को मार डालने को बर्दाश्त नहीं किया जाता। कुछ दशकों पहले तक भारत में भी मुठभेड़ों में कथित अपराधियों के मारे जाने की घटनाएँ नहीं होती थीं। मुठभेड़ों का सिलसिला शुरू हुआ आपातकाल (1975-77) से जब केरल और आन्ध्र प्रदेश की पुलिस ने मुठभेड़ों में कुछ नक्सलियों को मार

डाला। मुम्बई हाई कोर्ट के सेवानिवृत्त न्यायाधीश और जाने–माने मानवाधिकार कार्यकर्ता न्यायमूर्ति तारकुंडे ने इन मुठभेड़ों की जाँच की और उन्हें पूरी तरह से फर्जी पाया। इसके बाद देश में मुठभेड़ों का सिलसिला लगभग रुक गया।

कुछ वर्ष बाद मुठभेड़ों का दूसरा दौर शुरू हुआ जिसमें माफिया डॉन मारे गये थे। ये मुठभेड़ें भी फर्जी थीं। कुछ पुलिस वाले 'एनकाउंटर विशेषज्ञ' बन गये और विरोधी माफिया गुटों के इशारे पर पैसा लेकर मुठभेड़ करने लगे। ये विशेषज्ञ जल्दी ही बहुत अमीर बन गये। उनकी पहुँच वरिष्ठ राजनेताओं तक थी और वे अपने उच्च अधिकारियों को खास तवज्जो नहीं देते थे। फर्जी मुठभेड़ों को प्रजातांत्रिक व्यवस्था में कोई जगह नहीं है। प्रजातंत्र में मानवाधिकारों की महत्वपूर्ण भूमिका होती है और पुलिस को मानवाधिकारों के प्रति संवेदनशील बनाया जाना चाहिए।

दुर्भाग्यवश हमारी पुलिस का इस्तेमाल आम जनों व विशेषकर अल्पसंख्यकों के न्यायपूर्ण अधिकारों को कुचलने के लिए किया जाता है। अधिकांश साम्प्रदायिक दंगों में पुलिस उन अपराधी तत्वों को पकड़ने में कोई रुचि नहीं दिखाती जो अल्पसंख्यकों पर हमले करते हैं। मामलों की जाँच ठीक से नहीं की जाती और तथ्यों व सबूतों के साथ छेड़छाड़ की जाती है।

विभिन्न दंगा जाँच आयोगों की रिपोर्टें इन तथ्यों की पुष्टि करती हैं। सन् 1970 के भिवंडी व जलगाँव दंगों की जाँच के लिए नियुक्त मदान आयोग ने अपनी रिपोर्ट में कहा था कि कुछ पुलिस अधिकारियों ने अल्पसंख्यक समुदाय के कुछ सदस्यों को फँसाने के लिए कागजातों में हेरा—फेरी की थी। सरकार ने इन अधिकारियों के विरुद्ध कोई कार्यवाही नहीं की, उलटे उनमें से कई को प्रमोशन दिये गये। इसी तरह, सन् 1992–93 के मुम्बई दंगों की जाँच रिपोर्ट में जस्टिस श्रीकृष्ण आयोग ने कड़े शब्दों में मुम्बई पुलिस के साम्प्रदायिकीकरण की निन्दा की थी और 30 से अधिक पुलिस अधिकारियों को दोषी करार दिया था परन्तु महाराष्ट्र की कांग्रेस सरकार ने इन दोषी अधिकारियों के विरुद्ध कोई कार्यवाही नहीं की। केवल कुछ मामलों में प्रतीकात्मक तौर पर कार्यवाही की गयी। एक दोषी अफसर को तो मुम्बई का पुलिस कमिशनर नियुक्त कर दिया गया। यह वही अधिकारी था जिसे मार्डन बेकरी में नौ निर्दोष मुसलमानों की हत्या का दोषी ठहराया गया था। उसकी पदोन्नति 1995 में सत्ता में आयी भाजपा-शिवसेना सरकार ने की।

यह साफ है कि पुलिस बल का आम्पराधीकरण व सांप्रदायिकीकरण दोनों हो चुका है और हमारी पुलिस गरीब और कमजोर लोगों पर गोली चलाने की शौकीन है। अल्पसंख्यकों के प्रति पुलिस का बैर भाव जग जाहिर है। यह शर्मनाक स्थिति है और सरकार को यह कोशिश करनी चाहिए कि पुलिस बल को धर्मनिरपेक्ष व प्रजातांत्रिक मूल्यों के प्रति संवेदनशील बनाया जावे। पुलिस का इस्तेमाल जनता को कुचलने के

लिए नहीं किया जाना चाहिए। पुलिस का व्यवहार जनता के प्रति मित्रवत होना चाहिए। किसी भी धर्मनिरपेक्ष व प्रजातांत्रिक देश में ऐसा होना ही चाहिए।

इस देश में पुलिस सुधारों की तुरंन्त आवश्यकता है। गुलामी के दिनों के पुलिस एक्ट में आमूल-चूल परिवर्तन से ही हमारे संविधान का प्रजातांत्रिक व धर्मनिरपेक्ष ढांचा सुरक्षित रह सकेगा।

क्या भाजपा मुसलमानों का दिल जीतना चाहती है ?

उत्तर प्रदेश के विधान सभा चुनाव में बीजेपी की हार से न केवल पार्टी को गहरा धक्का पहुँचा है वरन उसके नेता पार्टी की नीतियों पर पुर्न विचार करने के लिए मजबूर हो गये हैं। ब्राह्मण अस्सी के दशक के मध्य से बीजेपी के पारम्परिक समर्थक रहे हैं। परन्तु इस बार उन्होंने भी बीजेपी का साथ नहीं दिया। स्वतंत्रता के बाद से लेकर सन 1980 तक ब्राह्मण कांग्रेस को लगातार अपना समर्थन देते रहे। ब्राह्मणों, मुसलमानों और दलितों के सामूहिक समर्थन के सहारे कांग्रेस उत्तर प्रदेश में चुनावों में लगातार जीत दर्ज करती रही। राम जन्मभूमि मन्दिर की नींव रखे जाने के बाद मुसलमानों ने कांग्रेस से किनारा कर लिया। कांग्रेस सत्ता से बाहर हो गयी और ब्राह्मणों ने भी कांग्रेस को इसलिए त्याग दिया क्योंकि उसके सत्ता में आने की कोई सम्भावना नहीं बची थी।

इसके बाद ब्राह्मणों ने बीजेपी का दामन थाम लिया क्योंकि वह राम जन्मभूमि मन्दिर का मसला उछाल रही थी और उसके सत्ता पर काबिज होने की बेहतर सम्भावनाएँ थीं। ब्राह्मण तब तक भाजपा को वोट देते रहे जब तक भाजपा स्वयं की ताकत पर या उपयुक्त गठबन्धन के सहारे सत्ता में आने में सक्षम बनी रही।

पिछले माह सम्पन्न विधानसभा चुनावों में मायावती उभरता हुआ सितारा थीं और इसका एक कारण उनका ब्राह्मणों और मुसलमानों का संयुक्त मोर्चा बना लेना भी था। मायावती ने कांग्रेस के ब्राह्मण-दलित-मुस्लिम फार्मूले का सफलतापूर्वक उपयोग कर उत्तर प्रदेश में चुनाव जीत लिया। उन्होंने ठाकुरों के एक हिस्से का समर्थन हासिल करने में भी सफलता प्राप्त कर ली। ब्राह्मणों ने हवा के रुख को पहिचाना और बीजेपी के शिविर से रवानगी डाली। इसका एक कारण यह भी था कि भाजपा ने राम मन्दिर बनाने का अपना पुराना वादा पूरा नहीं किया था। सुश्री मायावती की इस जमावट के बाद भी बीजेपी को ब्राह्मणों का समर्थन मिलने की उम्मीद थी। परन्तु ब्राह्मणों ने एक होकर भाजपा को वोट नहीं दिया।

हिन्दुओं का समर्थन हासिल करने के लिए बीजेपी ने रामजन्म भूमि का अपना पुराना फार्मूला तो इस्तेमाल किया ही, उसने मुसलमानों के प्रति नफरत से लबरेज एक सीडी का इस्तेमाल भी किया। यह अलग बात है कि इस सीडी का वह कोई लाभ नहीं

उठा सकी क्योंकि चुनाव आयोग ने उक्त सीडी के उपयोग पर प्रतिबन्ध लगा दिया। यह बीजेपी की नैतिक और कानूनी हार थी। उत्तर प्रदेश के अपने किले में चुनाव हारना बीजेपी के लिए गहरा धक्का है।

बीजेपी के लिए आगे का रास्ता भी सहज नहीं है। उसके पक्ष में उत्तर प्रदेश में कोई लहर नहीं है और इसलिए उस राज्य में बीजेपी का पुनरोउदय एक दुरूह कार्य है। उत्तर प्रदेश की आबादी का 20 फीसदी हिस्सा मुसलमान है और वे किसी भी स्थिति में बीजेपी का साथ नहीं देंगे। ब्राह्मणों ने भी बीजेपी का साथ नहीं दिया। इन परिस्थितियों में बीजेपी के शीर्ष नेतृत्व पर यह दबाव है कि वो अपने मुस्लिम विरोधी रुख में नरमी लाये। यद्यपि यह आसान काम नहीं हैं परन्तु बीजेपी के दिल्ली में बैठे वरिष्ठ नेता इस नीति को अपनाने की कोशिश कर रहे हैं। अभी हाल में बीजेपी नेता शाहनवाज के घर पर एक मुशायरा आयोजित किया गया जिसमें अनेक बीजेपी नेताओं ने भाग लिया। कई नरमपंथी बीजेपी नेता ऐसा महसूस करते हैं कि बीजेपी ने मुसलमानों को अपना दुश्मन बनाकर कांग्रेस को अप्रत्यक्ष रूप से बहुत लाभ पहुँचाया है। उनका यह भी मानना है कि अभी भी मुसलमानों का दिल जीतने की गुजांइश है।

ऐसा होना बहुत मुश्किल है। और इसका कारण संघ परिवार और मुसलमानों दोनों का आपसी बैरभाव है। विहिप और बजरंग दल वैसे भी बीजेपी नेतृत्व पर आरोप लगा रहे हैं कि वह हिन्दुत्व के एजेंडे पर पर्याप्त जोर नहीं दे रही है। ऐसे में इस बात की बहुत कम सम्भावना है कि वे भाजपा को मुसलमानों के प्रति नर्म रुख अपनाने की इजाजत देंगे। बीजेपी की नीति में इस तरह के किसी भी परिवर्तन का ये संगठन जमकर विरोध करेंगे क्योंकि इससे उनके अस्तित्व पर ही संकट आ जाएगा।

दूसरी ओर, मुसलमान भाजपा पर विश्वास करने से पहले सौ बार सोचेंगे। कई दशकों से भाजपा मुसलमानों के खिलाफ कटु प्रचार करती आयी है और मुसलमानों से यह उम्मीद करना बेकार है कि वे सब कुछ भूलकर बीजेपी को गले लगा लेंगे।

बीजेपी मुसलमानों को बताना चाहती है कि श्री अटलबिहारी वाजपेई ने भारत-पाकिस्तान शान्ति प्रक्रिया की शुरुआत की थी और कश्मीर समस्या के हल के लिए कई कदम उठाये थे। इस प्रचार से मुसलमान कितने प्रभावित होंगे— यह कहना कठिन है विशेषकर इसलिए क्योंकि कांग्रेस बहुत प्रयत्न करने के बाद भी मुसलमानों का समर्थन फिर से हासिल नहीं कर सकी है।

दिलचस्प बात यह है कि उत्तर प्रदेश में ब्राह्मणों के मत हासिल करने में अपनी सफलता से उत्साहित होकर मायावती अन्य राज्यों में भी ब्राह्मणों को अपनी पार्टी की ओर आकर्षित करने की कोशिश कर रही हैं। उत्तर प्रदेश के प्रयोग से ब्राह्मण भी खुश हैं क्योंकि उन्हें बसपा के जरिए अपने राजनैतिक प्रभाव को बढ़ाने का रास्ता मिल गया है। अभी हाल में तिरूपति में आयोजित अपने अधिवेशन में अखिल भारतीय ब्राह्मण महासभा ने भविष्य में सभी चुनावों में बसपा को समर्थन देने का प्रस्ताव पारित किया।

महासभा ने यह भी तय किया कि ब्राह्मणों और दलितों के बीच सद्भाव बढ़ाने के लिए विशेष प्रयत्न किये जाएँ। कांची कामकोटि पीठ के शंकराचार्य स्वामी जयेन्द्र सरस्वती इस अधिवेशन में उपस्थित थे।

अधिवेशन को सम्बोधित करते हुए एक ब्राह्मण नेता कोटा शंकर शर्मा ने यह भी कहा कि हिन्दुओं और मुसलमानों के बीच साम्प्रदायिक तनाव और हिंसा का मूल कारण निहित स्वार्थी राजनैतिक शक्तियों द्वारा किये गये षड्यंत्र हैं जिन्हें आम आदमी नहीं समझ पाता। अखिल भारतीय ब्राह्मण सभा का यह अधिवेशन ब्राह्मणों के राजनैतिक मंच पर सक्रिय होने की दिशा में महत्वपूर्ण कदम है। अगर सारे देश के ब्राह्मण बसपा का समर्थन करने के लिए एक हो जाते हैं तो यह भाजपा के लिए गहरी चिन्ता का विषय होगा। अगर ब्राह्मण-दलित=मुस्लिम गठजोड अखिल भारतीय स्तर पर उभरता है तो देश के बहुत से इलाकों में भाजपा का कोई नामलेवा भी नहीं बचेगा। उल्लेखनीय है कि उत्तर प्रदेश के बाद बीजेपी ने गोवा के चुनाव में भी मात खाई है।

तत्कालीन प्रधानमंत्री श्री वाजपेई के मीडिया सलाहकार श्री सुरेन्द्र कुलकर्णी ने अभी हाल में *इंडियन एक्सप्रेस* में प्रकाशित अपने लेखों की शृंखला में जोर देकर कहा है कि भाजपा को मुसलमानों का दिल जीतने का प्रयास करना चाहिए क्योंकि इससे दोनों को फायदा होगा। यहाँ तक कि श्री कुलकर्णी यह साबित करने की कोशिश कर रहे हैं कि आरएसएस कभी मुस्लिम विरोधी नहीं रहा। और अपने इस कथन के समर्थन में वे श्री एम एस गोलवलकर के लेखन से उद्धरण भी दे रहे हैं। गत 10 जून को *इंडियन एक्सप्रेस* में प्रकाशित अपने एक लेख में उन्होंने गोलवलकर को अरबी भाषा के विद्वान डॉ. सैफुददीन जिलानी को दिये गये साक्षात्कार में यह कहते हुए उद्धृत किया है कि "हमारे धार्मिक विश्वास और दर्शन के अनुसार मुसलमान उतने ही अच्छे हैं जितने कि हिन्दू। ऐसा नहीं है कि केवल हिन्दू ही ईश्वर तक पहुँचेगा। अपने-अपने विश्वास के अनुसार ईश्वर तक पहुँचने के लिए सबको अपनी-अपनी राह पर चलने का अधिकार है।"

कुलकर्णी हमें यह भी सूचित करते हैं कि संघ जब मुसलमानों के भारतीयकरण की बात करता है तो उसका अर्थ मुसलमानों का हिन्दूकरण करना नहीं होता। वे फिर गोलवलकर को उद्धृत करते हैं, "अपने धर्म का पालन करो। इस्लाम, ईसाईयत और हिन्दू धर्म के भगवान एक ही हैं और हम सब उनके पुजारी हैं। लोगों को इस्लाम के बारे में सच्ची जानकारी दो। लोगों को हिन्दू धर्म के बारे में सच्ची जानकारी दो। उन्हें समझाओ की सभी धर्म मनुष्य को निःस्वार्थ, पवित्र और शुद्ध बनने की प्रेरणा देते हैं..."

कुलकर्णी गोलवलकर को उद्धृत करते हुए यह भी साबित करने की चेष्टा करते हैं कि गोलवलकर समान नागरिक संहिता के पक्षधर नहीं थे बल्कि वे मुसलमानों को उनके शरियत कानून का पालन करने देने की स्वतंत्रता देने के पक्ष में थे। गोलवलकर

का कहना था, ''बेहतर यह होगा कि मुसलमान अपने पुराने हो चुके कानूनों और परम्पराओं को स्वयं बदलें। मुझे प्रसन्नता होगी यदि वे स्वयं इस निष्कर्ष पर पहुँचे कि बहुपत्नी प्रथा उनके लिए अच्छी नहीं है। परन्तु मैं अपने विचार उनपर लादना नहीं चाहूँगा।''

महत्वपूर्ण बात यह है कि श्री कुलकर्णी कहते हैं कि उसी साक्षात्कार में गोलवलकर ने चेतावनी देते हुए कहा कि ''बिलकुल एक समान सभ्यता व संस्कृति देशों के पतन का कारण बनती हैं। मैं तो इस पक्ष में हूँ कि जीवन जीने के विभिन्न तरीकों का संरक्षण किया जाए। परन्तु साथ ही साथ हमें यह भी ध्यान रखना होगा कि इन विभिन्नताएँ के बाद भी देश एक रहे।''

इस सबसे स्पष्ट है कि श्री कुलकर्णी की पुरजोर कोशिश है कि भाजपा-मुस्लिम और आरएसएस-मुस्लिम संवाद किसी भी तरह से शुरू हो सके। हम श्री कुलकर्णी की सफलता की कामना करते हैं परन्तु श्री कुलकर्णी स्वयं पत्रकार और राजनैतिक विश्लेषक रहे हैं और वे जानते हैं कि राजनीति उच्च विचारों, आदर्शों और पवित्र बातों से नहीं चलती। अगर श्री गोलवलकर को जो कुछ कहते हुए श्री कुलकर्णी ने उद्धृत किया है वह अगर सच भी हो तो आरएसएस और भाजपा अपने राजनैतिक प्रचार में उससे ठीक उलटी बातें क्यों कह रहे हैं।

मैं श्री कुलकर्णी से पूछना चाहता हूँ कि अगर एम एस गोलवलकर समान नागरिक संहिता के विरोधी थे तो सन् 70 के दशक में जनसंघ ने इसे अपने हिन्दुत्व के एजेंडे का भाग क्यों बनाया और क्यों आज भी समान नागरिक संहिता बीजेपी के एजेंडे में शामिल है? क्या श्री आडवानी ने इसी एजेंडे का अत्यन्त आक्रामक तरीके से पूरे देश में सन् 80 और 90 के दशक में प्रचार नहीं किया था? क्या आरएसएस के नेताओं को यह नहीं पता था कि भाजपा के एजेंडे में समान नागरिक संहिता शामिल है? या फिर क्या बीजेपी का हिन्दुत्व का एजेंडा आरएसएस की सहमति के बगैर तैयार किया गया था?

आरएसएस द्वारा संचालित स्कूलों में पढाई जाने वाली पुस्तकों के बारे में श्री कुलकर्णी का क्या कहना है? क्या ये पुस्तकें मुसलमानों के खिलाफ जहर नहीं उगलतीं? क्या ये पुस्तकें मध्यकालीन इतिहास को तोड़मरोड़ कर पेश नहीं करतीं? अगर गोलवलकर चाहते थे कि लोग अच्छे हिन्दू और अच्छे मुसलमान बनें तो बाबरी मस्जिद क्यों गिरायी गयी और उसके गिराये जाने को त्यौहार की तरह क्यों मनाया गया? क्या अच्छा हिन्दू ऐसा ही होता है? क्या आरएसएस बाबरी मस्जिद को ढहाए जाने को उचित मानता है? क्या आरएसएस का जोर हिन्दुत्व के एजेंडे पर नहीं है? क्या आरएसएस बीजेपी को बार-बार इस बात के लिए नहीं टोकता कि वह हिन्दुत्व के एजेंडे का पालन नहीं कर रही है?

इन परिस्थितियों में भला किस तरह आरएसएस-बीजेपी और मुसलमानों के

बीच कोई भी सकारात्मक संवाद हो सकता है ? क्या सन् 2002 के गुजरात कत्लेआम की निन्दा में आरएसएस ने एक शब्द भी कहा ? अगर आरएसएस गुजरात में मुसलमानों की हत्या के खिलाफ एक शब्द भी कहता तो वह लाखों मुसलमानों का दिल जीत लेता। उलटे, गुजरात के कत्लेआम के बाद नरेन्द्र मोदी आरएसएस की आँखों के तारे बन गये।

यह सब कहने का यह अर्थ कदापि नहीं है कि भाजपा या आरएसएस और मुसलमानों के बीच कोई संवाद नहीं होना चाहिए। परन्तु यदि श्री कुलकर्णी ऐसे संवाद का सुझाव भाजपा के शीर्ष नेतृत्व की ओर से दे रहे हैं तो उन्हें यह बताना चाहिए कि यह संवाद कैसे और कब शुरू हो सकता है। वे यह जानते ही होंगे कि मुसलमानों और संघ परिवार के बीच संदेह और अविश्वास की एक गहरी खाई है। इस खाई को जरा सा भी पाटने में बहुत समय और प्रयत्न लगेगा। वैसे भी, अगर ऐसे किसी संवाद की सम्भावना है तो संघ परिवार को इस मामले में पहल करनी चाहिए और इस संवाद की जरूरत क्यों है यह मुसलमानों को समझाना चाहिए। केवल *इंडियन एक्सप्रेस* में लेख लिखने से काम नहीं चलेगा।

बाबरी मस्जिद के ढहाए जाने के लिए माफी मांगना इस दिशा में एक अच्छी शुरुआत हो सकती है। इसके बाद मुसलमानों से यह अपील की जा सकती है कि वे सामने आएँ और राम जन्मभूमि की समस्या का कोई ऐसा उचित और सर्वमान्य हल खोजें जिससे दोनों ही पक्षों की धार्मिक भावनाएँ आहत न हों। आज की परिस्थितियों में ऐसा होना एक सुदूर स्वपन जान पड़ता है।

क्या भाजपा फिर दिल्ली की गद्दी संभालेगी ?

भाजपा एक बार फिर केंद्र में सत्ता में आने की तैयारी कर रही है। भाजपा यह मानकर चल रही है कि वो दिल्ली में सरकार बनाएगी और श्री लालकृष्ण आडवाणी देश के प्रधानमंत्री होंगे। कर्नाटक की सफलता ने भाजपा के मनोबल में जबरदस्त वृद्धि की है। भाजपा जानती है कि वह अपने बल पर सरकार नहीं बना सकती और इसलिए वो दक्षिण और उत्तर भारत में अलग-अलग पार्टियों के साथ गठबन्धन बनाने की तैयारी में भी लगी है।

आन्ध्र प्रदेश में भाजपा एक बार फिर तेलुगूदेशम के साथ जुड़ने की कोशिश कर सकती है। तेलुगूदेशम की इस बारे में क्या सोच है, यह कहना मुश्किल है परन्तु अगर तेलुगूदेशम ने भाजपा के साथ गठबन्धन बनाने की भूल की तो वह मुस्लिम वोटों से हाथ धो बैठेगी। आन्ध्र प्रदेश में पिछले विधान सभा चुनाव में तेलुगूदेशम की हार इसलिए हुई थी क्योंकि वो केन्द्र में भाजपा के साथ थी। यही कारण है कि चुनाव में हार के बाद उसने भाजपा से नाता तोड़ लिया। यह साफ है कि भाजपा सरकार को बाहर से समर्थन तक देने के पहले तेलुगूदेशम का नेतृत्व दस बार सोचेगा। दोनों पार्टियों के बीच चुनाव-पूर्व गठबन्धन होने की सम्भावना तो नहीं के बराबर है।

तमिलनाडू में एआईएडीएमके भाजपा का समर्थन कर सकती है क्योंकि जयललिता काफी हद तक हिन्दुत्व की विचारधारा की समर्थक हैं। वे खुद ब्राह्मण हैं और हिन्दू दक्षिणपंथियों की तरफ उनका झुकाव है। परन्तु यह भी सच है कि जयललिता कुछ हद तक मुस्लिम वोटों पर भी निर्भर हैं। पिछले चुनावों में उन्होंने न केवल मुस्लिम वोट खोये वरन धर्मपरिवर्तन-विरोधी विधेयक को मंजूरी देकर उन्होंने ईसाइयों का समर्थन भी खो दिया। वे चुनाव हार गयीं। उनके अगले कदम के बारे में कोई भी भविष्यवाणी करना बहुत कठिन है।

उत्तर भारत में उत्तर प्रदेश और बिहार दो बड़े राज्य हैं जो लोक सभा में 125 से अधिक सदस्य भेजते हैं। उत्तर प्रदेश में मायावती अपनी ताकत बरकरार रखे हुए हैं और उच्च जातियों के हिन्दुओं के साथ उनका जुड़ाव बना हुआ है। वैसे भी हिन्दुत्व से जुड़े मुद्दों में उनकी 1989 और 1999 वाली चमक नहीं बची है। इन मुद्दों को उठाने से

भाजपा को कोई खास लाभ होता नहीं दिखता। ब्राह्मणों का वैसे भी भाजपा से मोहभंग हो चुका है और मायावती ब्राह्मणों के साथ सत्ता में भागीदारी करने के लिए तैयार हैं।

कुछ समाचार पत्रों के अनुसार श्री मुलायम सिंह यादव का झुकाव कांग्रेस की ओर है। इस तरह, चाहे वह कितनी भी कोशिश कर लें, भाजपा को उत्तरप्रदेश में बहुत अधिक सफलता की उम्मीद नहीं करनी चाहिए। उत्तर प्रदेश में कांग्रेस की हालत भी अच्छी नहीं है यद्यपि वह राहुल गाँधी के जरिए दलितों को अपनी ओर आकर्षित करने की कोशिश कर रही है। इसका थोड़ा बहुत फायदा अमेठी लोकसभा क्षेत्र में हो सकता है परन्तु पूरे उत्तर प्रदेश में दलितों के कांग्रेस की तरफ झुकाव की सम्भावना कम ही है।

बिहार में परिस्थियाँ अलग है। वहाँ नितीश कुमार ही सरकार के असली कर्ताधर्ता हैं और भाजपा उनकी कनिष्ठ सहयोगी मात्र है। नितीश कुमार ने भागलपुर दंगों के मामले को जिस तरह निपटाया उससे मुसलमानों में उनकी छवि चमकदार हुई है। नितीश कुमार ने भागलपुर दंगों के दोषियों को सजा दिलवाई और दंगा पीड़ितों को थोड़ा ही सही, पर कुछ मुआवजा भी दिलवाया। केन्द्र सरकार ने भी भागलपुर दंगा पीड़ितों के लिए मुआवजे की घोषणा की है परन्तु नितीश कुमार ने इसका श्रेय लालू प्रसाद यादव को नहीं लेने दिया।

आम चुनाव में भाजपा बिहार में कुछ सीटें जीत सकती है परंतु केवल नितीश कुमार के कनिष्ठ सहयोगी के रूप में। नितीश कुमार भाजपा को बिहार में ताकतवर बनने देकर अपने मुस्लिम वेाट बैंक को खतरे में डालना नहीं चाहेंगे। वे अपने पत्ते बहुत होशियारी से चल रहे हैं। अगर वो भाजपा को बिहार में शक्तिशाली बनने देते हैं तो मुसलमान एक बार फिर लालू प्रसाद के खेमे में चले जाएँगे। इन सब कारणों से भाजपा बिहार में अपनी सीटों में शायद ही कोई वृद्धि कर पाये।

मध्य प्रदेश और राजस्थान में स्थिति स्पष्ट नहीं हैं परन्तु यह पक्का है कि इन दोनों राज्यों में भाजपा सरकारों की कई मोर्चों पर असफलता के चलते कुछ हद तक सरकार-विरोधी वातावरण तो है। राजस्थान में गुर्जर आन्दोलन से भाजपा को नुकसान पहुँचेगा। इस आन्दोलन में अब तक 40 से ज्यादा गुर्जर मारे जा चुके हैं परन्तु भाजपा की सरकार उन्हें अनुसूचित जनजाति का दर्जा देने के लिए तैयार नहीं है। उसकी कोशिश यह है कि वो गेंद को केन्द्र के पाले में डाल दे। राजस्थान में गुर्जर आन्दोलन के अतिरिक्त अन्य कई मोर्चों पर भी भाजपा सरकार असफल रही है। कोटा औंर कई अन्य स्थानों पर ईसाइयों पर हमले हुए हैं। मुसलमान तो भाजपा से पूरी तरह अलग हैं ही। जयपुर में हुए आतंकी हमलों के दोषियों का कोई सुराग आज तक नहीं लग सका है। यही हाल उसके पहले अजमेर में हुए आतंकी हमले की जाँच का है। हूजी और सिमी के सिर दोष मढ़ देने के अलावा जाँच में कोई प्रगति नहीं हुई है।

मध्य प्रदेश में मुख्यमंत्री और कई मंत्रियों के भ्रष्टाचार के मामलों में फँस जाने से भाजपा की छवि खराब हुई है। आम जनता का ध्यान सरकार में गहरे तक जड़ें जमा

चुके भ्रष्टाचार से हटाने के लिए वहाँ की सरकार ने सिमी के कुछ सदस्यों को गिरफ्तार किया और यह आरोप लगाया कि सिमी द्वारा इंदौर के पास घने जंगलों में प्रशिक्षण केन्द्र चलाये जा रहे हैं। वन विभाग के अधिकारी इस तरह के किसी केन्द्र के अस्तित्व से इन्कार करते हैं। सिमी कार्यकर्ताओं की गिरफ्तारी का ढिंढोरा तो जमकर पीटा गया परन्तु पुलिस मुम्बई ट्रेन धमाकों और अन्य आतंकी हमलों में उनके शामिल होने के बारे में कोई विशेष जानकारी या सुबूत इकट्ठा नहीं कर पायी है।

गुजरात हिन्दुत्व का किला है। वहाँ हिन्दुओं और मुसलमानों के बीच ध्रुवीकरण अपने चरम पर पहुँच चुका है। इसके विपरीत मध्य प्रदेश और राजस्थान में यद्यपि भाजपा का शासन है परन्तु इन दोनों राज्यों में हिन्दुत्व का बहुत जोर नहीं है और सरकार-विरोधी वातावरण का असर चुनाव पर होना अवश्यंभावी है। अगर ऐसा नहीं होता तब भी भाजपा के लिए इन दोनों राज्यों में पिछले चुनाव की तुलना में इस बार ज्यादा सीटें पाने की आशा करना व्यर्थ है। भाजपा दिल्ली की गद्दी पर बैठने की बात तभी सोच सकती है जब वो आन्ध्र प्रदेश, तमिलनाडू, उत्तर प्रदेश, बिहार, मध्य प्रदेश और राजस्थान जैसे बड़े राज्यों में अपनी सीटें बढ़ाये। और ऐसा होना असम्भव नहीं तो बहुत कठिन अवश्य है।

कर्नाटक में जरूर पार्टी पिछली बार की तुलना में इस बार ज्यादा सांसदों को लोक सभा में भेजने की उम्मीद कर सकती है। कर्नाटक विधान सभा में यद्यपि भाजपा साधारण बहुमत भी नहीं पा सकी है परन्तु वहाँ की सफलता ने उसकी महत्वाकांक्षाओं को पंख लगा दिये हैं। कर्नाटक के नतीजों के बाद से वो सन् 2009 में केन्द्र में सरकार बनाने के सपने देखने लगी है। चुनाव के लिए उम्मीदवारों की तलाश शुरू हो गयी है और ज़ोर नये चेहरों पर है। दक्षिण भारत में अपनी जड़ें फैलाने के लिए भगवा ब्रिगेड तैयार है। कांग्रेस के विपरीत, भाजपा हमेशा सक्रिय और चौकन्ना रहती है और उसने अभी से लोकसभा चुनाव के लिए जोर शोर से तैयारी शुरू कर दी है।

भाजपा को कैडर-आधारित पार्टी होने का लाभ भी मिलता है। अपने कार्यकर्ताओं की फौज में उत्साह भरने के लिए उसके पास हिन्दुत्व का मुद्दा है। दूसरी ओर, कांग्रेस के पास न तो कैडर है और न ही प्रेरणा देने और उत्साहित करने के लिए कोई मुद्दा। कांग्रेस में केवल वही लोग आते हैं जो सत्ता पाना चाहते हैं। गुजरात जैसे राज्यों में तो कांग्रेस के सदस्य हिन्दुत्व के तूफान से इतना डर गये हैं कि उन्होंने सत्ता का अपना लालच तक त्याग दिया है। वे हिन्दुत्व से लड़ने को तैयार नहीं हैं। उन्होंने घुटने टेक दिये हैं।

भाजपा इस बात को जानती है कि सारे हिन्दू उसके साथ नहीं हैं और भारत की विविधता उसकी राह में रोड़ा है। वो मुस्लिम वोटों को पूरी तरह खोने के लिए भी तैयार नहीं है। वो हिन्दुत्व का कार्ड तो खेलना चाहती ही है, वह बड़ी होशियारी से अल्पसंख्यकों को भी अपनी ओर खींचने की कोशिश कर रही है। इसी माह नई दिल्ली में पार्टी

कार्यसमिति की बैठक का उद्‌धाटन करते हुए भाजपा अध्यक्ष श्री राजनाथ सिंह ने पार्टी के हिन्दुत्व एजेंडे पर जोर दिया और कहा कि भाजपा समान नागरिक संहिता लागू करने और संविधान की धारा 370 हटाने की माँग करेगी। परन्तु श्री एल.के. आडवाणी ने अपने भाषण में इन मुद्दों का जिक्र तक नहीं किया। वे जानते हैं कि हिन्दुत्व की भाषा बोलने से पार्टी की टीडीपी व अन्य दलों के साथ गठबन्धन की सम्भावना पर पानी फिर जाएगा। श्री आडवाणी ने मुख्यत: महंगाई और तेल की बढ़ती कीमतों पर चर्चा की। उन्होंने आतंकवाद का भी हवाला दिया और यह आरोप लगाया कि यूपीए सरकार में आतंकवाद में वृद्धि हुई है और देश की आन्तरिक सुरक्षा खतरे में पड़ गयी है।

इस तरह राजनाथ सिंह और एल.के. आडवाणी दोनों ने अलग-अलग भाषा में बात की। राजनाथ सिंह न तो प्रधानमंत्री पद के उम्मीदार हैं और न ही हो सकते हैं। इसलिए उन्होंने कट्टर हिन्दुत्ववादी तत्वों को आकर्षित करने वाली भाषा बोली। इसके विपरीत, एल.के. आडवाणी ने अपनी 'मध्यमार्गी' छवि बनाए रखने के लिए ऐसे मुद्दे उठाये जो सभी समुदायों से जुड़े हुए हैं। सन् 80 के दशक में जब आडवाणी रामजन्म भूमि मुद्दे पर आग उगल रहे थे उस समय वाजपेयी अपनी छवि एक मध्यमार्गी नेता की बनाने में व्यस्त थे। यह रणनीति काम आयी और दोनों ने मिलकर 1999 के चुनाव में भाजपा को सफलता दिलवाई।

कुल मिलाकर, भाजपा अपनी छवि एक कट्टरपंथी पार्टी के रूप में प्रस्तुत नहीं करना चाहेगी। वो ऐसे मुद्दे उठाएगी जो सभी से जुड़े हुए हों, जैसे महंगाई और आन्तरिक सुरक्षा। इससे वह उन हिन्दुओं के वोट भी कबाड़ सकेगी जो उसके हिन्दुत्ववादी चेहरे को पसन्द नहीं करते और थोड़े बहुत मुस्लिम वोट भी उसकी झोली में गिर जाएँगे। भाजपा ने पार्टी के अन्दर अल्पसंख्यक प्रकोष्ठ गठित किया है। इस प्रकोष्ठ के पदाधिकारिया स्से को पार्टी की ओर आकर्षित करना है जो किसी विचारधारा या राजनैतिक दल के प्रति प्रतिबद्ध नहीं हैं।

इस सबके बावजूद किसी को इस भ्रम में नहीं रहना चाहिए कि भाजपा ने अपना हिन्दुत्व एजेंडा छोड़ दिया है। भाजपा किसी भी स्थिति में न तो अपना हिन्दुत्व का एजेंडा छोड़ सकती है और न ही आर.एस.एस. से अपने सम्बन्ध तोड़ सकती है। आर.एस.एस. का घोषित उद्देश्य भारत में हिन्दू राष्ट्र की स्थापना है और इस उद्देश्य की पूर्ति के लिए वह चुपचाप लगातार काम कर रहा है। हमें यह याद रखना होगा कि जनसंघ ने सन् 1977 में तब भी आर.एस.एस. से अपने सम्बन्ध नहीं तोड़े थे, जब उसके सदस्यों ने धर्मनिरपेक्षता की कसमें खायीं थीं और जनसंघ का जनता पार्टी में विलय हो गया था। दोहरी सदस्यता के मुद्दे पर जनता पार्टी की सरकार गिर गयी परन्तु जनसंघ ने आर.एस.एस. से रिश्ते तोड़ना मंजूर नहीं किया।

भाजपा से यह उम्मीद करना मूर्खता होगी कि वह सही अर्थों में मध्यमार्गी पार्टी

बनेगी और धर्मनिरपेक्षता को अपनाएगी। रणनीतिक कारणों से वह हिन्दुत्व के एजेंडा को कुछ समय के लिए हाशिए पर रख सकती है परन्तु यह कदम अस्थाई ही होगा। चुनाव जीतने के बाद वह संघ परिवार के सदस्यों को हिन्दुत्व का एजेंडा लागू करने की पूरी छूट दे देगी।

सन् 1950 में अपने जन्म से लेकर आज तक जनसंघ ने कभी भी अपने वैचारिक लक्ष्यों को तिलांजलि नहीं दी है और कोई कारण नहीं कि वो सन् 2009 में ऐसा करेगा। भाजपा जब भी सत्ता में आएगी, वह संघ परिवार के सदस्यों की हर तरह से मदद करेगी और हिन्दू राष्ट्र बनाने के आर.एस.एस. के सपने को साकार करने के लिए काम करेगी। इस बारे में किसी को कोई शक नहीं होना चाहिए।

कांग्रेस को भाजपा की इस रणनीति को समझकर एक धर्मनिरपेक्ष भारत के निर्माण के लिए जनता को प्रेरित करना होगा। यह उसके हित में तो है ही, यह राष्ट्रहित में भी है।

गुजरात कत्लेआम के बाद

गुजरात के कत्लेआम को पाँच वर्ष हो चले हैं। गुजरात में 28 फरवरी, 2002 को शुरू हुए भयावह दंगे लगभग छह माह तक जारी रहे थे।

यह आज भी रहस्य बना हुआ है कि 27 फरवरी, 2002 को गोधरा में एस-6 कोच में किसने आग लगायी थी या क्या वह एक दुर्घटना मात्र थी। ट्रेन के डिब्बे में आग लगने और उसमें 59 लोगों के जिन्दा जल जाने की खबर पूरे देश में फैली भी नहीं थी कि 28 फरवरी को सुबह-सबेरे से अहमदाबाद में साम्प्रदायिक हिंसा के शोले भड़क उठे।

गोधरा के बाद हुई साम्प्रदायिक हिंसा में लगभग 2000 लोगों ने अपनी जानें गंवाई। इनमें से अधिकांश मुसलमान थे। अनेक महिलाओं के साथ बलात्कार हुए और उनके गुप्तंगों में हथियार घुसेड़े गये।

तत्कालीन केन्द्रीय एन.डी.ए. सरकार और गुजरात की मोदी सरकार ने उस समय कहा था कि एस-6 कोच में आग लगाने का षड्यंत्र पाकिस्तान की आई.एस.आई. द्वारा कुछ स्थानीय मुसलमानों की मिली भगत से रचा गया था। मोदी सरकार ने उस वक्त लागू पोटा के तहत 100 से अधिक मुसलमानों को इस आरोप में गिरफ्तार किया था।

आज पाँच साल बाद भी मोदी सरकार 'गोधरा षड्यंत्र' मामले के आरोपियों के विरुद्ध लेशमात्र भी सुबूत नहीं जुटा पायी है। पिछले साल पोटा समीक्षा समिति ने यह मत व्यक्त किया था कि इन लोगों को हिरासत में रखने का पर्याप्त आधार नहीं है, परन्तु मोदी सरकार ने उन्हें छोड़ने से इन्कार कर दिया।

एस-6 कोच में आग कैसे लगी यह रहस्य अब तक रहस्य ही बना हुआ है। रेलमंत्री श्री लालू प्रसाद द्वारा नियुक्त बैनर्जी जाँच आयोग इस निष्कर्ष पर पहुँचा है कि एस-6 में आग शार्ट सर्किट के कारण लगी थी और इस बात का कोई सुबूत नहीं है कि यह आग बाहर से लगायी गयी थी। आयोग के सामने प्रस्तुत हुए बचाव पक्ष के वकील श्री मुकुल सिन्हा का मानना है कि अयोध्या की यात्रा पर गये कारसेवकों द्वारा डिब्बे के अन्दर केरोसीन स्टोव पर खाना बनाने के कारण आग लगी थी। गोधरा कांड की जाँच

कर रहे शाह–नानावटी आयोग की रपट अब तक सामने नहीं आयी है। इसके निष्कर्ष महत्वपूर्ण होंगे।

आग लगने का कारण पता चलने के पहले ही मोदी ने क्रिया–प्रतिक्रिया की बात करके गुजरात में शुरू हो गये कत्लेआम को उचित ठहराना शुरू कर दिया था। मोदी के जोर देने पर ही गोधरा कांड में मारे गये लोगों की लाशों को अहमदाबाद की सड़कों पर जुलूस में ले जाया गया जिसने आग में घी का काम किया। कोई मुख्यमंत्री तो क्या कोई भी प्रशासनिक अधिकारी कभी भी यह इजाजत नहीं देगा कि किसी संवेदनशील साम्प्रदायिक घटना में मारे गये लोगों की लाशें जुलूस के रूप में ले जायी जाएँ क्योंकि इससे उपद्रव की आशंका बहुत बलवती हो जाती है। परन्तु श्री मोदी तो यही चाहते थे।

गुजरात का सन् 2002 का कत्लेआम स्वतंत्रता के बाद हुए सांप्रदायिक दंगों से निम्नलिखित कारणों से भिन्न था।

1. पहले कभी भी किसी मुख्यमंत्री ने सीधे–सीधे हिंसा को उचित नहीं ठहराया। मुख्यमंत्रियों द्वारा साम्प्रदायिक हिंसा को सख्ती से नहीं दबाने के उदाहरण तो मौजूद हैं परन्तु हिंसा को उचित कभी किसी मुख्यमंत्री ने नहीं ठहराया।

2. पहले कभी मंत्रियों और पुलिस अधिकारियों ने हिंसा और आगजनी कर रही भीड़ का नेतृत्व नहीं किया। गुजरात के मामले में अनेक प्रत्यक्षदर्शियों ने तत्कालीन गृह राज्यमंत्री श्री झड़पिया और एक अन्य मंत्री को हथियारबंद भीड़ को निर्देशित करते हुए देखा। श्री झड़पिया ने पुलिस कंट्रोल रूम में बैठकर पुलिस अधिकारियों को निर्देश दिये। उनके सेलफोन के नम्बर अनेक पुलिस अधिकारियों के फोन रिकार्ड में मिले हैं। यह तब जबकि पुलिस कंट्रोल रूम में किसी भी बाहरी व्यक्ति के प्रवेश पर सख्त प्रतिबन्ध रहता है।

3. पहले कभी पुलिस अधिकारियों को उनके क्षेत्र में दंगे न होने देने के कारण तबादले की सजा नहीं दी गयी। गुजरात में अनेक ऐसे पुलिस अधिकारियों का तबादला कर दिया गया और इन अधिकारियों के हटते ही उनके क्षेत्रों में दंगे शुरू हो गये।

4. पहले कभी दंगा पीड़ितों के राहत शिविरों को वहाँ रहने वालों के लिए अन्य इन्तजाम करने या उनके अपने घरों को लौटाने के पहले अचानक बन्द नहीं किया गया। मोदी सरकार ने बिना किसी कारण के राहत शिविरों को बन्द कर दिया। शिविरों में रह रहे लोगों के लिए न तो कोई वैकल्पिक व्यवस्था की गयी और न ही उनके अपने घरों में लौटने के इन्तजाम किये गये। यहाँ तक की शिविरों को बन्द करते समय मोदी ने निहायत बेशर्मी से यह तक कहा कि वे 'बच्चे पैदा करने वाले कारखानों' को चालू नहीं रख सकते। यह मात्र इसलिए कि शिविर में रहने के दौरान कुछ गर्भवती मुस्लिम महिलाओं ने बच्चों को जन्म दिया था।

आज भी गुजरात में 5000 परिवार बहुत बुरे हालातों में शिविरों में सड़ रहे हैं क्योंकि वे विहिप के आतंक के कारण अपने घरों को नहीं लौट पा रहे हैं। इसके

बावजूद मोदी सरकार ने अभी हाल में केन्द्रीय सरकार द्वारा दंगा पीड़ितों के लिए दिये गये 19 करोड़ रुपये यह कहकर लौटा दिये कि सभी दंगा पीड़ितों का पुनर्वास हो चुका है।

विहिप के गुंडे दंगा पीड़ितों से कह रहे हैं कि उन्हें उनके घरों में तभी लौटने दिया जावेगा जब वे उनके खिलाफ हिंसा करने वालों पर से सभी मुकदमें उठा लेने के लिए राजी हो जाएँ। यह शर्त भी लगायी जा रही है कि मुसलमान गाँव में अलग-थलग मुहल्लों में अछूतों की तरह रहेंगे और लाउडस्पीकर पर अजान नहीं देंगे। अनेक दंगा पीड़ित इन निहायत अपमानजनक शर्तों को मानने के लिए तैयार नहीं हैं और अमानवीय परिस्थितियों में राहत शिविरों में पड़े रहने के लिए मजबूर हैं।

सबसे दुखद बात यह है कि गुजरात में समाज का साम्प्रदायिक आधार पर पूरी तरह से ध्रुवीकरण हो चुका है और अन्य मनुष्यों के साथ क्रूरतम व्यवहार करने वालो के मन में आज भी तनिक सा भी पछतावा नहीं है। वे आज भी मुसलमानों के विरुद्ध हिंसा को उचित मानते हैं। संघ परिवार अल्पसंख्यकों के प्रति घृणा फैलाने के अपने काम में आज भी पूरे जोशो-खरोश से जुटा हुआ है। मोदी इस अभियान से खुश हैं क्योंकि आने वाले विधानसभा चुनाव में उन्हें इससे लाभ मिलने की उम्मीद है।

सच तो यह है कि गुजरात का कत्लेआम 2002 के विधान सभा चुनावों में जीत हासिल करने के लिए ही कराया गया था। जब चुनाव में मोदी सरकार ने दो-तिहाई बहुमत हासिल किया तब भाजपा ने जीत का जश्न मनाते हुए यह घोषणा की कि उसे चुनावों में जीत हासिल करने का 'मॉडल' मिल गया है और इस 'मॉडल' को वह अन्य राज्यों में भी लागू करेगी। यहाँ तक कि तत्कालीन प्रधानमंत्री श्री अटल बिहारी वाजपेयी से जब इस 'जीत के मॉडल' पर प्रतिक्रिया चाही गयी तो उनका प्रतिप्रश्न था 'क्या मुसलमान दूसरी जगहों पर ट्रेन जलाएँगे?' स्पष्ट है कि यह मॉडल उन्हें भी स्वीकार्य था।

भाजपा ने सन् 2004 के आम चुनावों में पटखनी खायी और श्री वाजपेयी को यह मानना पड़ा कि एन.डी.ए. की हार का कारण मुख्यत: गुजरात का कत्लेआम था। भारत के लोग मूलतः शान्तिप्रिय और धर्मनिरपेक्ष हैं और उन्होंने एन.डी.ए. सरकार को सबक सिखाया। इस हार के बाद भाजपा आज तक सम्भल नहीं सकी है।

भाजपा और शिव सेना दो ऐसे राजनैतिक दल हैं जो घृणा की राजनीति से ही सत्ता पाते रहे हैं और पाने की चाहत रखते हैं। अभी हाल में मुम्बई महानगरपालिका चुनावों के दौरान बाल ठाकरे का मुसलमानों पर हमला इसी प्रवृत्ति का उदाहरण है। अब हमारे सामने क्या रास्ता है? गुजरात में तो कोई रास्ता सुझायी नहीं दे रहा है। गुजरात में स्नेह की मलहम की जरूरत है और यह मलहम वहाँ का समाज ही लगा सकता है। परन्तु जैसा कहा जा चुका है, वहाँ का समाज सांप्रदायिक आधार पर पूरी तरह ध्रुवीकृत है।

दक्षिण अफ्रीका में कालों ने श्वेतों की सरकार के हाथों घोर कष्ट भुगते थे परंतु जब नेल्सन मंडेला ने अफ्रीकी मूल के लोगों का शासन स्थापित करने में सफलता प्राप्त कर ली तो उन्होंने 'बदला' लेने की बात नहीं की वरन् उन्होंने 'सत्य और न्याय आयोग' की स्थापना की। इस आयोग के काम में बिशप डेसमंड टूटू ने महत्वपूर्ण भूमिका अदा की। इस आयोग ने कालों के घावों पर मलहम लगाने का काम किया।

दुर्भाग्यवश, गुजरात में हमें दूर-दूर तक कोई डेसमंड टूटू नजर नहीं आ रहा है। समाज बुरी तरह विभाजित है। किसी भी प्रजातांत्रिक व्यवस्था में जागरुक समाज बहुत अहम भूमिका अदा कर सकता है परन्तु जब समाज खुद ही ध्रुवीकृत हो तो वह हालातों को बेहतर बनाने के लिए भला क्या कर सकता है।

गुजरात में हर्षमंदर— जो स्वयं गुजरात के नहीं हैं— वहाँ सौहार्द्र और सद्भाव बनाने के लिए पुरजोर कोशिश कर रहे हैं परन्तु यह एक अकेले आदमी के बस की बात नहीं है। आखिर क्या कारण है कि गुजरात का समाज पूरी तरह से ध्रुवीकृत हो गया है ? भाजपा ने दलितों, पिछड़ों और आदिवासियों को सफलतापूर्वक अपने साथ मिला लिया है और यही कारण है कि आन्तरिक विभाजनों के बाद भी पूरा हिन्दू समुदाय एक नजर आ रहा है। महाराष्ट्र और कुछ अन्य राज्यों के विपरीत गुजरात में अपनी अलग अस्मिता पर जोर देने वाला दलित आन्दोलन कभी नहीं उभरा। वहाँ कोई सुधारवादी आन्दोलन भी कभी नहीं चला। इन दोनों कारणों से दलितों, पिछड़ों और आदिवासियों को हिन्दुत्व परिवार के साथ जुड़ा रहना फायदे का सौदा नजर आता है। गुजरात के इतिहास में केवल एक बार सन् 1985 में तत्कालीन मुख्यमंत्री श्री माधव सिंह सोलंकी ने राज्य के कमजोर वर्गों को Kham गठजोड़ के झंडे तले एक करने की कोशिश की थी। Kham में शामिल थे क्षत्रिय, हरिजन, आदिवासी और मुसलमान। श्री सोलंकी ने बख्शी समिति की सिफारिशों के अनुसार पिछड़ों को आरक्षण दिया और 1985 का आम चुनाव दो-तिहाई बहुमत से जीता।

भाजपा ने Kham गठजोड़ की सफलता में उसके लिए निहित खतरे को भाँप लिया और आरक्षण के खिलाफ अत्यन्त आक्रामक आन्दोलन चला कर सोलंकी सरकार के पैर उखाड़ दिये। दुर्भाग्यवश सोलंकी भी अपने निर्णय पर दृढ़ नहीं रह सके और अपनी सरकार को बचाने के लिए उन्होंने आरक्षण नीति पर अमल को स्थगित कर दिया।

इसके बाद Kham गठजोड़ की कमर टूट गयी और मुसलमानों को छोड़कर अन्य सभी कमजोर वर्ग संघ परिवार की शरण में चले गये। यही कारण है कि संघ परिवार ने 'हिन्दू एकता' का भ्रम फैलाने में सफलता प्राप्त कर ली। सोलंकी के बाद कांग्रेस धीरे-धीरे पीछे हटती गयी और उसने संघ परिवार के लिए मैदान खाली छोड़ दिया। आज गुजरात के अधिकांश कांग्रेसी खुद भी हिन्दुत्ववादी बन गये हैं। कांग्रेस को भाजपा की 'बी' टीम कहना कतई अनुचित नहीं है।

भाजपा को इस बात का भी लाभ मिला है कि इंग्लैंड और अमरीका में रहने वाले अप्रवासी गुजराती अपनी पहचान के संकट से गुजर रहे हैं। गुजरात के हिन्दुत्व आन्दोलन को इन्हीं अप्रवासी गुजरातियों द्वारा वित्त पोषित किया जा रहा है। बहुत से गुजरातियों ने विदेशों में जाकर अकूत धन कमा लिया है और अपने मन की संतुष्टि के लिए हिन्दुत्व की पार्टियों को मोटा चंदा देते हैं। आज की परिस्थितियों में गुजरात के हालात सुधरने की बहुत सम्भावना नहीं दिखती। भविष्य बेहतर होगा, हम ऐसी आशा कर सकते हैं।

पश्चिमी दुनिया में शरीयत कानून

जैसे–जैसे अमरीका, कनाडा, इंग्लैंड आदि पश्चिमी राष्ट्रों में मुसलमानों की आबादी बढ़ती जा रही है, वैसे–वैसे वहाँ मुसलमानों पर शरीयत कानून लागू करने की माँग तेज़ हो रही है। कनाडा की सरकार ने टोरंटो राज्य में मुसलमानों पर शरीयत कानून लागू करने का विचार बनाया था परन्तु इस प्रस्ताव का वहीं के प्रगतिशील मुस्लिम पुरुषों और महिलाओं ने इतना कड़ा विरोध किया कि सरकार को यह प्रस्ताव वापस लेना पड़ा।

अब यह खबर आयी है कि ब्रिटिश सरकार इंग्लैंड में रह रहे मुसलमानों पर शरीयत कानून लागू करने पर विचार कर रही है। आर्कबिशप ऑफ केंटनबरी भी इसके हामी हैं। आर्कबिशप का कहना है कि शरीयत कानून के कुछ पहलुओं को लागू किया जाना अब और टाला नहीं जा सकता। हो सकता है आर्कबिशप मुसलमानों, जिनकी आबादी इंग्लैंड में काफी है, की तरफ दोस्ती का हाथ बढ़ा रहे हों या फिर वे मुसलमानों से इसके बदले में कुछ चाहते हों। यह भी सम्भव है कि उन पर मुस्लिम कानूनों को लागू करने के प्रस्ताव को स्वीकृति देने का दबाव हो।

भारत में भाजपा चाहती है कि मुसलमानों के लिए अलग कानून खत्म कर दिया जाना चाहिए और समान नागरिक संहिता लागू होना चाहिए। यह तब जबकि भारत की मुस्लिम आबादी इंग्लैंड से कहीं ज्यादा है। एक समय था जब इंग्लैंड के मुसलमान यह कल्पना भी नहीं कर सकते थे कि कभी इस्लामिक कानून उन पर लागू किया जा सकता है। परन्तु मुसलमानों की बढ़ती आबादी ने सरकार पर इस सम्बन्ध में दबाव बनाया है। यद्यपि अभी तक इंग्लैंड के प्रगतिशील मुस्लिम तबके की ओर से इस प्रस्ताव का विरोध नहीं हुआ है परन्तु जल्दी ही यह सामने आएगा।

अगर मध्यकाल में मुस्लिम विधिवेत्ताओं द्वारा संहिताबद्ध किया गया इस्लामिक कानून लागू किया जाता है तो इससे मुस्लिम महिलाओं की समस्याएँ बढ़ेंगी ही। हमारे उलेमा इस्लामिक कानून में कुरआन की मूल आत्मा के अनुरूप किसी भी परिवर्तन का कड़ा विरोध करते हैं। तथ्य यह है कि अगर ऐसे परिवर्तन लाये जाते हैं तो विवाह, तलाक और संपत्ति अधिकारों के मामले में इस्लामिक कानून का खाका आधुनिक

कानूनों से कहीं बेहतर बन जावेगा। समस्या यह है कि मुस्लिम विधिवेत्ता और उलेमा इस्लामिक कानून में किसी भी परिवर्तन के सख्त खिलाफ हैं।

इसके अलावा, जैसा कि कई समीक्षकों ने स्पष्ट किया है, कोई एक इस्लामिक कानून अस्तित्व में है ही नहीं। विभिन्न मुस्लिम पंथों के अलग-अलग कानून हैं। यहाँ तक कि सुन्नी मुसलमान भी अलग-अलग कानून मानते हैं जैसे शफील, मल्लिकी और हन्नबली। इंग्लैंड में इन सभी अलग-अलग कानूनों को मानने वाले मुसलमान रहते हैं। यद्यपि विवाह से सम्बन्धित कानूनों में कोई विशेष विभिन्नताएँ नहीं हैं परन्तु तलाक व सम्पत्ति के उत्तराधिकार के मामले पेचीदा हैं।

अगर पारम्परिक इस्लामिक कानून लागू किये जाते हैं तो इससे पुरुषों को तो फायदा होगा परन्तु महिलाओं को बहुत नुकसान पहुँचेगा। कुरान के आधार पर मध्यकाल में संहिताबद्ध किये गये कानून, तत्कालीन सामाजिक परिस्थिति से प्रभावित थे और उस समय महिलाओं और पुरुषों को बराबरी का दर्जा दिये जाने का प्रश्न ही नहीं उठता था। पश्चिमी देशों में लिंग भेद एक महत्वपूर्ण मुद्दा है और पढ़ी लिखी मुस्लिम महिलाओं को वर्तमान शरीयत कानूनों में उनके साथ किये गये भेदभाव पर घोर आपत्ति है।

सभी इस्लामिक देशों में शरीयत कानूनों में परिवर्तन की माँग उठ रही है। मुख्यतः यह माँग महिलाओं की ओर से उठ रही है परन्तु लिंग समानता के पक्षधर प्रगितशील पुरुष भी इस मामले में महिलाओं के साथ हैं। अगर इंग्लैंड और अन्य पश्चिमी देशों में शरीयत कानून लागू किया जाता है तो क्या वह अपने वर्तमान स्वरूप में होगा या उसमें परिवर्तन किये जाएँगे? अगर परिवर्तन किये जाते हैं तो ये परिवर्तन कौन करेगा? भारत में महिलाएँ मुँह-जबानी तलाक की विरोधी हैं परन्तु उलेमा उनके विरोध को कोई तरजीह नहीं देते। अन्ततः अदालतों को मुँह-जबानी तलाक की व्यवस्था को गैर-कानूनी करार देना पड़ा।

भारत की मुस्लिम महिलाएँ एक मानक निकाहनामा बनाये जाने की माँग भी कर रही हैं। यह माँग इस्लाम की नजरों में पूरी तरह जायज़ है क्योंकि इस्लाम में विवाह एक समझौता है। फिर भी उलेमा निकाहनामा तैयार किये जाने का विरोध कर रहे हैं। ईरान में भी महिलाएँ शरीयत कानून के खिलाफ उठ खड़ी हुई हैं और इस अपराध में वहाँ पर कई महिलाओं को पत्थरों से मारकर मृत्युदंड की सजा दी जा चुकी है। वहाँ के इस्लामिक विधिवेत्ता भी पारम्परिक *अशहरी* कानून में किसी परिवर्तन के लिए राजी नहीं हैं। सुधार की माँग करने वाली महिलाओं को जेलों में ठूँस दिया गया है।

सऊदी अरब में स्थिति और खराब है। वहाँ तो महिलाएँ कोई व्यापारिक समझौता भी नहीं कर सकती और उन्हें वाहन चलाने की भी इजाजत नहीं है। उन्हें मताधिकार भी नहीं दिया गया है। अभी हाल में सऊदी अरब में नगरपालिका चुनाव शुरू किये गये परन्तु महिलाओं का इनमें भी मत देने का अधिकार नहीं दिया गया है।

मैंने इंग्लैंड में कई उलेमा से बातचीत की है। वे उतने ही कट्टरपंथी हैं जितने की इस्लामिक देशों के उलेमा, बल्कि शायद वे उनसे भी अधिक लकीर के फकीर हैं। अगर इंग्लैंड में इस्लामिक कानून लागू करने की कोशिश की जाती है तो इससे मुसलमानों और गैर मुसलमानों के बीच गम्भीर और कटु मतभेद और विवाद होने की सम्भावना है। मुस्लिम महिलाएँ भी ऐसे किसी भी कदम का कड़ा विरोध करेंगी।

इंग्लैंड में रहने वाले अधिकांश मुसलमान मूलतः अरब और अफ्रीकी देशों के निवासी हैं और उनकी पृष्ठभूमि पारम्परिक और काफी हद तक कट्टरपंथी है। अगर उलेमा मुस्लिम कानून में किसी परिवर्तन का विरोध करेंगे तो ये कट्टरपंथी मुस्लिम उनका पूरा समर्थन करेंगे। स्पष्टतः, शरीयत कानून में परिवर्तन चाहने वाले प्रगतिशील मुसलमान अल्पमत में हो जाएँगे और सरकार को कट्टरपंथियों के आगे झुकना पड़ेगा।

यद्यपि इस्लाम में कानून पर पुर्नाविचार का प्रावधान है— जिसे *इज्तिहाद* कहते हैं। परन्तु आज तक उलेमा ने किसी को भी इज्तिहाद करने की इजाजत नहीं दी। मोहम्मद अब्दू, जो कि 19वीं सदी के जाने-माने विधिवेत्ता थे, को परिवर्तन की बात करने पर कडे. विरोध का सामना करना पड़ा था। यद्यपि वे मिस्र के बड़े मुफ्ती बने परन्तु वे कोई परिवर्तन नहीं ला सके।

मिस्र के राष्ट्रपति अनबर सादात की पत्नी जहाँ सादात ने अपने व्यक्तिगत प्रभाव का इस्तेमाल करके कुरान की एक आयत के आधार पर यह कानून बनवा दिया कि किसी विवाह को तभी पंजीकृत किया जाएगा जब पति अपनी पत्नी के नाम मकान खरीदेगा। इस कानून को सादात की हत्या के तुरंन्त बाद रद्द कर दिया गया। मिस्र के वर्तमान राष्ट्रपति हुसनी मुबारक को भी उलेमा के कड़े विरोध का सामना करना पड़ रहा है क्योंकि उन्होंने एक कानून बनाकर महिलाओं को 'खुला' (पति की सहमति के बिना तलाक लेने) का अधिकार देने की कोशिश की। उन्हें इस कानून के कई पहलुओं पर समझौता करना पड़ा और तब ही वे उसे लागू कर पाये।

यह स्थिति तो इस्लामिक देशों में है जहाँ सुधार लाना अपेक्षाकृत आसान होना चाहिए था। किसी गैर-इस्लामिक देश में यह कितना कठिन होगा, इसकी कल्पना की जा सकती है। भारत में इंडोनेशिया के बाद मुसलमानों की सबसे बड़ी आबादी है परन्तु यहाँ के उलेमा किसी भी परिवर्तन का इस आधार पर विरोध करते रहे हैं कि भारत में मुस्लिम अल्पसंख्यक हैं और एक गैर-मुस्लिम सरकार को इस्लामिक कानून में हस्तक्षेप करने का कोई हक नहीं है।

जब भारत के उच्चतम न्यायालय ने एक बूढ़ी महिला को इद्दत की अवधि समाप्त होने के बाद गुज़ारा भत्ता देने का आदेश दिया तब उलेमा और मुस्लिम राजनैतिक नेताओं ने तूफान खड़ा कर दिया और अन्ततः भारत सरकार को एक नया कानून बनाकर उच्चतम न्यायालय के इस निर्णय को पलटना पड़ा। गुजारा भत्ता के प्रावधान को इद्दत की अवधि तक सीमित कर दिया गया।

इस तरह यह स्पष्ट है कि इंग्लैंड में भी अगर इस्लामिक कानून लागू किया जाता है तो वहाँ के मुसलमानों के सामने अनेक समस्याएँ आएँगी। यही बात अमरीका, कनाडा और अन्य पश्चिमी देशों के बारे में भी सही है।

उलेमा मध्यकाल में बनाये गये कानूनों को पवित्र और दैवीय मानते हैं। उनके लिए कुरान में न्याय को दी गयी महत्ता उतनी महत्वपूर्ण नहीं है जितनी की पुरुषों का महिलाओं पर वर्चस्व बना रहना। पुरुषों को तो तलाक देने का पूरा अधिकार है परन्तु महिलाएँ पति की सहमति से ही तलाक दे सकती हैं। दूसरे शब्दों में केवल पुरुषों को ही तलाक देने का अधिकार है, यद्यपि कुरान तलाक के अधिकार को पुरुषों तक कतई सीमित नहीं करती।

उलेमा यह मानते हैं कि महिलाएँ कमजोर और भावुक होने के कारण सही निर्णय लेने में अक्षम होती हैं और इसलिए सभी महत्वपूर्ण निर्णय पुरुषों द्वारा लिए जाने चाहिए। हाँ, पुरुष महिलाओं से सलाह मशविरा अवश्य कर सकते हैं। इसी कारण वे यह भी मानते हैं कि किसी महिला को कभी राष्ट्र प्रमुख नहीं बनना चाहिए क्योंकि इससे राष्ट्र पतन के रास्ते पर चला जाएगा।

आज इस्लामिक कानूनों को फिर से संहिताबद्ध किये जाने की आवश्यकता है। अगर यह काम कुरान की मूल आत्मा के अनुरूप किया गया तो इस्लामिक कानून, विवाह, तलाक और उत्तराधिकार के मामलों में आधुनिक कानून की तरह लिंग समानता पर आधारित बन जाएगा और कानून की विभिन्न शाखाओं के बीच की पारस्परिक भिन्नताओं को भी काफी हद तक पाटा जा सकेगा।

इस्लामिक कानून की विभिन्न शाखाओं के बीच भिन्नताएँ दरअसल विधिवेत्ताओं की अलग-अलग राय पर आधारित हैं। इसके अलावा, स्थानीय हालातों, परम्पराओं और रुढ़ियों के कारण भी भिन्नताएँ आ गयीं हैं। सारी भिन्नताओं के बावजूद सभी विधिवेत्ता इस बात पर एकमत हैं कि महिलाएँ हर अर्थ में पुरुषों से कमतर हैं। जबकि तथ्य यह है कि कुरान ऐसा बिलकुल नहीं कहती। महिलाओं का दर्जा पुरुषों से नीचा होने की बात उलेमा और विधिवेत्ताओं ने अपनी तरफ से इस्लामिक कानून में डाल दी है क्योंकि वे स्वयं भी पितृसत्तात्मक मूल्यों से प्रभावित थे।

कुरान में न तो परोक्ष और न ही अपरोक्ष रूप से महिलाओं को पुरुषों से नीचा बताया गया है। कुरान मूलतः लिंग समानता पर आधारित है। मध्यकाल में पितृसत्तात्मक समाज के प्रभाव में आकर इस्लामिक कानून पुरुष-केन्द्रित बन गया है। जरूरत इस बात की है कि कुरान के असली सन्देश को एक बार फिर सामने लाया जाए ताकि मुस्लिम महिलाओं के साथ हो रहा भेदभाव और अन्याय बन्द हो सके।

सिंहल सुन लें : भारत *दारुल अमन* है

मध्यकाल में मुस्लिम उलेमा ने दुनिया को दो हिस्सों में बाँटा था— *दारुल इस्लाम* और *दारुल हर्ब*। *दारुल इस्लाम,* अर्थात इस्लाम का घर और *दारुल हर्ब* यानि युद्ध का घर। उन दिनों प्रजातंत्र नहीं था और पूरी दुनिया में बादशाहों और निरंकुश राजाओं-नवाबों का शासन था। देश के रहवासी, उस देश के नागरिक नहीं, वहाँ के राजा की प्रजा समझे जाते थे। ऐसे समय, जिन क्षेत्रों में मुस्लिम बादशाह और सुल्तान राज करते थे, उन्हें *दारुल इस्लाम* का नाम दिया गया और जहाँ गैर-मुसलमान राज करते थे, उन्हें *दारुल हर्ब* का।

हमें यह याद रखना होगा कि यह विभाजन न तो कुरान ने किया और न ही पैगम्बर ने। यह विभाजन तो उलेमा ने किया था। कुरान ने दुनिया के लोगों को तीन भागों में बाँटा— मुसलमान (जिन्हें *अह्ले किताब* कहा गया), काफिर और *मुश्रिक* (कई भगवानों को मानने वाले)। *अह्ले किताब* वे थे जिनके पास रास्ता दिखाने के लिए पवित्र किताब थी। काफिर और *मुश्रिक* वे थे जिनके पथ प्रदर्शन के लिए न तो कोई किताब थी और न जो किसी औपचारिक धर्म में विश्वास रखते थे। कुरान और पैंगम्बर ने दुनिया को दारुल इस्लाम और दारुल हर्ब में नहीं बाँटा।

विहिप के अन्तर्राष्ट्रीय अध्यक्ष श्री अशोक सिंहल ने यह माँग की है कि भारतीय मुसलमानों को भारत को *दारुल अमन* (शान्ति का घर) घोषित करना चाहिए। श्री सिंहल की अज्ञानता सचमुच खेदजनक है। उन्हें शायद यह मालूम नहीं है कि भारतीय मुसलमानों ने कभी भी भारत को *दारुल हर्ब* नहीं माना। केवल ब्रिटिश शासन के दौरान थोड़े समय के लिए भारत को *दारुल हर्ब* घोषित किया गया था और इस मुद्दे पर भी उलेमा और मुस्लिम नेताओं में मतभेद थे।

जाने-माने आलिम शाह वलीउल्लाह के पुत्र शाह अब्दुल अज़ीज, जो स्वयं भी आलिम थे, ने ब्रिटिश शासन के दौरान भारत को *दारुल अमन* घोषित किया था और यह फतवा ज़ारी किया था कि मुसलमान ब्रिटिश सेना में शामिल हो सकते हैं। सर सैयय्द अहमद खान और उनके समर्थकों ने भी भारत को कभी *दारुल हर्ब* नहीं माना। चूँकि इस्लाम में चर्च की तरह कोई औपचारिक धार्मिक संगठन नहीं है, इसलिए उलेमा

अपने अलग-अलग विचार रखने के लिए स्वतंत्र हैं।

भारत को कभी *दारुल हर्ब* का दर्जा नहीं दिया गया। केवल खिलाफत आन्दोलन के दौरान देवबन्द के उलेमा ने भारत को *दारुल हर्ब* घोषित किया था। उस दौर में बड़ी संख्या में मुसलमानों ने अफगानिस्तान को अपना अस्थाई घर बना लिया था। अफगानिस्तान में राजा महेन्द्र प्रताप के नेतृत्व में निर्वासित सरकार बनायी गयी थी जिसके प्रधानमंत्री मौलाना औबेदुल्लाह सिंधी थे। उस समय भारत को *दारुल हर्ब* घोषित किया गया था और मुसलमानों से यह आह्वान किया गया था कि वे *दारुल इस्लाम* (अर्थात अफगानिस्तान, जहाँ मुस्लिम राजा का शासन था), में जाएँ, रहें और वहाँ से ब्रिटिश सरकार के खिलाफ जेहाद करें।

यह अपरिपक्व योजना थी और इसका बहुत बुरा हश्र हुआ। ब्रिटिश सरकार के दबाव में अफगानिस्तान के राजा ने भारतीय मुसलमानों को अपने देश से खदेड़ दिया। मध्य एशिया की ओर भाग रहे हजारों मुसलमान मारे गये। इस छोटे से दौर के अलावा भारत को कभी *दारुल हर्ब* घोषित नहीं किया गया।

हमें यह भी समझना होगा कि यह विभाजन मध्यकाल में उलेमा द्वारा किया गया था और यह आधुनिक प्रजातंत्रों पर लागू नहीं होता। बुश प्रशासन के दौरान अमेरिका ने दो मुस्लिम देशों पर हमला किया फिर भी अमेरिका को किसी उलेमा ने *दारुल हर्ब* घोषित नहीं किया। यह सही है कि अमेरिका, अरब-इजराइल विवाद में इजराइल का साथ देता है परन्तु यह भी सच है कि अमेरिका अपने मुस्लिम नागरिकों को अन्य नागरिकों के बराबर दर्जा देता है और उनके राजनैतिक और धार्मिक अधिकारों की रक्षा करता है।

ये विभाजन तो मध्यकालीन उलेमा द्वारा किये गये थे और जैसा कि ऊपर कहा जा चुका है, आधुनिक प्रजातंत्रों पर लागू नहीं होते। भारत तो छोड़िए, दुनिया के किसी भी देश को *दारुल हर्ब* का दर्जा नहीं दिया जा सकता, इजराइल को भी नहीं क्योंकि इजराईल भी अपने अरब और फिलिस्तीनी रहवासियों को नागरिक का दर्जा और अधिकार देता है। श्री सिंहल को इस तरह की बेहूदा माँग करने के पहले कम से कम तथ्यों की ठीक से जाँच-पड़ताल तो कर लेनी चाहिए थी।

श्री सिंहल ने यह माँग भी की है कि मुसलमानों को यह घोषित करना चाहिए कि हिन्दू काफिर नहीं हैं। अगर श्री सिंहल भारत के मुस्लिम साहित्य का ध्यानपूर्वक अध्ययन करेंगे तो उन्हें पता चलेगा कि दारा शिकोह, मजहर जानी जानां और कई अन्य सूफी सन्त हिन्दुओं को *'अहले किताब'* (अर्थात, पवित्र पुस्तक द्वारा बताये गये रास्ते पर चलने वाला) मानते थे। यही दर्जा यहूदियों और ईसाइयों को भी दिया गया है।

इस सिलसिले में मजहर जानी जानाँ द्वारा लिखे गए एक पत्र में कही गयी कुछ बातें दिलचस्प हैं। यह पत्र जानाँ ने अपने एक शिष्य को लिखा था जो यह जानना

चाहता था कि क्या हिन्दुओं को काफिर करार दिया जा सकता है।

मजहर जानी जानां कहते हैं कि काफिर वे होते हैं जो सच को छुपाते हैं जबकि हिन्दुओं के पास तो वेद जैसे ग्रन्थ हैं जिनमें अल्लाह द्वारा प्रकट किया गया सत्य है। वे यह भी कहते हैं कि हिन्दू *'तवाहिद'* (एक ही ईश्वर) में विश्वास करते हैं। हिन्दुओं का ईश्वर निर्गुण (बिना कोई पहचान चिन्ह वाला) और निराकार (बिना किसी आकार का) है और यह *'तवाहिद'* का सबसे उच्च स्वरूप है।

यही नहीं, वे यह भी कहते हैं कि कुरान के अनुसार अल्लाह ने अपने पैगम्बर दुनिया के सब देशों में भेजे हैं तो अल्लाह भारत को कैसे भूल सकते हैं। अल्लाह ने भारत में भी अपने पैगम्बर भेजे होंगे और हो सकता है कि राम और कृष्ण अल्लाह के पैगम्बर हों। अन्य कई सूफी संतों का भी यह मत है कि अल्लाह ने भारत में भी अपने पैगम्बर भेजे होंगे। मुसलमान मानते हैं कि अल्लाह ने कुल मिलाकर एक लाख चौबीस हजार पैगम्बर भेजे हैं और कुरान में तो सभी पैगम्बरों के नाम तक नहीं हैं।

कई मुस्लिम विद्वान गौतम बुद्ध को अल्लाह का पैगम्बर स्वीकार करते हैं। बुद्ध पर लिखी एक पुस्तक 'बुज़ासाफ', जिसका अरबी और फारसी में भी अनुवाद हुआ, मेरे बचपन के दिनों तक मुस्लिम घरों में दिलचस्पी से पढ़ी जाती थी। अल्लामा इकबाल तो राम को इमाम-ए-हिन्द कहते हैं। राम को कोई मुस्लिम इससे बड़ा दर्जा नहीं दे सकता था। अगर कुछ लोग यह मानते भी हैं कि हिन्दू काफिर हैं, तो भी कुरान मुसलमानों को काफिरों के साथ शान्तिपूर्वक रहने का आदेश देती है (देखिए अध्याय 109) ''कह दो- हे काफिरों, मैं वैसी इबादत नहीं करता जैसी इबादत तुम करते हो और न तुम जैसी इबादत करते हो, वैसी इबादत मैं करता हूँ। तुम्हारे लिए तुम्हारा दीन है और मेरे लिए मेरा दीन है।''

कुरान केवल उन काफिरों के खिलाफ युद्ध की इजाजत देती है जो मुसलमानों से लड़ते हैं और उन्हें प्रताड़ित करते हैं। मुसलमानों के अतिवादी तबके द्वारा गैर मुसलमानों के बीच यह भ्रामक सिद्धान्त फैलाया गया है कि मुसलमान, काफिरों के साथ शान्ति से नहीं रह सकते। उलेमा ने काफिरों को दो भागों में बांटा है — हर्बी और गैर-हर्बी। अर्थात युद्ध को आतुर और युद्ध करने के लिए अनिच्छुक। जहाँ तक गैर-हर्बी काफिरों का सवाल है, मुसलमानों का यह कर्तव्य है कि वे उनके साथ शान्तिपूर्वक रहें।

यह सन्तोष और प्रसन्नता का विषय है कि जमायत-ए-उलेमा-ए-हिन्द ने श्री सिंघल की माँग पर तुरंत प्रतिक्रिया व्यक्त की और यह घोषित किया कि बहुत थोड़े समय को छोड़कर भारत हमेशा से *दारुल अमन* रहा है। जमायत ने काफिरों के सम्बन्ध में भी स्पष्टीकरण दिया।

यह हम सभी को ध्यान रखना चाहिए कि देवबंदी उलेमा ने कभी जिन्ना के द्विराष्ट सिद्धान्त का समर्थन नहीं किया। उलटे, उन्होंने इसका कड़ा विरोध किया और भारत के एक राष्ट्र होने के सिद्धान्त की जमकर वकालत की। जमायत के तत्कालीन

अध्यक्ष मौलाना हुसैन अहमद मदनी ने एक पुस्तक लिखी, जिसका शीर्षक था 'मुतईदा कौमियत और इस्लाम' (एकल राष्ट्रवाद और इस्लाम)। भारत के विभाजन के बाद से भारत के मुसलमान एकता और धर्मनिरपेक्ष रष्ट्रवाद के समर्थक रहे हैं। विभाजन का समर्थन भी केवल पाँच प्रतिशत मुसलमानों ने किया था।

यह दुर्भाग्य की बात है कि संघ परिवार आज भी हिन्दू राष्ट्र की बात करता है। वो चाहता है कि भारत के संविधान में संशोधन कर उसका धर्मनिरपेक्ष चरित्र समाप्त कर दिया जाए। भारत के सभी धर्मनिरपेक्ष नागरिकों को चाहे वे हिन्दू हों, मुसलमान, ईसाई, बौद्ध, पारसी या सिक्ख हों—श्री सिंघल को पत्र लिखकर यह माँग करना चाहिए कि वे हिन्दू राष्ट्र के मुद्दे पर अपना दृष्टिकोण और विचार साफ करें।

उन्हें श्री सिंघल से यह माँग भी करनी चाहिए कि संघ परिवार के हिन्दू राष्ट्र में मुसलमानों और ईसाइयों की सुरक्षा की वे गारंटी दें। संघ परिवार के सदस्य अल्पसंख्यकों को मारने में अपनी शान समझते हैं। गुजरात में दो हजार मुसलमानों और उड़ीसा में चालीस ईसाइयों की जानें गयी हैं और यह तो सिर्फ इन दो दंगों की बात है। स्वतंत्रता के बाद से भारत में सैकड़ों छोटे-बड़े दंगे हुए हैं और आज मुसलमान अपने आप को असुरक्षित महसूस करते हैं। अब तो ईसाई भी मुसलमानों की श्रेणी में आ गये हैं।

श्री सिंघल को यह भी याद रखना चाहिए कि भारत एक धर्मनिरपेक्ष प्रजातंत्र है और यहाँ के हर नागरिक को बिना किसी शर्त के यहाँ रहने का हक है। श्री सिंघल धर्मनिरपेक्ष, प्रजातांत्रिक संस्कृति में विश्वास नहीं रखते और इसलिए वे अल्पसंख्यकों को भारत में रहने देने के लिए शर्तें लगा रहे है। संघ परिवार के अन्य नेता भी इस तरह की शर्तें लगाते रहे हैं। धर्मनिरपेक्ष, प्रजातांत्रिक भारत में रहने के लिए कोई शर्त नहीं लगाई जा सकती सिवा इसके कि हर नागरिक देश के कानून का पालन करेगा और जो ऐसा नहीं करेगा उसे कानून के अनुसार सजा मिलेगी। कानून तोड़ने वाले को भी नागरिकता से वंचित नहीं किया जा सकता। उसे केवल सजा दी जा सकती है।

भारत हमेशा से बहुवादी और विविधवर्णी रहा है। चन्द कट्टरपंथी अपवादों को छोड़कर भारत के लोग सहिष्णु हैं। हमारे विदेशी शासकों ने उनकी 'बाँटों और राज करो' की नीति के अनुरूप हिन्दुओं और मुसलमानों को बाँटा और साम्प्रदायिकता शब्द अस्तित्व में आया। इसके पहले साम्प्रदायिकता जैसी कोई चीज भारत में मौजूद नहीं थी। अब हमारे राजनीतिज्ञों का एक हिस्सा साम्प्रदायिकता का इस्तेमाल अपने राजनैतिक अस्तित्व को बनाये रखने के लिए कर रहा है।

हम एक बार फिर जोर देकर श्री सिंहल और उनके जैसे अन्यों से कहना चाहते हैं कि मुसलमान भारत को हमेशा से *दारुल अमन* मानते आ रहे हैं और वे इस महान देश—जो उनकी जन्मभूमि है—के प्रति पूरी तरह से वफादार हैं। वे अपनी इस वफादारी से कभी पीछे नहीं हटेंगे। इस लेखक की यह मान्यता है कि सभी मनुष्यों को—चाहे वे

किसी भी धर्म या संस्कृति के हों— शान्ति और सद्भाव से एक—दूसरे के साथ रहना चाहिए। हमारी राजनीति धर्म, जाति या भाषा पर आधारित नहीं होनी चाहिए। वह तो हम सबकी समस्याओं का हल ढूँढ़ने की रणनीति बनाने पर आधारित होनी चाहिए। दुर्भाग्यवश हमारे राजनेता संकुचित, साम्प्रदायिक और पहचान की राजनीति चला रहे हैं। हमें ऐसे राजनीतिज्ञों को खारिज करना है।

भारतीय समाज में मुस्लिम महिलाएँ

गत 8 मार्च को अन्तराष्ट्रीय महिला दिवस था। यह वह दिन है जिसे महिलाएँ अपने अधिकारों और अपने सशक्तिकरण के दिन के रूप में मनाती हैं। जब मैं समाचार पत्रों में महिला दिंवस के अवसर पर प्रकाशित विशेष सामग्री में भारतीय महिलाओं की उपलब्धियों के बारे में पढ़ रहा था तब मुझे हमारे देश में मुसलमान महिलाओं की बुरी दशा का ध्यान हो आया। वे अत्यन्त गरीबी में जी रही हैं, अशिक्षित हैं, उनके अधिकारों को मान्यता देने वाला कोई नहीं है और उन्हें अपने दैनिक जीवन में पति और अभिभावकों द्वारा लगाये गये असंख्य प्रतिबन्धों का सामना करना पड़ता है।

जब भी मैं इस्लाम में महिलाओं के अधिकारों के विषय पर कहीं भाषण देता हूँ तो मुझसे पूछा जाता है कि आज के मुस्लिम समाज में महिलाओं की वास्तविक स्थिति क्या है। मुझे उनकी बुरी दशा के बारे में तरह-तरह के स्पष्टीकरण देने पड़ते हैं।

कुछ बातें तो ऐसी हैं जिनके लिए मुसलमानों को दोष नहीं दिया जा सकता। जैसे उनमें व्याप्त गरीबी और अशिक्षा। परन्तु कुछ चीजें ऐसी हैं जिनके लिए मुसलमान खुद ही जिम्मेदार हैं जैसे महिलाओं पर इस तरह के प्रतिबन्ध लगाना जिनकी इजाजत इस्लाम कतई नहीं देता। इन प्रतिबन्धों की जड़ें सामाजिक रीति-रिवाजों और परम्पराओं में हैं और इन्हें शरीयत के नाम पर उचित ठहराया जाता है।

मुसलमान महिलाएँ आन्तरिक और ब्राह्म दोनों ओर से दमन की शिकार हैं। मुसलमान पुरुष इस्लाम के नाम पर अपनी महिलाओं को दबाते हैं और किसी परिवर्तन के बारे में सोचने तक को तैयार नहीं हैं। यही कारण है कि कई पढ़ी-लिखी मुस्लिम महिलाएँ यह मानने लगी हैं कि इस्लाम की चहारदीवारी के भीतर उन्हें स्वतंत्रता नहीं मिल सकती और अगर उन्हें स्वतंत्रता से जीना है तो उन्हें धर्मनिरपेक्ष कानूनों का सहारा लेना पड़ेगा। मैं जब भी मुस्लिम महिलाओं की कार्यशालाएँ आयोजित करता हूं तो वे यह जानकर हैरान रह जाती हैं कि कुरान उन्हें कितनी अधिक स्वतंत्रता देती है। वे तो यह मानती हैं कि इस्लाम उन्हें गुलाम बनाये रखना चाहता है। शायद इसलिए हमारी कार्यशालाओं में भाग लेने के बाद मुस्लिम महिलाएँ अपने इस्लामिक अधिकारों के प्रति बहुत जागरुक हो जाती हैं।

मुस्लिम महिलाएँ जिन समस्याओं का सामना अपने रोजमर्रा के जीवन में करती हैं उनमें से कई की प्रकृति सामाजिक है और इन समस्याओं का सामना सभी धर्मों की महिलाओं को करना पड़ता है। सभी महिलाओं को पुरुषों की तुलना में दोयम दर्जे का नागरिक माना जाता है। सभी धर्मों में पुरुष को परिवार का अन्नदाता माना जाता है और सभी निर्णय लेने का अधिकार उसे ही रहता है। अन्तर केवल यह है कि कम से कम शहरी क्षेत्रों में हिन्दुओं के मामले में स्थितियाँ तेजी से बदल रही हैं। महिलाएँ आत्मनिर्भर बन गयीं हैं और कुछ मामलों में वे अपने निर्णय स्वयं लेने में सक्षम हो गयी हैं। मुसलमान महिलाओं के मामले में अलबत्ता ऐसा नहीं हो सका है।

गैर-मुसलमान अक्सर यह सोचते हैं कि मुसलमान महिलाओं का उनके परिवारों में घोर दमन किया जाता है और उन पर बहुत से प्रतिबन्ध रहते हैं। यह बात काफी हद तक सही है परन्तु मामला इससे कहीं अधिक जटिल है। मुसलमान महिलाओं की समस्याओं के लिए कई कारण जिम्मेदार हैं। अधिकतर मुसलमान अपने छोटे-छोटे स्वरोजगार चलाते हैं और समाजशास्त्रीय दृष्टि से वे कुएँ के मेढक हैं। फिर वे मुसलमान हैं जो ग्रामीण क्षेत्रों में रहते हैं और खेतीहर मजदूरों के रूप में काम करते हैं। वे और अधिक परम्परावादी हैं।

ये लोग मुसलमान अवश्य हैं परन्तु वे न तो कुरान और न ही हदीश के बारे में कुछ जानते हैं। इस्लामिक कानून के अलग-अलग पहलुओं के बारे में तो उनका ज्ञान लगभग शून्य है। उनके लिए तो स्थानीय मस्जिद के इमाम के शब्द अल्लाह का हुक्म हैं और उसका पालन न करने वाले के लिए जहन्नुम में जगह आरक्षित है। मस्जिद का इमाम भी अक्सर गरीब परिवार का होता है और इस्लामिक शरीयत और धर्मशास्त्र के बारे में उसका ज्ञान अत्यन्त सीमित होता है। उसके फतवे अज्ञानता पर आधारित रहते हैं। इमराना के मामले में उसके गाँव के इमाम ने फतवा जारी कर यह कहा था कि उसे अपना बलात्कार करने वाले ससूर से ही शादी करनी चाहिए। इस तरह का फतवा शरीयत के खिलाफ है। मीडिया भी इस तरह के मसलों को बहुत अधिक प्रचार देता है।

इस तरह हमें मुसलमान महिलाओं की स्थिति पर विचार करते समय धर्म के अलावा समाज की भूमिका को भी समझना होगा। महिलाओं का दमन धर्म उतना नहीं करता है जितना की समाज। मुसलमान महिलाओं की स्थिति को सुधारने के लिए मुसलमानों की सामजिक-आर्थिक स्थिति को सुधारना आवश्यक है। अगर मुसलमान गरीब और अशिक्षित रहेंगे तो मुसलमान महिलाओं की स्थिति को सुधारना असम्भव होगा।

हमें यह भी समझना चाहिए कि मुसलमान महिलाओं के मोर्चे पर भले ही धीरे-धीरे परन्तु परिवर्तन आ रहा है। मुसलमानों में एक पढ़ा-लिखा मध्यम वर्ग उभर चुका है जो बदलती हुई दुनिया से वाकिफ है और मुसलमान महिलाओं की स्थिति में परिवर्तन की आवश्यकता से सहमत है। पढ़ी-लिखी मुस्लिम महिलाएँ इलेक्ट्रानिक

और प्रिंट मीडिया के जरिए अपने अधिकारों के प्रति जागरुक हो रही हैं और वे धर्म के नाम पर उन पर ज़ो कुछ थोपा जा रहा है उसे चुपचाप सहन करने के लिए तैयार नहीं हैं।

पिछले एक दशक में सकारात्मक परिवर्तन के कई संकेत दिखायी पड़े हैं। मुस्लिम महिलाओं के एक समूह ने एक आदर्श निकाहनामा तैयार किया और मुस्लिम पर्सनल लॉ बोर्ड को उसे अपनाने पर मजबूर किया। यद्यपि बोर्ड ने उसे जस का तस नहीं अपनाया परन्तु मुस्लिम महिलाओं के दबाव के आगे उसे झुकना पड़ा और एक नया निकाहनामा तैयार हुआ। यह निकाहनामा महिलाओं की दृष्टि से बहुत सन्तोषजनक तो नहीं है परन्तु प्रसन्नता की बात यह है कि परिवर्तन की प्रक्रिया शुरू हो गयी है।

यह कहना पड़ेगा कि मुस्लिम पर्सनल लॉ बोर्ड अपने स्वयं की पहल पर सुधार लाने के लिए कुछ नहीं कर रहा है। वो मध्यकालीन इस्लामिक सिद्धान्तों का बचाव करने में लगा रहता है। मोहम्मद अब्दूल, फजलूर रहमान और अली शरीयती जैसे सुधारवादी इस्लामिक चिंतकों की तरह वह काम नहीं कर रहा है। बोर्ड रिवायत (परम्परा) की बात तो करता है परन्तु इज्तेहाद (पुन्नर्व्याख्या) की बात नहीं करता। आज जब दुनिया तेजी से बदल रही है उस समय किसी एक मुद्दे पर अड़े रहने से कुरान के इस्लाम और शरीयत के इस्लाम के बीच अन्तर बढ़ता ही जाएगा और आधुनिक दुनिया और इस्लामिक शरीयत में कोई तदात्मय नहीं रह जाएगा।

सच तो यह है कि मुस्लिम पर्सनल लॉ बोर्ड बदले या नहीं, महिलाएँ अनिश्चिकाल तक इन्तजार करने के लिए तैयार नहीं हैं। वे परिवर्तन की राह पर चल पड़ी हैं। कुछ मुस्लिम महिलाओं ने तो अपना स्वयं का मुस्लिम महिला पर्सनल लॉ बोर्ड बना लिया है। यह बोर्ड कुरान और हदीश के आधार पर महिलाओं के पक्ष में बातें कह रहा है। यद्यपि इस्लामिक स्त्रीवादी आन्दोलन हमारे देश में शुरू नहीं हुआ है परन्तु उसकी सुगबुगाहट सुनायी दे रही है।

कुछ मुस्लिम महिला स्वयंसेवी संगठनों ने मिलकर भारतीय मुस्लिम महिला मोर्चा बनाया है। यह मोर्चा इस्लाम और संविधान दोनों की चहारदीवारी के भीतर काम करेगा। इस मोर्चे का पहला सम्मेलन दिसम्बर में दिल्ली में हुआ। यह एक अच्छा कदम है परन्तु यह काफी नहीं है। यह तो शुरुआत भर है।

मुस्लिम महिलाओं को कुरान का ज्ञान देना अत्यन्त आवश्यक है। दुर्भाग्यवश आधुनिक धर्मनिरपेक्ष, पढ़ी-लिखी मुस्लिम महिलाएँ न तो अरबी भाषा जानती हैं और न ही वे कुरान की शिक्षाओं से वाकिफ हैं। मुसलमान महिलाओं के हालात में सुधार लाने के लिए परम्परावादी उलेमाओं से कुरान की असली शिक्षा को हथियार बनाकर मुकाबला करना जरूरी है। कहने की आवश्यकता नहीं कि कुरान महिलाओं और पुरुषों को बराबरी के अधिकार देती है और मुसलमान पुरुषों को पाबन्द करती है कि वे महिलाओं के प्रति अपनी जिम्मेदारी को निभाएँ। दुर्भाग्यवश, कुरान द्वारा प्रदान किये

गये ये अधिकार पारम्परिक सामन्ती समाज द्वारा बनाये गये शरीयत के नियमों के जंगल में खो से गये हैं। इस्लामिक स्त्रीवादियों की यह जिम्मेदारी है कि वे कुरान को पढ़ें-समझें और महिलाओं के अधिकारों के बारे में कुरान की शिक्षाओं को सार्वजनिक करें।

अनेक इस्लामिक देशों ने मुँह-जबानी तलाक को प्रतिबन्धित कर दिया है। भारत में मुसलमानों की दूसरी सबसे बड़ी आबादी निवास करती है परन्तु यहाँ आज भी मुँह-जबानी तलाक को मान्यता है और परम्परावादी उलेमा तो कुरान की शिक्षाओं के ठीक विपरीत एसएमएस से दिये गये तलाक को भी सही ठहरा रहे हैं। मुँह-जबानी तलाक महिलाओं के साथ घोर अन्याय है और यह कुरान के खिलाफ भी है। न्याय कुरान के मूल्यों में शामिल है और कुरान कभी इस तरह के अन्यायपूर्ण तलाक को मान्यता नहीं दे सकती। कुरान में तलाक देने की प्रक्रिया निर्धारित की गयी है परन्तु कुरान के नाम की दुहाई देने वाले मुसलमान भी उस प्रक्रिया का पालन नहीं करते।

भारत एक धर्मनिरपेक्ष-प्रजातांत्रिक देश है और यहाँ पर मुस्लिम देशों की तुलना में मुस्लिम महिलाओं को अधिक राजनैतिक और सामाजिक स्वतंत्रता है। इस सामाजिक और राजनैतिक स्वतंत्रता का इस्तेमाल करने के लिए यह आवश्यक है कि महिलाओं को अधिक जागरुक बनाया जाए। इस राह में गरीबी सबसे बड़ी बाधा है। मुस्लिम महिलाएँ आधुनिक शिक्षा पाने के लिए ललायित हैं परन्तु गरीबी उनके रास्ते का कांटा बनी हुई है।

मुम्बई में महिला शिक्षा के क्षेत्र में काम करने वाले एक कार्यकर्ता श्री फिरोज अशरफ ने मुझे बताया कि मुम्बई में मुसलमानों की गरीबी की कोई सीमा नहीं है। वे शिक्षा पाने के लिए बहुत इच्छुक हैं परन्तु साधनहीन होने के कारण उनमें से अधिकांश बीच में ही स्कूल छोड़ देते हैं। वो और उनकी पत्नी गरीब लड़कियों को हायर सेकेंडरी परीक्षा की तैयारी कराने के लिए बिना कोई शुल्क लिये कड़ी मेहनत करते हैं परन्तु फिर भी घोर विपन्नता के कारण ये लड़कियाँ अक्सर परीक्षा नहीं दे पातीं।

पिछले कुछ समय से आ रहे सुखद परिवर्तनों में से एक यह है कि आज मुस्लिम अभिभावक अपनी लड़कियों को शिक्षित बनाने के उतने खिलाफ नहीं हैं जितने 20-25 वर्ष पहले थे। कई मामलों में तो मुस्लिम महिलाओं ने मुस्लिम पुरुषों को पढ़ाई-लिखाई में पीछे छोड़ दिया है। मुझे बताया गया है कि महाराष्ट्र के औद्योगिक नगर कोल्हापुर में लड़कों की तुलना में दुगनी लड़कियाँ पोस्ट ग्रेजुएट हैं।

मुस्लिम महिलाओं के हालात में किसी क्रान्तिकारी परिवर्तन की आशा हम निकट भविष्य में नहीं कर सकते परन्तु धीरे-धीरे परिवर्तन आएगा, ऐसी आशा की जा सकती है। मुस्लिम महिला सामाजिक कार्यकर्ताओं की संख्या में तेजी से वृद्धि हुई है और समय बीतने के साथ यह और तेजी से बढ़ेगी। अगर सच्चर कमेटी की रिपोर्ट को जल्दी से जल्दी लागू कर दिया जाता है तो इससे महिलाओं के हालात बेहतर होंगे। दुर्भाग्य की बात यह है कि जो लोग मुस्लिम महिलाओं के हालात के बारे में दिन-रात

टिप्पणियाँ करते रहते हैं वे ही सच्चर कमेटी की रिपोर्ट को इस आधार पर लागू करने का विरोध कर रहे हैं कि उससे मुसलमानों का तुष्टिकरण होगा।

मुस्लिम महिलाओं के सशक्तिकरण के लिए यह जरूरी हैं कि मुसलमानों की आर्थिक हालत को सुधारा जाए, जिससे मुस्लिम महिलाओं के बीच शिक्षा का प्रसार होगा और परिवर्तन के प्रति जागरुकता बढ़ेगी।

धर्मांतरण : एक पुनरावलोकन

आज के साम्प्रदायिक वातावरण में धर्मपरिवर्तन का मुद्दा अत्यन्त संवेदनशील बन गया है। कई राज्यों में धर्मपरिवर्तन को अपराध घोषित कर दिया गया है, लेकिन भारतीय धर्मों, यानि हिन्दू, बौद्ध और जैन धर्मों, को अपनाना अपराध की श्रेणी में नहीं रखा गया है। सैद्धान्तिक रूप से भारत जैसे प्रजातांत्रिक और स्वतंत्र देश में हर नागरिक को किसी भी धर्म को अपनाने की स्वतंत्रता होनी चाहिए, चाहे वो धर्म भारतीय मूल का हो या किसी और देश में जन्मा हो। धर्म का सम्बन्ध अन्त:करण से है और भारतीय संविधान सभी नागरिकों को धर्म और अन्त:करण की स्वतंत्रता देता है।

संविधान की धारा 25 के अनुसार भारत में रहने वाले सभी व्यक्ति किसी भी धर्म में विश्वास करने, उसका पालन करने और उसका प्रचार करने के लिए स्वतंत्र हैं। इस तरह, यह स्पष्ट है कि हर नागरिक को अपनी पसन्द का धर्म अपनाने का अधिकार है, चाहे वो धर्म भारतीय हो या गैर-भारतीय। दुर्भाग्यवश, इस देश में साम्प्रदायिक शक्तियाँ संविधान द्वारा प्रदत्त इस मूलभूत अधिकार को ऐसे कानून बनाकर खत्म कर रही हैं जो गैर-भारतीय धर्मों को अपनाने के लिए जिला मजिस्ट्रेट की पूर्वानुमति को आवश्यक बनाते हैं।

ऐसा आरोपित है कि ईसाई मिशनरियाँ गरीब दलितों और आदिवासियों को छल-कपट और लालच के जरिए ईसाई बना रही हैं। इससे हिन्दू आबादी कम हो रही है और ईसाई आबादी बढ़ रही है। इस झूठ को योजनाबद्ध तरीके से ठीक उसी ढंग से फैलाया जा रहा है जैसे कि यह दुष्प्रचार किया जाता रहा है कि मध्यकाल में तलवार की नोंक पर हिन्दुओं को मुसलमान बनने के लिए मजबूर किया जाता था।

धर्मपरिवर्तन का मुद्दा इतना भावनात्मक बन गया है कि उस पर तटस्थ और वस्तुपरक बहस लगभग असम्भव हो गयी है परन्तु फॉदर हेरिडीया ने अपनी हाल में प्रकाशित पुस्तक में यह असम्भव कार्य कर दिखाया है। इस पुस्तक का नाम है 'चेंजिग गाड्स : रीथिंकिंग कन्वर्सजन्स इन इंडिया' अर्थात भारत में धर्मपरिवर्तन पर पुर्नाविचार। इस पुस्तक का प्रकाशन पेंगुइन बुक्स, इंडिया द्वारा किया गया है। फॉदर हेरिडीया ने धर्मपरिवर्तन के विभिन्न पहलुओं पर अत्यन्त विद्ववतापूर्ण विचार व्यक्त किये हैं।

पुस्तक के पहले अध्याय 'मैनी वाइसेस' (कई आवाजें) में वे लिखते हैं कि धर्मपरिवर्तन से लोगों की जिन्दगी में अस्थिरता आती है, सामाजिक सीमा रेखाएँ टूटती हैं और अत्यन्त प्रयत्नपूर्वक निर्मित की गयी पहचानों को चोट लगती है। वे आगे कहते हैं कि यदि कोई समुदाय अपने आपको अलग राष्ट्र मानता है तो उसके धर्म के परित्याग को राष्ट्रद्रोह मानना स्वाभाविक है।

सभी प्रजातंत्रों में बहुसंख्यक समुदाय दूसरे समुदायों की आबादी के घटने या बढ़ने के मुद्दे पर अत्यन्त संवेदनशील होता है। यह संवेदनशीलता तब और बढ़ जाती है जब किसी अल्पसंख्यक समुदाय की आबादी एक लक्ष्मण रेखा को पार कर ले और तब और अधिक, जब दोनों सम्बन्धित समुदायों के आपसी रिश्ते तनावपूर्ण हों। वे कहते हैं कि अगर दो समुदायों के बीच कटुतापूर्ण रिश्ते हैं तो धर्मपरिवर्तन एक तरह का विश्वासघात बन जाता है। शायद यही कारण है कि कुछ देशों जैसे इज़राइल, नेपाल और अधिकांश इस्लामिक देशों में धर्म प्रचार और परिवर्तन प्रतिबन्धित है।

इस मामले में यह महत्वपूर्ण है कि जिन देशों में भी धर्मपरिवर्तन पर पूर्ण प्रतिबन्ध है वे सभी प्रजातांत्रिक देश नहीं हैं। इज़राइल में आन्तरिक प्रजातंत्र है परन्तु सिर्फ यहूदियों के लिए। यहूदियों के लिए धर्मपरिवर्तन प्रतिबन्धित है। इस्लामिक विधिवेत्ता मुसलमानों को किसी और धर्म को अपनाने की इजाज़त नहीं देते परन्तु अन्य धर्मावलंबियों के मुसलमान बनने पर उन्हें कोई आपत्ति नहीं है। यह प्रतिबन्ध कुरान द्वारा नहीं लगाया गया है और भारत में कोई भी मुसलमान किसी अन्य धर्म को अपनाने के लिए स्वतंत्र है। इस्लाम छोड़कर किसी और धर्म को अपनाने की इजाज़त किसी मुसलमान को है या नहीं इस मामले में इस्लामिक विधिवेत्ताओं में गहरे मतभेद हैं। कुछ विधिवेत्ता यह मानते हैं कि चूँकि धर्म का सम्बन्ध अन्तःकरण से है इसलिए किसी भी व्यक्ति को ज़ोर ज़बरदस्ती से मुसलमान बने रहने पर मजबूर नहीं किया जा सकता।

हमें यह ध्यान में रखना चाहिए कि अधिकांश मामलों में धर्मपरिवर्तन केवल किसी व्यक्ति विशेष का नया धर्म अपनाना नहीं होता। इसके कहीं अधिक व्यापक प्रभाव होते हैं। धर्मपरिवर्तन हमारे देश में व्यक्तिगत मुद्दा तो है ही, साथ ही यह सामाजिक, राजनैतिक और सांस्कृतिक मुद्दा भी है। धर्मपरिवर्तन का कारण व्यक्तिगत विचार हो सकते हैं, कोई लाभ प्राप्त करने की इच्छा हो सकती है या फिर किसी नेता का अंधभक्त होना हो सकता है। ऐसे लोगों की संख्या बहुत कम होती है जो व्यक्तिगत विचारों के कारण धर्मपरिवर्तन करते हैं क्योंकि इसके लिए जिस धर्म को वे छोड़ रहे हैं और जिसे अपना रहे हैं, उन दोनों का गहन तुलनात्मक अध्ययन आवश्यक होता है। यह करना सबके बस की बात नहीं होती।

अधिकांश धर्म परिवर्तनों के पीछे व्यक्तिगत विचार नहीं अन्य कारक होते हैं। कुछ लोग अपना रोष व्यक्त करने के लिए धर्म बदलते हैं, कुछ विपरीत परिस्थितियों से बाहर आने के लिए और कुछ अपने हितों की पूर्ति के लिए। उदाहरणार्थ, तमिलनाडू

के मीनाक्षीपुरम में 1981 में हुए धर्मपरिवर्तन का कारण था एक दलित युवक की उच्च जाति के थेवर समुदाय के एक व्यक्ति द्वारा किया गया अपमान और तिरस्कार। मीनाक्षीपुरम में तकरीबन 100 दलित परिवारों ने इस अपमान का विरोध करने के लिए इस्लाम को अपना लिया था।

जैसे-जैसे राजनैतिक जागरुकता बढ़ रही है वैसे-वैसे हम देख रहे हैं कि कुछ दलित समूह राजनैतिक माँगे उठाते हैं और उनके पूरा नहीं होने पर बौद्ध बन जाने की धमकी देते हैं। इस तरह, धर्मपरिवर्तन के पीछे व्यक्तिगत विश्वास के अलावा राजनैतिक उद्देश्य भी रहते हैं। संघ परिवार और अन्य दक्षिणपंथी दलों ने मीनाक्षीपुरम में हुए धर्मपरिवर्तन के मुद्दे पर तूफान खड़ा कर दिया था और यह आरोप लगाया था कि लोगों को मुसलमान बनाने के लिए *पेट्रो डालरों* का इस्तेमाल किया जा रहा है। इस आरोप को सही साबित करने के लिए संघ परिवार कोई साक्ष्य नहीं जुटा पाया।

इसी तरह, यह अरोप भी अक्सर लगाया जाता है कि ईसाई धर्म में सभी धर्मान्तरण या तो धोखे से होते हैं या फिर लोभ के वशीभूत होकर। यहाँ तक कि जो ईसाई मिश्नरियाँ गरीब और असहाय दलितों और आदिवासियों की सेवा करती हैं, उन पर भी यह आरोप लगाया जाता है कि उनके सेवा कार्य का असली उद्देश्य धर्मपरिवर्तन करवाना है। हममें से कोई नहीं भूल सकता कि किस प्रकार आस्ट्रेलियाई मिश्नरी ग्राहम स्टेन्स और उनके दो मासूम बच्चों को उड़ीसा में जिन्दा जला दिया गया था। स्टेन्स उड़ीसा में कोढ़ियों के लिए काम करते थे परन्तु उन पर आरोप यह लगाया गया कि वे धर्मपरिवर्तन करवा रहे हैं। पिछले वर्ष क्रिसमस की पूर्व संध्या पर उड़ीसा के फूलबनी जिले में ईसाइयों के खिलाफ हिंसा भड़क उठी थी जिसमें अनेक ईसाइयों ने अपनी जानें गंवाइ और अनेकों को बहुत कष्ट झेलने पड़े।

संघ परिवार को असल में धर्मपरिवर्तन से कोई लेना देना नहीं है। उसका उद्देश्य तो मुद्दे का राजनीतिकरण करके उससे राजनैतिक लाभ लेना है। सभी भाजपा-शासित प्रदेशों और कुछ कांग्रेस-शासित प्रदेशों में भी जिला मजिस्ट्रेट की पूर्वानुमति के बिना ईसाई या इस्लाम धर्म अपनाना प्रतिबन्धित कर दिया गया है। सम्बन्धित व्यक्ति को यह साबित करना होता है कि वह किसी धोखे, दबाव या लालच में धर्म परिवर्तन नहीं कर रहा है।

इन विवादास्पद मुद्दों का विश्लेषण करने की बजाय श्री हरड़ीया ने मुख्यतः धर्मपरिवर्तन पर 'एकेडेमिक' दृष्टिकोण से चर्चा की है और उससे जुड़े मूलभूत मुद्दों तक स्वयं को सीमित रखा है। 'स्थगित मिलन' शीर्षक के अध्याय में वे कहते हैं कि संविधान सभा में धर्मांतरण के विषय पर हुई लम्बी बहस से यह पता चलता है कि अन्तःकरण और धार्मिक स्वतंत्रता से जुड़े विषयों पर कानून बनाना कितना कठिन कार्य है। संविधान इस विषय पर बिना किसी लाग लपेट के धर्मनिरपेक्ष दृष्टिकोण अपनाता है परन्तु संविधान जैसे कानूनी दस्तावेज में न तो इस मुद्दे का सूक्ष्म विश्लेषण सम्भव था

और न ही सभी सम्भावनाओं के सम्बन्ध में प्रावधान किये जाना। वे यह कहते हैं कि धर्मनिरपेक्षता के अर्थ व निहितार्थ में नित परिवर्तन होते रहते हैं और यह एक विवादास्पद संकल्पना है। कई लोगों का तो यह विचार है कि आज की पहचान की राजनीति के संदर्भ में यह सबसे महत्वपूर्ण संकल्पना है।

फादर हरड़ीया वर्तमान में चल रही पहचान की राजनीति के प्रति संवेदनशील हैं। धर्मान्तरण के मुद्दे को पहचान की राजनीति की पृष्ठभूमि में रखकर ही हम इस मुद्दे के विवादास्पद चरित्र को समझ सकते हैं। किसी भी बहुवादी, प्रजातांत्रिक समाज में, जिसमें अनेक धर्म, भाषाएँ और संस्कृतियाँ हो, समस्याओं का उत्पन्न होना स्वाभाविक है और वहाँ की राजनीति का पहचान-आधारित बन जाना भी अस्वाभाविक नहीं है।

भारत, राजतंत्रात्मक से औपनिवेशक और फिर प्रजातांत्रिक समाज बनने के दौरान कई जटिल प्रक्रियाओं से गुजरा और इन परिवर्तनों के दौरान धर्मनिरपेक्षता हमें एक नहीं रख सकी। हमारे समाज का आज जिस तरह से ध्रुवीकरण हो गया है उससे यह स्पष्ट है कि हमारी मूल पहचानें हमारे लिए अब भी अत्यन्त महत्वपूर्ण बनी हुई हैं। इस तरह के राजनैतिक उत्तेजना से भरे वातावरण में धर्मान्तरण का अति संवेदनशील मुद्दा बन जाना अवश्यंभावी था।

जहाँ तक हमारे संवैधानिक अधिकारों का प्रश्न है, किसी भी धर्म को अपनाने या त्यागने में किसी तरह की रोक या परेशानी नहीं होनी चाहिए। भारतीय राजनीति मूलतः धर्मनिरपेक्ष और प्रजातांत्रिक है और किसी भी नागरिक के मूल अधिकारों का उसके धर्म से कोई सम्बन्ध नहीं है और इसलिए इस बात से कोई फर्क नहीं पड़ना चाहिए कि कोई व्यक्ति इस धर्म को छोड़कर वह धर्म अपना ले। परन्तु व्यावहारिक धरातल पर पहचान-आधारित राजनीति के इस दौर में ऐसा करना आसान नहीं है।

अक्सर सामूहिक और कभी-कभी व्यक्तिगत धर्मपरिवर्तन नीची जातियों के हिन्दुओं से गैर-भारतीय धर्मों जैसे ईसाई धर्म और इस्लाम में होते हैं। इन दिनों हो रहे सभी धर्म परिवर्तन नीची जाति के हिन्दुओं और आदिवासियों में हो रहे हैं। उड़ीसा के मामले में तो धर्मपरिवर्तन करने वाले लगभग सभी व्यक्ति आदिवासी हैं। ईसाई बन गये आदिवासियों को गुजरात और मध्य प्रदेश में भी हिंसा का निशाना बनाया जा रहा है।

इस पुस्तक में बीसवीं सदी में आम्बेडकर और पंडित रामाबाई के व्यक्तिगत जीवनवृत्त की भी चर्चा है। पंडिता रामाबाई का मामला अत्यन्त दिलचस्प है। उन्होंने हिन्दू धर्म और ईसाई धर्म का गहन अध्ययन किया था और उनके धर्मपरिवर्तन का कोई राजनैतिक पहलू नहीं था। उनका जीवन हमें बताता है कि धर्मपरिवर्तन की प्रक्रिया कितनी जटिल है और व्यक्तिगत विश्वास के अलावा सामाजिक ढाँचे की इसमें कितनी महत्वपूर्ण भूमिका होती है। आम्बेडकर के बौद्ध बनने के पीछे व्यक्तिगत विश्वास और राजनैतिक उद्देश्य दोनों ही थे। वे स्वयं तो बौद्ध बने ही, उनके साथ पाँच लाख अन्य दलितों ने भी बौद्ध धर्म को अपना लिया।

अगर आम्बेडकर ने बौद्ध धर्म की जगह ईसाई धर्म या इस्लाम को अपनाया होता तो शायद वे यह कदम इतनी आसानी से नहीं उठा पाते।

यह पुस्तक बुद्धिजीवियों के लिए बहुत उपयोगी है और आज के राजनैतिक सन्दर्भों में धर्मपरिवर्तन के मुद्दे के विभिन्न पहलुओं को समझने में बहुत मददगार है।

भारतीय मुसलमान कट्टरता से उदारवाद की ओर लम्बी कूच

जहाँ तक मेरी याददाश्त जाती है, मुसलमानों और विशेषकर भारतीय मुसलमानों, को धार्मिक मामलों में कट्टर होने के आरोप में हमेशा से कटघरे में खड़ा किया जाता रहा है। यह भी कहा जाता रहा है कि बहुत कम मुसलमान उदारवादी हैं और जो हैं वे भी अपनी आवाज कभी बुलंद नहीं करते। नतीजतन, अतिवादी और कट्टर तबके का पूरे समुदाय पर नियंत्रण बना रहता है। ये मुसलमानों की निन्दा के स्थाई मुद्दे रहे हैं।

ऐसा नहीं है कि हिन्दू समुदाय में कभी कोई अतिवादी हुआ ही न हो। परन्तु हिन्दू अतिवादी तत्वों को कभी प्रमुखता नहीं मिली। मीडिया और बुद्धिजीवी हमेशा यह मानते रहे कि हिन्दू मूलतः उदारवादी हैं और अतिवादी हिन्दू मात्र अपवाद हैं। मुस्लिम उदारवादियों के विपरीत, हिन्दू उदारवादी अपने विचार मजबूती से सामने रखने में नहीं सकुचाते। ये दृष्टिकोण हमारे बुद्धिजीवी वर्ग का स्थायी भाव रहा है।

उदारवाद और अतिवाद कोई स्थायी चीजें नहीं हैं। मनुष्यों के दृष्टिकोण और विचारों में लगातार परिवर्तन आता रहता है। जो व्यक्ति आज अतिवादी है वह कल उदारवादी बन सकता है और जो आज वैचारिक उदारता का प्रतीक है वह कल कट्टरता का पर्याय बन सकता है। राजनैतिक परिस्थितियों की भी इसमें भूमिका होती है। जो समुदाय राजनैतिक रूप से शक्तिशाली है उसके उदारवादी होने की सम्भावना ज्यादा रहती है बनिस्बत ऐसे समुदाय के जो राजनैतिक व्यवस्था के हाशिए पर है।

यह मानना गलत होगा कि भारतीय मुसलमान—या कम से कम उनका बड़ा हिस्सा—सदियों से परम्परावादी या कट्टर रहा है। भारत आदिकाल से साझा संस्कृति का केन्द्र रहा है और अगर मुसलमानों में उदारवाद का पूरी तरह से अभाव होता तो यह साझा संस्कृति अस्तित्व में ही नहीं आ पाती। हर काल में, प्रत्येक समुदाय में कई अलग-अलग धाराएँ रहती हैं और यह राजनैतिक परिस्थितियों पर निर्भर करता है कि हम किस धारा को प्रमुखता या महत्व देते हैं।

सूफी सन्तों ने भारतीय इस्लाम और हमारी साझा संस्कृति को बहुत कुछ दिया है। भारतीय इस्लाम पर सूफी मत का गहरा और व्यापक प्रभाव रहा है। मध्यकाल में

कश्मीर, सिंध, कच्छ, वर्तमान कर्नाटक व पंजाब और वर्तमान उत्तर प्रदेश तथा राजस्थान के बड़े हिस्से में सूफी संस्कृति का बोल-बाला था। यह सूफी संस्कृति उदारवादी, मध्यमार्गी और खुले विचारों वाली थी। अयोध्या और बनारस जैसे शहरों के कुछ हिस्से भी सूफी संस्कृति के प्रभाव में थे। दारा शिकोह ने वाराणसी में रहकर ही उपनिषदों का फारसी में अनुवाद किया था।

साम्प्रदायिक ताकतों के शक्तिशाली प्रचार तंत्र ने इस प्रभावशाली और व्यापक संस्कृति की उपेक्षा कर औरंगजेब और महमूद गजनी जैसे चंद बादशाहों की भूमिका को जरूरत से कहीं अधिक महत्व दिया। भारत का विभाजन, जिसके पीछे मुसलमानों के श्रेष्ठि वर्ग की राजनैतिक सत्ता पर अपनी पकड़ बनाये रखने की इच्छा थी, ने भारत के आम मुसलमानों के लिए नयी मुसीबत खड़ी कर दी। सभी मुसलमानों को धर्मांन्ध, कट्टरपंथी और अतिवादी करार दे दिया गया। जो थोड़े-बहुत उदारवादी मुसलमान सामने आये भी उन्हें कायर बताकर पीछे धकेल दिया गया।

जैसा कि पहले भी कहा जा चुका है, अतिवाद का जन्म धार्मिक नहीं बल्कि राजनैतिक कारणों से होता है। हिन्दू अतिवाद का जन्म पिछली सदी के आठवें दशक के मध्य में तब हुआ जब नीची जातियों के हिन्दुओं की मुखरता और आक्रामकता से ब्राह्मणवादी व्यवस्था को चुनौती मिलने लगी। आज आरएसएस, विहिप, बजरंग दल और यहाँ तक कि भाजपा का हिन्दू अतिवाद और कट्टरपंथ हम सबके सामने है।

यह कट्टरपंथी हिन्दुत्व, सैकड़ों अल्पसंख्यकों की मौत के लिए जिम्मेदार है। नरेन्द्र मोदी, बाल ठाकरे, अशोक सिंघल और प्रवीण तोगड़िया उग्रवादी हिन्दुत्व के शुभंकर हैं। पत्रकारों और बुद्धिजीवियों का एक बड़ा हिस्सा भी मूलभूत अधिकारों और प्रजातांत्रिक बहस-मुबाहिसों को हेय दृष्टि से देखता है।

हिन्दू अतिवादी तबके की असहिष्णुता के शिकार केवल अल्पसंख्यक नहीं हैं। उदारवादी हिन्दू भी उसके निशाने पर हैं। हाल में जब नवीन पटनायक ने भाजपा से नाता तोड़ा तब विहिप के सिंघल ने पटनायक को सार्वजनिक रूप से धमकी दी थी।

एक पत्रकार महोदय, जो पूरी तरह से निष्पक्ष और स्वतंत्र होने का दम भरते हैं, मुस्लिम कट्टरपंथियों के कड़े आलोचक हैं। वे मुझसे भी अक्सर बहस करते रहते हैं। हाल में उन्होंने मुझे कुछ लिखकर भेजा, जिसमें एक वाक्य यह था 'हू वाज दिस रास्कल बाबर टू इन्वेड इंडिया...' ('यह धूर्त / बदमाश बाबर भारत पर हमला करने वाला कौन होता है...')। ये पत्रकार एक साप्ताहिक में नियमित रूप से कालम लिखते हैं और हमेशा इस्लाम और मुसलमानों पर हमला करते रहते हैं।

कट्टरवाद के पीछे धार्मिक नहीं बल्कि राजनैतिक और सामाजिक कारक होते हैं और हिन्दू, बौद्ध, जैन, ईसाई, इस्लाम और पारसी सहित दुनिया का कोई ऐसा धर्म नहीं है जिसमें कट्टरवादी या उग्रवादी तबका न हो।

भारतीय मुसलमानों में भी कट्टरपंथी और अतिवादी हैं। परन्तु पिछले कुछ समय

से, विशेषकर बाबरी मस्जिद के ढहाए जाने के बाद से, अतिवादियों और कट्टरपंथियों की तूती बोलना बन्द हो गयी है।

शाहबानो और राम मन्दिर के मुद्दों पर मुसलमानों के राजनैतिक और धार्मिक नेतृत्व के एक हिस्से ने आक्रामकता और टकराव का रास्ता अपनाया था और इससे मुसलमानों का नुकसान ही हुआ।

बाबरी मस्जिद के ढहाए जाने और उसके बाद मुम्बई, सूरत और कई अन्य शहरों में हुए मुसलमानों के नरसंहार ने समुदाय के अतिवादी तबके को हाशिए पर ला दिया। हिन्दू उग्रवाद के उदय ने उसकी बोलती बन्द कर दी। आम मुसलमानों ने अतिवादी नेताओं से किनारा कर लिया और धार्मिक नेतृत्व को भी उपयुक्त सबक मिल गया।

दारूल उलूम, देवबंद, भारतीय इस्लाम को दिशा देने मे उन्नीसवीं सदी के अन्त से लेकर अब तक महत्वपूर्ण भूमिका निभाता आ रहा है। दारूल उलूम, देवबंद ने भारत के विभाजन का कड़ा विरोध किया था और शनैः-शनैः उसका चरित्र और अधिक उदारवादी होता जा रहा है। हाल में उसके द्वारा जारी किये गएयेकुछ फतवे इस स्वागतयोग्य परिवर्तन के प्रतीक हैं।

जब बकरईद पर गायों की कुर्बानी दिये जाने के मुद्दे को लेकर विवाद उठा उस समय दारूल उलूम, देवबंद ने फतवा जारी किया कि मुसलमानों के लिए बकरईद पर गाय की कुर्बानी देना जरूरी नहीं है और मुसलमानों को इससे बचना चाहिए। यह बहुत रचनात्मक सलाह थी और अधिकांश मुसलमानों ने उसे माना।

इसी तरह, कुछ समय पूर्व, जब विहिप के अशोक सिंघल ने यह माँग की कि दारूल उलूम को भारत को 'दारूल अमन' घोषित करना चाहिए, तब मौलाना महमूद मदनी ने बिना किसी देरी के भारत को 'दारूल अमन' घोषित कर श्री सिंघल का मुँह बन्द कर दिया। यह अलग बात है कि शायद अब श्री सिंघल कोई नयी माँग उठाएँगे।

दारूल उलूम, देवबंद ने कड़े शब्दों में और बिना किसी लाग-लपेट के मुस्लिम उग्रवादियों और अतिवादियों के 'जिहादवाद' की आलोचना की। मौलाना मदनी ने इसे 'जिहाद' नहीं बल्कि 'फ़साद' बताया। 'फ़साद' अरबी भाषा का शब्द है जो हिन्दी और उर्दू में भी प्रयुक्त होता है। इसका अर्थ है 'मारकाट, दंगा, उपद्रव, विकार आदि'। यह शब्द राजनीति से प्रेरित 'जिहादवादियों' की कारगुजारियों का अत्यन्त उपयुक्त वर्णन करता है।

'जमायेतुल-उलेमा-ए-हिन्द' ने तथाकथित 'जेहाद' के खिलाफ विशाल रैलियाँ निकालीं और उसकी कड़ी निन्दा की। जमात एक बार फिर उसी तरह की रचनात्मक भूमिका निभा रही है जैसी उसने विभाजन के दिनों में निभायी थी।

'जेहादवाद' के खिलाफ इन जुलूसों ने आम मुसलमानों को यह संदेश दिया कि उन्हें इस्लाम के नाम पर की जा रही मासूमों की हत्याओं का न तो परोक्ष और न अपरोक्ष रूप में समर्थन करना चाहिए। ये विरोध रैलियाँ अब भी जारी हैं, परन्तु मीडिया इन्हें

पर्याप्त कवरेज नहीं दे रहा है।

कुछ दिनों पूर्व, दारूल उलूम ने एक और फतवा जारी किया जो भारत के धर्मनिरपेक्ष, प्रजातांत्रिक मूल्यों की रक्षा करने में सहायक सिद्ध होगा। फतवे में कहा गया है कि मुसलमानों को आने वाले आम चुनाव में धर्म के आधार पर अपना वोट नहीं देना चाहिए।

"अपना वोट जरूर दीजिए। ऐसे व्यक्ति और ऐसी पार्टी को अपना वोट दीजिए जो मुसलमानों और देश की भलाई के लिए काम करे। भारत एक धर्मनिरपेक्ष प्रजातंत्र है इसलिए यहाँ की राजनीति को इस्लामिक परिप्रेक्ष्य से देखना अनुचित होगा और न ही मुसलमानों को राजनैतिक दलों और नेताओं को इस्लामिक सिद्धान्तों की कसौटी पर कसना चाहिए", फतवा कहता है। यह फतवा देश में धर्मनिरपेक्षता को मजबूती देगा। हमारे देश में जाति और धर्म के आधार पर वोट देना आम है। हमें उम्मीद है कि भारतीय मुसलमान दारूल उलूम की इस परिपक्व सलाह को मानेंगे।

यह सब कहने का यह अर्थ कदापि नहीं है कि भारतीय मुसलमानों में कोई और धारा है हीं नहीं। निश्चित रूप से उग्रवादी, अतिवादी और कट्टरपंथी मुसलमान हैं परन्तु यह भी सही है कि उदारवादी धारा पहले की तुलना में कहीं अधिक मजबूत है और इस धारा का प्रतिनिधित्व देश का सबसे प्रतिष्ठित इस्लामिक संस्थान कर रहा है। यह भी ध्यान में रखा जाना चाहिए कि दारूल उलूम, देवबंद का महिला अधिकारों सहित अन्य कई मुद्दों पर रूढ़िवादी दृष्टिकोण है परन्तु यह अलग मसला है।

जिन फतवों की हमने यहाँ चर्चा की, वे सभी भारतीय मुसलमानों को एक महत्वपूर्ण सन्देश देते हैं। वह यह कि धर्मनिरपेक्ष, प्रजातांत्रिक व्यवस्था ही उनकी शान्ति, सुरक्षा और प्रगति की गारंटी है। और यह भी कि धार्मिक कट्टरता और उस पर आधारित राजनीति सभी मानवीय मूल्यों के खिलाफ है।

हमें यह याद रखना चाहिए कि धर्मनिरपेक्ष प्रजातंत्र ने ही विभिन्न धर्मों को मानने वाले, विभिन्न भाषाएँ बोलने वाले और विभिन्न संस्कृतियों में रचे-बसे हमारे देश के नागरिकों को एक सूत्र में पिरोया है। धार्मिक कट्टरता और उग्रवाद ने हमेशा इस एकता को कमजोर किया है—फिर चाहे वह हिन्दू उग्रवाद हो या मुस्लिम उग्रवाद।

मुस्लिम उलेमा और महिलाओं की स्थिति

अभी पिछले दिनों मैंने मुम्बई से प्रकाशित ऊर्दू दैनिक 'इन्कलाब' में एक खबर पढ़ी जिसमें यह कहा गया था कि मुस्लिम पर्सनल लॉ बोर्ड, भारतीय संसद द्वारा 'घरेलू हिंसा अधिनियम' पारित किये जाने से चिन्तित है। कारण यह है यह अधिनियम महिलाओं के विरुद्ध हिंसा को प्रतिबंधित करता है जबकि हमारे उलेमा महिलाओं को पीटने की इजाजत देते हैं। इस अधिनियम ने मुस्लिम पुरुषों से उनकी पत्नियों की पिटाई लगाने का अधिकार छीन लिया है।

आखिर हमारे उलेमा की मानसिकता क्यों इतनी खराब और गिरी हुई है? क्या अपनी पत्नी को मारना किसी भी दृष्टि से उचित कहा जा सकता है? क्या पवित्र कुरआन और सुन्ना इसकी इजाजत देते हैं? क्या पवित्र पैगम्बर ने कभी अपनी किसी पत्नी को मारा? क्या कुरआन की कोई भी आयत पत्नी को मारने की इजाजत देती है? सामान्यतः उलेमा इस सिलसिले में आयत 4:34 को उद्धृत करते हैं। उनके अनुसार यह आयत पत्नी को मारने की इजाजत देती है।

इस आयत का अनुवाद इस प्रकार है—

"पुरूष स्त्रियों के निगराँ और जिम्मेदार हैं इसलिए कि अल्लाह ने एक को दूसरे पर बड़ाई दी है और इसलिए भी कि उन्होंने अपने माल खर्च किये हैं। तो जो नेक स्त्रियां होती हैं वे (अल्लाह की) आज्ञा पालन करने वाली और रहस्यों की रक्षा करने वाली होती हैं इसलिए कि अल्लाह ने भी रहस्यों की रक्षा की है और जो स्त्रियाँ ऐसी हों जिनकी सरकशी का तुम्हें भय हो, उन्हें समझाओ, बिस्तरों में उन्हें तन्हा छोड़ दो और उन्हें मारो। फिर यदि वे तुम्हारी बात मानने लगें तो उनके विरुद्ध कोई राह न ढूँढ़ो।"

यह कुरआन की एकमात्र ऐसी आयत है जिसे उलेमा महिलाओं के विरुद्ध बताते हैं। अन्य सभी आयतें पुरुषों को महिलाओं के प्रति अपने कर्तव्य पूरे करने के लिए कहती हैं और उन्हें महिलाओं के अधिकारों की याद दिलाती हैं। कुरआन में महिलाओं के अधिकारों की चर्चा है और पुरुषों के कर्तव्यों की। यह आयत कुरआन के चौथे अध्याय में है। यह अध्याय महिलाओं पर है। कुरआन में पुरुषों पर कोई अध्याय नहीं है। कुरआन (2:228) महिलाओं और पुरुषों की समानता पर जोर देती है। इस आयत के

बारे में मौलाना आजाद अपने 'तर्जुमा-अल-कुरआन' में कहते हैं कि यह 1300 साल पहले लिंग समानता की क्रान्तिकारी घोषणा थी। क्या इन सब तथ्यों के प्रकाश में हम यह सोच भी सकते हैं कि कुरआन महिलाओं को मारने की इजाजत देगा?

अब हम उस शब्द की चर्चा करें जिसका अनुवाद 'उन्हें मारो' किया गया है। यह अरबी शब्द है 'वदरीबुहुन्ना'। इस शब्द के कई अर्थ हैं। एक शब्दकोश में इस शब्द के अर्थों की सूची से पूरा एक पेज भरा हुआ है और इनमें से केवल एक अर्थ मारना है। कुरआन के विद्वान इमाम रगीब अशफहानी के अनुसार, एक अर्थ ऊँट का ऊँटनी के पास जाना भी है।

अगर इस अर्थ को सही माना जावे तो मतलब होगा स्त्री को पुरुष के पास जाने के लिए राजी करना और यह अर्थ कुरआन की महिलाओं के प्रति दृष्टिकोण के अनुरूप जान पड़ता है। कुरआन बार-बार पुरुषों से महिलाओं के अधिकारों का खयाल रखने को कहती है। ऐसे में कुरआन आखिर कैसे पुरुषों को अपनी पत्नियों को मारने के लिए कह सकती है? और जब 'वदरीबुहुन्ना' शब्द के विभिन्न अर्थों को ध्यान में रखा जाए तो स्थिति और स्पष्ट हो जाती है। कुरआन के जाने-माने विद्वान तबारी कुरआन की एक हदीथ का हवाला देते हुए कहते हैं कि पवित्र पैगंबर महिलाओं को रूमाल या टूथब्रश जैसी किसी चीज से हल्के से मारने की इजाजत देते हैं।

इस हदीथ के अनुसार मारना केवल प्रतीकात्मक होना चाहिए जिससे चोट न पहुँचे। इस हदीथ का यह अर्थ कुरआन की आत्मा के विपरीत है। कुरआन के आधुनिक समीक्षक हदीथ के इस अर्थ को एक सिरे से खारिज करते हैं। तुर्की के एक विद्वान, जो पिछले दो दशकों से कुरआन के अनुवाद पर काम कर रहे हैं, के अनुसार इस हदीथ का अर्थ यह है कि अगर कोई महिला अपने पति के खिलाफ विद्रोह कर दे तो उसे अपनी पत्नी को तलाक दे देना चाहिए।

ईरान की एक महिला विद्वान लालेह बख्तियार, जिन्होंने कुरआन का स्त्रीवादी दृष्टिकोण से अनुवाद किया है, भी इस अर्थ से असहमत हैं। वे कहती हैं, "मैंने कुरआन से जुड़ी पुस्तकों के अध्ययन और अनुवाद में 40 वर्ष बिताएँ हैं। मुझे लगा कि आज भी कुरआन के सर्वस्वीकार्य और वस्तुनिष्ठ अंग्रेजी अनुवाद की कमी है। कुरआन के जिन 17 अंग्रेजी अनुवादों का मैंने अध्ययन किया है उनमें आयतों की कुछ इस ढंग से व्याख्या की गयी है कि अंग्रेजी अनुवाद और अरबी मूल के बीच सीधी तुलना करना बहुत मुश्किल होता है। इसके अलावा, अधिकांश अंग्रेजी अनुवाद अरबी शब्दों का इस्तेमाल करते हैं जैसे गॉड की जगह अल्लाह जिससे नये पाठक भ्रमित हो जाते हैं।"

सुश्री लालेह ने जो कार्यप्रणाली अपनायी उसके बारे में दो बातें उल्लेखनीय हैं। उन्होंने पहले सन्दर्भ के अनुरूप हर शब्द के सभी अर्थों पर विचार कर फिर अंग्रेजी में उसकी जगह प्रयोग किये जाने वाले शब्द के बारे में निर्णय किया। उन्होंने कम्प्यूटर का इस्तेमाल कर कुरआन में प्रयोग की गयीं 40,000 संज्ञाओं और क्रियाओं की सूची तैयार

की। यह तरीका बहुत उपयुक्त है क्योंकि इसके जरिए ही किसी शब्द विशेष के इस्तेमाल का असली मंतव्य स्पष्ट हो सकता है। कुरआन को समझने का जो तरीका मैं इस्तेमाल करता हूँ वह भी यही है कि किसी एक विषय पर कुरआन की सभी आयतों को एक साथ रखकर फिर उसमें प्रयुक्त शब्दों के सबसे उपयुक्त अर्थ पर विचार करना।

हमें यह भी समझना होगा कि हर आलिम (विद्वान) किसी भी लिखित सामग्री की व्याख्या करते समय अपनी सामाजिक-सांस्कृतिक-राजनैतिक पृष्ठभूमि से प्रभावित होने से नहीं बच सकता। इसलिए कोई आश्चर्य नहीं कि प्राचीन इस्लामिक टीकाकारों ने अपनी सांस्कृतिक-राजनैतिक पृष्ठभूमि के अनुरूप अरबी शब्द 'वदरीबुहुन्ना' का अर्थ मारना लगाया।

एक अन्य तथ्य यह है कि पैगम्बर की सुन्ना ने शरीयत कानूनों के निर्माण में महत्वपूर्ण भूमिका अदा की थी। किसी भी आलिम या इस्लामिक न्यायविद ने कभी भी पैगम्बर द्वारा अपनी पत्नी को मारने की बात नहीं कही है। कुरआन में यह चर्चा है कि किस प्रकार जब पैगम्बर साहब की पत्नियों ने उनसे ऐसी वस्तुएँ दिलवाने को कहा जिन्हें वे नहीं खरीद सकते थे, तब भी उन्होंने अपनी पत्नियों को मारना तो दूर रहा उनके प्रति कड़े शब्दों तक का इस्तेमाल नहीं किया।

उन्होंने स्वयं को एक कमरे में बन्द कर लिया और अपनी पत्नियों से एक महीने तक कोई बातचीत नहीं की। उसके बाद, अल्लाह के निर्देशानुसार उन्होंने अपनी पत्नियों को समझाया कि या तो वे भौतिक साधनों को तरजीह दें और उनसे अलग हो जावें या फिर उनके साथ रहें और अल्लाह से प्रतिफल पाने की अपेक्षा रखें। इस घटना की चर्चा कुरआन की 33:28-29 और 66:1-3 आयतों में की गयी है और इस घटना के सन्दर्भ में साही बुखारी ने भी लिखा है कि पैगम्बर अपनी पत्नियों से एक महीने तक अलग रहे और बाद में उनका अपनी पत्नियों से समझौता हो गया।

पवित्र पैगम्बर के जीवन की इस घटना से आयत 4:34 का असली अर्थ स्पष्ट होता है। अर्थ यह है कि जब पत्नियाँ विद्रोह करें या समस्याएँ उत्पन्न करें तो पहले उन्हें समझाएं, फिर उनसे शारीरिक सम्बन्ध खत्म करें और बाद में उनसे समझौता कर लें पर उन्हें सताएँ न।

आयत 4:34 का प्रगटीकरण कैसे हुआ इसके बारे में कुरआन के अत्यन्त सम्मानित टीकाकार तबारी और कशाफ का कहना है कि एक महिला ने पवित्र पैगम्बर से शिकायत की कि उसके पति ने अकारण उसे मारा और पैगम्बर से जानना चाहा कि उसे क्या करना चाहिए। इस पर पवित्र पैगम्बर ने कुछ देर सोचा और फिर उस महिला से कहा कि तुम अपने पति से बदला लो। इससे मदीना की औरतों में खुशी की लहर छा गयी परन्तु पुरुष चिन्तित हो गये और वे पैगम्बर के पास पहुँचे और कहा कि यदि उनकी महिलाएँ उनसे बदला लेने लगेंगी तो वे किस तरह अपने परिवार पर नियंत्रण रख सकेंगे। इसके बाद यह आयत प्रगट हुई जिसमें कहा गया है कि पुरुष अपने परिवारों के

जिम्मेदार हैं और अगर महिलाएँ विद्रोह करें तो पहले उन्हें समझाया जाए, फिर उनके साथ शारीरिक सम्बन्ध खत्म किए जाएँ और उसके बाद भी वे अगर न मानें तो इमाम रगीब असफहानी के अनुसार, उनके पास जाकर उनसे समझौता किया जाए।

इस आयत को पुरुष अपनी पत्नियों के साथ मार-पीट करने को उचित ठहराने के लिए इस्तेमाल करते हैं परन्तु इस आयत का यह अर्थ लगाना कुरआन की आत्मा के विरुद्ध है। मेरा उलेमा से अनुरोध है कि वे कुरआन के सम्पूर्ण सन्दर्भ में इस आयत की पुनर्व्याख्या करें। आयत 4:34 के प्रगटीकरण के बाद महिलाएँ पैगम्बर साहब के पास पहुँची और उनसे जानना चाहा कि क्या उनका दर्जा पुरुषों से नीचा है। इस पर पैगम्बर ने जवाब दिया कि मैं इसके लिए अल्लाह के सन्देश का इन्तजार करूँगा। यह सन्देश आयत 33:35 के जरिए प्रगट हुआ जिसमें कहा गया है कि महिलाओं और पुरुषों का दर्जा बराबरी का है और दोनों को अपने-अपने आध्यात्मिक गुणों के लिए बराबरी का पारितोषिक मिलेगा।

इस तरह आयत 33:35 इस मामले में अन्तिम है। यह महिलाओं और पुरुषों के सम्बन्ध के बारे में कुरआन की आखिरी आयत है। पतियों और पत्नियों के आपसी सम्बन्धों की चर्चा करते हुए कुरआन कहती है कि अल्लाह ने उनके बीच प्यार और सौहर्द्र उत्पन्न किया है। इसी आयत में कहा गया है कि अल्लाह ने तुम्हारा साथी बनाया है ताकि तुम उसमें मानसिक शान्ति पा सको।

अगर अल्लाह ने पति और पत्नी के बीच प्यार और सौहार्द्र पैदा किया है और महिलाओं को मानसिक शान्ति का स्रोत बताया है तो फिर कुरआन भला किस तरह पत्नियों के साथ मार-पीट करने की इजाजत दे सकती है। इस तरह किसी भी विषय पर कुरआन की सभी आयतों को एक साथ पढ़कर ही कुरआन के असली मंतव्य को समझा जा सकता है। कुरआन महिलाओं के साथ मार-पीट करने की इजाजत देती है यह बात मध्यकालीन विद्वानों ने अपनी पितृसत्तात्मक सांस्कृतिक पृष्ठभूमि के प्रभाव में आकर कही थी। कुरआन के हर एक शब्द के कई मतलब हो सकते हैं परन्तु सही मतलब क्या है इसके लिए हमें कुरआन के मूल सिद्धान्तों और उसकी आत्मा की ओर लौटना होगा।

यह सचमुच दुर्भाग्यपूर्ण होगा कि मुस्लिम पर्सनल लॉ बोर्ड घरेलू हिंसा अधिनियम का विरोध करे। इससे इस्लाम का मजाक बनेगा और इससे कुरआन और सुन्ना की मूल आत्मा घायल होगी। इस्लाम ने आज से 1400 वर्ष पहले महिलाओं की स्थिति में क्रान्तिकारी बदलाव लाया था और दुर्भाग्यवश हमारे अधिकांश उलेमा कुरआन में महिलाओं की स्थिति के बारे में कही गई बातों की व्याख्या इस्लाम के आगमन के पहले के युग के अनुरूप करते हैं। यह वह युग था जिसे कुरआन जहालियत का युग कहती है। कुरआन ने जहालियत की जगह ज्ञान का प्रकाश फैलाया। प्रश्न यह है कि हमारे उलेमा ज्ञान के प्रकाश को तरजीह देंगे या अज्ञान के अँधेरे को।

प्रजातंत्र - सब चलें एक साथ

श्री बराक ओबामा ने हाल में विभिन्न नस्लों के लोगों के आपसी रिश्तों के विषय पर अत्यन्त विचारोत्तेजक भाषण दिया। यह भाषण अफ्रीकी मूल के काले अमरीकियों के साथ हो रहे भेदभाव की शिकायत करने तक सीमित नहीं था। यह भाषण श्वेत अमरीकियों की ओर दोस्ती का हाथ बढ़ाना था — एक ऐसी दोस्ती जिससे अमरीका एक बना रहे और आदर्श संघीय गणराज्य बन सके।

उन्होंने अपने भाषण की शुरुआत अमरीका के संविधान के प्रारम्भिक शब्दों की याद दिलाकर की, "हम लोग एक बेहतर संघ बनाने के उद्देश्य से..."। भारतीय संविधान भी "हम भारत के लोग" इन शब्दों से शुरू होता है। एक परिपक्व राजनेता हमेशा मिलकर चलने की बात करता है। वो जोड़ता है, तोड़ता नहीं है।

जो सत्ता पाने के लिए जनता को बाँटते हैं, वे अन्ततः इतिहास के कूड़ेदान में फेंक दिये जावेंगे। हो सकता है कि कुछ समय के लिए वे सत्ता पा भी जावें परन्तु वे लोगों के दिलों पर कभी राज नहीं करेंगे। उन्हें सम्मान की निगाह से नहीं देखा जावेगा। हिटलर अपने समय का सबसे शक्तिशाली शासक था परन्तु अपने जीवनकाल में ही वो लोगों की घृणा का शिकार था। आज उसके ही देश में उसका नाम लेना अपराध की श्रेणी में आ गया है।

हम प्रजातंत्र में रहते हैं और अगर प्रजातंत्र सबको एक साथ लेकर नहीं चलता तो वह सच्चा प्रजातंत्र नहीं है। सच्चा प्रजातंत्र वह है जिसमें सभी नागरिकों को विकास और सत्ता के फल में उनका वाजिब हिस्सा मिले। हमारे संविधान निर्माताओं ने इसी उद्देश्य से सरकारी नौकरियों और संसद में अनुसूचित जातियों और जनजातियों के लिए आरक्षण की व्यवस्था की थी। इसका उद्देश्य यह था कि समाज के ये कमजोर वर्ग भी विकास के फल का स्वाद चख सकें। यह कदम इसलिए उठाया गया था ताकि देश में एकता रहे और सभी नागरिकों को बराबरी के हक मिल सकें।

अमरीका के अफ्रीकी मूल के नागरिक सैकड़ों साल से सत्ता में हिस्सेदारी से वंचित रहे हैं। दास प्रथा के गैर-कानूनी घोषित किये जाने के बाद भी लम्बे समय तक उनके साथ गुलामों जैसा सलूक किया जाता रहा। मार्टिन लूथर किंग के अथक प्रयासों

से सन् उन्नीस सौ साठ के दशक में वे समाज की मुख्यधारा में शामिल हो सके। मार्टिन लूथर किंग ने भी टकराव की बजाय अहिंसा और समन्वय की राह अपनायी। उन्होंने गाँधीजी का रास्ता चुना। उन्होंने अफ्रीकी मूल के अमरीकियों को सम्मान से जीना सिखाया, उन्हें अपने पर गर्व करना सिखाया और उन्हें यह एहसास दिलाया कि अमरीकी तंत्र में उनकी बराबर की हिस्सेदारी है। इसके विपरीत, नस्लवादी काले अमरीकियों से घृणा करते थे, उन्हें उनके वाजिब हक नहीं देना चाहते थे और उन्हें सत्ता और विकास से दूर रखना चाहते थे। अन्ततः नस्लवादियों की हार हुई और कालों की जीत। अमरीका में 'सकारात्मक भेदभाव' की नीति अपनायी गयी, जिससे अफ्रीकी मूल के अमरीकियों को न्याय मिल सका।

अमरीका के नागरिकों को सम्बोधित करते हुए ओबामा ने कहा, "हमें हर पीढ़ी में ऐसे अमरीकियों की जरूरत है जो हमारे देश के आदर्शों और यथार्थ के बीच की खाई को पाटने के लिए सड़कों पर और अदालतों में लड़ाई लड़ सकें; जो गृहयुद्ध और असहयोग आन्दोलन करने से भी पीछे नहीं हटें, चाहे फिर उसके लिए उन्हें कितना ही खतरा उठाना पड़े।"

उन्होंने उसी भाषण में यह भी कहा कि "मेरी उम्मीदवारी को नस्लवादी चश्मे से नहीं देखा जाना चाहिए। मुझे कई उन राज्यों में भारी सफलता हासिल हुई है जहाँ श्वेत आबादी की बहुसंख्या है। साउथ केरोलीना में हमने अफ्रीकी मूल के अमरीकियों और श्वेत अमरीकियों का एक शक्तिशाली गठबंधन निर्मित किया है।"

यह अमरीका के लिए एक महत्वपूर्ण मौका है जब वो एक लम्बे संघर्ष के बाद श्वेत नस्लवाद से मुक्त हो सकता है। यह एक ऐसा मौका है जब दास प्रथा को संविधान से ही नहीं बल्कि लोगों के दिलो-दिमाग से भी हटाया जा सकता है।

भारत में भी महात्मा गाँधी और नेहरू जैसे महान नेता थे जिन्होंने साम्प्रदायिक पूर्वाग्रहों से ऊपर उठकर भारत को एक सच्चा धर्मनिरपेक्ष देश बनाने के लिए कड़ा संघर्ष किया। परन्तु अमरीका की तरह भारत को भी सच्चे अर्थों में धर्मनिरपेक्ष बनने में बहुत वक्त लग रहा है। अमरीका ने दास प्रथा को काफी समय पहले गैर-कानूनी घोषित कर दिया था परन्तु लोगों के दिलो-दिमाग से उसे हटाने में लगभग एक शताब्दी का समय लग गया। हम भारतीयों ने सभी प्रकार के भेदभाव और साम्प्रदायिकता को हमारे संविधान के द्वारा 1950 में ही प्रतिबन्धित कर दिया था परन्तु आज भी जातिवाद और साम्प्रदायिकता हम लोगों के मनोमस्तिष्क से नहीं मिट सकी है।

सत्ता के भूखे हमारे राजनीतिज्ञ देश में फूट डालते रहे। गाँधी, नेहरू और मौलाना आजाद के बाद हमारे देश में कोई सच्चा राजनेता पैदा नहीं हुआ। विभाजन की पूर्व संध्या पर जब पूरे देश में खून खराबा हो रहा था, उस समय गाँधी, नेहरू और आजाद की त्रिमूर्ति ने ही भारत की जनता को आत्मबल और आपसी एकता व भाईचारा बनाये

रखने का सन्देश दिया। जामा मस्जिद की सीढ़ियों पर से दिए गए मौलाना आजाद के ऐतिहासिक और महान भाषण ने, मुसलमानों को — जो पूरी तरह से टूट चुके थे और आतंकित थे — सुरक्षा का विश्वास दिलाया।

नेताओं की अगली पीढ़ियों ने इन आदर्शों को जीवित रखने के लिए कुछ नहीं किया। नतीजा यह है कि हमारे संविधान में निहित आदर्शो और जमीनी सच के बीच की खाई धीरे-धीरे बढ़ती गयी। महात्मा गाँधी ने असहयोग आन्दोलन चलाकर अंग्रेजों को देश छोड़ने के लिए मजबूर किया। आज के समय में हमें मार्टिन लूथर किंग जूनियर की तरह नागरिक अधिकार आन्दोलन चलाने की जरूरत है जिससे हमारा प्रजातंत्र सच्चे अर्थों में समाज के सभी वर्गों को उन्नति की राह पर ले जा सके।

हमारे प्रजातंत्र की सच्ची परीक्षा तब होगी जब कोई आदिवासी, दलित, मुसलमान, ईसाई, पारसी या सिक्ख भारत का प्रधानमंत्री बने। यह सही है कि मुस्लिम, दलित और सिक्ख देश के राष्ट्रपति रह चुके हैं और इस समय एक सिक्ख प्रधानमंत्री के पद पर हैं। परन्तु राष्ट्रपति का पद मुख्यतः सजावटी है और राष्ट्रपति के अधिकार अत्यन्त सीमित हैं। भारतीय प्रजातंत्र की सच्ची परीक्षा तो तब होगी जब कोई दलित, मुसलमान या ईसाई देश का प्रधानमंत्री बनेगा।

यह सही है कि सैद्धातिक तौर पर कोई भी मुसलमान, ईसाई या दलित देश का प्रधानमंत्री बन सकता है परन्तु यह सपना आज तक साकार नहीं हो सका है। भारत दुनिया का सबसे बड़ा प्रजातंत्र है परंतु हमारे नागरिक आज भी प्रजातंत्र की असली आत्मा से साक्षात्कार नहीं कर सके हैं। यह गर्व की बात है कि हमने सबसे गरीब और सबसे कमजोर आदमी को भी वोट देने का अधिकार दिया है परन्तु हमारा समाज आज भी सबको बराबरी की निगाहों से नहीं देखता।

यह सन्तोष की बात है कि अफ्रीकी मूल के अमरीकी, जिन्हें अब तक नीची निगाहों से देखा जाता था, वे आज इस स्थिति में पहुँच गये है कि वे दुनिया के सबसे शक्तिशाली देश के राष्ट्रपति बनने की महत्वाकांक्षा पाल सकें। सबसे महत्वपूर्ण बात यह है कि श्वेत अमरीकी भी उत्साहपूर्वक ओबामा को वोट दे रहे हैं। कुछ वर्षों पहले तक यह कल्पना भी नहीं की जा सकती थी कि श्वेत अमरीकी किसी काले को राष्ट्रपति चुने जाने के लिए अपना वोट देंगे। अमरीका में नस्लवाद खत्म तो नहीं हुआ है परन्तु बहुत कमजोर अवश्य हो गया है।

इसके विपरीत, भारत में साम्प्रदायिकता और जातिवाद खत्म होने की बजाय तेजी से बढ़ रही हैं। बहुसंख्यक वर्ग का समर्थन हासिल करने के लिए सांप्रदायिक पार्टियाँ और संगठन साम्प्रदायिकता का जहर फैला रहे हैं। सन् 90 के दशक तक इस देश में ईसाई सुरक्षित समझे जाते थे परन्तु अब वे भी सुरक्षित नहीं रह गये हैं। उड़ीसा में पिछले क्रिसमस पर ईसाइयों को हमलों का शिकार बनाया गया। भाजपा शासित

राज्यों में सरकारें धर्मपरिवर्तन को रोकने के लिए कानून बना रही हैं। विडम्बना यह है कि इन कानूनों को 'धार्मिक स्वातंत्रय अधिनियम' कहा जा रहा है। यहाँ तक कि एक कांग्रेस शासित प्रदेश (हिमाचल प्रदेश) ने भी ऐसा कानून बनाया है। यह तो है हमारे शासकों की धर्मनिरपेक्षता के प्रति प्रतिबद्धता की हालत।

आज स्थिति यह है कि साम्प्रदायिक पार्टियाँ आक्रामक रुख अख्तियार किए हुए हैं और कम्युनिस्ट पार्टियों को छोड़कर लगभग सभी धर्मनिरपेक्ष पार्टियाँ या तो चुप हैं या सत्ता पाने के लिए साम्प्रदायिक पार्टियों के साथ गठजोड़ कर रही हैं। जनता दल (सेक्यूलर) का निर्माण इसलिए हुआ था क्योंकि जनता दल (यूनाइटेड) के कुछ नेता एनडीए के साथ गटठबन्धन किये जाने के खिलाफ थे। यही जनता दल (सेक्यूलर) कर्नाटक में सत्ता पाने के लिए भाजपा से चुनावी गठबन्धन कर चुका है। जब तक अल्पसंख्यकों को राजनैतिक व्यवस्था में बराबर की भागीदारी नहीं मिलेगी तब तक भारत सच्चा प्रजातंत्र नहीं बन सकता।

भाजपा कतई नहीं चाहती कि धार्मिक अल्पसंख्यकों को सत्ता में हिस्सेदारी मिले। अनुसूचित जातियों और जनजातियों के प्रति उसकी सहानुभूतिं भी मात्र प्रतिकात्मक है। जैसे ही कांग्रेस मुसलमानों की भलाई के लिए कोई सकारात्मक कदम उठाती है, भाजपा शोर मचाना शुरू कर देती है और कांग्रेस पर मुसलमानों के तुष्टिकरण करने का आरोप लगाती है। इस हमले से घबराकर कांग्रेस अपने कदम पीछे खींच लेती है। आज नौकरशाही और पुलिस का एक बड़ा हिस्सा साम्प्रदायिक हो चुका है और दंगों के दौरान पुलिसकर्मी खुलेआम मुसलमानों और ईसाईयों के साथ पक्षपातपूर्ण व्यवहार करते हैं।

एनडीए शासन काल में भाजपा ने सरकारी तंत्र के एक बड़े हिस्से का साम्प्रदायिकीकरण करने में सफलता हासिल की थी। यद्यपि वो भारतीय संविधान से अल्पसंख्यकों के अधिकारों की रक्षा करने से सम्बन्धित धारा-25 से धारा-30 तक के हिस्से को हटाने में सफल नहीं हो सकी। तबके उपप्रधानमंत्री और आज के प्रधानमंत्री पद के उम्मीदवार एल.के. आडवाणी ने नरेन्द्र मोदी के तारीफों के पुल उस समय बाँधे थे जब पूरा देश और दुनिया गुजरात के कत्लेआम की निन्दा कर रही थी और उसके लिए मोदी को जिम्मेदार बता रही थी।

भारत के शानदार इतिहास और उसकी समन्वयवादी संस्कृति पर हम सभी को गर्व करना चाहिए। भारत एक बार फिर से महान तभी बन सकता है जब उसके नेता सत्ता का लालच छोड़कर नैतिक और आध्यात्मिक मूल्यों की पुनर्स्थापना करने की दिशा में काम करें। सभी धार्मिक समुदायों ने इस देश को महान बनाने में अपना-अपना योगदान दिया है। भारत हमेशा से *जीयो और जीने दो* के सिद्धान्त में विश्वास करता रहा है और करता रहेगा।

भाजपा भी भारत की बेहतरी में अपना योगदान दे सकती है, बशर्ते वो अल्पसंख्यकों के प्रति बैर भाव त्याग दे और सभी नागरिकों को गले लगाने के लिए तैयार हो। यद्यपि भाजपा कहती है कि वो *सभी के लिए न्याय और किसी के साथ भेदभाव नहीं* के सिद्धान्त में विश्वास रखती है परन्तु सच यह है कि यह नारा खोखला और धोखा देने वाला है। अगर भाजपा सच्चे मन से इस सिद्धान्त को अपना ले तो वो एक बेहतर भारत के निर्माण के लिए उसका सबसे बड़ा योगदान होगा।

प्रजातंत्र में इस्लाम

मेरे एक पुरानें दोस्त अमेरिका में रहते हैं। हाल में उन्होंने मुझे एक चिट्ठी लिखकर जानना चाहा कि क्या मैं दारूल उलूम, देवबंद को ऐसा फतवा जारी करने के लिए राजी कर सकता हूँ जिसमें मुसलमानों से यह कहा जाए कि वे धर्मनिरपेक्ष-प्रजातंत्र को मजबूत करें। मेरे मित्र का मानना था कि इससे भारत में फिरकापरस्त ताकतों को शिकस्त देने में मदद मिलेगी। जवाब में मैंने उन्हें लिखा कि मैं ऐसा करवा सकता हूँ परन्तु दारूल उलूम तो हमेशा से ही धर्मनिरपेक्ष-प्रजातांत्रिक ताकतों के साथ रहा है। शायद मेरे मित्र ने मेरा ई-मेल पढ़ा भी नहीं होगा कि दारूल उलूम ने एक फतवा जारी कर दिया जिसमें उसने कहा कि मुसलमानों को आवश्यक रूप से वोट देना चाहिए और इसे अपनी धार्मिक जिम्मेदारी समझना चाहिए।

फतवा कहता है "वोट देना इस्लाम की दृष्टि में उतना ही महत्वपूर्ण है जितना कि सही गवाही देना। वोट न देकर उसे बर्बाद नहीं किया जाना चाहिए।" यह फतवा एक जिज्ञासु के सवाल के जवाब में जारी किया गया था। प्रश्नकर्ता यह जानना चाहता था किं क्या कोई मुसलमान ऐसे उम्मीदवार को अपना वोट दे सकता हैं जो अपराधी हो और क्या मुसलमानों को ऐसे उम्मीदवार और पार्टी को ही अपना वोट देना चाहिए जो कुरान के मूल्यों के अनुरूप आचरण करते हों।

इसके जवाब में दारूल इफ्ता (फतवा जारी करने वाला विभाग) ने कहा "भारत एक इस्लामिक देश नहीं है। भारत धर्मनिरपेक्ष-प्रजातंत्र है इसलिए यहाँ की राजनीति को इस्लामिक परिप्रेक्ष्य से देखना गलत होगा। यहाँ के राजनेताओं और राजनैतिक पार्टियों को कुरान और हदीस के सिद्धातों की कसौटी पर कसना भी अनुचित होगा। इससे केवल भ्रम और गड़बड़ी फैलेगी।" फतवे में मुसलमानों को यह सलाह दी गयी है कि वे "ऐसे उम्मीदवार और पार्टी को वोट दें जो देश और मुसलमानों, दोनों का भला करे।"

इस फतवे का लखनऊ के उलेमा ने खुलकर समर्थन किया। उन्होंने मुसलमानों और गैर-मुसलमानों दोनों से यह अपील की कि मतदान के दिन वे बड़ी संख्या में अपने वोट देने के लिए घरों से निकलें। मौलाना खालिद रशीद, जो कि एक जाने-माने

सुन्नी आलिम हैं, ने कहा, ''वोट देना हमारा कर्तव्य है। चूँकि प्रजातंत्र में हम अपने शासक खुद चुनते हैं इसलिए हम देश के खराब हालात के लिए खुद को छोड़कर किसी को भी दोषी नहीं ठहरा सकते।'' प्रतिष्ठित शिया आलिम मौलाना कल्बे सादिक ने भी एक वक्तव्य में वोट देने की जरूरत पर जोर देते हुए कहा, ''देश के हालात पर रोने-झींकने की जगह हमें सही व्यक्ति और पार्टी को चुनना चाहिए। वोट देने में बीस मिनट से अधिक समय नहीं लगता। हमें पाँच साल तक सुशासन देने के बदले हमारी व्यवस्था हमसे सिर्फ ये बीस मिनिट माँगती है परन्तु हम अपने वोट की कीमत नहीं समझते और उसे बर्बाद होने देते हैं।''

हमारे देश के उलेमा के ठीक विपरीत, इस्लामिक देशों के उलेमा धर्मनिरपेक्षता को इस्लाम-विरुद्ध मानते हैं और यह दावा करते हैं कि इस्लाम में धर्मनिरपेक्ष, प्रजातांत्रिक राजनीति में भागीदारी करना हराम है। जमायत-ए-इस्लामी-ए-हिन्द के संस्थापक मौलाना मौदूदी ने सन् 1948 में पाकिस्तान रवाना होने के पहले भारतीय मुसलमानों को यह चेतावनी दी थी कि वे धर्मनिरपेक्ष-प्रजातांत्रिक सरकार से कोई लेना-देना न रखें क्योंकि अगर वे ऐसा करेंगे तो यह अल्लाह और उसके पैगम्बर के खिलाफ बगावत होगी।

जमायत-ए-इस्लामी ने कई सालों तक चुनावी राजनीति से स्वयं को अलग रखा परन्तु बाद में उसे अपनी गलती समझ में आयी और अब तो वह धर्मनिरपेक्ष-प्रजातांत्रिक मूल्यों को बढ़ावा देने के लिए हर सम्भव कोशिश कर रही है। इस लोकसभा चुनाव में जमायत ने केरल में वाम गठबन्धन के उम्मीदवारों को अपना समर्थन दिया है। यह एक बहुत महत्वपूर्ण और प्रशंसनीय परिवर्तन है जिसकी हम सबको सराहना करनी चाहिए।

भारत का मूल चरित्र उदारवादी है और यहाँ धार्मिक कट्टरता के लिए उपजाऊ जमीन उपलब्ध नहीं है। इस्लाम ने भारतीय समाज और संस्कृति को गहरे तक प्रभावित किया है परन्तु कुछ अपवादों को छोड़कर, भारतीय इस्लाम कभी कट्टर नहीं रहा। भारतीय मुसलमान, भारतीय संस्कृति और मूल्यों में रचे-बसे हैं। यद्यपि भारत में मुसलमानों की बड़ी आबादी है तथापि वे विभाजन के पहले भी अल्पसंख्यक थे और आज भी अल्पसंख्यक ही हैं। विभाजन के पहले आबादी में उनका हिस्सा 20-25 प्रतिशत था जो अब 10-15 प्रतिशत रह गया है।

दुर्भाग्यवश, हमारे देश का सन् 1947 में विभाजन हो गया और अब पाकिस्तान में तालिबानी कट्टर इस्लाम फल-फूल रहा है। अगर भारत एक रहता तो शायद ऐसा नहीं होता।

प्रजातंत्र अक्सर बहुसंख्यकों के राज में बदल जाता है और बहुसंख्यकों के अहंकारपूर्ण व्यवहार से अल्पसंख्यकों में धार्मिक कट्टरता पैदा होती है। दूसरे शब्दों में धार्मिक कट्टरता का जन्म किन्हीं विशेष राजनीतिक परिस्थितियों में होता है। भारत में हिन्दू कट्टरता उतना ही बड़ा खतरा बन सकती है जितनी इस्लामिक कट्टरता पाकिस्तान

में बन चुकी है। पाकिस्तान एक इस्लामिक देश है और जब कोई धर्म शासन व्यवस्था का हिस्सा बन जाता है तब धार्मिक कट्टरता के फलने-फूलने की सम्भावनाएँ और बढ़ जाती हैं। भारत जैसे धर्मनिरपेक्ष देश में धार्मिक कट्टरता के लिए कोई जगह नहीं होनी चाहिए परन्तु दुर्भाग्यवश बहुसंख्यक वर्ग की धार्मिक कट्टरता ने हमारे देश में कुछ हद तक अपनी जड़ें जमा ली हैं।

यद्यपि धर्मनिरपेक्ष ताकतें इस धार्मिक कट्टरता के विरुद्ध सतत अभियान चला रही हैं परन्तु दुर्भाग्यवश हमारे देश के शासक वर्ग ने धार्मिक कट्टरता का मुकाबला उतनी हिम्मत और ताकत से नहीं किया जितना उसे करना चाहिए था। चुनाव, आम आदमी को मौका देते हैं कि वो धार्मिक कट्टरता के खिलाफ अपनी आवाज बुलन्द करे। यह हमारा सौभाग्य है और हमें इस पर गर्व होना चाहिए कि हमारे देश में प्रजातंत्र है और यह प्रजातंत्र देश के रहवासियों को धार्मिक कट्टरता फैलाने वाली राजनैतिक ताकतों को खारिज करने का मौका देता है।

पाकिस्तान में भी जब भी चुनाव हुए हैं, हमेशा धार्मिक कट्टरपंथियों ने बुरी तरह से मुँहकी खायी है। यह बात अलग है कि चुनाव में हारने के बाद कट्टरपंथी ताकतों ने हिंसा का सहारा लेकर अपनी ताकत बढ़ायी है और कई बार सत्ता पर काबिज होने में भी सफल रहीं हैं। परन्तु फिर भी, चुनावों में उनका हारना महत्वपूर्ण है अन्यथा उनके विचारों पर जनता की सहमति की मुहर लग जाने का खतरा रहता। उन्हें तो चुनावों में हारना ही चाहिए।

दारूल उलूम के द्वारा जारी किये गये फतवे का महत्व इसलिए और अधिक बढ़ जाता है क्योंकि वह सभी मुसलमानों और गैर-मुसलमानों से यह अपेक्षा करता है कि वे चुनाव में भाग लें और कट्टरपंथी ताकतों और उनके रहनुमाओं को दरवाजा दिखाएँ। भारत की धर्मनिरपेक्ष-प्रजातांत्रिक व्यवस्था में इस्लाम के जिन्दा रहने और फलने-फूलने से यह तो साबित हो ही जाता है कि इस्लाम और धर्मनिरपेक्ष-प्रजातंत्र पारस्परिक विरोधी नहीं हैं। और यह भी कि धार्मिक या किसी भी और किस्म की कट्टरता से मुकाबला करने के लिए प्रजातंत्र सबसे मुफ़ीद हथियार है।

कुछ सालों पहिले मुझे 'भारत में इस्लाम' विषय पर व्याख्यान देने के लिए मलेशिया आमंत्रित किया गया था। मेरे व्याख्यान के बाद एक श्रोता ने मुझसे यह पूछा कि मैं एक मुस्लिम होते हुए भी एक धर्मनिरपेक्ष-प्रजातंत्र में कैसे रह रहा हूँ क्योंकि इस्लाम और धर्मनिरपेक्षता में कोई साम्यता नहीं है। जवाब में मैंने कहा कि भारत के धर्मनिरपेक्ष वातावरण में इस्लाम को अपने सच्चे स्वरूप में सामने आने का जो मौका मिलता है वह किसी इस्लामिक देश में भी नहीं मिलेगा क्योंकि इस्लामिक देशों में इस्लाम अक्सर कट्टरपंथी और और रूढ़िवादी स्वरूप अख्तियार कर लेता है।

मैंने उस श्रोता को यह भी बताया कि हमारे देश के उलेमा हमेशा से धर्मनिरपेक्ष-प्रजातंत्र के हामी रहे हैं। यही नहीं, उनमें से कई ने तो चुनाव भी लड़ा और सांसद और

विधायक भी बने। इसके सबसे अच्छे उदाहरण हैं मौलाना अबुल कलाम आजाद जो इस्लाम के मूर्धन्य विद्वान थे। उन्होंने चुनावी राजनीति में हिस्सा लिया और केबिनेट के सदस्य भी रहे। उन्होंने द्विराष्ट्र सिद्धान्त का खुलकर विरोध किया और धर्मनिरपेक्ष राष्ट्रवाद का परचम बुलंद किया।

मौलाना आजाद ही नहीं, दारूल उलूम देवबंद के अनेक उलेमा ने द्विराष्ट्र सिद्धान्त पर धर्मनिरपेक्ष राष्ट्रवाद को तरजीह दी। जमायत-ए-उलेमा-ए-हिन्द के तत्कालीन अध्यक्ष मौलाना हुसैन अहमद मदनी ने कुरान और हदीस से लिये गये कई उद्धरणों के जरिए द्विराष्ट्र सिद्धान्त के परखच्चे उड़ा दिये थे। आज भी दारूल उलूम और जमायत-ए-उलेमा-ए-हिन्द उसी रास्ते पर चल रहे हैं।

इस सबसे यह साफ है कि इस्लाम न तो प्रजातंत्र और न ही धर्मनिरपेक्षता से असंगत है। भारत में एक भी ऐसा मुस्लिम नेता या पंथ नहीं है जिसने धर्मनिरपेक्षता या प्रजातंत्र को खारिज किया हो। यह वैचारिक परिपक्वता केवल धर्मनिरपेक्ष-प्रजातांत्रिक वातावरण में ही पनप सकती है। इस सन्दर्भ में हमें यह भी याद रखना चाहिए कि दुनिया में केवल इंडोनेशिया में भारत से ज्यादा मुसलमान रहते हैं।

यह भी सच है कि अगर सही परम्पराएँ और सोच किसी देश में जड़ें जमा लें तो वहाँ के बहुसंख्यकों का धर्म भी उदार और मध्यमार्गी बना रह सकता है। उदाहरणार्थ, तुर्की में मुसलमानों का भारी बहुमत है फिर भी मुस्तफा कमाल पाशा के दौर से चली आ रही उदारता की परम्परा के चलते वहाँ का इस्लाम उदारवादी बना हुआ है और तुर्की के मुसलमानों ने कभी धार्मिक कट्टरता को अपना समर्थन नहीं दिया। अभी हाल तक तो वहाँ कोई धार्मिक दल चुनाव ही नहीं जीत सका था।

कुछ समय पूर्व तुर्की में एक धार्मिक राजनैतिक दल को सत्ता हासिल करने में कामयाबी मिल गई है परन्तु जनता में अपनी स्वीकार्यता बनाने के लिए उसे भी धार्मिक मसलों में नरम और उदार दृष्टिकोण अपनाना पड़ रहा है। मुस्तफा कमाल पाशा के द्वारा स्थापित की गयी परम्पराओं ने तुर्की पर धार्मिक कट्टरता को कभी हावी नहीं होने दिया। वहाँ पर धर्मनिरपेक्षता की जड़ें कितनी गहरी हैं यह इससे स्पष्ट है कि वहाँ किसी भी सार्वजनिक संस्था में चाहे वह संसद हो, विश्वविद्यालय या कोई सरकारी दफ्तर, महिलाओं को हिजाब पहनने की इजाजत नहीं है। उन्हें बिना हिजाब पहने ही सार्वजनिक स्थानों पर काम करना पड़ता है। और फिर भी तुर्की के मुसलमान स्वयं को सच्चा मुसलमान मानते हैं और वे सच्चे मुसलमान हैं भी।

इसलिए यह कहना पूरी तरह से गलत होगा कि इस्लाम, आधुनिकता या प्रजातंत्र का विरोधी है। सब कुछ इस बात पर निर्भर करता है कि सम्बन्धित देश का सामाजिक, राजनैतिक और आर्थिक ढाँचा कैसा है। अगर कहीं पहले से ही तानाशाही है और परम्परावादी उलेमा का बोलबाला है तो वहाँ इस्लाम का स्वरूप कट्टरपंथी होना अवश्यंभावी है। सऊदी अरब ऐसा ही एक देश है।

तुर्की और सऊदी अरब में इस्लाम का स्वरूप एक-दूसरे से बिलकुल भिन्न है। जहाँ तुर्की में इस्लाम को समझने का आधार कमाल पाशा की उदारवादी विचारधारा है वहीं सऊदी अरब का इस्लाम अतिवादी और धार्मिक शुचिता पर जोर देने वाली वहाबी विचारधारा पर आधारित है। इस तरह, धर्म का स्वरूप सम्बन्धित देश या क्षेत्र की सामाजिक-राजनैतिक परिस्थितियाँ तय करती हैं, न कि धर्म किसी देश के राजनैतिक-सामाजिक वातावरण का निर्धारक होता है।

भारत की धर्मनिरपेक्ष-प्रजातांत्रिक परम्पराओं ने यहाँ के इस्लाम को अपने रंग में रंग लिया है। मध्यकाल में भी सूफियों ने इस्लाम को भारत के सामाजिक-सांस्कृतिक वातावरण के अनुरूप बनाने में महत्वपूर्ण भूमिका निभाई थी। भारत में शुद्ध इस्लाम की वकालत करने वाले उलेमा कभी लोकप्रिय नहीं रहे। यही कारण है कि यद्यपि भारत में इस्लाम खूब फल-फूल रहा है परन्तु उसने इतिहास में कभी भी कट्टरपंथी और अतिवादी स्वरूप ग्रहण नहीं किया और न ही भविष्य में ऐसा होने की सम्भावना दिखती है।

उ.प्र. चुनाव : परिपक्व प्रजातंत्र का सुबूत

उत्तर प्रदेश के चुनाव नतीजों ने राजनैतिक पंडितों तक को भौचक्का कर दिया है। पर्यवेक्षकों और टीकाकारों की भविष्यवाणियाँ तो गलत निकली ही हैं, एक्जिट पोल भी असली नतीजों के करीब तक नहीं पहुँच सके। चुनाव के पहले कुछ राजनैतिक पंडितों का कहना था कि एक बार फिर मायावती मुख्यमंत्री बनने के लिए भाजपा का सहारा लेंगी। कुछ कह रहे थे कि मुलायम सिंह, मायावती सरकार के द्वारा गिरफ्तार किए जाने से बचने के लिए भाजपा से हाथ मिलाएँगे। दूसरी ओर, भाजपा जोर-शोर से उत्तर प्रदेश में सरकार बनाने का दावा कर रही थी और उसने कल्याण सिंह को राज्य के भावी मुख्यमंत्री के रूप में प्रस्तुत भी कर दिया था।

जनता ने इन सभी भविष्यवाणियों को झुठलाकर मायावती को अकेले राज करने लायक बहुमत दे दिया। जनता अवसरवादी गठबंधनों और विधायकों की खरीद-फरोख्त से आजिज़ आ चुकी थी। जिस तरह से पिछली बार विधायकों की नीलामी हुई थी और सबसे ऊँची बोली लगाने वालों ने सरकार बनायी थी, उससे जनता के मन में गुस्सा था।

चुनाव आयोग तक खंडित मतादेश की अपेक्षा कर रहा था और इसलिए उसने चुने जाने वाले विधायकों को सुरक्षित स्थान पर रखने की व्यवस्था तक कर दी थी ताकि विधायकों की मंडी न सज सके। अन्त में ऐसा कुछ नहीं हुआ और मायावती अपने बलबूते पर बहुमत पा सत्ता पर काबिज हो गयी।

उत्तर प्रदेश के चुनाव नतीजे कई दृष्टियों से महत्वपूर्ण हैं। मायावती की 'सोशल इंजीनियरिंग' सफल रही। महत्वपूर्ण बात यह थी कि जहाँ पहले वे हर गैर-दलित को अपना दुश्मन मानने की नीति पर चल रही थीं, वहीं इस बार उनने इस नीति को त्याग कर समाज के अन्य वर्गों को भी अपने साथ लेने का सफल प्रयास किया। मुलायम सिंह केवल यादवों और मुसलमानों के बल पर थे। अन्य जातियों और समुदायों से उन्हें कोई लेना-देना नहीं था। भाजपा, हमेशा की तरह, मुसलमानों को छोड़कर अन्य सभी पर डोरे डाल रही थी और मुसलमानों के खिलाफ घृणा फैला रही थी।

उत्तर प्रदेश में चूँकि दलित वोटों पर बसपा का लगभग एकाधिकार था इसलिए

कांग्रेस भी वहाँ मुसलमानों और ब्राह्मणों के एक हिस्से की मदद से कुछ सीटें जीतने की आशा पाले हुई थी। इस तरह, सभी पार्टियाँ कुछ समुदायों को अपने साथ रखना चाहती थीं और कुछ को अपने से बहुत दूर। इस बार मायावती ने राजनैतिक परिपक्वता और समझदारी दिखाते हुए ब्राह्मणों, बनियों, ठाकुरों, मुसलमानों और दलितों सभी को टिकट दिये। इस समन्वयवादी नीति को जनता ने पसन्द किया और मायावती कुर्सी तक जा पहुँचीं।

भारत में चुनाव प्रजातंत्र की पटरी से खिसककर समाज को बाँट कर वोट कबाड़ने की प्रक्रिया बन गये हैं। हर पार्टी किसी जाति या समुदाय विशेष के समर्थन के आधार पर चुनाव जीतना चाहती है और इसके लिए वह न केवल इन जातियों या समुदायों को लामबन्द करती है वरन अन्य जातियों या समुदायों को शत्रु के रूप में प्रस्तुत करने से भी चूकती नहीं है। इससे समाज विभाजित होता है। भारत जैसे बहुधर्मी देश में चुनावों से समाज में एकता बढ़ना चाहिए, समाज का विभाजन नहीं होना चाहिए।

उत्तर प्रदेश के चुनावों के सफल संचालन का श्रेय चुनाव आयोग को भी दिया जाना चाहिए जिसने चुनावी गड़बड़ियों और मतदान केन्द्रों पर कब्जा करने की घटनाओं पर पूर्ण नियंत्रण रखा। जम्मू कश्मीर के चुनावों के बाद यह चुनाव आयोग की दूसरी बड़ी सफलता है। इस तरह के निष्पक्ष और साफ-सुथरे चुनावों से जनता की प्रजातांत्रिक प्रक्रिया में आस्था बढ़ती है। हम आशा कर सकते हैं कि आने वाले दिनों में भी चुनाव आयोग इतनी ही निष्पक्षता से चुनाव करवाएगा।

भाजपा द्वारा मुसलमानों के बारे में घृणित प्रचार करने वाली सी.डी. जारी किये जाने के मामले में भी चुनाव आयोग की भूमिका प्रशंसनीय रही। उसने बिना देरी किए भाजपा को कारण बताओ नोटिस जारी किया। भाजपा को अपनी नाक नीची कर विवादास्पद सी.डी. को वापस बुलवाना पड़ा और पार्टी के शीर्ष नेतृत्व ने सी.डी. से अपना कोई सम्बन्ध होने से इन्कार कर दिया। चुनाव आयोग ने भाजपा से सी.डी. जारी करने के लिए माफी माँगने के लिए कहा है। इस घटनाक्रम से स्पष्ट है कि भाजपा हमेशा विभाजनकारी कार्ड खेलती है और वह राष्ट्रीय एकीकरण की दुश्मन है। भाजपा के लिए मुसलमान और ईसाई कभी भी राष्ट्रीय मुख्यधारा के अंग नहीं हो सकते।

इससे भी महत्वपूर्ण बात यह है कि इस बार भाजपा आम जनता को बेवकूफ बनाने में सफल नहीं हो सकी। उत्तर प्रदेश, जहाँ भाजपा का एक समय डंका बजता था, उसी राज्य की जनता ने भाजपा को एक सिरे से खारिज कर दिया। उसे 50 सीटे ही मिल सकीं। राममन्दिर के मुद्दे पर भाजपा एक बार जनता को बेवकूफ बना चुकी है परन्तु काठ की हांडी बार-बार आग पर नहीं चढ़ती।

भाजपा के बुरी तरह से मात खाने के बाद भी आर.एस.एस. यह कह रहा है कि भाजपा इसलिए हारी क्योंकि उसने हिन्दुत्व की राजनीति नहीं की। भाजपा की विवादस्पद सी.डी. तो हिन्दुत्व की राजनीति का चरम थी। उसे दबे-छुपे ढंग से घर-घर दिखाया जा

रहा था। भाजपा ने हिन्दुत्व की राजनीति करने में कोई कसर नहीं छोड़ी। गोरखपुर के योगी ने पूर्वी उत्तर प्रदेश के विधानसभा क्षेत्रों से अपने उम्मीदवार भाजपा और विहिप के समर्थन में हटा लिये और भाजपा के साथ अपने गम्भीर मतभेदों को भुलाकर भाजपा को जिताने की अपील की। परन्तु यह भी भाजपा के किसी काम न आयी। इस सबके लिए श्रेय उत्तर प्रदेश की जनता को जाता है।

मुसलमानों ने भी अपने वोट का इस्तेमाल बहुत समझदारी से किया। कुछ मुसलमान नेताओं ने अवश्य अपना एक अलग 'यूनाईटेड डेमोक्रेटिक फ्रंट' बनाकर अपने उम्मीदवार मैदान में उतारे थे। परन्तु जल्दी ही इन नेताओं को समझ में आ गया कि उन्हें जन समर्थन नहीं मिल सकेगा और इसलिए उनने समाजवादी पार्टी के समर्थन में अपने उम्मीदवार हटा लिये। मुसलमानों ने सोच-समझकर ऐसे धर्मनिरपेक्ष उम्मीदवारों को अपना समर्थन दिया जो साम्प्रदायिक उम्मीदवारों को हराने में सक्षम थे। इससे बसपा को निश्चय ही फायदा मिला।

एक दिलचस्प तथ्य यह कि हाजी याकूब कुरैशी चुनावी रण में खेत रहे। ये वही सज्जन हैं जिन्होंने पवित्र पैगम्बर पर कार्टून बनाने वाले डेनिश कार्टूनिस्ट को मारने वाले को एक करोड़ रुपए का इनाम देने की घोषणा की थी। जिस तरह भाजपा अपनी घृणा की राजनीति से हिन्दुओं को बेवकूफ नहीं बना सकी उसी तरह मुसलमानों ने भी हाजी याकूब जैसों को धूल चटायी। यह भी मतदाताओं की जागरुकता और परिपक्वता का सुबूत है।

बसपा ने सभी समुदायों और जातियों के उम्मीदवार खड़े किये। उसने 61 मुसलमानों को टिकिट दिये जिनमें से 30 जीते। समाजवादी पार्टी से भी 20 मुसलमान विधायक बने। कुल मिलाकर 402 सदस्यीय उत्तर प्रदेश विधानसभा में 56 मुसलमान विधायक हैं। यह मुसलमानों का उत्तर प्रदेश की कुल आबादी में हिस्से से तो कम है परन्तु इससे मुसलमानों को विधानसभा में समुचित प्रतिनिधित्व मिला है।

मायावती ने अपने मंत्रिमंडल को भी संतुलित बनाया है। उसमें 5 मुसलमान, 7 ब्राह्मण, 7 ठाकुर, 19 दलित और 11 पिछड़े हैं। इसमें कोई सन्देह नहीं कि मायावती ने बड़ी संख्या में दलितों को मंत्रीपद से नवाजा है परन्तु यह इसलिए स्वाभाविक है क्योंकि बसपा मूलतः एक दलित पार्टी है।

इन चुनावों में बसपा को 30.28 प्रतिशत मत मिले जबकि समाजवादी पार्टी को 25.45 प्रतिशत और भाजपा को मात्र 17.01 प्रतिशत मतों से संतोष करना पड़ा। भाजपा को इतने कम मत मिलना निश्चय ही उसके लिए चिन्ता का विषय है। यद्यपि अभी यह कहना बहुत जल्दी होगा कि अब मतदाता जाति और धर्म के आधार पर वोट नहीं देते परन्तु मायावती द्वारा किया गया सफल प्रयोग यह दर्शाता है कि विभिन्न जातियों और समुदायों के एक गुलदस्ते के जरिए भी वोट पाए जा सकते हैं, बशर्ते यह गुलदस्ता हमारे देश की सामाजिक विभिन्नता को प्रतिबिम्बित करता हो। इस तरह के प्रयोगों को

प्रोत्साहन दिया जाना चाहिए।

इस चुनाव और इसके पहले बिहार में हुए चुनावों का एक सबक यह भी है कि कोई भी पार्टी किसी जाति या समुदाय विशेष का समर्थन अनन्त काल तक प्राप्त करते रहने के प्रति आश्वस्त नहीं रह सकती। कई दशकों तक कांग्रेस को ब्राह्मणों, दलितों और मुसलमानों का पूर्ण समर्थन हासिल रहा। अस्सी के दशक में यह गठबन्धन बिखर गया और कांग्रेस सत्ता से बाहर हो गई। उसके बाद गुजरात में सन् 1985 के चुनावों में कांग्रेस ने माधवसिंह सोलंकी के नेतृत्व में क्षत्रिय, हरिजन और मुसलमान (KHAM) गठबन्धन के जरिए सत्ता पायी परन्तु अगले ही चुनाव में कांग्रेस सत्ता से बाहर हो गयी क्योंकि चुनाव के तुरन्त बाद कांग्रेस के सोलंकी ने इन समुदायों को दिये गये आरक्षण पर रोक लगा दी।

बिहार में लालू प्रसाद और उत्तर प्रदेश में मुलायम सिंह ने मुसलमानों और यादवों की मदद से सत्ता पायी। पहले बिहार में लालू और बाद में उत्तर प्रदेश में मुलायम सिंह सत्ता से हाथ धो बैठे। दोनों ने ही उनको सुरक्षा देने के नाम पर मुसलमानों के समर्थन पर अपना एकाधिकार तो समझ लिया परंतु मुसलमानों के आर्थिक उत्थान के लिए कुछ नहीं किया। बिहार और उत्तर प्रदेश के चुनाव नतीजों से यह साफ है कि मुसलमानों को मात्र सुरक्षा देने से काम नहीं चलने वाला।

बिहार में लालू और उत्तर प्रदेश में मुलायम ने कोरे जबानी जमाखर्च के अलावा मुसलमानों के आर्थिक विकास के लिए कुछ नहीं किया। सच्चर कमेटी की रपट ने मुसलमानों की आँखें खोल दीं और उन्हें लगने लगा कि किसी भी पार्टी ने उनकी भलाई के लिए कुछ खास नहीं किया। लालू यादव ने मुसलमानों और यादवों के समर्थन के बल पर तीन चुनाव जीते, परन्तु दंगे नहीं होने देने के अलावा उनने मुसलमानों के लिए कुछ नहीं किया।

मुलायम सिंह के मामले में स्थिति और बुरी रही। वे न तो साम्प्रदायिक दंगे रोक सके और न ही मुसलमानों की आर्थिक भलाई के लिए उन्होंने कुछ किया। नतीजा यह कि मुसलमानों ने उनका साथ छोड़कर बसपा का दामन थाम लिया। उत्तर प्रदेश के चुनाव नतीजों ने यह साफ कर दिया है कि लोग अब परिणाम चाहते हैं। कोरे आश्वासनों से उनका पेट भरना अब सम्भव नहीं है।

वर्तमान भारत में दो चीजें महत्वपूर्ण है—पहला यह कि राजनीति में हमारी सामाजिक विभिन्नता प्रतिबिंबित हो और आर्थिक संसाधनों पर सभी को उनका जायज हक मिले। यह भी जरूरी है कि साम्प्रदायिक दंगे न होने दिए जाएँ। भारतीय राजनीति में ऐसी किसी पार्टी के लिए कोई जगह नहीं है जिसकी राजनीति हिन्दुत्व या इस्लाम पर आधारित हो। अगर भाजपा हिन्दुत्व की राजनीति करती रहती है तो चुनाव आयोग को उसकी मान्यता समाप्त करने में देरी नहीं करना चाहिए। भाजपा जैसी पार्टी आखिर किस तरह, धर्मनिरपेक्ष भारत में स्वीकार्य हो सकती है?

यह भी आवश्यक है कि भारत जैसे सामाजिक विभिन्नताओं वाले देश में हम सबसे अधिक मत पाने वाले की जगह कम से कम 51 प्रतिशत मत पाने वाले उम्मीदवार को विजयी घोषित करने की प्रक्रिया अपनाएँ। इससे वोट बैंक की राजनीति खत्म होगी और किसी भी उम्मीदवार को जीत के लिए सभी समुदायों और जातियों का समर्थन हासिल करना आवश्यक हो जाएगा। हमारी वर्तमान चुनाव व्यवस्था अंग्रेजों की देन है। इंग्लैंड का समाज लगभग एकधर्मी है और हमने बिना अपने सामाजिक तान-बाने पर विचार किये इंग्लैंड की व्यवस्था की नकल कर ली है। जितनी जल्दी यह परिवर्तन होगा, उतना ही अच्छा होगा। मायावती ने एक अच्छी शुरुआत की है और हमें चिन्तन करने का मौका दिया है।

धर्म क्या आग में घी डाल रहा है?

सन्दर्भ : दक्षिण एशिया में अशान्ति

धर्म, संघर्ष का कारण है या शान्ति का स्रोत, यह बहस का एक बहुत पुराना विषय है। धर्म क्या समाज को नैतिक और दुनिया को बेहतर जगह बनाता है या वह मनुष्य और मनुष्य के बीच नफरत पैदा करता है?

भारत और पाकिस्तान के लगभग बीस सामाजिक कार्यकर्ताओं और बुद्धिजीवियों ने काठमांडू के नजदीक धूलीखेल नामक *माऊंटेन रिसोर्ट* में चार दिन तक विचार-विमर्श कर यह समझने की कोशिश की कि क्या धर्म दक्षिण एशिया में शान्ति और स्थिरता स्थापित करने और भारत और पाकिस्तान के बीच दोस्ती को मजबूत करने में कोई सकारात्मक भूमिका निभा सकता है। इस विमर्श का आयोजन फ्रांस की *आयरनीस* और बंगलौर की *पीपल्स ट्री* ने संयुक्त रूप से 10 से 13 मई तक किया था। पाकिस्तान से विमर्श में भाग लेने वालों में शामिल थे इतिहासवेत्ता और शान्ति कार्यकर्ता प्रोफेसर मुबारक अली, जानी-मानी कवियत्री फाहमिदा रियाज़ और करांची विश्वविद्यालय के प्रोफेसर सैय्यद ज़फर अहमद।

विमर्श में भारत से मैं, संजीव कुलकर्णी, श्री श्री रविशंकर के *आर्ट ऑफ लिविंग फाउंडेशन* के प्रशांत, *अमन वैदिके,* हैदराबाद की सुश्री के. अनुराधा और कोवा, हैदराबाद के मज़हर हुसैन धूलीखेल पहुँचे। आयरनीज़, फ्रांस के श्री हैनरी व पीपल ट्री के सिद्धार्थ ने भी विमर्श में सक्रिय भाग लिया। नेपाल मानवाधिकार आयोग के सदस्य प्रोफेसर कपिल भी उपस्थित थे।

विमर्श के संयोजक, पीपल ट्री, बंगलौर के सिद्धार्थ ने प्रतिभागियों का स्वागत किया और आयोजन के उद्देश्य पर प्रकाश डाला। उन्होंने कहा कि दक्षिण एशिया के देशों, विशेषकर नेपाल, श्रीलंका और पाकिस्तान में हालात चिन्ताजनक हैं और इन देशों में चल रहे आन्तरिक संघर्ष में धर्म एक प्रमुख भूमिका अदा कर रहा है। हम बुद्धिजीवियों और सामाजिक कार्यकर्ताओं को स्थिति को समझना है, उसका विश्लेषण करना है और इस क्षेत्र में शान्ति की स्थापना के लिए काम करना है। इसी सिलसिले में विमर्श का आयोजन किया गया है।

आयरनीज के श्री हैनरी ने अपनी संस्था के मिशन की चर्चा करते हुए कहा कि उनकी संस्था एशिया, अफ्रीका और लातिनी अमेरिका में शान्ति के लिए काम कर रही है। दक्षिण एशिया में स्थिरता और शान्ति महत्वपूर्ण है क्योंकि दुनिया के इस हिस्से में ऐसे बहुत सारे संघर्ष चल रहे हैं जिनके विस्फोटक रूप लेने की आशंका बनी हुई है।

विमर्श की शुरुआत मैंने की। मैंने कहा कि धर्म की भूमिका को सामाजिक-राजनैतिक सन्दर्भों में ही समझा जा सकता है। कुछ धर्मनिरपेक्षतावादी और तार्किकता में यकीन करने वाले विद्वान यह मानते हैं कि धर्म हमेशा संघर्ष और विवाद पैदा करता है। यह गलत सोच है। संघर्ष और हिंसा के पीछे राजनैतिक और सामाजिक मुद्दे होते हैं। धर्म का तो केवल निहित स्वार्थी तत्व लबादा ओढ़े रहते हैं।

पाकिस्तान में इन दिनों तालिबान एक बड़ी समस्या बनकर उभरे हैं। हम तालिबान को धर्म से जोड़ते हैं क्योंकि तालिबानी शरीयत का नाम जपते रहते हैं। सच यह है कि इस्लामिक शरीयत के नाम पर तालिबान जो करते हैं, वे दरअसल कबीलाई संस्कृति और परम्पराएँ हैं। उनका कुरान के सिद्धान्तों और मूल्यों से कोई सम्बन्ध नहीं है। उन्होंने कहा कि इलाके में शान्ति तालिबान के विरुद्ध युद्ध छेड़ देने मात्र से नहीं आएगी, जैसा कि अमेरिका मानता है और जो पाकिस्तान अमेरिका के दबाव में कर रहा है।

स्वात और उसके आस-पास के इलाकों में शान्ति की स्थापना करना एक अत्यन्त चुनौतीपूर्ण कार्य है। स्थायी शान्ति और स्थिरता के लिए दोहरी रणनीति अपनानी होगी। सबसे पहले यह साफ समझ लिया जाना चाहिए कि अफगानों ने अपनी सार्वभौमिकता और स्वतंत्रता से न तो कभी समझौता किया है और न करेंगे। उनका इतिहास इस बात का गवाह है कि उन्होंने कभी किसी के अधीन रहना स्वीकार नहीं किया। उनकी स्वतंत्रता का हनन करने का अर्थ होता है क्षेत्र में अराजकता फैलना। और यही अमेरिका ने किया है।

दूसरी महत्वपूर्ण बात यह है कि पाकिस्तान के उस इलाके में न तो विकास हुआ है और न आर्थिक समृद्धि आयी है। वो देश का सबसे पिछड़ा हुआ हिस्सा है। वहाँ के लोगों का आधुनिक दुनिया और आर्थिक विकास से परिचय करवाना जरूरी है। कहने की आवश्यकता नहीं कि यह विकास न्यायपूर्ण ढंग से होना चाहिए। जब तक इन दोनों बातों को ध्यान में नहीं रखा जाएगा तब तक इलाके में तालिबानियों पर नियंत्रण पाना मुश्किल होगा। टैंक और बन्दूकें तालिबानियों को खत्म नहीं कर सकेंगी।

पाकिस्तान से आये प्रोफेसर मुबारक अली ने पाकिस्तान के स्कूलों में पढ़ाये जाने वाले इतिहास की विस्तृत चर्चा की। उन्होंने कहा कि इतिहास को इतना अधिक तोड़ा-मरोड़ा जा रहा है कि शिक्षा समस्याओं का समाधान बनने की बजाए खुद एक समस्या बन गयी है। पाठ्यपुस्तकों में हिन्दुओं और भारत के बारे में अनेक भ्रान्तियों को बतौर इतिहास प्रस्तुत किया गया है। भारतीय उपमहाद्वीप की मध्यकाल से लेकर आज तक चली आ रही समस्याओं के लिए हिन्दुओं और भारत को जिम्मेदार बताया जाता है।

प्रोफेसर अली ने कहा कि धर्म और राजनीति, दोनों के खिलाड़ियों का उद्देश्य सत्ता प्राप्त करना और उसका भोग करना होता है। दोनों के तरीके अलग-अलग हैं। जहाँ धर्म के ठेकेदार आम जनों की धार्मिक भावना का शोषण करते हैं वहीं राजनीतिज्ञ, षड्यंत्र, कूटनीति और जनभावना को अपनी ओर मोड़कर अपनी मंजिल तक पहुँचते हैं। इन रास्तों पर चलकर भी यदि सफलता नहीं मिलती तब सैनिक ताकत का इस्तेमाल किया जाता है।

भारत और पाकिस्तान दोनों में ही सत्ता के लिए लगातार संघर्ष चलता रहता है। प्रजातंत्र में भी सत्ता पाने के लिए जन भावनाओं को भड़काना और षड़यंत्रपूर्वक भ्रान्तियाँ फैलाना आम है। जब तक केवल सत्ता प्राप्ति राजीतिज्ञों का उद्देश्य बना रहेगा तब तक धर्म, भाषा और नस्ल के नाम पर जनता को बरगलाने का काम चलता रहेगा। हिंसा और बाँटने की राजनीति का अन्त तभी हो सकता है जब केवल सत्ता प्राप्ति नहीं बल्कि जनता की सेवा राजनीतिज्ञों का उद्देश्य हो।

विमर्श में पढ़े गये अपने शोध पत्र में सुश्री फहमीदा रियाज़ ने कहा कि धर्म की शुरुआत मानव की अपने अस्तित्व के बारे में जिज्ञासाओं से हुई। धर्म ने लोगों को जीने के नियम और तरीके बताये। हजारों सालों से धर्म सामाजिक जीवन का महत्वपूर्ण हिस्सा बना हुआ है। धार्मिक कट्टरता की चर्चा करते हुए सुश्री रियाज़ ने कहा कि धर्म आधारित किसी पार्टी के सत्ता में आते ही समाज का उच्च और मध्यम वर्ग माथे पर भगवा बैंड पहनने लगता है और मस्जिदों में नियमित तौर पर जाने लगता है। जैसे ही दूसरी पार्टी सत्ता में आती है, भगवा बैंड और मस्जिद प्रेम दोनों गायब हो जाते हैं।

सैय्यद जफत अहमद ने पाकिस्तान के निर्माण के समय से लेकर आज तक वहाँ हुए राजनैतिक परिवर्तनों पर संक्षिप्त टिप्पणी की। उन्होंने कहा कि राज्य के कार्यकलापों में धर्म की भूमिका को 1956, 1962 और 1973 के संविधानों में स्थान दिया गया था। आज भी पाकिस्तान में राज्य के कामकाज में धर्म की प्रासंगिकता बनी हुई है। उलेमा, पाकिस्तान को इस्लामिक देश बनाना चाहते हैं परन्तु वहाँ के खराब राजनैतिक हालात के लिए खुद को जिम्मेदार मानने से इस आधार पर इन्कार कर देते हैं कि पाकिस्तान में इस्लामिक व्यवस्था को लागू करने वाले राजनीतिज्ञ हैं, उलेमा नहीं।

आर्ट ऑफ लिविंग फांऊडेशन के श्री प्रशांत ने श्री श्री रविशंकर के धर्म के प्रति दृष्टिकोण को प्रस्तुत किया। उन्होंने कहा कि श्री श्री रविशंकर मानते हैं कि अगर धर्म को ठीक ढंग से समझा जाए तो यह साफ हो जाएगा कि धर्म कभी परिवर्तन के रास्ते का रोड़ा नहीं बनता। रविशंकर शान्ति और सद्भाव के हामी हैं और उन्होंने गुजरात और ईराक सहित कई हिंसा प्रभावित क्षेत्रों में आर्ट ऑफ लिविंग के शिविर आयोजित किये हैं। इस पर कुछ प्रतिभागियों द्वारा यह सवाल उठाया गया कि क्या हिंसा के शिकारों को शान्ति का प्रवचन देना काफी है या यह प्रवचन उन्हें भी सुनाया जाना चाहिए जो हिंसा करते हैं।

धारवाड़ से आये संजीव कुलकर्णी ने संघ परिवार को कटघरे में खड़ा करते हुए कहा कि हिन्दुओं और मुसलमानों को आपस में लड़ाना उसकी मूल नीति है। उन्होंने कहा कि संघ परिवार ने राम की मर्यादा पुरूषोत्तम की छवि को धनुष-बाण लिये हुए योद्धा की छवि में बदल दिया है। संघ परिवार, हिन्दू धर्म की सीढ़ी पर चढ़कर सत्ता तक पहुँचा है। संघ परिवार के लिए हिन्दू धर्म, उपनिषदों का जीने का तरीका नहीं बल्कि सत्ता पाने का भावनात्मक औजार है।

श्री सिद्धार्थ का मत था कि कबीर, एकनाथ और हिन्दू भक्ति सन्तों की परम्परा को पुनर्जीवित करने की आवश्यकता है। इससे ही हम हिन्दू धर्म को संकीर्ण और संकुचित बनने से रोक सकते हैं। उन्होंने कहा कि अद्वैत का सिद्धान्त हिन्दू धर्म को सर्वव्यापी बनाने में सक्षम है। इस पर मैंने कहा कि इस्लाम में वहदत-अल-वुजूद का सिद्धान्त, जो सूफी परम्परा का भाग है, भी उतना ही सर्वव्यापी और सर्वस्वीकार्य है।

कोवा के मज़हर हुसैन ने कहा कि हमें संघ परिवार की क्रिया पर प्रतिक्रिया करने की बजाये अपनी ओर से पहल कर राजनीति का आधार धार्मिक पहचान की बजाये विचारधारा को बनाने की कोशिश करनी चाहिए। उन्होंने कहा कि भारत में आज जो राजनीति चल रही है वह पहचान की राजनीति है और विचारधारा की राजनीति, जो कांग्रेस स्वतंत्रता के बाद के कुछ सालों तक करती रही थी, गायब हो गयी है। उन्होंने आगे कहा कि धर्म और जाति की राजनीति का स्थान जब तक धर्मनिरपेक्ष और समाजवादी विचारधारा पर आधारित राजनीति नहीं लेगी तब तक दक्षिण एशिया में शान्ति और स्थिरता नहीं आ सकती।

सुश्री अनुराधा ने दलितों के बीच काम करने के अपने अनुभव के आधार पर एक सच्ची कहानी सुनायी। एक दलित मजदूर के जीवन में एक के बाद एक समस्याएँ आती जा रही थीं। अपनी पत्नी के कहने पर उसने अपने घर में एक हिन्दू देवता की मूर्ति रख दी। उसके बाद उसे गौमांस खाना बन्द करना पड़ा। बकरे या मुर्गे का माँस खाने की इजाजत उसकी जेब नहीं देती थी। एक बार मूर्ति घर में स्थापित हो गयी तो उसके बाद उसे हिन्दू त्यौहारों के दौरान चन्दा भी देना पड़ा और अन्य खर्चे भी बढ़ गये। उन्होंने कहा कि गरीबों के लिए धर्म के कर्मकांडीय स्वरूप को निभाना खर्चीला होता है और उन्हें अपने अन्य आवश्यक खर्चों में कतर-ब्यौत करनी पड़ती है। उन्होंने कहा कि महिलाओं की धर्मनिरपेक्षता को बढ़ावा देने में महत्वपूर्ण भूमिका है।

हर वक्ता के भाषण के बाद अत्यन्त सारगर्भित और जीवन्त चर्चा हुई। जगह की कमी के कारण हम इस महत्वपूर्ण विमर्श का विस्तृत विवरण नहीं दे पा रहे हैं। इतना कहना पर्याप्त है कि चर्चा अत्यन्त उपयोगी और नयी दिशा में सोचने की प्रेरणा देने वाली थी।

मुस्लिम समाज में महिलाओं की स्थिति

पिछले दिनों उत्तर प्रदेश की इमराना और लन्दन की आयशा आजमी के मामले मीडिया में चर्चा के विषय बने हुए हैं। पिछली सदी के अस्सी के दशक में इसी तरह शाहबानों का मसला भी मीडिया में छाया रहा था। इसमें कोई सन्देह नहीं कि मीडिया मुस्लिम महिलाओं से जुड़े मसलों पर कुछ ज्यादा ही ध्यान देता है। मुसलमानों को हमेशा से यह शिकायत रही है कि मीडिया मुस्लिम महिलाओं से सम्बन्धित मुद्दों में असाधारण रुचि दर्शाता है।

लेकिन इसका मतलब यह नहीं है कि महिलाओं के मामले में मुस्लिम समाज में सब कुछ ठीक-ठाक है। मुसलमानों को इस बात पर विचार करना चाहिए कि क्या वे महिलाओं के सम्बन्ध में कुरआन में कही गयी बातों पर ईमानदारी से अमल कर रहे हैं? मुसलमान कुरआन से अपने भावनात्मक लगाव को प्रदर्शित करने में कभी नहीं चूकते परन्तु कुरआन की शिक्षाओं को मानने के बारे में वे ईमानदार नहीं हैं।

मुस्लिम महिलाओं की खराब स्थिति के लिए उलेमा जिम्मेदार हैं। दुनिया में सभीं जगह ये उलेमा कुरआन के मूल्यों पर, जिस भी समाज में वे रहते हैं, उसके पितृ सत्तात्मक मूल्यों को अधिक तरजीह देते हैं। कुरआन में पुरुषों के कर्तव्यों और महिलाओं के अधिकारों की बात कही गयी है परन्तु उलेमा इसके ठीक उलट, पुरुषों के अधिकारों और महिलाओं के कर्तव्यों की चर्चा करते हैं। यह तो उनकी कुरआन के प्रति निष्ठा का आलम है।

इमराना का मामला फिर से सुर्खियों में आने का कारण दारूल उलूम, देवबंद और इमराना के गाँव की पंचायत द्वारा जारी किये फतवे हैं। पंचायत के व्यवहार को तो एक बार इसलिए नजरअंदाज किया जा सकता है क्योंकि वह इस्लामिक कानून व मूल्यों से अनजान है परन्तु दारूल उलूम, देवबंद जैसे इस्लामिक शिक्षा व ज्ञान के विश्व प्रसिद्ध केन्द्र का फतवा सचमुच दुःखद है।

इमराना मुजफ्फरनगर जिले के एक रिक्शा चालक की पत्नी है। उसके ससुर ने उसके साथ बलात्कार किया। उसके ससुर अली मोहम्मद को अदालत ने सजा सुना दी है व अब यह स्थापित हो गया है कि उसने अपनी पुत्रवधू के साथ जबरदस्ती की थी।

अदालत का निर्णय आने के पूर्व उलेमा इमराना के आरोप को झूठा बता रहे थे और कह रहे थे कि इमराना ने जायदाद के झगड़ों के चलते अपने सुसर को फँसाने की साजिश की थी। उनका यह भी कहना था कि अगर इमराना के साथ बलात्कार हुआ भी है तो उसे अपने पति को तलाक देकर दूसरे मर्द से शादी कर लेनी चाहिए।

उलेमा को इस बात से कोई मतलब ही नहीं है कि इमराना के साथ बलात्कार हुआ है। उसने अपनी मर्जी से दूसरे पुरुष के साथ सहवास नहीं किया। अगर ऐसा होता तो फिर बात दूसरी होती। अगर उसके साथ बलात्कार हुआ है तो उसमें उसका क्या दोष है? वह तो सहानुभूति की पात्र है और उसका ससुर सजा का। उलेमा उलटे इमराना को सजा देना चाहते हैं। वे यह भी नहीं सोच रहे हैं कि आखिर पाँच बच्चों की माँ इमराना तलाक के बाद अपना जीवनयापन कैसे करेगी? उसकी एक लड़की की उम्र तो शादी के लायक हो गयी है।

ग्रामीण इलाकों में कोई महिला फतवे का उल्लंघन करने का साहस नहीं कर सकती, भले ही वह फतवा कितना ही अनुचित क्यों न हो। उसे समाज में रहना होता है और उसके अपने बाल-बच्चों के शादी-ब्याह करने होते हैं। जिन लोगों ने सामाजिक बहिष्कार का सामना किया है वे ही समझ सकते हैं कि वह कितना कठिन काम है। हमारे उलेमा परिस्थितियों और समस्याओं पर विचार किये बगैर यांत्रिक ढंग से फतवे जारी करते रहते हैं। वे 'इज्तिहाद' (अर्थात शरीयत की रचनात्मक पुनर्व्याख्या) का सिद्धान्त कभी नहीं अपनाते जबकि पैगम्बर साहब ने स्वयं मुद्दाह को, जिन्हें उन्होंने यमन का गवर्नर नियुक्त किया था, 'इज्तिहाद' अपनाने के लिए कहा था।

दुर्भाग्यवश, हमारे उलेमा गरीब और पिछड़े हुए समाज से आते हैं और उन्हें आधुनिक जीवन और उसकी जटिलताओं का कोई इल्म नहीं होता। वे लीक से हटकर सोच ही नहीं पाते। उन्हें तो सिर्फ शरीयत पढ़ना आता है। वे तो यह भी नहीं जानते कि महान इमाम भी एक प्रश्न का उत्तर अलग-अलग ढंग से देते थे और उनमें आपसी मतभेद रहते थे। उदाहरणार्थ, महान विचारक और विधि के ज्ञाता इमाम अबु हनीफा का कहना था कि हराम (निषिद्ध) हलाल (जिसकी अनुमति है) को निरस्त कर देता है। इसलिए हनाफी विचार के अनुसार यदि इमराना के साथ बलात्कार (जो निषिद्ध है) हुआ है, तो वह उसके विवाह (जिसकी अनुमति है) को निरस्त कर देगा।

दूसरी ओर, एक अन्य महान विधिवेत्ता इमाम शकील का ठीक विपरीत मत था। उनके अनुसार जो हलाल है, वह कभी भी हराम को निरस्त नहीं कर सकता। चूँकि इमराना स्वयं हनाफी विचारधारा के मानने वाले परिवार से है और चूँकि फतवा भी हनाफी मुफ्ती से लिया गया है इसलिए फतवे ने इमराना के विवाह को निरस्त घोषित कर दिया और उसे किसी और से विवाह करने की सलाह दी। अगर यही फतवा किसी शकील मुफ्ती ने जारी किया होता तो वह इमराना के विवाह को कदापि निरस्त घोषित नहीं करता। इसी तरह, अहल-ए-हदीथ भी इमराना के निकाह को शून्य नहीं बताता।

इस तरह यह साफ है कि शरीयत की अलग-अलग शाखाएँ और सिद्धान्त हैं और हर उलेमा अपनी शाख़ा या सम्प्रदाय के आधार पर फतवा जारी करता है। अब समय आ गया है कि उलेमा न्यायशास्त्र की अलग-अलग धाराओं में से वे हिस्से चुनें जो महिलाओं के पक्ष में हैं और तब फतवा जारी करें। ऐसा करने के उदाहरण भी इतिहास में मौजूद हैं। अपने समय के जाने-माने आलिम मौलाना अशरफ थानवी ने मलिकी शाखा से महिलाओं के पक्ष के प्रावधानों का उपयोग महिलाओं को राहत देने के लिए किया था। हनीफी शाखा के अनुसार जिस महिला का पति गुमशुदा हो उसे दूसरा विवाह करने के लिए 90 साल इन्तजार करना होता है जबकि मल्लिकी शाखा में यह अवधि चार वर्ष है। जाहिर है, यदि प्रश्न किसी ऐसी महिला के पुनर्विवाह का हो जिसके पति का पता न चल रहा हो तो मामले पर विचारण मल्लिकी शाखा के प्रावधानों के अनुरूप किया जाना उपयुक्त होगा।

महिलाओं से जुड़े हुए ऐसे कई मसले हैं जिनमें शरीयत की एक शाखा के प्रावधान किसी अन्य शाखा की तुलना में महिलाओं के अधिक पक्ष में हैं। उदाहरणार्थ, तीन बार तलाक कहकर विवाह विच्छेद करने की व्यवस्था अह्ल-ए-हदीथ शाखा में नहीं है परन्तु हनीफी व शकील शाखाओं में है। इस तरह, अहल-ए-हदीथ के इस प्रावधान का इस्तेमाल मुँह जबानी तलाक की व्यवस्था को समाप्त करने के लिए किया जा सकता है। शरीयत की विभिन्न शाखाओं के महिला हितैषी प्रावधानों का यदि संकलन कर उन्हें लागू किया जावे तो इससे मुस्लिम महिलाओं की स्थिति में बहुत सुधार आवेगा।

इस तरह का संकलन तुर्की में उन्नीसवीं सदी में किया गया था। सभी मुस्लिम राष्ट्र शरीयत कानूनों में परिवर्तन कर रहे हैं। कुछ मामलों में कुरआन के प्रावधानों को सीधे लागू किया जा रहा है। इज्तिहाद का इस्तेमाल भी महिलाओं सम्बन्धी कानूनों को महिला-हितैषी बनाने के लिए किया जा रहा है। केवल भारत में ही शरीयत की विभिन्न शाखाओं के प्रावधानों का संकलन बनाने में संकोच किया जा रहा है। इज्तिहाद का इस्तेमाल तो हो ही नहीं रहा है। नतीजा यह कि शरीयत कानूनों के मामले में भारत लकीर का फकीर बन कर रह गया है और महिलाएँ कष्ट भोग रही हैं।

हमारे उलेमा मात्र अपनी शाखा के न्यायशास्त्र के आधार पर बिना परिणामों की परवाह किये फतवे जारी करते हैं। आश्चर्य नहीं कि दुनिया सोचती है कि इस्लाम में महिलाओं की स्थिति बहुत गयी गुजरी है। यह भी मान्यता बन गयी है कि इस्लाम अपने मध्यकालीन न्यायशास्त्रियों के बनाये कानूनों में तनिक भी परिवर्तन के लिए तैयार नहीं है। हमारे उलेमा शरीयत को ईश्वरीय बताते हैं और उसमें किसी भी परिवर्तन का कड़ा विरोध करते हैं।

यह ठीक नहीं है। शरीयत किसी भी अर्थ में अपरिवर्तनीय नहीं है। वो मानव निर्मित है। अधिक से अधिक उसे ईश्वरीय आदेशों की व्याख्या करने और उन्हें समझने

का मानवीय प्रयास कहा जा सकता है। इस तरह यह कहा जा सकता है कि शरीयत अर्ध-ईश्वरीय है और जिस हद तक यह मानवीय है, उस हद तक परिवर्तनीय है। जिन परिस्थितियों में तत्कालीन इमामों ने शरीयत के कानूनों की रचना की थी, वे बहुत बदल गयी हैं और हमें अब नये सन्दर्भो में सोचना होगा।

आज महिलाएँ समाज के सभी क्षेत्रों में सक्रिय हैं। वे अपने अधिकारों के प्रति जागरुक हैं। पवित्र पैगम्बर के जमाने में भी महिलाएँ विभिन्न मोर्चों पर सक्रिय थीं और पुरुषों की दुनिया में अपना सिक्का जमा रही थीं। महत्वपूर्ण मसलों पर पैगम्बर अक्सर अपनी पत्नियों से मश्विरा किया करते थे। उन्हें महत्वपूर्ण काम सौंपे गये थे जिनमें घर में नमाज का नेतृत्व करना शामिल था। वे युद्ध में भाग लेती थीं और लड़ाई के मैदान में घायलों की सेवा सुश्रुषा भी करती थीं।

दूसरे खलीफा हदरत उमर ने एक महिला को बाजारों का इंस्पेक्टर नियुक्त किया था और इमाम अबु हनीफा ने महिलाओं को न्यायधीश के पद पर काम करने की इजाजत दी थी। दुर्भाग्यवश उम्मेयेद काल के बाद महिलाओं की स्थिति में गिरावट आयी और धीरे-धीरे वे घर की चहारदीवारी में कैद होकर रह गयीं। उन्हें पर्दे में बन्द कर दिया गया। इस्लाम के इतिहास के कुछ विद्वानों का मत है कि पर्दे का वर्तमान स्वरूप उम्मेयेद काल में अस्तित्व में आया जब मुसलमानों ने रोमन साम्राज्य की नकल करना शुरू की जहाँ सैकड़ों महिलाओं को हरम में रखने की परम्परा थी।

आज महिलाएँ सभी समाजों में सामाजिक, राजनैतिक और आर्थिक क्षेत्रों में महत्वपूर्ण भूमिकाएँ अदा कर रही हैं। शरीयत के सभी प्रावधानों पर नये सिरे से विचार किये जाने की जरूरत है, विशेषकर उन प्रावधानों पर जो कुरआन की आज्ञाओं के खिलाफ हैं। अगर उलेमा बदलती हुई दुनिया के हमकदम नहीं बनेंगे तो वे मुश्किलों में फँस जावेंगे। यद्यपि मुस्लिम महिलाएँ तुलनात्मक दृष्टि से पिछड़ी हुई हैं परन्तु उनमें से जो शहरों में रह रही हैं वे उच्च शिक्षित भी हैं और वे अपने अधिकारों की लड़ाई लड़ने के लिए तत्पर हैं। कई महिलाओं ने तो मिलकर अपना अलग पर्सनल लॉ बोर्ड बना लिया है और वे उलेमा से भिड़ने को तैयार हैं। स्पष्ट है कि मुस्लिम महिलाएँ भी अब आँख मूँद कर उलेमा की बातें मानने के लिए राजी नहीं हैं।

भारत एक प्रजातंत्र है और इसके सभी नागरिकों को अपनी बात खुलकर कहने की आजादी है। भारत कोई बन्द समाज नहीं है जहाँ उलेमा के आदेशों को बिना ना-नुकुर के मानना मजबूरी हो। इबादत के मामलों में किसी परिवर्तन की इजाजत नहीं दी जा सकती परन्तु मुआमलात (मानव सम्बन्धों) के मामलों में परिवर्तन होना चाहिए। केवल कुरआन के मूल्य अपरिवर्तनीय हैं और ये हैं अद्ल (न्याय) इहसान (उदारता) रहम (दया) और हिकमत (समझदारी)।

अगर उलेमा दूसरों की परेशानियों का ख्याल नहीं रखेंगे और अपनी लकीर पीटते रहेंगे तो वे न तो इस्लाम का भला करेंगे और न ही महिलाओं का।

पुलिस व्यवस्था और अल्पसंख्यक

महात्मा गाँधी ने एक बार कहा था कि किसी भी प्रजातंत्र की गुणवत्ता का सबसे अच्छा माप यह है कि उस प्रजातंत्र में अल्पसंख्यकों के साथ कैसा व्यवहार किया जाता है। यह सही है कि प्रजातंत्र जनता की सरकार है परन्तु यह भी उतना ही सही है कि प्रजातंत्र में संख्या का बड़ा महत्व है और यह महत्व तब और बढ़ जाता है जब किसी प्रजाताांत्रिक देश का समाज बहुधर्मी और बहुसांस्कृतिक हो। जिस धर्म, संस्कृति, भाषा या नस्ल के लोगों का बहुमत होता है, वे उन लोगों पर अपना मत लादने का प्रयत्न करते हैं जो संख्या में कम हैं। जो भी प्रजातंत्र बहुमतवाद पर आधारित होता है वह सच्चा प्रजातंत्र नहीं होता। शायद इसीलिए महात्मा गाँधी ने यह कहा था कि प्रजातंत्र की गुणवत्ता का पता उसमें अल्पसंख्यकों के साथ किये जाने वाले व्यवहार से किया जा सकता है।

मुश्किल यह है कि हर व्यक्ति महात्मा नहीं होता। एक आम आदमी अपने हितों और पूर्वाग्रहों से प्रेरित होकर काम करता है। दुनिया के लगभग सभी प्रजातांत्रिक देश बहुमतवाद की समस्या से पीड़ित हैं। पश्चिमी प्रजातंत्रों में भी एशिया और अफ्रीका के प्रवासियों के साथ अनुचित व्यवहार किया जाता है। ये लोग अक्सर पश्चिमी समाज के हाशिए पर रहते हैं।

भारत हमेशा से बहुधार्मिक और बहुसांस्कृतिक देश रहा है। मुसलमान यहां के एक महत्वपूर्ण अल्पसंख्यक रहे हैं और इन अल्पसंख्यकों ने कुछ सदियों तक इस देश पर राज भी किया है। परन्तु हमें यह याद रखना होगा कि जो राज कर रहे थे, वे अल्पसंख्यकों में भी अल्पसंख्यक थे और उन्हें केवल अपने हितों से सरोकार था, सामान्य मुसलमानों के हितों से नहीं। अधिकतर मुसलमान नीची जातियों के हिन्दुओं के धर्म परिवर्तन कर लेने से बने थे। वे इस्लाम कुबूल करने के पहले भी कमजोर और गरीब थे और इस्लाम कुबूल कर लेने के बाद भी कमजोर और गरीब बने रहे।

ये ही कमजोर और गरीब मुस्लिम अल्पसंख्यक विभाजन के बाद भारत में रह गये। उन्हें अपनी गरीबी और अशिक्षा से तो जूझना ही पड़ा, उन्हें विभाजन के लिए दोषी भी करार दे दिया गया। जो मुसलमान देश के विभाजन के लिए जिम्मेदार थे वे तो

पाकिस्तान चले गये परन्तु उनके कर्मों का फल उन मुसलमानों को भुगतना पड़ा जो भारत में रह गये।

बहुसंख्यक वर्ग के साम्प्रदायिक तत्व और यहां तक की कुछ अन्य लोग भी मुसलमानों पर अक्सर यह आरोप लगाते हैं कि वे अपने में सुधार लाने और राष्ट्रीय मुख्यधारा के अंग बनने के इच्छुक नहीं हैं। मुसलमानों को ही उनके पिछड़ेपन और गरीबी के लिए दोषी ठहराया जाता है। उन्हें धार्मिक कट्टरता की प्रतिमूर्ति बताया जाता है।

सरकारी और नगरपालिकाओं द्वारा संचालित स्कूलों में पढ़ाई जाने वाली किताबें बहुमतवाद की जीती-जागती मिसाल हैं। हमारा मीडिया, विशेषकर क्षेत्रीय मीडिया, भी मुसलमानों के बारे में पूर्वाग्रहों को फैलाने में महत्वपूर्ण भूमिका अदा करता है। सामना (मराठी), दैनिक जागरण (हिन्दी) और संदेश (गुजराती) जैसे अनेक समाचार पत्र मुसलमानों के बारे में अत्यन्त उत्तेजक और निहायत झूठी बातें छापते हैं, जिन्हें पुलिसकर्मियों सहित लाखों लोग पढ़ते हैं।

निचले स्तर के पुलिसकर्मी, विशेषकर कांस्टेबिल आदि, इन अखबारों में छपी सामग्री से प्रभावित होते हैं। घर के माहौल और पाठ्यपुस्तकों के जरिए वे पहले ही मुसलमानों के प्रति पूर्वाग्रहों से ग्रस्त रहते हैं। कुछ वरिष्ठ पुलिस अधिकारी भी इस दुष्प्रचार के शिकार हो जाते हैं और अपने राजनैतिक आकाओं के इशारों पर नाचते हैं — उन आकाओं के जो जातिवाद और साम्प्रदायिकता का उपयोग अपनी राजनैतिक महत्वाकांक्षाओं को पूरा करने के लिए करते हैं। यह सब कुछ गुजरात में सन् 2002 के दंगों में हमने देखा।

यह तथ्य भी महत्वपूर्ण है कि हमारी पुलिस की मानसिकता आज भी साम्राज्यवादी है। ब्रिटिश शासकों ने पुलिस बल की स्थापना जनता को दबाने के लिए की थी, उसकी मदद करने के लिए नहीं। पुलिस का इस्तेमाल हमारे शासक आम जनता को प्रताड़ित करने के लिए करते हैं, कानून और व्यवस्था बनाये रखने के लिए नहीं। पुलिस अपने राजनैतिक आकाओं की सेवा को प्राथमिकता देती है, अपराधों पर नियंत्रण को नहीं। पहले से ही साम्राज्यवादी मानसिकता से ग्रस्त हमारी पुलिस अल्पसंख्यक विरोधी भावना से भी ग्रस्त होकर उत्पीड़न और अत्याचार का अत्यन्त घातक हथियार बन जाती है।

मुम्बई के 1992-93 के दंगों से लेकर अगस्त 2007 के हैदराबाद विस्फोटों तक वही कहानी दुहराई जाती रही है — निर्दोष मुस्लिम युवकों का उत्पीड़न और उनको बिना गवाह-सुबूत के सलाखों के पीछे डाल दिया जाना। सबसे बुरी बात यह है कि यह सब करने के बाद भी पुलिस असली दोषियों तक नहीं पहुँच सकी है। गोधरा ट्रेन आगजनी के मामले में गिरफ्तार किये गये अधिकांश लोगों पर अदालतों में इसलिए मुकदमें नहीं चलाये जा रहे हैं क्योंकि उनके खिलाफ पुलिस के पास कोई ठोस सुबूत

नहीं हैं। विशेषज्ञों का कहना है कि जिन्हें गिरफ्तार किया गया है वे असली दोषी हैं ही नहीं और उनके खिलाफ लगाये गये आरोप अदालत में सिद्ध नहीं हो सकेंगे।

टाडा एक अत्यन्त तानाशाहीपूर्ण कानून था जिसका विरोध सभी मानवाधिकार संगठनों ने किया था। इस कानून का कांग्रेस सहित सभी पार्टियों की राज्य सरकारों ने जमकर दुरुपयोग किया। भाजपा सरकारों ने टाडा का इस्तेमाल अल्पसंख्यकों के विरुद्ध किया। मुम्बई ट्रेन विस्फोटों, जिनमें 180 से अधिक निर्दोष लोगों ने अपनी जानें गंवाई, के इतने दिन बीतने के बाद भी मुम्बई पुलिस असली दोषियों तक नहीं पहुँच सकी है। जिन्हें गिरफ्तार किया गया, उन्हें भयावह शारीरिक प्रताड़ना दी गयी उनके परिवारजनों के सामने उनका अकल्पनीय ढंग से अपमान किया गया।

मानवाधिकार कार्यकर्ता और जानी-मानी फ्रीलांस पत्रकार सुश्री ज्योति पुनवानी ने इनमें से कुछ मामलों की जाँच की। वे शायद एकमात्र ऐसी पत्रकार थीं जिनने मामलों की तह में जाने की कोशिश की। राष्ट्रीय मीडिया ने इस अन्याय को नजरअंदाज कर दिया। केवल उर्दू मीडिया ने इस बारे में कुछ छापा परन्तु उर्दू अखबार केवल मुसलमानों द्वारा पढ़े जाते हैं।

अब यही सब कुछ हैदराबाद विस्फोटों के सन्दर्भ में भी दोहराया जा रहा है। मक्का मस्जिद और उसके बाद प्रियदर्शिनी पार्क में हुए विस्फोटों के लिए निर्दोष मुस्लिम युवकों को पुलिस के हाथों प्रताड़ना झेलनी पड़ रही है।

हैदराबाद में निर्दोष मुस्लिम युवकों को प्रताड़ित किये जाने के किस्से दिल दहलाने वाले हैं। इस सम्बन्ध में मानवाधिकार और सामाजिक कार्यकर्ताओं सुश्री निर्मला गोपालकृष्णन, के. अनुराधा और मोहम्मद अफजल ने एक रपट तैयार की है। इन लोगों ने गिरफ्तार किये गये लोगों से जेल में मुलाकात कर और उनके परिवारजनों से बातचीत के आधार पर बहुत मेहनत से यह रपट तैयार की है।

यह रपट मेरे सामने है और इसे पढ़कर किसी का भी दुःखी और परेशान हो जाना स्वाभाविक है। यह रपट हमें बताती है कि किस तरह स्वतंत्रता के पैंसठ वर्ष बाद भी हमारी पुलिस कानून का माखौल बना रही है। निचले स्तर की न्यायपालिका और नौकरशाही भी इस सारी गैर-कानूनी प्रक्रिया को नजरअंदाज कर रही है और पीड़ित युवक और उनके परिवारजन खुद को पूरी तरह असहाय पा रहे हैं।

ये लोग इतनी बुरी तरह से डरे हुए हैं कि वे कुछ बोलने तक को तैयार नहीं हैं। उनसे हुई बातचीत को पूरी तरह गुप्त रखने के आश्वासन पर भी उनमें से अधिकांश कुछ भी बताने को तैयार नहीं होते। पुलिस गिरफ्तारियों के रिकार्ड में भी गडबड़ियाँ करती है। तनिक से सन्देह पर गिरफ्तारियाँ कर ली जाती हैं और कई दिनों तक गिरफ्तार लोगों को हिरासत में प्रताड़ना देकर बाद में छोड़ दिया जाता है। न तो गिरफ्तारी और न ही छोड़े जाने का कोई रिकार्ड रहता है। रपट में इस तरह के कई मामलों का विस्तृत विवरण है।

गिरफ्तार किये लोगों को शायद ही कभी 24 घंटे के भीतर अदालत में पेश किया जाता है, जो कि कानूनन जरूरी है। उनमें से अनेकों को कई-कई दिनों तक ग़ैर-कानूनी हिरासत में रखा गया और उनके परिवारों को सूचित तक नहीं किया गया। कुछ मामलों में आन्ध्र प्रदेश उच्च न्यायालय में बन्दी प्रत्यक्षीकरण याचिकाएं लगाने पर ही पुलिस ने हिरासत में लिये गये लोगों को रखने का स्थान बताया। रपट कहती है, ''कई युवकों को मामूली सुबूतों के आधार पर हिरासत में रखा गया और कई दिनों तक उनसे पूछताछ की गयी। उदाहरणार्थ, 26 वर्षीय हफीज मोहम्मद बिलाल मुफताही ने 19 सितम्बर को जाँच कमेटी से मुलाकात में बताया कि उसे हिरासत में रखने का एकमात्र कारण (जो पुलिस ने उसे बताया) वह था कि पुलिस उससे रिजवान गाज़ी से उसके सम्बन्धों के बारे में पूछताछ करना चाहती थी। हफीज का कहना था कि उसने गाज़ी को एक साल पहले पढ़ाया था। मूलतः बंगाल का रहने वाला हफीज पिछले छह सालों से हैदराबाद में रह रहा है और वहां के ''रायल इंडियन स्कूल'' में कुरआन की शिक्षा देता है। पुलिस उसके घर 2 सितंबर को रिजवान गाज़ी के साथ आयी और उसे अपने साथ ले गयी। हफीज को अपने परिवार वालों से सम्पर्क तक नहीं करने दिया गया। उसे पाँच दिनों तक एक अज्ञात स्थान पर रखा गया जहाँ उसकी जमकर पिटाई की गयी। उसे लातों से मारा गया और उसके तलुओं में लाठियाँ मारी गयीं। पाँच दिन बाद उसे छोड़ दिया गया। उसे अस्पताल में भर्ती होना पड़ा और अस्पताल के रिकार्ड के अनुसार उसकी चोटें पिटाई के कारण हैं।

हफीज का मामला गैर-कानूनी हिरासत में रखे जाने और शारीरिक प्रताड़ना दिये जाने के उन अनेक मामलों में से एक है जिनका विवरण इस रपट में है। हमारी पुलिस वैसे भी समाज के कमजोर वर्गों के साथ बुरा सलूक करने के लिए जानी जाती है — चाहे वे फिर दलित हों, गरीब हों या महिलाएँ हों। मुसलमानों से पुलिस का सलूक बदतर इसलिए होता है क्योंकि पुलिस कर्मी मुसलमानों और इस्लाम के बारे में गहरे पूर्वाग्रहों से ग्रस्त होते हैं।

मैं पुलिस कर्मियों की कार्यशालाएँ आयोजित करता रहता हूँ और इन कार्यशालाओं में पुलिस कर्मियों के पूर्वाग्रह उनके प्रश्नों के रूप में सामने आते हैं। मैं उन्हें दोष नहीं देता क्योंकि उनका ज्ञान अत्यन्त सीमित होता है और उनके अधिकारी उन्हें धर्मनिरपेक्ष मूल्यों से परिचित कराने और बहुधार्मिक समाज में पुलिस की उचित भूमिका के बारे में कुछ नहीं बताते। हमें यह समझना होगा कि बहु-धार्मिक समाजों में पुलिस का काम अत्यन्त चुनौतीपूर्ण है, विशेषकर आधुनिक और गलाकाट स्पर्धा के इस युग में।

मीडिया भी पूर्वाग्रह ग्रस्त है और पुलिस प्रताड़ना को इस आधार पर उचित ठहराता है कि आतंकवाद की समस्या को हल करने के लिए यह आवश्यक है। सच तो यह है कि इन सारे गैर-कानूनी कामों और निर्दोषों को घोर प्रताड़ना देने के बाद भी पुलिस शायद ही कभी असली दोषियों तक पहुँच पाती है। निर्दोषों को प्रताड़ना देने की

खबरों को मीडिया स्थान ही नहीं देता। हैदराबाद के मामले में भी केवल उर्दू अखबारों — विशेषकर 'सियासत' नामक एक अखबार — ने ये खबरें छापीं। अंग्रेजी और तेलुगू समाचार पत्रों ने निर्दोष मुस्लिम युवकों पर पुलिस के कहर को पूरी तरह से नजरअंदाज कर दिया।

आतंकवाद को समाप्त करने के लिए अगर राज्य भी आतंक का सहारा लेगा तो इससे समस्या सुलझने की बजाय और उलझ जावेगी। आतंकवाद की समस्या मूलतः राजनैतिक है और इसे समझदारी और न्यायपूर्ण रास्ते पर चल कर ही सुलझाया जा सकता है। इसी कारण सभी राज्य सरकारें नक्सलवाद की समस्या सुलझाने में असफल रही हैं। उलटे, निर्दोष लोगों को प्रताड़ना देकर उन्हें नक्सलवाद की ओर धकेला जा रहा है। निर्दोष नागरिकों को आतंकित और प्रताड़ित कर हम नये आतंकवादी ही बनाएँगे।

और अब हिन्दू आतंकवाद!

लम्बे समय से इस देश के मुसलमान 'इस्लामिक आतंकवादी' शब्द के इस्तेमाल का विरोध करते आ रहे हैं। अब, जब कि मीडिया के एक हिस्से ने 'हिन्दू आतंकवादी' शब्द का इस्तेमाल किया तो संघ परिवार आपे से बाहर हो गया। आर. एस. एस. के राम माधव ने 'एशियन एज' को कहा, "हिन्दू आतंकवाद जैसी कोई चीज नहीं होती। यह सब असली आतंकवादियों को संरक्षण देने के लिए सोचा-समझा अभियान है।" साध्वी प्रज्ञा के बारे में पूछने पर उन्होंने संघ से साध्वी के सम्बन्धों को नकारने की कोशिश की। "किसी व्यक्ति विशेष के किसी अपराध से सम्बद्ध होने का किसी संगठन से कोई वास्ता नहीं है।"

इसी तरह विपक्ष के नेता श्री एल. के. आडवाणी ने भी संघ व भाजपा की साध्वी प्रज्ञा से दूरी बनाने की कोशिश की। उन्होंने दावा किया कि वे साध्वी को पहचानते तक नहीं थे। 'टाईम्स ऑफ इंडिया' से आडवाणी ने कहा कि प्रज्ञा ने संघ परिवार से इसलिए नाता तोड़ लिया होगा क्योंकि उनके विचार और तौर तरीके संघ परिवार के सदस्यों की विचारधारा से मेल नहीं खाते होंगे। इसी कारण वे संघ से अलग हुई होंगी।

इसके बाद आडवाणी ने नाथूराम गोडसे का उदाहरण दिया, जिसने 30 जनवरी 1948 को महात्मा गाँधी की हत्या की थी। 'गोडसे अपने जीवन के शुरुआती दौर में आर. एस. एस. से जुड़ा हुआ था परन्तु सन् 1934 में उसने संघ से विदा ले ली क्योंकि वो संघ के काम के तरीके से सहमत नहीं था।' चलिए, कम से कम श्री आडवाणी ने यह तो स्वीकार किया कि गोडसे कभी न कभी आर.एस.एस. से सम्बद्ध था। अब तक तो वे इससे इन्कार करते आए थे।

श्री आडवाणी का यह कहना है कि संघ हिंसा में विश्वास नहीं करता। श्री आडवाणी स्वयं भी आर. एस. एस. से लम्बे समय से जुड़े हुए हैं और उनसे बेहतर कौन जानता है कि आर. एस. एस. की स्थापना 'मुस्लिम गुंडों' से लड़ने के लिए हिन्दुओं को प्रशिक्षित करने के लिए की गयी थी। संघ की सभी शाखाओं में लाठी चलाने का प्रशिक्षण दिया जाता है। संघ ने हथियार चलाने का प्रशिक्षण देने के लिए अन्य संगठनों की स्थापना भी की है। दुर्गा वाहिनी तो महिलाओं तक को बन्दूक चलाने

का प्रशिक्षण देती है।

श्री आडवाणी अच्छी तरह जानते हैं कि संघ, हिटलर का पुराना प्रशंसक है। आज भी गुजरात और राजस्थान सहित कुछ भाजपा शासित राज्यों में हिटलर की महानता की चर्चा पाठ्यपुस्तकों तक में है। यह कहा जाता है कि देश की समस्याओं को हिटलर जैसे नेता ही हल कर सकते हैं जो सही समय पर सही निर्णय ले सकें। हिटलर और हिंसा एक दूसरे के पर्याय हैं, इसलिए हिटलर के प्रशंसक कतई यह दावा नहीं कर सकते कि वे हिंसा के रास्ते पर नहीं चलते।

सब जानते हैं कि विहिप और बजरंग दल ने गुजरात में क्या किया था। सन् 2002 के दंगों में विहिप और बजरंग दल ने जिस ढंग से मासूमों का खून बहाया था, वह किसी से छुपा नहीं है। विहिप, भाजपा और बजरंग दल के कार्यकर्ताओं ने या तो स्वयं और या फिर दूसरों को भड़का कर कम से कम 2000 मुसलमानों को अत्यन्त क्रूरतापूर्वक मौत के घाट उतारा था। क्या यह हिंसा नहीं थी? क्या यह हिंसात्मक तरीकों में विश्वास का प्रतीक नहीं था?

साध्वी और उनके साथियों के हिरासत में लिये जाने के बाद भाजपा उपाध्यक्ष मुख्तार अब्बास नकवी ने कहा कि ''असली आतंकवादियों को छुपाने के लिए नकली आतंकवादियों को सामने किया जा रहा है।'' स्पष्टत: उनका मानना है कि साध्वी और उनके साथी असली आतंकवादी नहीं हैं और पुलिस ने उन्हें जबरन पकड़ा है। श्री नकवी शायद मानते हैं कि केवल मुसलमान ही आतंकवादी हो सकते हैं। नकवी ने यह भी कहा कि ''हिन्दू आतंकवाद और मुस्लिम आतंकवाद जैसी कोई चीज नहीं होती।''

क्या यही बात एक लम्बे समय से धर्मनिरपेक्षतावादी और मुसलमान नहीं कहते आ रहे हैं? आतंकवादियों का कोई धर्म नहीं होता, लेकिन क्या संघ परिवार और काफी हद तक मीडिया 'इस्लामी आतंकवादी' और 'मुस्लिम आतंकवादी' जैसे जुमलों का खुल कर इस्तेमाल नहीं करता आ रहा है? जब भी मुस्लिम युवकों को पुलिस बिना किसी पुख्ता सुबूत के हिरासत में लेती थी, उन्हें तुरत फुरत 'मुस्लिम आतंकवादी' घोषित कर दिया जाता था। अगर एक क्षण के लिए यह मान भी लिया जाए कि पकड़े गये युवक आतंकी वारदातों में शामिल थे तो भी क्या इसका यह मतलब है कि इस्लाम आतंकवाद की शिक्षा देता है या मुसलमान निर्दोष लोगों को मारने में विश्वास रखते हैं।

संघ लगातार यह कहता रहा है कि ''सभी मुसलमान आतंकी नहीं हैं परन्तु सभी आतंकी मुसलमान हैं।'' अब जबकि संघ परिवार से जुड़े लोग आतंकी हमलों में लिप्त पाये गये हैं, हिन्दुत्व संगठन और उनके नेता कह रहे हैं कि हिन्दू आतंकवादी नहीं हो सकते और हिन्दू संस्कृति में हिंसा के लिए कोई स्थान नहीं है। मतलब यह कि जब तक मुसलमान पकड़े जा रहे थे, यह मानने में कोई समस्या नहीं थी कि इस्लाम और मुस्लिम संस्कृति आतंकवाद के जन्म के लिए उर्वर भूमि है।

सच्चाई यह है कि न तो हिन्दू धर्म न ही इस्लाम और न ही कोई अन्य धर्म आतंकवाद की शिक्षा देता है। यह सम्भव है कि कुछ व्यक्ति या कोई संगठन धार्मिक शब्दावली या धार्मिक नारों का इस्तेमाल अपनी घिनौनी आतंकवादी कार्यवाहियों को उचित ठहराने के लिए करे परन्तु इसका यह अर्थ नहीं है कि वह धर्म या वह धार्मिक समुदाय आतंकी वारदातों के लिए जिम्मेदार है। केवल सम्बन्धित व्यक्ति, संगठन या समूह को उसके लिए जिम्मेदार ठहराया जा सकता है न कि किसी धर्म या उस धर्म के मानने वालों को।

हिन्दुत्व संगठनों के नेता यह कहते नहीं थक रहे हैं कि हिन्दू धर्म या हिन्दू संस्कृति हिंसा के लिए जिम्मेदार नहीं है। कोई हिन्दू व्यक्ति अपनी व्यक्तिगत हैसियत में या कोई हिन्दू संगठन हिंसा में विश्वास कर सकता है परन्तु हिन्दू धर्म नहीं। हिन्दू धर्म शान्ति और अहिंसा का धर्म है। ठीक उसी तरह जिस तरह इस्लाम भी शान्ति और अहिंसा में विश्वास करता है। कुछ मुस्लिम या कुछ हिन्दू या इन धर्मों को मानने वालों का कोई संगठन अवश्य आतंकवादी हिंसा के लिए जिम्मेदार हो सकता है।

साध्वी और उनके साथियों की गिरफ्तारी ने इस बात को — जो सबको पहले से मालूम थी — उजागर कर दिया है कि कुछ हिन्दुत्व संगठन बम बना रहे हैं और मालेगाँव (2006), हैदराबाद की मक्का मस्जिद आदि में हुए बम विस्फोटों में इन संगठनों की भूमिका की जाँच की जानी चाहिए। दुर्भाग्यवश, पुलिस ने इस पहलू पर कभी ध्यान ही नहीं दिया और निर्दोष मुसलमानों को जेलों में ठूँसने में लगी रही। कुछ मुसलमानों का मानना है कि यूपीए सरकार ने चुनावों को ध्यान में रखते हुए मुसलमानों की नाराजगी दूर करने के लिए इस मौके पर साध्वी प्रज्ञा और उनके साथियों की गिरफ्तारी की है। विशेषकर, बाटला हाउस 'मुठभेड़' के बारे में मानवाधिकार कार्यकर्ताओं द्वारा जाहिर की गयी शंकाओं ने मुसलमानों का गुस्सा बढ़ा दिया था। मुसलमानों को संतुष्ट करने के लिए ये गिरफ्तारियाँ की गयी हैं और चुनावों के बाद मुसलमानों को बेवजह परेशान करने का सिलसिला एक बार फिर शुरू हो जाएगा।

वैसे भी, मालेगाँव में 29 सितम्बर 2008 को हुए विस्फोटों के मामले में पुलिस के लिए सिमी पर दोष मढ़ना इसलिए मुश्किल था क्योंकि लगभग सभी सिमी नेता पहले से ही जेलों में बन्द हैं। इसके अतिरिक्त, अगर इस बार फिर मुसलमानों को पकड़ा जाता तो इससे मुस्लिम समुदाय के धैर्य का बाँध टूट जाने का डर था। चुनावों के ठीक पहले यू.पी.ए. की साख को इससे गहरा धक्का पहुँचता।

मैंने सन् 2006 के मालेगाँव धमाकों की जाँच की थी। मैं सभी राजनैतिक दलों के नेताओं, बुद्धिजीवियों और आम लोगों से मिला था। उनमें से कोई भी यह मानने को तैयार नहीं था कि धमाकों के लिए वे लोग दोषी थे जिन्हें पुलिस ने आरोपी बनाया था। इन धमाकों में 50 से अधिक लोग मारे गये थे। धमाके करने के लिए शुक्रवार का दिन

चुना गया था। उस दिन एक महत्वपूर्ण मुस्लिम त्यौहार भी था। कोई मुसलमान ऐसे दिन और समय (जुमे की नमाज खत्म होने के ठीक बाद) बम विस्फोट नहीं करेगा।

पुलिस इन विस्फोटों को सिमी के सिर मढ़ने पर आमादा थी और वह कोई तर्क सुनने को तैयार नहीं थी। सन् 2006 के मालेगाँव धमाकों की पुनः जाँच की जानी चाहिए और मुझे विश्वास है कि सच सामने आएगा। मैंने इन धमाकों के आरोपियों के विरुद्ध एटीएस द्वारा दाखिल की गयी चार्जशीट देखी हैं और उनमें पुलिस हिरासत में लिये गये इकबालिया बयानों के अलावा कोई सुबूत नहीं है। कोई अदालत इनके आधार पर आरोपियों को दोषी नहीं ठहरा सकेगी। असली दोषी बच निकलेंगे।

हैदराबाद की मक्का मस्जिद में हुए विस्फोटों के सिलसिले में गिरफ्तार किए गये अधिकांश लोग भी निर्दोष हैं। मैंने उन्हें हैदराबाद में आयोजित जन सुनवाई में सुना है। चूँकि उनके खिलाफ कोई सुबूत नहीं था इसलिए हैदराबाद के मानवाधिकार कार्यकर्ताओं और नागरिक अधिकार संगठनों ने उनको जमानत दिलवाने के प्रयास किये और अदालत को उन्हें जमानत देनी पड़ी।

हैदराबाद पुलिस असली दोषियों तक नहीं पहुँच सकी है या शायद वो उन तक पहुँचना ही नहीं चाहती।

मालेगाँव धमाकों में सेना के कुछ अफसरों का शामिल होना आश्चर्यजनक नहीं है। सेना में संघ की विचारधारा वाले लोग बड़ी संख्या में शामिल हो गये हैं और सेवानिवृत्ति के बाद वे हिन्दुत्व संगठनों में काम करते हैं।

सेना यह दावा करती है कि वो पूरी तरह से धर्मनिरपेक्ष है — और शायद वह है भी — परन्तु सेना में अफसरों और सिपाहियों की भर्ती में पर्याप्त सतर्कता और सावधानी बरती जानी चाहिए। साम्प्रदायिक मानसिकता वाले किसी व्यक्ति की भर्ती नहीं की जानी चाहिए। शायद इस पक्ष पर समुचित ध्यान नहीं दिया जा रहा है। आर. एस. एस. के नियंत्रण वाले स्कूलों और कालेजों से निकले छात्र, सेना में प्रवेश करने में सफल हो रहे हैं।

मेरा विचार है कि बेहतर होगा कि सभी आतंकी बम विस्फोटों की जाँच पूर्व हाईकोर्ट जजों की देखरेख में विश्वसनीय और निष्पक्ष पुलिस अफसरों की टीम से करायी जाए। इससे जाँच में पूर्वाग्रहों की भूमिका कम हो जावेगी - यद्यपि वह खत्म नहीं होगी।

ऐसा करना देश के हित में होगा। ऐसा लग रहा है कि देश में साम्प्रदायिक दंगों का स्थान बम विस्फोट लेते जा रहे हैं। कुछ लोगों को सन्देह है कि यह साम्प्रदायिक ताकतों का नया तरीका है क्योंकि बड़े दंगे करवाना कठिन होता जा रहा है।

समाज को भी आतंकवादियों — चाहे वे किसी भी धर्म के हों — से सावधान रहने की जरूरत है।

इस्लाम और समाज सुधार

परम्परागत उलेमा हमेशा से सामाजिक सुधारों का विरोध करते रहे हैं। कुरान की कुछ चुनी हुई आयतों और हदीस के गलत उद्धरणों का इस्तेमाल वे अपने लिए यथास्थितिवादी मुस्लिम समाज का समर्थन जुटाने या पाने के लिए करते रहे हैं। वे अक्सर समाज सुधारकों को काफिर या मुल्हिद या प्रकृति पूजक करार देते हैं। उनके खिलाफ फतवा जारी हो जाने के बाद समाज सुधारकों की जिन्दगी बहुत कठिन हो जाती है। वे अकेले पड़ जाते हैं और अपने काम को आगे नहीं बढ़ा पाते।

इतिहास गवाह है कि इस्लामिक समाज सुधारकों को हमेशा से इस समस्या का सामना करना पड़ा है, विशेषकर 19वीं सदी में, जब ब्रिटिश शासन के दौरान 'उन्नत' पश्चिमी सभ्यता के प्रभाव से कई समाज-सुधार आन्दोलन शुरू हुए।

यहाँ यह स्पष्ट कर देना आवश्यक है कि समाज सुधार से हमारा क्या आशय है। जैसे ही कोई समाज सुधार की बात करता है, उस पर यह आरोप चस्पा कर दिया जाता है कि वो 'दैवीय' शरीयत को बदलना चाहता है और दैवीय कानून को बदलना, अल्लाह की हुक्मउदूली करना है। इस तर्क से, स्वाभाविकत: समाज सुधारक की छवि मिट्टी में मिल जाती है।

हम यहाँ जिन सुधारों की बात कर रहे हैं, उनका सम्बन्ध किसी दैवीय कानून को बदलने से नहीं बल्कि उन नियमों की पुनर्व्याख्या करने से है, जिन्हें पुराने समय में तत्कालीन सामाजिक परिस्थितियों के परिप्रेक्ष्य में बनाया गया था। दैवीय आदेशों को नये तरीके से समझने की कोशिश को भी हम समाज सुधार की परिभाषा में शामिल करते हैं। जैसा कि 'सुधार' शब्द से ही स्पष्ट है, समाज सुधार का उद्देश्य किसी चीज को पूरी तरह बदलना नहीं है बल्कि उसमें ऐसे परिवर्तन लाना है जिनसे वह वर्तमान काल की चुनौतियों का सक्षमता से मुकाबला कर सके। जाहिर है कि आधारभूत मूल्यों या सिद्धान्तों को नहीं बदला जा सकता क्योंकि ऐसा करना 'सुधार' नहीं वरन् 'परिवर्तन' होगा।

उदाहरणार्थ, पूर्व में महिलाओं के बारे में कुरान की कुछ आयतों को तत्कालीन उलेमा ने एक रूप में समझा और अपनी उसी समझ के आधार पर शरीयत कानून

बनाये। इसी तरह, यदि आज कोई समाज सुधारक किसी आयत का कोई अलग अर्थ लगाता है और इस आधार पर किसी कानून को बदलने की पैरवी करता है तो इसका यह अर्थ नहीं है कि वो कुरान से हटकर कुछ नया कर रहा है। परन्तु हमारे उलेमा उस पर तुरन्त कुरान के रास्ते से भटकने का आरोप जड़ देंगे और शरीयत में परिवर्तन की सलाह को एक सिरे से खारिज कर देंगे।

मौलवी मुमताज़ अली जाने-माने आलिम थे और देवबंद के मदरसे में पढ़े थे परन्तु महिला अधिकारों के मसले पर वे परम्परागत उलेमा से पूरी तरह असहमत थे। उन्होंने परम्परागत उलेमा की मर्दों की औरतों पर फज़ीलात (श्रेष्ठता) में विश्वास को चुनौती देते हुए एक पुस्तक लिखी, जिसका शीर्षक था 'हुकूक अल् निस्वां' (महिलाओं के अधिकार)। इस पुस्तक में उन्होंने कुरान की कई आयतों को उद्धत किया और उनकी अपने तरीके से व्याख्या की। वे उस 19वीं सदी में रह रहे थे, जब दुनिया तेजी से बदल रही थी। क्या हम उन्हें काफिर कहें? क्या हम उन्हें धर्मभ्रष्ट कहें? या केवल सुधारक? मुमताज़ अली, सर सैय्यद के आन्दोलन के समर्थक थे। उनकी विचार शैली और समझ आधुनिक थी परन्तु उन्होंने कुरान की सीमाओं का अतिक्रमण नहीं किया। महिला अधिकारों के मामले में तो उनकी सोच इतनी आधुनिक थी कि सर सैय्यद को लगा कि मौलवी की पुस्तक को प्रकाशित करना उचित न होगा और उन्होंने यही सलाह मौलवी मुमताज़ को दी। परन्तु मौलवी अपनी पुस्तक को प्रकाशित करने के निर्णय पर दृढ़ थे और उन्होंने उसे प्रकाशित किया भी।

सर सैय्यद, जिनका जन्मदिवस 17 अक्टूबर था, भी महान समाज सुधारक थे। उन्होंने उलेमा के कड़े विरोध के कारण किसी धार्मिक सिद्धान्त पर अपने विचार सार्वजनिक नहीं किये। सर सैय्यद कुरान पर तसीर (टीका या भाष्य) लिखना चाहते थे परन्तु उलेमा ने उन्हें चेतावनी दी कि अगर उन्होंने ऐसा किया तो वे सर सैय्यद की आधुनिक कालेज स्थापित करने की योजना में उनका साथ नहीं देंगे। सर सैय्यद ने तसीर लिखने का इरादा छोड़ दिया क्योंकि उनके लिए आधुनिक शिक्षा किसी भी अन्य चीज से ज्यादा महत्वपूर्ण थी। वे चाहते थे कि मुसलमान आधुनिक, धर्मनिरपेक्ष शिक्षा पाएँ ताकि आधुनिक ज्ञान—जो उस समय सिर्फ अंग्रेजी में उपलब्ध था—के दरवाजे उनके लिए खुल सकें। उलेमा ने उनके आधुनिक शिक्षा आन्दोलन और आधुनिक शिक्षा देने वाले संस्थान की स्थापना करने के इरादे का कड़ा विरोध किया। सर सैय्यद को 'काफिर' 'ईसाई' और 'यहूदी' कहा गया। यहाँ तक कि एक उलेमा मक्का तक तशरीफ ले गये और उनको सजा-ए-मौत देने का फतवा जारी करवा लाये।

प्रश्न यह उठता है कि सामाजिक सुधारों का इतना कटु विरोध क्यों होता था जबकि यह निर्विवाद है कि सुधारों का उद्देश्य मुस्लिम समुदाय की भलाई ही था। केवल धार्मिक विश्वास, निश्चय ही, इस विरोध का कारण नहीं थे।

दरअसल, सुधारों के विरोध के पीछे कई जटिल कारण होते हैं। पहला कारण है, परिवर्तन का डर। परिवर्तन अपने साथ अनिश्चितता लाता है और लाता है अज्ञात परिणामों की आशंका, विशेषकर उन लोगों के लिए जो उन परिवर्तनों से लाभान्वित नहीं होने वाले होते हैं। धर्मशास्त्रियों और धार्मिक नेताओं के अलावा, आमजन भी सुधारों से डरते हैं क्योंकि वे अज्ञान और अंधविश्वास के अँधेरे में जीते हैं और परिवर्तन के दौर से गुजरने का उन्हें कोई अनुभव नहीं होता।

दुर्भाग्यवश, इस्लाम की मूल आत्मा के अलावा, अंधविश्वास भी धर्म का भाग बन गये हैं और इन अंधविश्वासों का विरोध भी धर्म पर हमला समझा जाता है। सर सैय्यद आधुनिक विज्ञान और सामाजिक समस्याओं की वैज्ञानिक व्याख्या के समर्थक थे परन्तु इसे भी धार्मिक मामलों में हस्तक्षेप समझा गया और उलेमा ने उनका जमकर विरोध किया। यह कहा गया कि वे प्रकृति में विश्वास करते हैं मानों प्रकृति में विश्वास का अर्थ ईश्वर में विश्वास न करना हो। सर सैय्यद का बहुत प्रसिद्ध कथन था कि "ईश्वर की शिक्षाएं कभी ईश्वर के काम के विरुद्ध नहीं हो सकतीं।"

कुरान ईश्वर की शिक्षा है और यह विश्व ईश्वर द्वारा निर्मित है और चूँकि विज्ञान ईश्वर रचित विश्व का अध्ययन करता है इसलिए सर सैय्यद ईश्वर की रचना को विज्ञान के जरिए समझने के हामी थे। शायद इस कारण उलेमा ने उन्हें 'नैचारी' (जो केवल प्रकृति में विश्वास करता है) कहना शुरू कर दिया। उन पर उलेमा द्वारा नैचारी का लेबिल चस्पा करने का यह असर हुआ कि जब वे अपने कालेज के लिए चन्दा इकट्ठा करने लाहौर गए तो कोई उनकी बात सुनने तक को तैयार नहीं था। फिर उन्होंने मौलवी नाज़िर अहमद को दिल्ली से बुलवाया और उन्होंने लाहौर की जामा मस्जिद से अपनी तकरीर दी जिसमें उन्होंने पहले 'नैचारियों' की घोर निन्दा की और फिर बड़ी चतुराई से सर सैय्यद के शिक्षा मिशन की प्रशंसा की। इसके बाद ही उन्हें धन मिलना शुरू हुआ। इस घटनाक्रम से यह स्पष्ट होता है कि मुसलमानों की सोच किस प्रकार की बना दी गयी है। उन्हें भावनाओं में बहाकर उनसे कुछ भी करवाया जा सकता है। पारम्परिक मुस्लिम नेता हमेशा से मुसलमानों की भावनाओं से खेलते रहे हैं।

मौलानाओं और मौलवियों ने मुसलमानों की भावनाओं का इस्तेमाल उन पर नियंत्रण स्थापित करने के लिए किया और धर्म, मुसलमानों की भावनाओं को जागृत करने का सबसे प्रभावी माध्यम था। सच तो यह है कि कोई भी सच्चा धार्मिक व्यक्ति हमेशा तर्क और गम्भीर चिन्तन के बाद किसी नतीजे पर पहुँचता है। कुरान बार-बार धर्म में विश्वास करने वालों और विश्वास न करने वालों को भी विचार और चिन्तन करने के लिए कहती है। (6:50, 7:184)

मुसलमानों का पुरोहित वर्ग, (सच तो यह है कि इस्लाम में कोई पुरोहित वर्ग है ही नहीं), धर्मशास्त्री और कुछ सामाजिक-सांस्कृतिक नेता, किसी भी वैचारिक विरोध से सबसे अधिक डरते हैं। क्योंकि उससे उनके नेतृत्व को चुनौती मिलती है। मुल्ला-

मौलवियों और धर्मशास्त्रियों ने लम्बे समय से आम मुसलमानों के दिलो-दिमाग पर कब्जा जमा रखा है और उन्हें ऐसा लगता है कि किसी भी परिवर्तन से नया धार्मिक नेतृत्व उभर सकता है और उनकी कुर्सी खतरे में पड़ सकती है। वे अपनी स्थिति को मजबूत बनाये रखने के लिए हर परिवर्तन का विरोध करते हैं, और लोगों को प्रभावित करने के लिए वे इस विरोध को धर्मिक रंग दे देते हैं और धार्मिक ग्रन्थों को उद्धृत करते हैं।

उन्नीसवीं सदी के उलेमा, अंग्रेजी शिक्षा से घबराते थे क्योंकि उन्हें लगता था कि इससे मदरसों का महत्व कम होगा और मुसलमान, ईसाईयों के नजदीक जावेंगे। जैसे अरबी शिक्षा, इस्लाम के नजदीक ले जाने वाली मानी जाती थी, उसी तरह अंग्रेजी शिक्षा, ईसाईयत के नजदीक ले जाने वाली कही जाती थी। उलेमा आधुनिक शिक्षा का विरोध एक अन्य कारण से भी करते थे। उलेमा, मुगल बादशाहों के दरबारों में 'काज़ी' (धार्मिक न्यायाधीश) के बतौर उच्च पदों पर पदासीन थे। उनकी जगह अंग्रेज जज और ऐसे भारतीय ले रहे थे जो कानून की पढ़ाई कर चुके थे। इससे उलेमा नाराज थे और वे अंग्रेजी शिक्षा के खिलाफ थे, जो उनकी स्थिति को कमजोर कर रही थीं। उन्हें डर था कि अंग्रेजी शिक्षा के प्रसार से अन्तत: मदरसे बन्द हो जावेंगे और वे मदरसों में पढ़ाने के अपने काम से भी हाथ धो बैठेंगे। इस तरह, उनके पास पाने को कुछ नहीं था और खोने के लिए सब कुछ था।

मुस्लिम आमजनों ने भी उलेमा का साथ दिया। पहले तो इसलिए क्योंकि वे उलेमा को अपना धार्मिक नेता और इस्लामिक विद्वान मानते थे। दूसरे इसलिए क्योंकि मुस्लिम समाज यथास्थितिवादी और जड़ था। उसे हर परिवर्तन से डर लगता था। मुसलमान अंग्रेजों को अपना दुश्मन मान्ते थे—और यह सही भी था—क्योंकि अंग्रेज उनके धार्मिक विश्वासों के शत्रु थे और अंग्रेजों ने उनकी राजनैतिक प्रभुता को खत्म कर दिया था। भविष्य अंजान था और विदेशी शासकों के हाथ में था।

जैसा कि ऊपर कहा जा चुका है, परिवर्तन से वे लोग डरते हैं जिनको उससे नुकसान होने की सम्भावना होती है और वे लोग परितर्वन का स्वागत करते हैं जिन्हें उससे फायदा पहुँचता है। बहुत कम लोग समाज सुधारकों का साथ देते हैं। इनमें मुख्यत: वे होते हैं जिनमें दूरदृष्टि होती है। सर सैय्यद ने आधुनिक शिक्षा के लिए आन्दोलन जब प्रारम्भ किया था उस समय मुस्लिम समुदाय में वह वर्ग ही नहीं था जो अंग्रेजी शिक्षा का लाभ ले पाता।

बाद में, धीरे-धीरे यह वर्ग उभरा और यही वर्ग अपने साथ परिवर्तन की एक बड़ी लहर लाया। इनमें से कई बुद्धिजीवियों को तो आज भी सम्मान की दृष्टि से देखा जाता है। इनमें शामिल हैं नवाब मोहसिन-उल-मुल्क, मौलवी चिराग अली, जस्टिस अमीर अली, मौलवी मुमताज़ अली खान आदि। इन सब ने मुसलमानों के लिए एक बेहतर जीवन की नींव रखी। शिक्षित मुसलमानों के नये वर्ग में से कई ने सिविल सेवा,

पुलिस और अन्य सरकारी महकमों में जगह पायी और नाम कमाया।

आज न केवल उलेमा खुद अंग्रेजी सीख रहे हैं बल्कि वे गैर-मुसलमानों को इस्लाम के बारे में अंग्रेजी में बताना ही बेहतर समझते हैं। कलकत्ता में एक मदरसा स्थापित हो रहा है जिसमें अंग्रेजी माध्यम से शिक्षा दी जाएगी। 'काफिरों' की भाषा इस्लामिक दुनिया का हिस्सा बन गयी है। इससे स्पष्ट है कि जो लोग पहले परिवर्तन का विरोध करते हैं वे ही बाद में न केवल उसे स्वीकार कर लेते हैं बल्कि वही परिवर्तन उनके अस्तित्व का आधार बन जाता है। यह बहुत दुर्भाग्यजनक है कि हमारे उलेमा हर नयी चीज का कटु विरोध करते हैं और बाद में अपने खुद के लाभ के लिए उसे स्वीकार कर लेते हैं। हम समय के साथ नहीं चलते और फिर समय हमें अपने साथ चलने के लिए मजबूर करता है। परन्तु इस बीच हम अपनी जड़ता की कीमत चुका चुके होते हैं।

अब मालेगाँव पर हमला : आखिर रास्ता क्या है ?

मालेगाँव में शब-ए-बारात के पवित्र दिन हुआ आतंकवादी हमला उतना ही भयावह है जितना गत 11 जुलाई को मुम्बई की लोकल ट्रेनों पर हुए बम हमले। यह महत्वपूर्ण नहीं है कि मालेगाँव में कितनी जानें गयीं और मुम्बई में कितनी। महत्वपूर्ण यह है कि हमलावरों के लिए मासूम नागरिकों की जान की मानों कोई कीमत ही नहीं है। मुम्बई में वे आम लोग मारे गये जो अपना दिन भर का काम निपटा कर घरों को लौट रहे थे। मालेगाँव में मरने वाले वे थे जो एक धार्मिक आयोजन के लिए इकट्ठा हुए थे। कुछ तो वहाँ भीख माँग रहे थे।

अभी तक यह पूरी तरह से साफ नहीं हुआ है कि मुम्बई में ट्रेनों में और मालेगाँव में कब्रिस्तान और मस्जिद के नजदीक खड़ी साईकिलों में बम किसने लगवाए। जहाँ तक मुम्बई बम धमाकों का सम्बन्ध है, पुलिस का ऐसा मानना है कि उनके पीछे लशकर-ए-तैय्यबा है और लशकर को पाकिस्तानी आई.एस.आई. का सहयोग व समर्थन प्राप्त है। यद्यपि अभी तक कोई ठोस सबूत सामने नहीं आया है, परन्तु पुलिस की बात को सही न मानने का कोई कारण भी नहीं है।

मालेगाँव धमाकों के बारे में पुलिस खुलकर तो कुछ नहीं कह रही है परन्तु अप्रत्यक्ष रूप से पाकिस्तानी आतंकवादी संगठनों की ओर इशारा किया जा रहा है। यह सही नहीं जान पड़ता। इन धमाकों को पाकिस्तानी आतंकवादी संगठनों से जोड़ने का आधार है इनमें आरडीएक्स के साथ नाइट्राईट का इस्तेमाल। विस्फोट को ट्रिगर करने के लिए इस्तेमाल उपकरण भी वे ही हैं जो पाकिस्तानी आतंकवादी संगठनों द्वारा इस्तेमाल किये जाते हैं।

अभी तक मालेगाँव में इस्तेमाल किये गये विस्फोटक की प्रयोगशालाओं में जाँच नहीं हुई है और उसके आरडीएक्स होने की पुष्टि नहीं हुई है। यदि उक्त विस्फोटक आरडीएक्स ही निकलता है तब भी यह मानना कि विस्फोटों के पीछे पाकिस्तानी आतंकवादी संगठन हैं, उचित नहीं होगा। विस्फोटों के लिए शब-ए-बारात जैसे दिन, मस्जिद और कब्रिस्तान जैसे स्थान और दोपहर दो बजे का समय-जबकि लोग जुम्मे की नमाज पढ़कर मस्जिद से बाहर निकल रहे थे — का चुनाव यह साफ संकेत देता

है कि कोई मुस्लिम संगठन इन विस्फोटों के पीछे नहीं हो सकता।

जिस तरह मुम्बई विस्फोटों में किसी हिन्दुत्ववादी संगठन का हाथ होने की बात अविश्वसनीय लगती है उसी तरह मालेगाँव हमले के लिए किसी मुस्लिम संगठन को जिम्मेदार बताना तार्किक नहीं जान पड़ता। दुर्भाग्यवश, पुलिस इस मसले पर साफ-साफ कुछ भी कहने से बच रही है और मुस्लिम संगठनों को जिम्मेदार मान रही है। मुम्बई धमाकों के मामले में तो पुलिस बिना किसी देरी के इस निष्कर्ष पर पहुँच गयी थी कि घटना के पीछे कोई पाकिस्तानी आतंकवादी संगठन है और इसी आधार पर उसने सन्देहियों को गिरफ्तार करना शुरू कर दिया था।

मालेगाँव मामले में पुलिस इस कोण से जाँच करने के लिए तैयार ही नहीं है कि हमले के पीछे हिन्दुत्ववादी संगठन भी हो सकते हैं। यह मानना उचित नहीं होगा कि आरडीएक्स का एकमात्र स्रोत आई.एस.आई. है। भारत में ऐसे बहुत से लोग हैं जो कि इस खतरनाक विस्फोटक को उपलब्ध करा सकते हैं। जहाँ तक टाईमर या ट्रिगर उपकरणों को बनाने का सवाल है, इसके विशेषज्ञ भी भारत में मौजूद हैं। इनको बनाने के लिए कोई बहुत उच्च दर्जे की टेक्नोलाजी की जरूरत नहीं है। इन्हें कोई भी बना सकता है। महाराष्ट्र पुलिस को चाहिए कि इस मसले पर खुले दिमाग से विचार करे।

मुम्बई की तरह मालेगाँव के नागरिक भी बधाई के पात्र हैं। मालेगाँव में विस्फोटों के बाद भी साम्प्रदायिक शान्ति बनी रही। जिस तरह मुम्बई में सैकड़ों मुसलमान अपने हिन्दू भाई-बहनों की मदद के लिए दौड़ पडे थे, उसी तरह मालेगाँव में भी हिन्दुओं ने हमले के शिकार मुसलमानों की मदद करने में कोई कसर नहीं छोड़ी। मुम्बई के विपरीत मालेगाँव, साम्प्रदायिक रूप से अत्यन्त संवेदनशील है। यहाँ की तीन-चौथाई आबादी मुस्लिम है। इसके बावजूद हिन्दुओं और मुसलमानों ने बहुत शान्ति से और बहुत ही हिम्मत से हालात का मुकाबला किया और साम्प्रदायिक शान्ति बनाये रखी।

गुजरात के भयावह दंगों के बाद से भारतीय जनता ने इस तरह के उत्तेजक घटनाओं के बाद अत्यन्त समझदारीपूर्ण व गम्भीर रूख अपनाया है। शायद इसी से हताश होकर साम्प्रदायिक और कट्टरपंथी ताकतों ने बम विस्फोटों के जरिए लोगों को आतंकित करने का रास्ता अपनाया है। इन बम विस्फोटों को एक छोटा सा समूह भी अंजाम दे सकता है। आधुनिक विस्फोटक इतने शक्तिशाली व खतरनाक हैं कि उनके इस्तेमाल से दस-बारह लोग भी बड़ी आसानी से सैकड़ों की जानें ले सकते हैं। अब स्थिति यह है कि कोई भी समुदाय अपने सदस्यों पर हुए हमले का बदला दूसरे समुदाय से लेने में सक्षम और तत्पर है।

इस दौर में शान्ति बनाए रखने की आवश्यकता है। अन्यथा इन परस्पर 'बदले की कार्यवाहियों' में हजारों निर्दोष लोग मारे जावेंगे। हमें इस 'बदले' की मनोवृत्ति को नियंत्रित करना होगा। इस तरह की कायरतापूर्ण हत्याओं के दौर को रोकने के लिए कुछ कदम उठाये जाने की जरूरत है।

मेरे विचार से निम्न कदम उठाने से अपेक्षित परिणाम प्राप्त होंगे —

1. सभी राजनैतिक दलों को साम्प्रदायिक हिंसा समाप्त करने का संकल्प लेना चाहिए। हमें यह याद रखना होगा कि मुम्बई में 1992 में हुए दंगों के नतीजे में 1993 में बम विस्फोट हुए, जिनमें 270 निर्दोष लोग मारे गये। गुजरात के कत्लेआम के बाद ''बदले की कार्यवाहियो'' की एक शृंखला शुरू हुई जिसका अन्त 11 जुलाई को मुम्बई ट्रेन विस्फोटो से हुआ। 'गुजरात रिवेन्ज फोर्स' नामक एक संगठन ने इनमें से कुछ 'बदले की कार्यवाहियों' की जिम्मेदारी ली है।

2. हमारी शिक्षा व्यवस्था में आमूल-चूल परिवर्तन की जरूरत है। हमारी शिक्षा व्यवस्था साम्प्रदायिकता की समस्या पर नियंत्रण पाने के स्थान पर उसे बढ़ा रही है। मध्यकालीन इतिहास जिस ढंग से हमारे देश में पढ़ाया जा रहा है उससे हिन्दुओं और मुसलमानों के बीच घृणा और वैमनस्य बढ़ रहा है। अधिकांश स्कूल टीचरों का दृष्टिकोण संकुचित और साम्प्रदायिक है। इसके अलावा, हमारी शिक्षा को मूल्य-आधारित बनाये जाने की भी जरूरत है।

3. यह गम्भीर चिन्ता का विषय है कि हमारी प्राथमिक शिक्षा देश की धर्मनिरपेक्ष प्रजातांत्रिक व्यवस्था के महत्व पर जोर नहीं देती। धर्मनिरपेक्ष प्रजातंत्र हमारी राजनैतिक व्यवस्था का आधार है, इस पर पर्याप्त जोर दिया जाना चाहिए।

4. हमारा समाज बहु-धार्मिक व बहु-सांस्कृतिक है और छात्र-छात्राओं को बहुवाद के मूल्यों से परिचित कराया जाना चाहिए। यूरोप, जो कि अभी हाल तक एक-धर्मी था, वहाँ भी अब बहु-संस्कृतिवाद पर बल दिया जा रहा है। बहुवाद हमारी शिक्षा व्यवस्था का अंग बनना चाहिए।

5. आजकल आमजन ऐसा सोचने लगे हैं कि धर्म के कारण समाज का विभाजन हो रहा है। यह सन्देश जनता तक पहुँचाने की जरूरत है कि धर्म तो शान्ति का स्रोत है विवाद का नहीं। सभी धर्मों के मूल्य समान हैं, इस बात पर जोर दिया जाना चाहिए। इस साल हम गाँधीजी द्वारा दक्षिण अफ्रीका में सत्याग्रह आन्दोलन शुरू करने की सौवीं वर्षगाँठ मना रहे हैं। दुर्भाग्यवश, हमारी राजनीति और हमारी शिक्षा व्यवस्था दोनों में ही गाँधीवादी मूल्यों के लिए कोई जगह नहीं बची है। गाँधीजी ने राजनीति के सिद्धान्त और प्रयोग दोनों ही क्षेत्रों में युगांतकारी योगदान दिया था। उन्होंने अहिंसा और सत्याग्रह को प्रजातंत्र की नींव निरूपित कर हमें एक नई राह दिखाई थी। जैसा कि हालिया हुए एक सर्वेक्षण से सामने आया है, अधिकांश लोग गाँधीजी के नाम तक से परिचित नहीं है। उनके सिद्धान्तों की जानकारी होना तो दूर की बात है।

हमारा प्रजातंत्र हमें एक करने के बजाय हमारे बीच अलगाव की दीवारें खड़ी कर रहा है। इस या उस समुदाय के वोट कबाड़ने के लिए राजनैतिक नेता अलगाव और पारस्परिक कटुता को हवा देने में संकोच नहीं करते। हमने जो चुनाव पद्धति अपनाई है—अर्थात जीत उसकी जिसे सबसे अधिक मत मिलें—वह भी हमारी समस्याओं का

कारण है। हमें या तो आनुपातिक प्रतिनिधित्व की प्रक्रिया अपनाना चाहिए और या फिर चुने जाने के लिए कम से कम 51 प्रतिशत मत पाना अनिवार्य कर दिया जाना चाहिए।

यदि विजयी उम्मीदवार के लिए कम से कम 51 प्रतिशत मत पाना अनिवार्य कर दिया जावेगा तो इससे मतदाताओं को विभाजित करने की बजाय उन्हें एक करने की प्रवृत्ति बढ़ेगी। साम्प्रदायिक ध्रुवीकरण बढ़ रहा है और साम्प्रदायिक व जातिवादी ताकतें अपने उम्मदीवारों की विजय के लिए संकुचित अपीलें करती हैं। यह अत्यन्त दुर्भाग्यपूर्ण है। असल में हमने ब्रिटिश संसदीय प्रजातंत्र को अपनाया है। ब्रिटेन एक धर्म व एक संस्कृति वाला देश है जबकि भारत बहुधार्मिक व बहु संस्कृतियों वाला देश है।

हमें अपने धर्मनिरपेक्ष प्रजातंत्र पर निश्चय ही गर्व करना चाहिए परन्तु हमें यह भी याद रखना होगा कि हम काफी हद तक सिर्फ औपचारिक तौर पर ही धर्मनिरपेक्ष प्रजातंत्र हैं। सच्चे अर्थों में धर्मनिरपेक्ष प्रजातंत्र बनने के लिए यह आवश्यक है कि हमारे देश में रहने वाले सभी धार्मिक, जातीय, भाषायी व सांस्कृतिक समुदायों को यह महसूस हो कि उनके साथ न्याय हो रहा है व उन्हें सत्ता में और आर्थिक विकास में समुचित हिस्सेदारी मिल रही है। जब किसी वर्ग विशेष को यह लगता है कि उसके साथ न्याय नहीं हो रहा तब उसका गुस्सा उस समुदाय पर भड़कता है जिसे वह संसाधनों पर बेजा कब्जा करने का दोषी समझता है। यही हिंसा का कारण है। शान्ति नारों से नहीं आ सकती। वह तो न्याय से ही आ सकती है।

हमें हमारे प्रशासनिक-राजनैतिक ढांचे को जातिवादी व धार्मिक पूर्वाग्रहों से मुक्त करना होगा। इन पूर्वाग्रहों का अन्तिम नतीजा गुस्से का हिंसा में बदलना ही होता है। गाँधीजी ने सत्याग्रह को अहिंसक संघर्ष का अविभाज्य हिस्सा बताया था। जब हम अंग्रेजों से लड़ रहे थे, उस समय हमारे सामने एक लक्ष्य था। अब हम लक्ष्यहीन भटकाव के शिकार हैं। ऐसे में सत्याग्रह — अर्थात सत्य पर आधारित न्याय के लिए संघर्ष — की बात करना ही बेमानी लगता है।

जब हम परतंत्र थे तब हमारे विदेशी शासक हमारा शोषण कर रहे थे। आज हमारे देशवासी ही हमारा खून चूस रहे हैं। यही कारण है कि आज सत्याग्रह आन्दोलन प्रारम्भ करना आसान नहीं है। कम सें कम उसमें सभी वर्गों और समुदायों को शामिल करना था जो कतई आसान नहीं है। ऐसा इसलिए है क्योंकि जब हमारे लोग ही हमारे शोषक हैं तो वे हमारे साथ सत्याग्रह में क्यों और कैसे शामिल होंगे ? हमारी राजनीति सत्ता की कभी न पूरी होने वाली प्यास बन गयी है। वो न तो मूल्य-आधारित है और न ही उसका मूल मुद्दों से कोई जुड़ाव है। इसलिए आज गाँधीजी के तरीके से संघर्ष करना अत्यन्त चुनौतपूर्ण और कठिन काम बन गया है। परन्तु हमें यह समझना होगा कि अहिंसा और सत्य पर आधारित राजनीति ही हमारी अन्तिम आशा है। वर्ना हमें और दंगों, बम विस्फोटों और उद्देश्यहीन हिंसा के लिए तैयार रहना होगा।

मालेगाँव धमाके : पुलिस के पूर्वाग्रह

महाराष्ट्र के मालेगाँव में 8 सितम्बर, 2006 को हुए बम विस्फोटों में 37 लोग मारे गए और इससे कहीं अधिक घायल हुए। उस दिन शुक्रवार था और अपने मृत सम्बन्धियों के लिए प्रार्थना करने का दिन शब-ए-बारात भी था। हजारों लोग कब्रिस्तान में अपने मृत पूर्वजों के लिए प्रार्थना करने और पास की ही मस्जिद में दोपहर की नमाज अदा करने के लिए इकट्ठा थे। जिस समय ये लोग मस्जिद से बाहर निकल रहे थे, उसी समय एक के बाद एक तीन बम फूटे जिनने तबाही मचा दी।

मुम्बई के ट्रेन धमाकों के विपरीत, पुलिस ने मालेगाँव के विस्फोटों की जाँच में कोई खास दिलचस्पी नहीं दिखाई। मुम्बई में आतंकवाद निरोधक दस्ते ने दिन-रात काम कर एक माह के भीतर ही हमले के लिए जिम्मेदार व्यक्तियों और संगठनों की पहचान कर ली थी। मालेगाँव के मामले में ऐसा लगता है मानो पुलिस की अपराधियों को पकड़ने में कोई रुचि ही न हो। मालेगाँव के अनेक मुस्लिम नेताओं और मानवाधिकार संगठनों की मान्यता है कि इन विस्फोटों के पीछे बजरंग दल जैसे अतिवादी हिन्दू संगठन हो सकते हैं।

मालेगाँव के नेताओं के अनुसार इसी वर्ष अप्रैल में मालेगाँव में आर.एस.एस. कार्यकर्ता लक्ष्मण राजगोंडवार के घर विस्फोट हुआ था जिसमें श्री राजगोंडवार के पुत्र सहित दो लोग मारे गए थे। अहमदनगर में शंकर शेल्के नामक एक व्यक्ति की दुकान में 16 सितम्बर को पड़े छापे में बमों की खोल और 195 किलो आरडीएक्स बरामद हुआ था। दुकान मालिक ने अगले दिन आत्महत्या कर ली थी। इसके अलावा, औरंगाबाद के नजदीक स्थित एक गाँव के सरपंच के घर से 300 किलो अमोनियम नाइट्रेट, टाईमर और फ्यूज जब्त हुए थे।

अनेक सामाजिक कार्यकर्ताओं और मुस्लिम नेताओं ने सरकार से मालेगांव बम विस्फोटों और इन घटनाओं के बीच सम्बन्ध की जाँच करने का अनुरोध किया था, परन्तु पुलिस और आतंकवाद निरोधक दस्ते (ए.टी.एस.) ने इस ओर कोई ध्यान नहीं दिया। ऐसा प्रतीत हो रहा था जैसे जिला पुलिस और ए.टी.एस. ने यह पहले से ही तय कर लिया हो कि मालेगाँव विस्फोट करने वाले आई.एस.आई. समर्थित वे ही तत्व थे जिन्होंने मुम्बई बम विस्फोट किये थे।

इस मामले में अभी हाल तक कोई खास प्रगति नहीं हुई थी। कुछ ही समय पूर्व पुलिस ने इस मामले में मालेगाँव के दो मज़दूरों और दो यूनानी डॉक्टरों को गिरफ्तार किया। यह आरोप लगाया गया कि इन डॉक्टरों के पाकिस्तान से सम्बन्ध थे। इसमें कोई शक नहीं कि मालेगाँव बम धमाकों की जाँच में पुलिस का दृष्टिकोण अत्यन्त पूर्वाग्रहग्रस्त है। किसी भी तरह से पुलिस इन विस्फाटों के लिए मुसलमानों को जिम्मेदार ठहराने पर आमादा है।

हमारे सेंटर की नंदिनी चौहान के साथ मैंने हाल में मालेगाँव का दौरा किया। हमारा उद्देश्य इस घटना के पीछे के उद्देश्यों और कारणों का पता लगाना और इसके लिए जिम्मेदार लोगों के बारे में अंदाजा लगाना था। हम वहाँ पर हिन्दू और मुस्लिम राजनेताओं और सामाजिक कार्यकर्ताओं से तो मिले ही, आम हिन्दुओं और मुसलमानों से भी हमने विचार विनिमय किया। हमने यह जानने की कोशिश की कि इन विस्फोटों के पीछे कौन हो सकता है।

हमने पाया कि मालेगाँव में हिन्दुओं और मुसलमानों के बीच ध्रुवीकरण हो गया है। सभी हिन्दू घटना के लिए मुसलमानों को जिम्मेदार बताते हैं और सभी मुसलमान, हिन्दुओं को। अलबत्ता, सभी हिन्दुओं और मुसलमानों की यह स्पष्ट मान्यता है कि इस घृणित हरकत को अंजाम देने वाले स्थानीय लोग नहीं हैं। यह बाहरी व्यक्तियों का काम है। उनका कहना है कि मालेगाँव के सभी निवासी अपने शहर से प्यार करते हैं और वे ऐसी बेजा हरकत कर ही नहीं सकते।

विडम्बना यह है कि ए.टी.एस. ने कुछ स्थानीय मुस्लिम युवकों को ही इस सिलसिले में गिरफ्तार किया है। उन्हें सिमी का पूर्व सदस्य बताया जा रहा है। पुलिस की यह स्पष्ट मान्यता बन गयी है कि सिमी एक हौआ है और उसके सभी पूर्व सदस्य बम विस्फोटों जैसे कुत्सित कामों में जुटे रहते हैं। जो लोग पकड़े गये हैं वे सभी साधारण कार्यकर्ता और यूनानी डाक्टर हैं। मालेगाँव के सभी निवासी, चाहे वे किसी भी धर्म या राजनैतिक विचारधारा के हों, पुलिस का यह दावा स्वीकार करने को तैयार नहीं हैं कि इन विस्फोटों के पीछे शब्बीर बैटरीवाला की बैटरी फैक्टरी में काम करने वाला नुरूल हुडा नाम का मजदूर है।

मालेगाँव के मुस्लिम नेताओं का यह भी कहना है कि यद्यपि अनेक हिन्दू घरों और दुकानों से बड़ी मात्रा में आरडीएक्स, अमोनियम नाईट्रेट, फ्यूजर, टाईमर इत्यादि जब्त हुए थे परन्तु पुलिस इन तथ्यों पर ध्यान देने को ही तैयार नहीं है और न ही सम्बन्धित व्यक्तियों से कोई पूछताछ ही की जा रही है। मैंने नासिक के पुलिस अधीक्षक (देहात) से मुलाकात की। वे मालेगाँव धमाकों की जाँच टीम के मुखिया हैं। मेरी उनसे लम्बी चर्चा हुई और मुझे ऐसा लगा कि वे इस घटना के पीछे मुसलमानों के अतिरिक्त किसी और का हाथ होने की सम्भावना पर विचार तक करने के लिए तैयार नहीं हैं।

उनका तर्क था कि चूँकि मालेगाँव एक मुस्लिम-बहुल शहर है इसलिए वहाँ कोई हिन्दू इस तरह के विस्फोट करने की हिम्मत नहीं कर सकता। यह एक अजीब तर्क है। यह सही है कि मालेगाँव शहर मुस्लिम-बहुल है परन्तु मालेगाँव जिले में तो हिन्दू बहुसंख्यक हैं। यही बात महाराष्ट्र राज्य और पूरे देश के बारे में सही है। उनका यह भी तर्क था कि यदि किसी हिन्दू ने यह कांड किया होता तो वह विस्फोट देर रात करता जब कहीं अधिक लोग कब्रिस्तान में इकट्ठा होते और अधिक संख्या में लोग मारे जाते।

ये विस्फोट 8 सितम्बर को 1.30 बजे दोपहर में किये गये। शुक्रवार को और विशेषकर शब-ए-बारात के दिन बड़ी संख्या में मुसलमान नमाज पढ़ने जाते हैं और उस दिन यदि लाउडस्पीकर चन्द मिनटों के लिए बन्द नहीं हो गये होते तो विस्फोट के समय हजारों मुसलमान मस्जिद के बाहर आ चुके होते। नतीजतन, मृतक संख्या कहीं अधिक होती। इस तर्क का कोई जवाब किसी के पास नहीं है। मुस्लिम नेताओं का यह भी कहना है कि बम दो साइकिलों पर रखे गये थे। इन साइकिलों को मालेगाँव से ही खरीदा गया था और खरीददारों के 'स्केच' भी तैयार किये गयें थे।

मुस्लिम नेताओं का कहना है कि पुलिस ने स्केच के आधार पर साइकिलों के खरीददारों को गिरफ्तार करने का कोई प्रयत्न नहीं किया और उलटे नुरूल हुडा और कुछ अन्यों को गिरफ्तार कर लिया। वे दो लोग जिन्होंने साइकिलें खरीदी थीं वे आखिर कहाँ गये? वे कौन थे? क्या पुलिस इन दोनों को पकड़े बिना किसी निष्कर्ष पर पहुँच सकती है? पुलिस के पास इन प्रश्नों का कोई उत्तर नहीं है।

मालेगाँव के मुसलमानों में इस बात को लेकर गहरा असन्तोष है कि पुलिस अतिवादी हिन्दू संगठनों के कार्यकर्ताओं से पूछताछ क्यों नहीं कर रही है और मालेगाँव के चन्द मुस्लिम रहवासियों के पीछे हाथ धोकर क्यों पड़ी हुई है? क्या पुलिस ने इस घटना के पीछे हिन्दू अतिवादी संगठनों के होने की सम्भावना को पूरी तरह नकार दिया है? पुलिस अधीक्षक (देहात) श्री राज्यवर्धन ने हमें बताया कि कुछ हिन्दुओं से भी पूछताछ की गयी है परन्तु वे उनके नाम बताने के लिए तैयार नहीं थे। क्यों? जब पुलिस किसी मुसलमान से पूछताछ करती थी तो उसका नाम मीडिया के जरिए सार्वजनिक कर दिया जाता था। जब नुरूल हुडा को गिरफ्तार किया गया तो उसका नाम मीडिया को बताया गया। परन्तु आज तक ऐसे किसी हिन्दू का नाम सामने नहीं आया जिससे पुलिस ने पूछताछ की हो या जिसे गिरफ्तार किया गया हो। यह गोपनीयता क्यों?

हमारी यह मान्यता है कि कोई मुसलमान, चाहे वह मालेगाँव का हो या कहीं बाहर का, शुक्रवार और उस पर भी एक पवित्र त्यौहार के दिन मस्जिद में बम नहीं लगाएगा। जब मैंने पुलिस अधीक्षक से यह जानना चाहा कि आखिर कोई मुसलमान अपने एक पवित्र त्यौहार के दिन मुसलमानों को मारने के लिए बम क्यों लगाएगा तो उनका उत्तर था कि शायद इसके पीछे हिन्दू-मुस्लिम दंगा करवाने का उद्देश्य रहा होगा।

मालेगाँव में पूर्व में हुए दंगों से यह स्पष्ट है कि दंगों में वहाँ हमेशा मुसलमानों ने ज्यादा नुकसान उठाया है। ऐसे में आखिर कोई स्थानीय मुसलमान क्यों दंगे करवाना चाहेगा। शायद वे यह कहना चाह रहे थे कि पाकिस्तान की आई.एस.आई. की रुचि हिन्दू-मुस्लिम दंगे करवाने में है।

इस बात में कोई खास दम नहीं है। मुम्बई ट्रेन विस्फोटों में आई.एस.आई. का हाथ होने की बात तो मानी जा सकती है और पुलिस का यह दावा भी विश्वसनीय है कि उसने इस घटना से आई.एस.आई. के जुड़े होने के प्रमाण जुटा लिए हैं। परन्तु मालेगाँव विस्फोटों को आई.एस.आई. से जोड़ना हास्यास्पद जान पड़ता है। अभी तक तो पुलिस ने भी यह दावा नहीं किया है कि मालेगाँव विस्फोटों में आई.एस.आई. का हाथ है। पुलिस केवल सिमी को इस घटना से जोड़ रही है। यह समझना मुश्किल है कि मालेगाँव के सिमी के पूर्व सदस्य आखिर क्यों अपने ही लोगों को जानो-माल का नुकसान पहुँचाना चाहेंगे जबकि उन्हें इन्हीं लोगों के बीच अपनी जिन्दगी काटनी है।

यह समझना भी मुश्किल है कि आखिर किस कारण से पुलिस की सोच इतनी एकतरफा है। क्या पुलिस का यह कर्तव्य नहीं है कि वो किसी भी घटना की निष्पक्षता से जाँच करे और बिना पुख्ता सबूतों के किसी निष्कर्ष पर न पहुँचे? क्या पुलिस को यह शोभा देता है कि वो आँख मूँदकर एक ही दिशा में चले और अन्य सम्भावनाओं पर विचार तक न करे? यह किसी भी दृष्टि से उचित नहीं है। मालेगाँव के हिन्दू रहवासी, जिनमें शिवसेना नेता श्री भुसे शामिल हैं, यह स्वीकार करते हैं कि कोई स्थानीय मुसलमान ऐसी कुत्सित घटना को अन्जाम नहीं दे सकता। इसके बाद भी ए.टी.एस. और मालेगाँव पुलिस एक ही दिशा में कार्यवाही कर रही है।

प्रधानमंत्री श्री मनमोहन सिंह और कांग्रेस अध्यक्ष श्रीमती सोनिया गांधी ने सार्वजनिक रूप से कहा है कि किसी समुदाय विशेष को निशाना बनाया जाना अनुचित है। मुम्बई बम विस्फोटों के बाद भी बिना किसी आधार के बड़ी संख्या में मुसलमानों को हिरासत में लिया गया था और इससे शहर के मुसलमानों में गहरा असन्तोष था। कड़े विरोध के बाद मुम्बई के पुलिस कमिशनर ने शहर के प्रतिष्ठित मुस्लिम नागरिकों को पत्र लिखकर कहा था कि पुलिस मुसलमानों के पीछे नहीं पड़ी है और यदि किसी मुसलमान को अकारण परेशान किया जाता है तो यह बात उनके ध्यान में लायी जाना चाहिए। यह पत्र निहायत औपचारिक था और इसके पीछे सच्चे इरादे नहीं थे।

मुस्लिम नेताओं की शिकायत है कि कांग्रेस सरकार भी मालेगाँव के मुसलमानों की कोई मदद नहीं कर रही है। पुलिस का यह दावा कि घटना के पीछे पूर्व सिमी सदस्य हैं अविश्वसनीय है और अब तक पुलिस गिरफ्तार किये गये लोगों की घटना में लिप्तता के कोई मजबूत प्रमाण नहीं दे सकी है। जो एकमात्र सबूत पुलिस के पास है वह है उस बैटरी फैक्टरी, जहाँ नुरूल हुडा काम करता है, की मिट्टी में आरडीएक्स के कुछ कण मिलना। यह कोई बहुत महत्वपूर्ण सबूत नहीं है। इसके अतिरिक्त, पुलिस

हिरासत में नुरूल हुडा और अन्य आरोपियों द्वारा दिया गया बयान है परन्तु ये बयान जोर-जबरदस्ती का नतीजा हो सकते हैं और आरोपी इन बयानों से अदालत में पलट सकते हैं। ए.टी.एस. के आई.जी. श्री एस.के. जायसवाल का दावा है कि पुलिस निष्पक्षता और स्वतंत्रता से काम कर रही है। उनका यह भी कहना है कि पुलिस जब मामले में आरोप पत्र दाखिल करेगी तब मुसलमानों को उसकी निष्पक्षता पर विश्वास हो जाएगा। सच यह है कि पुलिस और मुसलमानों के बीच संवाद की महती आवश्यकता है और मालेगाँव के मुसलमानों का विश्वास जीतने के लिए पुलिस को सक्रिय पहल करनी होगी।

महाराष्ट्र पुलिस को इस आरोप से बरी नहीं किया जा सकता कि मालेगांव कांड की जाँच अत्यन्त एकपक्षीय थी। ऐसा पहले भी हुआ है। पुलिस ने श्रीकृष्ण आयोग की रपट में दोषी ठहराये गये लोगों को पकड़ने में कोई रुचि नहीं ली। अनेक मामले खत्म कर दिये गये। कांग्रेस ने अपना यह चुनावी वायदा नहीं निभाया कि सत्ता में आने के तीन माह के भीतर वह श्रीकृष्ण आयोग की सिफारिशों को लागू कर देगी। मालेगाँव में भी कांग्रेस अल्पसंख्यकों का विश्वास अर्जित करने में असफल रही। केवल चुनाव के वक्त मुसलमानों से मीठी-मीठी बातें कर कांग्रेस अपना उल्लू सीधा करती रही है। ऐसा हमेशा जारी नहीं रह सकता।

भाजपा का दक्षिण के सत्ता-साकेतों में प्रवेश

आखिरकार भाजपा ने दक्षिण भारत में सरकार बनाने की अपनी पुरानी महत्वाकांक्षा पूरी कर ली। कर्नाटक में पार्टी के मुख्यमंत्री ने गद्दी संभाल ली है। भाजपा को यह सफलता एच.डी. देवगौड़ा और उनकी पार्टी जनता दल (सेक्युलर) के कारण मिली है। जनता दल (सेक्युलर) का निर्माण ही इसलिए हुआ था कि जनता दल का एक दूसरा हिस्से (जनता दल यूनाईटेड) केन्द्र की एनडीए सरकार में भागीदार बन गयी थी। विडम्बना यह है कि इसी जनता दल (सेक्युलर) ने अपने भाजपा-विरोध को विस्मृत कर दक्षिण भारत में भाजपा के पहले मुख्यमंत्री को सत्तासीन करने में निर्णायक भूमिका अदा की।

एक समय था जब साम्प्रदायिकता की समस्या को केवल उत्तर भारत तक सीमित समझा जाता था और यह माना जाता था कि दक्षिण भारत इस कीटाणु से मुक्त है। इस मान्यता के समर्थन में कई तर्क भी दिये जाते थे। उनमें से एक यह था कि अंग्रेजों ने अपनी फूट डालो और राज करो की नीति को लागू करने के लिए स्कूली पाठ्यपुस्तकों में इतिहास को तोड़-मरोड़कर प्रस्तुत करने का तरीका अपनाया था। यह काम वे केवल उत्तर भारत में कर सके, जहाँ वे सीधे राज करते थे। दक्षिण में राजा-महाराजाओं का शासन था और अंग्रेज वहाँ के पाठ्यक्रमों में परिवर्तन करने में सक्षम नहीं थे। दूसरे, चूँकि दक्षिण भारतीय राजाओं द्वारा शासित क्षेत्रों में चुनावी राजनीति नहीं थी, इसलिए वहाँ का समाज साम्प्रदायिक आधार पर ध्रुवीकृत नहीं हुआ।

एक अन्य महत्वपूर्ण कारण यह था कि निजाम द्वारा शासित क्षेत्र को छोड़कर, शेष दक्षिण भारत—जिसमें वर्तमान केरल, तमिलनाडू, कर्नाटक और आन्ध्र प्रदेश शामिल हैं— में मुसलमान और हिन्दू एक ही भाषा बोलते थे और एक ही संस्कृति में रचे-बसे थे। इस कारण वहाँ साम्प्रदायिकता का बीज अंकुरित नहीं हो सका। इसके विपरीत, उत्तर भारत में अन्य मसलों के अलावा, उर्दू-हिन्दी विवाद ने भी साम्प्रदायिकता को हवा दी।

स्वतंत्रता के बाद केरल और तमिलनाडू जैसे राज्यों का निर्माण भाषाई आधार पर किया गया और वहाँ हिन्दू और मुसलमान दोनों ही क्रमशः मलयालम और तमिल बोलते रहे। इसके विपरीत, कर्नाटक में शहरी क्षेत्र में मुसलमान दक्कनी उर्दू बोलने लगे

और वहाँ कन्नड़-भाषी हिन्दुओं और दक्कनी उर्दू बोलने वाले मुसलमानों के बीच तनाव बढ़ने लगा। जब आकाशवाणी के बैंगलोर केन्द्र ने उर्दू में कुछ कार्यक्रम प्रसारित करना शुरू किया तो बैंगलोर में दंगे हुए। बैंगलोर कई बार साम्प्रदायिक दंगों की आग में झुलसा। आरएसएस का भी बैंगलोर में काफी बड़ा कार्यालय है।

साम्प्रदायिक तनाव के बावजूद कर्नाटक के लोगों ने हमेशा कांग्रेस की सरकार चुनी। रामकृष्ण हेगड़े, जो कि एक ब्राह्मण थे, ने जनता पार्टी की सदस्यता ले ली और कर्नाटक में जनता पार्टी की सरकार बनायी। परंतु वे भी हिन्दू-मुस्लिम एकता के पक्षधर थे और कर्नाटक के मुसलमानों ने हमेशा उनका समर्थन किया। दुर्भाग्यवश, श्री हेगड़े ने केन्द्र में मंत्री पद पाने की लालसा से भाजपा की सदस्यता ले ली परन्तु उन्हें जल्दी ही हाशिए पर डाल दिया गया और वे अपने जीवन के अन्तिम दिनों में गहरे अवसाद के शिकार रहे।

इस बीच भाजपा लगातार कर्नाटक की राजनीति में अपने लिए जगह बनाने की कोशिश करती रही। इसके लिए उसने दक्षिण कर्नाटक को चुना जहाँ ब्राह्मणों का गहरा प्रभाव है। जनसमर्थन जुटाने के लिए भाजपा ने हुबली शहर के ईदगाह के मुद्दे पर एक बड़ा विवाद खड़ा किया। भाजपा का कहना था कि मुसलमानों को स्वतंत्रता दिवस पर ईदगाह पर राष्ट्रीय झंडा फहराना चाहिए, जबकि न तो आरएसएस और न ही भाजपा अपने केन्द्रीय व अन्य कार्यालयों पर राष्ट्रीय झंडा फहराती हैं। वहाँ तो केसरिया झंडे का ही बोलबाला रहता है। ऐसा नहीं था कि ईदगाह पर मुसलमान कोई धार्मिक झंडा फहरा रहे थे। पर भाजपा फिर भी यह कहती रही कि वहाँ राष्ट्रीय झंडा फहराया जाना चाहिए। कई बड़बोले भाजपा नेताओं ने यह दावा भी किया कि वे हुबली को दक्षिण की बाबरी मस्जिद बना देंगे। हुबली में इस मुद्दे को लेकर कई बार साम्प्रदायिक झड़पें हुईं और हिन्दुओं और मुसलमानों के बीच की दूरी बढ़ती गईं। हर स्वतंत्रता दिवस पर हुबली में साम्प्रदायिक तनाव होता था और भाजपा इसका राजनैतिक लाभ उठाती थी।

भाजपा नेता उमा भारती ईदगाह पर झंडा फहराने हुबली गयीं और उनके खिलाफ स्थानीय पुलिस प्रशासन ने धारा 144 के उल्लंघन का और दंगा भड़काने के मामले दर्ज किये। इसी मुद्दे को लेकर उन्हें मध्य प्रदेश के मुख्यमंत्री का पद छोड़ना पड़ा। यद्यपि उन्हें आश्वसन दिया गया था कि उन्हें फिर से मुख्यमंत्री बनाया जाएगा परन्तु ऐसा नहीं हुआ। भाजपा ने इस बहाने उमा भारती से मुक्ति पा ली। इन सब तरीको से भाजपा ने कर्नाटक में अपने लिए जमीन तैयार की।

कर्नाटक में भाजपा ने एक दूसरा साम्प्रदायिक विवाद भी उत्पन्न किया। इसके लिए उसने बाबा-बुद्धनगिनी मुद्दे का इस्तेमाल किया। बाबा-बुद्धनगिनी एक पहाड़ी पर स्थित धार्मिक स्थल है जो हिन्दुओं और मुसलमानों दोनो की ही श्रद्धा का पात्र था। मुसलमान उसे एक सूफी सन्त की दरगाह मानते थे। ये सन्त इसी क्षेत्र में रहने लगे थे

और उन्होंने अपने समर्थकों को उस पहाड़ी इलाके में कॉफी उगाने के लिए प्रेरित किया।

हिन्दू उस स्थल को भगवान दत्तात्रेय का मन्दिर मानते थे और इसी कारण वहाँ बड़ी संख्या में आते थे। दोनों धर्मों के लोगों की श्रद्धा का केन्द्र होने के बावजूद बाबा-बुद्धनगिनी में कभी कोई झगड़ा, विवाद या हिंसा नहीं हुई। हिन्दू और मुसलमान दोनों ही शान्ति और श्रद्धापूर्वक से वहाँ आते थे।

भाजपा को इस मुद्दे का राजनैतिक लाभ उठाने की सूझी और विश्व हिन्दू परिषद ने वहाँ एक आन्दोलन प्राम्रभ कर दिया। विहिप का कहना था कि बाबा-बुद्धनगिनी एक हिन्दू धर्मस्थल है जिस पर मुसलमानों ने जबरन कब्जा जमा लिया है। हुबली की तरह इस क्षेत्र में भी साम्प्रदायिक तनाव उत्पन्न करने में भाजपा को सफलता मिली और उसके जनसमर्थन में वृद्धि हुई। भाजपा ने इस तरह के कई विवादों को खड़ा कर कर्नाटक में स्वयं को स्थापित किया। भाजपा हमेशा से साम्प्रदायिकता पर ही जीवित रही है।

भाजपा के पास एक ही मुद्दा है। वो रामजन्म भूमि बाबरी मस्जिद मुद्दे का इस्तेमाल कर केन्द्र में सत्ता में आईं। भाजपा के पास और कोई मुद्दे है ही नहीं। और अगर कभी कभी वो इतर मुद्दे उठाती भी है तो मजबूरीवश। जब भी भाजपा के सामने कोई समस्या आती है तो वो कोई न कोई साम्प्रदायिक विवाद खड़ा कर अपनी राजनीतिक समस्या से निजात पाती रही है।

भाजपा ने गुजरात को हिन्दुत्व की प्रयोगशाला बना डाला है। वहाँ हिन्दुओं और मुसलमानों के बीच हद से ज्यादा शत्रुता का भाव पैदा हो गया है। गुजरात में भाजपा ने सन् 2002 के कत्लेआम का आयोजन किया क्योंकि वह एक गम्भीर संकट में फँसी हुई थी। पंचायत से लेकर विधानसभा उपचुनावों तक उसे मुँहकी खानी पड़ रही थी। अपनी साख बचाने के लिए भाजपा ने 2000 से अधिक मुसलमानों को मौत के घाट उतार दिया। तहलका के हालिया स्टिंग आपरेशन में भाजपा नेता खुलेआम अपने अपराधों को गर्व से स्वीकार करते दिखाये गये हैं। इससे यह पता चलता है कि गुजरात में सत्ता पाने के लिए भाजपा ने कितना अमानवीय रास्ता अपनाया था।

मध्य प्रदेश, जहाँ भाजपा शासन में है, से भी कुछ अच्छी खबर नहीं मिल रही हैं। वहाँ पर भी सुनियोजित ढंग से मुसलमानों के प्रति घृणा फैलाने का अभियान चल रहा है और कुक्षी, सावेर और अन्य छोटे-छोटे कस्बों में दंगे हो रहे हैं। ये वो स्थान हैं जहाँ इससे पहले कभी दंगे नहीं हुए थे। इंदौर के एक पत्रकार ने हाल में मुझे पत्र लिखकर कहा कि अगर जल्दी ही कुछ नहीं किया गया तो मध्यप्रदेश को गुजरात बनने से कोई नहीं रोक सकता। जैसे-जैसे मध्य प्रदेश में चुनाव नजदीक आएंगे, भाजपा की साम्प्रदायिक गतिविधियाँ बढ़ती जावेगी।

तहलका के भंडाफोड़ के बाद किसी भी अन्य प्रजातांत्रिक देश में भाजपा जैसी पार्टी को चुनाव लड़ने से प्रतिबन्धित कर दिया जाता। कोई भी प्रजातंत्र घृणा और हत्या की राजनीति को स्वीकार नहीं कर सकता। भाजपा खुलेआम ऐसी राजनीति कर रही है और शर्म की बात यह है कि अन्य धर्मनिरपेक्ष पार्टियां, विशेषकर कांग्रेस, हिन्दू वोट खोने के डर से अपने मुँह सीले हुए हैं।

भाजपा ने कर्नाटक में पिछले कुछ दशकों में साम्प्रदायिकता का जो खेल खेला उसका लाभ उसे अब मिल रहा है। अपने इतिहास में पहली बार वो दक्षिण के किसी राज्य में अपनी सरकार बनाने में कामयाब हुई है। इस कामयाबी का भाजपा ने जमकर जशन मनाया। मुख्यमंत्री येदुयुरअप्पा के शपथग्रहण समारोह के लिए लाखों की भीड़ इकट्ठा की गयी। भाजपा-शासित सभी प्रदेशों के मुख्यमंत्री, लोकसभा में विपक्ष के नेता एल.के. आडवाणी, भाजपा अध्यक्ष राजनाथ सिंह और पार्टी के अन्य बड़े नेता भी इस समारोह में भाग लेने के लिए बैंगलोर पहुँचे।

समारोह में भाषण देते हुए नरेंद्र मोदी ने यह सुझाव दे डाला कि कर्नाटक को गुजरांत माडल अपनाना चाहिए। इस भाषण पर बड़ा विवाद खड़ा हो गया। लोगों ने सोचा कि श्री मोदी यह सुझाव दे रहे हैं कि कर्नाटक में भी गुजरात जैसा कत्लेआम करवाया जाना चाहिए, जिससे भाजपा जनता दल सेक्युलर पर निर्भर रहने की बजाय अपने दम पर सत्ता में आ सके। हो सकता है कि श्री मोदी का मतलब यही हो। भाजपा के शीर्ष नेतृत्व ने शायद इसलिए बिना देरी किए यह स्पष्टीकरण दिया कि मोदी का मतलब आर्थिक विकास से था।

जब भाजपा जनता दल सेक्युलर के साथ गठबन्धन सरकार चला रही थी तब उसने मैंगलोर क्षेत्र में जमकर साम्प्रदायिक हिंसा फैलायी। क्षेत्र के भाजपा विधायक के नेतृत्व में पुलिस ने अत्यंत निंदनीय और साम्प्रदायिक भूमिका अदा की। राज्य के शिक्षामंत्री ने यह आरोप लगाया कि टीपू सुल्तान ने कन्नड़ भाषा को हतोत्साहित कर फारसी को प्रोत्साहन दिया था। यह पूरी तरह से बेबुनियाद आरोप है। परन्तु साम्प्रदायिक

ताकतों को सच से कोई मतलब नहीं रहता। वे तो जिन्दा ही झूठे प्रचार पर रहती हैं।

भाजपा यह सब तब कर रही थी जब वो जनता दल सेक्युलर की सरकार में साझेदार थी। यह कल्पना की जा सकती है कि अब जब उसने वहाँ अपनी सरकार बना ली है और अपने मुख्यमंत्री को गद्दी पर बिठा दिया है तब वो कर्नाटक में साम्प्रदायिकता फैलाने के लिए किस हद तक जा सकती है। हम सभी को इस विषय में सावधान रहने की आवश्यकता है।

जनता दल सेक्युलर की भूमिका अत्यन्त निन्दनीय रही है। पूर्व मुख्यमंत्री एच.डी. कुमारस्वामी यह कहते रहे हैं कि वे भाजपा को सत्ता इसलिए नहीं सौंपना चाहते क्योंकि भाजपा साम्प्रदायिक पार्टी है और वो प्रदेश का साम्प्रदायिकीकरण कर देगी। इन्हीं कुमारस्वामी ने बाद में न केवल भाजपा के मुख्यमंत्री को स्वीकार कर लिया वरन् वे उनकी सरकार में उपमुख्यमंत्री बनने के लिए लालयित हैं। यह अवसरवादिता और सत्तालोलुपता की हद है। धर्मनिरपेक्ष राजनैतिक दलों की अवसरवादिता के कारण ही भारत में साम्प्रदायिकता अपनी जड़ें जमाने में सफल हुई हैं। अगर यह अवसरवादिता नहीं होती तो स्वतंत्रता के बाद धीरे-धीरे साम्प्रदायिकता का अन्त हो जाता।

धर्मनिरपेक्षता के प्रति प्रतिबद्ध लोगों को अब अत्यन्त सावधान रहना होगा और कर्नाटक के घटनाक्रम पर नजर रखनी होगी। हालाँकि यह भी सच है कि अगले चुनाव में भाजपा-जद सेक्युलर गठबन्धन के विजय प्राप्त करने की बहुत कम सम्भावना है। जद सेक्युलर ने कई सीटें मुसलमानों के समर्थन से जीती थीं और अब वो इन सीटों पर हारेगी। और इसी हार के डर से भाजपा साम्प्रदायिकता का अपना पुराना खेल एक बार फिर खेल सकती है।

क्या मुस्लिम पार्टी बनना चाहिए ?

पिछले कुछ समय से मुस्लिम नेतृत्व का एक हिस्सा मुसलमानों की एक अलग पार्टी बनाने की हिमायत कर रहा है। हाल में महाराष्ट्र के कुछ मुस्लिम नेताओं ने एक बैठक आयोजित की। बैठक में मुसलमानों से कहा गया कि उन्हें न तो कांग्रेस - एनसीपी गठबन्धन को वोट देना चाहिए और न ही शिवसेना-भाजपा गठबन्धन को। चूँकि कोई तीसरा गठबन्धन या दल उपलब्ध ही नहीं है, इसलिए बैठक इस निष्कर्ष पर पहुँची कि मुसलमानों को अपनी एक अलग पार्टी बनानी चाहिए। क्या ऐसा करना समझदारी होगी ?

मुस्लिम पार्टी की उपादेयता पर विचार करने के पहले मैं दो बातें कहना चाहता हूँ। पहली यह कि हर समूह और हर समुदाय का यह प्रजातांत्रिक अधिकार है कि वो अपनी अलग पार्टी बनाये और अन्य पार्टियों के साथ गठबन्धन करने का प्रयास करे। दूसरी बात यह है कि आज के हालात, विभाजन-पूर्व के हालातों से बहुत अलग हैं और मुस्लिम पार्टी के निर्माण मात्र से किसी अलगाववादी आन्दोलन के खड़े हो जाने की सम्भावना शून्य है। ऐसी आशंका बेबुनियाद है और शायद इसलिए कोई भी इस तरह की आशंका प्रगट नहीं कर रहा है।

इन दोनों बातों के बावजूद, हमें इस बात पर गम्भीरता से विचार करना होगा कि क्या मुस्लिम पार्टी बनाने से मुसलमानों का कुछ भला होगा ? दुर्भाग्यवश, इस प्रश्न का उत्तर स्पष्ट 'नहीं' है।

इस मामले में मुस्लिम नेता अक्सर असम का उदाहरण देते हैं जहाँ मुसलमानों की एक अलग पार्टी बनायी गयी और उस पार्टी ने 10 सीटें जीत लीं। उत्तर प्रदेश में पिछले चुनावों के दौरान भी कुछ मुस्लिम नेताओं ने असम का उदाहरण उछाला था परन्तु उसका कोई नतीजा नहीं निकला और मुस्लिम पार्टी नहीं बनी।

वैसे भी, असम की परिस्थितियाँ एकदम अलग हैं। वहाँ अनेक ऐसे इलाके हैं जहाँ मुसलमानों का बहुमत है और जहाँ से मुसलमान उम्मीदवार केवल मुस्लिम वोटों के सहारे जीत सकते हैं। परन्तु न तो पूरे भारत की और न ही महाराष्ट्र की तुलना असम से की जा सकती है।

एक दूसरा राज्य जहाँ मुसलमानों की अलग पार्टी अस्तित्व में है, वह है केरल। केरल पुनः एक अलग श्रेणी का राज्य है, जहाँ की 20 प्रतिशत आबादी मुसलमान है और 20 प्रतिशत ईसाई। वहाँ भी एक अलग मुस्लिम पार्टी के लिए जगह है। केरल की मुस्लिम पार्टी, वैसे भी बहुत पुरानी है।

असम की मुस्लिम पार्टी पुरानी नहीं है। इस पार्टी (जमीयतुल उलेमा) का कांग्रेस से गठबन्धन था। बाद में जमीयतुल उलेमा को यह शिकायत हो गई कि कांग्रेस असम में पर्याप्त संख्या में मुसलमानों को टिकिट नहीं दे रही है और मुसलमानों की समस्याओं पर भी गौर नहीं कर रही है। जब कांग्रेस ने इस शिकायत पर कोई ध्यान नहीं दिया तो असम के एक धनी व्यवसायी श्री अजमल ने मुसलमानों की अलग पार्टी बना ली। इससे पहले श्री अजमल, जमीयतुल उलेमा के समर्थक थे। इस पार्टी को कुछ सफलता इसलिए मिली क्योंकि असम के मुसलमान कांग्रेस से नाराज थे।

असम में मुस्लिम पार्टी के गठन के समय से ही मुसलमानों में यह बहस चल रही है कि क्या अलग पार्टी का निर्माण करना सही कदम था? असम के कई मुस्लिम नेताओं ने मुझसे कहा कि यह एक गलत कदम था और इससे मुसलमानों को कोई खास फायदा नहीं हुआ। इस पार्टी के निर्माण के पीछे अहं ज्यादा था, सोची-समझी रणनीति कम। गुवाहाटी विश्वविद्यालय के प्राफेसर मुनिरूल हुसैन का मानना है कि मुसलमानों की अलग पार्टी बनाने से समाज में ध्रुवीकरण बढ़ता है और अंततः इससे मुसलमानों का नुकसान होता है। असम में मुस्लिम पार्टी को मिली आंशिक सफलता का एक कारण यह था कि श्री अजमल बहुत धनी हैं और दूर-दराज के गाँवों की मस्जिदों और मदरसों को आर्थिक मदद देते रहते हैं। इसने उन्हें गाँवों में समर्थन दिलवाया। शहरी और पढ़े-लिखे मुस्लिमों का समर्थन उन्हें नहीं मिला। सम्भावना यह है कि वे अपनी शिकायतें दूर होने के बाद फिर से कांग्रेस में चले जावेंगे।

जिस बैठक में महाराष्ट्र के मुस्लिम नेता मुसलमानों की पार्टी बनाने पर विचार कर रहे थे, उसमें श्री अजमल भी मौजूद थे और वे लगातार इस बात पर जोर दे रहे थे कि महाराष्ट्र में मुस्लिम पार्टी बनायी जानी चाहिए। मेरा मानना है कि मुसलमानों को इस जाल में नहीं फँसना चाहिए। इसकी जगह, उन्हें ऐसी रणनीति बनानी चाहिए जिससे उनकी समस्याओं का हल निकल सके। मुसलमानों को संयम और समझदारी से काम लेने की जरूरत है, न कि भावनाओं में बहने की।

मुसलमानों को पहले से ही देश में काम कर रहे राजनैतिक दलों और भारत की प्रजातांत्रिक व्यवस्था के तंत्र का ही इस्तेमाल करना चाहिए। अलग पार्टी बनाने से मुसलमानों के हितों को चोट पहुँचेगी। इससे साम्प्रदायिक ध्रुवीकरण होगा, जिसका फायदा फिरकापरस्त ताकतें उठायेंगी। महाराष्ट्र में तो शिवसेना-भाजपा मानों मुसलमानों के ऐसे किसी कदम का इन्तजार ही कर रही हैं। अभी उनकी हालत ज्यादा अच्छी नहीं। परन्तु यदि मुसलमान अपनी अलग पार्टी बनाते हैं तो उन्हें चुनावों में भुनाने के लिए एक

भावनात्मक मुद्दा मिल जाएगा।

हमें यह याद रखना चाहिए कि भारत विविधताओं से भरा हुआ देश है और जो रणनीति एक राज्य में कारगर साबित होती है वही दूसरे राज्य में नुकसान पहुँचा सकती है। हमें 'रिपब्लिकन पार्टी' से सबक लेना चाहिए जो न जाने कितने टुकड़ों में बँट चुकी है। हर टुकड़ा अलग-अलग पार्टियों के साथ जुड़ा हुआ है और कुछ गुट तो शिवसेना से भी हाथ मिलाने के लिए आतुर हैं।

आजकल बराक ओबामा चर्चा में हैं। मुस्लिम नेता उनसे भी बहुत कुछ सीख सकते हैं। सन् अस्सी के दशक में ओबामा की तरह एक अन्य अफ्रीकी मूल के अमेरिकन नेता, जेसी जेक्सन ने एक अलग गठबन्धन बना कर राष्ट्रपति का चुनाव लड़ा और बुरी तरह मात खायी। ओबामा मुख्यधारा की 'डेमोक्रेटिक पार्टी' के उम्मीदवार के बतौर चुनाव मैदान में उतरे और शानदार जीत हासिल की। यद्यपि जेक्सन की तरह वे भी अफ्रीकी मूल के हैं परन्तु जेक्सन के विपरीत उन्हें श्वेत अमेरिकियों का भारी समर्थन मिला। उन्होंने अफ्रीकी-अमेरिकियों की नहीं बल्कि सभी अमेरिकियों की समस्याओं को मुद्दा बनाया और नतीजा यह हुआ कि एक श्वेत अमेरिकी के मैदान में होने के बाद भी श्वेत अमेरिकियों ने उन्हें वोट दिये।

ओबामा ने समझदारी से काम लिया। उन्होंने ऐसी कोई बात नहीं कही जिससे श्वेत बहुसंख्यक उनसे नाराज होते। जेक्सन ने काले अमेरिकियों का नेता बनने के प्रयास में श्वेत अमेरिकियों को नाराज कर लिया था।

पिछली सदी के मध्य में जब अफ्रीकी मूल के अमेरिकियों के साथ भेदभाव होता था, उस दौर में मार्टिन लूथर किंग जूनियर ने कालों के मानवाधिकारों के लिए लम्बी लड़ाई लड़ी थी। उनका *'आई हैव ए ड्रीम'* वाला भाषण आज भी प्रसिद्ध है। मार्टिन लूथर किंग के सपने को साकार किया पचास साल बाद ओबामा ने - परन्तु सभी अमेरिकियों की समस्याओं को उठा कर।

उत्तेजक भाषण देना आसान है। उत्तेजक भाषणों और भड़काऊप्रचार के जरिए साम्प्रदायिक ताकतें तात्कालिक लाभ भी प्राप्त कर लेती हैं परन्तु अन्ततः इससे बर्बादी ही होती है। रामजन्म भूमि आन्दोलन के दौरान बहुसंख्यक वर्ग ने यह सब भुगता था। अल्पसंख्यक और समाज के हाशिए पर खिसका दिये गये समुदाय उत्तेजक प्रचार के बहकावे में आसानी से आ जाते हैं। भड़काऊबातों और उत्तेजक भाषणबाजी कभी कोई समस्या हल नहीं करती।

इस सिलसिले में मौलाना आजाद भारतीय मुसलमानों के आदर्श हो सकते हैं। भारतीय मुसलमानों ने मुस्लिम लीग के गैर-जिम्मेदाराना और निहायत भड़काऊप्रचार में फँस कर भारी नुकसान भुगता था। विभाजन के पूर्व के भारत में मुसलमान जब दुविधा और मुसीबतों के दौर से गुजर रहे थे, उस समय जामा मस्जिद की सीढ़ियों से दिया गया मौलाना आजाद का भाषण अँधेरे में सूरज के उदय होने जैसा था। उस भाषण

ने मुसलमानों को धैर्य बँधाया, उन्हें आत्मविश्वास दिया और उन्हें सही रास्ता दिखाया।

प्रजातंत्र में विभिन्न ताकतें एक दूसरे का मुकाबला करती हैं। किसी भी समुदाय के समझदार नेतृत्व के लिए यह आवश्यक है कि वो राजनीति की विभिन्न धाराओं को ठीक से समझे और इसके बाद उस धारा को चुने जो न केवल सम्बन्धित समुदाय के लिए वरन पूरे समाज के लिए अच्छी हो। ठीक यही ओबामा ने किया और वे अपनी इस भावना को पूरे देश तक पहुँचाने में सफल रहे। इस देश में किसी मुसलमान को प्रधानमंत्री बनने से कोई रोक नहीं सकता बशर्ते वह उस उच्च पद को सम्भालने की योग्यता रखता हो।

हो सकता है कि आज देश जिस राजनैतिक संकट से गुजर रहा है, उसमें कोई यह कल्पना भी नहीं कर सकता कि कोई दलित या मुसलमान देश का प्रधानमंत्री बन सकता है। परन्तु आज से कुछ वर्ष पहले तक क्या कोई यह सोच भी सकता था कि कोई सिक्ख प्रधानमंत्री के पद तक पहुँच सकता है? यह सही है कि शुरूआती दौर में डॉ. मनमोहन सिंह को मात्र एक कठपुतली समझा गया था परन्तु उन्होंने अपने संयत और समझदारीपूर्ण आचरण और कथनों से (भले ही हम उनसे कुछ मामलों में असहमत हों) यह साबित कर दिया है कि वे एक परिपक्व व योग्य नेता हैं।

भारत के मुसलमान अपने ही बुने जाल में फँसते रहे हैं। अब उन्हें पूरे देश को साथ लेकर चलना सीखना होगा। उन्हें पूरे भारत की भलाई की फिक्र करनी होगी। उन्हें जटिल राजनैतिक परिस्थितियों को समझ कर बुद्धिमत्ता से प्रजातंत्र का इस्तेमाल सभी की उन्नति और समृद्धि के लिए करने की कोशिश करनी होगी। दुर्भाग्यवश, भारत में ऐसा एक भी मुस्लिम नेता नहीं है जो समुदाय के सभी हिस्सों के सम्मान का पात्र हो।

प्रजातंत्र में उच्च पदों पर पहुँचने के लिए किसी भी व्यक्ति के लिए यह आवश्यक है कि वो न केवल अपने समुदाय वरन् पूरे समाज का विश्वास हासिल करे। यदि ओबामा केवल काले अमेरिकियों के नेता बने रहते तो क्या वे राष्ट्रपति बन पाते? अफ्रीकी मूल के अमेरिकियों का अमेरिका की कुल आबादी में 12 प्रतिशत हिस्सा है। मुसलमान, भारत की कुल जनसंख्या का 13 प्रतिशत हैं। मुसलमानों की तरह, काले अमेरिकी भी गरीब और पिछड़े हैं। इसके बावजूद ओबामा देश के सर्वोच्च पद तक पहुँचने में सफल रहे।

भारत के मुसलमान लम्बे समय से उत्तेजना और भावना में बहकर नुकसान उठाते रहे हैं। विभाजन के पूर्व मुस्लिम लीग ने उन्हें गुमराह किया और स्वतंत्रता के बाद छुटभैये नेता उन्हें बर्बादी की राह पर ले जा रहे हैं। मौलाना आजाद और जाकिर हुसैन जैसे नेता भारत के मुसलमानों का बहुत कम समय तक मार्गदर्शन कर सके। दोनों ही महान नेता थे जो पूरे देश की भलाई चाहते थे। दोनों ही अत्यन्त धार्मिक और निष्ठावान मुसलमान थे परन्तु उन्होंने इस्लाम का उपयोग कभी राजनीति में नहीं किया।

उन्होंने केवल यही कोशिश की कि वे इस्लाम की शिक्षाओं और मूल्यों को अपने जीवन में उतारें।

एक अच्छे मुसलमान और एक अच्छे भारतीय होने में परस्पर विरोधाभास नहीं है, बल्कि दोनों एक दूसरे के पूरक हैं। कई स्वार्थी राजनैतिक नेता अपने निहित स्वार्थों की पूर्ति के लिए मुसलमानों को समझाते आये हैं कि एक अच्छा मुसलमान कभी अच्छा भारतीय नहीं हो सकता। हमें इस तरह के दुष्प्रचार से सावधान रहना चाहिए। मुसलमानों का और देश का भला इसी में है कि हम सब अपने-अपने धर्म के सच्चे अनुयायी होने के साथ-साथ सच्चे भारतीय व देशभक्त भी बनें।

फिरकापरस्त ताकतों ने हमारे देश का सत्यानाश कर दिया है। ये ताकतें मुसलमानों में असुरक्षा और हीनता का भाव उपन्न करती हैं। मुस्लिम नेता इस भाव का मुकाबला उत्तेजक भाषणबाजी के जरिए करते हैं और इससे बहुसंख्यक समुदाय भड़कता है। मुसलमानों को इस मकड़ जाल से बाहर निकल कर फिरकापरस्त तत्वों को दरकिनार करना चाहिए।

अतिवादियों की विचार प्रक्रिया

हमारे सेन्टर में हाल में आयोजित एक संगोष्ठी में सेन्टर की सुश्री चित्रलेखा ने नक्सली और हिन्दू अतिवादी हिंसा के तुलनात्मक अध्ययन पर एक प्रस्तुतिकरण किया, जो बहुत दिलचस्प बन पड़ा। अतिवादियों के मनोविज्ञान को समझना बहुत आवश्यक है। हमारे लिए यह जानना महत्वपूर्ण है कि वे कौनसी भावनाएँ, इच्छाएँ या मनोवेग हैं, जो अतिवादियों को हिंसा करने की प्रेरणा देते हैं। इस चर्चा में हमें तथाकथित जेहादियों को भी शामिल करना होगा, जो आये दिन बम धमाके और आत्मघाती हमले करते रहते हैं।

सुश्री चित्रलेखा के अनुसार, नक्सली हिंसा और दक्षिणपंथी हिन्दू हिंसा के बीच अनेक समानताएँ हैं। वे सभी आतंकवादियों को तीन श्रेणियों में विभाजित करती हैं। 1. वे जो विचारधारा से प्रेरित होते हैं, 2. वे जो बिना किसी विशेष कारण के अतिवादी संगठनों में शामिल हो जाते हैं और 3. वे जो शुद्ध अवसरवादी होते हैं। उनके अनुसार, अतिवादियों में से मात्र 30 प्रतिशत विचारधारात्मक उद्देश्यों से प्रेरित होते हैं। बाकी सब या तो अवसरवादी होते हैं या संयोग से अथवा किसी व्यक्तिगत उद्देश्य की प्राप्ति के लिए अतिवादी बन जाते हैं।

लश्कर-ए-तैयबा, तालिबान और अल् कायदा जैसे आतंकी संगठनों के बारे में भी यही सच है। बाहरी लोगों को यह लग सकता है कि ये संगठन विचारधारा से प्रेरित हैं। मीडिया तत्काल साम्यवाद, हिन्दुत्व की विचारधारा या इस्लाम को ऐसे संगठनों की विध्वंसात्मक गतिविधियों के लिए दोषी ठहरा देता है। केवल गहन विवेचना और अध्ययन ही हमें इस हिंसा के पीछे के सच तक पहुँचा सकता है। हिंसक हमले करवाने वालों और उसे करने वालों के साथ लम्बी बातचीत भी सच को उजागर कर सकती है।

ऐसा पाया गया है कि नक्सल दलों के सदस्य बहुत छोटी उम्र में उनमें शामिल हो जाते हैं—ऐसी उम्र में जब उनकी समझ बहुत कम होती है और प्रतिबद्धता उससे भी कम। वे केवल सिपाही होते हैं जो अपने कमांडरों के आदेश आँखें बन्द कर मानते हैं। हिन्दुत्व ब्रिगेड के मामले में भी आरएसएस की शाखाओं और बजरंग दल व विहिप के शिविरों में प्रशिक्षित कच्ची उम्र के लड़कों का हिंसा करने के लिए इस्तेमाल किया जाता है। उनके दिमागों में कुछ बातें भर दी जाती हैं ओर वे इतने परिपक्क नहीं होते कि सही

और गलत का भेद कर सकें।

बिहार में सक्रिय नक्सली संगठनों के अध्ययनों में यह सामने आया है कि 15-16 वर्ष के कई राजपूत व यादव लड़के इन संगठनों के सदस्य बन जाते हैं। इस उम्र में उन्हें मार्क्सवाद की एबीसीडी भी नहीं आती। उनसे लिए गये साक्षात्कारों से पता लगता है कि वे केवल 'इज्जत' या 'आन' की खातिर नक्सली बन जाते हैं। चित्रलेखा के अनुसार, बिहार के गाँवों में बन्दूक लेकर चलना अपने आप में इज्जत या ताकत का प्रतीक माना जाता है। ये 15-16 साल के लड़के अपनी बन्दूकों को बड़े गर्व से प्रदर्शित करते हैं। इनमें से कुछ, मध्यमवर्गीय या धनी कृषक परिवारों से भी आते हैं परन्तु उन्हें खेती करने की बजाए बंदूक उठाना अधिक रोमांचक लगता है। कुछ अपनी जाति वालों या गांव वालों या रिश्तेदारों की हत्या का बदला लेने की इच्छा से भी प्रेरित होते हैं।

नक्सलियों में मार्क्सवादी विचारधारा को समझने वाले भी होते है। परन्तु वे या तो अपने संगठन की 'केन्द्रीय समिति' के सदस्य होते हैं या 'थिंक टैंक' के। वे स्वयं हिंसा नहीं करते। वे तो दूसरों को हिंसा करने के लिए आदेश देते हैं। इनके भी ऊपर होते हैं नक्सली समूहों को नियंत्रित करने वाले संगठन। वे न तो स्वयं हिंसा करते हैं और न ही हिंसा करने के आदेश जारी करते हैं। वे केवल हिंसा को उचित ठहराने का काम करते हैं। इन संगठनों के सदस्य मार्क्सवाद की माओवादी व्याख्या से प्रेरित होते हैं।

ऐसा ही कुछ हिन्दू दक्षिणपंथी संगठनों में होता है जो साम्प्रदायिक या मुस्लिम-विरोधी हिंसा करवाते हैं। सुश्री चित्रलेखा ने गुजरात हिंसा के लिए जिम्मेदार हिन्दू अतिवादी संगठनों की सोच और कार्यप्रणाली का अध्ययन किया है। यहाँ भी, संगठन के कई स्तर होते हैं और नक्सलियों की तरह, हिंसा करने वालों और करवाने वालों के अलग-अलग उद्देश्य होते हैं।

चाकू भोंकने वाले, आग लगाने वाले और बलात्कार करने वाले संघ, विहिप और बजरंग दल की शाखाओं से आते हैं। उनकी सोच और ज्ञान बहुत सीमित होता है। वे अपने संगठनों के साहित्य के अलावा और कुछ नहीं पढ़ते। अगर वे समाचार पत्र पढ़ते भी हैं तो केवल उन खबरों को जो उनके विचारों को पुष्ट करती हैं। अगर वे टी. वी. देखते भी हैं, तो केवल उन कार्यक्रमों को जो उनकी विचारधारा और उद्देश्यों से मेल खाते हैं। सूचना के अन्य स्रोतों तक या तो उनकी पहुँच होती ही नहीं है और अगर होती भी है तो वे हर उस लेख, हर उस किताब, हर उस भाषण को 'पूर्वाग्रहग्रस्त' या 'झूठा' मानते हैं जिससे वे सहमत नहीं होते।

हिन्दू अतिवादी हिंसा को अंजाम देने वाले समूह, जिन्हें हम दंगाई कह सकते हैं, दंगों का इस्तेमाल लूट-पाट करने या अपने दुश्मनों को ठिकाने लगाने के लिए करते हैं। गुजरात और कई अन्य दंगों में दलितों या वाल्मीकिजाति के बेरोजगार युवकों का हिंसा करवाने के लिए इस्तेमाल किया गया। इसके बदले उन्हें पैसा मिलता है और दुकानों और घरों से जो वे लूट लेते हैं, वह उनका 'बोनस' होता है।

गुजरात में, सुश्री चित्रलेखा के अनुसार, दंगाइयों की एक अलग श्रेणी थी जिन्हें वे 'हत्यारों और बलात्कारी-हत्यारों' की श्रेणी कहती हैं। ये वे दंगाई हैं जो अफवाहों पर पूर्ण विश्वास करते हैं। वे अपनी कुत्सित हरकतों का औचित्य सिद्ध करने के लिए कहते हैं कि चूँकि उन्होंने सुना था कि हिन्दू महिलाओं के साथ बलात्कार के बाद उनकी हत्या कर दी गयी इसलिए बदला लेने के लिए उन्होंने भी मुस्लिम औरतों के साथ वही किया। कुछ मामलों में वे अपनी जानकारी का स्रोत गुजराती अखबारों में छपी खबरों को बताते हैं और यह तर्क देते हैं कि अखबारों में छपी खबरें झूठी नहीं हो सकतीं। अखबार हमेशा सच छापते हैं। परन्तु जब इन्हीं लोगों को अंग्रेजी अखबारों में छपी खबरों के बारे में बताया जाता है तो वे इन खबरों को यह कहकर खारिज कर देते हैं कि अंग्रेजी अखबार 'हिन्दू द्रोही' हैं।

हिन्दू अतिवादियों में दंगाइयों के ऊपर हैं संघ, विहिप और बजरंग दल के नेता। वे हिन्दुत्व की विचारधारा से ओत-प्रोत हैं। परन्तु नक्सली नेतृत्व की तरह, वे केवल और केवल आदेश पारित करते हैं, हिंसा में स्वयं भाग नहीं लेते। ये नेता ऊँची जातियों के होते हैं और समृद्ध आर्थिक वर्ग से आते हैं। यह मानना गलत होगा कि वे गरीब या बेरोजगार होते हैं।

जिस तरह नक्सलवादी अपनी हिंसात्मक गतिविधियों को मार्क्सवादी विचारधारा के आधार पर उचित ठहराते हैं, उसी तरह हिन्दू अतिवादी यह दावा करते हैं कि वे जो कुछ भी कर रहे हैं वह हिन्दू धर्म की खातिर है। कई दंगाई, दंगों को 'धर्मयुद्ध' बताते हैं और स्वयं को 'हनुमान सेना' का सिपाही मानते हैं। नक्सलियों की तरह, कई 'इज्जत' की खातिर मार-काट करते हैं और अपने कारनामों की डींगें भी हाँकते हैं। इनमें से कई पिछड़े वर्गों से आते हैं।

नक्सलियों के मामले में हिंसा, अन्याय से लड़ने का हथियार होती है। नक्सली हिंसा, कई बार, पुलिस द्वारा निर्दोषों को 'मुठभेड़' में मार डाले जाने का जवाब भी होती है। नक्सलियों की लड़ाई उस तथाकथित विकास के खिलाफ संघर्ष भी है जिसमें उनकी जमीनों पर कब्जा कर लिया गया है और उनकी जीविका के साधन खत्म कर दिये गये हैं। हिन्दू अतिवादी हिंसा के पीछे मुख्यत: दो उद्देश्य हैं— 1. राजनैतिक अर्थात हिन्दुओं के वोट पाना व 2. 'बाहरी और हिन्दुओं के शत्रु' मुसलमानों व ईसाइयों को सबक सिखाना। आरएसएस की विचारधारा के मूल में ही अल्पसंख्यकों के प्रति घृणा है।

अब हम आते हैं उस पर जिसे 'जिहादी हिंसा' कहा जाता है। यह सुश्री चित्रलेखा के प्रस्तुतिकरण का भाग नहीं था परन्तु इसमें और नक्सली एवं हिन्दू अतिवादी हिंसा में कई समानताएं हैं। यहाँ भी ढांचा बहुस्तरीय है। पहले हम उन आत्मघातियों को लें जो दूसरों को मारने के लिए खुद को बम से उड़ा लेते हैं। इनमें अनेक तरह के लोग होते हैं। इनमें से अधिकांश को बहुत सीमित ज्ञान होता है और उन्हें उनके प्रशिक्षकों या नेताओं

द्वारा जो कुछ बताया जाता है, वे उसे ध्रुव सत्य मान लेते हैं। उनके पास भी दूसरा पक्ष या विरोधी तर्क जानने/समझने का कोई तरीका नहीं होता।

आत्मघातियों को उनकी गरीबी व धर्म-दोनों प्रेरणा देते हैं। कुछ मामलों में गरीबी ज्यादा और धर्म कम और कुछ में धर्म ज्यादा और गरीबी कम भूमिका अदा करती है। कुछ आत्मघाती धर्मोन्मादी होते हैं और मानते हैं कि अपने आप को बम से उड़ा लेने से वे सीधे जन्नत जाएँगे जहाँ उन्हें अनन्तकाल तक सुख और ऐश्वर्य से भरपूर जीवन मिलेगा। उन्हें यह भरोसा भी रहता है कि उनके बाद उनके परिवारों की देखभाल उनका संगठन करेगा।

कुछ ऐसे भी होते हैं जिनसे यह वायदा किया जाता है कि उनकी मृत्यु के बाद, उनके परिवारों को मोटी रकम दी जाएगी। इन बेरोजगार युवकों को आत्मघाती बनना अपनी सारी आर्थिक समस्याओं का हल लगता है। परन्तु यह मानना गलत होगा कि वे सभी बेरोजगार व गरीब होते हैं परन्तु यह जरूर है कि उन सभी की इस्लाम की समझ अत्यन्त संकीर्ण व गलत होती है। उन्हें इस्लाम के शान्ति व प्रेम का धर्म होने की व्याख्याओं की कोई जानकारी नहीं होती।

'जिहादी' संगठनों के नियंत्रकों या नेताओं के लक्ष्य अत्यन्त जटिल होते हैं। कुछ अमेरिकी साम्राज्यवाद और उसकी अन्यायपूर्ण विदेश नीतियों का विरोध करना चाहते हैं, कुछ अपने देशों—जिनमें बहुत से अरब देश शामिल हैं—में अभिव्यक्ति की आजादी पर प्रतिबन्ध से कुंठित रहते हैं और उन्हें अपनी कुंठाओं से उबरने की राह जिहादी संगठनों में दिखती है।

फिर, कुछ कश्मीरी हैं जिन्हें पुलिस व सेना के हाथों प्रताड़ित होना पड़ा है और जो यह मानते हैं कि कश्मीर, पाकिस्तान का है और भारत ने उस पर 'जबरन कब्जा' कर रखा है और यह भी कि केवल सशस्त्र विद्रोह के जरिए ही कश्मीर को स्वतंत्र करवाया जा सकता है। ऐसे संगठनों के कर्ता-धर्ता अपनी लड़ाई को 'इस्लामिक जिहाद' बताते हैं। हिन्दू अतिवादी संगठनों की तरह, इन संगठनों में भी कॉडर के दिमागों में जहर भरने का काम बहुत प्रभावी तरीके से किया जाता है परन्तु इसके लिए बहुत आसान भाषा का इस्तेमाल होता है।

हिन्दू और मुस्लिम अतिवादी संगठनों के पास अपार संसाधन हैं। संघ व विहिप जहाँ हिन्दुत्व के नाम पर धन जुटाते हैं वहीं मुस्लिम अतिवादी संगठन यही काम जिहाद के नाम पर करते हैं। इन संगठनों को आसानी से पैसा मिल जाता है क्योंकि बहुत से लोग गलत तरीके इस्तेमाल कर अरबपति बन जाते हैं और 'पुण्य' कमाने के लिए धर्म के नाम पर चन्दा देने से गुरेज नहीं करते। इस पक्ष पर भी ज्यादा ध्यान दिया जाना चाहिए।

हिन्दुत्व संगठनों के मामले में अधिकांश धन अमेरिका और इंग्लैंड से आता है जहाँ रह रहे मध्यमवर्गीय हिन्दू अपने देश को पैसे की खातिर छोड़ने के अपराधबोध से

ग्रस्त रहते हैं और वे अपने इस अपराधबोध को कम करने के लिए राजनैतिक-धार्मिक संगठनों को धन देते हैं।

मुस्लिम अतिवादी संगठनों के आर्थिक स्रोत तेल-उत्पादक अरब देशों में हैं जहाँ के कुबेरपति नागरिक यह सोचते हैं कि ये संगठन इस्लाम की सेवा कर रहे हैं। राजनैतिक रूप से, अरब देशों को ये संगठन पसन्द आते हैं क्योंकि इन देशों के शासकों की इच्छा यही है कि इस्लाम दकियानूसी बने।

मुझे नहीं मालूम कि क्या किन्हीं अनुसंधानकर्ताओं या समाज विज्ञानियों ने आत्मघातियों के मनोविज्ञान को समझने की चेष्टा की है परन्तु इसमें कोई सन्देह नहीं कि ऐसे प्रयास के दिलचस्प नतीजे सामने आएँगे।

पुलिस और अल्पसंख्यक

उच्चतम न्यायालय ने अभी हाल ही में भारत सरकार को पुलिस सुधार पर धर्मवीर आयोग की सिफारिशों पर अमल करने का निर्देश दिया है। ये सिफारिशें लगभग 25 वर्ष पूर्व की गयी थीं परन्तु सरकार ने इन्हें लागू नहीं किया। कुछ पुलिस अधिकारियों ने जनहित याचिका लगायी। याचिका पर 10 वर्षों के बाद उच्चतम न्यायालय ने अपना निर्णय सुनाया।

यह सबको पता है कि राजनेता पुलिस के कामकाज में आये दिन हस्तक्षेप करते हैं। जो अधिकारी उनकी नहीं सुनते उनका तबादला कर दिया जाता है। यह आशा की जा सकती है कि धर्मवीर आयोग की सिफारिशें लागू होने से आई.पी.एस. अधिकारियों को कुछ राहत मिलेगी और वे अपेक्षाकृत अधिक स्वायत्तता से काम कर सकेंगे। अधिकतर शीर्ष पुलिस अधिकारियों ने उच्चतम न्यायालय के निर्देश का स्वागत किया है परन्तु कुछ ने इससे असहमति भी जाहिर की है। इनमें श्री के.पी.एस. गिल शामिल हैं। श्री गिल का कहना है कि पुलिस अपने राजनैतिक आकाओं से स्वतंत्र रहकर काम नहीं कर सकती।

श्री गिल के अनुसार "इन सिफारिशों के लागू होने से केवल आफिस में बैठकर काम करने वाले अधिकारी खुश होंगे। चौराहे पर खड़े होने वाले सिपाही और उसके ठीक ऊपर के अधिकारी की कार्यक्षमता में इससे कोई वृद्धि नहीं होगी"। इसके विपरीत एक अन्य पूर्व शीर्ष पुलिस अधिकारी श्री जूलियो रिबेरो ने इन सिफारिशों को अत्यन्त उत्साहजनक बताया है। उनका तर्क है कि पुलिस की कार्यप्रणाली की कमजोरियों और कमियों के लिए राजनेता ही जिम्मेदार हैं। उनका कहना है कि "स्वार्थी राजनेता अधिकतर अनुउपयुक्त अधिकारियों को शीर्ष पदों पर बैठाते हैं क्योंकि भ्रष्ट और अक्षम अधिकारी स्वयं को सुरक्षित बनाये रखने के लिए अपने राजनैतिक आकाओं के इशारे पर नाचने के लिए तैयार रहते हैं। दोनों एक-दूसरे के काम आते हैं।"

इस तरह यह साफ है कि राजनैतिक हस्तक्षेप के बारे में पुलिस अधिकारी स्वयं भी एकमत नहीं हैं। परन्तु यह भी सही है कि अधिकांश पुलिस अधिकारी श्री गिल से

सहमत नहीं हैं और उच्चतम न्यायालय के निर्णय से प्रसन्न हैं। इसमें कोई सन्देह नहीं है कि राजनेता पुलिस के कामकाज में बहुत अधिक हस्तक्षेप करते हैं और कर्तव्यनिष्ठ अधिकारियों के लिए काम करना दिन-ब-दिन मुश्किल होता जा रहा है।

उच्चतम न्यायालय के निर्णय को न तो पूरी तरह खारिज किया जा सकता है और न ही उसका पूरी तरह स्वागत किया जा सकता है। उसमें निश्चय ही कुछ कमियां हैं परन्तु यह हमारा विषय नहीं है। इस लेख में हम मुख्यतः पुलिस के अल्पसंख्यकों के प्रति व्यवहार और साम्प्रदायिक दंगों के दौरान पुलिस की भूमिका पर चर्चा करेंगे। विभिन्न कारणों से पुलिस अधिकारियों के अपने-अपने पूर्वाग्रह होते हैं और पुलिस की कार्यप्रणाली के बारे में किसी भी चर्चा में इस तथ्य को ध्यान में रखना आवश्यक है।

दरअसल, समस्याएँ दोनों तरफ हैं— चाहे पुलिस को पूर्ण स्वायत्तता दे दी जाए व तबादलों के अधिकार किसी स्वतंत्र कमेटी को सौंप दिये जाएँ या पुलिस राजनेताओं के नियंत्रण में काम करे। अगर वर्तमान व्यवस्था जारी रहती है तो इसमें ईमानदार और धर्मनिरपेक्ष अधिकारियों को प्रताड़ित किये जाने की आशंका बनी रहेगी। अधिकांश साम्प्रदायिक दंगों के दौरान ईमानदार और धर्मनिरपेक्ष पुलिस अधिकारियों को स्वतंत्रतापूर्वक काम नहीं करने दिया जाता। अगर राजनेता दंगों से राजनैतिक लाभ कमाना चाहते हैं तो वे उन अधिकारियों को हटवा देते हैं जो हिंसा को नियंत्रित करने की क्षमता रखते हैं।

ऐसा लगभग सभी बड़े साम्प्रदायिक दंगों के दौरान हुआ। इसका सबसे अच्छा उदाहरण सन् 2002 में गुजरात में हुए भयावह साम्प्रदायिक दंगे हैं। गुजरात की नरेन्द्र मोदी सरकार दंगे भड़काना चाहती थी और इसलिए उन सभी अधिकारियों को ताबड़तोड़ तरीके से मैदानी पदस्थापनाओं से हटा दिया गया जो अपने-अपने इलाकों में हिंसा पर नियंत्रण पाने की कोशिश कर रहे थे। मैंने स्वयं एक ऐसे शीर्ष पुलिस अधिकारी से बात की है जिसे इसलिए हटा दिया गया क्योंकि वह अपनी पूरी क्षमता से हिंसा को रोक रहा था। ऐसा कई अधिकारियों के साथ हुआ।

सन् 1992-93 के मुम्बई दंगों के दौरान भी ऐसे अनेक पुलिस अधिकारी थे जो राजनैतिक हस्तक्षेप के कारण अपनी पूरी क्षमता से काम नहीं कर सके। यद्यपि यह हस्तक्षेप सत्ताधारी दल के नेताओं की ओर से नहीं था। अलबत्ता, मुम्बई में स्थितियां उतनी खराब नहीं थीं जितनी कि गुजरात में थीं। मुम्बई में अनेक ऐसे पुलिस अधिकारी थे जिन पर शिवसेना का नियंत्रण था। सन् 1992-93 के दंगों के कुछ वर्षों के भीतर शिवसेना सत्ता में आ गयी और उसने इन सभी अधिकारियों को प्रमोशन और अच्छी पदस्थापनाओं से नवाज़ा। एक ऐसे ही अधिकारी को मुम्बई का पुलिस आयुक्त बनाया गया।

मुम्बई के दंगों के बाद मेरी कई वरिष्ठ पुलिस अधिकारियों से लम्बी चर्चा हुई। उनमें से अधिकतर का कहना था कि धर्मवीर आयोग की सिफारिशें लागू की जानी चाहिए क्योंकि उससे पुलिस अधिकारी स्वतंत्रापूर्वक और निष्पक्षता से काम कर सकेंगे। इस लिहाज से उच्चतम न्यायालय का निर्देश स्वागतयोग्य है।

परन्तु इस पूरे मुद्दे को एक दूसरे दृष्टिकोण से देखे जाने की भी जरूरत है। पुलिस अधिकारियों व कर्मचारियों में अल्पसंख्यकों के विरुद्ध पूर्वाग्रह हैं। अगर उन पर राजनैतिक नियंत्रण नहीं रहेगा तो इससे अल्पसंख्यकों का नुकसान होगा। इस सन्दर्भ में हालिया मुम्बई ट्रेन धमाकों के बाद मुसलमानों को बड़े पैमाने पर पुलिस द्वारा परेशान किये जाने का उदाहरण हमारे सामने है। बड़ी संख्या में निर्दोष मुसलमानों को पुलिस ने पकड़ा और उनसे पुलिसिया अन्दाज में पूछताछ की। उन्हें पकड़ने का कोई आधार नहीं था सिवा इसके कि वे मुसलमान थे। उनके विरोध का कोई असर नहीं हुआ।

इसके बाद कई मुस्लिम नेता प्रधानमंत्री व श्रीमती सोनिया गाँधी से मिले व उनका ध्यान पुलिस द्वारा निर्दोष मुसलमानों को जबरन परेशान करने की ओर दिलाया। प्रधानमंत्री ने यह आश्वासन दिया कि वे इस सम्बन्ध में महाराष्ट्र के मुख्यमंत्री से बात करेंगे और मुंबई पुलिस द्वारा मुसलमान युवकों का उत्पीड़न बंद होगा। अगर पुलिस जन प्रतिनिधियों के प्रति जवाबदेह नहीं रहेगी तो पुलिस द्वारा उनके अधिकारों के इस तरह के दुरुपयोग को रोकना मुश्किल होगा। मार्च, 1993 के बम विस्फोटों के बाद भी मुम्बई में पुलिस द्वारा निर्दोष लोगों को परेशान करने की गम्भीर शिकायतें मिली थीं। यहां तक कि कुछ पुलिस अधिकारियों ने मुसलमान युवकों से पैसे वसूल करने के लिए उन्हें यह धमकी दी कि उन्हें टाडा में फंसा दिया जावेगा।

इस तरह, पुलिस सुधारों पर सुप्रीम कोर्ट के निर्देश दुधारु तलवार हैं। पुलिस अधिकारी जनता के प्रति जवाबदेह नहीं होते परन्तु राजनेता होते हैं। साथ ही यह भी सच है कि यदि राजनेता खुद ही साम्प्रदायिक व संकुचित दृष्टिकोण के होंगे या वे किसी सम्प्रदाय विशेष के ही समर्थन के आकांक्षी होंगे, तो स्थितियां बहुत विकट हो जावेंगीं।

तब क्या किया जाना चाहिए? क्या सुप्रीम कोर्ट के निर्देश से पुलिस की कार्यप्रणाली बेहतर होगी? क्या राजनेताओं का आई.पी.एस. अधिकारियों के तबादलों आदि पर नियंत्रण जारी रहना चाहिए? मेरी मान्यता है कि उपरोक्त समस्याओं के बावजूद भी कुल मिलाकर ये सुधार लाभप्रद होंगे। सच तो यह है कि इतना ही काफी नहीं है। इस दिशा में और अधिक किए जाने की जरूरत है। वर्तमान में लागू पुलिस एक्ट को ब्रिटिश शासकों ने अठाहरहवीं सदी में बनाया था। इस एक्ट का मुख्य उद्देश्य था पुलिस का ब्रिटिश साम्राज्य को मजबूती देने और जन आन्दोलनों को कुचलने के लिए इस्तेमाल करना। दूसरे शब्दों में यह एक्ट शासकों के लाभ के लिए था जनता के नहीं। दुर्भाग्यवश

आज भी स्थितियाँ जहाँ की तहाँ हैं। हमारे वर्तमान शासक भी पुलिस का इस्तेमाल अपने हितों की रक्षा के लिए करना चाहते हैं। इसलिए वे पुलिस पर अपना नियंत्रण खोना नहीं चाहते।

दरअसल, हमें आज जरूरत ऐसे पुलिस बल की है जिसका आम जनता के प्रति दोस्ताना रुख हो। सन् 1861 के पुलिस एक्ट में व्यापक संशोधनों की आवश्यकता है और यह काम जल्दी से जल्दी होना चाहिए। पुलिस का काम जनता की मदद करना है उसे दबाना या कुचलना नहीं। पुलिस को अपराध-विरोधी होना चाहिए, जन-विरोधी नहीं। पुलिस के समग्र दृष्टिकोण में परिवर्तन की जरूरत है। इसके लिए कई कदम उठाये जा सकते हैं।

सबसे पहले तो पुलिस को दिये जाने वाले प्रशिक्षण में व्यापक फेरबदल होना चाहिए। मेरा अनुभव है कि पुलिस कर्मियों का दृष्टिकोण जातिवादी, साम्प्रदायिक और महिला-विरोधी रहता है। उन्हें मानवाधिकारों के संरक्षण की कोई चिन्ता नहीं रहती। इसका मुख्य कारण उनकी प्रशिक्षण व्यवस्था में कमियाँ हैं। इस मामले में आई.पी.एस. अधिकारियों की तुलना में निचले स्तर के पुलिस कर्मी अधिक पूर्वाग्रहग्रस्त होते हैं।

पुलिस के प्रशिक्षण केन्द्रों के पाठ्यक्रम को सरसरी तौर पर देखने से भी यह जाहिर होता है कि उसमें पुलिस कर्मियों की मानसिकता को धर्मनिरपेक्ष प्रजातांत्रिक व्यवस्था के अनुरूप बनाने की कोई व्यवस्था नहीं होती। धर्मनिरपेक्षता का तो नाम तक नहीं होता और न ही उन्हें हमारे बहु-धार्मिक व बहु-सांस्कृतिक परिवेश का बोध कराया जाता है। उन्हें उनके जातीय व लिंग-सम्बन्धी पूर्वाग्रहों से मुक्त करने का भी कोई प्रयास नहीं होता। उल्टे नियुक्तियों, तबादलों और प्रमोशनों में जातिगत व साम्प्रदायिक समीकरणों की महत्वपूर्ण भूमिका रहती है। सम्बन्धित कर्मी की कार्यक्षमता को शायद ही कोई महत्व दिया जाता हो।

यही नहीं, अच्छी पदस्थापना के लिए मोटी रिश्वत देनी होती है। राजनेता भारी रिश्वत लेकर पुलिस अधिकारियों को मनचाही पदस्थापनाएँ देते हैं। इस तरह न तो पुलिसकर्मी ईमानदार रह पाते हैं और न ही वे जातिगत व साम्प्रदायिक पूर्वाग्रहों से ऊपर उठ पाते हैं। इन परिस्थितियों में यदि तबादलों पर नियंत्रण के लिए प्रतिबद्ध और ईमानदार लोगों की समिति बनायी जाती है तो यह बेहतरी की दिशा में एक कदम होगा।

पुलिस कर्मियों के बारे में मेरा अनुभव यह है कि वे मूल रूप से साम्प्रदायिक नहीं होते परन्तु अल्पसंख्यकों के बारे में वे कई भ्रम व मिथक पाले रहते हैं। स्कूलों, कॉलेजों और समाज से उन्हें जो भी भ्रामक जानकारियाँ मिलती हैं उनके आधार पर वे अपने पूर्वाग्रह बना लेते हैं। यदि उन्हें ठीक तरह से समझाया जाए तो उनमें निश्चय ही सुधार आता है। मैंने कांस्टेबिलों से लेकर उच्च पुलिस अधिकारियों तक की अनेक

कार्यशालाएँ आयोजित की हैं और मैंने हमेशा ही यह पाया कि कार्यशालाओं के अन्त में पुलिस कर्मियों के दृष्टिकोण में परिवर्तन स्पष्ट परिलक्षित होता है। उच्चतम न्यायालय के आदेश के क्रियान्वयन के साथ-साथ यदि पुलिस कर्मियों के लिए बेहतर प्रशिक्षण की व्यवस्था की जाती है तो मेरा विश्वास है कि इसके अच्छे नतीजे सामने आएंगे। पुलिस एक्ट में आमूल-चूल परिवर्तन कर इन नतीजों को और बेहतर और स्थाई किया जा सकता है। इन सभी कदमों को बिना किसी देरी के उठाये जाने की जरूरत है। पुलिस सुधार में देरी की देश बहुत बड़ी कीमत अदा कर चुका है। अब और देरी कतई नहीं की जानी चाहिए।

पहचान और सामाजिक जुड़ाव-अलगाव : मुस्लिम दृष्टिकोण - भाग-1

बहुधार्मिक व बहुसांस्कृतिक प्रजातंत्रों में पहचान और सामाजिक अलगाव-जुड़ाव से जुड़ी समस्याएँ अत्यन्त महत्वपूर्ण होती हैं। तानाशाही शासन व्यवस्था वाले देशों में आम जनता की आवाज जकड़ी रहती है और इसलिए सामाजिक अलगाव की समस्या तब तक सतह पर नहीं आती जब तक कि वह अत्यन्त गम्भीर रूप अख्तियार नहीं कर लेती। इसके विपरीत, प्रजातांत्रिक समाज में चूँकि खुलापन होता है और नागरिकों के अधिकारों को तवज्जो दी जाती है इसलिए प्रजातंत्र में सामाजिक जुड़ाव व अलगाव का मुद्दा बहुत महत्वपूर्ण बन जाता है। कोई भी सच्चा प्रजातंत्र समाज के किसी भी हिस्से के अलगाव के प्रति संवेदनशील रहता है।

सामाजिक अलगाव के पीछे कई कारक होते हैं। ऊँच-नीच पर आधारित जाति व्यवस्था में सबसे नीचे के पायदान पर खड़ी जातियाँ भेदभाव का शिकार होती हैं। उन्हें नजरअंदाज किया जाता है। बहुधार्मिक समाजों में धार्मिक अल्पसंख्यक पक्षपात के शिकार हो सकते हैं जबकि बहुसांस्कृतिक और अनेक नस्लों वाले देशों में उन नस्लों या संस्कृतियों को दरकिनार कर दिया जाता जो उस देश की मूल नस्ल या संस्कृति नहीं है।

आर्थिक रूप से पिछड़े और अविकसित देशों में सामाजिक अलगाव की समस्या और गम्भीर इसलिए हो जाती है क्योंकि वहाँ संसाधनों की कमी रहती है। विकसित देशों तक में नस्ल और वर्ग के आधार पर अलगाव और भेदभाव की शिकायतें आम हैं। अमरीका में आज भी अफ्रीकी मूल के नागरिक नस्लवादी पूर्वाग्रहों के शिकार हैं और उनमें गरीबी अपेक्षाकृत रूप से अधिक है। अमरीका न केवल उन्नत देश है वरन् आर्थिक दृष्टि से भी बहुत सम्पन्न है। वहाँ का प्रजातंत्र भी अत्यन्त परिपक्व है। इसके बावजूद अमरीका यह दावा नहीं कर सकता कि वहाँ के समाज के सभी हिस्सों को बराबर अवसर हासिल हैं और किसी के साथ कोई भेदभाव नहीं होता। वहाँ भी श्वेत चमड़ी वालों ने संसाधनों के एक बड़े हिस्से पर अपना एकाधिकार जमा रखा है।

पश्चिमी देश सदियों तक एक ही धर्म व संस्कृति वाले रहे हैं। बहुवाद व बहुसंस्कृतिवाद उनके लिए अनजान थे। 'बहुसंस्कृतिवाद' शब्द का पश्चिमी समाजशास्त्रियों ने उस समय निर्माण किया जब उत्तर-साम्राज्यवादी काल में पश्चिमी राष्ट्रों के पूर्व गुलाम देशों से बड़ी संख्या में कामगार वहाँ आने लगे। इंग्लैंड, फ्राँस, जर्मनी, स्वीडन, हालैंड आदि देश बहुसांस्कृतिक इसलिए बने क्योंकि वहाँ एशियाई और अफ्रीकी देशों से बड़ी संख्या में प्रवासी पहुँचे।

लगभग उसी समय एक और शब्द अस्तित्व में आया— 'प्लूरालिज्म' अर्थात बहुवाद। यह शब्द पश्चिमी देशों के उत्तर-साम्राज्यवादी चरित्र को वर्णित करने के लिए बनाया गया। जहाँ अब अलग-अलग धर्मों और संस्कृतियों के लोग रहते थे। द्वितीय विश्वयुद्ध के बाद यूरोपीय देशों को बड़ी संख्या में कामगारों की जरूरत थी क्योंकि युद्ध में लाखों यूरोपीय नागरिक मारे गये थे और पुनर्निर्माण के लिए काम करने वालों की भारी कमी थी। इन मजदूरों की अगली पीढ़ी पढ़-लिख गयी और इन देशों की नागरिक बन गयी। इस नई पीढ़ी को अपने अधिकारों का ज्ञान था और वह मजदूर के रूप में जीने के लिए तैयार नहीं थी।

इस पीढ़ी ने समान अधिकारों और रोजगार के समान अवसरों की माँग शुरू कर दी। यद्यपि सत्ता में हिस्सेदारी की मांग उनने नहीं की क्योंकि उनकी संख्या बहुत कम थी। इसके नतीजे में नस्लवादी तनाव उपन्न हुआ, विशेषकर इंग्लैंड, फ्रांस और जर्मनी में। इन देशों में आज भी नस्लवादी और सांस्कृतिक संघर्ष चल रहा है और सामाजिक अलगाव व जुड़ाव का मुद्दा बहुत महत्वपूर्ण बन गया है। फ्राँस में पिछले साल युवाओं के एक बड़े हिस्से ने विद्रोह का झंडा उठा लिया था। कई हफ्तों तक हिंसा जारी रही। कारें जलाई गईं और पुलिस पर पत्थरबाजी की अनेक घटनाएं हुईं। पुलिस ने बहुत कठिनाई से इस हिंसा पर नियंत्रण पाया।

समाजशास्त्रियों के अनुसार इस विद्रोह का कारण था व्यापक बेरोजगारी, इन युवकों को समाज के हाशिए पर खिसका दिया जाना और उनके हिस्से में कम आमदनी वाले वे काम आना जिन्हें फ्राँस के मूल नागरिक नहीं करना चाहते। विद्रोही अफ्रीकी मुस्लिम युवक थे, जिनमें से अधिकांश का जन्म फ्राँस में ही हुआ था यद्यपि उनके माता-पिता अल्जीरिया, मोरोक्को आदि से फ्राँस पहुँचे थे। सरकार को इस व्यापक असन्तोष को शान्त करने के लिए अनेक कदमों की घोषणा करनी पड़ी। यद्यपि ये कदम क़तई सन्तोषजनक नहीं थे तथापि इनसे विद्रोही युवकों में कुछ हद तक जुड़ाव का भाव पैदा हुआ और हिंसा नियंत्रित हो गयी।

गत जुलाई में लंदन की भूमिगत रेलों में हुए बम विस्फोटों को भी कई समाजशास्त्रियों ने युवा पाकिस्तानियों को समाज के हाशिए पर डाल दिये जाने का नतीजा बताया था, यद्यपि यह एकमात्र कारण था, ऐसा मानना सही नहीं होगा।

सामाजिक उपेक्षा के शिकार युवकों के दिमाग में जहर भरना आसान होता है। उन्हें यह समझाया जाता है कि श्वेत लोग उनके शत्रु हैं। इस शत्रुता को निभाना उनका धर्म बन जाता है और श्वेत लोगों को मारना वे उचित मानने लगते हैं। इस तरह आतंकवाद और आतंकवादी घटनाओं के पीछे अत्यन्त क्लिष्ट कारक होते हैं।

जब भी आतंकवादी घटनाएँ होती हैं तब बुश, ब्लेयर और अन्य पश्चिमी नेता यह बयान देते हैं कि "हमारे मूल्य, हमारी स्वतंत्रता और हमारा प्रजातंत्र खतरे में है"। डब्ल्यू. टी. सी. टावर्स पर हमले के बाद राष्ट्रपति बुश ने कहा था कि आतंकवादी "हमसे घृणा करते हैं, हमारे प्रजातंत्र और हमारी स्वतंत्रता से घृणा करते हैं"। लंदन ट्रेन अंडरग्राउंड पर हमले के बाद ब्लेयर ने भी लगभग यही बात कही थी। इन वक्तव्यों से यह स्पष्ट है कि ये नेता यह मानकर चल रहे हैं कि स्वतंत्रता और प्रजातंत्र जैसे सार्वभौमिक मूल्य पश्चिम की बपौती है और अफ्रीकी-एशियाई देश तानाशाही में विश्वास करते हैं और स्वतंत्रता और प्रजातंत्र से उनका कोई लेना-देना नहीं है।

इस तरह, यह साफ है कि यद्यपि बहुसंस्कृतिवाद और धार्मिक-बहुवाद जैसे शब्दों का निर्माण पश्चिमी समाज वैंज्ञानिकों ने किया था, पश्चिमी आज भी इन मूल्यों को अपने मनो-मस्तिष्क में समाहित नहीं कर सका है। पश्चिमी देशों में आज भी अपने से अलग धार्मिक या जातीय पहचान वाले से अलगाव की आदिमानवीय भावना जीवित है।

कई भारतीयों ने इंग्लैंड, अमरीका और कनाडा में महत्वपूर्ण आर्थिक और वैज्ञानिक योगदान दिया है परन्तु वे भी सामाजिक पूर्वाग्रहों के शिकार हैं। वे आज भी वहाँ की सामाजिक, सांस्कृतिक और आर्थिक मुख्यधारा में शामिल नहीं हो सके हैं। वे इन देशों के नागरिक हैं, तब भी उन्हें सांस्कृतिक व सामाजिक अलगाव का सामना करना पड़ता है। नस्लवादी पूर्वाग्रह आज भी पश्चिमी समाज में उनके घुलने-मिलने के रास्ते में रोड़ा बने हुए हैं।

अतः यह साफ है कि सामाजिक अलगाव पूरे विश्व की समस्या है। अधिकांश देशों में धार्मिक और सांस्कृतिक अल्पसंख्यकों को सामाजिक अलगाव का सामना करना पड़ रहा है। इस सामाजिक अलगाव को कुछ हद तक स्वाभाविक माना जा सकता है क्योंकि आखिरकार धार्मिक और सांस्कृतिक अल्पसंख्यक इन देशों में प्रवासी हैं और उनको वहाँ पहुँचे आधी सदी भी नहीं बीती है। पश्चिमी देशों में अफ्रीकी और एशियाई प्रवासियों ने दूसरे विश्व युद्ध के बाद पहुंचना शुरू किया था।

भारत और अन्य एशियाई देशों में ऐसी स्थिति नहीं है। एशियाई देश और विशेषकर भारत, हमेशा से बहुसांस्कृतिक, बहुधार्मिक और बहुजातीय रहे हैं। भारत तो चमत्कृत कर देने में विविधता का केन्द्र रहा है। चाहे वे बौद्ध हों, जैन, ईसाई या मुस्लिम—सभी इसी देश के हैं और पश्चिमी देशों की तरह प्रवासी नहीं हैं।

कुछ मुसलमान जो यहाँ आक्रान्ता के रूप में आये थे या मध्य या पश्चिमी

एशिया से इन आक्रान्ताओं के साथ आये थे— वे सदियों पहले इस देश का अविभाज्य अंग बन गये हैं और उन्होंने अपनी विदेशी पहचान को पूरी तरह से भुला दिया है। कोई भी भारतीय मुसलमान न तो अपने विदेशी मूल के बारे में जानता है और न ही अपने विदेशी पूर्वजों के बारे में सोचता या बोलता है— चाहे फिर वे सैय्यद हों, शेख हों या फिर पठान। वैसे भी, जो मुसलमान विदेश से आए हैं उनकी संख्या बहुत कम है। अधिकांश मुस्लिम तो नीची जातियों के हिन्दुओं के धर्म परिवर्तन कर लेने से बने हैं।

ईसाई भी विदेशी मूल के नहीं हैं और उनमें से अधिकतर ईसाई बनने से पहले या तो नीची जातियों के हिन्दू थे या फिर आदिवासी। विदेशी मूल के ईसाइयों ने भारत को अपना घर नहीं बनाया। बौद्ध, जैन और सिक्ख तो भारतीय मूल के हैं ही। इस सबके बाद भी सामाजिक अलगाव हमारे देश के अल्पसंख्यकों के लिए बड़ी समस्या बनी हुई है— विशेषकर मुसलमानों और ईसाईयों के लिए। ईसाईयों की संख्या तो फिर भी कम है परन्तु मुसलमानों की भारत में बहुत बड़ी आबादी है और इसलिए सामाजिक, सांस्कृतिक, आर्थिक और राजनैतिक प्रक्रियाओं से उनका अलगाव बहुत बड़ी समस्या है।

प्रजातंत्र लोगों को जागरुक बनाता है और जितनी जागरुकता बढ़ेगी उतनी ही अलगाव से उपन्न होने वाली समस्याएँ बढ़ती जाएंगी। स्वतंत्रता के बाद आधुनिक धर्मनिरपेक्ष शिक्षा का तेजी से प्रसार हुआ और यद्यपि मुसलमानों में शिक्षा का स्तर औसत से कम है, तथापि उनमें भी शिक्षित लोगों की संख्या बहुत तेजी से बढ़ी है। शिक्षा से जागरुकता आती है और इससे सामाजिक, आर्थिक और राजनैतिक अलगाव से मुकाबला करने की चुनौती और कठिन होती जाती है।

पहचान और सामाजिक जुड़ाव-अलगाव : मुस्लिम दृष्टिकोण - भाग-2

स्वतंत्रता के साथ ही हमारे देश को विभाजन की त्रासदी भी भोगनी पड़ी। विभाजन का सीधा नतीजा था देश के मुसलमानों के मन में सामाजिक-राजनैतिक अलगाव का भाव और इस अलगाव के स्वतंत्रता के बाद और बढ़ने का डर। ब्रिटिश राज ने 19वीं सदी में शिक्षा के द्वार खोले और इसका सबसे अधिक लाभ उठाया जागीरदार खानदानों की नौजवान पीढ़ी ने। इस पीढ़ी ने ही विभाजन के आन्दोलन को नेतृत्व दिया।

यह जानना दिलचस्प होगा कि मुस्लिम उलेमा, जिनकी जड़ें गरीब और अशिक्षित आमजनों में थीं, ने विभाजन के आन्दोलन का साथ नहीं दिया। उलटे, उन्होंने विभाजन का विरोध किया। 'जमायत-ए-उलेमा-ए-हिन्द' हमेशा कांग्रेस की कट्टर समर्थक रही। उलेमा की इस संस्था ने गांधीजी का नेतृत्व स्वीकार किया और जिन्ना के द्विराष्ट्र के सिद्धान्त का विरोध किया।

'जमायत-ए-उलेमा-ए-हिन्द' के तत्कालीन अध्यक्ष मौलाना हुसैन अहमद मदानी ने एक पुस्तक लिखी जिसका शीर्षक था 'मुत्तहिदा कौमियत और इस्लाम' (समग्र राष्ट्रवाद और इस्लाम)। इस पुस्तक में मदानी ने द्विराष्ट्र सिद्धांत का जमकर विरोध किया।

विभाजन का प्रमुख कारण था मुसलमानों के शिक्षित श्रेष्ठि वर्ग की यह मान्यता कि उसे देश के आर्थिक संसाधनों और राजनैतिक सत्ता में उचित हिस्सेदारी नहीं मिल रही है। यही कारण है कि पाकिस्तान बनाने के लिए आन्दोलन का नेतृत्व किसी धार्मिक नेता ने नहीं वरन् इंग्लैंड से वकालत पढ़कर आये और पश्चिमी रंग-ढंग में रचे-बसे मोहम्मद अली जिन्ना ने किया। दूसरी ओर, मौलाना अबुल कलाम और मौलाना हुसैन अहमद मदानी ने विभाजन का विरोध किया और भारतीय राष्ट्रीय कांग्रेस और उसकी धर्मनिरपेक्ष विचारधारा में अपनी आस्था व्यक्त की।

इसमें तनिक भी सन्देह नहीं कि 26 जनवरी, 1950 को लागू किये गये भारतीय संविधान ने कांग्रेस नेताओं द्वारा अल्पसंख्यकों से किये गये वायदे को पूरा किया।

नि:सन्देह, भारतीय संविधान में किसी के प्रति पक्षपात के लिए कोई स्थान नहीं है। परन्तु संविधान की मंशा को कभी कार्यरूप में परिणत नहीं किया गया। यहाँ तक तो ठीक है, हुआ यह कि अल्पसंख्यकों, विशेषकर मुसलमानों की भारी उपेक्षा की गयी।

ईसाई व मुसलमान—विशेषकर मुसलमान— दो तरह से नुकसान उठा रहे हैं। इनमें से अधिकतर नीची जातियों के हिन्दुओं के धर्म परिवर्तन करने से मुसलमान बने हैं। नीची जातियों के हिन्दुओं वैसे भी सामाजिक अलगाव और भेदभाव के शिकार रहते हैं और ईसाई या मुसलमान बनने के बाद उन्हें अपनी जाति व धर्म दोनों ही के कारण पूर्वाग्रहों का सामना करना पड़ता है। इस तरह ईसाइयों व मुसलमानों को सामाजिक-आर्थिक प्रक्रियाओं से जातिगत व साम्प्रदायिक, दोनों पूर्वाग्रहों के कारण बाहर रखा जा रहा है।

चालीस साल तक कांग्रेस केन्द्र में और कई राज्यों में लगातार सत्ता में रही परन्तु पार्टी की धर्मनिरपेक्षता के प्रति घोषित प्रतिबद्धता और अल्पसंख्यकों के प्रति सहानुभूति के बाद भी मुसलमानों की जानबूझकर उपेक्षा की गयी। कांग्रेस ने धर्मनिरपेक्षता की बातें तो बहुत कीं परन्तु वह मुसलमानों को शिक्षा और आर्थिक विकास के क्षेत्रों में समान अवसर दिलवाना तो दूर रहा उनकी सम्पत्ति व जीवन की रक्षा तक नहीं कर सकी।

देश में साम्प्रदायिक दंगे सन् 1961 में जबलपुर से शुरू हुए और अस्सी के दशक में उनने भयावह रूप ले लिया। सन् 1980 में मुरादाबाद से लेकर सन् 1992-93 में मुम्बई तक धर्म के नाम पर न जाने कितने लोगों ने अपनी जानें गंवायीं, कितनों ने अपने शरीर के अंग खोये और कितनों की जीविका के साधन नष्ट हो गये। बिहारशरीफ, मेरठ, बड़ौदा, नैली (आसाम), भिवंडी (मुम्बई), अहमदाबाद, भागलपुर सहित कम से कम तीन सौ साम्प्रदायिक दंगे एल.के. आडवाणी की रथ यात्रा के सीधे नतीजे के तौर पर हुए। 'टाइम्स ऑफ इंडिया' ने इस यात्रा को 'ब्लड यात्रा' (खूनी यात्रा) की संज्ञा दी। अस्सी के दशक की इस व्यापक साम्प्रदायिक हिंसा ने मुसलमानों को बुरी तरह से आतंकित कर दिया और वे घोर असुरक्षित महसूस करने लगे।

स्वतंत्रता के बाद से हुए साम्प्रदायिक दंगों में अब तक 35,000 से ज्यादा जानें जा चुकीं हैं और सैकड़ों करोड़ रुपयों की संपत्ति नष्ट हुई है। कांग्रेस धर्मनिरपेक्षता की माला तो जपती रही परन्तु मुसलमानों को सुरक्षा नहीं दे सकी। आर्थिक विकास और समृद्धि में हिस्सा पाना तो दूर रहा, मुसलमानों की जान के तक लाले पड़ गये।

इसी दौरान, संघ परिवार एक ओर मुसलमानों की देश प्रति के वफादारी पर प्रश्नवाचक चिह्न लगाता रहा तो दूसरी ओर कांग्रेस पर मुसलमानों का तुष्टिकरण करने का आरोप उछालता रहा। यह निहायत झूठा अरोप था। मुसलमान दिन-ब-दिन शिक्षा और आर्थिक क्षेत्र में पिछड़ते गये और भाजपा उनके तुष्टिकरण की बात आक्रामक ढंग से कहती रही। इससे अधिक मूर्खतापूर्ण आरोप शायद ही कुछ हो सकता था।

मुसलमान जल्दी ही दलितों से भी पीछे रह गये। दलितों को तो कम से कम आरक्षण का सहारा था। मुसलमानों को तो वह भी नहीं था। कुछ दक्षिणी राज्यों जैसे तमिलनाडू और कर्नाटक में मुसलमानों को शैक्षणिक संस्थाओं में आरक्षण का लाभ अवश्य मिला और यही कारण है कि इन राज्यों में मुसलमानों का शैक्षणिक स्तर अन्य राज्यों से बेहतर है।

अधिकतर मुसलमान नीची जातियों के हिन्दुओं के धर्म परिवर्तन करने से बने थे और इस्लाम को अपनाने के बाद भी वे अपने पारम्परिक जाति-आधारित काम धंधों को करते रहे। देश के अधिकांश मुसलमान आज भी खुद के छोटे-मोटे धंधे कर रहे हैं। वे जुलाहे हैं, रंगरेज हैं, धोबी हैं, माली हैं और चूड़ियाँ बनाने वाले हैं। आर्थिक उदारीकरण और वैश्वीकरण ने उनके व्यवसाय पर विपरीत प्रभाव डाला है और उनकी हालत और खराब हो गयी है। अस्सी के दशक के प्रारम्भ में आयी गोपाल सिंह आयोग की रपट और सन् 2007 की सच्चर कमेटी रपट ने मुसलमानों की सामाजिक-आर्थिक-शैक्षणिक पिछड़ेपन को रेखांकित करने वाले आंकड़ों का भंडार देश के सामने प्रस्तुत किया। इन दोनों रपटों ने मुसलमानों की दयनीय सामाजिक-आर्थिक स्थिति की ओर राष्ट्र का ध्यान आकर्षित किया। राजनैतिक क्षेत्र में भी मुसलमानों को कभी पर्याप्त प्रतिनिधित्व नहीं मिला। अभी तक हुए किसी भी संसदीय चुनाव में मुसलमानों को संसद में 10 प्रतिशत से अधिक स्थान हासिल नहीं हुए। राज्य विधानसभाओं में तो स्थिति बद्तर है। भाजपा-शासित मध्य प्रदेश में एक भी मुस्लिम विधायक नहीं है जबकि राज्य में मुसलमान आबादी का 15 फीसदी हिस्सा हैं। इससे यह साफ है कि मुसलमानों को राजनैतिक सत्ता में पर्याप्त और उचित हिस्सेदारी नहीं मिली है।

गोपाल सिंह आयोग की रपट को ठंडे बस्ते में डाल दिया गया और इसे संसद के पटल तक पर नहीं रखा गया। जब श्री वी.पी. सिंह प्रधानमंत्री थे तब उन्होंने मुस्लिम नेताओं और बुद्धिजीवियों की एक बैठक बुलायी। मैंने उनसे गोपाल सिंह आयोग की सिफारिशों को लागू करने के सम्बन्ध में पूछा। मुझे ये जानकार बहुत धक्का लगा किवे इस आयोग के बारे में कुछ भी नहीं जानते थे। उन्होंने यह वायदा किया कि वे आयोग की रपट को संसद में पेश करवाएँगे। वे शायद इस मामले में गम्भीर भी थे परन्तु जल्दी ही उनकी सरकार गिर गयी। नरसिम्हा राव सरकार के कार्यकाल में भी यह रपट धूल खाती रही। इसे संसद में पेश तक नहीं किया गया। एन.डी.ए. सरकार से तो यह अपेक्षा करना भी बेकार था कि वह इस रपट को संसद में रखेगी।

यू.पी.ए. सरकार ने सत्ता में आने पर यह वायदा किया कि वो अल्पसंख्यकों की भलाई के लिए ठोस कदम उठाएगी और सच्चर कमेटी को नियुक्त किया गया। कमेटी की कड़ी मेहनत से तैयार की गयी रपट सरकार के सामने है परन्तु इसकी सिफारिशों को लागू किया जाना आज भी संदिग्ध बना हुआ है।

सभी स्तरों का मुस्लिम नेतृत्व इस रपट को लागू करने की माँग को लेकर संगोष्ठियाँ, बैठके और प्रदर्शन आयोजित कर रहा है। प्रधानमंत्री ने रपट को लागू करने का आश्वासन दिया है परन्तु इस दिशा में कोई ठोस कदम अभी तक नहीं उठाये गये हैं। हो सकता है कि राजनैतिक लाभ प्राप्त करने के लिए इस सम्बन्ध में घोषणाएँ सन् 2009 में होने वाले आम चुनावों के ठीक पहले की जावें।

कुछ जातियों और धार्मिक समुदायों को सामाजिक-आर्थिक विकास के हाशिए पर रखने का ही यह नतीजा है कि चुनावों में धार्मिक व जातिगत पहचान अत्यन्त महत्वपूर्ण बन गयी है। धार्मिक समुदायों में से ईसाई और मुसलमान—विशेषकर मुसलमान— इस समस्या का सामना कर रहे हैं। जातियों के सन्दर्भ में दलितों के हाल बुरे हैं और क्षेत्रीयता के सन्दर्भ में उत्तर-पूर्व के निवासी उपेक्षा का सामना कर रहे हैं। जो समुदाय, समूह या जातियाँ विकास से अछूती रह जाती हैं वे अपनी पहचान का उपयोग तंत्र पर दबाव बनाने के लिए करती हैं। स्वतंत्रता के तुरन्त बाद कुछ लोगों ने इस बात पर जोर दिया कि सभी भारतीयों की केवल एक ही पहचान होनी चाहिए और वह है राष्ट्रीय पहचान। अन्य पहचानों को यदि भुलाया न भी जा सके तो उन्हें कम से कम प्रोत्साहन तो दिया ही जाना चाहिए। परन्तु ये बातें सिर्फ आदर्श बनकर रह गयीं। जब तक समाज के किसी भी वर्ग में अलगाव की भावना रहेगी, तब तक दूसरी पहचानों को सामाजिक-राजनैतिक क्षेत्र में महत्वपूर्ण भूमिका निभाने से रोका नहीं जा सकता।

मुस्लिम और दलित पहचानों ने स्वतंत्रता के पहले के दौर में अत्यन्त महत्वपूर्ण भूमिका अदा की थी। जहाँ मुसलमानों को जिन्ना ने एक झंडे के तले इकट्ठा करने का प्रयास किया वहीं अम्बेडकर ने दलितों की अलग पहचान पर जोर दिया। सन् 1975 के 'पूना पैक्ट' के जरिए अंबेडकर दलितों को आरक्षण दिलवाने में सफल रहे, मुसलमान यह सुविधा हासिल नहीं कर सके और अन्ततः देश टूट गया।

इस तरह, यह स्पष्ट है कि पहचानें प्रजातांत्रिक समाजों में रचनात्मक और विध्वंसात्मक दोनों ही भूमिकाएं अदा कर सकती हैं। अगर सामाजिक-आर्थिक अलगाव की भावना को दूर करने के प्रयास नहीं किये गये तो हाशिए पर डाल दिये गये समुदायों और जातियों को अपनी अलग पहचान पर जोर देने से कोई नहीं रोक सकता। हम तब तक केवल 'राष्ट्रीय पहचान' पर जोर नहीं दे सकते,जब तक राष्ट्रीय नीतियां इस प्रकार की न हों कि समाज के सभी हिस्सों को आगे बढ़ने के समान अवसर मिलें और उनमें अलगाव का भाव नहीं रहे। आज के भारत में हम 'राष्ट्रीय पहचान' की अपेक्षा नहीं कर सकते। जिनने सभी संसाधनों पर कब्जा जमा रखा है वे तो राष्ट्रीय पहचान की बात कर सकते हैं परन्तु वंचित वर्गों से यह उम्मीद नहीं की जा सकती।

राजनैतिक क्षेत्र में तो ऊँची जातियाँ तक जाति-आधारित संगठन बनाकर अपनी ताकत दिखा रही हैं। जातिगत पहचान आज राजनेताओं के हाथों में एक महत्वपूर्ण

हथियार बन गयी है। उत्तर प्रदेश में मायावती दलित पहचान का उपयोग करके और दूसरी जातियों के लिए 'तिलक, तराजू और तलवार, इनको मारो जूते चार' जैसे अपमानजनक नारों का उपयोग कर सत्ता में आयीं। उत्तर प्रदेश में बसपा और समाजवादी पार्टी और बिहार में आरजेडी ने पिछड़ों, दलितों और मुसलमानों का समर्थन हासिल करने की कोशिश की। इन दोनों ही राज्यों में यद्यपि मुसलमानों को आर्थिक संसाधानों में पर्याप्त हिस्सेदारी नहीं मिली परन्तु कुछ हद तक उनकी जानो-माल की सुरक्षा सम्भव हो सकी है।

यह साफ है कि किसी भी जाति या समुदाय में अलगाव की भावना देश के लिए घातक सिद्ध हो सकती है। हमारे राजनेताओं को इस विषय पर गम्भीरता से विचार करने की जरूरत है।

आतंकवाद, पुलिस और अल्पसंख्यक

स्वतंत्रता के समय से ही हमारी पुलिस का अल्पसंख्यकों के प्रति अत्यन्त पूर्वाग्रह पूर्ण रवैया रहा है। स्वतंत्रता हमें विभाजन की कीमत पर मिली थी। विभाजन ने हिन्दुओं और मुसलमानों के बीच की कटुता को और अधिक बढ़ा दिया था और पुलिस भी समाज के इस साम्प्रदायिकीकरण से अछूती नहीं रह सकी। स्वतंत्र भारत में साम्प्रदायिकता और साम्प्रदायिक हिंसा— दोनों में ही शनैः-शनैः वृद्धि होती रही है। बाबरी मस्जिद-राम जन्मभूमि विवाद के समय देश में साम्प्रदायिकता अपने चरम पर थी। सन् 1980 के दशक में साम्प्रदायिकता मानो भारतीय राजनीति का मुख्य कथानक बन गयी थी। भाजपा ने साम्प्रदायिकता का खुलेआम और बिना किसी डर या संकोच के जम कर इस्तेमाल किया। कांग्रेस चूँकि धर्मनिरपेक्षता का अपना चोला उतार कर नहीं फेंक सकती थी इसलिए उसने साम्प्रदायिकता से दबे-छुपे ढंग से लाभ उठाया। कांग्रेस तुलनात्मक दृष्टि से कम साम्प्रदायिक थी और उसने साम्प्रदायिकता का कार्ड उतनी बेशर्मी से नहीं खेला जितना की भाजपा ने।

जिस तरह राजनीति और जनमानस का साम्प्रदायिकीकरण हुआ उसी तरह पुलिस भी साम्प्रदायिकता की गिरफ्त में आ गयी। कांग्रेस हमेशा से अल्पसंख्यकों से इस आधार पर उनका समर्थन माँगती रही है कि वो धर्मनिरपेक्ष पार्टी है और अल्पसंख्यकों को सुरक्षा देने में सक्षम है। इसके बावजूद, कांग्रेस ने कभी भी गम्भीरता से यह प्रयास नहीं किया कि हमारी सुरक्षा एजेन्सियाँ भी धर्मनिरपेक्ष बन सकें। विभिन्न दंगों की जाँच के लिए नियुक्त आयोगों की रपटें पढ़ने से यह साफ हो जाता है कि दंगों के दौरान पुलिस की कार्यप्रणाली और व्यवहार घोर साम्प्रदायिक और पक्षपातपूर्ण रहा है।

जहाँ कांग्रेस की सरकारों ने कभी हमारी सुरक्षा एजेन्सियों के सदस्यों की सोच को धर्मनिरपेक्ष बनाने के लिए कुछ नहीं किया वहीं संघ परिवार पुलिस का साम्प्रदायिकीकरण करने के लिए हर सम्भव प्रयत्न करता रहा है। केन्द्र और राज्यों में भाजपा की सत्ता के दौरान संघ ने अपनी शाखाओं में प्रशिक्षित स्वयंसेवकों को बड़े पैमाने पर पुलिस में भर्ती कराया। संघ का साम्प्रदायिक प्रचार तो पुलिस कर्मियों के दिलो-दिमाग पर असर डालता ही रहा है।

पुलिस साम्प्रदायिकता के ज़हर से किस हद तक प्रभावित हो चुकी है यह हाल में हुए आतंकवादी हमलों की जाँच के तरीके से स्पष्ट है। गत 21 सितम्बर को दिल्ली के बाटला हाउस में जो कुछ हुआ वह पुलिस के मुसलमानों के प्रति घोर पूर्वाग्रहों और गलतफहमियों को रेखांकित करता है। यह सचमुच बहुत रहस्यपूर्ण है कि विभिन्न स्थानों पर बम हमले कौन करवा रहा है। दिल्ली में जब 13 सितम्बर को बम फटे तो हमेशा की तरह पुलिस ने यह मान लिया कि ये विस्फोट सिमी ने किये हैं, जिसने अब अपना नाम बदलकर इंडियन मुज़ाहिदीन कर दिया है।

दिल्ली पुलिस ने 21 सितम्बर को अल्ल सुबह बाटला हाउस पर छापा मारा। वहाँ दिल्ली की जामिया मिलिया इस्लामिया विश्वविद्यालय के पाँच छात्र रह रहे थे। ये पाँचों ही उत्तरप्रदेश के आजमगढ़ जिले के रहने वाले थे।

यहाँ यह कह देना प्रासंगिक होगा कि जामिया मिलिया इस्लामिया लम्बे समय से राष्ट्रीयता का केन्द्र रही है। इसकी स्थापना प्रथम विश्वयुद्ध के बाद सविनय अवज्ञा आन्दोलन के दौरान महात्मा गाँधी के अनुरोध पर की गयी थी। इसके संस्थापक जाने-माने मुस्लिम राष्ट्रवादी नेता जैसें ज़ाकिर हुसैन और मोहम्मद अली जौहर थे। महात्मा गाँधी ने जामिया मिलिया की स्थापना इसलिए करवायी थी क्योंकि सविनय अवज्ञा आन्दोलन के चलते बड़ी संख्या में मुस्लिम अध्यापकों और छात्रों ने अलीगढ़ मुस्लिम विश्वविद्यालय का बहिष्कार कर दिया था।

जामिया ने तभी से अपना राष्ट्रवादी चरित्र बरकरार रखा है। जाकिर हुसैन और अन्यों ने आर्थिक बदहाली से जूझते हुए भी इस संस्था को जिन्दा रखा। बाद में जामिया को केन्द्रीय विश्वविद्यालय का दर्जा दे दिया गया। आज भी जामिया का राष्ट्रवादी और धर्मनिरपेक्ष चरित्र सभी सन्देहों के परे है। यहाँ पढ़ने वाला कोई छात्र इस हद तक साम्प्रदायिकता की गिरफ्त में आ जाएगा कि वो आतंकवादी बन जाए, कल्पना से परे है।

परन्तु पुलिस को इन्हीं छात्रों पर सन्देह था और उसका तो यह भी दावा है कि आतिफ (या अतीक) दिल्ली, जयपुर और अहमदाबाद के बम विस्फोटों का *मास्टरमाईन्ड* था और उसी ने इंडियन मुजाहिदीन के नाम से ई-मेल भेजे थे। दिल्ली पुलिस ने 'मुठभेड़' में आतिफ और साजिद को मार डाला। इस तथाकथित मुठभेड़ में दिल्ली पुलिस का एक इंस्पेक्टर भी मारा गया। पुलिस ने यह दावा किया कि उसे छात्रों के रहने के स्थान से एके-47 एसाल्ट राईफिल और देशी कट्टा मिला है। मारे गये दो छात्रों के अलावा तीसरे, सैफ को गिरफ्तार कर लिया गया। पुलिस का कहना है कि बाकी दोनों छात्र भाग निकले।

सभी प्रमुख मानवाधिकार कार्यकर्ताओं—जिन्होंने कथित मुठभेड़ के स्थल का निरीक्षण किया—को पुलिस की कहानी में कई कमियाँ नजर आयीं। मुठभेड़ के बारे में बहुत से प्रश्न अनुत्तरित थे। मुठभेड़ में मारा गया इंस्पेक्टर शर्मा दिल्ली पुलिस का

'मुठभेड़ विशेषज्ञ' था। दिल्ली ही नहीं, महाराष्ट्र, गुजरात और अन्य राज्यों में भी ऐसे अधिकारियों के मामले सामने आये हैं जिन्होंने *अंडरवर्ल्ड* के साथ मिलकर झूठी मुठभेड़ें आयोजित कीं और अकूत धन इकट्ठा किया।

दिल्ली पुलिस, मानवाधिकार कार्यकर्ताओं द्वारा उठाए गये प्रश्नों और इंगित की गयी कमियों का संतोषजनक स्पष्टीकरण नहीं दे पायी है। आमजनों में पुलिस के इस दावे के बारे में सन्देह का वातावरण है कि उसने 'दुर्दान्त आंतकवादियाँ' को ठिकाने लगा दिया है। यह भी हो सकता है कि मारे गये दोनों छात्र निर्दोष रहे हों। पुलिस ने बिना किसी सुबूत के यह कह दिया कि साजिद 22 या 23 साल का है। उसके माता-पिता ने दस्तावेज प्रस्तुत किये हैं जिनसे यह स्पष्ट है कि उसकी उम्र मात्र 18 साल है और वह केवल तीन महीने पहले जामिया मिलिया में ग्यारहवीं क्लास में भर्ती होने के लिए दिल्ली आया था।

दिल्ली की मुठभेड़ ने पूरे भारत में मुसलमानों में अलगाव और रोष का भाव उपन्न किया है। हर बम धमाके के बाद पुलिस निर्दोष मुस्लिम युवकों को—जिनमें से अधिकांश निम्न मध्यमवर्गीय पृष्ठभूमि के होते हैं- धर लेती है और बिना किसी प्रमाण के उन पर आतंकवादी हमले करने और उनका षड्यन्त्र रचने का आरोप जड़ देती है। उन्हें गिरफ्तार करने के बाद पुलिस उनसे उनका अपराध 'स्वीकार' करवा लेती है और यह दावा करती है कि उसने मामले को 'सुलझा' लिया है। सभी जानते हैं कि पुलिस हिरासत में लोगों से किस तरह अपराध 'स्वीकार' करवाए जाते हैं।

इससे भी अधिक दुर्भाग्यपूर्ण यह है कि मीडिया, पुलिस की इन कहानियों को बिना कोई प्रश्न उठाए जैसे का तैसा प्रकाशित कर देता है। इन लड़कों को 'खतरनाक आतंकवादी' और *मास्टर माईन्ड* घोषित करने से पहले मीडिया एक क्षण के लिए भी यह नहीं सोंचता कि कहीं पुलिस कुछ गलती तो नहीं कर रही है। हर बम विस्फोट के बाद *मास्टरमाईन्डो* के नाम बदलते जाते हैं परन्तु फिर भी प्रिंट और इलेक्ट्रानिक मीडिया कोई प्रश्न नहीं उठाता। इस सिलसिले में तहलका और कुछ मानवाधिकार कार्यकर्ताओं ने जरूर प्रशंसनीय काम किया है।

पुलिस आखिर यह सब क्यों करती है? एक कारण तो स्पष्ट है। पुलिस कर्मियों की सोच का साम्प्रदायिकीकरण हो जाने के कारण वो यह मानकर चलती है कि मुस्लिम युवकों के अलावा और कोई ऐसा काम कर ही नहीं सकता। इस सिलसिले में सिमी—जिसका नया नाम *इंडियन मुजाहिदीन* बताया जाता है—के सिर पर हर विस्फोट का ठीकरा फोड़ना परम्परा सी बन गयी है। कथित इकबालिया बयानों के अतिरिक्त कोई अन्य सुबूत न होने के बावजूद पुलिस अपनी बात पर अड़ी रहती है। कई बजरंग दल कार्यकर्ताओं को बम बनाते हुए पकड़ा गया है परन्तु पुलिस इन घटनाओं को अपेक्षित महत्व नहीं देती और बजरंग दल की विस्फोटों में कोई भूमिका हो सकती है, इस सम्भावना तक पर विचार करना नहीं चाहती।

दूसरा कारण यह है कि पुलिस पर मामलों को जल्दी से जल्दी "सुलझाने" का दबाव रहता है। इसलिए वह सबसे आसान रास्ता अपनाती है। कुछ निर्दोष युवकों को पकड़ लो, उनसे मार-पीट कर अपराध स्वीकार करवा लो और यह घोषणा कर दो कि मामला सुलझा लिया गया है। इस तरह पुलिस न केवल अपने राजनैतिक आकाओं को खुश कर लेती है बल्कि आम जनता में भी यह संदेश जाता है कि पुलिस बहुत कार्यकुशल है और वो जनता को भविष्य में होने वाले आतंकी हमलों से सुरक्षा देने में सक्षम है।

पुलिस की इस तरह की साम्प्रदायिक रवैये और लीपा-पोती के देश को गम्भीर नतीजे भुगतना पड़ रहे हैं। पुलिस के हर दावे के बाद कि उसने *मास्टर माईन्ड* को गिरफ्त में ले लिया है, मानो उसका मुँह चिढ़ाने के लिए और बम हमले होते हैं। इस तरह आतंकी हमलों का सिलसिला जारी रहता है। बाटला हाउस 'मुठभेड़' के बाद पुलिस का दावा था कि उसने दिल्ली बम धमाकों के *मास्टरमाईन्डों* को न केवल पकड़ लिया है बल्कि उन्हें मार भी डाला है। इस मुठभेड़ के एक हफ्ते के भीतर, 27 सितम्बर को दिल्ली में फिर बम विस्फोट हुआ जिसमें बारह साल का एक लड़का घटनास्थल पर ही मारा गया और एक अन्य घायल व्यक्ति ने बाद में अस्पताल में दम तोड़ दिया।

जब तक पुलिस अपने साम्प्रदायिक पूर्वाग्रहों से मुक्त नहीं होती और मेहनत और सूझबूझ से पक्के सुबूत इकट्ठे नहीं करती तब तक आतंकी हमलों को रोकना सम्भव नहीं होगा। समस्या यह है कि कोई भी— विशेषकर मीडिया— यह मानने को तैयार ही नहीं है कि पुलिस अपना काम ठीक से नहीं कर रही है। हर बम विस्फोट में निर्दोषों को अपनी जानें गंवानी पड़ती हैं। केन्द्र और राज्यों, दोनों की ही सरकारें अपने नागरिकों को सुरक्षा देने में अक्षम सिद्ध हो रही हैं। आखिर और कितने लोगों की बलि लेने के बाद हमारी सरकारें और पुलिस सही दिशा में काम करना शुरू करेंगी।

दूसरी ओर, भाजपा हिन्दू वोट कबाड़ने के लिए आतंकवाद के मुद्दे का साम्प्रदयिकीकरण कर रही है। उसकी माँग है कि पोटा या पोटा जैसा कानून देश में लागू किया जाए। भाजपा नेतृत्व वाली एनडीए सरकार ने पोटा लागू किया था और इसके लागू रहने के दौरान ही संसद समेत अनेक महत्वपूर्ण स्थानों पर आतंकी हमले हुए थे। अभी तो स्थिति यह है कि जितने ज्यादा आतंकी हमले होंगे, भाजपा को चुनाव में उतना ही फायदा होगा। क्या पुलिस और अन्य जाँच एजेन्सियों को इस आयाम का भी ख्याल नहीं रखना चाहिए? क्या इस पर विचार नहीं होना चाहिए कि आखिर *मास्टर माईन्डों* के पकड़े जाने के बाद भी हमले कैसे और क्यों जारी हैं?

पुलिस के व्यवहार और कार्यप्रणाली से मुसलमानों में गुस्से और अलगाव का भाव पैदा हो रहा है। अनेक शहरों में मुस्लिम नेताओं और बुद्धिजीवियों से बातचीत के दौरान यह प्रश्न बार-बार सामने आया कि इस बात की क्या गारंटी है कि अगली बार पुलिस मेरे लड़के को उठाकर नहीं ले जाएगी। मुसलमान अपने आपको बहुत अकेला

और असुरक्षित महसूस कर रहे हैं। भारत जैसे बहुधर्मी देश के सबसे बड़े अल्पसंख्यक वर्ग में गुस्से, अलगाव और असुरक्षा का भाव देश के भविष्य के लिए ठीक नहीं है।

संघ परिवार ने भारत के धर्मनिरपेक्ष चरित्र को छिन्न-भिन्न करने में कोई कसर नहीं छोड़ी है। सहिष्णुता की हमारी लम्बी परम्परा और मानवीय मूल्यों केलिए हमारा गहरा सम्मान, संघ परिवार के हिन्दू राष्ट्र बनाने के नारे के शोर में कहीं खो से गये लगते हैं। अब देश के दूसरे अल्पसंख्यक वर्ग—ईसाईयों—पर हमले किये जा रहे हैं। ईसाइयों ने आधुनिक भारत के निर्माण में महत्वपूर्ण भूमिका निभाई है। आज ईसाई जितने दुःखी हैं उतने वे पहले कभी नहीं थे। अफसोस की बात है कि हमारे प्रधानमंत्री ने अपनी हालिया विदेश यात्रा के दौरान ईसाइयों पर हमले की घटनाओं को "छुटपुट" बताया।

उन्होंने इन घटनाओं को "शर्मनाक" भी बताया जो कि घटनाक्रम का अपेक्षाकृत ईमानदार विवरण है। याद करिए कि सन् 2002 के गुजरात दंगों के बाद तत्कालीन प्रधानमंत्री ए बी वाजपेयी ने पूछा था कि अब मैं विदेश में अपना चेहरा कैसे दिखाऊँगा। अब मनमोहन सिंह को फ्रांस में शर्मिंदगी उठानी पड़ी। आखिर वो साम्प्रदायिक शक्तियों के खिलाफ कड़ी कार्यवाही क्यों नहीं करते? क्यों वो संघ परिवार के प्रति इतने नरम हैं? उड़ीसा और कर्नाटक में ईसाइयों पर हमले करने के लिए बजरंग दल और विहिप को प्रतिबन्धित क्यों नहीं किया जा रहा? उड़ीसा और कर्नाटक में भी पुलिस की भूमिका निन्दनीय रही है। ईसाइयों पर हमले की घटनाओं के मामलों में पुलिस की सहानुभूति संघ परिवार के साथ है।

कहीं हमारा देश फासिज्म की तरफ तो नहीं बढ़ रहा है?

सूफी आन्दोलन : संस्कृति और राजनीति

डॉ. राजीउद्दीन अकील की पुस्तक 'सूफिज्म-कल्चर एण्ड पॉलीटिक्स : अफगान्स एण्ड इस्लाम इन मीडिवल इंडिया' (सूफी आन्दोलन-संस्कृति और राजनीति मध्यकालीन भारत में अफगान और इस्लाम) हाल में प्रकाशित हुई है। पुस्तक का पहला खंड सल्तनत काल—विशेषकर लोधी बादशाहों और शेरशाह सूरी पर केन्द्रित है। लेखक का मानना है कि मध्यकालीन इतिहासविदों—जिनमें जेएनयू और एएमयू के इतिहासविद् शामिल हैं—ने अपना ध्यान मुगलकालीन भारत पर अधिक केन्द्रित रखा और सल्तनत काल को पर्याप्त महत्व नहीं दिया। शेरशाह सूरी के शासनकाल को तो पूरी तरह से नजरअंदाज किया गया। इसलिए लेखक ने इसी काल पर मुख्यतः चर्चा की है। राजीउद्दीन अकील लिखते हैं, "अठारहवीं सदी के भारत पर किये गये अध्ययन, आर्थिक ह्रास और समृद्धि का इतिहास बन कर रह गये हैं। जो जिज्ञासु इन अध्ययनों में धर्म, संस्कृति, साहित्य, वास्तुशास्त्र, चित्रकला आदि पर सामग्री ढूँढेंगे, उन्हें निराशा ही हाथ लगेगी।"

वे आगे कहते हैं "यह काल भारत में इस्लाम के इतिहास की दृष्टि से महत्वपूर्ण है। सूफियों और धार्मिक विद्वानों ने न केवल मुगलों के पतन को रोकने की कोशिश की वरन् अपनी लेखनी और राजनैतिक मसलों में हिस्सेदारी के जरिए देश के अलग-अलग क्षेत्रों में मुसलमान शासकों के हाथ भी मजबूत किये।"

यहां यह कहना होगा कि अनेक मुस्लिम विद्वानों ने सूफी आन्दोलन के इतिहास और विभिन्न इस्लामिक धर्मशास्त्रियों पर बहुत कुछ लिखा है और इन विषयों पर उर्दू, फारसी और अरबी में ढेर सारी सामग्री उपलब्ध है। हाँ, अगर डॉ. अकील का इशारा जेएनयू और एएमयू के मध्यकालीन इतिहासज्ञों की ओर है तो उनकी यह शिकायत कुछ हद तक वाजिब हो सकती है कि सूफी आन्दोलन और सल्तनत काल पर पर्याप्त ध्यान नहीं दिया गया है। इसमें कोई दो मत नहीं कि समीक्षाधीन पुस्तक अत्यन्त विद्वतापूर्ण और सारगर्भित है। उसमें कही गयी हर बात विश्वसनीय स्रोतों पर आधारित है। पुस्तक का पहला अध्याय शेरशाह सूरी के उदय पर और दूसरा, मुगल-अफगान सम्पर्क पर है। ये दोनों अध्याय पुस्तक के प्रथम खंड में हैं।

पुस्तक के दूसरे खंड में भी दो अध्याय हैं। पहला, 'शासन के तौर-तरीके और प्रशासनिक व्यवस्था' और दूसरा 'अफगान और राजपूत-संघर्ष और समायोजन।'

तीसरे खंड में धर्म, राजनीति व समाज पर चर्चा है। इस खण्ड का पहला अध्याय है 'सूफी आन्दोलन और राजनीति' और दूसरा है 'सूफी परम्पराएँ और हिन्दू-मुस्लिम अन्तःक्रिया।'

इस प्रकार पुस्तक के पहले दो खंड राजनीति व प्रशासन के बारे में ज्यादा हैं और सूफियों व संस्कृति के बारे में कम। पहले दो खंड पढ़ने वालों को इस बात पर आश्चर्य होगा कि पुस्तक के शीर्षक में 'सूफी' शब्द क्यों इस्तेमाल किया गया है। आखिरी दो अध्याय पुस्तक के शीर्षक के औचित्य को सिद्ध करते हैं। पुस्तक के पहले दो खंडों में शेरशाह सूरी के शासनकाल पर विस्तृत चर्चा की गयी है।

यह सही है कि चिश्ती सूफी सन्तों से यह अपेक्षा की जाती थी कि वे सत्ता से दूरी बनाये रखें। निजामुद्दीन औलिया के जीवनकाल में कई सुलतान आये और गये परन्तु उन्होंने किसी के दरबार में हाजिरी नहीं दी। एक सुल्तान ने उन्हें दरबार में आने का निमंत्रण दिया परन्तु उन्होंने इस आमंत्रण को ठुकरा दिया। इस पर सुल्तान ने स्वयं आकर उनसे मिलने की इच्छा प्रगट की। औलिया ने सुल्तान को सन्देश भेजा कि 'इस दरवेश के झोपड़े में दो दरवाजे हैं और अगर एक दरवाजे से सुल्तान अन्दर घुसेंगे तो दूसरे से मैं बाहर चला जाऊँगा।'

परन्तु सभी सूफियों ने सत्ता से दूरी बनाकर नहीं रखी। राजीउद्दीन अनेक ऐसे सूफी सन्तों के उदाहरण देते हैं जो न केवल राजाओं के नजदीक थे वरन् सत्ता संघर्ष में इस या उस प्रतियोगी का साथ देते थे। राजीउद्दीन लिखते हैं "सत्ता संघर्ष और अस्थिरता के दौर में सूफी संत, जिन्हें आध्यात्म के प्रति समर्पित होना चाहिए, भी सत्ता का स्वाद चखने के लिए आतुर हो जाते थे। कहा तो यहाँ तक जाता है कि उनमें से कुछ राजा की तरह व्यवहार करते थे।"

राजीउद्दीन यह भी कहते हैं कि कुछ सूफी सन्त किसी राजा का तब तक समर्थन करते थे, जब तक वह धर्म के रास्ते पर चलता था और अपने राज्य में शान्ति और व्यवस्था बनाये रखता था। "अगर राजा ठीक से राज नहीं चलाता था या जनता का दमन करता था तो वो किसी सन्त या शेख की प्रार्थना के कारण अपना पद खो बैठता था।" कई मौकों पर सूफी सन्तों ने राजा को उसके पद से हटाया और उसकी जगह किसी ऐसे व्यक्ति को बिठाया जिसे वे बेहतर समझते थे।

धर्मभीरू उलेमा राजाओं पर शरीयत कानून लागू करने का दबाव डालते थे। राजीउद्दीन के अनुसार "अफगान शासक इस बात को अच्छी तरह समझते थे कि भारत जैसे गैर-मुसलमानों की बड़ी आबादी वाले देश में शरीयत कानून को कड़ाई से लागू करना अव्यावहारिक होगा। मुगल शासक भी इसी प्रबुद्ध नीति पर चलते रहे। वे यह भी कहते हैं कि प्राचीन स्रोतों से पता चलता है कि सिकन्दर लोधी शरीयत के नियमों की

परवाह नहीं करता था और धार्मिक नेताओं की ताकत और प्रतिष्ठा का मजाक उड़ाता था।''

सूफी, उलेमा आदि के राजाओं से टकराव के कई अन्य उदाहरण भी लेखक देता है। सूफी शेख सैय्यद सुलतान बहराईची ने एक हिन्दू महिला से शादी कर ली और उसे मुसलमान बना लिया। महिला के रिश्तेदारों ने मुगल गवर्नर मिर्जा मोहम्मद जमाँ से मदद माँगी। मोहम्मद जमां ने सुलतान बहराईची से महिला को उसे सौंपने को कहा। सूफी शेख ने ऐसा करने से साफ इन्कार कर दिया और मुगल गवर्नर से लड़ने के लिए तलवार खींच ली।

लेखक कहते हैं ''उपरोक्त घटना सूफियों की धर्म परिवर्तन करवाने में रुचि तो दर्शाता ही है वह यह भी बताती है कि सूफियों और राजाओं के बीच तनाव के मौके भी आते रहते थे। कई बार उलेमा आदि शरीयत के मामले में कड़ा रुख अपनाते थे और राजाओं से यह अपेक्षा करते थे कि वे भी ऐसा ही करें। अक्सर राजा इन कट्टरपंथियों के दबाव के बावजूद उदार नीतियाँ अपनाते थे।''

कई उदाहरण देते हुए राजीउद्दीन कहते हैं, ''शासकों ने शरीयत को देश का कानून बनाने, गैर-मुस्लिम आराधना स्थलों को नष्ट करने, हिन्दुओं को मुसलमान बनाने या नियमित तौर पर जज़िया वसूलने आदि के लिए कभी गम्भीरता से सुनियोजित प्रयास नहीं किये। फिर भी उलेमा और सूफी उन्हें आदर्श मुस्लिम राजा बताते थे और उनकी गलतियों और कमियों को नजरअंदाज करते थे।''

इस तरह, यह साफ है कि सूफी सन्त और उलेमा उन बाध्यताओं से वाकिफ थे जिनके अन्तर्गत मुस्लिम शासकों को राज करना होता था। वे राजाओं पर दवाब तो बनाते थे परन्तु वे यथार्थवादी भी थे और राजा और उसके शासन का समर्थन भी करते थे। ''अगर कोई उलेमा जिद्द पर अड़ता तो अक्सर उसके पीछे धार्मिक भावना नहीं होती थी। वो या तो खुद को सत्ता का केन्द्र बनाना चाहता था या किसी बात पर राजा से नाराजगी के चलते ऐसा करता था। हमें यह याद रखना चाहिए कि मानव व्यवहार बहुत जटिल होता है और उसके पीछे छिपे हुए उद्देश्य होते हैं।''

राजीउद्दीन यह भी कहते हैं कि सूफियों और राजाओं के आपसी सम्बन्ध पारस्परिक हितों पर आधारित होते थे। ''इस रिश्ते में सूफियों और शासकों को बराबरी का दर्जा रहता था यद्यपि सूफी यह दावा करते थे कि उनका दर्जा ऊँचा है और वे ही राजनैतिक सत्ता की वैधता के निर्णायक हैं। वे राजा के 'न्यायपूर्ण राज' के चलते रहने के लिए प्रार्थना करते थे। जिन राजाओं से सूफियों के सम्बन्ध सौहार्द्रपूर्ण होते थे उनकी भलमनसाहत, न्यायप्रियता आदि की सूफी अपनी सभाओं में तारीफ करते रहते थे।''

स्रोतों के हवाले से लेखक यह भी कहते हैं कि कई बार राजा, सूफी सन्तों से बादशाहत खरीदते भी थे। लोधी राजवंश के संस्थापक ने दिल्ली की बादशाहत एक सूफी से खरीदी थी। रिजउल्ला मुश्तकी के अनुसार, ''एक बार तीन व्यक्ति व्यापार के

सिलसिले में हिन्दुस्तान आए। अपनी वापिसी यात्रा में वे समना नामक शहर में रुके। वहाँ वे तीनों—बहलुल, फीरोज खान और कुतुब खान—सैय्यद अब्बान के दर्शन के लिए गये। सैय्यद अब्बान आध्यात्मिक शक्ति के लिए जाने जाते थे और साधू प्रकृति के थे। जिस समय तीनों दर्शनार्थी शेख अब्बान के समक्ष पहुँचे, वे ईश्वर के विचारों में खोये हुए थे। तीनों बैठे ही थे कि सन्त ने कहा, ''मैं दिल्ली की गद्दी को तीन हजार टकों में बेचता हूं। क्या कोई खरीददार है?'' बहलुल के पास सौलह सौ टके थे और शेख ने उतने ही स्वीकार कर लिए और कहा ''तुम लोग जाओ, दिल्ली की बादशाहत तुम्हारी हुई।''

बहलुल के साथियों ने उससे कहा कि उसने अपनी पूरी रकम सूफी सन्त को देकर गल्ती की है परन्तु बहलुल को विश्वास था कि उसने ठीक किया है। उसे भरोसा था कि शेख साहब के आशीर्वाद से उसे हिन्दुस्तान की बादशाहत मिलेगी।

राजीउद्दीन ने सूफियों और हिन्दू सन्तों के बीच सौहार्द्रपूर्ण रिश्तों के अनेक उदाहरण दिये हैं, ''अब्दुल कुद्दूस और चिश्ती सिलसिला के अन्य सन्तों को भारतीय आध्यात्मिक परम्पराओं से कोई परहेज नहीं था और न ही इस मामले में वे अपवाद थे। सत्तारी सिलसिला के प्रमुख सूफी सन्त सैय्यद मोहम्मद ग्वालियरी ने 'अमृतकुंड' का अनुवाद किया और इसके जरिए हिन्दू तांत्रिक विधियों को लोकप्रिय बनाया। उन्होंने यह भी दिखाया कि हिन्दू व मुस्लिम तांत्रिक विधियों की शब्दावली में कितनी समानताएँ थीं। लेखक के अनुसार 'अमृतकुंड' के कई फारसी और अरबी संस्करण तत्कालीन ''सूफी समुदाय में प्रचलित थे। उनके नाम 'हौज अल् हयात' और 'बहरूल हयाती' थे।

इस तरह, राजीउद्दीन की पुस्तक सूफियों की मध्यकालीन भारत में भूमिका और उनके शासक वर्ग पर प्रभाव को समझने में तो हमारी मदद करती ही है वह तत्कालीन समाज में हिन्दुओं और मुसलमानों के आपसी रिश्ते पर भी प्रकाश डालती है। मध्यकालीन सल्तनत काल के अध्येताओं के साथ-साथ यह पुस्तक आम पाठकों के लिए भी उपयोगी है। इस पुस्तक के लेखक ने बहुत परिश्रम से अनुसंधान कर सामग्री इकट्ठी की है।

भारत में साम्प्रदायिक रिश्तों का भविष्य

भारत में अन्तर–धार्मिक रिश्तों का क्या भविष्य है? आज से 30 साल बाद विभिन्न धार्मिक समुदायों के बीच किस तरह के रिश्ते होंगे? क्या भारत धर्मनिरपेक्ष प्रजातंत्र बना रहेगा? हिन्दुत्व की शक्तियाँ क्या कमजोर होंगी या पहले से अधिक ताकतवर बन जाएँगी?

ये सभी प्रश्न महत्वपूर्ण हैं। इन प्रश्नों के कई उत्तर हो सकते हैं और ऐसा होना स्वाभाविक भी है। सामाजिक और राजनैतिक समस्याएँ अक्सर अत्यन्त दुरूह होती हैं और उनका कोई बहुत सीधा हल नहीं होता। कुछ संभावित उत्तरों को समझने के लिए हमें पूरी समस्या की जड़ों तक जाना होगा।

भारत सदियों से बहुधार्मिक, बहुसांस्कृतिक और बहुभाषायी समाज रहा है। सहिष्णुता यहाँ की सांस्कृतिक धरोहर का अंग रही है। सम्राट अशोक और अकबर भारतीय समाज की सहिष्णुता के प्रतीक थे। वे दूसरे धर्मों का उतना ही सम्मान करते थे जितना कि अपने धर्म का। मध्यकालीन भारत में साम्प्रदायिक संघर्ष या हिंसा का कोई उदाहरण हमें नहीं मिलता। यद्यपि उस समय भी सभी धर्मों के पुरोहित परम्परावादी और संकुचित विचारों के थे। उनकी धार्मिक कट्टरता और अंधविश्वासो की पोल कबीर जैसे कई कवियों ने खोली थी।

मध्यकाल में सूफी और भक्ति आन्दोलनों ने विभिन्न समुदायों के बीच सेतु निर्माण करने का काम किया। उन्होंने पुरोहित वर्ग के संकुचित दृष्टिकोण को चुनौती दी और प्रेम और मानवता का प्रचार किया। सूफी और भक्ति संत आत्मिक शक्ति के प्रतीक थे। उनका धर्म पाखंडों और कर्मकांडों का धर्म नहीं था। उनका जोर प्रेम, शान्ति और सद्भाव पर था। उनकी जड़ें आम जनता में थीं। वे शासकों और शासक वर्ग से दूरी बनाये रखते थे।

यह समझ लेना महत्वपूर्ण है कि समाज में साम्प्रदायिक तनाव का कारण विभिन्न धर्मों के बीच टकराव नहीं वरन् विभिन्न हितों के बीच टकराव होता है। धर्म नहीं टकराते, हित टकराते हैं। मध्यकाल में विभिन्न धार्मिक समुदाय एक दूसरे से बिल्कुल अलग थे परन्तु वे राजनैतिक तौर पर संगठित नहीं थे और न ही उनके कोई राजनैतिक हित थे। यही कारण था कि उनमें आपसी बैर भाव नहीं था।

देश में पहले औपनिवेशिक सत्ता और उसके बाद संसदीय प्रजातंत्र आने से धर्म और धार्मिक समुदायों के राजनीतिकरण की प्रक्रिया शुरू हो गयी। इस तरह, अन्तर-धार्मिक संघर्ष दरअसल अन्तर-राजनैतिक संघर्ष होते हैं। विभिन्न राजनैतिक दलों ने अलग-अलग धार्मिक समुदायों को अपना वोट बैंक बनाने की कोशिशें प्रारंभ कर दीं। इसके पीछे उनका उद्देश्य स्वयं को किसी धर्म विशेष का रक्षक जतलाना रहता है। अलबत्ता सच यह है कि वे किसी समुदाय के हितों की रक्षा के लिए नहीं वरन् अपने राजनैतिक हितों की रक्षा के लिए काम करते हैं।

भारत में साम्प्रदायिक विभाजन की नींव ब्रिटिश शासन के दौरान पड़ी। हमारे विदेशी शासकों ने फूट डालो और राज करो की नीति अपनाई, जिसका अन्तिम नतीजा हमारी मातृभूमि के विभाजन के रूप में सामने आया। यह विभाजन भारत के लोगों के लिए एक नासूर बन गया। हिन्दू समुदाय के लोग विभाजन के लिए मुसलमानों को जिम्मेदार मानने लगे। सच यह है कि विभाजन के लिए पूरा मुस्लिम समुदाय नहीं वरन् मुसलमानों का एक छोटा सा श्रेष्ठि वर्ग था जिसने ब्रिटिश शासकों के साथ साठ-गाँठ कर देश को विभाजित करा दिया। आज देश के सभी मुसलमान अपने धर्म के लोगों के एक बहुत छोटे से हिस्से के कृत्यों का परिणाम भुगत रहे हैं।

दक्षिणपंथी हिन्दू राजनेताओं ने विभाजन के मुद्दे का हिन्दुओं के वोट कबाड़ने और साम्प्रदायिक हिंसा भड़काने के लिए भरपूर इस्तेमाल किया। स्वतंत्रता के बाद से जारी साम्प्रदायिक हिंसा ने सन् 1980 के दशक में भयावह रूप अख्तियार कर लिया। स्वतंत्र भारत के सभी बड़े साम्प्रदायिक दंगे 1980 से 1992-93 के बीच हुए। ऐसा होने के कई कारण थे। सन् 80 के दशक के आने तक भारत को स्वतंत्र हुए 40 साल गुजर चुके थे। प्रजातांत्रिक प्रक्रियाओं ने अल्पसंख्यकों और कमजोर वर्गों को अपने राजनैतिक अधिकारों के प्रति चैतन्य कर दिया था और वे सत्ता में अपनी हिस्सेदारी की माँग करने लगे थे।

ऊँची जातियों के हिन्दुओं को लगने लगा कि धीरे-धीरे उन्हें अल्पसंख्यकों और दलितों को सत्ता में और अधिक हिस्सेदारी देनी पड़ेगी और इसलिए भारतीय जनता पार्टी, जो कि उच्च जातियों के हिन्दुओं के राजनैतिक और आर्थिक हितों का प्रतिनिधित्व करती थी, ने मोर्चा संभाला। भाजपा ने अल्पसंख्यकों और दलितों के विरुद्ध प्रचार युद्ध छेड़ दिया जिससे साम्प्रदायिक और जातिगत तनाव बढ़ा। भाजपा ने राम मन्दिर के मुद्दे का हिन्दू मतदाताओं को आकर्षित करने के लिए जमकर उपयोग किया और अन्ततः सन् 1999 में भाजपा केन्द्रीय सत्ता पर काबिज हो गयी और सन् 2004 तक सत्ता में बनी रही।

संघ परिवार ने इस दौरान धर्मनिरपेक्षता को कमजोर करने और भारतीय राजनीति का हिन्दुत्वीकरण करने की भरपूर कोशिश की। सन् 2002 में गुजरात में भयावह साम्प्रदायिक हिंसा भड़क उठी जिसमें आधिकारिक तौर पर 1000 और गैर-आधिकारिक

आंकड़ों के अनुसार 2000 मुसलमान मारे गये। इन दंगों के दौरान केन्द्र और गुजरात दोनों में ही भाजपा शासन में थी। भाजपा शासन के दौरान देश में साम्प्रदायिक हिंसा अपने चरम पर पहुँच गयी क्योंकि मुसलमानों और अन्य अल्पसंख्यकों के खिलाफ घृणा फैलाना भाजपा की नीति रही है और है।

भाजपा शासन के दौरान ही ईसाइयों पर हिंसक हमलों का सिलसिला शुरू हुआ। ग्राहम स्टेन्स नामक एक आस्ट्रेलियन मिशनरी को उनके दो छोटे बच्चे के साथ जिन्दा जला दिया गया। स्टेन्स उड़ीसा के एक दूरदराज के इलाके में कुष्ट रोगियों की सेवा कर रहे थे। इसी दौरान अनेक ईसाई धर्म गुरुओं और ननों पर हमले हुए। वह धर्मनिरपेक्ष भारत का सबसे अन्धकारपूर्ण युग था।

भारत की जनता ने भाजपा को घोर साम्प्रदायिक नीतियाँ अपनाने की सजा दी और सन् 2004 में उसे सत्ता से बाहर कर दिया। कांग्रेस के नेतृत्व वाले यूपीए गठबन्धन ने चुनाव में विजय प्राप्त कर सत्ता सम्भाल ली। भारत की जनता ने एक बार फिर यह साबित कर दिया कि वो न केवल धर्मनिरपेक्ष और सहिष्णु है वरन् वह साम्प्रदायिक सद्भाव और विभिन्न धार्मिक समुदायों के बीच सौहार्द्रपूर्ण सम्बन्धों की हामी भी है।

यह स्पष्ट है कि भारत की आम जनता शान्तिपूर्ण सह–अस्तित्व की पक्षधर है और देश में फसाद और फिरकापरस्ती के खिलाफ है।

भारत में आर्थिक विकास तो हुआ है परन्तु यह भी उतना ही सच है कि देश की आबादी का एक बड़ा हिस्सा घोर गरीबी और बदहाली में अपना जीवन बिता रहा है। कुपोषण और भूख से मौतों के मामले में भारत 139 देशों में किये गये सर्वेक्षण के अनुसार 137वें स्थान पर है। इस तरह के हालात का राजनीति पर असर पड़ना स्वाभाविक है।

सत्ता में काबिज लोग गरीबी, कुपोषण, बेरोजगारी, महंगाई जैसी मूलभूत समस्याओं से जनता का ध्यान हटाने के लिए साम्प्रदायिक और जातिवादी मुद्दों का इस्तेमाल करते हैं। अधिकांश राजनेता मुद्दों की राजनीति करने के बजाय साम्प्रदायिकता की राजनीति करना पसन्द करते हैं। हमें यह याद रखना होगा कि गुजरात में सन् 2002 के दंगे ठीक उसी समय हुए थे जब तत्कालीन भाजपा सरकार अनेक अन्तर्राष्ट्रीय व्यापार सौदों पर हस्ताक्षर कर अर्थव्यवस्था को और अधिक उदार बना रही थी और इस सबका लाभ देश के बहुत छोटे से धनाढ्य वर्ग को ही मिलना था।

आने वाले 30 सालों में भी हम विभिन्न जातियों और धर्मिक समुदाय के बीच सौहार्द्रपूर्ण सम्बन्धों की आशा नहीं कर सकते क्योंकि शासक वर्ग भावनात्मक मुद्दों का इस्तेमाल कर जनता का समर्थन हासिल करने की कोशिश करता रहेगा। जनता की मूल समस्याओं को सुलझाने में उसकी कम ही रुचि रहेगी। राजनीति के साम्प्रदायिकीकरण और उसमें भावनात्मक मुद्दे के इस्तेमाल की प्रक्रिया में मीडिया भी मदद करता है क्योंकि मीडिया भी राजनैतिक और आर्थिक श्रेष्ठि वर्ग के नियंत्रण में है।

भाजपा के शासन के दौरान संघ परिवार ने अपनी स्थिति को बहुत सुदृढ़ बना लिया है। उसके पास अनुशासित कार्यकर्ताओं की लम्बी-चौड़ी फौज है जिसका इस्तेमाल वो राजनीति का साम्प्रदायिकीकरण करने और साम्प्रदायिक हिंसा भड़काने के लिए कर सकता है। परन्तु देश में ऐसी धर्मनिरपेक्ष शक्तियाँ भी हैं जो संघ परिवार की साम्प्रदायिक नीतियों का डटकर मुकाबला कर रही हैं।

दलित हिन्दू कब-जब उच्च जातियों के हिन्दुओं के भावनात्मक प्रचार में बहकर संघ परिवार के साथ हो लेते हैं परन्तु कुल मिलाकर वे संघ परिवार के विरोधी हैं। दलित लगभग हमेशा ही उच्च जाति के श्रेष्ठि वर्ग की राजनीति का शिकार होते हैं और उनके नेता साम्प्रदायिक राजनीति का इसलिए विरोध करते हैं ताकि वे अपनी जाति के लोगों को अपने साथ बनाये रखें। दलितों में शिक्षा के प्रसार के साथ उनकी जातिगत जागरुकता बढ़ रही है। यद्यपि दलित और अल्पसंख्यक शिक्षा के मामले में बहुत पिछड़े हुए हैं परन्तु उनमें शिक्षा का तेजी से प्रसार हो रहा है और वे अपने राजनैतिक अधिकारों के प्रति जागरूक हो रहे हैं। दलित और पिछड़े वर्ग के लोगों में जैसे-जैसे राजनैतिक जागरूकता बढ़ेगी वैसे-वैसे साम्प्रदायिक राजनेताओं के लिए धार्मिक और साम्प्रदायिक भावनाओं का राजनीति में उपयोग करना मुश्किल होता जाएगा।

इस सिलसिले में बढ़ते हुए वैश्वीकरण की भी भूमिका है। वैश्वीकरण के दो तरह के प्रभाव हैं। एक ओर तो वह धार्मिक और सांस्कृतिक पहचानों को मजबूत करता है वहीं दूसरी ओर पढ़े-लिखे मध्यम वर्ग के दूसरे देशों में जाने से उन्हें उदारता और सहिष्णुता के गुण भी सिखाता है।

आज मुसलमानों में भी यह भावना आ रही है कि वे शिक्षा और रोजगार के अवसरों का भरपूर उपयोग कर अपनी उन्नति करें और भावनात्मक मुद्दों के जाल में फंसकर अपना नुकसान न कराएँ। रामजन्मभूमि की राजनीति में फँसकर उन्होंने बहुत नुकसान उठाया है। कुछ अपवादों को छोड़कर मुसलमान अपने साम्प्रदायिक भूत से नाता तोड़ रहे हैं और एक अच्छा भविष्य बनाने की यत्न में लगे हैं।

साम्प्रदायिक शक्तियों की जनता में विश्वसनीयता गिर रही है। उनके पास साम्प्रदायिक विषवमन और खून-खराबे के अलावा कोई उपलब्धि नहीं है। सत्ता में आने के पहले वे साफ-सुथरे और ईमानदार होने का दम भरते हैं परंतु उनके शासन के दौरान हुए घोटालों ने उनके इन दावों पर प्रश्न चिन्ह लगा दिया है।

इस तरह, आने वाले 30 वर्षों में साम्प्रदायिक शक्तियों की स्थिति कमजोर ही होगी परन्तु बहुत कुछ इस बात पर भी निर्भर करेगा कि धर्मनिरपेक्ष शक्तियों का आचरण और व्यवहार कैसा रहता है। साम्प्रदायिक शक्तियाँ अपनी ताकत के कारण नहीं वरन् धर्मनिरपेक्ष शक्तियों की कमजोरियों के चलते फलफूल रही हैं। ऐसा लगता है कि धीरे-धीरे वे कमजोर पड़ेंगी और आमजन शान्तिपूर्ण सह-अस्तित्व और आपसी सद्‌भाव के मूल्यों को अपनाएँगे।

कश्मीरी युवा और शान्ति की सम्भावना

हमारे सेंटर ने पिछले दिनों श्रीनगर में एक पाँच दिवसीय कार्यशाला का आयोजन किया। वर्कशाप का विषय था 'शांतिपूर्ण तरीके से विवादों का निपटारा'। हम इस तरह की कार्यशालाएँ देश के अलग-अलग साम्प्रदायिक रूप से संवेदनशील शहरों में आयोजित करते रहे हैं। कश्मीर समस्या का सम्बन्ध वैसे तो साम्प्रदायिकता से नहीं है परन्तु वहाँ नस्लवादी संघर्ष की स्थिति है और वहाँ शान्ति की सख्त जरूरत है। यही कारण था कि एक स्थानीय एन.जी.ओ. 'ईव्ज वेलफेयर सोसायटी' के सहयोग से हमने श्रीनगर में यह कार्यशाला आयोजित की।

मैंने सैकड़ों कार्यशालाएँ संचालित की हैं परन्तु इतनी कठिनाई मुझे किसी कार्यशाला के संचालन में कभी नहीं हुई। कार्यशाला में कश्मीर विश्वविद्यालय के जनसंचार, मानवाधिकार और राजनीति विज्ञान विभागों के 72 स्नातकोत्तर छात्र-छात्राओं ने भाग लिया। मेरा सामना ऐसे युवाओं से हुआ जो भारत की मुख्यधारा से पूरी तरह कटे हुए हैं। उनमें से अनेकों का तो यहाँ तक कहना था कि वे भारत के भाग नहीं हैं और स्वतंत्रता की लड़ाई लड़ रहे हैं। कुछ का कहना था कि भारत ने सेना की सहायता से जम्मू और कश्मीर पर कब्जा किया हुआ है और अगर भारत का कब्जा नहीं होता तो कश्मीर एक शान्त राज्य होता।

छात्रों का एक हिस्सा ऐसा भी था जो भारत से अलग होने की बात तो नहीं कर रहा था परन्तु उसमें भारत से अलगाव की भावना बहुत प्रबल थी। छात्र बार-बार सेना के अत्याचारों और मानवाधिकारों के उल्लंघन की घटनाएँ सुना रहे थे। इसमें कोई सन्देह नहीं कि उनके दिलों पर गहरे जख्म थे। उनमें से अनेकों के परिवार के सदस्य या तो मारे गये थे या घायल हुए थे। कुछ मामलों में उनके परिवारों की महिलाओं के साथ बलात्कार या बदसलूकी हुई थी। उनका कहना था कि प्रधानमंत्री श्री मनमोहन सिंह ने मानवाधिकारों के उल्लंघन के लिए 'जीरो टॉलरेन्स' की बात कही थी परन्तु कश्मीर में मानवाधिकार उल्लंघन की घटनाएँ दिन रात हो रही हैं।

छात्रों के एक हिस्से का यहाँ तक कहना था कि वे भारत की जगह पाकिस्तान के भाग बनना पसन्द करेंगे। ऐसे छात्रों की संख्या तो बहुत कम थी परन्तु वे अपनी बात

पर दृढ़ थे। ऐसा लगता है कि वे गिलानी के नेतृत्व वाली हुर्रियत के सदस्य थे। मैंने उनसे कहा कि पाकिस्तान में तो बलूची और सिंधी खुद ही अलगाववादी आन्दोलन चला रहे हैं क्योंकि उनको ऐसा लगता है कि पाकिस्तान में पंजाबी मूल के लोगों का शासन तंत्र व अर्थव्यवस्था पर कब्जा है व वहाँ अन्य राष्ट्रीयता वालों का कोई भविष्य नहीं है। ऐसे में कश्मीर कैसे पाकिस्तान के साथ खुश रह सकेगा?

इसके अलावा, पाकिस्तान में प्रजातंत्र नहीं हुई है। सैनिक तानाशाही के अनेक दौर वह देश देख चुका है। बीच-बीच में बहुत थोड़े समय के लिए वहाँ प्रजातंत्र भी रहा है परन्तु कुल मिलाकर पाकिस्तान में तानाशाही का बोलबाला ही रहा है। इसके विपरीत भारत में बिना किसी अन्तराल के लगातार प्रजातंत्र रहा है और इसलिए भारत में कश्मीरियों की वाजिब प्रजातांत्रिक आकांक्षाओं के लिए जगह है। मैंने यह तर्क भी दिया कि धर्म कभी भी राष्ट्रीयता का आधार नहीं हो सकता और इसका प्रमाण है पाकिस्तान से टूट कर बंगलादेश का निर्माण। भाषा और संस्कृति दरअसल राष्ट्रीयता के अधिक स्थाई और मजबूत आधार हैं। परन्तु छात्रों के इस छोटे हिस्से को हम समझा नहीं सके और अन्ततः हमें असहमत होने के लिए सहमत होना पड़ा। ऐसा लगता है कि उनका गुस्सा मुख्यतः कश्मीर में भारतीय सेना के छह लाख सैनिकों की मौजूदगी पर है और यही पाकिस्तान के प्रति उनके आकर्षण का कारण है।

इस कार्यशाला को पाँच दिनों तक संचालित करने के बाद मुझे यह स्पष्ट महसूस हुआ कि आम कश्मीरी युवा भारत से अलगाव महसूस करता है और इस भावना को दूर करने के लिए कोई प्रयास नहीं हो रहे हैं। न तो राज्य सरकार और न ही केन्द्रीय शासन इस दिशा में कोई प्रयास कर रहा है। यह भावना प्रबल है कि भारत ने कश्मीर के लोगों से किये गये वायदे नहीं निभाए। उन्हें पूर्ण स्वायतत्तता का वादा किया गया था और यही कारण है कि शेख अब्दुल्ला ने पाकिस्तान की जगह धर्मनिरपेक्ष, प्रजातांत्रिक भारत के साथ रहना मंजूर किया। भारत ने इस वायदे को नहीं निभाया। शेख अब्दुल्ला की गिरफ़्तारी के बाद स्वायतत्तता बहुत कम कर दी गयी और धीरे-धीरे लगभग समाप्त हो गयी। और कश्मीर मात्र भारत का एक राज्य रह गया। नेहरू और शेख अब्दुल्ला के बीच सन् 1953 में हुए समझौते का पालन नहीं किया गया। शेख अब्दुल्ला और श्रीमती इंदिरा गाँधी के बीच हुए समझौते को भी शेख अब्दुल्ला की मृत्यु के बाद भुला दिया गया। ऐसे में कश्मीरी क्यों और कैसे केन्द्र सरकार पर भरोसा करें?

बात यहीं पर खत्म नहीं हुई। एक के बाद एक चुनावों में धाँधलियाँ की गयीं। कश्मीर के आवाम को उसकी मर्जी की सरकार तक बनाने नहीं दी गयी। सन् 1987 के चुनावों में बड़े पैमाने पर हुई गड़बड़ियों के बाद कश्मीर की जनता का सब्र का बाँध टूट गया। सच तो यह है कि इन चुनावी धाँधलियों के कारण ही सन् 1989 में कश्मीर में अतिवाद की शुरुआत हुई और वह आज तक जारी है। कश्मीरी युवाओं को लगने लगा कि भारत में उनके लिए कोई भविष्य नहीं है और उनने आजादी के लिए हथियार उठा

लिये। चूँकि यह कार्यशाला युवाओं के लिए ही थी इसलिए इस कार्यशाला से हमें युवाओं की सोच और उनकी समस्याओं को समझने में बहुत मदद मिली। सरकारी तंत्र में भ्रष्टाचार के कारण भी युवाओं में काफी गुस्सा और रोष है। पढ़ा-लिखा युवा वर्ग इस बात को अच्छी तरह समझता है कि कश्मीर का आर्थिक विकास नहीं हो रहा है और वहाँ रोजगार के अवसर घटते जा रहे हैं। एक तरफ शिक्षा का प्रसार हो रहा है तो दूसरी तरफ रोजगार के अवसर सिकुड़ते जा रहे हैं। इससे एक विकट स्थिति का निर्माण हो रहा है। युवा वर्ग को ऐसा लगता है कि मुसलमान और कश्मीरी होने के कारण उन्हें जानबूझकर रोजगार के अवसरों से वंचित रखा जा रहा है।

एक वरिष्ठ पुलिस अधिकारी ने निजी बातचीत में मुझसे कहा कि भारत सरकार में यदि तनिक भी दूरदृष्टि है तो उसे कश्मीर में एन.डी.ए. (राष्ट्रीय रक्षा अकादमी) की भर्ती परीक्षा के लिए प्रशिक्षण केन्द्र खोलने चाहिए। इससे बहुत फर्क पड़ेगा। कश्मीर का युवा अपने राज्य से बाहर नहीं निकला है और इस विशाल देश में उपलब्ध अगणित अवसरों के बारे में उसे पता ही नहीं है। जब कश्मीरी युवा घाटी से बाहर निकलेंगे और रोजगार के अवसर पाएंगे तभी उन्हें भारत का भाग बने रहने के लाभ पता चलेंगे। अगर उनकी वफादारी के बारे में सरकार को सन्देह है तो उन्हें कश्मीर को छोड़कर देश के बाकी हिस्सों में पदस्थ किया जा सकता है।

कश्मीरी युवाओं के भारतीय सेना में भर्ती होने से स्थितियाँ बदलेंगी। उन पुलिस अधिकारी ने कई ऐसे कश्मीरी युवकों का उदाहरण दिया जो बैंगलोर जैसे स्थानों में काम कर रहे हैं और इससे भारत के प्रति उनका लगाव बढ़ा है। अगर वे घाटी तक ही सीमित रहेंगे तो उनमें भारतीयता का विकास नहीं होगा। कार्यशाला के संचालन के दौरान मुझे भी ऐसा ही कुछ महसूस हुआ।

वर्कशाप में भाग लेने वाले युवकों को कश्मीर के बाहर के भारत के बारे में बहुत ही कम जानकारी थी। वे तो यहाँ तक मानते हैं कि देश के सारे हिन्दू आर.एस.एस. के समर्थक और मुसलमानों के दुश्मन हैं। मैं उन्हें काफी मुश्किल से यह समझा सका कि अधिकांश हिन्दू धर्मनिरपेक्ष हैं और उनमें से बहुत कम साम्प्रदायिकता के पैरोकार हैं। मैंने उन्हें बताया कि भाजपा तब तक 12 प्रतिशत से अधिक मत नहीं पा सकी जब तक कि उसने रामजन्मभूमि जैसे भावनात्मक मुद्दे का दामन नहीं थामा। और तब भी उसे कुछ ही सालों में सत्ता खोनी पड़ी। अधिकांश कश्मीरी युवकों को यह जानकर आश्चर्य हुआ कि अधिकतर हिन्दू धर्मनिरपेक्ष हैं।

इस तरह, यह साफ है कि कश्मीरी युवकों का विश्वास जीतने के लिए कुछ ठोस कदम उठाये जाने की आवश्यकता है।

इस सन्दर्भ में मेरे निम्न सुझाव हैं —

1. घाटी में ऐसे प्रशिक्षण कैम्प लगाये जाने की जरूरत है जिनके जरिए शान्ति का महत्व युवाओं को समझाया जा सके। उन्हें यह बताया जाना जरूरी है कि हिंसा से

उनकी किसी समस्या का हल नहीं होगा। हिंसा से समस्या बढ़ेगी ही, घटेगी नहीं।

2. उन्हें शान्ति का पाठ पढ़ाने के लिए यह भी आवश्यक है कि राज्य भी सारी समस्याओं का हल सेना के इस्तेमाल में खोजने की कोशिश न की जाए। सरकार को यह कोशिश करनी चाहिए कि घाटी में मानवाधिकारों का उल्लंघन न हो।

3. घाटी के युवाओं के लिए कश्मीर में और राज्य के बाहर केन्द्रीय सरकार के संस्थानों में रोजगार के अवसरों का निर्माण किया जाना चाहिए।

4. कश्मीरी युवाओं को सेना में भर्ती किया जाना चाहिए। बेशक, उनकी पदस्थापना घाटी के बाहर रहे। इस सिलसिले में एन.डी.ए. को पहली प्राथमिकता दी जानी चाहिए। सेना में काम करने से वे अपने देश पर गर्व महसूस करेंगे।

5. यह मानना अनुचित है कि घाटी में पैसा खर्च करते जाने से कश्मीरियों को दिल जीता जा सकता है। पैसा कभी भी दिल के जख्मों को नहीं भर सकता। उन्हें भारतीयता व कश्मीरियत दोनों पर गर्व करना सिखाया जाना चाहिए।

6. कश्मीर के पढ़े-लिखे युवा वर्ग को कट्टरवाद की घुट्टी पिलायी जा रही है। यहाँ तक कि उन्हें कश्मीर की सूफी संस्कृति को खारिज करना तक सिखाया जा रहा है। स्कूल स्तर से ही सहिष्णु और मिली-जुली सूफी संस्कृति के बारे में पढ़ाया जाना चाहिए।

7. कश्मीर की स्वायत्तता को पुनर्स्थापित किये जाने की जरूरत है। वर्तमान परिस्थितियों में यह सम्भव भी जान पड़ रहा है। इस मामले में केन्द्र सरकार को ईमानदारी बरतना चाहिए।

8. घाटी में सभी चुनाव निष्पक्ष और साफ सुथरे होने चाहिए। चुनावों में धाँधलियों के लिए कोई जगह नहीं होनी चाहिए। राजनेताओं को तात्कालिक लाभ के लिए निचले स्तर के राजनैतिक खेल नहीं खेलना चाहिए।

कुल मिलाकर यह साफ है कि कश्मीर की अधिकांश जनता पाकिस्तान का हिस्सा नहीं बनना चाहती परन्तु उसका विश्वास राजनैतिक वार्ताओं के जरिए ही जीता जा सकता है, सैनिक शक्ति के इस्तेमाल से नहीं। राजनैतिक आकांक्षाओं को मिलिटरी के बूटों तले नही कुचला जा सकता। अगर हम यह नहीं समझ सके तो कश्मीर समस्या का हल कभी नहीं निकल सकेगा।

हैदराबाद पर फिर आतंकवादी हमला

हैदराबाद की मक्का मस्जिद पर आतंकवादी हमले के चार महीने बाद आतंकियों ने हैदराबाद पर एक बार फिर गत 25 अगस्त को हल्ला बोल दिया। उस दिन शाम को लगभग 7:30 बजे यह हमला हुआ। उस समय मैं हैदराबाद में शान्ति और साम्प्रदायिक सद्भाव पर केन्द्रित कार्यशाला करवाने के बाद मुम्बई वापसी के लिए हैदराबाद हवाई अड्डे की ओर रवाना हो रहा था। हवाई अड्डे पहुंचने के बाद मुझे बम धमाकों की खबर मिली। इस खबर से मुझे बहुत धक्का लगा क्योंकि मैं हैदराबाद में हुई कार्यशालाओं की सफलता से बहुत प्रसन्न था। युवाओं, छात्रों, महिलाओं और पुलिस वालों ने बड़े उत्साह से इन कार्यशालाओं में भाग लिया था। जब मैं खुशी-खुशी हैदराबाद से रवाना हो रहा था तभी यह दुखी कर देने वाली खबर मुझे मिली।

किसी को भी यह अंदाजा नहीं था कि इसी वर्ष मई में मक्का मस्जिद पर हुए हमले के बाद इतनी जल्दी इतना बड़ा हमला हैदराबाद में फिर होगा। इस हमले में 41 लोग मारे गये और 50 से अधिक घायल हुए। *टाइम्स ऑफ इंडिया* केअनुसार इस वर्ष भारत में 3032 आतंकवादी घटनाओं में 3647 जानें जा चुकीं हैं। पिछले साल 1112 घटनाओं में 1121 लोग मारे गये थे।

यह स्पष्ट नहीं है कि इन आंकड़ों में पूर्वोत्तर और कश्मीर में हुई आतंकवादी घटनाएँ और मौतें शामिल हैं या नहीं। सम्भवतः वे इन आंकड़ों में शामिल हैं। प्रश्न यह उठता है कि भारत आतंकवादी हमलों का मुख्य निशाना क्यों बनता जा रहा है? इस प्रश्न का परम्परागत उत्तर यह होता है कि भारत एक धर्मनिरपेक्ष प्रजातंत्र है और हमारे पड़ोसी देशों की कुछ शक्तियाँ साम्प्रदायिक दंगे भड़का कर हमारे देश के धर्मनिरपेक्ष-प्रजातांत्रिक ढांचे को तहस-नहस करना चाहती हैं।

कुछ लोग यह भी कहते हैं कि भारतीय अर्थव्यवस्था बहुत तेजी से बढ़ रही है और हैदराबाद, बैंगलौर और मुम्बई जैसे शहरों का इस तेजी से बढ़ती हुई अर्थव्यवस्था में महती योगदान है और इसलिए ये शहर आतंकवादियों के निशाने पर हैं। इन हमलों के लिए लशकर-ए-तैय्यबा और बंगलादेश की हरकत-अल्-जिहाद-ए-इस्लामी को जिम्मेदार ठहराया जाता है।

स्पष्ट है कि यह सब मात्र कयास हैं। अभी तक भारतीय पुलिस आतंकवादी हमले करवाने वालों में से किसी को भी पकड़ने में सफल नहीं हो सकी है। पिछले एक वर्ष में दिल्ली, वाराणसी के हनुमान मन्दिर, मुम्बई और हैदराबाद की मक्का मस्जिद पर बड़े आतंकवादी हमलों के बावजूद किसी को भी पकड़ा नहीं जा सका है। इस तरह के हमलों के बाद पुलिस इनके लिए पाकिस्तान और बंगलादेश स्थित आतंकवादी संगठनों को दोषी ठहराती है और इसी आधार पर जाँच और खोजबीन शुरू होती है। मालेगाँव में मस्जिद पर हमले और हैदराबाद की मक्का मस्जिद में हुए बम विस्फोट के मामले में भी इन्हीं संगठनों को जिम्मेदार बतलाया गया था, यद्यपि मुसलमानों को यह बात अविश्वसनीय लग रही थी कि कोई मुसलमान किसी मस्जिद में विस्फोट करेगा और वह भी शब-ए-बारात जैसे महत्वपूर्ण त्यौहार के दिन, जैसा कि मालेगाँव में हुआ था।

मालेगांव बम विस्फोटों के ठीक पहले नांदेड़ में हिन्दू अतिवादियों के घरों और गोदामों में कई बम विस्फोट हुए थे परन्तु पुलिस ने इन घटनाओं को कोई खास महत्व नही दिया और हमेशा की तरह कुछ मुस्लिम लड़कों, एक मुस्लिम डॉक्टर और कुछ अन्य मुसलमानों को गिरफ्तार कर लिया और उनसे इकबालेजुर्म करवा लिया। बाद में ये लोग अदालतों में अपने इकबालिया बयानों से पलट गये और उन्होंने अदालतों को बताया कि उनसे ये बयान डरा धमका कर लिए गये थे। इस तरह नांदेड बम विस्फोट का मामला आज तक नहीं सुलझ सका है। सच तो यह है कि एक भी बड़े बम विस्फोट से सम्बन्धित मामले में पुलिस ने असली दोषियों को पकड़ने में कामयाबी नहीं पायी है।

राजनैतिक दलों में से भाजपा का हमेशा से यह कहना रहा है कि पोटा और टाडा जैसे कड़े कानून फिर से बनाये जाने चाहिए क्योंकि उनसे ही आतंकवाद को नियंत्रित किया जा सकता है। आडवाणी और अन्य भाजपा नेता यह भूल रहे हैं कि उनकी सरकार के छह साल के कार्यकाल में इन भयावह कानूनों के रहते हुए भी अनेक आतंकवादी हमले हुए थे, जिनमें संसद पर हुआ हमला शामिल है। यह मानना हमारी भूल होगी कि कड़े कानून बनाकर इस तरह की घटनाओं को रोका जा सकता है। हमारा वर्षों का अनुभव हमें सिखलाता है कि कानून से आतंकवाद पर नियंत्रण करना सम्भव नहीं है। नागालैंड में शान्ति तभी आयी जब वहाँ राजनैतिक स्तर पर बातचीत और समझौते किये गये। कश्मीर में भी तुलनात्मक शान्ति तभी आई जब केन्द्र सरकार ने शान्ति की पहल की और पाकिस्तान और हुर्रियत नेताओं से बातचीत शुरू की।

हमें यह याद रखना चाहिए कि आतंकवाद एक राजनैतिक समस्या है और इससे राजनैतिक पहल के जरिए ही बेहतर ढंग से मुकाबला किया जा सकता है। दुनिया ने देखा है कि किस तरह अमरीका जोर-शोर से 'आतंकवाद के खिलाफ युद्ध' की घोषणा करने के बाद भी आतंकवाद की समस्या को सुलझाने में पूरी तरह असफल रहा है।

इराक और अफगानिस्तान में आज भी बड़े पैमाने पर आतंकवादी हिंसा हो रही है। दुर्भाग्य की बात यह है कि इन दोनों देशों में आम नागरिकों के लिए हिंसा जैसे जीवन का एक हिस्सा बन गयी है। पाकिस्तान तथाकथित रूप से आतंकवाद के खिलाफ इस युद्ध में पहली पंक्ति में खड़ा है परन्तु वहाँ भी भयावह आतंकवादी हमले होते रहते हैं। जाहिर है कि मुख्य समस्या राजनैतिक है कानूनी नहीं और कानूनों में परिवर्तनों से कोई खास फायदा होने वाला नहीं है।

आतंकवाद से सफलतापूर्वक मुकाबला करने के लिए राजनैतिक प्रयास तो जरूरी हैं ही, यह भी आवश्यक है कि हमारे देश की गुप्तचर एजेंसियों को मजबूत बनाया जाए। आतंकवादी हमलों को रोकने के लिए यह आवश्यक है कि हमारी गुप्तचर संस्थाएँ अपना काम बेहतरीन ढंग से करें। साम्प्रदायिक दंगे भी अक्सर इन संस्थाओं की असफलता का नतीजा होते हैं। गुप्तचर संस्थाओं का काम बहुत कठिन होता है और इसके लिए अत्यन्त योग्य और समर्पित अधिकारियों की जरूरत होती है। इन अधिकारियों की धर्मनिरपेक्ष में असंदिग्ध निष्ठा होना भी आवश्यक है। दुर्भाग्यवश, असल में होता यह है कि गुप्तचर संस्थाओं में कम योग्य अफसरों को फेंक दिया जाता है और इन पदों का इस्तेमाल सजा देने के लिए किया जाता है। हमें शायद ही कभी इन संस्थाओं में योग्य और समर्पित अधिकारी मिलें। और अगर कोई योग्य अधिकारी इन संस्थाओं में पहुँच भी जाता है तो वह काम करने की बजाय 'कमाई' वाली पदस्थापना पाने की जुगाड़ में व्यस्त रहता है।

यह भी जरूरी है कि जाँच अधिकारियों के साम्प्रदायिक पूर्वाग्रह न हों और वे धर्मनिरपेक्ष हों। अगर साम्प्रदायिक पूर्वाग्रह के कारण जाँच शुरू से ही गलत दिशा में होने लगे तो असली दोषियों तक पहुँच पाने की सम्भावना बहुत कम हो जाती है और यही हमारे देश में अक्सर होता है। संदेह के आधार पर निर्दोष लोगों को पकड़ लिया जाता है। बाद में उनको यातना देकर उनसे इकबालिया बयान ले लिये जाते हैं और पुलिस यह दावा करती है कि उसने मामले को 'सुलझा' लिया है।

इस तरह असली मुलज़िम कभी पकड़े ही नहीं जाते। जो पकड़े जाते हैं वे या तो निर्दोष लोग होते हैं या फिर वे होते हैं जो चन्द रुपयों की खातिर आतंकवादियों के 'कोरियर' के रूप में काम करते हैं। पुलिसकर्मियों की अनेक कार्यशालाएँ मैंने संचालित की हैं और मैं उनसे अपने संवाद के जरिए इस नतीजे पर पहुँचा हूँ कि निचले और मध्य स्तर के पुलिसकर्मियों के दिलो दिमाग में अल्पसंख्यकों के प्रति घोर पूर्वाग्रह हैं। शीर्ष स्तर के पुलिस अधिकारी भी पूर्वाग्रहग्रस्त हैं, यद्यपि उनके मामले में पूर्वाग्रहों की प्रकृति थोड़ी अलग है। हमारे देश में पुलिसकर्मियों के दृष्टिकोण को धर्मनिरपेक्ष बनाने की शायद ही कोई कोशिश की जाती हो। कई पुलिसकर्मी तो संघ की पृष्ठभूमि के हैं। पुलिस में भर्ती के समय आवेदकों की विचारधारात्मक पृष्ठभूमि पर कोई ध्यान नहीं दिया जाता।

हैदराबाद में हुए दोनों बम विस्फोटों के मामले में सन्देह की सुई एक बार फिर पाकिस्तान और बंगलादेश में स्थित आतंकवादी संगठनों की तरफ घुमा दी गयी है। इसके विपरीत मीडिया के एक हिस्से का कहना है कि ये बम हैदराबाद में ही बने थे। '*एशियन एज*' के अनुसार 'सभी बम एक से थे। लकड़ी के एक डिब्बे में लगभग एक किलो अमोनियम नाइट्रेट और सात सौ ग्राम लोहे के छर्रे भरकर ये बम तैयार किये गये थे।' फौरेंसिक साइंस विशेषज्ञों का कहना है कि आतंकवादियों द्वारा इस तरह के बम साधारणत: नहीं बनाये जाते। आंध्र प्रदेश फौरेंसिक साइंस प्रयोगशाला के संचालक श्री ओ. नरसिम्हा मूर्ति के अनुसार, बमों में प्रयोग किया गया अमोनियम नाइट्रेट नागपुर की एक कम्पनी द्वारा बनाया गया था।

इससे ऐसा लगता है कि इस घटना के पीछे नक्सलवादी भी हो सकते हैं। नक्सली आंध्र प्रदेश और नागपुर के आसपास महाराष्ट्र के कई इलाकों में सक्रिय हैं। इन हमलों की जांच करते समय इन सभी मुद्दों पर ध्यान दिया जाना चाहिए। जाँच के काम को पूर्ण निष्पक्षता से किया जाना चाहिए। घटना का सभी कोणों से विश्लेषण होना चाहिए और पहले से किसी निष्कर्ष पर नहीं पहुँचा जाना चाहिए।

इस तरह की घटनाओं को रोकना इसलिए मुश्किल होता है क्योंकि अपनी-अपनी विचारधारा से प्रेरित आतंकवादियों को जेल तो छोड़ो मृत्यु का भी डर नहीं होता। दुर्भाग्य की बात है कि ये युवक बिना किसी सोच विचार के मरने मारने के लिए तैयार रहते हैं। पूरी दुनिया के उन सभी इलाकों में, जहाँ विचारधारा के स्तर पर संघर्ष चल रहा है, हम मानव बमों की चर्चा सुनते रहते हैं।

पिछली शताब्दी के छठवें और सातवें दशक में अतिवादी वामपंथियों द्वारा दुनिया के अनेक शहरों में गोरिल्ला युद्ध शुरू किये जाने की चर्चा थी। वामपंथी गुरिल्ला योद्धाओं ने जर्मनी, फ्राँस और लातिन अमरीका के कई शहरों में खासी बर्बादी भी की थी। अब राजनैतिक कारणों से वामपंथी अतिवाद तो खत्म सा हो गया है परन्तु धार्मिक अतिवाद उठ खड़ा हुआ है और हिंसा व अराजकता का स्रोत बन गया है।

आजकल पश्चिम में आतंकवादी यूरोप या लातिन अमरीका के नही होते बल्कि वे अफ्रीका और एशिया के देशों से आए प्रवासी होते हैं या फिर उन प्रवासियों की संतानें। वे जिन यूरोपीय देशों में रहते हैं उनके सांस्कृतिक मूल्य इन प्रवासियों के लिए अजनबी ही बने रहते हैं। बहु-संस्कृतिवाद की चर्चा तो बहुत होती है परन्तु एशियाई और अफ्रीकी प्रवासी आज भी यूरोप और अमरीका में मुख्य धारा का भाग नहीं बन पाते हैं।

भारतीय उपमहाद्वीप में आतंकवाद के कारण बिलकुल अलग हैं। कश्मीर और उत्तर पूर्व में अलगाववादी ताकतें सक्रिय हैं। हमारे पड़ोसी देश भी हमारे देश में धार्मिक अतिवाद को फैलाने में कोई कसर नहीं छोड़ रख रहे हैं। जहाँ तक पड़ोसी देशों का सवाल है, वहाँ राजनैतिक स्थिरता रहना हमारे ही हित में है। इन देशों में, विशेषकर

पाकिस्तान और बंगलादेश में, जितनी अस्थिरता होगी हमारी समस्या उतनी ही बढ़ेगी।

हमारे राजनैतिक नेतृत्व को बहुत समझदारी से आतंकवाद की इस कठिन समस्या से निपटना होगा। हमें और सतर्क रहना होगा, अल्पसंख्यकों का विश्वास जीतना होगा और देश में साम्प्रदायिकता के तेजी से फैलते जहर को रोकना होगा। समाज के सभी हिस्सों के राजनैतिक और प्रजातांत्रिक अधिकारों का सम्मान करना होगा। आतंकवाद एक गम्भीर समस्या है और इसका हल आसान होगा, हमें ऐसी उम्मीद नहीं करनी चाहिए।

आतंकवाद, साम्प्रदायिक हिंसा और पुलिस

प्रजातंत्र में पुलिस की भूमिका, विदेशी शासन के अन्तर्गत उसकी भूमिका से बहुत भिन्न होती है। दुर्भाग्यवश, हमारे देश को स्वतंत्र हुए 61 वर्ष बीत जाने के बाद भी हमारी पुलिस जरा भी नहीं बदली है। उसका दृष्टिकोण और कार्यप्रणाली वही बनी हुई है जो तब थी जब भारत पर अंग्रेज राज करते थे। हमारे ब्रिटिश शासकों ने सन् 1861 में पुलिस एक्ट बनाया था ताकि वे पुलिस बल का उपयोग जन आन्दोलनों को कुचलने और जनता को आतंकित करने के लिए कर सकें। हमारी पुलिस आज भी अपने अधिकारों के लिए लड़ रहे निर्दोष लोगों को प्रताड़ित और आतंकित कर रही है।

किसी भी प्रजातांत्रिक व्यवस्था के सफल संचालन के लिए यह आवश्यक है कि वह व्यवस्था मानवाधिकारों और मानवीय गरिमा की रक्षा को उच्चतम प्राथमिकता दे। सभी नागरिकों - चाहे वे किसी भी जाति, नस्ल या धर्म के हों - के अधिकारों और गरिमा की रक्षा की जानी चाहिए। इसके विपरीत, हमारी पुलिस -चंद अपवादों को छोडकर - जातिवादी व साम्प्रदायिक पूर्वाग्रहों से ग्रस्त है। इसके अतिरिक्त, हमारी पुलिस भ्रष्टाचार में आकंठ डूबी हुई हैं। भारतीय पुलिस सेवा के अधिकारी अपने राजनैतिक आकाओं की जी हुजूरी करने में व्यस्त रहते हैं। राजनेता इन अफसरों का उपयोग अपने हितों की पूर्ति के लिए करते हैं। राजनेताओं के इशारे पर ये अफसर झूठी मुठभेड़ों में निर्दोष लोगों की जान लेने में भी संकोच नहीं करते।

हाल में हुए बम विस्फोटों के बाद अनेक मामलों में पुलिस ने अपने अधिकारों का घोर दुरुपयोग कर निर्दोष लोगों को गिरफ्तार किया। साम्प्रदायिक दंगों के दौरान पुलिस का पक्षपातपूर्ण रवैया तो जग-जाहिर है ही। मेरा यह सुविचारित मत है कि अगर हमारी सरकार पुलिस ज्यादतियों के इन मामलों को नजरअंदाज करती रही तो इसके गम्भीर नतीजे होंगे। लगभग सभी राज्यों की पुलिस की कार्यप्रणाली में निष्पक्षता और कानून के सम्मान के लिए कोई स्थान नहीं है।

पहले मैं बम विस्फोटों के मामलों में पुलिस अत्याचारों के शिकार हुए व्यक्तियों की 'जन सुनवाई' की चर्चा करूँगा। इस जन सुनवाई के आयोजक थे अनहद, ह्यूमन राईट्स लॉ नेटवर्क और 'पीस' नामक दिल्ली स्थित संस्थाएँ। जन सुनवाई के लिए एक

जूरी गठित की गयी थी, जिसके सदस्य जाने माने व्यक्तित्व थे। इनमें शामिल थे जस्टिस एस एन भार्गव (सिक्किम हाईकोर्ट के पूर्व न्यायाधीश) जस्टिस सरदार अली खान (पूर्व हाई कोर्ट जज), मैं के जी कन्नाबिरन (पी यू सी एल के राष्ट्रीय अध्यक्ष), डॉ राम पुनियानी (आई आइ टी मुंबई के पूर्व प्रोफेसर), प्रोफेसर रूप रेखा वर्मा (लखनऊ विश्वविद्यालय की पूर्व कुलपति), किंगशुक नाग (सम्पादक, टाईम्स ऑफ इंडिया) व ललित सुरजन (सम्पादक, देशबन्धु , रायपुर)। इस तरह, जूरी में प्रतिष्ठित नागरिक शामिल थे।

जूरी के समक्ष प्रस्तुत मामलों से पुलिस के अत्याचारों और प्रताड़ना की दिल को हिला देने वाली तस्वीर सामने आयी। जूरी में शामिल कानून के गहरे जानकार पूर्व न्यायाधीशों और वकीलों ने पीड़ितों के दावों को परखने के लिए उनका विस्तृत प्रतिपरीक्षण भी किया। लगभग हर मामला झूठे आधारों पर गिरफ्तारी और उसके बाद 'अपराध' स्वीकार करवाने के लिए शारीरिक यंत्रणा दिये जाने का साबित हुआ। जूरी की अन्तरिम रपट में कहा गया है कि जन सुनवाई से यह स्पष्ट रूप से उभर कर सामने आया कि बड़ी संख्या में निर्दोष मुस्लिमं युवकों को देश में हुए आतंकवादी हमलों में शामिल होने का आरोप लगाकर प्रताड़ित किया गया। ऐसे मामले महाराष्ट्र ,गुजरात, मध्यप्रदेश, आंध्रप्रदेश और राजस्थान में ज्यादा सामने आये। अन्य राज्यों में भी यही सब हुआ और हो रहा है, तथापि तुलनात्मक दृष्टि से सीमित स्तर पर।

जूरी ने कहा, 'कई मामलों में, कानूनी प्रावधानों को नजरअंदाज करते हुए गिरफ्तारियों को कई दिनों बाद तक औपचारिक रूप से दर्ज नहीं किया गया। गिरफ्तार किये गये लोगों के परिवारों को उनकी गिरफ्तारी की सूचना नहीं दी गयी। कई मामलों में पीड़ितों को पुलिस हिरासत में यंत्रणा दी गयी। उन्हें कोरे कागजों पर दस्तखत करने और अपना 'अपराध' स्वीकार करने के लिए मजबूर किया गया। मुस्लिम बन्दियों को उनके धर्म को लेकर अपमानित किया गया। जूरी के समक्ष प्रस्तुत मामले यह इंगित करते हैं कि पूरे देश में पुलिस बलों का साम्प्रदायिकीकरण हो चुका है''।

जूरी का यह भी कहना है कि अधिकतर मामलों में अदालतें हिरासत में लिए गये व्यक्तियों को जमानत नहीं दे रही है। उलटे, पुलिस के यह कहने मात्र पर कि उसे जाँच कार्य के लिए इन व्यक्तियों की आवश्यकता है, आरोपियों को पुलिस अभिरक्षा में भेजा जा रहा है। अदालतें यह नहीं देख रही हैं कि आरोपियों के खिलाफ कोई सुबूत है भी या नहीं। दुर्भाग्यवश, मीडिया भी बिना किसी जाँच पड़ताल के पुलिस के आरोपों को सही मानकर उनका प्रचार कर रही है। इस प्रवृत्ति के चलते उन सैकड़ों लोगों को अकारण बदनामी झेलनी पड़ रही है, जो बाद में निर्दोष साबित हो जाते हैं।

इस सब से न केवल अल्पसंख्यक वर्ग में अलगाव का भाव पैदा हो रहा है वरन् असली अपराधी बच निकलने में कामयाब हो रहे हैं। चूँकि असली दोषी पकड़े ही नहीं जा रहे हैं इसलिए बम विस्फोटों का सिलसिला जारी है। इस मामले में धर्म के आधार

पर मतभेद किये जाने का पुख्ता प्रमाण यह है कि जब संघ परिवार के विहिप या बजरंग दल के कार्यकर्ता बम बनाते हुए पकड़े जाते हैं तो या तो उन्हें गिरफ्तार ही नहीं किया जाता और यदि किया भी जाता है तो जल्दी ही जमानत पर छोड़ दिया जाता है। यद्यपि विहिप और बजरंग दल के कार्यकर्ता अनेक हिंसक गतिविधियों में लिप्त पाये गये हैं, तथापि काँग्रेस सरकार ने कभी इन संगठनों पर प्रतिबंध लगाने पर विचार नहीं किया।

कुछ लोग यह कह सकते हैं कि मुसलमानों को संदेह की निगाहों से देखा जाना और उनके साथ पक्षपात विश्वव्यापी समस्या है। परन्तु इंग्लैंड या अमरीका में ऐसा होने से भारत जैसे धर्मनिरपेक्ष प्रजातंत्र की पुलिस को कानून का माखौल बनाने का बहाना नहीं बन सकता। इस सबके ऊपर, संघ परिवार पोटा जैसे भयावह कानून को लागू किये जाने की माँग कर रहा है। अगर ऐसा हुआ तो बहुत बुरा होगा। पोटा में पुलिस के सामने किया गया इकबाले जुर्म अदालत में सुबूत के तौर पर स्वीकार्य होता है। हम सब जानते हैं कि पुलिस किस तरह किसी को भी अपने जुर्म का इकबाल करने पर मजबूर कर सकती है। अगर पोटा जैसा कानून लागू होता है तो इससे उन लोगों के पास कोई कानूनी रास्ता बचेगा ही नहीं जिनसे पुलिस यंत्रणा देकर अपराध स्वीकार करवा लेगी।

अब समय आ गया है कि भारत सरकार, कानून का रक्षक कहलाने वाली पुलिस की मनमानी और ज्यादतियों पर प्रभावी नियंत्रण लगाये। वैसे भी बहुत देर हो चुकी है। अगर यह कयास सही है कि अहमदाबाद के बम विस्फोट और उसके पहले मुम्बई में ट्रेनों पर आतंकवादी हमला, दरअसल 'बदले की कार्यवाहियाँ' थीं तो हम केवल कल्पना कर सकते हैं कि पुलिस के अत्याचारों का क्या नतीजा हो सकता है। असली अपराधी तो बच निकलेंगे और पुलिस की प्रताड़ना के शिकार निर्दोष युवक "बदला" लेने के लिए हिंसा पर उतारू हो जावेंगे। अगर एक बार यह सिलसिला शुरू हो गया तो हिंसा और प्रतिहिंसा की आग हमारे देश को नर्क बना देगी।

साम्प्रदायिक दंगों के दौरान पुलिस का पक्षपातपूर्ण रवैया सबके सामने है। सरकार ने कभी इस मसले को गम्भीरता से नहीं लिया। मैंने स्वयं कई साम्प्रदायिक दंगों की जाँच की है और यह पाया है कि दंगों में मुसलमानों के प्रति पुलिस का व्यवहार पूरी तरह से अनुचित रहता है।

हाल में विदर्भ के यवतमाल जिले के दिगरस नामक कस्बे में जो कुछ हुआ वह पुलिस के इसी दृष्टिकोण का उदाहरण है। दिगरस में कुरआन की एक प्रति सड़क पर पड़ी पाई गयी। उस पर जूते रखे हुए थे। इसके बाद कुछ मुस्लिम युवकों ने हिन्दुओं की दुकानों पर हमला किया। संघ परिवार ने जुलूस निकाला जिसमें अत्यन्त उत्तेजक नारे लगाये गये। पुलिस ने इस उत्तेजक नारेबाजी को रोकने की कोई कोशिश नहीं की। संघ परिवार के कार्यकर्ताओं ने मुसलमानों की दुकानों पर हमले किये और दंगा शुरू हो गया।

इससे पहले, मुसलमानों की एक उत्तेजित भीड़ जामा मस्जिद के सामने एकत्र हो गयी थी। शहर काजी सैय्यद बशीरूद्दीन ने भीड़ को शान्त किया और लोगों को अपने-अपने घर जाने के लिए कहा। उन्होंने हालात और बिगड़ने से बचाने की पूरी कोशिश की परन्तु संघ परिवार के सदस्यों ने मुसलमानों की दुकानों पर हमले शुरू कर दिये। दिगरस के गौरीपुरा और सम्भाजीनगर इलाकों के कुछ मुस्लिम युवक तलवारें लेकर बाहर निकले परन्तु पुलिस ने उन्हें हिन्दू इलाकों तक नहीं पहुँचने दिया।

इसके बाद पुलिस ने मुस्लिम-बहुल सम्भाजीनगर और गौरीपाडा इलाकों में भारी तांडव मचाया। वे मुसलमानों के घरों में जबरदस्ती घुस गये और जम कर लूटपाट की। फ्रिज और टी. वी. तोड़े और यहाँ तक कि पीने के पानी के बर्तन तक फोड़ दिये। इन दोनों इलाकों की पानी सप्लाई काट दी गयी और एक हिन्दू ने मुस्लिम परिवारों को पीने का पानी दिया। एक घर से पुलिस 80,000 रूपये नगद ले गयी जो कि एक गरीब व्यक्ति ने अपनी लड़की की शादी के लिए इकट्ठा किये थे।

दिगरस नगरपालिका के पूर्व अध्यक्ष नूर मोहम्मद की 'स्कोडा' कार पुलिस ने तोड़ डाली। अन्य कई मुसलमानों के वाहनों को भी नुकसान पहुँचाया गया। पुलिस को यह सब करने का आदेश जिले के एस पी श्री शिवाजी राव बोखाडे ने दिया था। मानवाधिकार कार्यकर्ता सुरेश खैरनार, जो दंगों की जाँच करने गये थे, को श्री बोखाडे ने बड़े गर्व से कहा कि उन्होंने मुसलमानों को सबक सिखा दिया है और अब वे अगले दस सालों तक सिर नहीं उठा सकेंगे।

पूरे घटनाक्रम का सबसे दुःखद पहलू यह था कि आर ए एफ और एस आर पी के जवानों ने शहर काजी-जिनने मुसलमानों की उत्तेजित भीड़ को समझा बुझाकर शान्त किया था—को भी नहीं बख्शा। पुलिस वाले उनके घर में जबरदस्ती घुस गये और उनके गूंगे बहरे भाई और उनके लड़के के साथ मार पीट की। काजी के लड़के मौलाना जफर का हाथ टूट गया और उनके घर की सिलाई मशीन और अन्य घरेलू उपकरण तोड़ दिये गये। दिगरस के मुसलमानों का कहना है कि समस्या हिन्दुओं और मुसलमानों के बीच नहीं बल्कि मुसलमानों और पुलिस के बीच है। हिन्दुओं ने तो उनकी मदद की और उनकी देखभाल की।

महाराष्ट्र के मुख्यमंत्री श्री विलास राव देशमुख से सामाजिक कार्यकर्ताओं का एक प्रतिनिधि मंडल मिला और दिगरस के पूरे घटनाक्रम से उन्हें अवगत कराया परन्तु उन्होंने आज तक इस सिलसिले में कोई कार्यवाही नहीं की है। यहाँ तक कि वे 30 अगस्त को यवतमाल गये परन्तु उन्होंने दिगरस जाने की जहमत नहीं उढायी। पुलिस इस देश का सबसे नियंत्रण-विहीन बल है।

उड़ीसा में भी पुलिस की भूमिका उतनी ही शर्मनाक थी। जब बजरंग दल के गुंडों ने ईसाइयों पर हमले किये और उनकी सम्पत्ति को लूट और आगजनी का शिकार

बनाया, तब पुलिस चुपचाप देखती रही। पुलिस तब भी चुप रही जब बजरंगियों ने कर्फ्यू की परवाह न करते हुए लूटपाट जारी रखी।

हमारी पुलिस का साम्प्रदायिकीकरण चरम सीमा पर पहुँच चुका है। पुलिस के पूर्वाग्रह उसके निष्पक्ष आचरण में बाधक बन गये हैं। कभी-कभी तो ऐसा लगता है कि हमारे देश के धर्मनिरपेक्ष ताने-बाने को साम्प्रदायिक दलों से ज्यादा खतरा पुलिस से है।

मैंने सन् 1961 में जबलपुर में हुए साम्प्रदायिक दंगों के दौरान यही सब देखा था। मैंने देखा था कि पुलिस ने गरीब मुसलमानों के साथ कितना बर्बर व्यवहार किया था और किस तरह उनके घरों को लूटा था। मैंने तभी यह प्रण किया था कि मैं अपना जीवन साम्प्रदायिक सद्भव के लिए काम करने के लिए समर्पित कर दूँगा। पैंसठा साल गुजरने के बाद भी हालात जस के तस हैं। क्या मैं कुछ भी हासिल कर सका हूँ?

मौलाना आज़ाद और विभाजन

जसवंत सिंह की किताब ने विभाजन पर एक राष्ट्रव्यापी बहस छेड़ दी है। इस बहस में विभाजन में जिन्ना, नेहरू और पटेल की भूमिका पर तो चर्चा हो रही है परन्तु मौलाना आज़ाद ने देश को टूटने से बचाने के लिए क्या किया, इस पर कोई बहस नहीं की जा रही है। मौलाना आज़ाद, इस्लाम के जाने-माने आलिम थे। वे भारतीय राष्ट्रीय कांग्रेस के एक महत्वपूर्ण नेता थे और विभाजन के ठीक पहिले के छह सालों में वे कांग्रेस के अखिल भारतीय अध्यक्ष थे।

यह सही है कि कांग्रेस *वर्किंग कमेटी* द्वारा पारित उस प्रस्ताव पर मौलाना आज़ाद के भी हस्ताक्षर थे जिसमें कांग्रेस ने विभाजन को अपनी मंजूरी दी थी। इसके अलावा, मौलाना आज़ाद ने कभी विभाजन को स्वीकार नहीं किया और जवाहरलाल नेहरू को कई बार ऐसे कदम उठाने से रोकने की कोशिश की जिनसे जिन्ना के अलग-थलग पड़ जाने या देश के दो टुकड़े होने का अंदेशा था। पंडित नेहरू कमजोर केन्द्रीय सरकार नहीं चाहते थे और इसलिए उन्होंने विभाजन को अपनी मंजूरी दी परन्तु मौलाना आज़ाद को केन्द्र सरकार की मजबूतरी या कमजोरी में कोई रुचि नहीं थी और वे विभाजन को रोकना चाहते थे। उन्होंने विभाजन को मजबूरी में स्वीकार किया।

मौलाना आज़ाद की विभाजन के बारे में क्या सोच थी, यह उनकी आत्मकथा *इंडिया विन्स फ्रीडम* से पता चलती है। इस पुस्तक के तीस पेज मौलाना आज़ाद की इच्छानुसार, उनकी मृत्यु के तीस वर्ष बाद प्रकाशित किये गये। मौलाना आज़ाद के विभाजन के बारे में बहुत स्पष्ट विचार थे और अगर हमें विभाजन के पीछे के कारणों को समझना है तो हम मौलाना के विचारों को नज़रअंदाज नहीं कर सकते। वे एक ओर कांग्रेस के महत्वपूर्ण नेता थे तो दूसरी ओर मुसलमान उन्हें अपना रहनुमा मानते थे। वे महान इस्लामिक विद्वान भी थे। अत: उनके विचार बहुत महत्वपूर्ण हैं।

मौलाना आज़ाद भारत की आज़ादी के दीवानों में से थे। कांग्रेस के रामगढ़ अधिवेशन में पार्टी के सबसे युवा अध्यक्ष के रूप में बोलते हुए मौलाना आज़ाद ने कहा था कि

''अगर आसमान से कोई देवदूत भी धरती पर उतरे और कुतुब मीनार से यह घोषणा करे कि भारत आज़ाद है तो भी मैं उस ईश्वरीय भेंट को तब तक स्वीकार नहीं करूंगा जब तक इस देश के हिन्दू और मुसलमान एक नहीं हो जाते। अगर भारत आज़ाद नहीं होता है तो यह भारत का नुकसान है परन्तु यदि हिन्दू और मुसलमान एक नहीं होते तो यह पूरी मानवता के लिए घातक है।'' स्पष्ट है कि मौलाना आज़ाद हिन्दू-मुस्लिम एकता के प्रबल समर्थक थे और वे किसी भी स्थिति में व्यक्तिगत कारणों से विभाजन को स्वीकार नहीं करते। वे इस बात की कतई परवाह नहीं करते कि अविभाजित भारत की केन्द्र सरकार कमजोर होगी या मजबूत।

इंडिया विन्स फ्रीडम में वे लिखते हैं, ''मैं यह मानता हूँ कि पाकिस्तान का कोई मतलब नहीं है। पाकिस्तान कहने से ऐसा लगता है मानो दुनिया के कुछ हिस्से पाक (पवित्र) हैं और कुछ नापाक (अपवित्र)। दुनिया को पाक और नापाक हिस्सों में बांटना गैर-इस्लामिक है। मुझे यह भी लगता है कि पाकिस्तान के निर्माण की योजना पलायनवाद का प्रतीक है और इसे यहूदियों की अपने लिए अलग घर की मांग की तर्ज पर उठाया जा रहा है। ऐसा लगता है कि मुसलमान पूरे भारत के निवासी बने रहने में स्वयं को अक्षम पा रहे हैं और अपने लिए आरक्षित एक कोने में सिकुड़कर सन्तुष्ट हो जाएँगे। इस देश में नौ करोड़ मुसलमान हैं। उनकी आबादी और उनकी सामाजिक-आर्थिक-राजनैतिक हैसियत के चलते वे भारत का महत्वपूर्ण हिस्सा हैं और सरकारी नीतियों व प्रशासनिक फैसलों पर निर्णायक प्रभाव डालने में सक्षम हैं। यह और अच्छा है कि कुछ इलाकों में उनका बहुमत है। ऐसे में पाकिस्तान की मांग का कोई मतलब नहीं है। एक मुसलमान की हैसियत से मैं तो एक क्षण के लिए भी पूरे भारत को अपना मानने का अधिकार खोना नहीं चाहूंगा। मैं इस देश के राजनैतिक और आर्थिक भविष्य के निर्माण में अपनी हिस्सेदारी चाहता हूं। विरासत में प्राप्त इस पूरी भूमि के एक हिस्से को पाकर सन्तुष्ट हो जाना, मेरे विचार में कायरता है।''

इसके बाद मौलाना, विभाजन के क्या नतीजे होंगे, इसका बहुत सटीक विश्लेषण करते हैं।

''आइए, हम देखें कि यदि पाकिस्तान बनता है तो उसके क्या नतीजे होंगे। भारत के दो टुकड़े हो जाएँगें। एक टुकड़े में मुसलमानों का बहुमत होगा और दूसरे में हिन्दुओं का। हिन्दुस्तान में साढ़े तीन करोड़ मुसलमान रह जाएँगे और वे देश के अलग-अलग हिस्सों में बिखरे होंगे। वे जहाँ भी होंगे, अल्पमत में होंगे। उत्तरप्रदेश में वे आबादी का 17 प्रतिशत होंगे, बिहार में 12 प्रतिशत और मद्रास में 9 प्रतिशत। इन राज्यों में वे इतने कमजोर हो जावेंगे जितने कि आज के हिन्दू बहुमत वाले राज्यों में भी

नहीं हैं। ये वे इलाके हैं जहाँ मुसलमान एक हजार सालों से ज्यादा समय से रह रहे हैं और जहां उन्होंने बड़ी मेहनत से मुस्लिम संस्कृति और शिक्षा के कई केन्द्र बनाये हैं।

''वे एक दिन सुबह सो कर उठेंगे और पाएँगे कि रातों-रात वे अजनबी और विदेशी बन गये हैं। वे आर्थिक और शैक्षणिक दृष्टि से पिछड़े होंगे और पूरी तरह से उस शासन की दया पर निर्भर होंगे जो शुद्ध हिन्दू राज होगा।

''दूसरी ओर, पाकिस्तान में भी उनकी स्थिति कमजोर होगी। पाकिस्तान में उनका बहुमत कभी भी उतना नहीं होगा जितना कि हिन्दुस्तान के राज्यों में हिन्दुओं का होगा।

''उनका बहुमत इतना कम होगा कि इन इलाकों के गैर-मुसलमानों की बेहतर आर्थिक-राजनैतिक स्थिति और शैक्षणिक स्तर के चलते वह अर्थहीन हो जाएगा। अगर ऐसा नहीं भी होता है और पाकिस्तान में मुसलमानों का भारी बहुमत भी होता है तब भी हिन्दुस्तान के मुसलमानों की समस्याएँ यथावत रहेंगी।''

मौलाना इस आशंका को भी बेबुनियाद बताते हैं कि अगर पाकिस्तान नहीं बना तो हिन्दू बहुमत वाली केन्द्र सरकार, मुस्लिम-बहुल राज्यों में हस्तक्षेप करेगी। केबिनेट मिशन द्वारा प्रस्तावित योजना के हवाले से वे कहते हैं, ''कांग्रेस ने इस डर को दूर करने के लिए ही राज्यों को पूरी स्वायत्तता देने का निश्चय किया है। केन्द्र सरकार के अधिकार क्षेत्र की दो सूचियाँ होंगी— एक आवश्यक और दूसरी वैकल्पिक। इसका मतलब यह है कि यदि कोई राज्य सरकार चाहे तो वो कुछ न्यूनतम विषयों को छोड़कर बाकी सब पर खुद निर्णय ले सकती है। कांग्रेस की योजना ऐसी है कि मुस्लिम-बहुल राज्य अपने आन्तरिक मामलों में पूरी तरह स्वायत्त होंगे परन्तु इसके साथ ही, पूरे देश को प्रभावित करने वाले मुद्दों पर वे केन्द्र सरकार पर दबाव भी बना सकेंगे।''

इस तरह, मौलाना आजाद न केवल कांग्रेस नेता की हैसियत से वरन् एक दूरदर्शी व परिपक्व मुसलमान के तौर पर भी विभाजन के विरोधी थे। अन्य राजनेताओं के विपरीत, मौलाना आजाद मुसलमानों और देश के एक ऐसे नेता थे जो दूर तक सोच सकते थे। मौलाना ने पाकिस्तान के बारे में जो आशंकाएँ प्रगट की थीं वे बाद में सही साबित हुईं।

सच तो यह है कि विभाजन से पूरे उपमहाद्वीप के मुसलमानों को भारी नुकसान उठाना पड़ा। अगर भारत का विभाजन नहीं हुआ होता तो आज मुसलमान कुल आबादी का लगभग एक-तिहाई होते। किसी भी प्रजातंत्र में यह बहुत बड़ी ताकत होती मुस्लिम-बहुल राज्यों में तो उनकी सरकारें होतीं ही, पूरे देश पर भी उनका प्रभाव होता। अब तक तो कई मुसलमान नेता देश के प्रधानमंत्री बन चुके होते।

मौलाना ने कहा था कि अगर पाकिस्तान बनता है तो हिन्दुस्तान में साढ़े तीन करोड़ मुसलमान बचेंगे और वे देश के विभिन्न भागों में बिखरे होंगे। आज भारत में पन्द्रह करोड़ मुसलमान हैं परन्तु फिर भी वे अल्पसंख्यक हैं और इसी कारण बहुत सी समस्याएँ झेल रहे हैं। हमारे देश के मुसलमान विभाजन के लिए जिम्मेदार होने के अपराध बोध से भी ग्रस्त हैं यद्यपि यह आरोप सही नहीं है। भारत में पाकिस्तान से ज्यादा मुसलमान हैं परन्तु फिर भी वे आबादी का मात्र चौदह प्रतिशत हैं।

पाकिस्तान भी एक नहीं रह सका। बंगाली मुसलमानों और पश्चिमी पाकिस्तान के मुसलमानों में पच्चीस साल भी नहीं निभ सकी और अन्ततः बांग्लादेश बन गया। इस प्रकार, भारतीय उपमहाद्वीप तीन हिस्सों में बंट गया है। अगर सन् 1947 में भारत का विभाजन नहीं हुआ होता तो आज का बांग्लादेश भी भारत का हिस्सा होता।

पाकिस्तान में प्रजातंत्र भी फल-फूल न सका और वहाँ शासन के सूत्र सेना के हाथों में हैं। चाहे वहाँ प्रजातंत्र रहे या न रहे, सेना वहाँ अत्यन्त प्रभावशाली बनी रहेगी। आर्थिक रूप से भी पाकिस्तान मजबूत नहीं बन सका और वह लगभग पूरी तरह अमेरिकी मदद पर निर्भर है।

यद्यपि मौलाना आज़ाद ने कश्मीर समस्या की चर्चा नहीं की है— क्योंकि वह समस्या उस वक्त उभरी ही नहीं थी— परन्तु यह एक तथ्य है कि अगर बंटवारा नहीं हुआ होता तो कश्मीर समस्या भी नहीं होती। कश्मीर या तो स्वतंत्र हो गया होता या फिर अन्य मुस्लिम बहुल राज्यों की तरह स्वायत्त होता। भारत और पाकिस्तान के बीच चल रहे कश्मीर विवाद के कारण हजारों कश्मीरियों ने अपनी जानें नहीं गंवायी होतीं।

यदि विभाजन न हुआ होता तो एक-दूसरे के डर के कारण भारत और पाकिस्तान जो अरबों-खरबों रुपये अपनी-अपनी सेनाओं पर खर्च करते हैं, उसका एक बड़ा भारी हिस्सा बच जाता। पूरे देश की एक सेना होती जो बाहरी खतरों-विशेषकर चीन से खतरे—का प्रभावी ढंग से मुकाबला कर पाती। इससे भी अधिक महत्वपूर्ण यह है कि तब शायद दोनों देशों के जो हजारों निर्दोष लोग आतंकवाद की बलिवेदी पर शहीद हो गये हैं, वे जीवित होते।

अपनी आत्मकथा के उन तीस पेजों में—जो कि उनकी मृत्यु के तीस वर्ष बाद प्रकाशित हुए—मौलाना आज़ाद विभाजन के लिए नेहरू और सरदार पटेल को दोषी बताते हैं। मौलाना के अनुसार, सन् 1937 के राज्यों के चुनाव के बाद मुस्लिम लीग के दो प्रतिनिधियों को उत्तर प्रदेश सरकार में कैबिनेट मंत्री बनाने से इन्कार कर पंडित नेहरू ने बहुत बड़ी भूल की थी। इससे जिन्ना का कांग्रेस नेताओं पर से विश्वास उठ गया और जिन्ना उन्हें 'हिन्दू नेता' कहने लगे।

पंडित नेहरू की दूसरी गलती यह थी कि सन् 1946 में कांग्रेस अध्यक्ष का पद सम्भालने के तुरन्त बाद उन्होंने प्रेस विज्ञप्ति जारी कर यह कहा कि कैबिनेट मिशन योजना में परिवर्तन हो सकता है। कांग्रेस और लीग—दोनों ने इस योजना को स्वीकार किया था और उसमें परिवर्तन की एकतरफा बात कर कांग्रेस ने अविश्वास और परस्पर सन्देह का वातावरण पैदा किया। इसके बाद जिन्ना पाकिस्तान बनवाने पर अड़ गये और ब्रिटिश शासकों ने वह हासिल कर लिया, जो वे चाहते थे।

समान अवसर आयोग जरूर बने

अन्य बातों के अतिरिक्त, सच्चर समिति ने अल्पसंख्यकों की समस्याओं और शिकायतों के निदान के लिए 'समान अवसर आयोग' स्थापित किये जाने की सिफारिश भी की है। रिपोर्ट कहती है, 'समिति की यह सिफारिश है कि वंचित समूहों की समस्याओं के निदान के लिए समान अवसर आयोग बनाया जाना चाहिए'।

इस आयोग की आवश्यकता को प्रतिपादित करते हुए समिति कहती है, ''यह मानना गलत है कि देश में अल्पसंख्यकों व बहुसंख्यकों के हितों में टकराव अवश्यंभावी है। यह मान्यता अतार्किक है और गलत समझ पर आधारित है। हो सकता है कि गरीबी, भेदभाव और अभाव से सभी सामाजिक-आर्थिक श्रेणियों के लोग जूझ रहे हों, परन्तु अल्पसंख्यकों के साथ भेदभाव होता है, इससे कोई इन्कार नहीं कर सकता। यह दुनिया के सभी देशों में होता है। सभी जगह अल्पसंख्यक अपने साथ हो रहे भेदभाव के प्रति संवेदनशील होते हैं''।

इस यथार्थ को स्वीकार करना, रपट कहती है, न तो अल्पसंख्यकों के प्रति अतिरिक्त प्रेम-प्रदर्शन है और न ही बहुसंख्यकों को कटघरे में खड़ा करना है। यह तो केवल सच को स्वीकार करना है। इसी सन्दर्भ में समिति ने सरकार से सिफारिश की है कि समान अवसर आयोग गठित किया जावे जो कि वंचित वर्गों की शिकायतों को दूर करे।

सच्चर समिति ने इस सन्दर्भ में इंग्लैंड के 'रेस रिलेशंस एक्ट', 1976 को आदर्श बताया है। ''इस तरह का आयोग न सिर्फ अल्पसंख्यकों की भेदभाव सम्बन्धी शिकायतों का निदान करेगा बल्कि इससे अल्पसंख्यकों के मन में यह सुरक्षा भाव भी जागेगा कि उनके साथ अन्याय होने पर कानून उनकी मदद करेगा''।

सच्चर समिति ने, अलबत्ता, समान अवसर आयोग की प्रकृति और स्वरूप के सम्बन्ध में विस्तृत सिफारिशें नहीं की हैं। यह मसला सरकार पर छोड़ दिया गया है। समिति ने यह भी नहीं बताया है कि आयोग अपने कार्यो और स्वरूप में 'राष्ट्रीय अल्पसंख्यक आयोग' से किस रूप में भिन्न होगा। यह भी साफ नहीं है कि अल्पसंख्यक

आयोग और समान अवसर आयोग क्या एक साथ अस्तित्व में रहेंगे।

हम इस मामले में कुछ सुझाव देना चाहते हैं। राष्ट्रीय अल्पसंख्यक आयोग, जैसा कि हम सब जानते हैं, कोई विशेष काम नहीं कर सका है और अपने उद्देश्यों को पूरा करने में असफल रहा है। आयोग की रपटें संसद के पटल तक पर नहीं रखी जातीं और उनका पालन करने के लिए सरकार बाध्य नहीं होती। आम लोगों को तो यह तक पता नहीं चलता कि आयोग ने अपनी रपट कब दाखिल की और उसमें क्या लिखा है। आयोग की रपटों का पर्याप्त प्रचार भी नहीं होता।

इसके विपरीत, समान अवसर आयोग, जैसा कि उसके नाम से ही जाहिर है, अत्यन्त प्रभावशाली कानूनी संस्था होगी जो यह सुनिश्चित करने में सक्षम होगी कि अल्पसंख्यकों को बहुसंख्यकों के बराबर अवसर मिलें। प्रजातंत्र में सभी धर्मों, जातियों, पंथों और लिंगों के नागरिकों को उन्नति और प्रगति करने के समान अवसर मिलने चाहिए। हमारा संविधान भी यही कहता है। परन्तु व्यवहार में ऐसा हो नहीं सका है।

संवैधानिक प्रावधानों के बावजूद अल्पसंख्यकों के साथ खुलेआम भेदभाव होता है। अल्पसंख्यक आयोग दंत-विहीन शेर है और इस भेदभाव को रोकने में पूरी तरह असफल और अक्षम है। अल्पसंख्यकों को यह विश्वास दिलाने के लिए कि समाज में उनके साथ कोई भेदभाव नहीं हो रहा है, समान अवसर आयोग अत्यन्त उपयोगी व प्रभावशाली सिद्ध होगा।

बढ़ती हुई साक्षरता और जागरुकता के चलते अल्पसंख्यक आज जोर देकर अपने अधिकार मांग रहे हैं। कोई प्रजातांत्रिक सरकार इस मांग को नजरअंदाज नहीं कर सकती। आज विश्वविद्यालयों के पाठ्यक्रमों में भी इस तरह की बातें शामिल की जा रही हैं जिनसे विद्यार्थियों को अल्पसंख्यकों और नीची जातियों के लोगों के साथ हो रहे अन्याय के प्रति संवेदनशील बनाया जा सके। इससे अल्पसंख्यकों में यह भावना और भी जोर पकड़ेगी कि वे देश की प्रगति में भागीदार नहीं हैं।

भारतीय अर्थव्यवस्था आज बहुत तेजी से बढ़ रही है। नौकरियों और अपने स्वयं के उद्यम स्थापित करने के अवसरों में आशातीत वृद्धि हुई है। ऐसी स्थिति में यदि समाज के किसी हिस्से को ऐसा लगता है कि वह इन अवसरों का लाभ नहीं उठा पा रहा है तो इससे सामाजिक तनाव उपन्न हो सकता है। ऐसा न हो, इसका एकमात्र तरीका यह है कि जिन वर्गों को शिकायतें हैं उन्हें अपनी शिकायतों के निराकरण के लिए उपयुक्त कानूनी मंच उपलब्ध हों। बेहतर होता कि सच्चर समिति समान अवसर आयोग की प्रकृति और स्वरूप के बारे में अपनी सिफारिश देती। परन्तु हम बिना किसी

सन्देह के यह कह सकते हैं कि ऐसा आयोग निश्चित रूप से भेदभाव के शिकार लोगों के हाथों में एक प्रभावकारी कानूनी हथियार देगा।

इंग्लैंड के रेस रिलेशन्स एक्ट की तरह दुनिया के अनेक अन्य देशों में भी इस तरह की कानूनी संस्थाएँ और व्यवस्थाएँ हैं। अमरीका में 'समान रोजगार अवसर आयोग' है। अगर किसी व्यक्ति को यह महसूस होता है कि उसके साथ नौकरी में भेदभाव किया जा रहा है तो वह इस आयोग में अपनी शिकायत दर्ज करा सकता है। शिकायत की जांच होती है और यदि वह सच पायी जाती है तो सम्बन्धित व्यक्ति को उपयुक्त मुआवजा दिया जाता है।

समान रोजगार अवसर आयोग की रपट में कहा गया है कि अफ्रीकी और लातिन अमरीकी मूल के लोगों को उसी काम के लिए श्वेत व्यक्तियों की तुलना में कम वेतन मिलता है। पूर्णकालिक रोजगार में लगे अफ्रीकी मूल के अमरीकनों को औसतन श्वेत व्यक्तियों की तुलना में 24 प्रतिशत कम वेतन प्राप्त होता है। लातिन अमरीकी मूल के अमरीकनों को समान काम करने वाले श्वेत व्यक्तियों की तुलना में 34 प्रतिशत कम वेतन प्राप्त होता है। इसी तरह, शारीरिक रूप से विकलांग लोगों की आमदनी वही काम करने वाले स्वस्थ लोगों की तुलना में काफी कम होती है।

यह स्पष्ट है कि अमरीका का 'समान रोजगार अवसर आयोग' रोजगार में भेदभाव की प्रकृति और परिमाण का आंकलन करता रहता है और इस सम्बन्ध में शिकायतों को दूर करता है। यही हमारे देश में हो सकता है। अगर किसी समुदाय विशेष या जाति के लोगों को रोजगार के अवसरों से वंचित किया जाता है तो उनकी शिकायत का कानूनी निराकरण सम्भव हो सकेगा। यह जाना-माना तथ्य है कि बड़ी से लेकर छोटी नौकरियों तक में मुसलमानों के साथ भेदभाव होता है।

हम सभी यह जानते हैं कि मुम्बई जैसे बड़े शहरों में मुसलमानों और नीची जातियों के लोगों को आवासीय सोसायटियों में फ्लैट लेने में बहुत मुश्किलें सामने आती हैं। मुम्बई में तो जाति और समुदाय के आधार पर ध्रुवीकरण इस हद तक हो चुका है कि उच्च जातियों के हिन्दुओं के रहवासी इलाकों में मुसलमानों के लिए मकान पाना लगभग असम्भव है।

अमरीका में इसके लिए भी कानून है। यह कानून कहता है कि कोई भी ऐसा व्यक्ति या संस्था जो किराये पर मकान देने या मकान बेचने के व्यवसाय में रत है, किसी भी व्यक्ति के साथ उसकी नस्ल, रंग, धर्म, लिंग, पारिवारिक स्थिति, मूल देश या शारीरिक विकलांगता के आधार पर भेदभाव नहीं कर सकेगा। यह कानून मकान बनाने, खरीदने या उसमें सुधार करने के लिए ऋण देने वाली संस्थाओं पर भी लागू होता है।

भारत में अभी ऐसा कानून बनने में शायद कई वर्ष लगें। यह जाना माना तथ्य है कि मुसलमानों और दलितों को बैंकों से और अन्य आवासीय ऋण देने वाली संस्थाओं से कर्जा लेने में बहुत परेशानी होती है। उन्हें ऋण देने के योग्य नहीं माना जाता और उनसे ऋण राशि के बराबर मूल्य की सम्पत्ति गिरवी रखने को कहा जाता है। स्पष्ट है कि आर्थिक रूप से कमजोर वर्ग लोन चुकाने की गारंटी के रूप में सम्पत्ति बंधक रखने की स्थिति में नहीं होता। यद्यपि सच्चर समिति ने यह सिफारिश की है कि बैंक मुसलमानों को कर्ज दें परन्तु रिजर्व बैंक और अन्य सरकारी बैंक इस सिफारिश को लागू करने में आनाकानी कर रही हैं।

डेनमार्क, जो अभी हाल में पैगम्बर मोहम्मद के कार्टून को लेकर चर्चा में था, में भी धर्म या नस्ल के आधार पर भेदभाव मिटाने के लिए कानूनी प्रावधान है। 'बोर्ड फॉर एथनिक इक्वालिटी' (नस्ल समानता बोर्ड) देश में बनाये जा रहे कानूनों पर नजर रखता है और एक अन्य संस्था उन लोगों की मदद करती है जो नस्ल या धर्म के आधार पर भेदभाव के शिकार होते हैं।

डेनमार्क की संसद ने सन् 1939 में घृणा फैलाने वाले भाषणों पर प्रतिबन्ध लगाने का कानून पास किया था। इस कानून की शब्दावली में 1971 में 'यू.एन. कन्वेंशन ऑन द एलिमिनेशन ऑफ ऑल फार्म्स ऑफ रेशीयल डिस्क्रिमिनेशन' (सभी प्रकार की नस्लवादी भेदभाव उन्मूलन पर संयुक्त राष्ट्र संघ का प्रस्ताव) के अनुरूप परिवर्तन किया गया। सन् 1971 में डेनमार्क की संसद ने एक विधेयक पास किया जिसमें यह कहा गया है कि अगर कोई व्यक्ति, चाहे वह व्यवसाय कर रहा हो या समाज सेवा से सम्बन्धित संस्था चला रहा हो, किसी व्यक्ति को उसकी नस्ल, रंग या राष्ट्रीयता के आधार पर वह सेवा देना से इन्कार न कर सकेगा जो वह दूसरे व्यक्तियों को दे रहा है।

यूरोप के देशों में नस्ल और धर्म के आधार पर भेदभाव की समस्या बढ़ रही है क्योंकि एशिया और अफ्रीका से बड़ी संख्या में लोग वहाँ आकर बस रहे हैं। इस भेदभाव को दूर करने के लिए ये देश कानून बना रहे हैं। भारत में तो समस्या बाहर से आने वाले लोगों की भी नहीं है। यहाँ तो समस्या उन अल्पसंख्यकों की है, जो पिछली कई सदियों से बहुसंख्यक समुदाय के साथ यहीं रह रहे हैं।

किसी भी प्रजातंत्र में इस तरह की भेदभाव पूर्ण नीतियाँ लम्बे समय तक नहीं चल सकतीं। अगर ऐसा हुआ तो गम्भीर राजनैतिक समस्याएँ उपन्न हो जाएँगी। यही कारण है कि भारत सरकार को मुसलमानों की समस्याओं का अध्ययन करने के लिए सच्चर समिति नियुक्त करनी पड़ी। यह समिति केवल एक चुनावी शिगूफा न बनकर रह जाए यह सुनिश्चित किया जाना चाहिए। समिति की सिफारिशों को लागू करने से

निश्चित रूप से अलपसंख्यक समुदाय को राहत मिलेगी।

समिति की सभी सिफारिशों में से समान अवसर आयोग स्थापित किये जाने की सिफारिश का तुरन्त पालन किया जाना जरूरी है। आयोग को पर्याप्त कानूनी अधिकार दिये जाने चाहिए ताकि मुसलमानों के साथ भेदभाव में कमी आ सके।

एक बार फिर हमला

आतंकवादियों ने एक बार फिर भारत पर हमला किया है। इस बार उनके निशाने पर थी दिल्ली। उन्होंने 13 सितम्बर की शाम दिल्ली में उन जगहों पर विस्फोट किये जहाँ बड़ी संख्या में लोग इकट्ठा रहते हैं। हमेशा की तरह, जाँच पूरी होने से पहले ही, पुलिस इस नतीजे पर पहुँच गयी कि चूँकि हमलों पर सिमी की छाप है इसलिए उनके लिए सिमी ही जिम्मेदार है। यही नहीं, पुलिस को यह भी पता चल गया कि मुम्बई का तौकीर – जो बम बनाने की तकनीक का विशेषज्ञ माना जाता है – ही दिल्ली धमाकों का मास्टर माईन्ड है।

हर धमाकेऔर उसमें निर्दोषों की मौत के बाद हमारी पुलिस दावा करती है कि वह 'मास्टर माईन्ड' तक पहुँच गयी है। उसके बाद पुलिस पकड़े गये 'मास्टर माईन्डों' और उनके गुर्गों के इकबालिया बयान कराती है और पूरे षड्यंत्र का 'पर्दाफाश' करती है। हम भारत के लोग चैन की साँस लेते हैं कि चलो, अब मासूमों की जान लेने वाला कोई नहीं बचा।

कुछ दिन बाद दूसरा हमला होता है और पुलिस फिर 'मास्टर माईन्डों' की नयी सूची जारी कर देती है। फिर जानें जाती हैं और फिर 'मास्टर माईन्ड' की खोज शुरू हो जाती है।

सच यह है कि पुलिस 'मास्टर माईन्ड' तो दूर, बम हमले करने वाले संगठनों के सबसे निचले दर्जे के गुर्गों को भी नहीं पकड़ सकी है, वे सब आज़ाद हैं। गिरफ्तार किये गये अधिकांश लोग निर्दोष हैं जिन्हें शारीरिक यंत्रणा देकर पुलिस उनसे इकबालिया बयान लिखवा लेती है।

पुलिस की इस असफलता के पीछे मुख्यतः दो कारण हैं। पहला यह कि वो केवल एक समुदाय विशेष के युवकों को निशाना बनाती है। वो दूसरी दिशा में सोचती ही नहीं। यह इस तथ्य के बावजूद कि असली अपराधी कहीं और है इस दिशा में कई संकेत हैं और इन संकेतों की ओर मानवाधिकार कार्यकर्ता और अन्य संगठन पुलिस का ध्यान आकर्षित कर चुके हैं। दूसरे, पुलिस पर उसके राजनैतिक आकाओं का दबाव मामलों को जल्द से जल्द सुलझाने का रहता है जबकि केन्द्र में विपक्ष में बैठा एक दल

इन मामलों में एक समुदाय विशेष के सदस्यों को फँसाने पर आमादा रहता है।

इन बम धमाकों को अन्जाम देने की सिमी की क्षमता को बहुत बढ़ा-चढ़ा कर आंका जा रहा है। सरकार को इसका अंदाजा तब लगा जब सम्बन्धित ट्रायब्यूनल ने ठोस सुबूतों के अभाव में सिमी पर लगाए गये प्रतिबंध को आगे बढ़ाने से इन्कार कर दिया। भारत सरकार ने उच्चतम न्यायालय में अपील की, जिसने ट्रायब्यूनल के निर्णय को अक्टूबर तक स्थगित कर दिया। उच्चतम न्यायालय से भी प्रतिबन्ध को आगे बढ़वाना कठिन होगा। सरकार के पास ऐसे कोई सुबूत नहीं हैं जिनके आधार पर वो उच्चतम न्यायालय में सिमी पर प्रतिबन्ध जारी रखने का औचित्य सिद्ध कर सके।

सिमी के मामले में यूपीए सरकार को गुप्तचर एजेन्सियों द्वारा गलत सूचनाएं दी गयी हैं। इसके अलावा, सरकार को यह डर है कि यदि उसने सिमी पर प्रतिबन्ध हटाया तो बीजेपी इस मुद्दे पर हंगामा खड़ा कर देगी और कांग्रेस को हिन्दू वोट खोने पड़ेंगे। यह दुर्भाग्यपूर्ण है कि हमारी राजनीति काफी हद तक जातिवाद और साम्प्रदायिकता पर आधारित है और अपने हितों की पूर्ति के लिए सभी पार्टियां संवैधानिक प्रावधानों का उल्लंघन उकरने में तनिक भी संकोच नहीं करतीं। यूपीए सरकार स्वयं को धर्मनिरपेक्ष बतलाती है परन्तु असल में उसके अधिकांश निर्णय इस पर आधारित होते हैं कि बीजेपी की उन पर क्या प्रतिक्रिया होगी।

बीजेपी एक आक्रामक वक्तव्य जारी करती है और यूपीए सरकार घबड़ाकर सर्वोच्च न्यायालय में अपना शपथ पत्र बदल देती है। बीजेपी का एक हमला सरकार को अपनी नीतियाँ बदलने पर मजबूर कर देता है। ऐसा लगता है कि यूपीए सरकार में साम्प्रदायिकता के खिलाफ राजनैतिक मंच से लड़ने की हिम्मत ही नहीं बची है। जहाँ तक बीजेपी का सवाल है, उसके पास आतंकवाद से निपटने का एक ही इलाज है—पोटा। बीजेपी चाहती है कि पोटा लागू हो ताकि और अधिक संख्या में निर्दोष मुस्लिम युवकों को सीखचों के पीछे डालकर प्रताड़ित किया जा सके। जब बीजेपी नेताओं से यह पूछा जाता है कि उनकी पार्टी के सत्ता में होते हुए और पोटा लागू होने के बावजूद संसद भवन जैसे उच्च सुरक्षा वाले स्थान पर आतंकवादी हमला कैसे हुआ था तो वे बगलें झाँकने लगते हैं।

यूपीए सरकार में तो यह साहस भी नहीं है कि वह पुलिस और अन्य जाँच एजेन्सियों से यह कह सके कि आतंकवादी हमलों की घटनाओं की निष्पक्ष जाँच की जाए और असली दोषियों को पकड़ा जाए। सिमी के पदाधिकारी इस बात से इन्कार करते हैं कि उनका संगठन किसी भी प्रकार की हिंसात्मक गतिविधियों में शामिल है। सिमी पर सबसे पहले सन् 2001 में प्रतिबन्ध लगाया गया था। ट्रायब्यूनल की अध्यक्ष हाईकोर्ट न्यायाधीश सुश्री गीता मेहता (जिन्होंने सिमी पर प्रतिबन्ध को आगे जारी रखने से इन्कार कर दिया था) के समक्ष संस्था के तत्कालीन अध्यक्ष शाहिद बदर ने शपथपूर्वक कहा था कि प्रतिबन्ध लगने के बाद सिमी का अस्तित्व समाप्त हो गया है। उसने यह

भी कहा कि सिमी किसी गैर-कानूनी या हिंसात्मक गतिविधि को मान्यता नहीं देती और हर ऐसी गतिविधि के खिलाफ उसने सार्वजनिक बयान जारी किये हैं।

वैसे भी, प्रतिबन्धित किये जाने के पहले सिमी एक बहुत छोटी व अनजान संस्था थी। चूँकि उसके सदस्यों ने अतिवादी तेवर दिखलाए, इसलिए जमायते इस्लामी, जिसका सिमी छात्र संगठन था, ने उससे सम्बन्ध तोड़ लिए। इस तरह सिमी ने जमायते इस्लामी का समर्थन खो दिया और उसे अपने बल पर जिन्दा रहने की चुनौती का सामना करना पड़ा। इसमें कोई सन्देह नहीं कि सिमी की विचारधारा अतिवादी थी और उसके सदस्य भारत के सामाजिक, राजनैतिक और धार्मिक यथार्थ को समझे बिना उल-जलूल बयान जारी करते रहते थे। न तो आम मुसलमानों में और न ही मुस्लिम बुद्धिजीवी वर्ग में सिमी की कोई पूछ-परख थी। सिमी पर पहली बार प्रतिबन्ध कानपुर में हुए साम्प्रदायिक दंगों के बाद लगाया गया था। इन दंगों में सिमी ने अत्यन्त निन्दनीय भूमिका अदा की थी। उसने शहर में उत्तेजक पोस्टर लगाए थे, जिनका शीर्षक था "महमूद ग़ज़नवी—भारत तुम्हारा इंतजार कर रहा है।" इसके तुरन्त बाद सिमी को प्रतिबन्धित कर दिया गया। सभी जिंम्मेदार मुस्लिम नेताओं और बुद्धिजीवियों ने उत्तेजक पोस्टर लगाने के लिए सिमी की आलोचना की थी।

उसके बाद से सिमी का किसी हिंसक घटना में हाथ होने का कोई सुबूत नहीं मिला। यहाँ तक कि उत्तर प्रदेश के तत्कालीन मुख्यमंत्री मुलायम सिंह यादव ने सिमी के खिलाफ मुकदमें वापस भी ले लिये। इसके बाद सिमी का नाम अचानक फिर से तब उछला जब देश में कुछ स्थानों पर बम विस्फोट हुए। पुलिस अब तक सिमी केसभी शीर्ष नेताओं को गिरफ्तार कर चुकी है। हाल में, मध्य प्रदेश से सफदर नागौरी की गिरफ्तारी के बाद यह दावा किया गया कि सिमी का सम्पूर्ण शीर्ष नेतृत्व अब पुलिस हिरासत में है और मुम्बई ट्रेन धमाकों सहित बम विस्फोटों के सभी मामले अब सुलझा लिये जाएँगे। ऐसा कुछ भी नहीं हुआ। सफदर नागौरी और अन्य आज भी जेल में हैं और पुलिस के दावों के विपरीत बम विस्फोट का एक भी मामला सुलझाया नहीं जा सका है।

इसके बाद अहमदाबाद और सूरत की घटनाएँ हुईं। अहमदाबाद में बम विस्फोटों में कई लोग मारे गये, जबकि सूरत में आश्चर्यजनक रूप से एक भी बम नहीं फटा। यह एक बड़ा रहस्य है कि किसने और किस तरह बीस से अधिक बम पेड़ों, विज्ञापनों की होर्डिगों और पुलों पर रखे। यह प्रश्न आज भी अनुत्तरित है कि इतने सारे बम कोई व्यक्ति किस प्रकार खुले स्थानों पर बिना नज़र में आये रख सका।

यह स्पष्ट है कि इस सारे खेल के पीछे कोई छिपा हुआ हाथ है और पुलिस उस तक नहीं पहुँच पा रही है। हर बम विस्फोट के बाद पुलिस और गुप्तचर सेवाओं के आला अधिकारियों की बैठकों का दौर चलता है और यह घोषित किया जाता है कि

आगे से सभी एजेन्सियाँ आपसी समन्वय से काम करेंगी और ऐसी घटनाएं नहीं होने दी जावेंगी। फिर अगली घटना होती है और फिर यही क्रम दोहराया जाता है। यह सब बार-बार क्यों और कैसे हो रहा है? आखिर कब तक भारत के निर्दोष नागरिक अपनी जानें सिर्फ इसलिए गंवाते रहेंगे क्योंकि हमारी पुलिस और गुप्तचर एजेन्सियाँ मेहनत नहीं करना चाहतीं और अपने पूर्वाग्रहों को परे रखकर असली दोषी तक नहीं पहुँच पा रही हैं।

दिल्ली में बम विस्फोटों के बाद पुलिस ने फिर अपना पुराना खेल शुरू कर दिया है। एक बार फिर मुस्लिम नौजवानों की शामत आ गयी है। दिल्ली में गिरफ्तार किये गये लोगों में अब्दुर रशीद शामिल हैं, जो अपनी संस्था 'यूनिवर्सल नालेज ट्रस्ट' के जरिए मुसलमानों में शिक्षा के प्रति जागरूकता पैदा करने के काम में बरसों से लगे हुए हैं। उनकी इस समाजसेवा के बारे में सबको पता है। 'मुस्लिम मजलिस़-ए-मशविरात' ने अब्दुर रशीद की गिरफ्तारी का कड़ा विरोध किया है। कोई नहीं जानता कि और कितने मुस्लिम युवकों को पुलिस की ज्यादतियों का शिकार होना पड़ेगा।

पुलिस ज्यादतियों के शिकार हुए निर्दोष मुसलमानों की 23-24 अगस्त को हैदराबाद में हुई जन सुनवाई की जूरी का मैं सदस्य था। हैदराबाद में बड़ी संख्या में हुई गिरफ्तारियों के बाद पुलिस ने यह दावा किया था कि उसने हैदराबाद बम विस्फोट के मामले को सुलझा लिया है और सभी 'मास्टर माईन्डों' और उनके अधीनस्थों को गिरफ्तार कर लिया गया है। बाद में सभी को अदालतों ने सुबूतों के अभाव में बरी कर दिया। सभी के खिलाफ एकमात्र सुबूत उनके खुद के इकबालिया बयान थे। ये बयान किस तरह हासिल किये गये होंगे, इसे समझना किसी भी ऐसे व्यक्ति के लिए मुश्किल नहीं है जो हमारी पुलिस की कार्यप्रणाली से वाकिफ़ है। यही कारण है कि संघ परिवार पोटा की वापसी चाहता है क्योंकि पोटा में पुलिस के सामने दिया गया इकबालिया बयान अदालत में स्वीकार्य होता है।

जब पोटा लागू था, उस समय गिरफ्तार किये गये लोग आज तक मात्र अपने इकबालिया बयानों के कारण जेलों में रहने के लिए मजबूर हैं। गोधरा ट्रेन आगजनी के बाद गिरफ्तार किये गये लगभग सौ लोग, जिनमें से अधिकांश गरीब और असहाय हैं, आज तक जेल में हैं और उन पर मुकदमों की शुरूआत तक नहीं हो सकी है। गुजरात की पोटा रिव्यू कमेटी की इस राय के बावजूद कि उनके खिलाफ कोई सुबूत नहीं है, मोदी सरकार उन्हें छोड़ने को तैयार नहीं है। छह साल बाद भी उनके खिलाफ मुकदमें इसलिए शुरू नहीं हो सके हैं क्योंकि इकबालिया बयान के अलावा उनके खिलाफ कोई सुबूत नहीं है। कोई नहीं जानता कि उन्हें और कितने बरस जेल में गुजारने पड़ेंगे।

हाल में हुए विस्फोटों के चन्द मिनटों पहले भेजे जा रहे ई-मेलों से यह ज़ाहिर है कि इन घटनाओं के पीछे कोई बहुत सुशिक्षित व तेज़ दिमाग वाले लोग हैं। 'इंडियन

मुजाहिदीन' के नाम का इस्तेमाल करने वाले ये लोग न केवल ई-मेल आईडी 'हैक' करने में सिद्धहस्त हैं वरन् उन्हें इस्लाम के इतिहास और वर्तमान भारत में मुसलमानों की स्थिति का काफी गहरा ज्ञान है। वे बिना किसी गलती के बहुत अच्छी अंग्रेजी लिखते हैं। इसके विपरीत, सिमी के कार्यकर्ता होने के नाम पर गिरफ्तार किये गये अधिकांश युवक न तो ई-मेल आईडी 'हैक' करने की क्षमता रखते हैं और न ही उनकी अंग्रेजी और इस्लामिक इतिहास पर पकड़ है। मात्र ये तथ्य ही पुलिस के इन दावों को झुठलाने के लिए काफी हैं कि उसने 'मास्टर माईन्डों' को पकड़ लिया है।

बीजेपी शासित राज्यों की पुलिस से तो कुछ उम्मीद करना बेकार है क्योंकि मुस्लिम युवकों को निशाना बनाना बीजेपी की राजनीति का हिस्सा है। परन्तु क्या केन्द्र की यूपीए सरकार और राज्यों की कांग्रेस सरकारें इन तथ्यों पर ध्यान देंगी? अभी तो ऐसी कोई आशा नज़र नहीं आ रही है। जैसा कि पहले कहा जा चुका है, कांग्रेस में साम्प्रदायिक शक्तियों से लड़ने की इच्छाशक्ति का अभाव है। वो साम्प्रदायिक दलों को नाराज़ नहीं करना चाहती। सच तो यह है कि यही दल राजनीति का एजेन्डा तय कर रहे हैं।

भारत-पाक महासंघ : एक सपना जो सच हो सकता है

भारत का विभाजन एक बहुत गम्भीर त्रासदी थी। इससे जितनी समस्याएँ सुलझीं, उससे कहीं ज्यादा खड़ी हो गयीं। भारत को विभाजित करने का निर्णय कुछ भारतीय नेताओं ने जिस समय लिया था वह बहुत तनावपूर्ण दौर था। उन्होंने विभाजन के नतीजों पर गम्भीरतापूर्वक विचार नहीं किया। साथ ही, हमारे ब्रिटिश शासक भारत के दो टुकड़े करने पर आमादा थे क्योंकि उन्हें भारतीय उपमहाद्वीप में अपने सामरिक हितों की रक्षा करनी थी। उन्होंने बड़ी चतुराई से हमारे नेताओं को विभाजन के लिए राज़ी कर लिया।

विभाजन हुए साठ वर्ष बीत चुके हैं और अब हम विभाजन के नतीजों की वस्तुपरक विवेचना करने की स्थिति में हैं। जिन्ना तक को अपनी मृत्यु के पहिले यह समझ में आ गया था कि विभाजन, भारत की समस्याओं का सबसे बेहतर हल नहीं था और वे विभाजन पर पुनर्विचार चाहते थे। उन्होंने अपने डॉक्टर से कहा था कि अगर वे जिन्दा बचे तो वे नेहरू से मिलकर विभाजन के बारे में एक बार फिर चर्चा करना चाहेंगे। विभाजन से कोई समस्या नहीं सुलझी थी।

विभाजन के नतीजों की विवेचना करने से पहिले हमें यह अच्छी तरह से समझ लेना चाहिए कि विभाजन के निर्णय को पलटने का अब कोई प्रश्न नहीं है। पाकिस्तान, भारत और बांग्लादेश की सार्वभौमिकता बनी रहना चाहिए। 'अखंड भारत' का नारा एक खतरनाक नारा है और इससे तीनों देशों में आपसी बैर और दुश्मनियाँ बढ़ेंगी ही। जो हो सकता है वह यह है कि भारत, पाकिस्तान और बांग्लादेश का एक महासंघ (कॉनफेडरेशन) बनाया जाए। यदि सम्भव हो तो इस महासंघ में नेपाल और श्रीलंका को भी शामिल किया जा सकता है और इसे सम्पूर्ण दक्षिण एशिया के महासंघ का स्वरूप दिया जा सकता है।

यह स्पष्ट है कि धर्म किसी राष्ट्र को एक रखने के लिए काफी नहीं है। पाकिस्तान के नेताओं ने सोचा था कि सभी उनके देश में सभी मुसलमान मिलजुल कर रहेंगे परन्तु ऐसा नहीं हो सका। बंगाली मुसलमानों को अपनी भाषा और संस्कृति पर बहुत गर्व है और उन्होंने अपनी सांस्कृतिक और भाषाई स्वायत्तता से कोई समझौता करने से इंकार कर दिया। विभाजन के पहिले ही पठान नेता खान अब्दुल गफ्फार खान ने विभाजन का

इस आधार पर कड़ा विरोध किया था कि इससे पठानों और पख्तूनों की अलग पहचान समाप्त हो जाएगी। कांग्रेस कार्यसमिति की बैठक में विभाजन के खिलाफ मत देने वाले वे एकमात्र सदस्य थे।

मौलाना आज़ाद भी यह अच्छी तरह से समझते थे कि इस्लामिक पाकिस्तान, भावनात्मक दृष्टि से एक नहीं होगा। बंगाली, बलूची, पख्तून, सिंधी और पंजाबी मुसलमान एक-दूसरे से लड़ेंगे। मौलाना ने उत्तर प्रदेश के मुस्लिम लीग नेताओं के एक प्रतिनिधिमंडल से बात करते हुए कहा था कि जब तुम लोगों के साझा दुश्मन (हिन्दू) नहीं रहेंगे तो तुम लोग आपस में लड़ मरोगे।

जिस तरह भारत में उच्च जाति के हिन्दू, राष्ट्रवाद के नाम पर देश पर अपना वर्चस्व कायम करना चाहते हैं उसी तरह पाकिस्तान में सामंती पंजाबी मुसलमानों ने देश पर अपना वर्चस्व कायम करने की कोशिश की और इससे देश में तनाव और अव्यवस्था फैल गयी। भारत के अनुभव से यह स्पष्ट है कि धर्मनिरपेक्ष-प्रजातंत्र देश को जोड़े रखने में सिर्फ धर्म की तुलना में कहीं अधिक कारगर है। सन् 1947 के समय हुए धार्मिक ध्रुवीकरण के माहौल में जरूर ऐसा लग रहा था कि धर्म, पाकिस्तान को मजबूत और एक बनाये रखेगा परन्तु ज्योंहि यह उबाल ठंडा पड़ा, यथार्थ सामने आ गया।

पाकिस्तान के निर्माण के बाद से भारत को कई समस्याओं का साम्रना करना पड़ा। चूँकि पाकिस्तान किसी प्रजातांत्रिक आन्दोलन के जरिए नहीं बल्कि दोनों समुदायों की साम्प्रदायिक राजनीति के चलते अस्तित्व में आया था इसलिए वहां भारत की तरह प्रजातांत्रिक राजनैतिक संस्कृति विकसित नहीं हो सकी। जल्दी ही सेना और अन्य निहित स्वार्थी तत्वों ने सत्ता पर कब्जा जमा लिया और सामन्ती वर्ग ने देश पर अपनी मजबूत पकड़ बना ली। पाकिस्तान की सेना ने भारत को देश के सबसे बड़े दुश्मन के तौर पर प्रस्तुत किया और देश की रक्षा के नाम पर पाकिस्तान पर लंबे समय तक राज करती रही।

कश्मीर दोनों देशों के बीच विवाद का विषय बन गया। भारत ने सन् 1953 के नेहरू-अब्दुल्ला समझौते का पालन नहीं किया और कश्मीर भारत और पाकिस्तान के बीच दो युद्धों का कारण बना। भारत को अपने उत्तरपूर्वी सीमांत इलाके में भी नस्लीय संघर्ष के कारण गम्भीर समस्या का सामना करना पड़ रहा है परन्तु कश्मीर समस्या कहीं अधिक जटिल इसलिए बन गयी है क्योंकि उसमें साम्प्रदायिकता घुस गयी है और पाकिस्तान इस विवाद को हवा दे रहा है। विभाजन के कारण दोनों देशों में हथियारों की दौड़ शुरू हो गयी। पाकिस्तान के सैनिक शासक नए-नए हथियार खरीदते गये। उनका तर्क यह था कि पाकिस्तान, सैनिक ताकत में भारत के समकक्ष होना चाहिए। भारत भी अपनी सेना को इस आधार पर महंगे और आधुनिक हथियारों से लैस करता गया कि पाकिस्तान के पास उससे ज्यादा और बेहतर हथियार हैं। आज हमारे देश का रक्षा बजट 1,40,000 करोड़ रूपये है और पाकिस्तान अपने बजट का एक-तिहाई से भी अधिक

हिस्सा सेना पर खर्च कर रहा है। यह स्थिति सीमित संसाधनों वाले दोनों ही देशों के लिए हितकर नहीं है। दोनों देशों ने आणविक हथियार बनाने की क्षमता हासिल कर ली है और दोनों एक-दूसरे के पास आणविक हथियार होने के आरोप लगाते रहते हैं। दोनों देश सेना पर जो अकूत धन खर्च कर रहे हैं उसे लोगों की भलाई पर खर्च किया जा सकता था।

पाकिस्तान, अमेरिका और दूसरी पश्चिमी ताकतों का पिट्ठू बन गया है। अमेरिका का हथियार उद्योग भारत और पाकिस्तान के दम पर जमकर मुनाफा कमा रहा है। पाकिस्तान का इस्तेमाल अमेरिका, अफगानिस्तान पर अपने हमले के लिए अड्डे के बतौर कर रहा है। अमेरिका के अफगानिस्तान और पश्चिम एशिया में अपने सामरिक हित हैं और दुर्भाग्यवश पाकिस्तान इन हितों की रक्षा करने में अमेरिका की मदद कर रहा है। पाकिस्तान भी अफगानिस्तान पर अपनी पकड़ बनाये रखना चाहता है।

अगर पाकिस्तान, भारत और बांग्लादेश का महासंघ बन जाता है तो तीनों देश बारूद पर जो अरबों-खरबों रुपये फूँक रहे हैं वे बचाये जा सकते हैं। यह धन इतना है कि इससे तीनों देशों की गरीबी की समस्या काफी हद तक सुलझ सकती है। तीनों देश गरीबी की समस्या से जूझ रहे हैं। करोड़ों लोग गरीबी की रेखा के नीचे जीवन-यापन कर रहे हैं और अरबों रुपये हथियारों पर बर्बाद हो रहे हैं। क्या यह त्रासद नहीं है?

आतंकवाद की समस्या की जड़ में भी तीनों देशों की आपसी दुश्मनियाँ हैं। आतंकवाद की वेदी पर हर साल हजारों निर्दोष नागरिकों की बली चढ़ रही है और आतंकवाद से लड़ने के लिए तीनों देश भारी धन और मानव संसाधन खर्च कर रहे हैं। महासंघ बनने से आतंकवाद की समस्या भी काफी हद तक दूर हो सकती है।

महासंघ बनाने के लिए क्या किया जाना चाहिए? पहिला कदम तो यह हो सकता है कि आपसी विश्वास बढ़ाने के लिए एक-दूसरे के नागरिकों को वीज़ा देने की प्रक्रिया बहुत आसान बना दी जाए। खेल, पत्रकारिता, फिल्म, टी. वी. आदि क्षेत्रों से सम्बद्ध लोगों को तीनों देशों में आसानी से प्रवेश और सुविधाएँ मिलें। साहित्यिक व वैज्ञानिक गोष्ठियों, सेमिनारों इत्यादि में तीनों देशों के प्रतिभागियों के हिस्सा लेने में कोई समस्या खड़ी न की जाए। सार्क के अन्तर्गत किये गये समझौतों में भी ये प्रावधान हैं परन्तु ये काफी नहीं हैं।

महासंघ कैसे बने और उसका स्वरूप क्या हो, इस पर विचार करने के लिए गोष्ठियों और सेमिनारों की एक श्रृंखला शुरू की जाए। अभी तो हालत यह है कि तीनों देशों में महासंघ की बात करना भी दुश्वार है क्योंकि इसे देश की सार्वभौमिकता को चुनौती देने के रूप में लिया जाता है। यह पूरी तरह से साफ कर दिया जाना चाहिए कि महासंघ के सदस्यों की राष्ट्रीय सार्वभौमिकता के मामले में कोई समझौता नहीं किया जावेगा।

हमारे सामने यूरोपियन यूनियन का उदाहरण है। यूरोपियन यूनियन एक दिन में नहीं बनी। इस पर विचार सबसे पहिले सन् 1950 के दशक में शुरू हुआ था और सन् 1990 के दशक में यह अस्तित्व में आ सकी। यूरोप के देश, द्वितीय विश्वयुद्ध के समय तक कुत्ते-बिल्लियों की तरह आपस में लड़ते रहे थे और उन्हें एक करना कोई आसान काम नहीं था। इसके बाद भी यूरोपियन यूनियन बनी। उसके सदस्य देशों के नागरिकों को अन्य देशों में जाने के लिए वीज़ा की आवश्यकता नहीं होती और सभी देशों की एक मुद्रा है जिसे यूरो का नाम दिया गया है।

आज कोई व्यक्ति यूरो लेकर बिना वीज़ा के पूरे यूरोप में घूम सकता है। हाल ही में मैं सड़क मार्ग से आस्ट्रिया से जर्मनी गया था। मैंने अपने कार चालक से जानना चाहा कि जर्मनी की सीमा कितनी दूर है? उसने मुझे बताया कि हम लोगों ने जर्मनी की सीमा को पार कर लिया है! मैंने तब पूछा कि हमने कोई चेक पोस्ट तो पार किया ही नहीं। इस पर मुझे बताया गया कि जब वीज़ा ही नहीं है तो चेक पोस्ट की क्या आवश्यकता है? अगर कभी भारत और पाकिस्तान के बीच ऐसा हुआ तो यह भारतीय उपमहाद्वीप के लाखों लोगों के लिए एक सपने के सच हो जाने जैसा होगा। विभाजन ने हजारों परिवारों को बाँट दिया है। इन परिवारों के सदस्य अपने रिश्तेदारों से बिना किसी रोक-टोक के मिल सकेंगे। जो लोग किसी और कारण से एक देश से दूसरे देश जाना चाहते हैं, उनके लिए भी बहुत आसानी हो जाएगी। अभी तो नजदीकी रिश्तेदारों तक को अपने परिवार वालों से मिलने के लिए वीज़ा नहीं मिलता जब तक कि वे विवाह या गम्भीर बीमारी का कोई प्रमाण प्रस्तुत न करें।

यूरोपियन यूनियन के सभी सदस्य देशों की सार्वभौमिकता सुरक्षित है। उनकी साझा समस्याओं पर चर्चा करने के लिए यूरोपियन संसद है, जिसके चुनाव विभिन्न देशों की राष्ट्रीय संसदों के साथ होते हैं। राष्ट्रीय संसदों की अपनी भूमिका रहती है। हर देश की अपनी सेना है, अपनी प्राथमिकताएँ हैं और अपनी विदेश नीति है। यूरोपियन यूनियन एक पूरी तरह से प्रजातांत्रिक संगठन है।

हम यहाँ महासंघ बनाने का जो सुझाव दे रहे हैं उसका अर्थ यह कतई नहीं है कि हम सन् 1946 की केबिनेट मिशन योजना को लागू करने की वकालत कर रहे हैं। केबिनेट मिशन योजना के अन्तर्गत भारत प्रांतों का एक महासंघ होता जिसमें केन्द्र सरकार का केवल तीन विषयों पर नियंत्रण रहता—रक्षा, विदेश नीति और संचार। हम यहाँ जिस योजना की बात कर रहे हैं वह इससे एकदम अलग है। केबिनेट मिशन योजना तो अब इतिहास का हिस्सा है।

भारतीय उपमहाद्वीप के महासंघ के सभी देशों की अपनी-अपनी सेनाएँ होंगी, अलग-अलग विदेश नीति होगी और अलग-अलग संचार तंत्र होगा, जैसा कि यूरोपियन यूनियन के देशों में है। हमारे सामने आसियान का भी उदाहरण है। आसियान देशों में वीज़ा

की आवश्यकता नहीं रहती लेकिन उनकी एक मुद्रा नहीं है। आसियान देशों के बीच कई आपसी समझौते हैं और इससे महासंघ के सभी सदस्य देशों को फायदा हुआ है।

दक्षिण एशिया में तो हम इससे भी आगे बढ़ सकते हैं। आसियान देश एक मुद्रा रखने के लिए राजी नहीं हुए परन्तु हमारे लिए तीनों देशों में एक मुद्रा रखना बहुत आसान होगा। पहिले भी हमारी एक ही मुद्रा थी। हाँ, तीनों देशों के विकास के अलग-अलग स्तर को देखते हुए इस मुद्रा की विनिमय दर अलग-अलग रखी जा सकती है। यह सब धीरे-धीरे ही होगा।

तीनों देशों के बीच शुरुआत के लिए कुछ समझौते करवाना भी एक बहुत कठिन काम होगा। परन्तु यह असंभव नहीं है। तीनों देशों के नागरिकों का एक बड़ा हिस्सा इस तरह के महासंघ के बनाये जाने के पक्ष में है परन्तु दुर्भाग्यवश इस दिशा में कोई योजनाबद्ध प्रयास किये ही नहीं गये। अगर गम्भीरता और ईमानदारी से प्रयास किये जाएँ तो दक्षिण एशिया महासंघ बनाया जा सकता है। आइए, इस विषय पर चर्चा की पहल कर हम एक शुरुआत तो करें।

साम्प्रदायिक हिंसा विधेयक रोग से बदतर इलाज

केन्द्रीय मंत्रिमंडल ने केन्द्र सरकार को संसद के आगामी सत्र में साम्प्रदायिक हिंसा विधेयक प्रस्तुत करने की मंजूरी दे दी है। इस विधेयक का मूल प्रारूप सन् 2005 में तैयार हुआ था।

सन् 2002 के गुजरात कत्लेआम में भाजपा सरकार व नरेन्द्र मोदी की भूमिका से नाराज मुसलमानों ने 2004 के आम चुनाव में कांग्रेस को बड़े पैमाने पर अपना समर्थन दिया। इसके नतीजे में एन.डी.ए गठबन्धन को धूल चाटनी पड़ी।

कांग्रेस ने अपने चुनाव घोषणापत्र में वायदा किया था कि अपनी सरकार बनने पर गुजरात में हुए अल्पसंख्यकों के कत्लेआम जैसी घटनाओं को रोकने के लिए वह एक नया कानून बनायेगी। इस कानून का मसौदा भी सरकार ने तैयार किया। इस मसौदे का हमारे सेंटर सहित कई गैर-सरकारी संगठनों, मानवाधिकार कार्यकर्ताओं और कानून विशेषज्ञों ने अध्ययन किया था और उसमें कई कमियाँ पायी थीं। हमने बिल के मसौदे पर कई चर्चाएँ और संगोष्ठियाँ आयोजित की थीं और मसौदे में कई ऐसे संशोधन सुझाये थे, जिनसे वह उन उद्देश्यों को प्राप्त करने में सफल हो सके जिनके लिए उसे बनाया गया था।

तत्कालीन गृह मंत्री शिवराज पाटिल ने भी इस विधेयक पर कई शहरों में विचार-विमर्श किया था और यह आश्वासन भी दिया था कि गैर सरकारी संगठनों व अन्यों द्वारा विधेयक में संशोधन के लिए दिये गये सुझावों पर विचार किया जावेगा। परन्तु इस विधेयक का अन्तिम मसौदा तैयार करते समय उन सुझावों को कोई महत्व नहीं दिया गया।

विधेयक का वर्तमान मसौदा, जिसे संसद की स्थाई समिति व कैबिनेट ने स्वीकृति दे दी है, मूल प्रारूप से जरा भी बेहतर नहीं है। सरकार की असली मंशा क्या है, यह हमारी समझ से परे है। हमें तो ऐसा लगता है कि इलाज, रोग से बदतर बन पड़ा है।

वर्तमान विधेयक पुलिस को और अधिक शक्तियाँ देता है। जहाँ तक साम्प्रदायिक हिंसा का सवाल है, पुलिस, समस्या अधिक है समाधान कम। अगर हमारे देश की पुलिस निष्पक्ष होती तो शायद ही कोई साम्प्रदायिक दंगा 24 घंटे से अधिक अवधि तक

चल पाता। जो सरकारें दंगे सचमुच रोकना चाहती हैं उन्हें पुलिस के शीर्ष नेतृत्व से इतना भर कहना होता है कि अगर 24 घंटे में दंगे बन्द नहीं हुए तो उनके खिलाफ सख्त कार्यवाही की जावेगी। और दंगे रुक जाते हैं।

जिन लोगों ने भी साम्प्रदायिक दंगों का अध्ययन या जाँच की है, वे यह अच्छी तरह से जानते हैं कि दंगों के दौरान पुलिस की क्या भूमिका रहती है। या तो वह मूक दर्शक बनी रहती है या दंगों में भाग लेती है। गुजरात व कंधमाल दो ऐसे हालिया उदाहरण हैं जब यदि पुलिस चाहती तो पलक झपकते ही हिंसा बन्द हो सकती थी। सभी बड़े दंगों में पुलिस की भूमिका पक्षपातपूर्ण रही है। कई मामलों में तो पुलिस ने दंगाइयों का नेतृत्व किया है। अगर पुलिस को और ताकतवर बनाया गया- जैसा कि वर्तमान विधेयक करने जा रहा है— तो इसके नतीजे भयावह होंगे। असल में पुलिस नहीं वरन् दंगा पीड़ितों को और शक्तियाँ दिये जाने की जरूरत है।

नई दिल्ली में अनहद, सीएसएसएस और कई अन्य संगठनों के संयुक्त तत्वाधान में 12-13 फरवरी 2010 को इस विधेयक पर आयोजित वृहत विमर्श में विधेयक के वर्तमान प्रारूप को सिरे से खारिज कर दिया गया।

इस विधेयक में प्रावधान है कि अगर किसी क्षेत्र में दंगे नियंत्रित नहीं होते तो उस क्षेत्र को 'अशांत क्षेत्र' घोषित किया जा सकेगा। यह तो पुलिस को अधिक शक्तियां देने से भी खराब है। यह तो पुलिस को असीमित शक्तियां देना है। कर्यू के दौरान भी कर्यू को अल्पसंख्यक-बहुल क्षेत्रों में अधिक कड़ाई से लागू किया जाता है जबकि बहुसंख्यक मोहल्लों में यह नाममात्र के लिए लागू किया जाता है। उत्तर प्रदेश के एक शीर्ष पूर्व पुलिस अधिकारी विभूति नारायण सिंह का उपन्यास 'शहर में कर्फ्यू' और उनकी अन्य रचनाएँ इस स्थिति को अत्यन्त सारगर्भित तरीके से सामने लातीं हैं।

किसी क्षेत्र को उपद्रवग्रस्त या अशान्त क्षेत्र घोषित करने के बाद, पुलिस को उस क्षेत्र में किसी भी व्यक्ति को गोली मारने का अधिकार होगा। कश्मीर और उत्तर-पूर्व के राज्यों में उपद्रवग्रस्त क्षेत्र अधिनियम को रद्द करने की माँग समय-समय पर उठती रही है। किसी क्षेत्र को अशान्त घोषित करने से हिंसा पीड़ितों को कोई राहत तो मिलती नहीं है उलटे वे स्वयं को असहाय अनुभव करने लगते हैं। जिन भी लोगों को मानवाधिकारों की रक्षा की तनिक भी चिन्ता है वे पुलिस को और अधिक अधिकार देने का समर्थन तब तक नहीं कर सकते जब तक कि पुलिस को उसकी कार्यवाहियों के लिए जिम्मेदार न बनाया जाए।

अन्य कई कानूनों की तरह, इस प्रस्तावित कानून में भी प्रशासन, पुलिस या राजनेताओं को दंगों पर नियंत्रण करने में असफलता के लिए, जिम्मेदार ठहराने का कोई प्रावधान नहीं है। मानवाधिकार कार्यकर्ता लगातार यह कहते रहे हैं कि वर्तमान कानूनों को ही यदि ईमानदारी और निष्पक्षता से लागू किया जावे तो वे किसी भी स्थिति को नियंत्रित करने के लिए पर्याप्त हैं। किसी नये कानून की जरूरत ही नहीं है। हमें यह नहीं

भूलना चाहिए कि पश्चिम बंगाल की वाम मोर्चा सरकार और बिहार की आर.जे.डी. सरकार ने वर्तमान कानूनों के बल पर ही पश्चिम बंगाल और बिहार में क्रमशः तीस साल और पन्द्रह साल तक साम्प्रदायिक हिंसा नहीं होने दी।

अगर राज्य सरकारें मात्र इतना करें कि घृणा फैलाने वाले भाषण देने वाले नेताओं के विरुद्ध भारतीय दंड संहिता की धारा 153-ए के अन्तर्गत त्वरित कार्यवाही कर ऐसे तत्वों को सींखचों के पीछे डाल दें तो इस एक कदम से ही साम्प्रदायिक हिंसा रुक जावेगी। कोई राजनेता तीन साल के लिए जेल जाना नहीं चाहेगा। मेरा अनुभव यह है कि सन् 1961 के जबलपुर दंगों से लेकर 2008 के कंधमाल दंगों तक, एक भी राजनीतिज्ञ को साम्प्रदायिक घृणा फैलाने के लिए गिरफ्तार नहीं किया गया।

इसके अलावा, दंगा पीड़ितों की राहत व पुनर्वास व उन्हें मुआवजा देने के बारे में कोई मानक या नियम नहीं है। सब कुछ मुख्यमंत्रियों की मर्जी पर निर्भर करता है। नरेन्द्र मोदी सरकार ने पूरी तरह से और आंशिक रूप से क्षतिग्रस्त मकानों के लिए क्रमशः रु. 500 व रु. 300 के हास्यास्पद मुआवजे की घोषणा की थी और सभी अनुरोधों को दरकिनार करते हुए, राहत शिविरों को बहुत जल्दी बन्द कर दिया था। तब तक, पीड़ितों के स्थाई पुनर्वास का कोई प्रबंध नहीं हो सका था। बाद में कुछ निजी संस्थाओं ने आगे आकर राहत शिविरों को चलाने की जिम्मेदारी ली।

वर्तमान विधेयक में यह सुनिश्चित करने के लिए कोई प्रावधान नहीं है कि दंगों के दौरान हुई हिंसा की ठीक से जाँच हो, एफ.आई.आर. दर्ज की जावें और दोषियों के खिलाफ मुकदमें चलें और उन्हें सजा मिले। यह शिकायत आम है कि पुलिस या तो एफ.आई.आर. दर्ज ही नहीं करती या उसमें असली दोषियों को आरोपी नहीं बनाती। जाँच प्रक्रिया इतनी ढीली ढाली होती है और इतने कमजोर मुकदमें दायर किये जाते हैं कि अदालतों के पास आरोपियों को बरी करने के अलावा कोई रास्ता नहीं बचता।

अधिकांश मामले पुलिस इस बहाने से बन्द कर देती है कि आरोपियों के खिलाफ पर्याप्त सुबूत नहीं हैं। गुजरात पुलिस ने इसी आधार पर सैकड़ों मामले बन्द कर दिये थे जिन्हें बाद में सुप्रीम कोर्ट के आदेश पर फिर से खोला गया। यद्यपि इस नए कानून का घोषित उद्देश्य दंगा पीड़ितों की मदद करना है तथापि उसमें दंगों के दोषियों को सजा दिलवाने के लिए कोई प्रावधान नहीं है। स्पष्टतः संसद में प्रस्तुत किये जाने के पूर्व, इस विधेयक में आमूल-चूल परिवर्तन की आवश्यकता है। अगर सरकार ये परिवर्तन स्वयं नहीं करती तो संसद सदस्यों को चाहिए कि वे बिल का सावधानीपूर्वक गहन अध्ययन करें और सरकार को बिल में जरूरी संशोधन करने पर मजबूर करें। बिल पर दिल्ली में आयोजित विमर्श में भाग लेने वालों ने यह महसूस किया कि सरकार द्वारा प्रस्तावित सभी 59 संशोधन अत्यन्त सतही हैं।

विमर्श के प्रतिभागियों की स्पष्ट राय थी कि प्रस्तावित संशोधनों से बिल के मूल ढाँचे में कोई परिवर्तन नहीं आएगा। और यह भी कि सरकार ने उसे मिले सुझावों में से

एक को भी संशोधनों में शामिल नहीं किया है।

विमर्श के प्रतिभागियों को तो बिल में दी गयी 'साम्प्रदायिक हिंसा' की परिभाषा भी अपूर्ण व गलत लगी। विमर्श ने यह सिफारिश की कि साम्प्रदायिक हिंसा की परिभाषा यह होनी चाहिए : ''किसी व्यक्ति या व्यक्तियों के समूह और उनकी संपत्ति पर, उनकी धार्मिक पहचान के आधार पर, निशाना बनाकर किया गया हमला, जिसकी प्रकृति के बारे में निष्कर्ष, प्रत्यक्ष रूप से अथवा हमले की परिस्थितियों के आधार पर निकाला जा सके''।

विमर्श ने किसी इलाके को 'साम्प्रदायिक गड़बड़ी वाला क्षेत्र' घोषित करने सम्बन्धी प्रावधान पर गम्भीर प्रश्न चिन्ह लगाए। विमर्श में माँग की गयी कि उक्त प्रावधान से सम्बन्धित विधेयक का दूसरा अध्याय पूरी तरह से हटा दिया जाना चाहिए क्योकि वर्तमान कानूनों के अन्तर्गत ही केन्द्र व राज्य सरकारों को इतने व्यापक अधिकार प्राप्त हैं कि उन्हें और शक्तिसंपन्न बनाने से कोई लाभ नहीं होगा। विमर्श इस नतीजे पर पहुँचा कि अपराधों और गड़बड़ी वाले क्षेत्र के बीच कोई सम्बन्ध होने की बात गलत, खतरनाक और अस्वीकार्य है और उसके लिए इस कानून में कोई जगह नहीं हो सकती।

विमर्श में आम राय थी कि विभिन्न अपराधों के लिए सज़ा की अवधि को दो गुना करने के प्रावधान का न्यायालय कम ही इस्तेमाल करेंगे और इसकी जगह अन्य प्रकार की सज़ाओं का प्रावधान किया जाना चाहिए। इनमें चुनाव लड़ने व किसी सार्वजनिक पद पर नियुक्ति पर प्रतिबन्ध शामिल हो सकता है। इस तरह की सज़ाओं के प्रावधान से उन लोगों पर वांछित प्रभाव पड़ेगा जो सार्वजनिक पदों पर आसीन रहते हुए साम्प्रदायिक हिंसा रोकने के अपने कर्तव्य का पालन नहीं करते हैं।

इस तरह की सज़ा के प्रभावी होने का एक अच्छा उदाहरण है सन् 1990 के दशक के अन्त में मुम्बई हाई कोर्ट के न्यायमूर्ति सुरेश द्वारा दिया गया एक निर्णय। हाई कोर्ट ने शिवसेना नेता बाल ठाकरे को विले पार्ले क्षेत्र के शिवसेना उम्मीदवार को जिताने के लिए उत्तेजक भाषण देने का दोषी पाया था और उन्हें छह साल तक चुनाव लड़ने, वोट देने व अपनी पार्टी का प्रचार करने के अधिकार से वंचित कर दिया था।

इस निर्णय का ठाकरे पर असर पड़ा और इसमें कोई सन्देह नहीं कि अगर राजनेताओं को इस तरह की सज़ाए दी जावेंगी तो वे साम्प्रदायिक हिंसा भड़काकर चुनाव जीतने की कोशिश नहीं करेंगे। अधिकांश राजनेता विचारधारात्मक कारणों से साम्प्रदायिक हिंसा नहीं भड़काते। वे तो हिंसा इसलिए भड़काते हैं ताकि मतदाताओं का ध्रुवीकरण कर चुनाव जीत सकें।

यहाँ हमारे देश में चुनाव सुधारों की आवश्यकता को एक बार फिर रेखांकित करना प्रासंगिक होगा। भारत जैसे धार्मिक, भाषाई व सांस्कृतिक विविधताओं वाले देश के लिए वर्तमान चुनाव पद्धति, जिसे हमने इंग्लैंड की नकल में अपना लिया है, कतई उपयुक्त नहीं है। वर्तमान में जिस भी उम्मीदवार को सबसे अधिक मत मिलते हैं वह

विजयी घोषित कर दिया जाता है, फिर चाहे उसे कुल मतदाताओं के मात्र दस या पन्द्रह प्रतिशत का सर्मथन ही क्यों न मिला हो। इसके स्थान पर हमें या तो समानुपातिक प्रणाली अपनानी चाहिए या यह प्रावधान किया जाना चाहिए कि विजय के लिए किसी उम्मीदवार को कम से कम 51 प्रतिशत मत प्राप्त करने होंगे। इससे राजनेताओं के लिए किसी वर्ग विशेष को अलग या नज़रअंदाज करके चुनाव जीतना मुश्किल हो जाएगा।

इस विधेयक में व्यापक संशोधन किये बगैर यह दंगा पीड़ितों को राहत देने के अपने उद्देश्य में सफल नहीं होगा।

उदारवादी विचार और राज्य की जिम्मेदारी

कर्नाटक के शिमोगा और हासन जिलों में सड़कों पर हिंसा का तांडव मचाते समूहों ने एक बार फिर, अभिव्यक्ति की स्वतंत्रता और उसकी सीमाएँ तय करने की आवश्यकता के दोनों महत्वपूर्ण मुद्दों पर राष्ट्रीय बहस छेड़ दी है। ये हिंसक समूह 'कन्नड़ प्रभा' में प्रकाशित एक लेख का विरोध कर रहे हैं। इस लेख की कथित लेखिका सुश्री तस्लीमा नसरीन हैं।

तस्लीमा ने यह कहा है कि 'पर्दा है, पर्दा' शीर्षक से प्रकाशित लेख, उनके विचारों को तोड़-मरोड़कर प्रस्तुत करता है। उन्होंने यह भी साफ किया है कि उन्होंने 'कन्नड़ प्रभा' के लिए कोई लेख नहीं लिखा है।

कन्नड़ प्रभा में प्रकाशित लेख में कहा गया है कि पैगम्बर मोहम्मद, पर्दे के खिलाफ थे और उन्होंने महिलाओं से आह्वान किया था कि वे अपने बुर्कों को जला दें। अगर यह लेख तस्लीमा नसरीन द्वारा भी लिखा गया है तो भी इसमें ऐसा कुछ नहीं है जो सड़कों पर हिंसा का औचित्य सिद्ध हो। अगर तस्लीमा का यह निष्कर्ष गलत है कि पैगम्बर साहब बुर्के के विरोधी थे तो जरूरत इस बात की है कि उनके इस निष्कर्ष के गलत होने के प्रमाण, जनता के समक्ष प्रस्तुत किये जावें। इससे न केवल लेखिका के गलत निष्कर्षों को सही करने में मदद मिलेगी बल्कि इससे पाठकों को भी यह समझ में आवेगा कि वे तस्लीमा के कथनों और विचारों को कितना महत्व दें।

इस मुद्दे को लेकर कई टिप्पणीकारों ने न केवल अभिव्यक्ति की आजादी के प्रश्न को उठाया है बल्कि धर्मनिरपेक्षतावादियों पर यह आरोप भी जड़ दिया है कि वे मुसलमानों का पक्ष लेते हैं। जिस समय एम. एफ. हुसैन पर हमले हो रहे थे और उनकी पेंटिग्स आग के हवाले की जा रही थीं, तब धर्मनिरपेक्षतावादी इसे अभिव्यक्ति की आजादी पर हमला बता रहे थे परन्तु जब सलमान रूशदी या तस्लीमा नसरीन पर हमले होते हैं या उनकी किताबों पर प्रतिबन्ध लगाने की माँग उठती है तब ये धर्मनिरपेक्षतावादी चुप्पी साध लेते हैं। यह आरोप केवल कुछ हद तक सही है क्योंकि धर्मनिरपेक्षतावादियों की भी कई श्रेणियाँ और प्रकार हैं। इसमें कोई सन्देह नहीं कि जब रूशदी या नसरीन पर हमले होते हैं या उनके कृत्तिवों की निन्दा की जाती है, तब धर्मनिरपेक्षतावादी ऊँचे स्वर

में इसका विरोध नहीं करते। वे तब भी मूक दर्शक बने रहते हैं जब प्रश्न पैगम्बर मोहम्मद के प्रति अपमानजनक कार्टून बनाने वाले डच कार्टूनिस्ट की अभिव्यक्ति की स्वतंत्रता का होता है। इसके विपरीत, जब हुसैन की पेंटिंग्स पर शिवसेना, बजरंग दल या विहिप हल्ला बोलते हैं तब धर्मनिरपेक्षतावादी उनके विरोध में मैदान में उतर आते हैं।

कुछ धर्मनिरपेक्षतावादियों की यह मान्यता है कि अल्पसंख्यकों की कट्टरवादिता अभिव्यक्ति की स्वतंत्रता, प्रजातंत्र व प्रजातांत्रिक अधिकारों के लिए खतरा नहीं है। अल्पसंख्यक कट्टरपंथी ज्यादा से ज्यादा कुछ परेशानियाँ खड़ी कर सकते हैं और देश के प्रजातांत्रिक ढाँचे को थोड़ा-बहुत नुकसान पहुँचा सकते हैं परन्तु बहुसंख्यकों का कट्टरवाद इस देश में प्रजातंत्र को खत्म कर सकता है। हम इस मान्यता से सहमत नहीं हैं। अल्पसंख्यकों का कट्टरवाद, अक्सर, बहुसंख्यकों के कट्टरवाद को हवा देता है। कट्टरवादियों की यह प्रतियोगिता व्यक्तिगत आजादी एवं प्रजातंत्र के लिए खतरा बन सकती है।

हमें सबसे पहले एक कलाकार की स्वतंत्रता और एक राजनीतिज्ञ की स्वतंत्रता के बीच अन्तर करना होगा। कुछ राजनेता अपने समुदाय के लिए अधिक अधिकार और सुविधाएं जुटाने के लिए राजनीति करते हैं। दूसरे राजनेता साम्प्रदायिकता के आधार पर अधिक अधिकार और विशेषाधिकार माँगते हैं। कलाकारों और राजनीतिज्ञों के अधिकारों को एक पलड़े पर नहीं तौला जा सकता। दोनों के उद्देश्य अलग-अलग होते हैं। कलाकार अपने चित्रों, मूर्तियों, लेखों, कहानियों और कविताओं के जरिए अपने विचारों को अभिव्यक्त करते हैं। तस्लीमा नसरीन और सलमान रूशदी जो कुछ भी लिखते हैं, उससे कोई सहमत हो या असमहत परन्तु देश के हर प्रजातांत्रिक मिजाज़ वाले नागरिक को उनकी अभिव्यक्ति की स्वतंत्रता का समर्थन करना चाहिए। व्यक्तिगत आजादी, प्रजातंत्र के मूलभूत मूल्यों में से एक है और समाज की प्रगति के लिए अति आवश्यक है। मध्यकाल के उन अनेक वैज्ञानिकों व दार्शनिकों के, जिन्हें उनके विचारों के लिए अत्याचार सहने पड़ें और यहाँ तक कि अपनी जानें भी गवांना पड़ीं, समाज की प्रगति में योगदान को कम करके नहीं आँका जा सकता। गैलिलियो, सुकरात, सर सैय्यद, राजा राममोहन राय और कई अन्य दार्शनिक और वैज्ञानिक ऐसे लोगों में शामिल थे। हम चाहे उनसे कितने ही असहमत हों परन्तु हमें तस्लीमाओं, रूशदियों और एम. एफ. हुसैनों की जरूरत है। आज के समाज के लिए उनके विचार अस्वीकार्य हो सकते हैं परन्तु आने वाली पीढ़ियाँ शायद उन्हें और उनके कृत्तिव को किसी दूसरी निगाह से देखें। अगर आज हम इनकी अभिव्यक्ति की स्वतंत्रता की रक्षा नहीं करेंगे तो आने वाली पीढ़ियों के सामने चुनने के लिए कुछ रहेगा ही नहीं। रचनात्मक कलाकारों, चिन्तकों, दार्शनिकों, शिक्षाविद्ों और इतिहासकारों का काम अपने-अपने क्षेत्रों में अध्ययन करना और अपने निष्कर्षों और विचारों को अभिव्यक्त करना है। सम्भव है

कि उनके विचार किसी एक पक्ष में झुके हों। यह भी हो सकता है कि उनके विचार समाज के एक हिस्से या पूरे समाज को ही अस्वीकार्य हों। जिस तरह उन्हें बिना किसी डर और धमकी के स्वयं को अभिव्यक्त करने का अधिकार है उसी तरह उनके पाठकों और दर्शकों को उनके रचनात्मक कृत्तिवों का आनन्द लेने का अधिकार है। भारत ऐसा एकमात्र देश नहीं है जहाँ कलाकारों, शिक्षाविदों और विचारकों की स्वतंत्रता पर रोक लगायी जाती है। फ्राँस के वे फैशन डिजाइनर, जो बुर्कों की नयी-नयी डिजाइनें तैयार करते हैं, उनकी अभिव्यक्ति की आजादी इसलिए सीमित हो गयी है क्योंकि फ्राँस में सार्वजनिक स्थानों पर बुर्का पहनने पर पाबन्दी है। वहां के वे वास्तुविद, जो मस्जिदों और मीनार वाले भवनों की डिजाइनें तैयार करते हैं, उनकी अभिव्यक्ति की स्वतंत्रता पर भी प्रतिबंध लग गये हैं क्योंकि एक राष्ट्रीय जनमत संग्रह में देश की जनता ने यह कहा है कि फ्रांस में भविष्य में कोई नयी मीनार नहीं बननी चाहिए।

परन्तु हमें कलाकारों की अभिव्यक्ति की आजादी और उनकी जाति, धर्म, भाषा या नस्ल के आधार पर दो समुदायों के बीच बैरभाव या शत्रुता पैदा करने की आजादी के बीच भी अन्तर करना होगा। मैं उन कार्टूनिस्टों की अभिव्यक्ति की आजादी का पुरजोर समर्थन करता हूँ जिन्होंने डच अखबार जलेन्डस पोस्टेम में प्रकाशित कार्टूनों की शृंखला बनायी। इसके साथ ही यह तर्क मूखर्तापूर्ण है कि जलेन्डस पोस्टेम को इन कार्टूनों को प्रकाशित करने का अधिकार था। जलेन्डस पोस्टेम ने इस्लाम के पैगम्बर के बारे में उसे कार्टून भेजने के लिए खुला निमंत्रण जारी किया था, फिर भले ही वे कार्टून पैगम्बर का अपमान करते हों। जब इस अखबार ने कार्टूनिस्टों को इनाम के लिए ऐसे कार्टून बनाने का निमंत्रण दिया तब वह निश्चित रूप से अभिव्यक्ति की आजादी का दुरुपयोग कर रहा था। स्पष्टतः अखबार का उद्देश्य मुसलमानों की भावनाओं को चोट पहुँचाना और उनको भड़काना था। ऐसा भी नहीं था कि जलेन्डस पोस्टेम केवल पहले से बने कार्टूनों को प्रकाशित कर रहा था। उसने तो कार्टूनिस्टों का आह्वान किया था कि वे पुरस्कार जीतने के लिए उत्तेजक कार्टून बनायें। इस तरह, जलेन्डस पोस्टेम ने एक धर्म पर निशाना साध रहे घृणा फैलाने वाले तत्वों को मंच प्रदान किया। अगर जलेन्डस पोस्टेम उन सभी कार्टूनों को अपने अखबार में स्थान देता जो दुनिया में जो कुछ भी पवित्र माना जाता है, उसके खिलाफ होते, तो भी बात अलग होती। अगर दुनिया भर के मुसलमानों ने कार्टूनों की इस शृंखला के प्रकाशन के खिलाफ प्रदर्शन किये तो यह प्रतिक्रिया डच अखबार की अपेक्षानुरूप ही रही होगी। इस अखबार के द्वारा अभिव्यक्ति की आजादी के इस दुरुपयोग का बचाव करना स्वतंत्रता के अर्थ को विकृत करना है। परन्तु इसके साथ-साथ, कार्टूनों के प्रकाशन पर हुई कुछ प्रतिक्रियाओं की कड़े से कड़े शब्दों में निन्दा की जानी चाहिए। इनमें कार्टूनिस्ट और अखबार के सम्पादक की हत्या करने का आह्वान शामिल है। किसी भी उद्देश्य की प्राप्ति के लिए, चाहे वह कितना ही

पवित्र और न्यायपूर्ण हो, हिंसा और गुंडागर्दी को सही नहीं ठहराया जा सकता।

मीडिया में कर्नाटक में मचे बवाल से सम्बन्धित खबरों में कहीं यह नहीं बताया गया है कि शिमोगा और हासन में हिंसा फैला रहे समूहों का नेतृत्व किसके हाथों में है। यह दिलचस्प है कि मुस्लिम गुंडे केवल शिमोगा और हासन में सक्रिय हैं, अन्य स्थानों में नहीं। क्या कर्नाटक के अन्य शहरों और जिलों में कन्नड़ भाषी मुसलमान नहीं रहते? जिन व्यक्तियों या संगठनों ने शिमोगा और हासन में हिंसा भड़कायी, उन्होंने सम्बन्धित लेख और उसके कन्नड़ अनुवाद के सही होने का पता लगाने की कोशिश तक नहीं की। उनका उद्देश्य केवल हिंसा फैलाकर राजनैतिक लाभ उठाना था। अपने प्रतिद्वन्द्वी के सड़क पर उतरने से पहले खुद सड़क पर उतर जाने में शायद उन्हें कुछ फायदा नजर आया होगा। जो संगठन भावनात्मक और धार्मिक या सांस्कृतिक मुद्दों पर लोगों को भड़काना चाहते हैं, उनका धर्म से कोई लेना-देना नहीं होता। उनका उद्देश्य केवल अपने समुदाय और राजनैतिक दलों को अपनी ताकत दिखाना होता है ताकि सत्ता में हिस्सेदारी का उनका दावा मजबूत हो सके

उच्चतम न्यायालय के शाहबानो मामले में निर्णय के बाद जिन लोगों ने यह माँग की थी कि एक नया कानून बनाकर तलाकशुदा मुस्लिम महिलाओं को दिये जाने वाले गुजारा भत्ता की अवधि इद्दत के चार महीनों तक सीमित किया जाए, उन्होंने ही बाद में इस बात पर ध्यान नहीं दिया कि जो कानून बना, उसमें तलाकशुदा मुस्लिम महिलाओं को केवल चार महीने तक नहीं बल्कि चार महीने के भीतर उचित और न्यायपूर्ण गुजारा भत्ता दिये जाने का प्रावधान किया गया था। इस मुद्दे पर जम कर राजनीति करने और बवाल मचाने के बाद वे तत्व, जो शाहबानो निर्णय का विरोध कर रहे थे, ये भूल गये कि उन्होंने चिल्ला-चिल्लाकर कहा था कि यदि पुरुषों को इद्दत के चार महीनों के बाद भी अपनी तलाकशुदा पत्नियों को गुजारा भत्ता देने पर मजबूर किया गया तो इससे इस्लाम खतरे में आ जाएगा। आज जो लोग तस्लीमा नसरीन और सलमान रूशदी पर हमले कर रहे हैं उनमें से कितनों को इस्लाम की फिक्र है और कितने शुद्ध राजनीति कर रहे हैं, यह अन्दाजा लगाना मुश्किल है।

मीडिया इस तरह के समाज को बाँटने वाले मुद्दों को अनावश्यक महत्व देता है और यही कारण है कि शिवसेना सहित इस तरह के दलों और संगठनों को जरूरत से कहीं ज्यादा प्रचार मिलता है। शिवसेना, बजरंग दल, विहिप, अभिनव भारत, रणबीर सेना, एबीवीपी, श्रीराम सेने और विभिन्न जाति पंचायतों और सेनाओं के बारे में व्यापक सामाजिक सोच यह है कि ये संस्थाएँ बहुसंख्यक समुदाय के एक बहुत छोटे से कट्टरपंथी हिस्से का प्रतिनिधित्व करती हैं। इसके विपरीत, ऐसा ही व्यवहार करने वाली मुस्लिम संस्थाओं को पूरे समुदाय का प्रतिनिधि मान लिया जाता है और फिर मुसलमानों की ओर उंगली उठा कर उनसे यह पूछा जाता है कि "तुम्हारे समाज के उदार और

समझदार लोग कहाँ हैं ?'' और कभी-कभी तो यह भी कि ''क्या मुसलमानों में कोई समझदार व उदारवादी व्यक्ति है भी ?''

हिन्दुओं का कट्टरपंथी तबका, मुसलमानों के ऐसे तबके की तुलना में अपने उद्देश्यों में कहीं ज्यादा सफल है। बालीवुड के फिल्म निर्माताओं का बाल ठाकरे के दरबार में हाजिरी देना इतना आम है कि उसकी चर्चा तक नहीं होती। इसका एक महत्वपूर्ण अपवाद था हाल में शाहरूख खान का आईपीएल टीमों में पाकिस्तानी खिलाड़ियों को शामिल करने के सम्बन्धी उनके वक्तव्य को वापिस लेने या उसके लिए माफी माँगने से इन्कार। गुजरात में 'फना' और 'परजानिया' फिल्में प्रदर्शित नहीं हो सकीं। बजरंग दल, विहिप और दूसरी सेनाएँ अक्सर संविधानेत्तर संगठनों की तरह नैतिकता के अपने मानदंडों के अनुसार सेंसरशिप लगाती रही हैं। उनके अपने पवित्र नायक हैं जैसे शिवाजी और राणा प्रताप। उनके नायकों के सम्बन्ध में किसी गम्भीर अनुसंधान की वे इजाजत नहीं देते। और उन्हें अक्सर राज्यतंत्र को झुकाने और अपने एजेंडे को लागू करने में सफलता मिलती है।

मुसलमानों में जो उदारवादी हैं उन्हें कभी मीडिया में उतना स्थान नहीं मिलता जितना कि मुसलमानों के विघटनकारी और साम्प्रदायिक तत्वों को मिलता है। मौलाना वहीदउद्दीन खान, सुल्तान शाहीन, जावेद अख्तर, जावेद आनन्द और 'सियासत' व 'शहाफत' जैसे बड़ी प्रसार संख्या वाले उर्दू अखबारों के सम्पादक ऐसे कुछ उदाहरण हैं, जिन्हें मुसलमानों की उदारवादी आवाज कहा जा सकता है। बालीवुड के कुछ सितारों और कुछ खिलाड़ियों को भी हम इस सूची में शामिल कर सकते हैं।

मुसलमानों की उदारवादी आवाज को सुनने के लिए हमें मुख्यधारा के मीडिया से अलग हटकर उन बैठकों में भाग लेना होगा और उन प्रकाशनों को पढ़ना होगा जिनमें उदारवादी मुसलमान अपने विचार प्रकट करते हैं। इसमें कोई सन्देह नहीं कि साम्प्रदायिक संगठनों की बढ़ती ताकत और बढ़ती साम्प्रदायिक हिंसा ने उदारवादी मुसलमानों की कठिनाइयाँ बढ़ायी हैं।

दोनों समुदायों के उदारवादी तबके के हाथ मजबूत करने की जिम्मेदारी काफी हद तक राज्य की है। राज्य को चाहिए कि वह ऐसा भय रहित वातावरण बनाये जिसमें सभी समुदायों के उदार सोच वाले व्यक्तियों को अपने विचार और तर्क आम लोगों तक पहुँचाने का मौका मिल सके

महिला आरक्षण बिल और पिछड़ों-अल्पसंख्यकों की राजनीति

महिलाओं के चौदह साल लम्बे संघर्ष के बाद राज्यसभा ने संविधान संशोधन के लिए जरूरी दो-तिहाई बहुमत से महिला आरक्षण विधेयक को अपनी स्वीकृति दे दी। पिछड़ों की राजनीति के सिपहसालारों ने विधेयक को पारित न होने देने की बहुतेरी कोशिश की परन्तु वे सफल नहीं हुए। उनके इस तर्क में कोई दम नहीं है कि इस विधेयक का लाभ केवल उच्च जातियों की हिन्दू महिलाएँ उठाएँगी और पिछड़े व अल्पसंख्यक वर्गों की महिलाओं को इससे कोई फायदा नहीं होगा। यह तर्क सतही है। हमें सच को उसकी पूरी जटिलताओं के साथ समझना होगा।

दलितों और पिछड़े वर्गों को पहले ही आरक्षण दिया जा चुका है और यह व्यवस्था पूर्णतः न्यायोचित है परन्तु आरक्षण के भीतर आरक्षण, उन्हें आरक्षण पर और अधिक निर्भर बना देगा। जब पिछड़े वर्गों के अल्पशिक्षित पुरुष चुनाव लड़ सकते हैं तो इन्हीं वर्गों की अल्पशिक्षित या अशिक्षित महिलाएँ विधानसभाओं या लोकसभा में क्यों नहीं जा सकतीं? वैसे भी, यह मानना गलत है कि पिछड़े वर्गों की सभी महिलाएँ अशिक्षित हैं और उच्च जातियों की सभी महिलाएँ, उच्च शिक्षा प्राप्त हैं। उच्च जातियों में भी बड़ी संख्या में अशिक्षित और अल्पशिक्षित महिलाएं हैं।

हमारे देश में महिला शिक्षा का बहुत तेजी से प्रसार हो रहा है और पिछड़े वर्ग तो छोडिए, दलित महिलाएँ भी अपनी माँओं से कहीं अधिक शिक्षित हैं।

कटु सत्य यह है कि पिछड़े वर्गों के पुरुष नहीं चाहते कि उनकी महिलाएँ संसद और राज्य विधानमंडलों में पहुँचें। वे सत्ता में अपनी हिस्सेदारी नहीं खोना चाहते। अगर महिलाएं सांसद और विधायक बनेंगी तो वे अपने अधिकारों के प्रति अधिक जागरुक होगीं, ऊँचे स्वर में बात करेंगी और पारिवारिक व सामाजिक मसलों में उनकी राय का महत्व बढ़ जावेगा। यह सम्भावना पुरुषों के अहं को चोट पहुँचा रही है।

अगर पिछड़े वर्गों के आलमबरदार अपनी महिलाओं को आरक्षण दिलवाने के इतने ही इच्छुक हैं तो वे अपनी पार्टी के टिकिट बाँटते समय यह क्यों सुनिश्चित नहीं करते कि कम से कम एक-तिहाई उम्मीदवार महिलाएँ हों? वे कोटे के अन्दर कोटा

क्यों चाहते हैं? वे ऐसा इसलिए चाहते हैं ताकि संसद और विधानसभाओं में उनका प्रतिनिधित्व कम न हो। फिर, कौन यह गारंटी दे सकता है कि कोटे के अन्दर कोटे का लाभ भी केवल पिछड़े वर्गों की 'क्रीमी लेयर' नहीं उठाएगी? अब तक का यह अनुभव रहा है कि आरक्षण का लाभ, दलितों और पिछड़े वर्गों के अपेक्षाकृत अधिक पढ़े-लिखे और समृद्ध वर्ग ने ही उठाया है। पिछड़े वर्गों और दलितों की बहुत बड़ी आबादी आज भी अशिक्षा और गरीबी के अँधेरे में जीने को मजबूर है।

पिछड़े वर्गों के सिपहसालार, दरअसल, इस तथ्य का लाभ उठा रहे हैं कि संसद में उनके सदस्यों की अच्छी-खासी संख्या है। उनके सहयोग के बिना वित्त विधेयक पास कराना सम्भव नहीं है। यही कारण है कि सरकार को मजबूर होकर अपनी रणनीति बदलनी पड़ी और लोकसभा में विधेयक को पेश नहीं किया गया। सम्भवतः, वित्त विधेयक को इन दलों के सहयोग से पास करवाने के बाद, मई महीने में, सरकार महिला आरक्षण बिल को लोकसभा में लाये।

मई में भी पिछड़े वर्गों के नेता लोकसभा में इस बिल की राह में अड़ँगे लगा सकते हैं। मुलायम सिंह यादव पहले ही महिलाओं के लिए 33 की बजाय 20 प्रतिशत आरक्षण दिये जाने के 'समझौता फार्मूले' की बात कह चुके हैं। और शायद बिल को लोकसभा में पास कराने की खातिर, सरकार यह समझौता कर भी ले। यदि ऐसा हुआ तो यह निश्चित रूप से महिलाओं के साथ अन्याय होगा परन्तु वोट की राजनीति में न्याय-अन्याय का शायद कोई महत्व नहीं है।

अगर सरकार को समझौता ही करना था तो उसने चौदह साल तक इन्तजार क्यों किया? संशोधित स्वरूप में तो यह बिल चौदह वर्ष पहले ही पास हो सकता था।

मुझे आशा है कि सरकार दबाव में नहीं आएगी और महिलाओं के आरक्षण में कमी नहीं करेगी। यह अन्याय होगा।

हमें यह नहीं भूलना चाहिए कि पिछड़े वर्ग के जो नेता अपने वर्ग की महिलाओं के सबसे बड़े हितचिन्तक होने का नाटक कर रहे हैं, उन्होंने ही अपनी पत्नियों को मुख्यमंत्री बनाने में जरा भी संकोच नहीं किया। लालू प्रसाद यादव ने अपनी पत्नी राबड़ी देवी को बिहार जैसे बड़े राज्य का मुख्यमंत्री बनाया जबकि राबड़ी देवी को न तो राजनीति और न ही प्रशासन का कोई अनुभव था। इसी तरह, पिछड़े वर्ग की उमा भारती को मध्यप्रदेश का मुख्यमंत्री बनाया गया जबकि उनकी प्रसिद्धि मुख्यतः आन्दोलनकर्ता व भावनाएँ भड़काने वाली वक्ता के रूप में थी।

अपनी स्थिति को मजबूत करने के लिए मुलायम सिंह यादव और लालू प्रसाद यह माँग भी कर रहे हैं कि मुस्लिम महिलाओं को भी कोटे के अन्दर कोटा दिया जाना चाहिए। उनके इरादे नेक लगते यदि उन्होंने मुस्लिम महिलाओं को लोकसभा या कम से कम विधानसभा चुनावों में अपनी पार्टी का उम्मीदवार बनाया होता। महिलाएँ तो दूर,

इन पार्टियों ने तो मुस्लिम पुरुषों तक को आबादी में उनके हिस्से के अनुपात में टिकिट नहीं दिये। मुस्लिम महिलाओं के लिए अलग से कोटा निर्धारित करने की उनकी माँग, मुसलमानों का समर्थन हासिल करने की एक चाल भर है। इसी तरह की स्वार्थ की राजनीति इस देश में अल्पसंख्यकों को न्याय दिलवाने के आड़े आती रही है। जैसा कि पहले कहा चुका है, इन नेताओं का इरादा पिछड़े वर्गों को न्याय दिलवाने का भी नहीं है। वे तो केवल पिछड़े वर्ग की 'क्रीमी लेयर' के हितरक्षक हैं।

इस से भी बड़ी विडम्बना यह है मुस्लिम समुदाय अपने फायदे के लिए भी एकराय नहीं हो पा रहा है। जहाँ मुस्लिम राजनीतिज्ञ कोटे के अन्दर कोटे की असंगत माँग दोहरा रहे हैं वहीं उलेमा अपना अलग राग अलाप रहे हैं। उलेमा का कहना है कि मुस्लिम महिलाओं के लिए, चुनावी राजनीति प्रतिबन्धित क्षेत्र है। कुछ वर्ष पहले, जब महिलाओं के लिए पंचायती राज संस्थाओं में 33 प्रतिशत (व कुछ राज्यों में 50 प्रतिशत) आरक्षण किया गया था, उस वक्त एक मुस्लिम महिला ने देवबन्द की नगरपालिका का चुनाव लड़ने के लिए अपना पर्चा भरा। देवबन्द के मुतियों ने तुरत-फुरत एक फतवा जारी कर फरमाया कि मुस्लिम महिलाओं के लिए चुनाव लड़ना और पुरुषों के बीच प्रचार करना हराम है। उस मुस्लिम महिला ने जब हिम्मत दिखायी और फतवे को मानने से साफ इन्कार कर दिया, तब मुती मजबूर होकर कुछ झुके उन्होंने कहा कि वो चुनाव तो लड़ सकती है परन्तु उसे प्रचार करते समय हिजाब पहनना होगा। उस महिला ने यह आदेश भी नहीं माना। उसने चुनाव लड़ा, बिना हिजाब पहने प्रचार किया और चुनाव जीता भी। अब ऐसी खबर आयी है कि लखनऊ के नद्वातुल उलेमा ने फतवा जारी किया है कि महिलाओं को घर में रहकर घरेलू कामकाज करने चाहिए और सार्वजनिक जीवन में प्रवेश नहीं करना चाहिए।

हमारे देश के उलेमा यह तक नहीं जानते हैं कि तथाकथित इस्लामिक राज्य, पाकिस्तान, ने राष्ट्रीय असेम्बली में महिलाओं को 20 प्रतिशत प्रतिनिधित्व काफी समय पहले दे दिया था। या तो यह खबर हमारे उलेमा तक पहुँची नहीं है और या वे पाकिस्तान में महिलाओं के लिए आरक्षण को भी 'गैर-इस्लामिक' मानते हैं।

भारतीय उलेमा, दुर्भाग्यवश, आधुनिक दुनिया से पूरी तरह कटे हुए हैं। वे आज भी मध्यकालीन इस्लाम के युग में जी रहे हैं। मध्यकालीन इस्लामिक धर्मशास्त्रियों और कानूनविदों द्वारा लिखित पुस्तकों में इन उलेमा ने इस्लाम के बारे में जो कुछ पढ़ा है, वे केवल उसे ही सही मानते हैं। उनके अनुसार, महिलाएँ केवल अपने पतियों की सेवा करने के लिए बनी हैं और अगर वे कुछ और करतीं हैं तो वह 'गैर-इस्लामिक' हैं। वे तो यह भी नहीं देखना चाहते कि ईरान, सऊदी अरब, कुवैत, इंडोनेशिया व मलेशिया जैसे इस्लामिक देशों में क्या हो रहा है। सऊदी अरब, जहाँ महिलाओं पर सबसे अधिक पाबन्दियाँ हैं, में वहाँ के राजा अब्दुल्लाह ने एक महिला को केबिनेट मंत्री बनाया है।

ईरान में महिलाएँ संसदीय चुनाव लड़ती हैं और कई क्षेत्रों में उनने अपनी सफलता के झंडे गाढ़े हैं। कुवैत में महिलाएँ बिना हिजाब पहने सुप्रीम कोर्ट में पैरवी कर सकती हैं और संसद की कार्यवाही में भाग ले सकती हैं। मलेशिया में महिलाएँ युद्धपोतों पर काम करती हैं और इंडोनेशिया में मेगावती सुकार्नोपुत्री नामक मुस्लिम महिला, देश की राष्ट्रपति रह चुकी हैं। पाकिस्तान में बेनजीर भुट्टो प्रधानमंत्री थीं और बांग्लादेश में कभी खालिदा जिया तो कभी शेख हसीना के हाथों में सत्ता रहती है।

मेरी यह राय है कि सभी जातियों व धर्मों की महिलाओं को न्याय दिलवाना, सरकार का कर्तव्य है और उसे दबाव में आकर महिलाओं के लिए आरक्षण का कोटा कम नहीं करना चाहिए। अलग-अलग जातियों और धार्मिक समुदायों के लिए कोटे के अन्दर कोटे की कोई आवश्यकता नहीं है। प्रजातंत्र का तकाजा है कि सभी महिलाओं के साथ न्याय हो और बिना कोटे के अन्दर कोटे की व्यवस्था के, विभिन्न धर्मों और जातियों की महिलाओं को उचित प्रतिनिधित्व मिले। अगर कोटे के अंदर कोटे की व्यवस्था को एक बार स्वीकार कर लिया गया तो वह स्थाई बन जावेगी। प्रजातंत्र का यह भी तकाजा है कि पिछड़े वर्गों की 'क्रीमी लेयर' और मुलायम सिंह व लालू प्रसाद जैसे नेताओं के रिश्तेदारों तक ही आरक्षण का लाभ सीमित न रह जावे।

स्वाधीनता संग्राम - मुसलमानों को भूल गये हम

इस साल कांग्रेस अपना 125वाँ स्थापना दिवस मना रही है। भारत के सभी धर्मों के नागरिकों ने भारतीय राष्ट्रीय कांग्रेस के जरिए भारत के स्वतंत्रता आन्दोलन में अपना योगदान दिया परन्तु हमारे नेताओं की बहुसंख्यकवादी मानसिकता और स्कूली पाठ्यक्रम तैयार करने वालों के संकीर्ण दृष्टिकोण के चलते, भारतीय स्वाधीनता आन्दोलन में अल्पसंख्यकों की भूमिका को पूरी तरह से नजरअंदाज कर दिया गया है।

भारत कभी उस अर्थ में राष्ट्र नहीं रहा, जिस अर्थ में इस शब्द का प्रयोग पश्चिम में किया जाता है। पश्चिमी राष्ट्रों का आधार है एक भाषा और एक संस्कृति। इसके विपरीत, भारत कभी एक भाषा, धर्म या संस्कृति वाला देश नहीं रहा। धार्मिक, भाषाई, नस्लीय और सांस्कृतिक विविधताएं हमेशा से भारत की विशेषता रही हैं। जब हमने ब्रिटिश राज की अपरिमित शक्ति को चुनौती देने का निर्णय किया तभी हमारे नेताओं को यह अहसास हो गया था कि देश के लोगों—विशेषकर हिन्दुओं और मुसलमानों—की एकता कितनी महत्वपूर्ण है। स्वाधीनता संग्राम का एक नारा था, 'दीन-धरम हमारा मज़हब, ये ईसाई (अर्थात अंग्रेज) कहाँ से आये'।

भारतीय राष्ट्रीय कांग्रेस की स्थापना का देश के मुसलमानों ने पूरे उत्साह से स्वागत किया था। इस तथ्य को हमारे इतिहासविदों ने कभी पर्याप्त महत्व नहीं दिया। हमारे इतिहाविद् हमेशा इस बात पर जोर देते रहे हैं कि सर सैय्यद ने मुसलमानों को यह सलाह दी थी कि वे कांग्रेस की सदस्यता न लें। तथ्य यह है कि यह मुस्लिम श्रेष्ठी वर्ग के एक छोटे से हिस्से की राय थी। यह वह तबका था जिसने 1857 के स्वाधीनता संग्राम के बाद अंग्रेजों के हाथों बहुत अत्याचार सहे थे और जो अंग्रेजों की ओर दोस्ती का हाथ बढ़ाना चाहता था। हिन्दुओं में भी ऐसे तत्व थे, विशेषकर जमींदारों, राजाओं और महाराजाओं में।

इसके अलावा, सर सैय्यद का कांग्रेस के प्रति दृष्टिकोण शत्रुता का नहीं था। वे तो केवल यह चाहते थे कि मुसलमान आधुनिक शिक्षा और सामाजिक परिवर्तन पर ज्यादा ध्यान दें । सर सैय्यद की भूमिका के बारे में बहुसंख्यक साम्प्रदायिक तत्वों ने कई

तरह के भ्रम फैलाये हैं। इस सिलसिल में यह जानना महत्वपूर्ण होगा कि सर सैय्यद ने हिन्दू-मुस्लिम एकता के लिए अथक प्रयास किये। उन्होंने हिन्दुओं और मुसलमानों को भारत रूपी दुल्हन की दो आँखें निरूपित किया था।

यह भी ध्यान रखना महत्वपूर्ण है कि सर सैय्यद आम जनता के नेता नहीं थे। वे तो केवल उत्तर भारत के मुस्लिम श्रेष्ठी वर्ग को सामाजिक व शैक्षिक सुधारों के लिए प्रेरित करना चाहते थे। पूरा मुस्लिम श्रेष्ठी वर्ग भी सर सैय्यद के साथ नहीं था। इस वर्ग के एक सदस्य, बम्बई हाई कोर्ट के पूर्व न्यायाधीश बद्रूदीन तैय्यबजी ने कांग्रेस के बम्बई अधिवेशन के दौरान अपने 300 साथियों के साथ कांग्रेस की सदस्यता ली थी। वे बाद में कांग्रेस के अध्यक्ष भी चुने गये।

आम मुसलमानों ने कांग्रेस की स्थापना का उत्साहपूर्वक स्वागत किया और कांग्रेस के सभी आन्दोलनों को अपना समर्थन दिया। कांग्रेस के निर्माण से लेकर भारत के स्वतंत्र होने तक, मुसलमान कांग्रेस के साथ बने रहे। इस लेख में हम इसी विषय पर कुछ चर्चा करना चाहेंगे। सबसे पहले तो मैं यह स्पष्ट कर दूँ कि किसी समुदाय के कुछ सदस्यों के कामों या गतिविधियों से पूरे समुदाय के सम्बन्ध में कोई राय नहीं कायम करना चाहिए। हर व्यक्ति की अपनी प्राथमिकताएँ और अपना एजेंडा होता है।

कई लोगों को यह जानकर हैरत होगी कि मुसलमानों में कांग्रेस के सबसे उत्साही समर्थक थे देवबन्द के पुरातनपंथी उलेमा। यहाँ यह जानना भी महत्वपूर्ण होगा कि उलेमा ने सन् 1857 के स्वाधीनता संग्राम में भी भाग लिया था और उसमें अपनी पूरी ताकत झोंक दी थी। इन उलेमा ने 1857 की क्रान्ति में बड़ी-बड़ी कुर्बानियाँ दीं और उनमें से सैकड़ों को कालापानी की सजा देकर अंडमान भेज दिया गया। कई को इटली के दक्षिण में स्थित माल्टा नामक द्वीप में निर्वासित कर दिया गया। मैंने माल्टा के कब्रिस्तान में सैकड़ों उलेमा की कब्रें देखी हैं। इन्हें अपने महबूब वतन की मिट्टी में दफन होना भी नसीब नहीं हुआ। जिन उलेमा को निर्वासित किया गया था उनमें से कई तो बहुत जाने-माने उलेमा थे। ऐसे ही एक उलेमा थे मौलाना फज़ल काहिराबादी। भारतीय राष्ट्रीय कांग्रेस की स्थापना के बाद दारूल उलूम, देवबन्द के संस्थापक मौलाना कासिम अहमद नानोतवी— जो स्वयं एक जाने-माने आलिम थे— ने एक फतवा जारी कर मुसलमानों को कांग्रेस की सदस्यता लेने और अंग्रेजों को देश से निकाल बाहर करने के लिए कहा। न केवल यह, उन्होंने इस तरह के एक सौ फतवों को इकट्ठा कर उनका संकलन प्रकाशित किया, जिसका शीर्षक था 'नुसरत अल-अहरार' (स्वतंत्रता सेनानियों की मदद के लिए)। ये उलेमा, आम मुसलमानों के नेता थे और देश से अंग्रेजों की सत्ता को उखाड़ फेंकने के लिए प्रतिबद्ध थे।

एक अन्य जाने-माने आलिम मौलाना महमूद उल हसन ने हिन्दुओं और मुसलमानों द्वारा अंग्रेजों के विरुद्ध विद्रोह करने का सन्देश पूरे देश में फैलाने की एक योजना— जिसे 'रेशमी रूमाल षड्यत्र' कहा जाता है— में महत्वपूर्ण भूमिका निभायी थी।

मौलाना महमूद उल हसन के अलावा अन्य कई उलेमा और आम मुसलमानों ने इस षड्यत्र में भाग लिया था।

मौलाना हसरत मोहानी एक प्रतिष्ठित उर्दू कवि व बुद्धिजीवी थे। इसके साथ-साथ वे एक महान क्रान्तिकारी भी थे जिन्होंने स्वाधीनता की लड़ाई में हिस्सा लिया और बहुत कष्ट भोगे। वे बाल गंगाधर तिलक और तिलक के प्रसिद्ध नारे 'स्वतंत्रता मेरा जन्मसिद्ध अधिकार है' के जबरदस्त प्रशंसक थे। वे तिलक को 'तिलक महाराज' के नाम से पुकारते थे। एक मौलाना होते हुए भी वे सन् 1925 में स्थापित भारतीय कम्युनिस्ट पार्टी के संस्थापक सदस्यों में से एक थे।

मौलाना कई बार जेल गये और उन्हें कड़ी सजाएँ दी गयीं। इनमें शामिल थी रोज 40 किलो अनाज पीसने की सजा। परन्तु मौलाना ने कभी हार नहीं मानी। गाँधीजी तक देश के दूरगामी हितों की खातिर कुछ समय के लिए 'होम रूल' के लिए राजी हो गये थे परन्तु मौलाना इस मामले में किसी प्रकार के समझौते के हामी नहीं थे। जब कांग्रेस के अहमदाबाद अधिवेशन में 'होम रूल' प्रस्ताव पेश किया गया, उस समय मौलाना को एक मुशायरे की तैयारी के बहाने, अधिवेशन स्थल से दूर रखा गया क्योंकि यह तय था कि वे प्रस्ताव का कड़ा विरोध करेंगे। यह थी मौलाना की भारत की सम्पूर्ण स्वतंत्रता के प्रति प्रतिबद्धता।

खिलाफत आन्दोलन के सम्बन्ध में भी अनेक भ्रान्तियाँ हैं। खिलाफत आन्दोलन, महात्मा गाँधी की अत्यन्त बुद्धिमत्तापूर्ण रणनीति का हिस्सा था। इसके जरिए गाँधीजी ने सफलतापूर्वक लाखों आम मुसलमानों को स्वतंत्रता आन्दोलन से जोड़ा। दुर्भाग्यवश, हमारे देश का बुद्धिजीवी वर्ग इस आन्दोलन को सही दृष्टिकोण से नहीं देखता। परन्तु इस तथ्य को कोई नहीं नकार सकता कि इस आन्दोलन के कारण ही बड़ी संख्या में मुसलमान स्वाधीनता आन्दोलन का हिस्सा बने। यह अलग बात है कि कमाल अतातुर्क के नेतृत्व में हुई क्रान्ति के कारण यह आन्दोलन समाप्त हो गया।

अली बन्धु—मौलाना मोहम्मद अली और शौकत अली—इसी आन्दोलन की उपज थे। अली बंधुओं ने भारतीय स्वाधीनता संग्राम में बहुत महत्वपूर्ण भूमिका अदा की। उनकी माँ भी स्वतंत्रता संघर्ष के प्रति उतनी ही प्रतिबद्ध थीं। जब उनकी माँ को इस अफवाह की जानकारी मिली कि अली बन्धु माफी माँग कर जेल से बाहर आने की कोशिश कर रहे हैं (यह कोरी अफवाह ही थी) तो एक पर्दानशीं महिला होने के बावजूद उन्होंने एक सार्वजनिक मंच से घोषणा की कि अगर उनके पुत्रों ने ऐसा कुछ किया तो 'मैं उनका दूध मुआफ नहीं करूँगी'। मौलाना मोहम्मद अली के उनकी जीवन के अन्तकाल में गाँधीजी से गम्भीर मतभेद हो गये थे परन्तु अपनी मृत्यु से पहले, उन्होंने यह इच्छा व्यक्त की कि उन्हें येरूशेलम में दफनाया जावे क्योंकि वे गुलाम भारत में दफन नहीं होना चाहते थे।

खिलाफत आन्दोलन के दौरान कुछ मुसलमानों ने ब्रिटिश भारत को दारूल हर्ब (युद्ध का घर) घोषित कर दिया और देश छोड़कर अफगानिस्तान पलायन करना शुरू कर दिया ताकि वहाँ निर्वासित सरकार स्थापित कर, अंग्रेजों के विरुद्ध संघर्ष का संचालन किया जा सके इस पलायन के मुख्य प्रेरणास्रोत थे मौलाना उबेदुल्ला सिंधी। उन्होंने अफगानिस्तान में स्वतंत्र भारत की अन्तरिम निर्वासित सरकार बनायी। इस सरकार के राष्ट्रपति थे राजा महेन्द्र प्रताप और मौलाना उबेदुल्ला इस सरकार के प्रधानमंत्री थे। दुर्भाग्यवश, अफगानिस्तान के बादशाह ने ब्रिटिश सरकार के दबाव में आकर वहाँ पहुँचे मुसलमानों को अपने देश से निकाल दिया। इस कार्यवाही में हजारों मुसलमान मारे गये। ऐसी थी मुसलमानों की आजादी के प्रति दीवानगी।

स्वाधीनता आन्दोलन के एक अन्य चमकीले सितारे थे मौलाना हुसैन अहमद मदनी। उन्होंने देश के विभाजन का जमकर विरोध किया। वे महान कवि और चिन्तक इकबाल से तक से भिड़ गये और राष्ट्रीयता के मुद्दे पर इकबाल के विचारों को चुनौती दी। उन्होंने एक किताब भी लिखी जिसका शीर्षक था 'मुत्तहिदा कौमीयत और इस्लाम' (साझा राष्ट्रवाद और इस्लाम)। उन्होंने जिन्ना के द्विराष्ट्र सिद्धान्त को भी चुनौती दी और कुरान और हदीस से लिये गये उद्धरणों से यह साबित किया कि द्विराष्ट्र सिद्धान्त को इस्लाम की मंजूरी नहीं है। उनकी इस पुस्तक का अंग्रेजी अनुवाद भी उपलब्ध है। यह अनुवाद जमीयते उलेमा ए हिन्द ने करवाया है और अब इस पुस्तक का लाभ उर्दू न जानने वाले भी उठा सकते हैं। मौलाना हुसैन अहमद को कड़े विरोध का सामना करना पड़ा। मुस्लिम लीग के कार्यकताओं ने कई स्थानों पर उनके साथ दुर्व्यवहार किया और उन्हें जूतों की मालाएँ पहनायीं।

स्वतंत्रता आन्दोलन में मौलाना आजाद और सरहदी गाँधी खान अब्दुल गफ्फार खान के स्वर्णिम योगदान को कौन भुला सकता है। दोनों अपनी अन्तिम सांस तक भारत की आजादी के दीवाने बने रहे। खान अब्दुल गफ्फार खान एकमात्र ऐसे नेता थे जिन्होंने देश के विभाजन को कभी स्वीकार नहीं किया। उन्होंने कांग्रेस कार्यसमिति की बैठकों में विभाजन का तब भी विरोध किया जब नेहरू और सरदार पटेल तक ने इसे अपरिहार्य मान कर स्वीकार कर लिया था। मौलाना आजाद ने विभाजन का विरोध करते हुए जो लेख लिखा था, इस विषय पर उससे बेहतर शायद ही कुछ लिखा गया होगा।

इन मुस्लिम नेताओं को स्वाधीनता संग्राम के इतिहास में वह स्थान नहीं मिला जिसके वे हकदार थे। हमारे कई शिक्षाविदों, इतिहासकारों, पाठ्यपुस्तक लेखकों और सबसे बढ़कर राजनीतिज्ञों की साम्प्रदायिक सोच के कारण इन मुस्लिम नेताओं की स्वाधीनता आन्दोलन में महती भूमिका को या तो भुला दिया गया है या उसे बहुत ही कम स्थान दिया गया है। जब मैं मदुरई के गाँधी संग्रहालय में गया—जो कि देश के सर्वश्रेष्ठ गाँधी संग्रहालयों में से एक माना जाता है— तो मुझे यह देख कर बहुत दुःख

हुआ कि वहाँ सरहदी गाँधी की स्वाधीनता संग्राम में भूमिका के नाम पर उनकी कुल एक तस्वीर थी। मैंने संग्रहालय के संचालक का ध्यान इस गम्भीर कमी की ओर आकर्षित किया और उन्होंने वायदा किया कि वे इस कमी को दूर करेंगे।

आज एक आम हिन्दू सोचता है कि मुसलमानों ने इस देश के दो टुकड़े करवाये और उन्हें सन्देह की दृष्टि से देखता है। कांग्रेस ने इस भ्रान्ति को दूर करने के लिए कुछ नहीं किया। मैं कांग्रेस के नेतृत्व से अनुरोध करता हूँ कि कांग्रेस की स्थापना के इस 125वें वर्ष में तो कम से कम वो मुसलमानों की स्वाधीनता संग्राम में भागीदारी को जनता के सामने लायें। इससे देश की एकता मजबूत होगी।

आतंकवाद समर्थक फतवा खारिज

भारतीय मुसलमान—सच्चर समिति की रपट कहती है—आर्थिक और शैक्षणिक मानकों पर दलितों से भी नीचे खिसक गये हैं। समिति ने अपने इस निष्कर्ष के समर्थन में ढेर सारे आंकड़े दिये हैं। इस तथ्य को भारत सरकार ने भी स्वीकार कर लिया है। सवाल यह है कि मुसलमानों की स्थिति में आयी गिरावट के लिए कौन जिम्मेदार है— स्वयं मुसलमान या सरकार? यह प्रश्न मुस्लिम समुदाय में बहस का विषय बना हुआ है।

इस विषय में अलग-अलग राय हैं और अनेक विवाद हैं। मुस्लिम बुद्धिजीवियों के एक तबके का कहना है कि मुसलमान सिर्फ शिकायतें करते रहते हैं। वे न तो विकास और परिवर्तन की कोई रणनीति बनाते हैं और न ही अपने समुदाय में शिक्षा के प्रसार के लिए प्रयत्न करते हैं। केवल छाती पीटने से कोई फायदा होने वाला नहीं है। मुसलमानों को चाहिए कि वे अपनी बेहतरी के लिए जरूरी कदम स्वयं उठाएँ। अपने समुदाय के बौद्धिक और भौतिक संसाधनों का इस्तेमाल अपने विकास के लिए करें।

अन्य बुद्धिजीवियों का मानना है कि प्रजातांत्रिक भारत में सरकार का यह कर्तव्य है कि वह देश के सबसे बड़े अल्पसंख्यक समूह को अपने पैरों पर खड़ा होने में मदद करे। आखिरकार, मुसलमान भी दलितों, आदिवासियों व पिछड़ों की तरह, समाज के कमजोर वर्ग में हैं। उनमें शिक्षा का अभाव है और गरीबी के चलते उनके लिए स्वयं के बल-बूते पर अपने विकास के लिए संसाधन जुटाना असंभव है।

दोनों ही तर्कों में कुछ दम है और मुसलमानों को इन दोनों के बीच का रास्ता अख्तियार करना चाहिए। सरकार और मुस्लिम बुद्धिजीवियों व नेताओं को अपने-अपने संसाधनों को एक साथ मिलाकर मुसलमानों के कमजोर तबके की मदद करनी चाहिए। सरकार को यह समझना होगा कि देश, मुसलमानों को पीछे छोड़ कर आगे नहीं बढ़ सकता। आबादी का इतना बड़ा हिस्सा (लगभग 15 करोड़) यदि अशिक्षित, गरीब और बेरोजगार रहेगा, तो उससे देश के आर्थिक विकास में बाधा आवेगी।

मुस्लिम समुदाय के नेताओं को भी यह समझना होगा कि यह वैश्वीकरण व उदारीकरण का दौर है और दुनिया में तेजी से आ रहे परिवर्तनों के प्रति शुतुरमुर्गी रवैया अपनाने से कुछ होना-जाना नहीं है। सरकार पर निर्भरता की भी एक हद होती है।

आर्थिक उदारीकरण का सार ही यह है किसी व्यक्ति या समुदाय को अपनी प्रगति के लिए स्वयं पहल करनी होगी और समाज में उसकी स्थिति, उसकी क्षमता व योग्यता के आधार पर तय होगी। मुस्लिम समुदाय को अपनी प्रगति व समुदाय में गुणात्मक शिक्षा के प्रसार के लिए अपने आन्तरिक संसाधनों को जुटाना होगा।

जहाँ तक आन्तरिक संसाधनों की उपलब्धता का प्रश्न है, मुसलमानों और दलितों में एक महत्वपूर्ण अन्तर है। दलितों के पास आन्तरिक संसाधन नहीं के बराबर हैं। वे हमेशा से वंचित और बदहाल रहे हैं। इसके बावजूद स्वतंत्रता के पहले और बाद, आम्बेडकर के सघन प्रयासों से उनके लिए कुछ शैक्षणिक संस्थाओं की स्थापना हुई और आरक्षण की व्यवस्था से उन्हें कुछ लाभ मिले। दलितों के अन्य किसी नेता के अभाव में, आम्बेडकर ने यह काम अकेले अपने दम पर किया।

इस मामले में मुसलमानों की स्थिति अलग है। सभी मुसलमान हमेशा से वंचित और बदहाल नहीं रहे हैं। विभिन्न मुस्लिम राजवंशों ने भारत पर कुल मिलाकर 800 वर्षों तक शासन किया। इसके कारण, एक बड़ा मुस्लिम सामन्ती वर्ग उभरा जो काफी जमीनों का मालिक था। बादशाहों व जमींदारों ने अपनी आय का कुछ हिस्सा, दान देकर वक्फ सम्पत्तियाँ बनायीं, जिनकी कीमत आज हजारों करोड़ रुपये है।

यह सही है कि विभाजन के समय भारत, विशेषकर उत्तर भारत से, बड़ी संख्या में मुस्लिम जमींदार और मुस्लिम मध्यम वर्ग— जो स्वतंत्रता के पहले, सामन्ती वर्ग से ही उदित हुआ था— के सदस्य पाकिस्तान चले गये। परन्तु कुछ समृद्ध मुसलमान— चाहे उनकी संख्या कितनी ही कम क्यों न हो— फिर भी भारत में बच गये। स्वतंत्रता के बाद, कुछ मुस्लिम शिल्पकार व कारीगर, छोटे-मोटे व्यवसायी बन गये। गुजरात में कई मुस्लिम व्यापारिक समुदायों के सदस्य मध्यम स्तर के उद्योगपति बन गये हैं।

इसके अतिरिक्त, मुसलमानों के कई पारम्परिक शिक्षण संस्थान पहले से ही अस्तित्व में हैं जो या तो वक्फ सम्पत्तियों की आमदनी या तेल-उत्पादक अरब देशों से प्राप्त होने वाले अनुदान से चलते हैं। इस तरह के संसाधन दलितों को उपलब्ध नहीं हैं। मुसलमानों के मामले में जरूरत केवल इच्छाशक्ति और दूरदृष्टि की है। ब्रिटिश काल में, मुसलमानों के बीच सर सैय्यद जैसे नेता उभरे, जिन्होंने वह काम किया जिसकी उस दौर में जरूरत थी अर्थात जमींदार घरानों की नयी पीढ़ी को आधुनिक शिक्षा दिलाने की ताकि वे उच्च और प्रतिष्ठित सरकारी नौकरियाँ पा सकें।

आज के भारतीय मुसलमानों को जरूरत है आम्बेडकर जैसे नेता की, जो समृद्ध मुसलमानों के पाकिस्तान चले जाने से कंगाल और बदहाल हो चुके मुस्लिम समुदाय को प्रभावी नेतृत्व दे सके मुस्लिम वंचित वर्गों में से एक नया मध्यम वर्ग उभर तो रहा है परन्तु संसाधनों और अवसरों की कमी के कारण, यह प्रक्रिया अत्यन्त धीमी है।

यदि समुदाय के नेता, आम मुसलमानों की स्थिति को सुधारने के लिए कमर कस लें तो उन्हें तीन प्रकार के संसाधन उपलब्ध होंगे- 1) वक्फ संपत्तियाँ, 2) समृद्ध

मुसलमानों से प्राप्त होने वाली ज़कात और 3) मदरसों का विस्तृत जाल, जिनका आधुनिकीकरण कर उन्हें शिक्षा का प्रसार करने का प्रभावी साधन बनाया जा सकता है। परन्तु इन मदरसों को मुसलमानों की प्रगति का औजार बनाना एक बड़ी चुनौती होगी।

वक्फ संपत्तियों का बाजार मूल्य तो अरबों रुपये है परन्तु वे या तो विभिन्न सरकारी संस्थाओं के नियंत्रण में हैं या मुतवल्लियों (वक्फ जायजाद की देखभाल करने वाला) के या फिर उनमें बरसों से ऐसे किराएदार जमें हुए हैं जो न तो सम्पत्ति का किराया बढ़ाने को तैयार हैं और न ही उसे खाली करने को। इस सिससिले में सरकारें वायदे तो करती रहती हैं परन्तु उन्हें पूरा नहीं करतीं। सरकारी संस्थान, वक्फ सम्पत्तियों पर अपना कब्जा छोड़ने के लिए तैयार नहीं हैं। इसके अलावा, वक्फ एक्ट में आमूल-चूल परिवर्तन की जरूरत है ताकि वक्फ बोर्डों को वक्फ सम्पत्तियाँ खाली करवाने के अधिकार मिल सकें।

वक्फ बोर्डों के पदाधिकारी, अधिकांश मामलों में, प्रभावशाली राजनीतिज्ञ हैं जो बड़े पैमाने पर भ्रष्टाचार में लिप्त रहते हैं। उदाहरणार्थ, बोहरा समुदाय, जो मुख्यत: व्यवसायी समुदाय है, की बहुत कीमती वक्फ सम्पत्तियाँ हैं परन्तु बोहरा धर्मगुरू, वक्फ बोर्ड के पदाधिकारियों और नेताओं को रिश्वत खिलाकर, इस संपत्ति से होने वाली भारी आय अपनी जेबों में भर रहे हैं और समुदाय के निराश्रितों को कुछ नहीं मिल पा रहा है। बोहरा धर्मसुधारकों के विरोध के बावजूद, वक्फ की आय, धर्मगुरुओं के खजाने में जा रही है। इस तरह, वक्फ सम्पत्ति किसी काम नहीं आ रही है। इससे सिर्फ मुट्ठी भर लोग लाभान्वित हो रहे हैं। अगर वक्फ सम्पत्तियों का ईमानदारी से उचित प्रयोग किया जावे तो मुसलमानों को अपनी उन्नति व प्रगति के लिए, सरकार से एक पैसे की भी दरकार नहीं रहेगी।

इसी तरह, ज़कात, समाज के कमजोर वर्गों की सहायता के लिए, कुरआन द्वारा प्रदत्त एक ऐसी शानदार व्यवस्था है जिसकी दूसरी मिसाल मिलना मुश्किल है। कुरआन के अनुसार, ज़कात समाज के समृद्ध वर्गों से वसूल की जाकर, उसका उपयोग अनाथों, विधवाओं, मुसाफिरों, गरीबों और निराश्रितों की मदद और गुलामों और वेश्याओं को मुक्ति दिलाने के लिए किया जाना है। आज, भारत में, अधिकांश रईस मुसलमान या तो ज़कात चुकाते ही नहीं हैं या फिर व्यक्तिगत तौर पर किसी गरीब को कुछ पैसे देकर या रमज़ान में भिखारियों को खाना खिलाकर अपने कर्तव्य की इतिश्री समझ लेते हैं।

इससे ज़कात का मूल उद्देश्य ही समाप्त हो जाता है। जरूरत इस बात की है कि ज़कात की वसूली और उसके इस्तेमाल के लिए संस्थागत ढाँचा खड़ा किया जावे। सभी कानूनों का पालन करते हुए एक संस्था गठित की जावे जो ज़कात वसूले और प्राप्त धन को तीन हिस्सों में विभाजित करे। एक हिस्से से साधनहीन छात्र-छात्राओं को छात्रवृत्ति प्रदान की जावे ताकि मुस्लिम समुदाय में शिक्षा— विशेषकर तकनीकी व व्यावसायिक

शिक्षा— का प्रसार हो सके दूसरे हिस्से से छोटे व्यापारियों व सड़कों पर सामान बेचने वालों को बिना किसी सूद के कर्ज दिया जा सकता है। इससे उनकी आमदनी बढ़ेगी और वे अपने बच्चों को पढ़ा-लिखा सकेंगे। इससे मुस्लिम बच्चों की शिक्षा पूरी होने के पहले स्कूल छोड़ देने की प्रवृत्ति भी कम होगी क्योंकि इसके पीछे मुख्य कारण गरीबी ही है।

ब्याज-मुक्त ऋण, समाज के कमजोर वर्गों की मदद करने का एक अत्यन्त प्रभावशाली साधन है। आज छोटे व्यापारियों और फुटपाथ पर धन्धा करने वालों को सूदखोर महाजनों से कर्ज लेना पड़ता है और ब्याज चुकाने में उनकी कमर टूट जाती है। धनी व्यापारियों को ब्याज-मुक्त ऋण की जरूरत नहीं है। इसकी जरूरत है गरीब कारीगरों, छोटे व्यवसायियों और ठेले या फुटपाथ पर धन्धा करने वालों को। दुर्भाग्यवश, शरीयत के अनुरूप कर्ज व निवेश सम्बन्धी वर्तमान व्यवस्था का फायदा केवल बड़े व्यापारी और उद्योगपति उठा रहे हैं। गरीबों की तरफ कोई देखने वाला भी नहीं है। इन लोगों को ज़कात से प्राप्त धन को ब्याज-मुक्त ऋण के रूप में दिया जा सकता है।

हर राज्य या हर जिले में 'ज़कात बोर्ड' स्थापित किये जा सकते हैं, जिनमें निष्ठावान, ईमानदार और बेदाग छवि वाले लोगों को पदाधिकारी बनाया जा सकता है। ऐसा करने से गरीब मुसलमानों की मदद के लिए करोड़ों रुपये उपलब्ध हो सकते हैं। परन्तु मुस्लिम नेतृत्व के पास यह सब करने की न तो फुर्सत है, न इच्छाशक्ति और न ही प्रतिबद्धता।

ज़कात का तीसरा हिस्सा शुद्ध परोपकार के लिए इस्तेमाल किया जा सकता है। इससे ऐसे अति-गरीबों और जरूरतमंदों को आर्थिक मदद मुहैय्या करवायी जा सकती है जो इस पैसे को लौटाने की स्थिति में नहीं है।

हाल में मुम्बई के हज हाउस में ज़कात के प्रबन्धन के लिए संस्थागत ढाँचे की स्थापना की सम्भावनाओं पर विचार करने के लिए एक तीन-दिवसीय सेमिनार आयोजित किया गया। परन्तु इस आयोजन में अव्यवस्था व अराजकता फैल गयी। आयोजकों ने कांग्रेस नेता दिग्विजय सिंह सहित कई राजनीतिज्ञों को आमंत्रित कर लिया। दिग्विजय सिंह के भाषण पर उलेमा के दो समूहों में ठन गयी और वे आपस में भिड़ गये।

पहली बात तो यह है कि इस प्रकार के आयोजनों में किसी भी राजनेता को आमंत्रित करने की जरूरत ही क्या है? इससे आपसी विवाद पैदा होना अवश्यंभावी है। सेमीनार में बरेलवी पंथ के प्रमुख ने यह कह डाला कि ज़कात के प्रबन्धन के लिए अलग से कोई संस्था बनाने की जरूरत नहीं है। कुल मिलाकर, सेमिनार का अन्त असहमति व विवाद में हुआ और पूरा आयोजन बेनतीजा रहा।

यह दुर्भाग्यपूर्ण है कि मुस्लिम समुदाय से जुड़े हर मसले पर विचार-विमर्श में उलेमा को प्राथमिकता दी जाती है। उलेमा को आधुनिक अर्थव्यवस्था की कोई समझ

नहीं है और वे केवल अपने पारम्परिक सिद्धान्तों से चिपके रहना जानते हैं। वे तंग-दिमाग और दकियानूसी हैं। इससे भी खराब बात यह है कि उन्हें केवल अपने पंथ के हितों से वास्ता रहता है। अपने पंथ की सीमा से बाहर जाकर, पूरे समुदाय की एकता स्थापित करने के हर प्रयास में वे पलीता लगाते हैं। इन चुनौतियों से पार पाना बहुत कठिन काम है।

उलेमा तो मदरसों का आधुनिकीकरण भी नहीं होने दे रहे हैं। यदि मदरसे, धार्मिक शिक्षा के साथ-साथ आधुनिक शिक्षा भी प्रदान करने के केन्द्र बन जावें, तो वे मुसलमानों में शिक्षा का प्रसार करने के लिए अत्यन्त उपयोगी सिद्ध होंगे। पारंपरिक उलेमा, मदरसों के पाठ्यक्रम में किसी बदलाव के लिए तैयार नहीं हैं।

संक्षेप में, मुसलमानों के लिए प्रगति व उन्नति का द्वार खोलने में सक्षम, समुदाय के तीन बेशकीमती संसाधन—वक्फ, ज़कात और मदरसे—किसी काम नहीं आ रहे हैं।

जाति, धर्म जनगणना में शामिल हों

प्रधानमंत्री डॉ. मनमोहन सिंह ने संसद को आश्वस्त किया है कि वर्तमान में जारी जनगणना में जाति को शमिल किया जाएगा। यादव नेताओं और पिछड़े वर्गों के अन्य नेताओं द्वारा जोरदार ढंग से इस माँग को संसद में उठाने और इस मुद्दे पर तीखी बहस के बाद प्रधानमंत्री ने यह आश्वासन दिया।

प्रश्न यह है कि भारत के नागरिकों की गिनती करते समय, उनकी जाति का पता लगाना क्या आवश्यक है? जाति के अलावा, धर्म को भी जनगणना के फार्म में स्थान न देने से अल्पसंख्यकों के मानस में कई तरह की आशंकाएँ उत्पन्न हो गयी हैं। राज्य सभा सदस्य और मुस्लिम नेता मौलाना मदनी ने यह धमकी दी है कि अगर नागरिकों के धर्म को जनगणना में स्थान नहीं दिया गया तो वे आन्दोलन करेंगे।

ये दोनों ही मुद्दे अत्यन्त विवादास्पद हैं। कुछ लोगों का मानना है कि धर्म और जाति दोनों को जनगणना की प्रक्रिया का हिस्सा नहीं बनाया जाना चाहिए। ये दोनों देश को बाँटने वाले वर्गीकरण हैं और सभी नागरिकों को केवल भारतीय मानकर उनकी गिनती की जानी चाहिए। केवल अनुसूचित जातियों एवं अनुसूचित जनजातियों के सदस्यों की अलग से गणना की जानी चाहिए क्योंकि उनके लिए संविधान में आरक्षण की व्यवस्था है। ज्ञातव्य है कि भारत में आखिरी बार जाति–आधारित जनगणना, ब्रिटिश राज में सन् 1931 में की गयी थी।

स्वतंत्र भारत के संविधान में जाति का उन्मूलन कर दिया गया और इसलिए बाद की जनगणनाओं में जाति को कोई स्थान नहीं दिया गया। सन् 1990 में वी. पी. सिंह द्वारा मंडल आयोग की सिफारिशें लागू करने के निर्णय के बाद, जनसंख्या के जातिगत वर्गीकरण का प्रश्न फिर उठा। देश में पिछड़े वर्गों की जनसंख्या के बारे में गम्भीर मतभेद थे। मंडल आयोग, सन् 1931 की जनगणना के आँकड़ों के आधार पर, इस निष्कर्ष पर पहुँचा कि पिछड़े वर्ग, देश की कुल आबादी का 52 प्रतिशत हैं। अपने एक निर्णय में, उच्चतम न्यायालय ने कहा कि जाति–आधारित जनगणना के अभाव में, मंडल आयोग की 52 प्रतिशत के आँकड़ें की सत्यता सन्देह से परे नहीं है।

सबसे पहले हम जातिगत जनगणना के औचित्य या अनौचित्य पर विचार करें। यह सही है कि धर्मनिरपेक्ष प्रजातंत्र में जाति के लिए कोई स्थान नहीं है और भारत में

जाति प्रथा का उन्मूलन आवश्यक है। हमारे संविधान-निर्माताओं ने जाति को संविधान में कोई स्थान न देकर बिलकुल ठीक किया। परन्तु यथार्थ क्या है? जमीनी हकीकत क्या है? यथार्थ यह है कि हमारा समाज अनेक वर्गों और श्रेणियों में विभाजित है। हमारा देश कई संस्कृतियों व धर्मों वाला देश है। इस यथार्थ से हमारा प्रतिदिन वास्ता पड़ता है। इस सामाजिक विभाजन और ऊँच-नीच में जरा भी कमी नहीं आयी है। उलटे, इसमें बढ़ोतरी ही हुई है।

अन्तर्जातीय विवाहों का अन्त हत्याओं में होता है और प्रेमी जोड़े अक्सर अपने माता-पिता और परिजनों के हाथों मारे जाते हैं। आज भी दलित, गाँव के कुएँ से पानी नहीं ले सकते। सरपंच बनने के लिए चुनाव लड़ने का 'दुस्साहस' करने वाले नीची जाति के सदस्य को अपनी जान गंवानी पड़ती है। ऊँची जातियों के सदस्यों के लिए उनकी जाति पहचान ही नहीं बल्कि शान का चिन्ह है। जैसे-जैसे नीची जातियों के सदस्यों की माली हालत और खराब हो रही है, जैसे-जैसे देश में आर्थिक असमानताएँ बढ़ रही हैं, वैसे-वैसे ऊँची जातियों का अहंकार और बढ़ रहा है।

हमारे देश में चुनाव भी जातिगत आधार पर लड़े जाते हैं। चुनावों में जाति और साम्प्रदायिकता के कार्ड जम कर खेले जाते हैं। यहाँ तक कि टिकट भी जाति के आधार पर बाँटे जाते हैं। कुछ समय पहले तक जो लोग अपनी उपजाति का नाम तक नहीं जानते थे, वे भी अब अपनी उपजाति के आधार पर अपने समुदाय के लिए टिकट माँगने लगे हैं। राजस्थान के गुज्जरों का उदाहरण हम सबके सामने है। सरकारी नौकरियों में आरक्षण दिये जाने की माँग को लेकर गुज्जरों ने हिंसक आन्दोलन चलाया, जिसमें चालीस से अधिक लोगों ने अपनी जान गंवाई। राजस्थान में मीणाओं और गुज्जरों के बीच हिंसक झड़पें हुईं क्योंकि मीणा जाति के लोगों को अपने अनुसूचित जनजाति के दर्जे के कारण अधिक सरकारी नौकरियाँ मिल रही थीं।

हमारे समाज में जातिगत ऊँच नीच और विभाजन लम्बे समय तक बना रहने वाला है। हम शुतुरमुर्गों की तरह, अपने सिर ऐसे गैर-यथार्थवादी आदर्शों की रेत में छुपा सकते हैं, जिन आदर्शों की हम दिन रात अवहेलना करते हैं, परन्तु इससे कोई फायदा नहीं होगा। हमारी संस्कृति ही जाति की संस्कृति है और इसे हमारी सामूहिक सोच, सामाजिक प्रतिष्ठा के हमारे मानदंड और सबसे बढ़कर, हमारी राजनीति और मजबूत बना रही है। हमारे संविधान द्वारा जाति व्यवस्था को खारिज कर दिये जाने के बावजूद, पिछले साठ सालों में हमारी सरकारों ने एक भी ऐसा ठोस कदम नहीं उठाया जिससे जाति प्रथा खत्म होना तो दूर, जरा सी कमजोर भी हुई हो। मंडल आयोग की सिफारिशों को लागू करने का निर्णय, यद्यपि तत्कालीन राजनैतिक परिस्थितियों में उचित और अपरिहार्य था, तथापि इससे हमारे समाज पर जाति प्रथा की पकड़ और मजबूत हुई है।

इन सभी तथ्यों के मद्देनजर, जनगणना में जाति को शामिल न करना, सामाजिक-राजनैतिक यथार्थ से मुँह मोड़ना होगा। इससे हम देश में पिछड़े वर्गों की ठीक-ठीक

संख्या भी पता लग सकेंगे यद्यपि यह काम आसान नहीं होगा, क्योंकि देश के अलग-अलग क्षेत्रों में एक ही जाति की अलग-अलग सामाजिक स्थिति है। परन्तु पिछड़े वर्गों की गिनती तो हमें करनी ही चाहिए।

अगर, जैसा कि दावा किया जा रहा है, पिछड़े वर्गों का आबादी में हिस्सा 52 प्रतिशत से अधिक है तो आरक्षण पर वर्तमान में लागू 50 प्रतिशत की उच्चतम सीमा पर पुनर्विचार करना होगा। यह सीमा उच्चतम न्यायलय ने लगायी है परन्तु इसके बाद भी कई दक्षिणी राज्यों में आरक्षण 69 प्रतिशत तक पहुँच गया है। जातिगत जनगणना न करना, न केवल सच्चाई से मुँह मोड़ना होगा वरन् इससे समस्याएँ बढ़ेंगी ही।

हमारी राजनैतिक संस्कृति हमारे सामाजिक विरोधाभासों को बढ़ा रही है। हम समानता पर आधारित समाज की रचना करना चाहते हैं परन्तु जाति प्रथा इसके आड़े आ रही है। विडम्बना यह है कि समानता पर आधारित समाज के निर्माण के लिए भी हमें जाति व्यवस्था के अस्तित्व को स्वीकार करना होगा क्योंकि तभी हम पिछड़ी जातियों को अगड़ों के समकक्ष ला सकेंगे। और इसके लिए पिछड़ों की जनसंख्या पता लगना जरूरी है।

इस तरह, हम एक अत्यन्त दुर्भाग्यपूर्ण स्थिति में फँस गये हैं। समानता पर आधारित समाज तभी बन सकता है जब जाति प्रथा समाप्त हो। समस्या यह है कि जब तक हमें विभिन्न जातियों की जनसंख्या पता नहीं लगती तब तक हम पिछड़ी जातियों के साथ न्याय नहीं कर सकते, उन्हें आरक्षण आदि के जरिए आगे बढ़ने में मदद नहीं कर सकते। अगर हमें अपने समाज में व्याप्त आर्थिक असमानता को कम करना है और पिछड़ी जातियों की महत्वाकांक्षाओं को पूरा करना है तो उनके लिए विषेष नीतियाँ बनाना, विशेष प्रावधान करना अतिआवष्यक है। इसके अलावा हमारे सामने कोई रास्ता नहीं है। जाति-आधारित संस्कृति लम्बे समय तक हमारे समाज में बनी रहेगी। यद्यपि जाति प्रथा समाज में असमानता का कारक है तथापि उसकी मदद के बगैर हम समानता नहीं ला सकते।

धर्म की गिनती

जाति की तरह, जनगणना प्रपत्र में धर्म के लिए कॉलम रखने का मुद्दा भी अत्यन्त विवादास्पद बन गया है। इसकी माँग अल्पसंख्यकों—विशेषकर मुसलमानों द्वारा की जा रही है। वर्तमान में हमारे देश में धर्म-आधारित आरक्षण की व्यवस्था नहीं है और ना ही संविधान में इसके लिए कोई प्रावधान है। संविधान में केवल सिक्खों और नव—बौद्धों को अपवादस्वरूप, धर्म के आधार पर आरक्षण देने की व्यवस्था है। ये दोनों धर्म, हिन्दू धर्म से उपजे हैं।

इस सिलसिले में यह महत्वपूर्ण है कि जस्टिस सच्चर समिति की रिपोर्ट आने के बाद आयी जस्टिस रंगनाथ मिश्र आयोग की रपट में अल्पसंख्यकों—विशेषकर

मुसलमानों—के लिए 10 प्रतिशत आरक्षण किये जाने की सिफारिश शामिल है। कुछ राजनैतिक नेता, मिश्र आयोग की रपट लागू किये जाने माँग कर रहे हैं। कहने की आवश्यकता नहीं कि यह अति संवेदनशील मुद्दा है। केन्द्र की सरकार, मिश्र आयोग की रपट लागू करने में हिचकिचा रही है। यहाँ तक कि सरकार इस रपट को संसद के पटल पर रखने के मूड में भी नहीं दिखती।

हमारे देश में धर्म-आधारित आरक्षण की व्यवस्था न होने के परिप्रेक्ष्य में, धर्म को जनगणना का भाग बनाने की कोई आवश्यकता नजर नहीं आती। परन्तु यह भी सच है कि अल्पसंख्यकों में बढ़ती जागरुकता के साथ ही, देर-सबेर, धर्म-आधारित आरक्षण दिये जाने की माँग जोर पकड़ेगी और तब अल्पसंख्यकों की ठीक-ठीक जनसंख्या जानने की आवश्यकता उसी तरह महसूस होगी, जैसी कि पिछड़े वर्गों के मामले में अभी महसूस हो रही है।

बहुसांस्कृतिक व बहुधार्मिक समाजों में अनेक विरोधाभास उभर रहे हैं। यह पश्चिमी देशों में भी हो रहा है, जहाँ का समाज बहुसांस्कृतिक व बहुधार्मिक स्वरूप अख्तियार करता जा रहा है। पश्चिमी प्रजातंत्र, मूलतः व्यक्ति के अधिकारों पर केन्द्रित है। यह ऐसे समाज में बहुत कारगर रहता है जो एकसार हैं, जिसमें विविधताएँ न के बराबर हैं परन्तु बहुसांस्कृतिक समाज में यही अनेक विरोधाभासों की जननी बन जाता है।

भारतीय समाज हमेशा से विभाजित और विविधतापूर्ण रहा है और इसकी बहुत बड़ी कीमत हमने विभाजन के रूप में चुकायी। दोनों समुदायों में सत्ता के बंटवारे के मुद्दे पर कोई समझौता नहीं हो पाया। स्वतंत्रता के बाद से भारतीय समाज में नये विरोधाभास सामने आ रहे हैं जो विभाजन के दौर में धर्म के प्रमुख मुद्दा बन जाने के कारण दब गये थे। केवल दलितों के मामले में इन विरोधाभासों को आरक्षण की व्यवस्था के जरिए सुलझाया जा सका है।

पश्चिमी समाज में भी नयी-नयी राजनैतिक और सामाजिक समस्याएँ उभर रही हैं और राजनैतिक तनाव व विरोधाभासों से मुक्ति पाना मुश्किल होता जा रहा है। कारण यह है कि पश्चिमी समाज भी पूर्व उपनिवेशों के नागरिकों के बड़ी संख्या में वहाँ बसने के कारण बहुसांस्कृतिक बनते जा रहे हैं। पश्चिमी प्रजातंत्र में मताधिकार एक व्यक्तिगत अधिकार है परन्तु बहुसांस्कृतिक समाजों में यह व्यक्तिगत के साथ-साथ सामुदायिक अधिकार भी बन जाता है।

जैसे-जैसे व्यक्ति अपनी धार्मिक या जातिगत पहचान के प्रति जागरूक होता जाता है, वह अपने मत का प्रयोग करने के पहले अपने समुदाय के हितों, अपने समुदाय के प्रति किये जा रहे न्याय-अन्याय आदि पर विचार करने लगता है। दूसरे शब्दों में, वह अपने मत का इस्तेमाल व्यवस्था पर दबाव बनाने के लिए करने लगता है। प्रजातंत्र,

समानता के मूल्यों पर आधारित है और जातिगत असमानताएँ उस पर जो दबाव बनाती हैं वह कभी-कभी विस्फोटक रूप ले लेता है।

हमें यह मानना होगा कि अपनी चकित कर देने वाली विविधताओं से जनित विरोधाभासों से भारत ने काफी सफलतापूर्वक मुकाबला किया है। इस सन्दर्भ में भारत का रिकार्ड अन्य कई देशों से बेहतर है और कई देश इस मामले में भारत को आदर्श मानते हैं। इसका यह अर्थ नहीं है कि भारत में शासन सम्बन्धी गम्भीर समस्याएं नहीं हैं। चुनौतियाँ कठिन हैं और उनका मुकाबला धर्म व जाति के यथार्थ को स्वीकार करके ही किया जा सकता है।

ये पहचानें, विरोधाभासी भूमिकाएँ निभाती रहेंगी और ये भूमिकाएँ प्रतिगामी व प्रगतिशील दोनों होंगी। हमारे समाज में परस्पर संघर्ष और प्रतियोगिता लम्बे समय तक जारी रहेगी। हमारा सामाजिक-सांस्कृतिक परिवेश हमें विरासत में मिला है और यह हमारे सामाजिक-सांस्कृतिक व्यवहार को प्रभावित करता रहेगा।

नहीं लौटेंगे गाँधी, हमें ही कुछ करना होगा

इक्कीसवीं सदी में जिस प्रकार की हिंसा का हमारी दुनिया को सामना करना पड़ रहा है, वह एक बिलकुल अलग प्रकार की हिंसा है। 9/11 के बाद से दुनिया इसे 'आतंकी हिंसा' कहने लगी है। वैसे, हिंसा तो हिंसा है–चाहे हम उस पर कोई भी लेबल चस्पा कर दें।

उन्नींसवीं सदी में युद्ध तब होते थे जब अपने साम्राज्य का विस्तार करने के लिए कोई देश, किसी दूसरे देश पर हमला करता था। कभी-कभी दो देश आपस में किसी और कारण से भी लड़ पड़ते थे।

आतंकी हिंसा दो दृष्टियों से युद्ध की हिंसा से अलग है। पहली यह कि आतंकी हमलों का किसी देश के विरुद्ध युद्ध की घोषणा करने जैसा औपचारिक स्वरूप नहीं होता और दूसरी यह कि आतंकी हिंसा अक्सर प्रतिक्रियास्वरूप होती है। आतंकी हिंसा की तुलना गुरिल्ला युद्ध से भी नहीं की जा सकती।

हाल में, नक्सलियों या माओवादियों–जो भी नाम हम उन्हें देने चाहें–की हिंसा ने पूरे देश को झकझोर कर रख दिया है। इसी तरह, जिस क्रूरता से पाकिस्तान में जिहादी, निर्दोषों का खून बहा रहे हैं, वह भी बहुत दुःखद है।

भारत ने पिछली सदी में अहिंसा के अनन्य पुजारी महात्मा गाँधी को जन्म दिया, जिन्होंने अहिंसक तरीकों से देश को ब्रिटिश गुलामी से मुक्ति दिलायी। आतंकवादियों की बेजा हिंसा के चलते, कई लोग यह प्रश्न उठा रहे हैं कि क्या हमारे युग में गाँधीजी के अहिंसा के सिद्धान्त की तनिक भी प्रासंगिकता बची है? क्या महात्मा गाँधी अप्रासंगिक हो गये हैं? क्या गाँधी जयन्ती और शहीद दिवस पर उन्हें औपचारिक श्रद्धांजलि देना ही गाँधीजी से हमारा एकमात्र रिश्ता रह गया है?

गाँधीवादी विचारकों की यह जिम्मेदारी है कि वे इन प्रश्नों के उत्तर दें और इन शंकाओं का समाधान करें। जो लोग स्वयं को गाँधीवादी कहते हैं, क्या वे भी गाँधीजी और उनके चिन्तन को गम्भीरता से लेते हैं? या फिर गाँधीवाद एक तरह का धर्म बन चुका है जिसके अपने कर्मकांड हैं, आश्रम हैं और संग्रहालय हैं। आखिर गाँधीवादी कहाँ हैं? वे क्या कर रहे हैं? हमें यह नहीं भूलना चाहिए कि गाँधीजी की अहिंसा केवल

दर्शन नहीं थी। उनके लिए अहिंसा एक पवित्र धर्म था जिसकी रक्षा के लिए वे अपनी जान तक देने के लिए तैयार रहते थे। वे हिंसा के विरूद्ध सड़कों, चौराहों और दूर-दराज के गाँवों में संघर्ष करते थे।

सन् 1980 के दशक में मैं गुजरात गया था। उस दौर में वहाँ जातिगत व साम्प्रदायिक हिंसा का बोलबाला था। मुझे गाँधी के प्रदेश में और अहमदाबाद तक में-जहाँ साबरमती आश्रम है-एक भी ऐसा गाँधीवादी नहीं मिला जो फिरकापरस्तों के सामने हिम्मत से खड़ा हो सके या कम से कम साम्प्रदायिक हिंसा के खिलाफ आमरण अनशन कर सके आमरण अनशन एक ऐसा प्रभावी तरीका था जिसका गाँधीजी ने साम्प्रदायिकता की आग को बुझाने के लिए कई बार इस्तेमाल किया। कटु सत्य तो यह है कि सन् 2002 में साबरमती आश्रम के कर्ताधर्ताओं ने मेधा पाटकर और अन्य शान्ति कार्यकर्ताओं को आश्रम में शान्ति सभा तक आयोजित नहीं करने दी थी। उन्हें डर था कि राज्य सरकार उन्हें मिलने वाला अनुदान बन्द न कर दे। ऐसे गाँधीवादी किस काम के जिन्हें गाँधी के सिद्धान्तों से ज्यादा प्यारा सरकारी अनुदान है?

आइए, सबसे पहले हम गाँधीजी के अहिंसा के सिद्धान्त के मुख्य तत्वों को समझें। गाँधीजी सत्याग्रह और अहिंसा में अटूट आस्था रखते थे। वे सत्य और अहिंसा दोनों के पुजारी थे। सत्य और अहिंसा को एक-दूसरे से अलग नहीं किया जा सकता। सत्य के बिना अहिंसा बेमानी है और अहिंसा-विहीन सत्य अर्थहीन है। हम अक्सर कहते हैं कि ईश्वर सत्य है। गाँधीजी ने इसे पलट कर कहा कि सत्य ही ईश्वर है।

सत्य और अहिंसा अविभाज्य इसलिए हैं क्योंकि सत्य ही अहिंसक हो सकता है और अहिंसा केवल सत्य पर आधारित हो सकती है। सत्य कभी जोर-जबरदस्ती से लादा नहीं जा सकता। सत्य एक आन्तरिक भावना है और किसी भी प्रकार की जोर जबरदस्ती सत्य को प्रदूषित कर देगी। दूसरी ओर हिंसा, जोर जबरदस्ती का चरम स्वरूप है। हिंसा के जरिए लोगों को वह मानने पर मजबूर किया जाता है जो वे नहीं मानना चाहते। हिंसा के कारण लोगों को वह स्वीकार करना पड़ता है जो उन्हें अस्वीकार्य है। अतः सत्य और अहिंसा परस्पर विरोधी हैं।

अहिंसा प्रत्येक व्यक्ति को अन्तःकरण की आजादी की पूर्ण गारंटी देती है। हर व्यक्ति अपनी आस्था व विश्वास के अनुरूप कार्य और व्यवहार करने के लिए स्वतंत्र रहता है। स्वहित के लिए किया जाने वाला कार्य, सत्य को प्रदूषित करता है और इससे प्रेरित व्यक्ति नकली व्यवहार करता है जो अन्ततः हिंसा का कारण बन सकता है। इस तरह, अहिंसक व्यवहार के मुख्यतः तीन लक्षण हैं— 1) वह सच्ची आस्था व विश्वास पर आधारित होना चाहिए 2) वह सत्याचरण पर आधारित होना चाहिए और 3) वो अन्तःकरण की आवाज पर आधारित होना चाहिए। ऐसा व्यवहार, जिसमें इनमें से एक भी लक्षण कम है, का अन्तिम नतीजा हिंसा भी हो सकती है।

यह भी महत्वपूर्ण है कि हिंसा का अर्थ केवल शारीरिक हिंसा नहीं होता। हिंसा

तीन प्रकार की हो सकती है— 1) शारीरिक हिंसा जिसका नतीजा किसी का घायल होना या किसी की मृत्यु हो सकता है 2) शाब्दिक हिंसा और 3) नैतिकता के मानकों और मानवीय मूल्यों के विरुद्ध हिंसा। शारीरिक हिंसा, व्यक्ति के स्तर पर हो सकती है और राष्ट्र के स्तर पर भी। इसी तरह, शाब्दिक हिंसा कोई व्यक्ति कर सकता है, कोई समुदाय कर सकता है या सम्पूर्ण राष्ट्र भी। नैतिक आदर्शों के विरुद्ध आचरण भी कोई व्यक्ति या कोई समूह कर सकता है।

एक महत्वपूर्ण पहलू यह है कि कोई व्यक्ति, समूह, राष्ट्र या धार्मिक अथवा सांस्कृतिक समुदाय, सच्चा अहिंसक व्यवहार तभी कर सकता है जब वह अपने अन्तःकरण से निरन्तर संवाद करे और अपने नैतिक मानदंडों और सभ्यता के मूल्यों को सदा ध्यान में रखे।

अन्तःकरण से निरन्तर संवाद, सच्चे और अहिंसक व्यवहार के लिए अपरिहार्य है। अमरीकी जेसुएट और गाँधीवादी जॉन मेरटेन इसे 'एकान्त से मुलाकात' की संज्ञा देते हैं। हम गहन आत्मचिन्तन तभी कर सकते हैं, अपने अन्तःकरण से संवाद तभी स्थापित कर सकते है जब हम पूर्ण एकान्त में हों और बाहर की दुनिया की गतिविधियों से अप्रभावित रहते हुए केवल अपने अन्तर्मन पर ध्यान केन्द्रित करें। यही कारण है कि ऋषियों, सन्तों और पैगम्बरों ने गहन आत्मचिन्तन को इतना महत्व दिया और इस तरह वे सत्य तक पहुँचे।

स्वयं से संवाद करने वालों को दो श्रेणियों में बाँटा जा सकता है— 1) वे जो ऐसा केवल ज्ञान अर्जन के लिए करते हैं और इस ज्ञान को बाहरी दुनिया से न तो बाँटना चाहते हैं व न बाँटते हैं 2) वे जो न केवल इस ज्ञान को बाँटना चाहते हैं वरन् इस ज्ञान से दुनिया को बदलना भी चाहते हैं। कई पैगम्बर और हमारे युग में गाँधीजी दूसरी श्रेणी में आते हैं।

गाँधीजी केवल चिन्तक व दार्शनिक नहीं थे। वे कार्यकर्ता भी थे। वे सत्य को न सिर्फ खोजना चाहते थे वरन् उसे कार्यरूप में परिणित भी करना चाहते थे। गाँधीजी केवल स्वयं के लिए न्याय और स्वतंत्रता पाने के इच्छुक नहीं थे। वे सभी लोगों, पूरे राष्ट्र को न्याय व स्वतंत्रता दिलवाना चाहते थे। गाँधीजी जैसे लोग केवल स्वयं में परिवर्तन लाकर सन्तुष्ट नहीं होते। वे अपने आसपास की दुनिया को भी बदलना चाहते हैं।

गाँधीजी ने यही करने की कोशिश पहले दक्षिण अफ्रीका और फिर भारत में की।

इस तरह, हम इस निष्कर्ष पर पहुँच सकते हैं कि एक अहिंसक दुनिया के निर्माण के लिए निम्न शर्तो का पूरा होना आवश्यक है— 1) वैश्विक व्यवस्था न्याय और सत्य पर आधारित हो व 2) उसमें जोर-जबरदस्ती के लिए कोई स्थान न हो और सभी व्यक्ति यों व राष्ट्रों को सच्ची स्वतंत्रता प्राप्त हो। चूँकि हमारी वर्तमान वैश्विक व्यवस्था

इन आदर्शों पर आधारित नहीं है इसलिए हमारे चारों ओर हिंसा का बोलबाला है। विभिन्न राष्ट्र एक-दूसरे के विरुद्ध हिंसा कर रहे हैं। इस आक्रामक हिंसा के अतिरिक्त, विभिन्न विद्रोही गुटों, स्वतंत्रता संग्राम सेनानियों और आतंकवादियों की हिंसा भी जारी है, जिसकी प्रकृति प्रतिक्रियात्मक है।

मैं यहाँ यह भी कहना चाहूँगा कि विभिन्न आन्दोलनों के प्रणेताओं के नैतिक आदर्शों का उनके समर्थक अक्सर पालन नहीं कर पाते हैं। जल्दी ही, ये आन्दोलन निहित स्वार्थों का गढ़ बन जाते हैं—ऐसा संस्थागत गढ़ जिनका मूल आन्दोलन से कोई लेना-देना नहीं होता। गाँधीवादी आन्दोलन भी इन बुराइयों से बच नहीं सका। उनकी मृत्यु के पहले ही गाँधीजी अप्रासंगिक हो चले थे। देश स्वतंत्र हो गया था और गाँधीजी की अब उसे जरूरत नहीं थी। अब तो सत्ता की दौड़ में शामिल होने की बारी थी। कोई भी गाँधीजी की सलाह लेना नहीं चाहता था क्योंकि गाँधीजी उसे नैतिक मूल्य तो दे सकते थे, सत्ता नहीं।

धीरे-धीरे गाँधीवादी आन्दोलन एक व्यावसायिक प्रतिष्ठान में बदल गया। गाँधीजी के नाम पर जमीनें हड़पने, ट्रस्ट बनाने व संपत्ति पर कब्जा करने की होड़ शुरू हो गयी। इससे भी बुरा यह हुआ कि गाँधीवादी आन्दोलन ने अपनी गतिशीलता खो दी। वह बहती हुई नदी की बजाय स्थिर पानी का तालाब बन गया। वह रूढ़िग्रस्त हो गया। नये आर्थिक यथार्थों से आँखें मूँद कर चरखा और खादी उसके प्रतीक बन गये। रचनात्मक चिन्तन की अपनी ताकत खोकर, गाँधीवादी आन्दोलन कर्मकांडी बन गया।

अब हम अपने मूल प्रश्न पर फिर वापस आते हैं। क्या हिंसा से भरे इस विश्व में गाँधीवाद की कोई प्रासंगिकता है? गाँधीवाद की प्रासंगिकता सत्य, न्याय और जोर-जबरदस्ती से स्वतंत्रता पर निर्भर है। आज की दुनिया में ये मूल्य कहीं नजर नहीं आ रहे हैं। ऐसे में हम हिंसा-मुक्त विश्व कैसे बनायें क्योंकि ये मूल्य हिंसा-मुक्त विश्व के निर्माण के लिए अपरिहार्य हैं। आज हालत यह है कि गाँधीवादी अहिंसा की बात तो सब कर रहे हैं परन्तु चारों ओर हिंसा का बोलबाला है।

तो क्या हम यह मान लें कि हिंसा-मुक्त विश्व केवल एक सपना है? इस प्रश्न का उत्तर हाँ भी है और नहीं भी। यह एक ऐसा सपना है जिसे पूरा करने के लिए गाँधीजी जैसे व्यक्ति की जरूरत है जो रचनात्मक चिन्तक तो हो ही परन्तु साथ ही उसमें अपने आदर्शों को जमीन पर उतारने की क्षमता भी हो। पैगम्बर और ऋषि-मुनि हमेशा से अहिंसा पर जोर देते आये हैं परन्तु गाँधीजी पहले ऐसे व्यक्ति थे जिन्होंने अहिंसा के सिद्धान्त को व्यावहारिकता के धरातल पर उतारने में सफलता पायी और उसका उपयोग देश को स्वतंत्रता दिलवाने के लिए किया।

बड़े पैमाने पर विनाश कर सकने वाले आधुनिक हथियारों के विकास ने हिंसा की समस्या को और गम्भीर बना दिया है। ये हथियार सैनिकों के साथ-साथ नागरिकों

के व्यापक जनसंहार का कारण बन रहे हैं इसलिए यह अति आवश्यक है कि हमारी इस दुनिया में-जो अत्यन्त अन्यायपूर्ण है, जिसमें भौतिक विकास के मामले में गहरी असमानताएँ हैं और जिसमें बहुसंख्यक आबादी की आवश्यकताओं की कीमत पर चुनिन्दा देश अपनी धन की पिपासा को पूरी कर रहे हैं— अहिंसक विरोध के तरीकों का रचनात्मक इस्तेमाल कर मानवता को बचाया जावे।

क्या इसके लिए हम दूसरे गाँधी का इन्तजार करें? ऐसा करना हमारी कमजोरी होगी। आज हमें सामूहिक रूप से मूल्यों की रक्षा करने का संकल्प लेना होगा। हमें अपनी शिक्षा प्रणाली में आमूलचूल परिवर्तन लाने होंगे ताकि शिक्षा, गरीब से गरीब व्यक्ति की पहुँच में आ सके यह शिक्षा प्रणाली ऐसी हो जिसमें प्रतिस्पर्धा की जगह सहयोग की भावना पर जोर दिया जावे। हम ऐसी गाँधीवादी अर्थव्यवस्था बनाएँ जो न्यायपूर्ण हो, जो सभी की मूल आवश्यकताओं को पूरी करे और जिसमें आधुनिक तक्नालाजी का रचनात्मक उपयोग हो। यदि हम यह सब कर सकें तो कम से कम हमारे देश के स्तर पर हम हिंसा से मुक्ति पाने की आशा कर सकते हैं।

भारतीय मुसलमान : बदलती प्राथमिकताएँ

कोलकाता और पश्चिम बंगाल के अन्य शहरी स्थानीय निकायों के चुनावों के नतीजे, वाममोर्चे के लिए धक्का पहुँचाने वाले रहे हैं। पश्चिम बंगाल के मतदाताओं पर वाममोर्चे के घटते प्रभाव के कई कारण हैं। विशेषज्ञ और राजनीति के पंडित इनका विश्लेषण करेंगे, परन्तु वाममोर्चे के कुछ नेताओं सहित अधिकांश लोग यह स्वीकार करते हैं कि वामपंथियों ने मुस्लिम मतदाताओं का समर्थन खो दिया है और यह उनके घटते जनाधार का एक महत्वपूर्ण कारण है।

पश्चिम बंगाल में वाममोर्चे के सत्ता सम्हालने के पहले तक, साम्प्रदायिक दंगें बहुत आम थे। साम्प्रदायिक दृष्टि से पश्चिम बंगाल अत्यन्त संवेदनशील राज्य माना जाता था। कुछ कारणों से—जिनका विश्लेषण हम यहाँ नहीं करेंगे-बंगाल की कांग्रेस सरकारों ने कभी इन दंगों को नियंत्रित करने की कोशिश नहीं की। कहने की आवश्यकता नहीं कि इन दंगों में सबसे अधिक नुकसान मुसलमानों का होता था। वामपंथी हमेशा से अल्पसंख्यकों के साथी रहे हैं। वे साम्प्रदायिक सोच और विशेषकर साम्प्रदायिक हिंसा के विरोधी रहे हैं।

पश्चिम बंगाल में सत्ता में आने के बाद, वामपंथियों ने साम्प्रदायिक हिंसा पर कड़ाई से रोक लगायी। पिछले 30 सालों में बंगाल में एक भी बड़ा साम्प्रदायिक दंगा नहीं हुआ। वहाँ के मुस्लिम रहवासियों की पहली प्राथमिकता सुरक्षा थी और इसलिए वे लगातार वाममोर्चे को अपना समर्थन देते रहे। इसके अतिरिक्त, कुछ क्षेत्रों में रहने वाले मुसलमानों को बंगाल में हुए भू-सुधारों से लाभ हुआ और इस कारण भी वे वाममोर्चे के प्रशंसक बन गये।

फिर आखिर क्या हुआ कि पश्चिम बंगाल के मुसलमानों का वाम मोर्चे से मोहभंग हो गया। इसके पीछे कई कारण तो वही हैं जो बंगाल के सभी धर्मों के रहवासियों के मामले में हैं और कुछ ऐसे हैं जो केवल मुसलमानों पर लागू होते हैं। हम यहाँ केवल मुसलमानों के वाममोर्चे से दूर जाने के कारणों का विश्लेषण करेंगे ताकि हम मुसलमानों के चुनावी व्यवहार को समझ सकें। बिहार और पश्चिम बंगाल, दोनों इस बात के उदाहरण हैं कि मुसलमानों के लिए आज भी उनके जानोमाल की सुरक्षा

सबसे अहम है।

बिहार के हालात भी लगभग ऐसे ही थे। सन् 1990 तक बिहार में भी जमकर साम्प्रदायिक हिंसा होती थी। फिर, लालू प्रसाद यादव ने यादवों और मुसलमानों का संयुक्त मोर्चा बनाकर सत्ता में आने में सफलता प्राप्त की और उन्होंने पूरी निष्ठा से राज्य में साम्प्रदायिक हिंसा को रोकने की कोशिश की। नतीजा यह कि बिहार में लालू प्रसाद यादव के 15 साल के शासनकाल में एक भी साम्प्रदायिक दंगा नहीं हुआ परन्तु इसके बाद भी 15 साल बाद, मुसलमानों ने लालू प्रसाद का साथ छोड़कर नितीश कुमार का दामन थाम लिया। लालू प्रसाद को अपनी गद्दी खोनी पड़ी।

दोनों राज्यों में सुरक्षा, मुसलमानों की उच्चतम प्राथमिकता बनी रही परन्तु वे घोर गरीबी और बेरोजगारी से भी पीड़ित थे। असुरक्षा की भावना कम होने के बाद वे अपनी गरीबी, अशिक्षा और बेरोजगारी की समस्याओं को सुलझाने का उपक्रम करने लगे और यह उनकी दूसरी प्राथमिकता बन गया। कुछ हद तक उत्तर प्रदेश में मुलायम सिंह यादव के साथ भी यही हुआ। वे भी मुसलमानों और यादवों का संयुक्त मोर्चा बनाकर सत्ता में आये परन्तु जब उन्होंने मुसलमानों को नजरअंदाज कर रोजगार के अवसर केवल यादवों को मुहैय्या कराने शुरू किये तो मुसलमानों ने उनका साथ छोड़ दिया। इसके बाद मुसलमान सुश्री मायावती के साथ हो लिये परन्तु मायावती ने भी उन्हें निराश ही किया। उत्तर प्रदेश में अगले चुनाव के नतीजों से हमें वहाँ के मुसलमानों के ताजा रूख का सही अन्दाज होगा।

पश्चिम बंगाल की लगभग 28 प्रतिशत आबादी मुस्लिम है जो मुर्शीदाबाद व कुछ अन्य इलाकों में केन्द्रित है। बंगाल पर राज करने की इच्छुक कोई भी पार्टी, मतदाताओं की इतनी बड़ी संख्या को नजरअंदाज नहीं कर सकती। यह दुर्भाग्यपूर्ण है कि वाममोर्चे ने मुसलमानों की आर्थिक समस्याओं की ओर ध्यान नहीं दिया और यही वाममोर्चे से मुसलमानों के मोहभंग का कारण बना।

सच्चर समिति द्वारा संकलित किये गये आंकड़ों से पता चलता है कि पश्चिम बंगाल में मुसलमान सभी क्षेत्रों में-यहाँ तक कि सरकारी नौकरियों तक के मामले में-अन्य धार्मिक समुदायों से बहुत पीछे हैं। पश्चिम बंगाल के 57 प्रतिशत मुसलमान साक्षर हैं जबकि राष्ट्रीय औसत 65 प्रतिशत है। यह दिलचस्प है कि केरल में— जहाँ वामपंथी सत्ता में तो रहे परन्तु लगातार नहीं— मुसलमानों का साक्षरता का प्रतिशत कहीं अधिक (89 प्रतिशत) है। उत्तर प्रदेश में यह आंकड़ा 48 प्रतिशत और बिहार में सबसे कम 42 प्रतिशत है।

पश्चिम बंगाल में गरीबी की रेखा से नीचे जीवनयापन करने वाले मुसलमानों का प्रतिशत सन् 1987 के 53 प्रतिशत से गिरकर सन् 2004 में 44 प्रतिशत रह गया। केरल में मुसलमानों की आर्थिक स्थिति में कहीं अधिक तेजी से सुधार आया। सन्

1997 में जहाँ 56 प्रतिशत मुसलमान गरीब थे वहीं सन् 2004 में यह आंकड़ा घट कर केवल 31 प्रतिशत रह गया। उत्तरप्रदेश और बिहार में सन् 2004 में क्रमश: 43 और 47 प्रतिशत मुसलमान गरीबी की रेखा से नीचे थे। इस मामले में भी बिहार देश में सबसे नीचे पायदान पर है।

पश्चिम बंगाल में केवल 4 प्रतिशत सरकारी कर्मचारी मुसलमान हैं, जो कि बहुत कम है। पश्चिम बंगाल सरकार ने हाल में सरकारी नौकरियों में मुसलमानों को दस प्रतिशत आरक्षण देने की घोषणा की परन्तु नगर निकायों के चुनाव परिणाम देखने से ऐसा नहीं लगता कि मुसलमान इस कदम से बहुत प्रभावित हुए हों। हो सकता है कि इस कदम का राजनैतिक प्रभाव पड़ने में कुछ और समय लगे। सिंगूर और नन्दीग्राम में अपनी जमीनें खो देने वालों में मुसलमान भी शामिल थे और इन परियोजनाओं के विरोध में चले आन्दोलनों में जमायत-ए-उलेमा ने भी हिस्सा लिया था। इन विभिन्न कारणों से मुसलमानों ने वाममोर्चे में विश्वास खो दिया और ममता बेनर्जी से जुड़ गये।

अब एक बड़ा प्रश्न यह है कि क्या ममता बेनर्जी मुस्लिम मतदाताओं की अपेक्षाओं पर खरी उतरेंगी? मुलायम सिंह और लालू प्रसाद नें मुसलमानों को हिंसा से मात्र सुरक्षा भर की है। यहाँ अगर अल्पसंख्यक सुरक्षित नहीं हैं और उन्हें अपनी आबादी के अनुपात में सत्ता व आर्थिक विकास में हिस्सेदारी नहीं मिल रही है तो प्रजातंत्र का कोई अर्थ नहीं है। भारत में लगभग 15 करोड़ मुसलमान रहते हैं और वे देश के सबसे बड़े अल्पसंख्यक हैं परन्तु जैसा कि सच्चर समिति की रपट से स्पष्ट है, वे बदहाल हैं और यहाँ तक कि उनकी हालत दलितों से भी बदतर है।

मुसलमानों में शनै: शनै: एक आधुनिक, पढ़ा-लिखा मध्यमवर्ग उभर रहा है। यह मध्यमवर्ग चुपचाप बैठने वाला नहीं है। उसे अपने अधिकारों का भान है और वह हालात को बदलने का इच्छुक है। यद्यपि इस वर्ग की आम मुसलमानों में पैठ आज भी पारम्परिक उलेमा की तुलना में कहीं कम है तथापि इस वर्ग को नजरअंदाज नहीं किया जा सकता। यह वर्ग मुखर है और सक्रिय होता जा रहा है। दिलचस्प बात यह है कि यह वर्ग धार्मिक मुद्दों पर पारम्परिक धार्मिक नेतृत्व को चुनौती देने से भी नहीं चूक रहा है।

अगर मदरसों का आधुनिकीकरण हो जाता है—जिसकी माँग मुस्लिम मध्यमवर्ग कर रहा है—तो इसका मुस्लिम राजनीति पर गहरा असर पड़ेगा। यह सही है कि उदारीकरण और वैश्चिकरण की प्रक्रिया से गरीबों और कमजोरों का अहित हो रहा है परन्तु यह भी उतना ही सही है कि इन प्रक्रियाओं के चलते, गरीब और कमजोर—जिनमें मुसलमान शामिल हैं—अपने अधिकारों के प्रति जागरुक हो रहे हैं। उन्हें आधुनिक तक्नालॉजी को समझने का मौका मिल रहा है और वे राजनैतिक रूप से संगठित हो रहे हैं।

आजकल मदरसों में भी कम्प्यूटर सहित कई आधुनिक उपकरण प्रवेश पा चुके

हैं। मदरसों की अपनी वेब साईटें है जिन पर अल्पसंख्यकों से जुड़े मुद्दों पर गर्मागर्म बहस चलती रहती है। इससे मुसलमानों के ज्ञान में तो इजाफा हो ही रहा है उनकी राजनैतिक जागरुकता भी बढ़ रही है। मदरसों से पढ़कर निकले कई लड़के विश्वविद्यालयों में दाखिला ले रहे हैं और आधुनिक धर्मनिरपेक्ष शिक्षा प्राप्त कर रहे हैं। इससे उनके दृष्टिकोण में व्यापकता आ रही है और उन्हें अपने प्रजातांत्रिक और राजनैतिक अधिकारों का ज्ञान हो रहा है।

इस तरह, यह साफ है कि हमें अल्पसंख्यकों की समस्याओं के प्रति अपना दृष्टिकोण बदलना होगा। मुसलमान धर्मनिरपेक्ष-प्रजातांत्रिक संस्कृति को आत्मसात कर चुके हैं और उन्हें अब अन्य इस्लामिक देशों के विपरीत, धार्मिक नेता बेवकूफ नहीं बना सकते। धार्मिक नेतृत्व का मुसलमानों पर प्रभाव तेजी से घट रहा है। यद्यपि भारत में पाकिस्तान से ज्यादा मुसलमान रहते हैं तथापि यहाँ के मुसलमान उतने दकियानूसी और कट्टर नहीं हैं जितने कि पाकिस्तान के

भारत में इस्लाम की एक अलग छवि है। यहाँ के मुसलमान किसी अन्तर्राष्ट्रीय आतंकी आन्दोलन में शामिल नहीं हैं। भारत में तो जमायत-ए-उलेमा-ए-हिन्द के तत्वाबधान में दसियों हजार मुसलमानों ने आतंकवाद के खिलाफ जोरदार प्रदर्शन किया था। जमायत को भी भारत के धर्मनिरपेक्ष मूल्यों को स्वीकार करना पड़ा है और यहाँ तक कि वह अब राजनैतिक प्रक्रिया में भाग लेने पर भी विचार कर रही है। ज्ञातव्य है कि जमायत के संस्थापक ने राजनैतिक प्रक्रिया में भाग लेने को हराम की संज्ञा दी थी।

अगर धर्मनिरपेक्ष ताकतें कोशिश करें तो राजनैतिक गतिविधियों और विकास की प्रक्रिया में मुसलमानों को समुचित हिस्सेदारी मिल सकती है। इससे भारत के विकास की गति बहुत बढ़ जावेगी। मुसलमान भी देश के विकास में अपना योगदान दे सकेंगे। दुर्भाग्यवश गरीबी, अशिक्षा और सत्ता में भागीदारी न मिलने के कारण वे ऐसा नहीं कर पा रहे हैं।

राज्य, धर्म और समाज सुधार

हमारे आसपास तेजी से हो रहे परिवर्तनों के मद्देनजर, समाज सुधारों की आवश्यकता से कोई इन्कार नहीं कर सकता। और ये सुधार जितनी जल्दी हो सके, उतना ही अच्छा होगा।

समाजसुधारों के सम्बन्ध में दो प्रश्न महत्वपूर्ण हैं : 1) इनमें राज्य की क्या भूमिका हो व 2) धर्म की क्या भूमिका हो। कुछ लोगों का मानना है कि राज्य को इसमें सक्रिय भूमिका निभानी चाहिए और समाज सुधार के लिए हर सम्भव प्रयास करना चाहिए। कुछ लोगों की यह मान्यता भी है कि धर्म की समाज सुधार में कोई भूमिका नहीं है बल्कि वह तो सामाजिक परिवर्तनों की राह में रोड़ा है।

जो लोग राज्य की सक्रिय भूमिका के हामी हैं वे या तो राजनीति से प्रेरित हो सकते हैं या उनका यह विश्वास हो सकता है कि राज्य इतनी शक्तिशाली संस्था है कि वह समाज में परिवर्तन व सुधार लाने में पूर्णतः सक्षम है। इस सन्दर्भ में यह भी महत्वपूर्ण है कि राज्य प्रजातांत्रिक है या निरंकुश। कोई तानाशाह—चाहे वह स्वयं कितना ही उदार व ज्ञानी क्यों न हो —समाजसुधार नहीं ला सकता। ऐसे कई उदाहरण हमारे सामने हैं।

अफगानिस्तान के बादशाह अमानुल्ला, प्रबुद्ध व आधुनिक विचारों वाले शासक थे। सन् 1920 और 1930 के दशकों में उन्होंने अफगानिस्तान के रूढ़िग्रस्त कबीलाई समाज में आधुनिक परिवर्तन लाने की कोशिशें कीं। नतीजे में उनके खिलाफ विद्रोह हो गया और उन्हें अपनी गद्दी खोनी पड़ी। इसके साथ-साथ ब्रिटिश साम्राज्यवादियों ने भी उन्हें अपदस्थ करने में भूमिका निभाई। ऐसा ही दूसरा उदाहरण ईरान के शाह का है। उन्होंने ईरानी जनता को आधुनिक तौर-तरीके अपनाने के लिए बाध्य किया और एक ओर अयातुल्लाओं को तो दूसरी ओर परम्परावादी कृषक वर्ग को नाराज कर लिया। उन्हें भी अपनी गद्दी खोनी पड़ी यद्यपि उसके पीछे अन्य कारण भी थे, जैसे उनका अमरीका के पिट्ठू बतौर काम करना और अयातुल्लाह खुमैनी को देश निकाला दे देना।

दूसरी ओर, प्रजातांत्रिक राज्य को मतदाताओं की धार्मिक भावनाओं का भी खयाल रखना पड़ता है। उस पर अलग-अलग दिशाओं से परस्पर-विरोधी दबाव भी

पड़ते हैं। भारत के उदारवादी व प्रबुद्ध हिन्दू वर्ग ने पंड़ित नेहरू और आम्बेडकर के नेतृत्व में, स्वतंत्रता के तुरंत बाद, हिन्दू विधि में उपयुक्त परिवर्तन लाने के उद्देश्य से 'हिन्दू कोड बिल' तैयार किया परन्तु परम्परावादियों के कड़े विरोध के कारण उन्हें यह बिल वापस लेना पड़ा और बाद में उसका अत्यन्त कमजोर संस्करण संसद से पारित हो सका। नेहरूजी का ऊँचा राजनैतिक कद और उनका करिश्माई, व्यक्तित्व भी किसी काम न आया। डॉ. आम्बेडकर को तो इससे इतना धक्का पहुँचा कि उन्होंने कानून मंत्री के पद से इस्तीफा दे दिया।

समान नागरिक संहिता हमेशा से भाजपा के हिन्दुत्व गठबन्धन के एजेंडे में शामिल रही है। उसने इसके पक्ष में देश में वातावरण बनाने का प्रयास भी किया परन्तु शहरी हिन्दू मध्यम वर्ग के अलावा वह किसी और तबके को अपने साथ नहीं ले सकी। इसी कारण यद्यपि भाजपा के नेतृत्व वाला एन.डी.ए. गठबन्धन छह साल तक सत्ता में रहा तथापि वह समान नागरिक संहिता लागू नहीं कर सका। इस तरह, प्रजातांत्रिक राज्य में समाज सुधार की राह में अलग तरह के रोड़े हैं।

राज्य तभी हस्तक्षेप कर सकता है जब मामला मानव जीवन या कानून और व्यवस्था से जुड़ा हो। उदाहरणार्थ, ब्रिटिश सरकार ने सती प्रथा प्रतिबन्धित कर दी थी। यद्यपि सती प्रथा पारंपरिक हिन्दू कानून का हिस्सा थी तथापि यहाँ सवाल निर्दोष स्त्रियों को जिन्दा जला दिये जाने से बचाने का था।

इसी तरह, इन दिनों 'ऑनर किलिंग्स' (इज्जत के लिए हत्या) का दौर चल रहा है। हो सकता है कि धार्मिक परम्परा सगोत्र या अन्तर्जातीय विवाह की आज्ञा न देती हो परन्तु किसी को दूसरे की जान लेने की इजाजत नहीं दी जा सकती। इस मामले में राज्य को प्रभावी हस्तक्षेप कर जरूर हत्याओं के इस शर्मनाक सिलसिले को तुरन्त रोकना चाहिए।

अगर इस तरह के मामलों में राज्य तुरन्त हस्तक्षेप नहीं करता है तो और अधिक निर्दोषों का खून बहने की आशंका बनी रहती है। परन्तु समाज सुधार के सभी मामले इस श्रेणी में नहीं आते और अन्य मामलों में राज्य को फूँक-फूँक कर कदम बढ़ाना चाहिए। ऐसा ही एक मसला लैंगिक न्याय का है। इस मामले में सदियों पुरानी परम्पराएँ और रीति-रिवाज हैं और समस्या यह है कि इन्हें धर्म का हिस्सा मान लिया गया है।

इस तरह, समाज सुधार के दो अलग-अलग पहलू हैं। पहली श्रेणी में हैं शुद्ध सामाजिक मसले जैसे दहेज प्रथा, सामाजिक बहिष्कार आदि। दूसरी श्रेणी में आते हैं विवाह, तलाक आदि से सम्बन्धित पर्सनल लॉ, जिन्हें धर्म का हिस्सा माना जाता है। पर्दा प्रथा और ड्रेस कोड से जुड़े मसले भी हैं जिन्हें कुछ लोग धार्मिक मानते हैं तो कुछ सामाजिक-सांस्कृतिक। जो भी हो, ये मुद्दे अत्यन्त संवेदनशील हैं।

क्या राज्य कोई ड्रेस कोड लागू कर सकता है? जहाँ भी ऐसी कोशिश हुई हैं, वे कामयाब नहीं हुई। अफगानिस्तान के बादशाह अमानउल्ला और ईरान के शाह दोनों ने

पर्दा प्रथा खत्म करने का प्रयास किया और दोनों असफल रहे। इन दिनों यूरोप में बुर्के को लेकर बवाल मचा हुआ है। बेल्जियम ने बुर्के को प्रतिबन्धित कर दिया है और फाँस ऐसा करने जा रहा है। मानवाधिकार कार्यकताओं व संगठनों ने इन प्रतिबंधों को घोर आपत्तिजनक बताया है और यूरोपियन मानवाधिकार संसदीय समिति ने इन्हें गैर-कानूनी करार दिया है।

कोई व्यक्ति क्या पहने और क्या न पहने, इसका निर्णय उस पर छोड़ दिया जाना चाहिए। यह भी सही है कि अक्सर यह निर्णय सम्बन्धित व्यक्ति स्वतंत्रतापूर्वक नहीं ले पाता। महिलाओं पर बुर्का पहनने का सामाजिक दबाव रहता है यद्यपि कई महिलाएँ अपनी अलग पहचान दर्शाने के लिए या सांस्कृतिक परम्परा के कारण भी बुर्का पहनतीं हैं। अगर किसी महिला को बुर्का पहनने पर मजबूर किया जा रहा हो, धमकी दी जा रही हो या दबाव डाला जा रहा हो तब तो कोई कार्यवाही की जा सकती है परन्तु यह कार्यवाही भी बुर्के पर प्रतिबन्ध लगाना कतई नहीं हो सकती। वैसे भी, अगर बुर्के पर प्रतिबन्ध लगा दिया जाता है तो इससे सबसे ज्यादा परेशानी महिलाओं को ही होगी। एक ओर उन पर बुर्का पहनने का समाज और परिवार का दबाव होगा और दूसरी ओर जुर्माने या जेल जाने का डर।

यहाँ परिवर्तन के विरोध के कारणों पर कुछ चर्चा करना उचित होगा। उन्नीसवीं सदी में आधुनिक युग की शुरुआत के साथ ही तार्किकता का जोर बढ़ा। इस नए युग का सबसे ज्यादा लाभ पढ़े-लिखे श्रेष्ठ वर्ग ने उठाया। इस वर्ग को यह भ्रम हो गया कि धर्म और परम्परा का युग समाप्त हो गया है व अब दुनिया पर विज्ञान का राज होगा। परन्तु वे भूल गये कि उनका सामाजिक आधार बहुत छोटा था। भारत सहित अन्य देशों में समाज का बड़ा हिस्सा पिछड़ा, रूढ़िग्रस्त व पारम्परिक बना रहा।

इसके अलावा, परिवर्तन की प्रक्रिया जटिल थी। आधुनिकता एक ओर तकनीकी परिवर्तन लायी तो दूसरी ओर सामाजिक और परम्परा से जुड़े मुद्दों के प्रति समाज के दृष्टिकोण में बदलाव आने लगा। तकनीकी परिवर्तनों का तनिक भी विरोध नहीं हुआ क्योंकि उनसे सब लाभान्वित हो रहे थे। रेलवे, कारों, घड़ियों, रेडियो, टेलीविजन, कम्प्यूटर, मोबाइल आदि को समाज ने सहर्ष स्वीकार कर लिया और उन्हें अपनी रोजमर्रा की जिन्दगी का हिस्सा बना लिया। यहाँ तक कि पुरातनपंथी धार्मिक नेता भी इन नये औजारों और अविष्कारों का इस्तेमाल करने लगे।

आज परम्परावादी, दकियानूसी धार्मिक नेता भी कम्प्यूटरों और इंटरनेट का उपयोग अपने विचारों को फैलाने के लिए कर रहे हैं। उनकी अपनी वेबसाइटें हैं और मोबाइलों पर शादियाँ और तलाक हो रहे हैं। एक समय, इंग्लैंड के पुरोहित वर्ग ने रेलवे का इस आधार पर विरोध किया था कि तेज गति से आवागमन की इस सुविधा का ग्रामीण क्षेत्रों में रहने वाले युवा दुरुपयोग करेंगे। वे शहरों में जाएँगे और शराब पीना एवं

जुआ खेलना सीखेंगे। आज हालत यह है कि ईसाई पादरी, इस्लामिक उलेमा, शंकराचार्य और सिक्ख ग्रंथी — सभी जेट हवाई जहाजों में सफर करते हैं। स्पष्टतः, जिस चीज में किसी व्यक्ति को अपना फायदा नजर आता है उसे वह बिना किसी गुरेज के स्वीकार कर लेता है।

अपितु मसला जब विवाह, तलाक, व्यक्तिगत स्वतंत्रता, चुनने के अधिकार या लैंगिक न्याय से जुड़ा होता है तो परिवर्तन को आसानी से स्वीकार नहीं किया जाता और कभी-कभी तो उसका कड़ा विरोध होता है। पुरोहित वर्ग ऐसे परिवर्तनों को 'धर्म के लिए खतरा' करार दे देता है क्योंकि इन परिवर्तनों से उसके नेतृत्व व प्रभुत्व को चुनौती मिलती है। गरीबी और अशिक्षा, पुरोहित वर्ग के प्रभाव क्षेत्र को बढ़ाती है। वंचित वर्ग सदियों पुरानी परम्पराओं से चिपका रहता है क्योंकि परिवर्तन में उसे अपना कोई फायदा नजर नहीं आता। उलटे, गरीब व अशिक्षित तबके को ऐसा लगता है कि परिवर्तनवादी उसकी परम्पराओं व प्रथाओं से अनावश्यक छेड़छाड़ कर रहे हैं। इससे परिवर्तनों की राह कठिन हो जाती है और राज्य असहाय नजर आने लगता है।

इस प्रकार, धर्म और सामाजिक परिवर्तन का ऐसा घालमेल हो जाता है कि ऊपरी तौर पर देखने से प्रतीत होता है कि धर्म, सामाजिक परिवर्तन की राह में बाधक है। यह मान्यता सही नहीं है। अगर संवेदनशीलता और रचनात्मकता से काम लिया जाए तो धर्म और धार्मिक ग्रन्थ, बदलाव के प्रभावी हथियार बन सकते हैं। आखिरकार, यह जरूरी तो नहीं कि हम धार्मिक शिक्षाओं की उसी व्याख्या को स्वीकार करें जो सदियों से चली आ रही है। क्या धर्मग्रन्थों की व्याख्या करने पर पुरोहित वर्ग का एकाधिकार है?

हम धार्मिक शिक्षाओं की वर्तमान व्याख्या का रचनात्मक ढंग से विरोध कर सकते हैं। हम इन शिक्षाओं की नयी व्याख्या और नयी समझ विकसित कर सकते हैं। यही तरीका राजा राममोहन राय ने सती प्रथा को चुनौती देने के लिए अपनाया था और इसी राह पर चलकर सर सैय्यद अहमद खान ने मुसलमानों को आधुनिक शिक्षा पाने व वैज्ञानिक दृष्टिकोण विकसित करने के लिए प्रोत्साहित किया था। उन्होंने कुरान और हदीस की पुनर्व्याख्या की। उन्होंने कहा कि ईश्वर की वाणी (अर्थात कुरान) कभी ईश्वर के कृत्य (अर्थात उसके बनाये हुए इस ब्राह्मांड) की विरोधी नहीं हो सकती। और विज्ञान क्या है? वह केवल ईश्वर की सृष्टि का सुव्यवस्थित अध्ययन ही तो है।

इसी प्रकार लैंगिक न्याय के हित में सभी धर्मों के सुधारकों ने धार्मिक ग्रन्थों का रचनात्मक इस्तेमाल किया। मुसलमानों में मौलवी चिराग अली व मौलवी मुमताज अली खान ने भारत में और मोहम्मद अब्दू ने मिस्र में कुरान व हदीस की वैकल्पिक व्याख्या कर महिलाओं को उनके अधिकार दिलाये।

तीसरी दुनिया के देशों में गरीबी और अशिक्षा, सामाजिक बदलाव के पथ में बड़े

रोड़े हैं। समाज सुधारकों की आवाज बहुत कम लोगों तक पहुँच पाती है। जैसे-जैसे शिक्षा और जागरूकता बढ़ेगी, समाज सुधारकों का प्रभाव क्षेत्र भी बढ़ेगा। अगर राज्य, कानून के जरिए समाज सुधार लाने की कोशिश करने की बजाये, गरीबी और अशिक्षा को मिटाने पर ध्यान दे और सामाजिक नेता, समाज को परिवर्तन की आवश्यकता का भान कराने का प्रयत्न करें तो इससे काम बन सकता है।

यह सब कहना जितना आसान है, करना उतना ही कठिन है। कई शक्तिशाली निहित स्वार्थ, किसी भी प्रकार के परिवर्तन के विरोधी हैं। यदि गरीबी उन्मूलन के लिए गम्भीर प्रयास किये जाते हैं तो इससे आर्थिक रूप से समृद्ध वर्ग बेचैन हो जाता है क्योंकि इन प्रयासों का नतीजा होगा टैक्सों में बढ़ोत्तरी, राज्य के हस्तक्षेप में वृद्धि और आर्थिक संसाधनों का पुनर्वितरण। इसी तरह धार्मिक श्रेष्ठि वर्ग, समाज में जागरुकता बढ़ने से घबराता है।

इसका यह अर्थ कदापि नहीं है कि परिवर्तन लाना असम्भव है। हमारा उद्देश्य केवल यह जताना है कि समाज सुधारकों के समक्ष कठिन चुनौतियँ हैं। केवल आशावादिता, आस्था, धैर्य और सही रणनीति उनकी मददगार हो सकती हैं।

कश्मीर : कैसे रुके अन्तहीन हिंसा का सिलसिला ?

कश्मीर में जारी विवाद का कोई अन्त नजर नहीं आ रहा है। हमारे सशस्त्र बल, विशेषकर सी.आर.पी.एफ.— समस्या को बढ़ा ही रहे हैं। दुर्भाग्यवश, कश्मीर समस्या को आज भी केवल कानून और व्यवस्था की समस्या माना जा रहा है। आमजनों की महत्वाकांक्षाओं, उनके सपनों व उनकी समस्याओं पर कोई ध्यान नहीं दिया जा रहा है। हमारे सशस्त्र बल लगातार मानवाधिकारों का उल्लंघन कर रहे हैं। उन्हें सिर्फ लोगों को मारना आता है। अगर ऐसा ही चलता रहा तो समस्या को सुलझाना तो दूर, हम कश्मीर को एक विशाल कब्रिस्तान बना देंगे। वहाँ लगभग रोजाना नौजवान विरोध प्रदर्शनकारी कर रहे हैं परन्तु रोजाना उनका स्थान नये प्रदर्शनकारी ले रहे हैं। मौत का डर भी इन युवाओं को नहीं रोक पा रहा है।

ऐसा नहीं है कि कश्मीर के लोग भारत-विरोधी हैं या वे पाकिस्तान में शामिल होना चाहते हैं। अभी हाल में, ब्रिटेन के एक थिंक टैंक द्वारा करवाये गये सर्वेक्षण से यह नतीजा सामने आया है कि पाकिस्तानी बनने की इच्छा मात्र 4 प्रतिशत कश्मीरियों की है। परन्तु उनकी समस्याएँ व महत्वाकाक्षाएँ हैं, जिन पर ध्यान दिया जाना चाहिए। इसकी जगह उन्हें गोलियाँ मिल रही हैं। अभी हाल में हुई सर्वदलीय बैठक में यह तय किया गया कि अब से विरोध प्रदर्शनों पर जान लेने वाली गोलियों की बजाय 'पैपर गन' इस्तेमाल की जावेगी। इन बन्दूकों से निकलने वाली गोली जानलेवा नहीं होती परन्तु जिसे वह लगती है, उसे ऐसा भान होता है मानो उस पर असली गोली चलायी गयी हो।

क्या यह निर्णय लेने में देरी नहीं की गयी ? क्या कारण है कि यह निर्णय, घाटी में 15 युवाओं की मौत और सरकार के विरुद्ध आक्रोश भड़कने के बाद लिया गया। कश्मीर में आक्रोश-जनित हिंसा ने सी.आर.पी.एफ. को भी भारी नुकसान पहुँचाया है। लगभग 270 जवान पिछले एक माह में ही घायल हुए हैं और पिछले एक वर्ष में घायल जवानों की संख्या 1900 से अधिक है। क्या यही निर्णय पहले नहीं लिया जा सकता था ताकि युवाओं की जान न जाती और जवान सुरक्षित रहते? क्या 'पैपर गन' का अविष्कार सर्वदलीय बैठक के ठीक पहले हुआ था? क्या हम उपयुक्त तकनीक का

इस्तेमाल तभी करेंगे जब हमारे कुछ नागरिक अपनी जान से हाथ धो बैठेंगे? अगर यही निर्णय पहले ले लिया जाता तो न सिर्फ कई जानें बचतीं वरन् घाटी में संकट की स्थिति भी निर्मित नहीं होती।

मैं जून 2010 में 'शान्ति व विवादों के निपटारे' विषय पर आयोजित कार्यशाला के सिलसिले में कश्मीर घाटी में था। वहाँ मैंने समाज के सभी वर्गों के सदस्यों से यह जानने की चेष्टा की कि वे कश्मीर समस्या के हल के बारे में क्या सोचते हैं। इन लोगों में बुद्धिजीवी व सामाजिक कार्यकर्ता तो शामिल थे ही, बाजारों में खरीददारी करने निकले सामान्यजन भी शामिल थे। इन सभी के जवाबों में जो बात समान थी वह यह थी कि उमर अब्दुल्ला एक असफल मुख्यमंत्री साबित हुए हैं और आमजन मुफ्ती मोहम्मद सईद के जबरदस्त प्रशंसक हैं।

मुफ्ती के बारे में यह माना जा रहा है कि वे एक परिपक्व नेता हैं जो केन्द्र सरकार से खुलकर संवाद कर सकते हैं और कश्मीर समस्या का सन्तोषप्रद हल निकाल सकते हैं। जनमत यह है कि उमर अब्दुल्ला, राज्य की परिस्थितियों पर नियंत्रण पाने में असफल सिद्ध हुए हैं और वे केन्द्र सरकार से खुलकर संवाद करने में हिचकिचाते हैं। यह मान्यता उन सभी लोगों की थी, जिनसे मैंने चर्चा की। इस चर्चा से यह तथ्य भी उभर कर आया कि अलगाववादी तत्व उतने शक्तिशाली नहीं हैं, जितना उन्हें माना या समझा जाता है। आमजन तो कश्मीर की बर्बादी से चिंतित व परेशान हैं।

कश्मीर का युवा वर्ग, रोजगार व राज्य की आर्थिक स्थिति में सुधार चाहता है। जिन भी युवाओं से मैंने चर्चा की, वे सब घाटी में रोजगार व आर्थिक प्रगति के अवसरों के अभाव से परेशान दिखे। उनका कहना था कि उच्च शिक्षित युवाओं को भी घाटी में काम नहीं मिलता। वे या तो बेरोजगार रहते हैं या उन्हें उनकी योग्यता के अनुरूप नौकरी नहीं मिलती। इससे उत्पन्न गुस्से व कुंठा का लाभ अलगाववादी उठाते हैं। दुर्भाग्यवश न तो केन्द्र और न ही राज्य सरकार इस ओर ध्यान दे रही है और दोनों सरकारें केवल अलगाववादियों पर दोषारोपण करती रहती हैं।

कश्मीर समस्या का एक संवैधानिक पहलू भी है। हमारे संविधान ने कश्मीर को स्वायतता प्रदान की है और इस संवैधानिक प्रावधान को नेहरू-अब्दुल्ला समझौते ने भी वैधता प्रदान की। परन्तु दक्षिणपंथी राजनैतिक शक्तियों के दबाव के चलते, कश्मीर को पूर्ण स्वायत्ता देने के वायदे को पूरा नहीं किया गया। कश्मीर में सन् 1980 व 1990 के दशक में चले उग्रवादी आन्दोलन के बाद तत्कालीन प्रधानमंत्री नरसिंम्हाराव ने फारूक अब्दुल्ला को यह आश्वासन दिया था कि कश्मीर को स्वायत्ता दी जावेगी। फारूक अब्दुल्ला ने तब मुझे स्वयं बताया था कि जब उन्होंने प्रधानमंत्री से जानना चाहा कि कश्मीर को कितनी स्वायतता प्रदान की जावेगी तो प्रधानमंत्री का जवाब था कि स्वायतता की 'कोई सीमा नहीं होगी'। ये शब्द आज भी मेरे कानों में गूँजते हैं।

असल में जो हुआ वह यह था कि नरसिम्हाराव के बाद भाजपा सरकार सत्ता में

आ गयी। कश्मीर को स्वायतता देना तो दूर की बात रही, भाजपा सरकार तो संविधान के अनुच्छेद 370 को रद्द करने पर आमादा थी।

इसके अतिरिक्त, स्वतंत्रता के बाद कश्मीर में हुए किसी भी चुनाव की निष्पक्षता व स्वतंत्रता पर वहाँ की जनता को भरोसा नहीं हुआ। हमें यह नहीं भूलना चाहिए कि कश्मीर में उग्रवाद की शुरुआत सन् 1988 के चुनावों के बाद हुई। इस चुनाव में भारी गड़बडियाँ हुईं और कश्मीर के एक स्कूल शिक्षक सलाहुद्दीन को पराजित घोषित किया गया जबकि कश्मीर की आम जनता यह मानती थी कि वे विजयी हुए थे। सलाहुद्दीन अब पाक-अधिकृत कश्मीर में रहता है और हिजबुल मुजाहिदीन का प्रमुख है।

सन् 2004 में पहली बार कश्मीर में साफ-सुथरे चुनाव हुए। इस दौर में मेरी कश्मीर यात्रा के दौरान मुझसे कई लोगों ने कहा कि अगर आगे भी निष्पक्ष व स्वतंत्र चुनाव होते रहे तो वहाँ के हालात बदलेंगे और कश्मीर एक बार फिर भारत से भावनात्मक स्तर पर जुड़ जावेगा। इन चुनावों के बाद मैंने कश्मीरियों में एक नये आत्मविश्वास की झलक देखी। सन् 2009 के चुनाव भी काफी हद तक निष्पक्ष व स्वतंत्र थें परन्तु दुर्भाग्यवश, उमर अब्दुल्ला हालात पर काबू पाने में नाकामयाब साबित हुए हैं।

दशकों से चल रही हिंसा व अतिवादी आन्दोलनों के बाद, कश्मीर निवासी एक बात तो बहुत अच्छी तरह से समझ गये हैं। और वह यह है कि हिंसा से कुछ हासिल होने वाला नहीं है और केवल शान्तिपूर्ण रास्ते से ही कश्मीर समस्या सुलझ सकती है। मैं यह बात बड़ी संख्या में कश्मीरियों से अपनी बातचीत के आधार पर कह रहा हूँ। परन्तु वे ऐसा शान्तिपूर्ण हल चाहते हैं जिसमें उनका सम्मान व गरिमा सुरक्षित रहे व उनकी समस्याओं का हल निकले। वे कश्मीरियत की वापसी चाहते हैं, क्षेत्रीय स्वायत्ता चाहते हैं और अपनी विशिष्ट संस्कृति को अक्षुण्ण बनाये रखना चाहते हैं।

कश्मीर में पाकिस्तान हमारे लिए समस्याएँ पैदा कर रहा है। हम कश्मीर समस्या के समाधान में किसी तीसरे देश का हस्तक्षेप नहीं चाहते। हम कश्मीर में रायशुमारी नहीं चाहते। यह सब तो ठीक है परन्तु कश्मीरियों का दिल जीतने से हमें कौन रोक रहा है? हमारे सुरक्षाबल जिस तरह कश्मीर में फर्जी मुठभेड़ें कर रहे हैं और मानवाधिकारों का हनन कर रहे हैं, उससे तो हम कश्मीरियों का दिल कभी नहीं जीत सकेंगे। इससे तो हम उनमें अलगाव का भाव ही पैदा करेंगे।

अगस्त 2006 में प्रधानमंत्री डॉ. मनमोहन सिंह कश्मीरी नेताओं के साथ गोलमेज सम्मेलन के लिए श्रीनगर गये थे और वहाँ उन्होंने यह वक्तव्य दिया था कि आगे से कश्मीर में मानवाधिकारों के हनन को बिलकुल सहन नहीं किया जावेगा। उन्होंने इस सम्बन्ध में 'जीरो टालरेन्स' शब्द का प्रयोग किया था। परन्तु प्रधानमंत्री के इस आश्वासन के बाद भी घाटी में झूठी मुठभेड़ें जारी रहीं।

प्रधानमंत्री की यात्रा के कुछ ही समय बाद मैंने घाटी में एक शान्ति कार्यशाला

का संचालन किया था। कुछ प्रतिभागियों ने झूठी मुठभेड़ों की ओर इंगित करते हुए व्यंग्य से कहा, 'तो यह है सरकार का ज़ीरो टालरेन्स'।

यह सचमुच दुर्भाग्यपूर्ण है कि कश्मीर घाटी में हालात सुधरने की बजाय दिन-ब-दिन बिगड़ते जा रहे हैं। मानवाधिकारों के हनन की घटनाएँ बढ़ रही है। अभी कुछ महीने पहले दो युवा महिलाओं के साथ बलात्कार किया गया और बाद में उनकी लाशें पानी से निकाली गयीं। इस मामले में आज तक किसी को पकड़ा नहीं जा सका है। सी.बी.आई. ने मामले की ठीक से जाँच ही नहीं की। ऐसा सन्देह है कि इस घटना में पुलिस व सैन्य अधिकारी शामिल थे।

मैं कश्मीरियों के साथ अपनी बातचीत के आधार पर दावे से कह सकता हूँ कि घाटी की आबादी के एक बहुत छोटे से हिस्से को छोड़कर, कोई कश्मीरी, पाकिस्तान में शामिल नहीं होना चाहता। यही निष्कर्ष ब्रिटिश थिंक टैंक का भी है। कष्मीरी केवल शान्ति व इज्जत से जीना चाहते हैं। भारत सरकार और राज्य सरकार को कश्मीरियों की इस इच्छा को पूरा करने के लिए हर संभव कदम उठाने चाहिए। आमजनों की मान्यता है कि मुफ्ती, केन्द्र सरकार से कई लाभ लेने में सफल हो गये थे। उमर अब्दुल्ला या तो अपनी अनुभवहीनता के कारण या साहस की कमी के चलते केन्द्र सरकार तक अपनी बात प्रभावी ढंग से नहीं पहुँचा पा रहे हैं। कारण जो भी हो, परन्तु यह तय है कि जनमत, मुफ्ती के पक्ष में झुक रहा है।

उमर अब्दुल्ला की तुलना में तो गुलाम नबी आजाद को भी बेहतर मुख्यमंत्री बताया जा रहा है। अगर घाटी में खून-खराबा रोकना है तो भारत सरकार को राजनैतिक साहस प्रदर्शित करते हुए कड़े कदम उठाने होंगे। सेना को अनुशासित रखना होगा और सेना का 'मनोबल' न टूटे, इस डर से अनुशासनहीनता व मानवाधिकारों का उल्लंघन सहन करना बन्द करना होगा। अगर ऐसा नहीं किया गया तो इससे आतंकियों के ही हाथ मजबूत होंगे और हालात और खराब होते जावेंगे।

प्रजातंत्र में झूठी मुठभेड़ों के लिए कोई स्थान नहीं है। सेना या पुलिस के हाथों निर्दोष नागरिकों का मारा जाना सरकार की बड़ी असफलता है। ऐसा करने वाले अधिकारियों को कड़ा दंड मिलना चाहिए। निर्दोष नागरिकों का खून बहाने से तो ऐसे क्षेत्रों में भी भारी समस्याएं पैदा हो सकती हैं जहाँ अलगाववादी या आतंकवादी तत्व सक्रिय नहीं हैं। कश्मीर जैसे संवेदनशील इलाके की तो बात ही दूसरी है जहाँ क्षेत्रीय संस्कृति और पहचान से जुड़े मुद्दों के कारण हालात पहले से ही नाजुक हैं।

क्षेत्रीय स्वायता का मुद्दा कई देशों में गम्भीर समस्याएँ पैदा कर रहा है, चाहे उसमें कोई अन्य देश की भूमिका हो या न हो। स्पेन में बास्क राष्ट्रीता के मुद्दे ने वहाँ की सरकार के लिए बड़ी मुसीबत खड़ी कर रखी है। हाल में, अपनी माँगों के समर्थन में 25 लाख बास्क राष्ट्रवादियों ने जंगी प्रदर्शन किया। बास्क राष्ट्रवादियों ने भी काफी लम्बे

समय तक हिंसा का सहारा लिया व कई बम विस्फोट किये। परन्तु अन्ततः उन्हें यह एहसास हो गया कि हिंसा के रास्ते पर चलकर वे कहीं नहीं पहुँचेगें। हमें कश्मीर समस्या को दो स्तरों पर सुलझाना है। पहला आंतरिक स्तर और दूसरा पाकिस्तान का स्तर। मैं पाकिस्तान के मसले पर कुछ नहीं कहना चाहूँगा परन्तु अपने स्तर पर हमें घाटी में शांति कायम करनी होगी। मेरी राय में कश्मीर के लोग, कश्मीर समस्या के किसी भी अहिंसक व गरिमापूर्ण हल के लिए तैयार है। इस मामले में विकास की महत्वपूर्ण भूमिका है। युवाओं को रोजगार के अवसर उपलब्ध कराकर उनका दिल जीतना होगा। फैजल शेख का मामला इस सन्दर्भ में एक अच्छा उदाहरण है। सभी कश्मीरियों को इस बात पर गर्व है कि उनमें से एक ने आई.ए.एस. की परीक्षा में सर्वोच्च स्थान प्राप्त किया। पूरे भारत के मुसलमानों को भी फैजल शेख पर गर्व है और देश भर में उनके सम्मान में कई कार्यक्रम आयोजित किये जा चुके हैं।

इस तरह, कश्मीर समस्या को सुलझाने के लिए जरूरी है कि बातचीत के माध्यम से कश्मीर को कुछ स्वायत्ता दी जावे व कश्मीरी युवक-युवतियों को कश्मीर में और कश्मीर के बाहर भी अधिक संख्या में सरकारी नौकरियों में भरती किया जावे। यदि भारत सरकार की सेवाओं में उन्हें अधिक स्थान मिलेगा तो इससे उनका भारत से जुड़ाव बढ़ेगा। कश्मीर में रेल सुविधा का विस्तार होना चाहिए। यह सुनिश्चित किया जाना भी जरूरी है कि मानवाधिकारों के उल्लंघन के मामले कम से कम हों और सीमावर्ती इलाकों को छोड़कर, घाटी में अन्य स्थानों पर सुरक्षा बलों की संख्या में कमी की जाए। इन कदमों से घाटी में आन्तरिक शान्ति स्थापित करने में मदद मिलेगी।

□□